Leipziger Schriften zum Umwelt- und Planungsrecht

Herausgegeben von
Prof. Dr. Christoph Degenhart
Prof. Dr. Kurt Faßbender
Prof. Dr. Wolfgang Köck
Prof. Dr. Martin Oldiges [†]

Band 32

Dr. Anne-Christin Gläß, LL.M. Eur.

Rechtsfragen des kommunalen Anschluss- und Benutzungszwangs in Zeiten von Klimawandel und Energiewende

Nomos

Die Deutsche Nationalbibliothek verzeichnet diese Publikation in
der Deutschen Nationalbibliografie; detaillierte bibliografische
Daten sind im Internet über http://dnb.d-nb.de abrufbar.

Zugl.: Leipzig, Univ., Diss., 2015
ISBN 978-3-8487-3069-8 (Print)
ISBN 978-3-8452-7213-9 (ePDF)

1. Auflage 2016
© Nomos Verlagsgesellschaft, Baden-Baden 2016. Gedruckt in Deutschland. Alle Rechte,
auch die des Nachdrucks von Auszügen, der fotomechanischen Wiedergabe und der
Übersetzung, vorbehalten. Gedruckt auf alterungsbeständigem Papier.

Vorwort

Die vorliegende Arbeit ist am Lehrstuhl von Professor Dr. Kurt Faßbender an der Juristenfakultät der Universität Leipzig und dem dortigen Institut für Umwelt- und Planungsrecht entstanden. Sie wurde 2015 von der Juristenfakultät der Universität Leipzig als Dissertation angenommen und mit dem Dr.-Feldbausch-Preis ausgezeichnet. Rechtsprechung und Literatur befinden sich auf dem Stand von September 2015.

Meinem Doktorvater, Herrn Professor Dr. Kurt Faßbender, gebührt ein herzliches Dankeschön für die mir eröffneten Forschungsmöglichkeiten, hilfreiche Anregungen und seine Unterstützung. Ihm wie auch dem Zweitgutachter, Herrn Professor Dr. Marc Desens, gilt zudem ein besonderer Dank für die zügige Erstellung der Gutachten.

Danken möchte ich auch der Dr.-Feldbausch-Stiftung, deren großzügiger Promotionspreis die Veröffentlichung dieser Arbeit unterstützt hat.

Darüber hinaus danke ich den Herausgebern der „Leipziger Schriften zum Umwelt- und Planungsrecht" für die Aufnahme der Arbeit in diese Schriftenreihe.

Den Mitarbeitern des Lehrstuhls, die die Erstellung der Dissertation während der letzten Jahre mit Ermutigung und anregenden Diskussionen begleitet haben, möchte ich auf diesem Wege ebenfalls herzlich danken.

Schließlich gebührt der größte Dank meinen Eltern und meiner Schwester, ohne die das Schreiben dieser Dissertation nicht möglich gewesen wäre. Sie waren und sind immer für mich da, haben mir vielfältige Chancen eröffnet, mich ermutigt und in unschätzbarer Weise unterstützt.

Leipzig, im April 2016   *Anne-Christin Gläß*

Inhaltsübersicht

Inhaltsverzeichnis

Einleitung

Ziel der vorliegenden Arbeit ist eine Neubetrachtung des klassischen kommunalrechtlichen Instruments des Anschluss- und Benutzungszwangs unter geänderten rechtlichen und tatsächlichen Rahmenbedingungen, die im Klimawandel und der Energiewende begründet liegen. Dabei soll insbesondere der Frage nachgegangen werden, welche Änderungen sich aus diesen neuen Rahmenbedingungen für die Zulässigkeit eines Anschluss- und Benutzungszwangs ergeben.

Im Hintergrund dieser rechtlichen Überlegungen stellt sich auch die grundsätzlichere Frage, ob dadurch ein klassisches Instrument des Kommunalrechts nunmehr neue, gesteigerte Bedeutung entfalten kann, oder ob es angesichts der veränderten Rahmenbedingungen an praktischer Relevanz verlieren wird – beispielsweise da mit neuen technischen Möglichkeiten einer dezentralen Versorgung auch die rechtlichen Voraussetzungen für die Einführung eines Anschluss- und Benutzungszwangs künftig schwerer zu erfüllen sein werden.

Dass dem Klimaschutz – als einer der genannten Rahmenbedingungen für die vorliegende Untersuchung – gegenwärtig auf der politischen Tagesordnung maßgebliche Bedeutung zukommt, ist jüngst auf dem „G7-Gipfel" im Juni 2015 einmal mehr deutlich geworden. In der Abschlusserklärung dieses Treffens der sieben führenden Industrienationen verpflichteten sich die Staats- und Regierungschefs, bis 2100 vollständig auf Kohle, Öl und Gas als Energieträger zu verzichten, um die Kohlendioxidemissionen weltweit drastisch zu senken und so den Temperaturanstieg auf 2° C gegenüber dem vorindustriellen Zeitalter zu begrenzen.[1] Mittel zur Erreichung dieses Ziels soll eine umfassende Transformation und „Dekarbonisierung" der Energiesektoren der beteiligten Staaten bis 2050 sein – sowohl hinsichtlich der Stromerzeugung wie auch im Wärmebereich.[2] In

---

1 Vgl. die Berichterstattung in der Frankfurter Allgemeinen Zeitung (FAZ) v. 9.6.2015, S. 15, „G7 strebt eine Wirtschaft ohne Kohle, Öl und Gas an. Ausstieg aus der ‚Kohlenstoffwirtschaft' bis 2100".
2 Siehe FAZ v. 9.6.2015, S. 15, „G7 strebt eine Wirtschaft ohne Kohle, Öl und Gas an. Ausstieg aus der ‚Kohlenstoffwirtschaft' bis 2100".

rechtlicher Hinsicht ist bereits seit einigen Jahren die fortschreitende Entwicklung des Klimaschutzrechts zu beobachten.[3]

Um die aus Klimaschutzgründen angestrebte umfassende Transformation der Energieversorgung zu verwirklichen, wird immer wieder die Bedeutung verschiedener Techniken, wie der Kraft-Wärme-Kopplung, von Blockheizkraftwerken und Wärmenetzen diskutiert. Der Wärmemarkt darf in der Klimaschutzdebatte nicht außer Acht gelassen werden, da ihm doch neben der Elektrizitätsversorgung eine entscheidende Rolle zukommt. Immerhin entfallen ca. 55 % des Gesamtenergieverbrauchs Deutschlands auf den Wärmesektor, der für etwa 40 % der energiebedingten deutschen CO_2-Emissionen verantwortlich zeichnet.[4]

Insbesondere in der Wärmeversorgung des Gebäudebestands dominieren noch immer fossile Brennstoffe wie Öl und Gas; erneuerbare Energieträger werden demgegenüber erst zu einem geringen Anteil für Heizzwecke genutzt.[5] Im Jahr 2014 lag der Anteil erneuerbarer Energien am Gesamtendenergieverbrauch für Wärme bei gerade einmal 9,9 % – dies gegenüber einem Anteil erneuerbarer Energien am Bruttostromverbrauch von immerhin 27,8 %.[6] So verwundert es nicht, dass die Bundesregierung die stärkere Nutzung erneuerbarer Energien zur Wärme- und Kälteerzeugung zu den größten Herausforderungen auf dem Weg zur Transformation der Energieversorgung zählt.[7]

Der Schlüssel zu größeren Fortschritten hinsichtlich der Nutzung erneuerbarer Energien und der Reduzierung von CO_2-Emissionen im Wärme-

---

3 Zum Begriff des „Klimaschutzrechts" und seiner Entwicklung als eigenständiges Rechtsgebiet siehe etwa *Kloepfer*, Umweltschutzrecht, § 10 Rn. 2, 4 f.; danach ist Gegenstand des Klimaschutzes zum einen die Bekämpfung des Ozonschichtabbaus, zum anderen des Treibhauseffekts; Klimaschutzrecht in diesem Sinne befasse sich daher mit den „globalen Umweltbelastungen der Atmosphäre".

4 Vgl. etwa *Müller*, in: Müller/Oschmann/Wustlich, EEWärmeG, Einl. Rn. 1 und 5, sowie *Kahl*, ZUR 2010, 395.

5 Vgl. nur den Erfahrungsbericht der Bundesregierung zum Erneuerbare-Energien-Wärmegesetz (EEWärmeG-Erfahrungsbericht) v. 19.12.2012, abrufbar unter: https://www.erneuerbare-energien.de/EE/Redaktion/DE/Downloads/Berichte/erfahrungsbericht_der_bundesregierung_zum_erneuerbare_energien_waermegesetz.pdf?__blob=publicationFile&v=4 (25.6.2015), S. 28.

6 Vgl. *BMWi* (Hrsg.), Erneuerbare Energien im Jahr 2014, S. 3, abrufbar unter: www.bmwi.de/BMWi/Redaktion/PDF/Publikationen/erneuerbare-energien-im-jahr-2014,property=pdf,bereich=bmwi2012,sprache=de,rwb=true.pdf (31.7.2015).

7 Vgl. die Unterrichtung durch die Bundesregierung zum Energiekonzept v. 28.9.2010, BT-Drs. 17/3049, S. 4.

sektor liegt nach Einschätzung der Bundesregierung langfristig in der Einbeziehung gerade auch der bereits bestehenden Bebauung.[8] Ziel ist hier die Erreichung eines nahezu klimaneutralen Gebäudebestands bis 2050 – zum einen durch Senkung des Wärmebedarfs, zum anderen durch Deckung des verbleibenden Energiebedarfs überwiegend aus erneuerbaren Energien.[9]

In diesem Zusammenhang wird der Bundesrepublik noch erhebliches Potenzial beim Ausbau von Wärmenetzen bescheinigt. Zwar seien technische und wirtschaftliche Probleme zu berücksichtigen – so etwa eine sinkende Nachfrage aufgrund verbesserter Wärmedämmung und zunehmender Eigenversorgung sowie damit einhergehende längere Amortisationszeiten der hohen Investitionskosten.[10] Doch dem stünden andererseits diverse Vorteile gegenüber, etwa die bessere Haltbarkeit und dementsprechend eine längere Nutzungsdauer von Wärmenetzen.[11] Umstellungen auf erneuerbare Energieträger könnten hier zudem zu insgesamt niedrigeren Kosten durchgeführt werden, da nicht eine Vielzahl von Einzelanlagen, sondern lediglich eine zentrale Anlage ausgetauscht werden muss.[12] Dementsprechend betonen Teile der Literatur die Bedeutung der Fernwärme als Technologie, „mit der erneuerbare Energien betriebs- und volkswirtschaftlich am sinnvollsten in die Wärmeversorgung der Ballungsräume inte-

---

8 Vgl. den Erfahrungsbericht zum Erneuerbare-Energien-Wärmegesetz (EEWärmeG-Erfahrungsbericht) v. 19.12.2012, S. 27 f., abrufbar unter: https://www.erneu erbare-energien.de/EE/Redaktion/DE/Downloads/Berichte/erfahrungsbericht_der_ bundesregierung_zum_erneuerbare_energien_waermegesetz.pdf?__blob=publicati onFile&v=4 (25.6.2015); siehe auch die Unterrichtung durch die Bundesregierung zum Energiekonzept v. 28.9.2010, BT-Drs. 17/3049, S. 13. *Kahl/Schmidtchen*, LKV 2011, 439 (440) sprechen von einer „überragenden" Bedeutung des Gebäudebestands; siehe auch *Wustlich*, DVBl 2011, 525 (526); *Böhm/Schwarz*, NVwZ 2012, 129 (130).

9 So die Unterrichtung durch die Bundesregierung zum Energiekonzept v. 28.9.2010, BT-Drs. 17/3049, S. 13.

10 So die Analyse von *Attig*, ET 2012, 13 = ET Special Online 2012, 7 (9), abrufbar unter: http://et-energie-online.de/Portals/0/PDF/jahresspecial_2012.pdf (13.5.15). Zu weiteren Ursachen einer besonderen „Trägheit" des Wärmemarktes siehe auch *Wustlich*, DVBl 2011, 525 (526).

11 Vgl. wiederum *Attig*, ET 2012, 13 = ET Special Online 2012, 7 (9), abrufbar unter: http://et-energie-online.de/Portals/0/PDF/jahresspecial_2012.pdf (13.5.15).

12 *Kahl/Schmidtchen*, ZNER 2011, 35.

griert werden können".[13] Nicht zu vernachlässigen ist insbesondere das Potenzial zur Steigerung der Energieeffizienz, wenn Wärmenetze aus Anlagen auf Basis der Kraft-Wärme-Kopplungs-Technik gespeist werden.[14]

Der Anschluss- und Benutzungszwang erscheint dabei nach wie vor als „klassisches" Instrument zur Erreichung eines hohen Anschlussgrades an etwaige Wärmenetze.[15]

Dies führt zurück auf die Frage nach den rechtlichen Möglichkeiten, einen solchen Anschluss- und Benutzungszwang zulässigerweise einzuführen und damit als Mittel zur Erreichung klimaschutz- und energiepolitischer Ziele einzusetzen. Wenngleich der Anschluss- und Benutzungszwang als solcher bereits wiederholt Gegenstand juristischer Untersuchungen war, fehlt es doch bislang an einer hinreichenden Auseinandersetzung mit dieser spezifischen Problematik.

Faber warf 2005 die Frage auf, ob der kommunale Anschluss- und Benutzungszwang als „wesentliches Element zur Sicherung der kommunalen Daseinsvorsorge [...] unter kontinuierlich wandelnden tatsächlichen und rechtlichen Rahmenbedingungen [...] noch eine Existenzberechtigung besitzt".[16] Allerdings konzentriert er sich dabei auf die „Rahmenbedingungen" Privatisierung und Deregulierung und erörtert, ob angesichts dieser Entwicklungen „eine teilweise oder sogar gänzliche Auflösung [des Rechtsinstituts des Anschluss- und Benutzungszwanges] normativ geboten ist".[17] Im Gegensatz zu diesen Untersuchungen *Fabers* stellt sich angesichts der bereits erwähnten Entwicklung des Klimaschutzrechts und zahlreicher gesetzgeberischer Vorhaben im Zuge der sogenannten Energiewende nunmehr die Frage, ob dabei dem Institut des Anschluss- und Benutzungszwangs eine besondere Rolle zugewiesen ist oder ob auch insofern ein Bedeutungsverlust des Anschluss- und Benutzungszwangs zu beobachten ist bzw. sein wird.

---

13 So *Fricke*, EuroHeat&Power 2011, 26 (28), allerdings unter Verweis auf der Erfordernis einer Differenzierung, je nach Art des eingesetzten regenerativen Energieträgers.

14 Siehe *Tomerius*, ER 2013, 61.

15 So wiederum *Tomerius*, ER 2013, 61.

16 Vgl. *Faber*, Der kommunale Anschluss- und Benutzungszwang. Zukunftsperspektiven trotz Privatisierung und Deregulierung?, 2005, S. 21.

17 So die Schilderung der Problemstellung bei *Faber*, Anschluss- und Benutzungszwang, S. 27.

Speziell mit dem Anschluss- und Benutzungszwang für die Fernwärmeversorgung hat sich *Wagener*[18] bereits Ende der 1980er Jahre ausführlich befasst – damals allerdings noch vor dem Hintergrund anderer rechtlicher und tatsächlicher Rahmenbedingungen, so dass die entsprechenden Ergebnisse nicht unbesehen auf aktuelle Satzungen übertragen werden können. Hinzuweisen ist zudem auf die Ausführungen *Tschakerts* aus dem Jahr 2007 zu den verschiedenen landesrechtlichen Ermächtigungsgrundlagen,[19] die allerdings wichtige Aspekte, insbesondere die Entwicklungen im Bundesrecht mit dem EEWärmeG,[20] noch nicht in die Betrachtung einbeziehen. Schließlich kommt dem Anschluss- und Benutzungszwang in einer Reihe von Arbeiten, die sich in jüngerer Zeit mit kommunalen Klimaschutzmaßnahmen auseinandergesetzt haben, regelmäßig nur eine untergeordnete Rolle zu.[21]

Demgegenüber widmet sich die vorliegende Arbeit zum einen ausführlich der grundsätzlichen Möglichkeit, den Anschluss- und Benutzungszwang als klimaschutz- und energiepolitisches Instrument einzusetzen, zum anderen verschiedenen Beschränkungen dieses Zwangs, insbesondere aus verfassungsrechtlichen Gründen. Soweit ein Anschluss- und Benutzungszwang überhaupt angeordnet werden darf, ist intensiv zu prüfen, wie weit dieser Zwang zulässigerweise reichen kann, welche Begrenzungen, Ausnahmen oder auch Befreiungen geboten sind. Erst diese zweigeteilte Untersuchung vermag im Ergebnis einen Eindruck von der Bedeutung zu vermitteln, die dem Anschluss- und Benutzungszwang als Instrument des Klimaschutzes und der Energiepolitik nach geltendem Recht zukommen kann.

Zu diesem Zweck ist es zunächst erforderlich, die genannten, gegenwärtigen Rahmenbedingungen, Klimawandel und Energiewende, als Hintergrund der vorliegenden Untersuchung näher zu beschreiben. Ohne das Bewusstsein für die Hintergründe des Klimawandels und die sich daraus ergebenden Notwendigkeiten und politischen wie auch rechtlichen Weichenstellungen, ist eine zutreffende Einordnung und (Neu-)Bewertung des

---

18 *Wagener,* Anschluß- und Benutzungszwang für Fernwärme, 1989.
19 *Tschakert,* Klimaschutz durch kommunale Versorgungseinrichtungen, 2007.
20 Gesetz zur Förderung Erneuerbarer Energien im Wärmebereich - Erneuerbare-Energien-Wärmegesetz v. 7.8.2008, BGBl. I 2008, S. 1658, zuletzt geändert durch Art. 14 des Gesetzes v. 21.7.2014, BGBl. I 2014, S. 1066 (1127).
21 Vgl. beispielsweise *Raschke,* Rechtsfragen kommunaler Klimaschutzmaßnahmen, 2014, mit einem Schwerpunkt im Planungsrecht.

althergebrachten Instituts des Anschluss- und Benutzungszwangs nicht möglich. Nähere Betrachtung erfordert dabei auch der Wärmemarkt in Deutschland. In diesem Zusammenhang sollen nicht zuletzt grundlegende Begrifflichkeiten geklärt werden (Teil 1).

Anschließend soll das Instrument des Anschluss- und Benutzungszwangs einschließlich der Voraussetzungen für die Einführung desselben vorgestellt sowie ein Überblick über die verschiedenen landesrechtlichen Ermächtigungsgrundlagen gegeben werden (Teil 2). Näherer Erörterung bedarf sodann das Erfordernis eines „öffentlichen Bedürfnisses", wobei die verfassungsrechtlichen Rahmenbedingungen für die Konkretisierung dieses Tatbestandsmerkmals nicht außer Acht gelassen werden dürfen (Teil 3), bevor schließlich Vorschriften des Bundesrechts in zwei konkreten Bereichen, in denen ein kommunaler Anschluss- und Benutzungszwang in Betracht zu ziehen ist (Wärmeversorgung und Abwasserentsorgung), dargestellt werden sollen. Diese Darstellung soll auch die Auswirkungen dieser bundesrechtlichen Regelungen auf die nach Landesrecht bestehende Möglichkeit der Einführung eines solchen Anschluss- und Benutzungszwangs berücksichtigen (Teil 4).

Neben der Auseinandersetzung mit der grundsätzlichen Anordnungsmöglichkeit stellt sich jedoch auch die Frage nach Begrenzungen eines im Grundsatz zulässigen Anschluss- und Benutzungszwangs aus Gründen des Grundrechtsschutzes (Teil 5). Im Anschluss an diese verfassungsrechtliche Prüfung werden auch einfachgesetzliche Regelungen zu Ausnahmen und Befreiungen vom Anschluss- und Benutzungszwang sowie die Aufnahme derartiger Vorschriften in konkrete Satzungen in der Praxis betrachtet (Teil 6).

Die wesentlichen Erkenntnisse dieser Untersuchung sollen sodann abschließend zusammengefasst werden (Teil 7).

Teil 1: Die Rolle der Kommunen vor dem Hintergrund von Klimawandel und Energiewende

I. Klimawandel – Tatsächliche Hintergründe & Auswirkungen

Der Begriff des Klimawandels bezeichnet die unmittelbar oder mittelbar auf menschliche Tätigkeit zurückzuführenden und über sehr langfristige Zeiträume festzustellenden Klimaänderungen. Diese Änderungen äußern sich insbesondere in der – regional zwar unterschiedlich stark festzustellenden, doch global zu beobachtenden – Erderwärmung, die wiederum eine Reihe verschiedener Auswirkungen nach sich zieht.[22]

1. Ursachen des Klimawandels

Eine der wesentlichen Ursachen dieses Klimawandels liegt in der Verbrennung fossiler Energieträger, wie Erdöl, Erdgas, Stein- und Braunkohle, für die Gewinnung von Strom, Wärme und Kraftstoffen und der dabei entstehenden Emission von Treibhausgasen, vor allem von CO_2.[23] Mögen auch das Ausmaß des Klimawandels sowie die sich daraus ergebenden Folgen nach wie vor nicht umfassend geklärt sein, so wird doch die Tatsache des Eintritts entsprechender Klimaänderungen als solche gegenwärtig ganz überwiegend anerkannt.[24] Um in der Konsequenz dieser Einsicht eine Trendumkehr des fortschreitenden Klimawandels zu erreichen, muss daher am bestehenden Energiesystem angesetzt und die Energieversorgung im

---

22 Siehe *Longo,* Örtliche Energieversorgung, S. 36.

23 Näher zu den wissenschaftlichen Zusammenhängen *Longo,* Örtliche Energieversorgung, S. 37 ff.; zur Rolle der CO_2-Emissionen bei der Verursachung der Klimaänderungen auch *Kloepfer,* Umweltschutzrecht, § 10 Rn. 15.

24 *Groß,* ZUR 2009, 364, verweist etwa darauf, das „alle seriösen wissenschaftlichen Zweifel am Treibhauseffekt widerlegt" seien; *Longo,* Örtliche Energieversorgung, S. 38, stellt fest, es sei „von fast allen Klimatologen weltweit als erwiesen oder wenigstens als hochwahrscheinlich" anerkannt. Siehe auch *Schmidt/Kahl/Gärditz,* Umweltrecht, § 6 Rn. 1 m.w.N.

Wege einer Umstellung auf regenerative Energieträger grundlegend umgestaltet werden.[25]

Angesichts der Tatsache, dass die Wirkung des sogenannten Treibhauseffekts durch die Konzentration von CO_2 in der Atmosphäre erst verzögert eintritt und daher lediglich langfristig zu beobachten ist, kann auch eine Änderung der damit verbundenen Zusammenhänge erst über einen längeren Zeitraum hinweg Wirkungen zeitigen.[26] Dies entbindet jedoch nicht von der Notwendigkeit, Schutzmaßnahmen bereits jetzt zu ergreifen, soll der weitere Prozess der Klimaänderungen aufgehalten werden. Zwar hätte selbst eine sofortige und erhebliche Senkung der CO_2-Emissionen keine maßgeblichen, kurzfristigen Auswirkungen, sie wäre allerdings langfristig von unschätzbarer Bedeutung.[27] Dies gilt ungeachtet der nach wie vor bestehenden Prognoseunsicherheiten – sowohl hinsichtlich des Klimawandels und seiner Folgen, wie auch im Hinblick auf die Auswirkungen von Maßnahmen etwa zur Emissionsminderung.

Entsprechende Unsicherheiten konnten durch die Wissenschaft in den letzten Jahren wenn auch nicht ganz beseitigt, so doch stark abgebaut werden. Dies zeigt sich auch in der Formulierung der Sachstandsberichte des Weltklimarats IPCC, wie jüngst anlässlich der Veröffentlichung des 5. Sachstandsberichts[28] festzustellen war. Diesem Bericht zufolge gilt es als „äußerst wahrscheinlich", dass die globale Erderwärmung seit Mitte des 20. Jahrhunderts durch den Menschen verursacht wurde; die Verfasser des Berichts gehen insofern von einer Wahrscheinlichkeit von 95 %-100 % aus.[29] Wie die künftigen Folgen des Klimawandels können auch Auswirkungen von Klimaschutzmaßnahmen gegenwärtig nur prognostiziert und daher mit entsprechenden Wahrscheinlichkeiten angegeben werden.[30] Dessen ungeachtet gehen Experten aber ganz überwiegend davon aus, dass die Erderwärmung allein mithilfe einer radikalen Reduzierung der

---

25 *Longo,* Örtliche Energieversorgung, S. 35.
26 So auch der 5. Sachstandsbericht des IPCC, vgl. *BMUB/BMBF/UBA/DE-IPCC,* Fünfter Sachstandsbericht des IPCC – Synthesebericht, abrufbar unter: http://www .de-ipcc.de/de/200.php (5.8.2015), S. 2.
27 *Longo,* Örtliche Energieversorgung, S. 39.
28 Der Bericht, Zusammenfassungen der Kernaussagen sowie weitere Informationen dazu sind abrufbar unter: http://www.de-ipcc.de/de/200.php (5.8.2015).
29 Vgl. *BMUB/BMBF/UBA/DE-IPCC,* Fünfter Sachstandsbericht des IPCC – Synthesebericht, abrufbar unter: http://www.de-ipcc.de/de/200.php (5.8.2015), S. 1.
30 Siehe *BMUB/BMBF/UBA/DE-IPCC,* Fünfter Sachstandsbericht des IPCC – Synthesebericht, abrufbar unter: http://www.de-ipcc.de/de/200.php (5.8.2015), S. 2, 3.

CO_2-Emissionen – bis auf nahezu Null im Jahr 2100 – noch begrenzt werden könnte.[31]

2. Zu erwartende Auswirkungen des Klimawandels

Als Folgen des Klimawandels wird u.a. ein starker Anstieg des Meeresspiegels erwartet, damit verbunden die Beeinträchtigung von Küsten und Inseln, Veränderung der Niederschläge durch Verlagerung von Klimazonen, daraus wiederum folgende Wasserknappheit und Verlagerung landwirtschaftlich nutzbarer Gebiete wie auch der Eintritt extremer Hitzewellen, eine Häufung von Stürmen, Überschwemmungen und vergleichbaren Extremwetterereignissen sowie schließlich eine Gefährdung der Artenvielfalt mangels hinreichender Anpassungsfähigkeit von Organismen. Dabei handelt es sich zwar um regional stark unterschiedlich ausgeprägte, allerdings global zu beobachtende und – zumindest auf absehbare Zeit – irreversible Auswirkungen des Klimawandels, die – im ökonomischen wie im übertragenen Sinne – die mit ihm verbundenen Kosten dramatisch steigern werden.[32]

Konkret und vor Ort, in Deutschland, spürbare Folgen des Klimawandels zählt der im Mai 2015 veröffentlichte, erste Monitoringbericht der Bundesregierung zur Deutschen Anpassungsstrategie an den Klimawandel[33] auf. Die Bundesregierung hatte 2008, ausgehend vom aktuellen

---

31 So etwa *BMUB/BMBF/UBA/DE-IPCC*, Fünfter Sachstandsbericht des IPCC – Synthesebericht, abrufbar unter: http://www.de-ipcc.de/de/200.php (5.8.2015), S. 3.

32 Zu den Auswirkungen des Klimawandels siehe etwa *Longo,* Örtliche Energieversorgung, S. 43 ff.; *Prall/Ewer*, in: Koch (Hrsg.), Umweltrecht, § 9 Rn. 5. Auch *Groß*, ZUR 2009, 364 (365) verweist auf „kaum kalkulierbare" Kosten, selbst für Deutschland, für das sich zumindest die unmittelbaren Auswirkungen des Klimawandels auf die Lebensbedingungen in Grenzen halten würden. Eine ausführliche Darstellung nicht nur der Folgen des Klimawandels, sondern auch des daraus resultierenden Anpassungsbedarfs findet sich bei *Reese/Möckel/Bovet/Köck*, Rechtlicher Handlungsbedarf für die Anpassung an die Folgen des Klimawandels; eine Kurzfassung dieser Studie ist abrufbar unter: http://www.umweltbundesamt.de/pu blikationen/rechtlicher-handlungsbedarf-fuer-anpassung-an (18.9.2015).

33 *UBA* (Hrsg.), Monitoringbericht 2015, abrufbar unter: http://www.umweltbundesa mt.de/publikationen/monitoringbericht-2015 (27.5.2015). Die von der Bundesregierung am 17.12.2008 beschlossene Deutsche Anpassungsstrategie an den Klimawandel ist abrufbar unter: http://www.bmub.bund.de/service/publikationen/downl

Kenntnisstand bezüglich der zu erwartenden Klimaänderungen, für 15 verschiedene Bereiche konkreten Handlungsbedarf identifiziert, Ziele definiert und mögliche Anpassungsmaßnahmen entwickelt.[34] Dass hinsichtlich dieser voraussichtlichen Klimaänderungen nach wie vor Wissenslücken und Unsicherheiten bestehen, wird dabei nicht verschwiegen, doch stützt sich diese Anpassungsstrategie der Bundesregierung auf ähnliche Ergebnisse verschiedener Modelle zur Abschätzung der Folgen des Klimawandels.[35] Konkret wurde ein Anstieg der Jahresdurchschnittstemperatur in Deutschland im Zeitraum von 1881 bis 2013 um 1,2 °C festgestellt[36] sowie ein Anstieg der mittleren jährlichen Niederschlagsmenge um 10,6 %, wenngleich die letztgenannten Änderungen jahreszeitlich und räumlich stärker schwanken.[37] Neben den Auswirkungen des Klimawandels auf die menschliche Gesundheit, die Umwelt, insbesondere die biologische Vielfalt, und verschiedene Wirtschaftsbereiche, befassen sich die Anpassungsstrategie der Bundesregierung sowie der entsprechende Monitoringbericht auch mit möglichen Beeinträchtigungen der Energiewirtschaft.[38] Von größerer Bedeutung sind in diesem Zusammenhang wiederum die notwendigen Anpassungen aufgrund der Energiewende.[39] Der Monitoringbericht der Bundesregierung betont, dass „eine Senkung des absoluten Endenergieverbrauchs und eine risikomindernde räumliche Verteilung von Energieinfrastrukturen" wichtig sind, „um die Risiken für die

---

oads/details/artikel/deutsche-anpassungsstrategie-an-den-klimawandel/ (27.5.2015).

34 Vgl. die entsprechende Zusammenfassung, Anpassungsstrategie der Bundesregierung, S. 4, http://www.bmub.bund.de/service/publikationen/downloads/details/artikel/deutsche-anpassungsstrategie-an-den-klimawandel/ (27.5.2015).

35 Siehe die Anpassungsstrategie der Bundesregierung, S. 4 und 6 sowie zum Umgang mit Unsicherheiten insb. S. 13 f., http://www.bmub.bund.de/service/publikationen/downloads/details/artikel/deutsche-anpassungsstrategie-an-den-klimawandel/ (27.5.2015).

36 Vgl. *UBA* (Hrsg.), Monitoringbericht 2015, S. 14 f., abrufbar unter: http://www.umweltbundesamt.de/publikationen/monitoringbericht-2015 (27.5.2015).

37 *UBA* (Hrsg.), Monitoringbericht 2015, S. 16 f., abrufbar unter: http://www.umweltbundesamt.de/publikationen/monitoringbericht-2015 (27.5.2015).

38 *UBA* (Hrsg.), Monitoringbericht 2015, S. 157, ausführlicher dazu S. 158 ff., abrufbar unter: http://www.umweltbundesamt.de/publikationen/monitoringbericht-2015 (27.5.2015).

39 *UBA* (Hrsg.), Monitoringbericht 2015, S. 157, abrufbar unter: http://www.umweltbundesamt.de/publikationen/monitoringbericht-2015 (27.5.2015), bezeichnet die Energiewende als „das alles bestimmende Thema in der Energiewirtschaft".

Zuverlässigkeit und Qualität des Energieversorgungssystems insgesamt gering zu halten"; wie genau der unter energie- und klimaschutzpolitischen Aspekten „optimalste" Energiemix aussehe, sei aber noch offen.[40] Insbesondere im Bereich der Stromerzeugung konnte bereits ein Wandel in der Erzeugungsstruktur festgestellt werden; die Umstellung auf einen höheren Anteil erneuerbarer Energien bei der Erzeugung von Wärme bzw. Kälte schreitet allerdings der Bundesregierung zufolge langsamer voran.[41]

II. Energieversorgungssicherheit und Erfordernisse des Ressourcenschutzes

Neben der eben dargestellten Problematik des Klimawandels fußt die Erkenntnis vom Erfordernis einer sogenannten „Energiewende" auf einem weiteren Aspekt: der Einsicht in die Endlichkeit fossiler Energieträger.[42] Dabei lässt sich zwar gegenwärtig über den Umfang noch bestehender Reserven und Ressourcen[43] streiten, doch steht fest, dass diese Ressourcen über kurz oder lang aufgebraucht sein werden.

Zudem sind fossile Energieträger nicht nur nicht erneuerbar, gerade dem Erdöl und Erdgas haftet ein weiteres Problem an: Sie stammen zu einem großen Teil aus politisch instabilen Regionen. Abhängigkeiten von Erdöl- oder Erdgaslieferungen wirken sich daher angesichts weltweiter Krisenherde besonders problematisch aus.

Während noch vor wenigen Jahrzehnten insbesondere die Kernenergie als bedeutende alternative, da unerschöpfliche und zudem an sich „klimaneutrale" Energiequelle[44] betrachtet wurde, wird auch ihre Existenzbe-

---

40 *UBA* (Hrsg.), Monitoringbericht 2015, S. 164, abrufbar unter: http://www.umweltb undesamt.de/publikationen/monitoringbericht-2015 (27.5.2015).

41 *UBA* (Hrsg.), Monitoringbericht 2015, S. 164 f., abrufbar unter: http://www.umwel tbundesamt.de/publikationen/monitoringbericht-2015 (27.5.2015).

42 Vgl. *Heselhaus*, EurUP 2013, 137 (138); *Longo,* Örtliche Energieversorgung, S. 47.

43 Zu diesen Begrifflichkeiten vgl. *Longo,* Örtliche Energieversorgung, S. 49 m.w.N.: Danach handelt es sich bei „Reserven" um „die sicher gewinnbaren, förderfähigen Vorräte, deren Mengen als bestimmbar gelten", bei „Ressourcen" demgegenüber um die „über die sicher gewinnbaren Vorräte [hinausgehende] Gesamtheit aller vorhandenen fossilen Energieträger weltweit [einschließlich der] Quellen [...], deren Existenz bisher nur aufgrund geologischer Erwägungen vermutet wird".

44 *Kahl/Bews*, JURA 2014, 1004 (1006).

rechtigung nicht zuletzt seit der Reaktorkatastrophe von Fukushima im März 2011 zunehmend in Frage gestellt. Dies gilt insbesondere für die Bundesrepublik Deutschland, wo unmittelbar nach „Fukushima" der endgültige (wenngleich wohl nicht verfassungsrechtlich unumkehrbare) Ausstieg aus der Kernenergie-Erzeugung beschlossen wurde.[45] Obwohl es sich bei diesem sogenannten „Atomausstieg" noch keineswegs um ein welt- oder auch nur europaweit zu beobachtendes Phänomen handelt, sprechen doch noch weitere Aspekte gegen die „Alternative Kernenergie" – so etwa ihre Abhängigkeit von endlichen Rohstoffen (Uran) sowie die ungeklärten Fragen des Umgangs mit radioaktiven Abfällen.[46]

1. Bedeutung einer gesicherten Energieversorgung

Aufgrund der Bedeutung von Energie für das Funktionieren des Lebens und Wirtschaftens in der heutigen Gesellschaft müssen somit zwingend alternative Wege der Energieerzeugung erschlossen werden.

Betroffen sind dabei die Wirtschaft, insbesondere die Industrie, ebenso wie die Bereiche Verkehr und Wohnen. Ohne sichere und bezahlbare Energie kommt in einer hochindustriellen Gesellschaft keiner der genannten Bereiche aus. Eine zuverlässige Energieversorgung ist vielmehr existenziell für die Funktions- und Leistungsfähigkeit des gesamten Staates wie auch seiner Wirtschaft.[47] Immerhin bildet „eine zuverlässige und leistungsfähige Energieversorgung eine unverzichtbare Grundvoraussetzung für die Inanspruchnahme nahezu sämtlicher technologischer Errungenschaften [...], die das heutige gesellschaftliche wie wirtschaftliche Leben bis in die Details hinein prägen".[48] Ohne gesicherte Energieversorgung wäre schließlich ein Zusammenbruch der flächendeckenden Versorgung der Bevölkerung mit lebenswichtigen Gütern, der Kommunikationswege und auch der medizinischen Versorgung zu befürchten,[49] letztlich auch die

---

45 Dazu sogleich unter Teil 1 III. 3.b).
46 Siehe *Heselhaus*, EurUP 2013, 137 (137 f.); *Longo,* Örtliche Energieversorgung, S. 53. Vgl. zu verschiedenen Argumenten, die „die deutsche Ausstiegsentscheidung" stützen, auch *Faßbender*, in: Odendahl, Internationales und europäisches Atomrecht, S. 109 (110 f.).
47 Siehe dazu etwa *Altenschmidt*, NVwZ 2015, 559.
48 So treffend *Schiller*, Staatliche Gewährleistungsverantwortung, S. 39 f.
49 *Altenschmidt*, NVwZ 2015, 559 (560). Eindrucksvoll insoweit die Darstellung der Folgen eines länger andauernden und großflächigen Stromausfalls durch das Büro

Beeinträchtigung der Funktionsfähigkeit der Staatsorgane als solcher.[50] Entscheidend ist dabei, dass Infrastrukturen wie Energieversorgung, Wasserversorgung und Abwasserentsorgung, Verkehrs- und Transportwege, Informations- und Telekommunikationstechnik, die als „Lebensadern" einer Industrienation wie Deutschland gelten,[51] eng vernetzt sowie alle von einer funktionierenden Energieversorgung abhängig und damit hoch sensibel sind.[52]

Die Bedeutung der Energieversorgung wurde auch vom Bundesverfassungsgericht wiederholt hervorgehoben. Danach ist die Sicherstellung der Energieversorgung „eine öffentliche Aufgabe von größter Bedeutung",[53] ein „Gemeinschaftsinteresse höchsten Ranges" bzw. ein „‚absolutes' Gemeinschaftsgut".[54] Die Energieversorgung gehöre – so ausdrücklich das Bundesverfassungsgericht – zum Bereich der Daseinsvorsorge und stelle eine Leistung dar, „deren der Bürger zur Sicherung einer menschenwürdigen Existenz unumgänglich bedarf".[55] Schließlich sei die „ständige Verfügbarkeit ausreichender Energiemengen [...] eine entscheidende Voraussetzung für die Funktionsfähigkeit der gesamten Wirtschaft".[56]

---

für Technikfolgen-Abschätzung beim Deutschen Bundestag, BT-Drs. 17/5672, vgl. dort nur S. 5 ff. zur Zusammenfassung der Folgen eines solchen Szenarios.

50 *Altenschmidt*, NVwZ 2015, 559 (561).

51 So der Bericht zur Technikfolgen-Abschätzung eines großräumigen und langandauernden Ausfalls der Stromversorgung, BT-Drs. 17/5672, S. 3.

52 Vgl. den Bericht zur Technikfolgen-Abschätzung eines großräumigen und langandauernden Ausfalls der Stromversorgung, BT-Drs. 17/5672, S. 4 f.

53 BVerfGE 66, 248 (258). BVerfGE 91, 186 (206) spricht recht knapp lediglich von einem „Interesse der Allgemeinheit" am der Sicherstellung der Energieversorgung. Die Rechtsprechung zur Bedeutung der Energieversorgung wurde jüngst einmal mehr bestätigt durch BVerfGE 134, 242 (338, Rn. 286).

54 So wörtlich BVerfGE 30, 292 (323 f.).

55 BVerfGE 66, 248 (258). Auch *Altenschmidt*, NVwZ 2015, 559, sowie *Prall/Ewer*, in: Koch (Hrsg.), Umweltrecht, § 9 Rn. 2, weisen darauf hin, dass ohne Elektrizität und Brennstoffe heute kein als menschenwürdig empfundenes Dasein mehr möglich wäre.

56 BVerfGE 30, 292 (324).

2. Gesetzliche Gewährleistung der Versorgungssicherheit

Dementsprechend formuliert § 1 Abs. 1 EnWG[57] das Ziel einer möglichst sicheren, preisgünstigen, verbraucherfreundlichen, effizienten und umweltverträglichen leitungsgebundenen Versorgung der Allgemeinheit mit Elektrizität und Gas, die zunehmend auf erneuerbaren Energien beruht. An erster und damit prominenter Stelle genannt wird somit auch im Gesetz die Sicherheit der Energieversorgung. Wenngleich damit nicht automatisch ein Vorrang gegenüber den anderen gesetzlichen Zielen verbunden ist, darf doch gerade die Sicherheit der Energieversorgung angesichts der geschilderten herausragenden Bedeutung nicht vernachlässigt werden.[58] Sicherheit der Energieversorgung in diesem Sinne umfasst sowohl die technische Sicherheit der erforderlichen Anlagen wie auch Versorgungssicherheit im Sinne einer kontinuierlichen Bedarfsdeckung.[59]

Darüber hinaus ist das Erfordernis der Versorgungssicherheit – insbesondere vor dem Hintergrund der bereits erwähnten Bedeutung gerade für ein menschenwürdiges Dasein – auch Ausfluss des in Art. 20 Abs. 1 GG verfassungsrechtlich garantierten Sozialstaatsprinzips.[60] So unbestimmt und konkretisierungsbedürftig der Gehalt dieser verfassungsrechtlichen Verpflichtung des Staates auf die Sozialstaatlichkeit auch ist,[61] lässt sich ihr doch einen grundsätzlichen Handlungsauftrag entnehmen, zur Gewährleistung des menschenwürdigen Existenzminimums[62] tätig zu werden und einen gewissen „Grundbestand" unverzichtbarer Güter sicherzustellen.[63] Dazu gehört angesichts ihrer Bedeutung für Gesellschaft und Staat, für

---

57 Gesetz über die Elektrizitäts- und Gasversorgung (Energiewirtschaftsgesetz – EnWG) v. 7.7.2005, BGBl. I 2005, S. 1970, zuletzt geändert durch Art. 6 des Gesetzes v. 21.7.2014, BGBl. I 2014, S. 1066 (1121).

58 Vgl. zum Verhältnis der Ziele untereinander *Schiller*, Staatliche Gewährleistungsverantwortung, S. 53 f.; *Theobald*, in: Danner/Theobald, Energierecht, Energiewirtschaftsgesetz, § 1 EnWG Rn. 28. Die Bedeutung gerade der „sicheren" Energieversorgung hebt *Pielow*, in: Faßbender/Köck, Versorgungssicherheit in der Energiewende, S. 45 (49), hervor.

59 Siehe *Schiller*, Staatliche Gewährleistungsverantwortung, S. 53 m.w.N.; so auch *Theobald*, in: Danner/Theobald, Energierecht, Energiewirtschaftsgesetz, § 1 EnWG Rn. 15 f.

60 *Schiller*, Staatliche Gewährleistungsverantwortung, S. 54.

61 Vgl. dazu statt Vieler *Grzeszick*, in: Maunz/Dürig, Art. 20 GG Rn. 2, 18 ff. m.w.N.

62 Siehe *Grzeszick*, in: Maunz/Dürig, Art. 20 GG Rn. 23.

63 Vgl. *Schiller*, Staatliche Gewährleistungsverantwortung, S. 102 m.w.N.

Einzelne wie für die Wirtschaft, auch die Sicherstellung einer hinreichenden und zuverlässigen Energieversorgung.[64]

Diese verfassungsrechtliche Ableitung betrifft allerdings lediglich die grundsätzliche Sicherstellung der Energieversorgung; daraus folgen noch keine näheren Vorgaben zur Art und Weise der Erfüllung dieser staatlichen Gewährleistungsverantwortung oder ihrem Umfang – insbesondere keine Verpflichtung des Staates, die Energieversorgung im Sinne einer „Erfüllungsverantwortung" selbst zu übernehmen.[65] Im Einzelnen kann aus der verfassungsrechtlichen Gewährleistung allenfalls abgeleitet werden, dass die Energieversorgung allgemein, für jedermann, und zudem zu erschwinglichen Preisen verfügbar sein muss.[66] Einfachgesetzlich konkretisiert wird dies in der Zielbestimmung des § 1 Abs. 1 EnWG, die daher auch den unmittelbaren Anknüpfungspunkt für Fragen der Gewährleistung der Versorgungssicherheit bildet.

3. Konzept der „Energiewende" in Deutschland

Vor dem Hintergrund der geschilderten Ressourcen-Problematik sowie der Aspekte des Umwelt- und Klimaschutzes bietet sich zur Gewährleistung einer weiterhin sicheren Energieversorgung der Rückgriff auf alternative, regenerative Energieträger an.

In dieser Hinsicht überschneiden sich energiepolitische Beweggründe zum Teil mit denen des Klimaschutzes. Soweit daher im Folgenden die insbesondere die weitere Verbreitung erneuerbarer Energien in Rede steht, handelt es sich dabei vielfach zugleich um ein energie- wie auch klimapolitisches Interesse, so dass beides sich nicht immer klar trennen lässt. Die Förderung regenerativer Energien aus Gründen des Klimaschutzes – etwa durch Maßnahmen der Gemeinde – dient zugleich auch dem entsprechenden energiepolitischen Interesse der Verwirklichung der Energiewende.

Die sogenannte „Energiewende" in Deutschland versucht, an der Wurzel des Problems anzusetzen und die Energieerzeugung grundlegend auf erneuerbare Energieträger umzustellen. Dazu wurde von verschiedenen rechtlichen Instrumenten Gebrauch gemacht, die im Folgenden nicht alle umfassend vorgestellt und erörtert werden können.

---

64 So ausdrücklich *Schiller*, Staatliche Gewährleistungsverantwortung, S. 106 m.w.N.
65 *Schiller*, Staatliche Gewährleistungsverantwortung, S. 108 f.
66 *Schiller*, Staatliche Gewährleistungsverantwortung, S. 110 f.

Der bereits aus den 1980ern Jahren stammende Begriff der „Energie-wende"[67] beinhaltet zwei verschiedene, umweltpolitisch motivierte Elemente: Dazu gehört neben dem Verzicht auf die Nutzung fossiler Energieträger in der Bundesrepublik und die damit verbundene Umstellung auf erneuerbare Energiequellen auch der bereits erwähnte Verzicht auf die Nutzung der Kernenergie (sogenannter „Atomausstieg").[68] Dabei umfasst die Energiewende den kompletten Energiesektor, erfordert also zu ihrer Realisierung nicht allein eine Transformation der Elektrizitätsversorgung, sondern auch Umstellung in den Bereichen Verkehr und Wärmeversorgung.[69]

Zum Begriff der Energiewende in diesem Sinne werden Bemühungen um Energieeinsparung und eine Steigerung der Energieeffizienz zwar nicht unmittelbar gezählt,[70] doch handelt es sich insoweit ebenfalls nicht allein um Aspekte des Klimaschutzes. Vielmehr sind Anstrengungen zur Steigerung der Energieeffizienz auch erforderlich, um die Ziele der Energiewende, die dabei angestrebte Transformation der Energieversorgung unter Verzicht auf Kernenergie und fossile Energieträger, realisieren zu können.[71]

III. Entwicklung eines Rechtsrahmens für die Nutzung erneuerbarer Energien

Konfrontiert mit den wahrscheinlich zu erwartenden Folgen des Klimawandels, ist auf nationaler wie auch internationaler Ebene das Bewusstsein für die Erforderlichkeit von Maßnahmen zum Schutz des Klimas gewachsen. Immerhin bildet die Atmosphäre „ein grenzüberschreitendes

---

67 Dazu eindrucksvoll *Heselhaus*, EurUP 2013, 137, der insbesondere den in der politischen Diskussion seit einigen Jahrzehnten überaus positiv behafteten Begriff der „Wende" näher betrachtet und dabei den Bogen schlägt von der in den 80er Jahren parteipolitisch angestrebten „geistig-moralischen" Wende hin zur „Wende" der Jahre 1989/1990 mit der deutschen Wiedervereinigung. Zum Ursprung des Begriffs siehe auch *Jacobs*, RELP 2012, 223.
68 *Heselhaus*, EurUP 2013, 137; *Kahl/Bews*, JURA 2014, 1004.
69 *Gawel/u.a.*, ZUR 2014, 219 (219, 223 f.).
70 Vgl. *Kahl/Bews*, JURA 2014, 1004 (1005 f.) zur Abgrenzung eines „Energiewende-Rechts".
71 Insoweit weisen *Gawel/u.a.*, ZUR 2014, 219 (223) kritisch darauf hin, dass die Aspekte der Wärmeversorgung aus erneuerbaren Energien sowie der Energieeffizienz von Gebäuden in der öffentlichen Aufmerksamkeit nicht genügend Beachtung finden.

Medium par excellence",[72] dessen Schutz nicht allein auf nationaler Ebene erfolgen kann und das dementsprechend Gegenstand verschiedener völkerrechtlicher Vereinbarungen wurde.

Zwar ist das Bekenntnis zum Klimaschutz und der Notwendigkeit der Ersetzung fossiler durch alternative Energiequelle nicht allein für das nationale Recht von zentraler Bedeutung.[73] Dies gilt allerdings nicht für den Ausstieg aus der Kernenergie.

So bekennt sich etwa die Europäische Union seit Abschluss des Euratom-Vertrags[74] zur friedlichen Nutzung derselben und stellt dies auch aktuell nicht in Frage.[75] Historisch betrachtet ist dies darauf zurückzuführen, dass die Energiepolitik auf europäischer Ebene zunächst hauptsächlich auf Versorgungssicherheit ausgerichtet war.[76]

Auch gegenwärtig darf die Nutzung der Atomkraft nach Art. 194 Abs. 2 UAbs. 2 AEUV keinem Mitgliedstaat untersagt werden, überlässt es das Primärrecht danach doch gerade den Mitgliedstaaten, zwischen verschiedenen Energiequellen zu wählen und die allgemeine Struktur ihrer Energieversorgung zu bestimmen. Frankreich und Großbritannien stellen so nur zwei Beispiele für EU-Mitgliedstaaten dar, die auch weiterhin auf die Nutzung der Kernenergie setzen.[77]

Diese Unterschiede im Energiemix haben auch Rückwirkungen auf die Erreichung der klimapolitische Ziele, hinsichtlich derer allerdings – insbesondere innerhalb der Europäischen Union – mittlerweile ein gemeinsamer Rechtsrahmen besteht.

---

72 So wörtlich *Kloepfer*, Umweltschutzrecht, § 10 Rn. 6.

73 Siehe *Heselhaus*, EurUP 2013, 137 (141 f.) mit einer Darstellung der Dominierung der europäischen Energiepolitik vom Aspekt des Klimaschutzes.

74 Vertrag zur Gründung der Europäischen Atomgemeinschaft (EURATOM) v. 25.3.1957, BGBl. II 1957, S. 1014.

75 Siehe zur andauernden Nutzung der Kernenergie in vielen EU-Mitgliedstaaten *Heselhaus*, EurUP 2013, 137 (141).

76 Vgl. *Heselhaus*, in: Nowak, Konsolidierung und Entwicklungsperspektiven des Europäischen Umweltrechts, S. 327 (333 f.).

77 Vgl. *Heselhaus*, in: Nowak, Konsolidierung und Entwicklungsperspektiven des Europäischen Umweltrechts, S. 327 (330 f.). Zu den unterschiedlichen Reaktionen europäischer Staaten auf die Reaktorkatastrophe von Fukushima siehe auch *Faßbender*, in: Odendahl, Internationales und europäisches Atomrecht, S. 109 (109 f.).

1. Völkerrechtliche Regelungen

Den internationalen Rechtsrahmen für den Schutz des Klimas bilden gegenwärtig vor allem die Klimarahmenkonvention[78] sowie das auf Grundlage und als „notwendige Ergänzung und Konkretisierung"[79] der Konvention verabschiedete Kyoto-Protokoll.[80][81] Ziel der Klimarahmenkonvention ist es gemäß Art. 2 Satz 1 des Übereinkommens, eine Stabilisierung der Treibhausgaskonzentration in der Atmosphäre auf einem Niveau zu erreichen, auf dem eine gefährliche anthropogene Störung des Klimasystems verhindert wird.

Das langfristige Ziel, den Anstieg der globalen Durchschnittstemperatur auf 2°C gegenüber dem vorindustriellen Wert zu begrenzen, hat sich mittlerweile auf nationaler wie europäischer und internationaler Ebene durchgesetzt, um so der Gefahr abrupter, unumkehrbarer Klimaänderungen mit dramatischen und auch durch Anpassungsmaßnahmen nicht zu bewältigenden Auswirkungen zu begegnen.[82] Dazu sind allerdings konkrete Maßnahmen erforderlich. Zwar verpflichtet auch die Klimarahmenkonvention in Art. 4 Abs. 2 lit. a) die in Anlage I aufgeführten Vertragsstaaten u.a. dazu, Maßnahmen zur Begrenzung von Treibhausgasemissionen als Mittel zur „Abschwächung der Klimaänderungen" zu ergreifen. Allerdings ist der Konvention selbst noch keinerlei Konkretisierung dieser Verpflichtung zu entnehmen.

---

78 Rahmenübereinkommen der Vereinten Nationen v. 9.5.1992 über Klimaänderungen, BGBl. II 1992, S. 1783.

79 So *Kloepfer*, Umweltschutzrecht, § 10 Rn. 17; dort auch näher zur Ratifikation des Abkommens, das schließlich am 16.2.2005 in Kraft trat.

80 Protokoll von Kyoto zum Rahmenübereinkommen der Vereinten Nationen über Klimaänderungen v. 11.12.1997, BGBl. II 2002, S. 966.

81 Zu älteren Abkommen, insbesondere zum Schutz der Ozonschicht vgl. die Nachweise bei *Kloepfer*, Umweltschutzrecht, § 10 Rn. 11 ff.

82 Siehe zu diesem Ziel nur die Anpassungsstrategie der Bundesregierung, S. 5, http://www.bmub.bund.de/service/publikationen/downloads/details/artikel/deutsche-anpassungsstrategie-an-den-klimawandel/ (27.5.2015), sowie den Kabinettsbeschluss der Bundesregierung v. 3.12.2014, Aktionsprogramm Klimaschutz 2020, S. 8 f., abrufbar unter: http://www.bmub.bund.de/service/publikationen/downloads/details/artikel/aktionsprogramm-klimaschutz-2020/ (4.8.2015). Auf europäischer Ebene wurde das Ziel 2007 durch den Europäischen Rat ausdrücklich anerkannt, vgl. die Schlussfolgerungen des Europäischen Rats vom 8./9.3.2007, 7224/1/07 REV 1, CONCL 1, Rn. 27.

Derartige Verpflichtungen sind vielmehr wesentlicher Inhalt des Kyoto-Protokolls, das erstmals konkrete, mengenmäßige Ziele zur Reduzierung von Treibhausgasemissionen bestimmt.[83] Daraus ergibt sich beispielsweise für die Europäische Gemeinschaft und ihre Mitgliedstaaten gemäß Art. 3 Abs. 1 i.V.m. Anlage B des Protokolls die Pflicht, ihre Treibhausgasemissionen um 8 % zu reduzieren; dahinter steht das Gesamtziel einer Emissionsreduzierung um 5 % gegenüber dem Basisjahr 1990 innerhalb der ersten Verpflichtungsperiode von 2008-2012. Die danach auf die Europäische Union entfallende Reduktionsverpflichtung hat diese wiederum auf ihre Mitgliedstaaten umgelegt.[84]

Arbeiten an einem Nachfolge-Abkommen, die angesichts des Ablaufs der im Kyoto-Protokoll festgelegten Verpflichtungsperiode bis 2012 erforderlich wurden, sind bereits seit einigen Jahren im Gang, bislang jedoch noch zu keinem Abschluss gekommen.[85]

2. Klimaschutzziele auf europäischer Ebene

Die genannten völkerrechtlichen Verpflichtungen erforderten Umsetzungsmaßnahmen auf nationaler wie europäischer Ebene. Zudem greifen nationale wie europäische Rechtsvorschriften das Ziel des Klimaschutzes auf und bekennen sich ausdrücklich dazu: Für die Europäische Union nennt Art. 191 Abs. 1 4. Spiegelstrich AEUV die Bekämpfung des Klimawandels als eines der Ziele der Umweltpolitik der EU. Der Klimaschutz wird somit auf europäischer Ebene ausdrücklich als Teil des Umweltschutzes

---

83 *Stäsche*, EnWZ 2014, 291 (292) bezeichnet es daher zu Recht als „Meilenstein zur Bekämpfung des Klimawandels".

84 Durch Entscheidung des Rates 2002/358/EG v. 25. April 2002 über die Genehmigung des Protokolls von Kyoto zum Rahmenübereinkommen der Vereinten Nationen über Klimaänderungen im Namen der Europäischen Gemeinschaft sowie die gemeinsame Erfüllung der daraus erwachsenden Verpflichtungen, ABl. EG Nr. L 130, S. 1; zur Aufteilung der Reduktionsverpflichtungen siehe dort Art. 2 i.V.m. Anhang II der Entscheidung.

85 Zu den Entwicklungen und Verhandlungen auf internationaler Ebene siehe den aktuellen Überblick bei *Stäsche*, EnWZ 2014, 291 (291 f.); *Prall/Ewer*, in: Koch (Hrsg.), Umweltrecht, § 9 Rn. 19 ff.

anerkannt, wie dies auf nationaler Ebene auch für den Gehalt der Staatszielbestimmung des Art. 20a GG gilt.[86]

Darüber hinaus wandelte sich die Europäische Energiepolitik, die – wie bereits erwähnt – zunächst primär auf die Gewährleistung von Versorgungssicherheit ausgerichtet war,[87] insbesondere nach Abschluss des Kyoto-Protokolls zu einer „EU-Politik der CO_2-armen Energieversorgung".[88]

Ganz allgemein kommt dem – nach Art. 191 AEUV weit verstandenen – Umweltschutz im Rahmen des europäischen Rechts eine besondere Bedeutung zu, existieren doch mit der Regelung in Art. 192 AEUV nicht nur Kompetenzen gerade für umweltpolitische Maßnahmen, sondern es ist der Umweltschutz darüber hinaus auch bei Ausübung der sonstigen Kompetenzen zu beachten. So enthält beispielsweise Art. 114 Abs. 3 AEUV für Maßnahmen zur Rechtsangleichung die Vorgabe eines hohen Schutzniveaus u.a. mit Blick auf den Umweltschutz.

Besonders relevant ist insoweit auch die nunmehr in Art. 194 AEUV erstmalig geregelte Kompetenz der Europäischen Union für die Energiepolitik. Danach zählen zu den energiepolitischen Zielen der Union neben der Sicherstellung des Funktionierens des Energiemarkts, der Gewährleistung der Energieversorgungssicherheit sowie der Förderung der Interkonnektion der Energienetze gerade auch die Förderung der Energieeffizienz und von Energieeinsparungen sowie Entwicklung neuer und erneuerbarer Energiequellen; all diese Ziele sind zudem „unter Berücksichtigung der Notwendigkeit der Erhaltung und Verbesserung der Umwelt" zu verfolgen (vgl. Art. 194 Abs. 1 AEUV).

Der Europäische Rat hat sich zur Erreichung eigener Klimaschutzziele durch die Europäische Union verpflichtet. Eines der Ziele ist die Reduzierung der Treibhausgasemissionen bis 2020 um mindestens 20 %, ggf. 30 %, gegenüber dem Niveau von 1990 sowie um 80-95 % bis 2050.[89] Für

---

86 *Britz*, in: Schulze-Fielitz/Müller, Europäisches Klimaschutzrecht, S. 71 (73). Zu Art. 20a GG noch näher unter Teil 3 III.

87 Vgl. *Heselhaus*, in: Nowak, Konsolidierung und Entwicklungsperspektiven des Europäischen Umweltrechts, S. 327 (333 f.).

88 So *Heselhaus*, in: Nowak, Konsolidierung und Entwicklungsperspektiven des Europäischen Umweltrechts, S. 327 (336). Allerdings konstatiert *Heselhaus*, a.a.O., S. 341 f. sowie 355, mittlerweile wiederum eine „Emanzipation der EU-Energiepolitik vom klimapolitischen Primat".

89 Vgl. die entsprechenden Schlussfolgerungen des Europäischen Rats v. 8./9.3.2007, 7224/1/07 REV 1, CONCL 1, Rn. 30 ff. und v. 29./30.10.2009, 15265/1/09 REV 1, CONCL 3, Rn. 7 f.

das Jahr 2030 wurde darüber hinaus als Zwischenziel eine Minderung der Treibhausgasemissionen um 40 % für erforderlich befunden.[90]

Am 17.12.2008 hat zudem das Europäische Parlament ein Klima- und Energiepaket mit den sogenannten „20-20-20-Zielen" beschlossen.[91] Danach sollen die Treibhausgasemissionen bis zum Jahr 2020 um 20 % gegenüber 1990 gesenkt, der Anteil erneuerbarer Energien am Energiemix bis 2020 auf 20 % erhöht und schließlich die Energieeffizienz ebenfalls bis 2020 um 20 % gesteigert werden.[92]

Auf der Grundlage und in Umsetzung dieser Ziele wurden eine Reihe europäischer Sekundärrechtsakte erlassen,[93] die Ziele selbst allerdings mittlerweile überarbeitet und mit der Mitteilung der Europäischen Kommission vom Januar 2014[94] zum Teil in Frage gestellt.[95]

Unter den genannten Sekundärrechtsakten ist vor allem die Erneuerbare-Energien-Richtlinie 2009/28/EG[96] von besonderer Bedeutung.

---

90 Siehe das Grünbuch der Europäischen Kommission, Ein Rahmen für die Klima- und Energiepolitik bis 2030, v. 27.3.2013, COM(2013) 169 final, S. 3, 9.

91 Zu Hintergrund und Entstehungsgeschichte vgl. den Überblick bei *Lehnert/ Vollprecht*, ZUR 2009, 307 (307 f.).

92 Siehe das Grünbuch der Europäischen Kommission, Ein Rahmen für die Klima- und Energiepolitik bis 2030, v. 27.3.2013, COM(2013) 169 final, S. 4 zu den bisherigen Zielsetzungen.

93 Vgl. nur die Auflistung bei *Kloepfer*, Umweltschutzrecht, § 10 Rn. 9 sowie Rn. 18 zur Umsetzung völkerrechtlicher Verpflichtungen. Die verschiedenen Sekundärrechtsakte, die alle (auch) dem Ziel der Reduzierung von Treibhausgasemissionen dienen, sollen im Folgenden lediglich insoweit näher betrachtet werden, als sie für die hier behandelten Fragen eines Anschluss- und Benutzungszwanges (mittelbar) relevant werden.

94 Mitteilung der Kommission an das Europäische Parlament, den Rat, den Europäischen Wirtschafts- und Sozialausschuss und den Ausschuss der Regionen: Ein Rahmen für die Klima- und Energiepolitik im Zeitraum 2020-2030, COM(2014) 15 final, insb. S. 5 und 7 sowie 9.

95 Dies betrifft zum einen die Aufgabe eines Ziels betreffend die Energieeffizienz, zum anderen das Festlegen verbindlicher Zielvorgaben für den Ausbau erneuerbarer Energien in den Mitgliedstaaten. Näher dazu *Heselhaus*, in: Nowak, Konsolidierung und Entwicklungsperspektiven des Europäischen Umweltrechts, S. 327 (339 f.); vgl. auch *Kahl/Bews*, JURA 2014, 1004 (1007) zum Abrücken von der Vorgabe verbindlicher Ausbauziele für die erneuerbaren Energien als einer politischen „Kehrtwende". Kritisch dazu *Lehmann/Gawel/Strunz*, ZUR 2014, 193 f.

96 Richtlinie 2009/28/EG des Europäischen Parlaments und des Rates v. 23.4.2009 zur Förderung der Nutzung von Energie aus erneuerbaren Quellen und zu Änderung und anschließenden Aufhebung der Richtlinien 2001/77/EG und

Art. 3 Abs. 1 dieser Richtlinie hält das Ziel, den Anteil erneuerbarer Energien am Bruttoendenergieverbrauch bis 2020 auf mindestens 20 % zu steigern, als rechtsverbindliche Verpflichtung fest; die „Aufteilung" dieses Gesamtziels auf die Mitgliedstaaten der Europäischen Union ist Anhang I Teil A der Richtlinie zu entnehmen.[97]

Diese Richtlinie schafft damit erstmals – so sieht es auch Art. 1 Satz 1 der Richtlinie selbst – einen umfassenden europäischen Rechtsrahmen für die sektorenübergreifende Förderung der Nutzung erneuerbarer Energien, da sie sich neben den Bereichen Strom und Verkehr auch dem Wärmesektor widmet, für den zuvor auf Ebene der EU keine Vorgaben existierten.[98] Die Vorgängerrichtlinie 2001/77/EG[99] hatte sich dagegen ausschließlich auf den Bereich der Stromerzeugung bezogen und enthielt lediglich rechtsunverbindliche Zielvorgaben.[100] Ein wesentlicher Fortschritt und Kernregelung der Richtlinie von 2009 ist nun die bereits erwähnte Festlegung verbindlicher nationaler Gesamtziele für den Anteil erneuerbarer Energien am Gesamtenergieverbrauch. Zur Umsetzung dieser Ziele wird den Mitgliedstaaten allerdings ein erheblicher Spielraum eingeräumt, insbesondere hinsichtlich der Wahl der Mittel.[101]

Für die vorliegende Untersuchung sind gerade die erwähnten Vorgaben der Richtlinie für den Bereich der Wärmeversorgung von Bedeutung, die sich auf die nationalen Regelungen zur Deckung des Wärmebedarfs aus erneuerbaren Energien bereits ausgewirkt haben und auch künftig noch stärker auswirken werden.[102]

2003/30/EG, ABl. EU Nr. L 140, S. 16 (im Folgenden: Erneuerbare-Energien-Richtlinie).

97 Als „nationales Gesamtziel" ergibt sich daraus für Deutschland, dass Anteil erneuerbarer Energien am Bruttoendenergieverbrauch von 5,8 % im Jahr 2005 auf mindestens 18 % im Jahr 2020 zu erhöhen ist.

98 *Lehnert/Vollprecht*, ZUR 2009, 307 (308).

99 Richtlinie 2001/77/EG des Europäischen Parlaments und des Rates v. 27.9.2001 zur Förderung der Stromerzeugung aus erneuerbaren Energiequellen im Elektrizitätsbinnenmarkt, ABl. EG Nr. L 283, S. 33.

100 *Lehnert/Vollprecht*, ZUR 2009, 307 (308). Die Richtlinie 2001/77/EG überließ es ausweislich ihres Art. 3 Abs. 1-3 den Mitgliedstaaten, „nationale Richtziele" festzulegen.

101 Vgl. *Lehnert/Vollprecht*, ZUR 2009, 307 (308, 310).

102 Zur Umsetzung dieser Vorgaben ins nationale Recht siehe unten Teil 4 I. 3. sowie insbesondere auch Teil 4 I. 4. b) und c).

3. Rechtsgrundlagen im nationalen Recht

Völker- und europarechtliche Verpflichtungen zogen auch auf nationaler Ebene Umsetzungsbedarf nach sich.[103] Als (auch) dieser Umsetzung dienende Gesetze sind u.a. zu nennen: das Erneuerbare-Energien-Gesetz,[104] das Erneuerbare-Energien-Wärme-Gesetz,[105] verschiedene Regelungen des Energiewirtschaftsgesetzes oder auch das Treibhausgasemissionshandelsgesetz.[106]

a) Nationale Klimaschutzziele

Das drängende Problem des Klimawandels hat – ungeachtet der geschilderten internationalen Verpflichtungen – auch in der Bundesrepublik die Einsicht in die Notwendigkeit grundlegender Ansätze zum Schutz des Klimas und zur Anpassung an die Folgen des Klimawandels reifen lassen. Wesentliche Grundsätze der nationalen Klimaschutzpolitik sind bereits dem Nationalen Klimaschutzprogramm 2000[107] sowie v.a. dem am 24.8.2007 von der Bundesregierung beschlossenen „Integrierten Energie- und Klimaprogramm"[108] zu entnehmen. Darin finden sich ebenfalls Verpflichtungen zur Reduzierung von Treibhausgasemissionen.

---

103 Allgemein zu den Umsetzungsmaßnahmen siehe *Kloepfer*, Umweltschutzrecht, § 10 Rn. 19.

104 Gesetz für den Ausbau erneuerbarer Energien (Erneuerbare-Energien-Gesetz) v. 21.7.2014, BGBl. I 2014, S. 1066, zuletzt geändert durch Art. 1 des Gesetzes v. 29.6.2015, BGBl. I 2015, S. 1010.

105 Gesetz zur Förderung Erneuerbarer Energien im Wärmebereich (Erneuerbare-Energien-Wärmegesetz) vom 07.08.2008, BGBl. I 2008, 1658, zuletzt geändert durch Art. 14 des Gesetzes v. 21.7.2014, BGBl. I 2014, 1066.

106 Gesetz über den Handel mit Berechtigungen zur Emission von Treibhausgasen (Treibhausgas-Emissionshandelsgesetz) v. 21.7.2011, BGBl. I 2011, S. 1475, zuletzt geändert durch Art. 2 Abs. 45 u. Art. 4 Abs. 28 des Gesetzes v. 7.8.2013, BGBl. I 2013, S. 3154 (3169 und 3202).

107 Siehe die Unterrichtung durch die Bundesregierung zum Nationalen Klimaschutzprogramm v. 14.11.2000, BT-Drs. 14/4729.

108 Eckpunkte für ein integriertes Energie- und Klimaprogramm (IEKP) vom August 2007, abrufbar unter: www.bmub.bund.de/themen/klima-energie/klimaschutz/klima-klimaschutz-download/artikel/das-integrierte-energie-und-klimaschutzprogramm-iekp/?tx_ttnews[backPid]=3033 (9.6.15).

Auf gesetzlicher Ebene greift mit dem bereits erwähnten § 1 Abs. 1 EnWG eine der zentralen Bestimmungen des Energiewirtschaftsrechts die Verpflichtung zum Klimaschutz auf, stellt sie allerdings zugleich in den Kontext weiterer wesentlicher Ziele.[109] Danach soll mit den Mitteln des EnWG eine möglichst sichere, preisgünstige, verbraucherfreundliche, effiziente und umweltverträgliche leitungsgebundene Versorgung der Allgemeinheit mit Elektrizität und Gas gewährleistet werden, die zunehmend auf erneuerbaren Energien beruht. Detaillierte Verpflichtungen sind dieser Norm damit allerdings noch nicht zu entnehmen.

Konkret hat sich die Bundesregierung jedoch zum Ziel gesetzt, die Treibhausgasemissionen bis 2020 um mindestens 40 % gegenüber dem Wert von 1990 zu reduzieren, bis 2050 gar um 80-95 %.[110] Erreicht werden sollen diese Ziele einerseits durch den Ausbau erneuerbarer Energien, andererseits durch eine Steigerung der Energieeffizienz. Als wichtiges Mittel nennt die Bundesregierung dazu u.a. den Ausbau der Kraft-Wärme-Kopplung, dies wiederum gerade auch durch einen weiteren Ausbau von Wärmenetzen.[111] Hinzu kommen Maßnahmen, die auf der Nachfrageseite beim Verbrauch der Energie ansetzen.[112]

Den Anteil erneuerbarer Energien am gesamten deutschen Bruttoenergieverbrauch will die Bundesregierung bis 2050 auf mindestens 60 % stei-

---

109 Zu § 1 Abs. 1 EnWG siehe bereits oben unter II. 2.

110 So die Angaben des Bundesministeriums für Umwelt, Naturschutz, Bau und Reaktorsicherheit zur deutschen Klimapolitik auf der Homepage des Ministeriums, Stand 9.4.2014, abrufbar unter: http://www.bmub.bund.de/themen/klima-energie/ klimaschutz/nationale-klimapolitik/klimapolitik-der-bundesregierung/ (10.6.2015). Vgl. dazu auch den Kabinettsbeschluss der Bundesregierung v. 3.12.2014, Aktionsprogramm Klimaschutz 2020, S. 9 sowie 11, abrufbar unter: http://www.bmub.bund.de/service/publikationen/downloads/details/artikel/aktion sprogramm-klimaschutz-2020/ (4.8.2015).

111 Vgl. die Eckpunkte für ein integriertes Energie- und Klimaprogramm (IEKP) vom August 2007, abrufbar unter: www.bmub.bund.de/themen/klima-energie/kli maschutz/klima-klimaschutz-download/artikel/das-integrierte-energie-und-klima schutzprogramm-iekp/?tx_ttnews[backPid]=3033 (9.6.15), S. 9 zum Ziel der Steigerung des Anteils von Strom aus Kraft-Wärme-Kopplung bis 2020 auf ca. 25 %.

112 Vgl. z.B. die Eckpunkte für ein integriertes Energie- und Klimaprogramm (IEKP) vom August 2007, abrufbar unter: www.bmub.bund.de/themen/klima-energie/kli maschutz/klima-klimaschutz-download/artikel/das-integrierte-energie-und-klima schutzprogramm-iekp/?tx_ttnews[backPid]=3033 (9.6.15), S. 22 f., 25 f.

gern, den Anteil an der Stromerzeugung auf 40-45 % bis 2025 und 50-60 % bis zum Jahr 2035.[113]

Die Ausbauziele für den Stromsektor finden sich als gesetzliche Regelung niedergelegt in § 1 Abs. 2 Satz 2 EEG 2014. Über diese Zwischenschritte soll der Anteil erneuerbarer Energien am Bruttostromverbrauch bis 2050 „stetig und kosteneffizient" auf mindestens 80 % erhöht werden (vgl. § 1 Abs. 2 Satz 1 EEG). Zudem soll der Anteil erneuerbarer Energien am Bruttoendenergieverbrauch auf diesem Wege gemäß § 1 Abs. 3 EEG bis 2020 auf mindestens 18 % gesteigert werden.

Speziell für den Wärmebereich hatte sich die Bundesregierung bereits 2007 das Ziel gesetzt, den Anteil erneuerbarer Energien am Wärmeverbrauch bis 2020 auf 14 % zu steigern.[114]

b) Rechtsrahmen der deutschen Energiewende

Wie oben dargelegt, führten nicht allein klimapolitische Erwägungen zur Einleitung der sogenannten „Energiewende" in Deutschland. Dabei fiel im Jahr 2011 nach einigen Vor- und Rückschritten auch die Entscheidung zugunsten eines kompletten „Atomausstiegs".[115]

Begonnen hatte dessen wechselvolle Geschichte bereits im Jahr 2000 mit dem Atomkonsens, als Vereinbarung der damaligen Bundesregierung mit Energieversorgungsunternehmen über eine Begrenzung der Laufzeit der deutschen Atomkraftwerke in Form der Festlegung bestimmter Reststrommengen. Die gesetzgeberische Umsetzung erfolgte über die 2001 vom Bundestag beschlossene und 2002 in Kraft getretene Änderung des

---

113 Entsprechende Angaben finden sich etwa auf der Homepage des Bundesministeriums für Umwelt, Naturschutz, Bau und Reaktorsicherheit, Stand 9.4.2014, abrufbar unter: http://www.bmub.bund.de/themen/klima-energie/klimaschutz/nationale-klimapolitik/klimapolitik-der-bundesregierung/ (10.6.2015); vgl. auch den Kabinettsbeschluss der Bundesregierung v. 3.12.2014, Aktionsprogramm Klimaschutz 2020, S. 11, 33, abrufbar unter: http://www.bmub.bund.de/service/publikationen/downloads/details/artikel/aktionsprogramm-klimaschutz-2020/ (4.8.2015).

114 Eckpunkte für ein integriertes Energie- und Klimaprogramm (IEKP) vom August 2007, abrufbar unter: www.bmub.bund.de/themen/klima-energie/klimaschutz/klima-klimaschutz-download/artikel/das-integrierte-energie-und-klimaschutzprogramm-iekp/?tx_ttnews[backPid]=3033 (9.6.15), S. 27.

115 Zu den verschiedenen Etappen des Atomausstiegs vgl. u.a. *Heselhaus*, EurUP 2013, 123 (138); *Kloepfer/Bruch*, JZ 2011, 377 ff.

Atomgesetzes.[116] Nach Änderung der politischen Mehrheiten erfolgte 2010 zwar kein „Ausstieg vom Ausstieg". Doch es wurde über eine Festsetzung größerer Reststrommengen zunächst immerhin eine Verzögerung des Atomausstiegs beschlossen,[117] nur um diese kurz darauf – im Zuge der Debatte um die Gefahren der Kernenergienutzung nach Fukushima 2011 – sogleich wieder zurückzunehmen.[118] Darüber hinaus wurde mit dieser erneuten Gesetzesänderung zugleich der bereits im Grundsatz beschlossene Atomausstieg 2011 noch weiter beschleunigt. Einige der deutschen Atomkraftwerke wurden im Zusammenhang mit diesen Änderungen des Atomgesetzes im Wege des von der Bundesregierung verkündeten und von den zuständigen Landesbehörden umgesetzten sogenannten „Atom-Moratoriums" sofort stillgelegt.[119] Für die übrigen Anlagen gilt es zu beachten, dass unabhängig von den noch offenen Reststrommengen die Berechtigung zum Betrieb des letzten Atomkraftwerks spätestens Ende 2022 erlischt (vgl. § 7 Abs. 1a Satz 1 AtG).

Nicht allein die zuvor bereits ohne Beteiligung des Bundesrates erfolgte Änderung des Atomgesetzes im Jahr 2010 war heftig umstritten, sondern ebenso der beschleunigte Ausstieg 2011.[120] Mag auch theoretisch die Wiedereinführung der lediglich durch einfaches Gesetz in § 7 I 2 AtG[121] beendeten zivilen Kernkraftnutzung in Deutschland nach wie vor durch einfaches Gesetz möglich sein, so scheint dies doch politisch auf absehbare

---

116 Änderung des Atomgesetzes durch Art. 1 des Gesetzes zur geordneten Beendigung der Kernenergienutzung zur gewerblichen Erzeugung von Elektrizität (KBeendG) v. 22.4.2002, BGBl. I 2002, S. 1351.

117 Durch Art. 1 des Elften Gesetzes zur Änderung zur Änderung des Atomgesetzes v. 8.12.2010, BGBl. I 2010, S. 1814. Vgl. zu den damit in Zusammenhang stehenden Fragen statt vieler *Däuper/Michaels/Ringwald*, ZUR 2010, 451; sowie *Scholz*, NVwZ 2010, 1385.

118 Änderung durch Art. 1 des Dreizehnten Gesetzes zur Änderung des Atomgesetzes v. 31.7.2011, BGBl. I 2011, S. 1704.

119 Diese umstrittene Maßnahme wurde mittlerweile auch gerichtlich beanstandet: Siehe dazu die Entscheidung des BVerwG, DVBl. 2014, 303; vorgehend VGH Kassel, ZUR 2013, 367; Anmerkungen dazu u.a. von *Gärditz*, EurUP 2014, 136; *ders.*, EurUP 2013, 222 sowie *Battis/Ruttloff*, NVwZ 2013, 817.

120 Zu verschiedenen verfassungsrechtlichen Fragen im Zusammenhang mit dem Atomausstieg vgl. u.a. *Däuper/Michaels/Voß*, ZNER 2011, 375; *Pielow*, in: Faßbender/Köck, Versorgungssicherheit in der Energiewende, S. 45 (51 ff.); *Schlömer*, ZNER 2014, 363; jeweils m.w.N.

121 Danach werden die nach § 7 I 1 AtG erforderlichen Genehmigungen für Anlagen zur Spaltung von Kernbrennstoffen zur gewerblichen Erzeugung von Elektrizität oder Anlagen zur Aufarbeitung bestrahlter Kernbrennstoffe *nicht* erteilt.

Zeit unwahrscheinlich. Verfassungsrechtlich allerdings bleibt ein erneuter „Ausstieg vom Ausstieg" durchaus zulässig, solange kein Verbot der Kernenergienutzung von Verfassungsrang existiert.[122]

Mit diesem (einfach-)gesetzlich verankerten Verzicht auf die Nutzung der Kernenergie stellt sich in verstärktem Maße die Herausforderung, bisher genutzte Energieträger durch erneuerbare zu ersetzen, gegebenenfalls unter Erschließung von Energieeinsparpotenzialen, und Verbesserungen im Bereich der Energieeffizienz einzuleiten. Gesetzgeberische Maßnahmen zur Erreichung dieser verschiedenen Ziele bilden in ihrer Gesamtheit den Rechtsrahmen der dem Klimaschutz verpflichteten Energiewende. In der öffentlichen Diskussion stehen dabei in den letzten Jahren – und wohl auch noch auf absehbare Zeit – insbesondere die Regelungen des EEG sowie zur Förderung des Stromnetzausbaus im Mittelpunkt. Wie noch zu aufzuzeigen sein wird, können allerdings insbesondere auch Maßnahmen zur Umstellung der Wärmeversorgung auf erneuerbare Energien von maßgeblicher Bedeutung für Betroffene sein.

Ob mit rechtlichen Umwälzungen zur Verwirklichung der Energiewende und der Schaffung eines Rechtsrahmens zur Nutzung erneuerbarer Energien bereits ein neues, eigenständiges Rechtsgebiet entstanden ist, kann vorliegend dahinstehen.[123] Unabhängig von einer Qualifizierung als eigenständiges Rechtsgebiet steht jedenfalls die Bedeutung und Aktualität entsprechender gesetzlicher Bestimmungen außer Frage.

---

122 Darauf weist auch *Pielow,* in: Faßbender/Köck, Versorgungssicherheit in der Energiewende, S. 45 (54), hin.

123 Insoweit kritisch *Longo,* Örtliche Energieversorgung, S. 32 („noch nicht"). *Kloepfer,* Umweltschutzrecht, § 11 Rn. 1 und 4, spricht dem „Umweltenergierecht" bzw. „Energieumweltrecht" dagegen durchaus eine zumindest „relative Eigenständigkeit" als neues Teilgebiet des Umweltrechts zu und versteht unter diesem Umweltenergierecht „alle Rechtsakte des Umweltrechts, die sich mit der Energiegewinnung, der Energieversorgung und dem Energieverbrauch befassen"; zur Entwicklung und den Rechtsquellen des so verstandenen Umweltenergie- bzw. Energieumweltrechts siehe *Kloepfer,* Umweltschutzrecht, § 11 Rn. 5 ff. *Müller,* in: Müller/Oschmann/Wustlich, EEWärmeG, Einl. Rn. 21, bezeichnet das Umweltenergierecht als ein „noch im Entstehen befindliche[s] Rechtsgebiet" und zählt dazu alle Normen, „die die Nutzung von Energie mit dem Ziel des Klimaschutzes und der Ressourcenschonung zum Regelungsgegenstand haben"; es bilde damit ein zentrales Teilgebiet des Klimaschutzrechts, das sich wiederum „ebenfalls noch nicht zu einem eigenständigen Rechtsgebiet [verdichtet]" habe.

c) Umsetzung der rechtlichen Vorgaben

Trotz der in Kraft gesetzten Rechtsänderungen zur Verwirklichung der Energiewende und der klimapolitischen Zielsetzungen sind vor allem im Hinblick auf die Erreichung letzterer gegenwärtig noch Defizite festzustellen.

2012 lag der Anteil erneuerbarer Energien am deutschen Stromverbrauch den Angaben des Bundesumweltministeriums zufolge[124] noch bei 23,6 %,[125] der Anteil am gesamten Endenergieverbrauch bei 12,7 %, und bei 10 %, wenn man ausschließlich den Wärmemarkt[126] betrachtet. Das Zwischenziel der Reduzierung von Treibhausgasemissionen für das Jahr 2020 würde nach aktuellen Prognosen noch verfehlt werden.[127] Daher sind weitere Anstrengungen erforderlich.

---

124 Vgl. die Angaben des Bundesministeriums für Umwelt, Naturschutz, Bau und Reaktorsicherheit zur deutschen Klimapolitik auf der Homepage des Ministeriums, Stand 9.4.2014, abrufbar unter: http://www.bmub.bund.de/themen/klima-en ergie/klimaschutz/nationale-klimapolitik/klimapolitik-der-bundesregierung/ (10.6.2015).

125 Das Statistische Bundesamt beziffert den Anteil der erneuerbaren Energieträger an der Bruttostrom*erzeugung* im Jahr 2012 auf 22,8 %, im Jahr 2013 auf 24,1 % und 2014 auf 26,2 %; vgl. dazu die Angaben, abrufbar unter: https://www.destatis .de/DE/ZahlenFakten/Wirtschaftsbereiche/Energie/Erzeugung/Tabellen/Bruttostr omerzeugung.html (10.6.2015). Wird der Bruttostrom*verbrauch* in diesen Jahren betrachtet, so liegt der Anteil erneuerbarer Energieträger 2012 bei 23,7 %, 2013 bei 25,4 % und im Jahr 2014 bei 27,3 %, die Anteile am Primärenergieverbrauch betrugen demgegenüber 2012 10,3 %, 2013 10,4 % und 2014 11,1 %; vgl. die entsprechende Übersicht ist abrufbar unter: https://www.destatis.de/DE/ZahlenFa kten/Wirtschaftsbereiche/Energie/Erzeugung/Tabellen/ErneuerbareEnergie.html (10.6.2015).

126 Tabellen des Bundeswirtschaftsministeriums auf Basis der Arbeitsgruppe Erneuerbare Energien-Statistik (AGEE-Stat) mit Zahlen vom Februar 2015 zufolge betrug der Anteil erneuerbarer Energien am Endenergieverbrauch speziell im Wärmebereich 2012 9,8 %, 2013 und 2014 gleichbleibend 9,9 %; vgl. die Angaben zur Entwicklung der erneuerbaren Energien in Deutschland im Jahr 2014, abrufbar unter: http://www.erneuerbare-energien.de/EE/Navigation/DE/Service/Erneu erbare_Energien_in_Zahlen/Entwicklung_der_erneuerbaren_Energien_in_Deutsc hland/entwicklung_der_erneuerbaren_energien_in_deutschland_im_jahr_2014.ht ml (10.6.2015).

127 So wiederum die Angaben des Bundesministeriums für Umwelt, Naturschutz, Bau und Reaktorsicherheit zur deutschen Klimapolitik auf der Homepage des Ministeriums, Stand 9.4.2014, abrufbar unter: http://www.bmub.bund.de/themen/

Das trifft in besonderem Maße auf den Wärmebereich zu. Die Wärmeenergie nimmt in Form von Raumwärme, Warmwasser sowie als industrielle Prozesswärme den größten Anteil am Gesamtendenergieverbrauch in Deutschland ein.[128] Sie bildet jedoch nicht nur deshalb ein besonders breites Aufgabenfeld für die Energiewende. Hinzu kommt, dass insbesondere zur Bereitstellung von Raumwärme und für die Warmwasserbereitung bislang vielfach die als besonders klimaschädlich eingeschätzten Ressourcen Erdöl und Erdgas eingesetzt werden. Gerade im Wärmesektor schreitet der Ausbau der erneuerbaren Energien eher zögerlich voran.[129]

4. Verpflichtungen auf Ebene der Bundesländer

Neben den auf Bundesebene beschlossenen klima- und energiepolitischen Zielen bestehen vergleichbare Verpflichtungen vereinzelt auch auf Länderebene, da einige der Bundesländer eigene Klimaschutzziele beschlossen haben.

So gilt für Nordrhein-Westfalen seit 2013 gemäß § 3 Abs. 1 des Klimaschutzgesetzes[130] das Ziel einer Reduzierung von Treibhausgasemissionen um mindestens 25 % gegenüber 1990 bis zum Jahr 2020, bis 2050 sogar um mindestens 80 %. Gemäß § 4 Klimaschutzgesetz binden diese Landesklimaschutzziele die Landesregierung unmittelbar und verpflichten sie, bestehende Handlungsmöglichkeiten zu nutzen, insbesondere einen Klimaschutzplan gemäß § 6 Klimaschutzgesetz aufzustellen. Anderen öffentlichen Stellen – zu denen gemäß § 2 Abs. 2 des Gesetzes auch Gemeinden gehören – kommt nach § 5 Abs. 1 Satz 1 Klimaschutzgesetz NRW vor allem eine Vorbildfunktion zu, „insbesondere zur Minderung der Treibhausgase, zum Ausbau der Erneuerbaren Energien sowie zur Anpassung an den Klimawandel". Die Landesregierung kann Gemeinden darüber hinaus § 5 Abs. 1 Satz 3 Klimaschutzgesetz verpflichten, Klimaschutzkonzepte zu erstellen.

---

klima-energie/klimaschutz/nationale-klimapolitik/klimapolitik-der-bundesregierung/ (10.6.2015).

128 Siehe dazu bereits oben, Einleitung, in und bei Fn. 4.

129 Siehe wiederum bereits in der Einleitung, in und bei Fn. 5 ff. Diese Entwicklung bemängeln auch *Maaß/Sandrock/Weyland*, ZUR 2015, 78 (79); *Gawel/u.a.*, ZUR 2014, 219 (223).

130 Klimaschutzgesetz Nordrhein-Westfalen v. 29.1.2013, GV.NRW 2013, S. 33.

In Baden-Württemberg sollen gemäß § 4 Abs. 1 des Klimaschutzgesetzes (KSG BW)[131] bis 2020 die Treibhausgasemissionen ebenfalls um mindestens 25 % gegenüber dem Niveau von 1990, bis 2050 gar um 90 % verringert werden. Konkrete Ziele und Maßnahmen sind in einem von der Landesregierung gemäß § 6 KSG BW zu erstellenden integrierten Energie- und Klimaschutzkonzept zu benennen. Auch in Baden-Württemberg kommt öffentlichen Stellen, insbesondere auch den Gemeinden, eine Vorbildfunktion zu (vgl. § 7 Abs. 4 KSG BW).

Rheinland-Pfalz hat erst im vergangenen Jahr beschlossen, seine Emissionen bis 2020 um mindestens 40 % zu verringern, bis 2050 möglichst um 100 %, mindestens aber um 90 % gegenüber dem 1990 (§ 4 Satz 1 und 2 LKSG).[132] Ziele, Strategien und Maßnahmen sind wiederum in einem von der Landesregierung zu beschließenden Klimaschutzkonzept gemäß § 6 LKSG darzustellen; § 9 betont einmal mehr die Vorbildfunktion öffentlicher Stellen, gerade auch der Kommunen (§ 9 Abs. 5 LKSG).

Dem bereits seit 1997 geltenden Klimaschutzgesetz Hamburgs[133] fehlt es demgegenüber an einer Verpflichtung auf konkrete, mengenmäßig bestimmte Reduktionsziele.

Alle drei zuvor genannten Länder haben jedoch ihre konkreten klimapolitischen Zielsetzungen rechtsverbindlich, in Gesetzesform beschlossen und sind auf diese Weise über die Selbstverpflichtungen der Bundesrepublik hinausgegangen. Rheinland-Pfalz verfolgt dabei innerhalb der Bundesländer, wie auch im Vergleich mit der Bundesrepublik insgesamt oder europäischen und internationalen Bestrebungen das ambitionierteste Ziel, doch bleibt abzuwarten, ob die hochgesteckten Ziele tatsächlich erreicht werden können.

Als jüngstes Beispiel eines Landesklimaschutzgesetzes ist das 2015 in Bremen verabschiedete zu nennen.[134] Für das Jahr 2020 ergibt sich aus § 1 Abs. 2 Satz 1 BremKEG das Ziel der Reduzierung von im Land erzeugten

---

131 Klimaschutzgesetz Baden-Württemberg (KSG BW) v. 23.7.2013, GBl. 2013, S. 229.

132 Landesgesetz zur Förderung des Klimaschutzes (Landesklimaschutzgesetz – LKSG) v. 19.8.2014, GVBl. 2014, S. 188.

133 Hamburgisches Gesetz zum Schutz des Klimas durch Energieeinsparung (Hamburgisches Klimaschutzgesetz – HmbKliSchG) v. 25.6.1997, HmbGVBl. 1997, S. 261, zuletzt geändert durch Art. 32 des Gesetzes v. 17.12.2013, HmbGVBl. 2013, S. 502 (531).

134 Bremisches Klimaschutz- und Energiegesetz (BremKEG) v. 24.3.2015, Brem.GBl. 2015, S. 124.

Kohlendioxidemissionen – allerdings mit Ausnahme der Stahlindustrie – um mindestens 40 % gegenüber dem Jahr 1990. Rein zahlenmäßig erinnert diese Zielvorgabe damit an das für Rheinland-Pfalz geltende Ziel, doch sind die davon erfassten Emissionen ihrer Art nach – anderes als in den zuvor benannten Fällen entsprechender Reduktionsverpflichtungen – beschränkt. Darüber hinaus verzichtet das BremKEG auf die Bestimmung eines festen Ziels für das Jahr 2050. Stattdessen hält § 1 Abs. 2 Satz 2 BremKEG fest, dass sich das Gesetz am Leitziel „orientiere", die Treibhausgasemissionen der Industrieländer bis zum Jahr 2050 um 80 bis 95 Prozent gegenüber dem Vergleichsjahr 1990 zu senken. Quantitative Zwischenziele für die Jahre 2030 und 2040 sollen erst bis Ende 2018 bzw. Ende 2028 festgelegt werden (vgl. § 1 Abs. 2 Satz 3 BremKEG).

Zur Umsetzung der gesetzlich festgelegten Ziele hat der Senat nach § 3 BremKEG eine Anpassungsstrategie an den Klimawandel sowie nach § 4 BremKEG ein Klimaschutz- und Energieprogramm zu erstellen. Das Land Bremen und seine Gemeinden haben in Erfüllung ihrer Vorbildfunktion (vgl. § 7 BremKEG) die Ziele und Handlungsstrategien des Gesetzes gemäß § 2 Abs. 2 BremKEG bei allen Tätigkeiten – soweit zulässig – zu berücksichtigen, Gemeinden insbesondere gemäß § 13 in ihren städtebaulichen Konzepten.

In Berlin,[135] Niedersachsen[136] und Schleswig-Holstein[137] wird gegenwärtig am Erlass entsprechender Normen gearbeitet, während Entwürfe

---

135 Vgl. zum einen die Berichterstattung zum „Entwurf für ein Berliner Energiewendegesetz" unter http://www.stadtentwicklung.berlin.de/umwelt/klimaschutz/energ iewendegesetz/de/klimaneutral2050.shtml (zuletzt abgerufen am 1.6.2015), wonach energiebedingte Kohlendioxidemissionen Berlins bis 2020 um mindestens 40 % gegenüber 1990 gesenkt werden sollen, bis 2030 um mindestens 60 %, bis 2015 um mindestens 85 %; konkrete Maßnahmen sollen auch in Berlin einem „Integrierten Energie- und Klimaschutzkonzept" überlassen bleiben. Der Gesetzentwurf für ein Berliner Energiewendegesetz selbst ist mit Stand v. 14.4.2015 abrufbar unter: http://www.stadtentwicklung.berlin.de/umwelt/klimaschutz/energie wendegesetz/download/EnergiewendeG_Bln_GESETZESTEXT.pdf (1.6.2015). Derzeit existiert in Berlin bereits ein Gesetz zur Förderung der sparsamen sowie umwelt- und sozialverträglichen Energieversorgung und Energienutzung im Land Berlin (Berliner Energiespargesetz - BEnSpG) v. 2.10.1990, GVBl. 1990, S. 2144, zuletzt geändert durch Art. LVII des Gesetzes v. 16.7.2001, GVBl. 2001, S. 260, auf das an anderer Stelle noch zurückzukommen sein wird; vgl. unten Teil 2 III. 1. o).

136 Zu den Arbeiten an einem Klimaschutzgesetz für Niedersachsen siehe http://ww w.umwelt.niedersachsen.de/energiewende/runder-tisch-131885.html (1.6.2015).

für Klimaschutzgesetze in anderen Ländern scheiterten.[138] Damit fehlen in den anderen Ländern eigene gesetzliche Verpflichtungen zur Emissionsminderung. Dies gilt beispielsweise auch für Hessen, das allerdings statt gesetzlicher Emissionsminderungsverpflichtungen Zielsetzungen im Hinblick auf den Ausbau erneuerbarer Energien geregelt hat. So soll der Endenergieverbrauch von Strom und Wärme gemäß § 1 Abs. 1 des Energiegesetzes des Landes[139] bis 2050 möglichst zu 100 % aus erneuerbaren Energien gedeckt werden.

IV. Vorstellung verschiedener erneuerbarer Energieträger und ihrer Bedeutung für die Wärmeerzeugung

Angesichts der soeben vorgestellten klima- und energiepolitischen Zielsetzungen stellt sich zum einen die Frage, welche „erneuerbaren Energien" eingesetzt werden können, den genannten Verpflichtungen nachzukommen. Insbesondere mit Blick auf den Wärmemarkt sind sowohl die tatsächlichen Gegebenheiten wie auch technische Möglichkeiten des Einsatzes regenerativer Energieträger einer näheren Betrachtung zu unterziehen. Diesen Punkten soll im Folgenden Abschnitt nachgegangen werden.

1. Begriff der „erneuerbaren Energien"

Als erneuerbare Energiequelle wohl am relevantesten ist die Solarstrahlung, die in direkter Form durch die Photovoltaik- oder Solarthermie-Technik genutzt werden kann, indirekt auch beim Einsatz von Wind- oder Wasserkraft nutzbar gemacht wird, sowie im Wege der Gewinnung von Energie aus Biomasse. Als weitere Primärenergiequelle kommt neben der Sonnenstrahlung die Geothermie in Betracht. Während bei oberflächennaher Geothermie wiederum die solare Umgebungswärme des Erdreichs ge-

---

137 Informationen zum Gesetzesvorhaben eines „Energiewende- und Klimaschutzgesetzes Schleswig-Holstein" sind einem entsprechenden Landtagsbericht, LT-Drs. 18/2580, zu entnehmen und abrufbar unter: http://www.schleswig-holstein.de/DE /Fachinhalte/K/klimaschutz/energiewendeKlimaschutzgesetz.html (1.6.2015).
138 Zu den Entwürfen von Saarland, Sachsen-Anhalt, Brandenburg und Thüringen vgl. die Nachweise bei *Stäsche*, EnWZ 2014, 291 (296).
139 Hessisches Energiegesetz (HEG) v. 21.11.2012, GVBl. 2012, S. 444.

nutzt wird, macht sich die sogenannte Tiefengeothermie-Technik demgegenüber die Energie des Erdkerns zunutze.[140]

Für die Definition des Begriffs der „erneuerbaren Energien", wie er in einschlägigen Gesetzen verwendet wird, kommt es auf diese Unterscheidung von Primär- und Sekundärenergiequellen dagegen nicht an. Eine Legaldefinition findet sich u.a. in § 5 Nr. 14 EEG. Danach sind erneuerbare Energien im Sinne des EEG: die Wasserkraft einschließlich der Wellen-, Gezeiten-, Salzgradienten- und Strömungsenergie, die Windenergie, solare Strahlungsenergie, Geothermie, die Energie aus Biomasse einschließlich Biogas, Biomethan, Deponiegas und Klärgas sowie Energie aus dem biologisch abbaubaren Anteil von Abfällen aus Haushalten und Industrie. Diese Begriffsbestimmung bezieht sich dem Anwendungsbereich und Regelungsgegenstand des EEG entsprechend auf die Nutzung erneuerbarer Energien zur Stromerzeugung.

Für den Bereich der Wärmeerzeugung ist die Zahl der in Frage kommenden erneuerbaren Energieträger demgegenüber eingeschränkt, da etwa Wasserkraft und Windenergie insoweit nicht genutzt werden. Damit kommen für die Wärmeerzeugung im Wesentlichen nur die solare Strahlungsenergie (Solarthermie), Geothermie sowie Biomasse in Betracht, daneben die Nutzung von Umweltwärme, d.h. der natürlich vorhandenen Wärme, die über durch Strom oder Gas betriebene Wärmepumpen auf eine bestimmte Temperatur erhöht wird.[141]

Diesen tatsächlichen, technischen Gegebenheiten entspricht wiederum die Legaldefinition „erneuerbarer Energien" in § 2 Abs. 1 EEWärmeG. Danach sind erneuerbare Energien im Sinne des EEWärmeG die Geothermie, Umweltwärme, solare Strahlungsenergie sowie die aus fester, flüssiger und gasförmiger Biomasse erzeugte Wärme; zusätzlich erfasst der Begriff gemäß § 2 Abs. 1 Nr. 5 EEWärmeG auch Kälte aus erneuerbaren Energien.

Europarechtlich findet sich schließlich eine Definition in Art. 2 lit. a) der grundlegenden Erneuerbare-Energien-Richtlinie. Vom Begriff umfasst wird danach Energie aus erneuerbaren, nichtfossilen Energiequellen, d.h. Wind, Sonne, aerothermische, geothermische, hydrothermische Energie, Meeresenergie, Wasserkraft, Biomasse, Deponiegas, Klärgas und Biogas.

---

140 Siehe dazu *Longo,* Örtliche Energieversorgung, S. 55; zur Unterscheidung von Primär- und Sekundärenergiequellen auch *Böttcher/Faßbender,* in: dies., Erneuerbare Energien in der Notar- und Gestaltungspraxis, Einl. Rn. 10.
141 *Wustlich,* ZUR 2008, 113 (114).

Diese umfassende Definition korrespondiert mit dem weiten Anwendungsbereich der Richtlinie, die sich der Förderung der Energie aus erneuerbaren Quellen in einem sektorenübergreifenden Sinne annehmen will, und dementsprechend sowohl die Strom- wie auch die Wärmeerzeugung betrifft.

Auch wenn die verschiedenen Legaldefinitionen unmittelbare Geltung allein für den Anwendungsbereich des jeweiligen Gesetzes bzw. der Richtlinie beanspruchen können, lassen sich daraus doch die allgemein in Frage kommenden Energieträger bestimmen, soweit es in rechtlicher Hinsicht um den Einsatz „erneuerbarer Energien" geht. Abweichungen im Begriffsverständnis zwischen den Bereichen der Strom- und der Wärmeversorgung sind dabei technisch bedingt.

Für die Bestimmung des Begriffs unerheblich sind allerdings die auch im Kreis der eben genannten erneuerbaren Energieträger bestehenden Unterschiede im Hinblick auf die „Klimafreundlichkeit".[142] Sie können allerdings gegebenenfalls im Rahmen einer Abwägung zwischen verschiedenen Einsatzstoffen relevant werden.

Wie positiv im Einzelnen die Klimabilanz der verschiedenen erneuerbaren Energien ausfällt, hängt jeweils von einer Reihe verschiedener Faktoren ab. So sind gerade bei der im Wärmebereich hauptsächlich zum Einsatz kommenden Biomasse eine Vielzahl von Vor- und Nachteilen zu berücksichtigen: einerseits ihre vielseitigen technischen Einsatzmöglichkeiten in allen Aggregatzuständen – andererseits ein vergleichsweise geringer Energieertrag und damit eine Klimabilanz, die an sich nur geringfügig positiver ausfällt als die fossiler Brennstoffe. Hinzu kommen negative Auswirkungen auf Gewässer und Böden, Konflikte mit den Zielen von Naturschutz und Biodiversität.[143]

Im Übrigen ist Biomasse – anders als etwa Solarenergie – zwar nicht unbegrenzt verfügbar,[144] allerdings wie fossile Energieträger grundlastfähig.[145] Damit hat die Biomasse – insbesondere vor dem Hintergrund des oben dargelegten Erfordernisses einer dauerhaft sicheren Energieversor-

---

142 So *Ekardt/Heitmann*, ZNER 2009, 346 (349).
143 Siehe zu alldem *Ekardt/Heitmann*, ZNER 2009, 346 (349 f.).
144 *Müller*, ZNER 2008, 132 (136), verweist insofern auf nachteilige Folgen in wirtschaftspolitischer Hinsicht wie auch auf Nutzungskonkurrenzen bei übergreifender Betrachtung der klimapolitischen Ziele, da Biomasse auch in der Energiesektoren Strom und Verkehr eingesetzt werden müsse.
145 *Ekardt/Heitmann*, ZNER 2009, 346 (350).

gung – wiederum sowohl Vorteile als auch Nachteile gegenüber anderen regenerativen Energieträgern.

Schließlich hängt die Klimabilanz des Biomasse-Einsatzes maßgeblich davon ab, wie effizient dieser Einsatz im Ergebnis ausfällt. Dazu kann die Nutzung der sogenannten Kraft-Wärme-Kopplung[146] einen wesentlichen Beitrag leisten.[147]

2. Der bestehende Wärmemarkt in Deutschland

Betrachtet man die Praxis, so kommt unter den genannten erneuerbaren Energien im Wärmesektor der Biomasse die größte Bedeutung zu, wenngleich sich die Anteile in den letzten Jahren immerhin leicht verschoben haben: Während auf Solarthermie und Geothermie im Jahr 2011 Anteile von jeweils etwa 4 % entfielen, beruhten die restlichen ca. 92 % der Wärmeerzeugung aus erneuerbaren Energien auf der Nutzung von Biomasse.[148] 2014 betrug der Biomasse-Anteil – leicht gesunken – immerhin noch knapp 87 %, der Anteil der Solarthermie 5,3 % und der Anteil von Geothermie und Umweltwärme 8,1 %.[149] Solar- wie auch Geothermie und Umweltwärme spielen damit, leichten Steigerungen zum Trotz, nach wie vor eine deutlich untergeordnete Rolle.

Gründe für die insgesamt noch geringe Verbreitung erneuerbarer Energien im Bereich der Wärmeerzeugung[150] liegen angesichts der durchaus bestehenden Möglichkeiten vielfach noch in den jeweiligen Kosten. So fallen beispielsweise bei der Nutzung von Biomasse, für den Bezug von Einsatzstoffen wie Biogas oder Pflanzenöl höhere laufende Kosten an als

---

146 Dazu unten Teil 1 IV. 3.

147 Vgl. *Ekardt/Heitmann*, ZNER 2009, 346 (350).

148 Dabei wiederum weit überwiegend (ca. 73 %) auf dem Einsatz fester Biomasse, einschließlich biogener Abfälle; vgl. im Einzelnen die Angaben im Erfahrungsbericht zum Erneuerbare-Energien-Wärmegesetz (EEWärmeG-Erfahrungsbericht) v. 19.12.2012, S. 26, die dort auch grafisch aufbereitet sind; abrufbar unter: https://www.erneuerbare-energien.de/EE/Redaktion/DE/Downloads/Berichte/erfa hrungsbericht_der_bundesregierung_zum_erneuerbare_energien_waermegesetz.p df?__blob=publicationFile&v=4 (25.6.2015).

149 Vgl. *BMWi* (Hrsg.), Erneuerbare Energien im Jahr 2014, S. 7, mit entsprechender grafischer Aufbereitung der statistischen Zahlen, abrufbar unter: www.bmwi.de/ BMWi/Redaktion/PDF/Publikationen/erneuerbare-energien-im-jahr-2014,propert y=pdf,bereich=bmwi2012,sprache=de,rwb=true.pdf (31.7.2015).

150 Siehe bereits oben, Einleitung, in und bei Fn. 5 und 6.

für vergleichbare fossiler Rohstoffe; im Übrigen schlagen in allen Fällen der Nutzung erneuerbarer Energien im Wärmesektor erhebliche Anfangsinvestitionen zu Buche.[151] Zwar können derartige Investitionen im Laufe der Betriebsjahre der jeweiligen Anlage amortisiert werden, doch auch dies gilt nicht für alle erneuerbaren Energien in gleichem Maße.[152]

Einige regenerative Energieträger kommen in wirtschaftlicher Hinsicht daher sinnvollerweise auch nicht zur Nutzung in kleineren, dezentralen Einzelanlagen in Betracht, sondern allenfalls zur Wärmeerzeugung in größeren, zentralen Anlagen und der anschließenden Einspeisung in Wärmenetze. Dies gilt in erster Linie für Tiefengeothermie-Anlagen.[153]

a) Praktische Relevanz von Wärmenetzen

Während Netze aus der Verteilung des – konventionell oder durch Nutzung erneuerbarer Energieträger – erzeugten Stroms nicht wegzudenken sind, ist dies im Wärmebereich zumindest nicht im gleichen Maße der Fall. Doch auch hier spielen Wärmenetze eine nicht unwesentliche Rolle.

Der Anteil der Versorgung über Wärmenetze – ohne insofern zwischen den sogleich noch zu erläuternden Begriffen Fern- und Nahwärmeversorgung zu differenzieren – am Wärmemarkt insgesamt wird aktuell mit etwa 12-14 % beziffert.[154] Dabei wurde eine deutlich ungleiche Verteilung zwischen Ost und West festgestellt: Dem Anschluss von ca. 32 % der Wohnungen in den neuen Bundesländern an die Fernwärmeversorgung stünde

---

151 *Wustlich*, ZUR 2008, 113 (115).
152 *Wustlich*, ZUR 2008, 113 (115), weist auf entsprechende Unterschiede und die Vorteile von Holzpelletöfen und Wärmepumpen hin.
153 Siehe *Ekardt/Heitmann*, ZNER 2009, 346 (353); *Wustlich*, ZUR 2008, 113 (119).
154 So die Angaben bei *Topp*, in: Danner/Theobald, Energierecht, Allgemeine Anschluss- und Versorgungsbedingungen, 76. Fernwärmerecht, Rn. 80; ebenso *Kahl*, VBlBW 2011, 53 (54). Zu dem Ergebnis von etwa 12 % kommt auch die AGFW-Umfrage zum Thema „Anschluss- und Benutzungszwang" bei über 350 Wärmeversorgungsunternehmen aus dem Jahr 2005, Fernwärmesatzungen - Möglichkeiten der Gemeinden im Rahmen ihrer energiepolitischen Zuständigkeiten, abrufbar unter: www.agfw.de/recht/anschluss-und-benutzungszwang/ (18.05.15). Vgl. zudem *Wolff/Jagnow*, Überlegungen zu Einsatzgrenzen und zur Gestaltung einer zukünftigen Fern- und Nahwärmeversorgung. Endbericht vom Mai 2011, S. 16, abrufbar unter: http://www.delta-q.de/export/sites/default/de/do wnloads/fernwaermestudie.pdf (18.05.15.).

lediglich ein Anteil von 9 % in den alten Bundesländern gegenüber.[155] Darüber hinaus schwanken die entsprechenden Angaben nicht allein regional, sondern in Abhängigkeit von der Siedlungsdichte. So kommt die netzgebundene Wärmeversorgung zum einen vor allem in Großstädten zum Einsatz, zum anderen entfaltet sie größere Bedeutung für die Versorgung von Mehrfamilienhäuser oder größeren gewerblich genutzten Gebäuden statt für Ein- und Zweifamilienhäuser.[156]

Lediglich etwa 8,6 - 10 % des Fernwärmeabsatzes wiederum erfolgen im Rahmen eines kommunalen Anschluss- und Benutzungszwanges,[157] der weit überwiegende Teil allerdings, 90 % oder mehr, kommen ohne einen Anschluss- und Benutzungszwang aus. Im Ergebnis betrifft der Anschluss- und Benutzungszwang an die Fernwärmeversorgung damit nur ca. 1,4 % des gesamten Wärmemarktes, wobei auch diesen Zahlen noch ein recht weites Verständnis vom „Anschluss- und Benutzungszwang" zugrunde liegt, das auch die Etablierung eines solchen Zwangs durch privatrechtliche Vereinbarungen von Gemeinden sowie Festsetzungen nach § 9 Abs. 1 Nr. 23 BauGB umfasst. Beschränkt auf die Anordnung eines Anschluss- und Benutzungszwangs durch kommunale Satzung ist festzustellen, dass dies lediglich für etwa 1 % des Wärmemarktes von Bedeutung ist.[158] Zu Recht wird daher bislang von einer bloßen „Nebenrolle" des Anschluss- und Benutzungszwangs gesprochen.[159]

Diese Zahlen lassen allerdings zugleich ein nicht unerhebliches Potenzial für einen weiteren Ausbau der Fernwärmeversorgung – gegebenenfalls mittels Anschluss- und Benutzungszwang – erkennen, zumal der An-

---

155 *Wolff/Jagnow*, Überlegungen zu Einsatzgrenzen und zur Gestaltung einer zukünftigen Fern- und Nahwärmeversorgung. Endbericht vom Mai 2011, S. 16, abrufbar unter: http://www.delta-q.de/export/sites/default/de/downloads/fernwaermestudie .pdf (18.05.15).

156 Vgl. den Erfahrungsbericht zum Erneuerbare-Energien-Wärmegesetz (EEWärmeG-Erfahrungsbericht) v. 19.12.2012, S. 70; abrufbar unter: https://www.erneue rbare-energien.de/EE/Redaktion/DE/Downloads/Berichte/erfahrungsbericht_der_ bundesregierung_zum_erneuerbare_energien_waermegesetz.pdf?__blob=publica tionFile&v=4 (25.6.2015).

157 Siehe *Kahl*, VBlBW 2011, 53 (54); *Topp*, in: Danner/Theobald, Energierecht, Allgemeine Anschluss- und Versorgungsbedingungen, 76. Fernwärmerecht, Rn. 5; *Wustlich*, in: Danner/Theobald, Energierecht, Erneuerbare Energien, § 16 EEWärmeG Rn. 8.

158 *Topp/Kraft*, EuroHeat&Power 2009, 18 (18 f.).

159 So *Kahl/Schmidtchen*, ZNER 2011, 35.

teil der Fernwärmeversorgung in anderen europäischen Staaten zum Teil deutlich höher ausfällt.[160]

b) Möglichkeiten und Hemmnisse des Ausbaus von Wärmenetzen

Gründe für das bisher vergleichsweise geringe Gebrauchmachen vom Instrument des Anschluss- und Benutzungszwangs an Wärmenetze sind nicht klar erkennbar. So kommen einerseits rechtliche Hemmnisse in Betracht, andererseits werden Befürchtungen der Kommunen im Hinblick auf eine strenge kartellrechtliche Preiskontrolle vermutet.[161] Daher wurde auch bezweifelt, ob eine Erweiterung der rechtlichen Möglichkeiten bereits zu einer weiteren Verbreitung der Wärmeversorgung unter Nutzung des Anschluss- und Benutzungszwangs führen würde.[162]

In rechtlicher Hinsicht werden zum Teil zu weitreichende Ausnahmen vom Anschluss- und Benutzungszwang bemängelt sowie eine nicht hinreichend konsequente Durchsetzung bestehender Nutzungspflichten.[163]

Auch die netzgebundene Wärmeversorgung als solche wird nicht ausschließlich vorteilhaft beurteilt, sondern gelegentlich mit Nachteilen, wie einer „Oligopolisierung des Energiemarktes" und geringem Innovationsdruck aufgrund fehlenden Wettbewerbs, verbunden.[164] Obgleich hinsichtlich der Energieeffizienz zudem die mit dem Transport der Wärme durch das Netz verbundenen Wärmeverluste zu berücksichtigen sind, überwiegen bei einer Gesamtbetrachtung unter Gesichtspunkten des Klimaschutzes und des Ausbaus erneuerbarer Energien dennoch regelmäßig die Vorteile von Wärmenetzen.[165]

---

160 Das Umweltbundesamt verweist insofern auf Versorgungsanteile von zum Teil bis zu 70 %, vgl. *UBA* (Hrsg.), Potenziale von Nah- und Fernwärmenetzen für den Klimaschutz bis zum Jahr 2020, S. 1 sowie näher S. 42 ff., abrufbar unter: www.umweltbundesamt.de/sites/default/files/medien/publikation/long/3501.pdf (25.09.2013).

161 So *Kahl/Schmidtchen*, ZNER 2011, 35.

162 Vgl. *Kahl/Schmidtchen*, ZNER 2011, 35 (41), die zudem „politisch-psychologische" Hemmnisse und Vorbehalte anführt.

163 *Topp*, in: Danner/Theobald, Energierecht, Allgemeine Anschluss- und Versorgungsbedingungen, 76. Fernwärmerecht, Rn. 5.

164 So *Ekardt/Heitmann*, ZNER 2009, 346 (353).

165 So i.E. auch *Ekardt/Heitmann*, ZNER 2009, 346 (353).

Zum einen könnten etwaige Möglichkeiten der Wärmespeicherung bei der netzgebundenen Wärmeversorgung gegebenenfalls effizienter ausgenutzt werden.[166]

Die Bedeutung von Wärmenetzen als Beitrag zum Klimaschutz wird vielfach jedoch vor allem mit einer deutlich effizienteren Energieerzeugung begründet. So können etwa im Bereich der Solarthermie-Technik größere Anlagen, wie sie zur Speisung von Wärmenetzen genutzt werden, höhere Wirkungsgrade erzielen als kleinere Einzelanlagen.[167] Zudem ist eine Steigerung des Wirkungsgrades von Energieerzeugungsanlagen insbesondere durch den Einsatz der sogenannten Kraft-Wärme-Kopplungs-Technik möglich.[168]

Problematisch wirkt sich allerdings die demographische Entwicklung in Deutschland aus, wobei sich vergleichbare Schwierigkeiten insoweit auch in anderen Versorgungsbereichen, etwa bei Wasser und Abwasser, stellen.[169] Untersuchungen zufolge ist in vielen heute durch Fernwärme versorgten Gebieten mit einem weiteren Bevölkerungsrückgang zu rechnen, was wiederum zur Abnahme der Zahl der angeschlossenen Nutzer führt und dadurch die Fixkosten für die verbliebenen Nutzer weiter steigen lässt.[170]

Soweit sich die abnehmende Bevölkerungsdichte nachteilig auf die Wirtschaftlichkeit der netzgebundenen Wärmeversorgung auswirkt, stellt sich allerdings die Frage, ob das Instrument des Anschluss- und Benutzungszwangs gegebenenfalls dazu dienen kann, die Anschlussdichte hier zwangsweise (wieder) zu erhöhen. Dabei geht es somit nicht um die Frage der Begründung eines solchen Zwangs zum Neu- bzw. Ausbau eines Wärmenetzes, sondern vielmehr zur Erhaltung bestehender Versorgungsnetze.

---

166 Vgl. *Kahl/Schmidtchen*, Kommunaler Klimaschutz, S. 35; *Wustlich*, NVwZ 2008, 1041 (1045).

167 *Ekardt/Heitmann*, ZNER 2009, 346 (353); siehe auch *Wustlich*, NVwZ 2008, 1041 (1045), der ebenfalls die kostengünstigere und effizientere Nutzung emissionsarmer Großanlagen hervorhebt.

168 *Faßbender*, in: Köck/Faßbender, Klimaschutz durch Erneuerbare Energien, S. 39 (40).

169 Vgl. dazu *UBA* (Hrsg.), Potenziale von Nah- und Fernwärmenetzen für den Klimaschutz bis zum Jahr 2020, abrufbar unter: www.umweltbundesamt.de/sites/def ault/files/medien/publikation/long/3501.pdf (25.09.2013), S. 22 f.

170 *UBA* (Hrsg.), Potenziale von Nah- und Fernwärmenetzen für den Klimaschutz bis zum Jahr 2020, abrufbar unter: www.umweltbundesamt.de/sites/default/files/med ien/publikation/long/3501.pdf (25.09.2013), S. 3, 4 f., 13.

Dass die Akzeptanz der Bevölkerung ausreicht, im Wege freiwilliger Anschlüsse eine hinreichende hohe Zahl an Abnehmern zu finden, darf nicht zuletzt angesichts immer wieder geführter Diskussionen um die Rechtmäßigkeit eines Anschluss- und Benutzungszwangs bzw. die Zulässigkeit von Ausnahmen und Befreiungen, denen sich die vorliegende Arbeit noch näher widmen will, bezweifelt werden.[171]

Das Ausbaupotenzial ist unter technischen und ökonomischen Gesichtspunkten differenzierter zu betrachten, als bislang zum Teil geschehen.[172] Kritische Stimmen verweisen auf Untersuchungen konkreter Beispiele und stellen den weiteren Ausbau der Wärmenetze dabei in Frage. Analysen der Gesamtenergieeffizienzbilanzen habe aufgezeigt, dass eine dezentrale Wärmeversorgung gegebenenfalls wirtschaftlicher und ressourcenschonender durchgeführt werden könne als eine netzgebundene Wärmeversorgung.[173] Verantwortlich dafür seien einerseits die sinkende Nachfrage, andererseits aber – neben den vielfach noch immer zu hohen Verteilverlusten beim Wärmetransport – auch die natürliche Begrenztheit von Biomasse, die größtenteils als Primärenergieträger zum Einsatz kommt.[174] Die sinkende Nachfrage wiederum wird nicht allein mit demographischen Entwicklungen und hohen Fernwärmebezugskosten begründet, sondern auch mit Verbesserungen im Bereich der Wärmedämmung sowie Effizienzsteigerungen der technischen Anlagen.[175]

---

171 Zweifel im Hinblick auf die Akzeptanz und Anschlusswilligkeit der Bevölkerung – zumindest auf kurze Sicht – äußert auch *UBA* (Hrsg.), Potenziale von Nah- und Fernwärmenetzen für den Klimaschutz bis zum Jahr 2020, abrufbar unter: www.umweltbundesamt.de/sites/default/files/medien/publikation/long/3501.pdf (25.09.2013), S. 12.

172 Vgl. dazu *Jagnow/Wolff*, ET Special Online 2012, 16, abrufbar unter: http://et-en ergie-online.de/Portals/0/PDF/jahresspecial_2012.pdf (13.5.15). Der Endbericht zu der dieser Einschätzung zugrundeliegenden Studie ist in der ausführlichen Fassung ebenfalls online verfügbar: *Wolff/Jagnow*, Überlegungen zu Einsatzgrenzen und zur Gestaltung einer zukünftigen Fern- und Nahwärmeversorgung. Endbericht vom Mai 2011, abrufbar unter: http://www.delta-q.de/export/sites/default/ de/downloads/fernwaermestudie.pdf (18.05.15).

173 *Jagnow/Wolff*, ET Special Online 2012, 16 (18 f.), abrufbar unter: http://et-energi e-online.de/Portals/0/PDF/jahresspecial_2012.pdf (13.5.15).

174 Siehe *Jagnow/Wolff*, ET Special Online 2012, 16 (18 f.), abrufbar unter: http://et-energie-online.de/Portals/0/PDF/jahresspecial_2012.pdf (13.5.15).

175 So *Wolff/Jagnow*, Überlegungen zu Einsatzgrenzen und zur Gestaltung einer zukünftigen Fern- und Nahwärmeversorgung. Endbericht vom Mai 2011, S. 16, abrufbar unter: http://www.delta-q.de/export/sites/default/de/downloads/fernwaerm estudie.pdf (18.05.15).

Im Ergebnis sei eine dezentrale Wärmeversorgung daher je nach Siedlungsstruktur unter Umständen vorzugswürdiger – dies insbesondere bei nicht hinreichend dichter Bebauung und entsprechend geringer Anschlussdichte sowie vor allem in Gebieten mit neuer bzw. energetisch hochwertig sanierter Bebauung.[176] Ein Neubau von Netzen sei danach allenfalls in wenigen Fällen, nach intensiver Prüfung empfehlenswert; anders fällt die Beurteilung wiederum aus, soweit es lediglich um Ausbau bzw. Verdichtung eines bereits vorhandenen Wärmenetzes geht.[177]

3. Kraft-Wärme-Kopplung

Der weit überwiegende Teil der deutschen Nah- und Fernwärmenetze – gegenwärtig über 80 % – werden aus Anlagen unter Verwendung der Kraft-Wärme-Kopplungs-Technik (KWK) gespeist.[178] Zudem wird vor allem Wärmenetzen auf Basis der KWK-Technik ein besonders großes Potenzial zur Steigerung der Energieeffizienz und damit eine wesentliche Rolle bei der Erreichung der Klimaschutzziele zugeschrieben.[179] Daher sind im Folgenden die Besonderheiten der Kraft-Wärme-Kopplung kurz darzustellen.

---

176 Vgl. die Empfehlungen von *Wolff/Jagnow*, Überlegungen zu Einsatzgrenzen und zur Gestaltung einer zukünftigen Fern- und Nahwärmeversorgung. Endbericht vom Mai 2011, S. 6 ff. sowie 119, abrufbar unter: http://www.delta-q.de/export/si tes/default/de/downloads/fernwaermestudie.pdf (18.05.15).

177 Siehe insbesondere die Übersicht bei *Wolff/Jagnow*, Überlegungen zu Einsatzgrenzen und zur Gestaltung einer zukünftigen Fern- und Nahwärmeversorgung. Endbericht vom Mai 2011, S. 8, abrufbar unter: http://www.delta-q.de/export/site s/default/de/downloads/fernwaermestudie.pdf (18.05.15). Eine entsprechende Differenzierung und gegebenenfalls Beschränkung auf die Verdichtung bestehender Netze schlägt auch *Attig*, ET 2012, 13 = ET Special Online 2012, 7 (9), abrufbar unter: http://et-energie-online.de/Portals/0/PDF/jahresspecial_2012.pdf (13.5.15), vor.

178 So *Kahl*, VBlBW 2011, 53 (54).

179 Siehe bereits oben, unter IV. 2. b); so auch *Tomerius*, ER 2013, 61.

a) Begriff und Bedeutung der Kraft-Wärme-Kopplung

Kraft-Wärme-Kopplung bezeichnet nach § 3 Abs. 1 Satz 1 KWKG[180] „die gleichzeitige Umwandlung von eingesetzter Energie in elektrische Energie und in Nutzwärme in einer ortsfesten technischen Anlage". Diese Definition kann auch auf den Begriff der Kraft-Wärme-Kopplung im Kontext anderer Regelungen übertragen werden.[181]

Wesentliches Definitionsmerkmal ist die Möglichkeit der gleichzeitigen Umwandlung der eingesetzten „Basisenergie"[182] sowohl in Strom als auch in Nutzwärme, ohne dass es auf die Art der eingesetzten Energie ankommt. Dabei kann es sich um fossile (z. B. Braun- oder Steinkohle) oder erneuerbare Energieträger (Biomasse) handeln.[183]

Daher unterfallen dem Anwendungsbereich des KWKG auch einheitlich alle KWK-Anlagen auf Basis von Steinkohle, Braunkohle, Abfall, Abwärme, Biomasse, gasförmigen oder flüssigen Brennstoffen (vgl. § 2 Satz 1 KWKG). Zwar sind davon gemäß § 2 Satz 2 KWKG Anlagen, die gemäß § 19 EEG gefördert werden, somit Anlagen, in denen ausschließlich erneuerbare Energien oder Grubengas eingesetzt werden (vgl. § 19 Abs. 1 EEG), ausgenommen. Allerdings geht es dieser Abgrenzung nicht um eine Beschränkung des KWK-Begriffs, sondern vielmehr um die Abgrenzung verschiedener gesetzlicher Fördermechanismen zur Vermeidung einer Doppelbegünstigung.[184]

Wird die eigentlich nur als „Abfallprodukt" der Stromerzeugung oder auch Produktionsprozesses anfallende Wärme einer Verwendung zugeführt, und zur Wärmeerzeugung genutzt, so erspart diese doppelte Nutzung den Einsatz weiterer Primärenergie zur separaten Wärmeerzeugung und damit zugleich die sonst gegebenenfalls anfallenden CO_2-Emissio-

---

180 Gesetz für die Erhaltung, die Modernisierung und den Ausbau der Kraft-Wärme-Kopplung (Kraft-Wärme-Kopplungsgesetz) vom 19.3.2002, BGBl. I 2002, 1092, zuletzt geändert durch Art. 13 des Gesetzes vom 21.7.2014, BGBl. I 2014, 1066. Speziell diese Definition wurde in das Gesetz eingefügt im Zuge der Änderung durch Art. 1 des Gesetzes zur Förderung der Kraft-Wärme-Kopplung vom 25.10.2008, BGBl. I 2008, 2101.

181 *Topp*, in: Danner/Theobald, Energierecht, Allgemeine Anschluss- und Versorgungsbedingungen, 76. Fernwärmerecht, Rn. 6.

182 So *Burgi*, Klimaschutz durch KWK-Förderung, S. 18.

183 Vgl. *Burgi*, Klimaschutz durch KWK-Förderung, S. 18.

184 Vgl. *Jacobshagen/Kachel*, in: Danner/Theobald, Energierecht, Kraft-Wärme-Kopplung, § 2 KWKG Rn. 2.

nen[185] Der Wirkungsgrad von KWK-Anlagen liegt dadurch bei knapp 90 % und somit deutlich höher als bei herkömmlichen Kraftwerken zur separaten Stromerzeugung (ca. 47 %).[186]

Dementsprechend preist die Gesetzesbegründung zum KWKG aus dem Jahr 2002 die Kraft-Wärme-Kopplung als eine „ressourcenschonende, umwelt- und klimafreundliche Form der Energieerzeugung".[187] Auch in der Fachliteratur fallen die Einschätzungen ganz überwiegend positiv aus.[188] *Burgi* etwa führt aus, es sei doch „heute vollkommen unbestritten, dass hierdurch Ressourcen geschont werden, weniger CO2 ausgestoßen und damit ein Beitrag zum Klimaschutz geleistet wird sowie überdies die Umsetzung eines ausgewogenen Brennstoffmixes im Wärmemarkt erleichtert wird."[189]

Das Ausbaupotenzial für die KWK-Technik in Deutschland wird sogar auf bis zu 70 % der deutschen Stromerzeugung geschätzt.[190] Gegenwärtig allerdings liegt Deutschland mit 11 % lediglich im europäischen Durch-

---

185 Siehe *Burgi*, Klimaschutz durch KWK-Förderung, S. 19; *Raschke,* Kommunale Klimaschutzmaßnahmen, S. 147.

186 Vgl. die Angabe bei *Burgi*, Klimaschutz durch KWK-Förderung, S. 19; *Kahl*, VBlBW 2011, 53 (54); siehe auch *UBA* (Hrsg.), Konzepte für die Beseitigung rechtlicher Hemmnisse des Klimaschutzes im Gebäudebereich, abrufbar unter: www.umweltbundesamt.de/publikationen/konzepte-fuer-beseitigung-rechtlicher-hemmnisse-des (25.11.2013), S. 329.

187 Vgl. die Begründung des Gesetzentwurfs der Bundesregierung für ein Gesetz für die Erhaltung, die Modernisierung und den Ausbau der Kraft-Wärme-Kopplung, das das vorher geltende Kraft-Wärme-Kopplungsgesetz aus dem Jahr 2000 ablösen sollte, BT-Drs. 14/7024, S. 1. Die Bedeutung der KWK-Technik betonte jüngst auch das Eckpunkte-Papier Strommarkt des Bundesministeriums für Wirtschaft und Energie vom März 2015, S. 2, abrufbar unter: http://www.bmwi.de/DE/Themen/Energie/Strommarkt-der-Zukunft/strommarkt-2-0.html (17.6.2015).

188 Zur Bedeutung, die der KWK-Technik sowohl auf europäischer wie auch auf nationaler Ebene zugeschrieben wird, vgl. nur die zahlreichen Nachweise bei *Koch/Mengel*, DVBl 2000, 953 (953 f.).

189 So wörtlich *Burgi*, Klimaschutz durch KWK-Förderung, S. 20 f., mit zahlreichen Nachweisen.

190 So *Lamfried*, ZNER 2007, 280 (281). Der Endbericht der Enquete-Kommission „Nachhaltige Energieversorgung unter den Bedingungen der Globalisierung und der Liberalisierung" vom 7.7.2002, BT-Drs. 14/9400, S. 43, Rn. 138, bescheinigte „noch erhebliche unerschlossene Potenziale".

schnitt, wobei Spitzenreiter in der EU Dänemark mit einem Anteil an der Stromerzeugung von 52 % ist.[191]

Das KWKG selbst nennt daher als Zweck des Gesetzes in § 1 die Erhöhung der Stromerzeugung aus Kraft-Wärme-Kopplung – im Interesse der Energieeinsparung, des Umweltschutzes und der Erreichung der Klimaschutzziele. Konkret soll der Anteil der Stromerzeugung aus Kraft-Wärme-Kopplung danach bis 2020 auf 25 Prozent gesteigert werden.

b) Kritische Einschätzung der Förderungswürdigkeit

Gelegentlich wird jedoch auch hier bemängelt, die Bewertung der tatsächlichen Einsparpotenziale erfordere eine deutlich differenziertere Betrachtung.[192] Entsprechende Berechnungen zum Nachweis einer höheren Energieeffizienz von KWK-Anlagen seien kritisch zu hinterfragen, da vielfach zwar auf der einen Seite Werte moderner Anlagen mit Kraft-Wärme-Kopplung zugrunde gelegt, diesen Werten dann allerdings keine dem Stand der Technik entsprechenden Anlagen zur getrennten Erzeugung von Strom und Nutzwärme gegenübergestellt würden. So werde übersehen, dass moderne Gaskraftwerke beispielsweise höhere Wirkungsgrade erzielten, so dass der Vorteile der Kraft-Wärme-Kopplung im Vergleich deutlich geringer ausfalle, als vielfach angegeben werde.[193] Hinzu komme das Erfordernis der Berücksichtigung eines realistischen Nachfrageverhaltens der Abnehmer von Strom und Wärme, gerade im besonders relevanten kommunalen Bereich. Dies zugrunde gelegt, veränderten sich die Vergleichsberechnungen noch weiter und statt eines wirklichen Vorteils könne dann beim Einsatz der Kraft-Wärme-Kopplung gegebenenfalls gar ein höherer Primärenergieverbrauch festzustellen sein.[194]

Immerhin sehen auch aktuelle Pläne der Bundesregierung eine Anpassung der Förderung der KWK-Technik vor, um deren weiteren Ausbau

---

191 Siehe die Angaben bei *Lamfried*, ZNER 2007, 280 (281). Der Endbericht der Enquete-Kommission „Nachhaltige Energieversorgung unter den Bedingungen der Globalisierung und der Liberalisierung" vom 7.7.2002, BT-Drs. 14/9400, S. 246, Rn. 866, beziffert den Anteil der KWK-Technik an der deutschen Stromerzeugung auf 10 %, den Anteil an der Wärmeerzeugung auf 7,5 %.
192 Kritisch etwa *Chelmowski*, ET 2009, 51 ff.
193 So kritisch *Chelmowski*, ET 2009, 51 (51 f.).
194 *Chelmowski*, ET 2009, 51 (53 f.).

den energie- und klimapolitischen Zielsetzungen entsprechend zu gestalten.[195]

Zwar besteht zumindest im Wärmesektor auch die Möglichkeit der Nutzung eines gewissen Einsparpotenzials großer Heizwerke ohne KWK-Technik, die eine Vielzahl von Einzelfeuerungsanlagen ersetzen können. Die Einsparmöglichkeiten sind dabei jedoch wesentlich geringer als beim Einsatz von Kraft-Wärme-Kopplung. Zudem werden durch Verwendung konventioneller Heizwerke zu erzielende, geringe Einsparpotenziale durch die bei der Verteilung über Wärmenetze zu beobachtenden Wärmeverluste im Ergebnis bereits wieder ausgeglichen. Bei einer Gesamtbetrachtung kann die Nutzung großer Heizwerke ohne Kraft-Wärme-Kopplung daher zum Ziel des Klimaschutzes kaum etwas beitragen.[196]

Anders verhält es sich lediglich bei Heizwerken, die nicht mit fossilen, sondern erneuerbaren Energieträgern befeuert werden. Dabei sinken die klimaschädlichen Emissionen – im Vergleich mit fossil-befeuerten Heizwerken oder gar Einzelanlagen – doch deutlich.[197] Teilweise werden dementsprechend die Vorteile erneuerbarer Energien zur Wärmeerzeugung, speziell der Solarthermie, als Alternative zur KWK-Technik betont, für deren Ausbau jedoch Kritikern zufolge– gerade auch angesichts der finanziellen Förderung der KWK-Technik – Anreize fehlten: Potenziale großer Solarthermie-Freiflächenanlagen würden bisher unterschätzt, obwohl Erfahrungen im Nachbarland Dänemark hier als positives Beispiel herangezogen werden könnten; wirtschaftliche Vorteile der Solarthermie-Technik gegenüber den fossilen Energieträgern ließen sich allerdings erst bei großflächigen Anlagen realisieren.[198] Zwar gelte es, rechtliche und tatsächliche Herausforderungen zu bewältigen, nicht zuletzt Anforderungen des Umwelt-, Bau- und Planungsrechts, die sich insbesondere angesichts des großen Flächenbedarfs der Anlagen einerseits und der starken Standortgebun-

---

195 Vgl. das Eckpunkte-Papier Strommarkt des Bundesministeriums für Wirtschaft und Energie vom März 2015, S. 2 f., abrufbar unter: http://www.bmwi.de/DE/The men/Energie/Strommarkt-der-Zukunft/strommarkt-2-0.html (17.6.2015). Danach soll zwar auch künftig in gewissem Umfang der Neubau von KWK-Anlagen gefördert, die Förderung aber im Wesentlich auf den Erhalt bestehender „hoch effizienter und klimafreundlicher gasbetriebener KWK-Anlagen der öffentlichen Versorgung konzentriert werden", die angesichts gesunkener Strompreise sonst in ihrer Existenz sonst gefährdet wären.
196 So *Kahl*, VBlBW 2011, 53 (54).
197 Vgl. *Kahl*, VBlBW 2011, 53 (54).
198 *Maaß/Sandrock/Weyland*, ZUR 2015, 78 (79).

denheit andererseits stellten, da die erzeugte Wärme nur begrenzt transportfähig ist. Dennoch biete die Solarthermie-Technik eine Möglichkeit, die Ausbauziele für erneuerbare Energien im Wärmesektor zu erreichen, deren Verfehlung aktuell drohe.[199]

c) Schlussfolgerung

Gerade im Hinblick auf die auch von Kritikern nicht verschwiegenen rechtlichen und tatsächlichen Probleme beim Ausbau großflächiger Erneuerbare-Energien-Anlagen, kann auf die bereits jetzt praktisch gut realisierbare Kraft-Wärme-Kopplung unter Gesichtspunkten des Klimaschutzes grundsätzlich nicht verzichtet werden. Stattdessen ist gegebenenfalls bei der Realisierung konkreter Maßnahmen im Einzelfall abzuwägen, welche Alternative den energie- und klimapolitischen Zielen besser dient.

Den hohen Investitionskosten beim Bau von KWK-Anlagen, die u.a. durch die notwendige Anpassung der Dimensionen der Anlagen an bestehende Wärmenetze und den jahreszeitlich schwankenden Wärmebedarf bedingt sind[200] und sich im freien Wettbewerb nachteilig auswirken und einem Ausbau entgegenstehen würden, soll daher durch die im KWKG geregelte finanzielle Förderung entgegengewirkt werden.[201]

Nachdem sich diese Förderung ursprünglich ausschließlich auf die Erzeugung von KWK-Strom bezog,[202] für den § 4 KWKG im Übrigen nach wie vor Anschluss, Abnahme- und Vergütungspflichten der Netzbetreiber vorsieht, ist seit der umfassenden Novellierung des Gesetzes im Jahr 2008[203] auch eine Förderung des Aus- und Neubaus von Wärme- und Käl-

---

199 Siehe *Maaß/Sandrock/Weyland*, ZUR 2015, 78 (79 f.).

200 Siehe *Burgi*, Klimaschutz durch KWK-Förderung, S. 21.

201 Einen Überblick über diesen Fördermechanismus und seine Entwicklung bietet *Burgi*, Klimaschutz durch KWK-Förderung, S. 22 ff.

202 Vgl. das Gesetz für die Erhaltung, die Modernisierung und den Ausbau der Kraft-Wärme-Kopplung (Kraft-Wärme-Kopplungs-Gesetz) in der ursprünglichen Fassung vom 19.3.2002, BGBl. I 2002, S. 1092.

203 Durch Art. 1 des Gesetzes zur Förderung der Kraft-Wärme-Kopplung vom 25.10.2008, BGBl. I 2008, S. 2101.

tenetzen vorgesehen (vgl. §§ 5a, 6a, 7a KWKG).[204] Diese Förderung der Wärmenetze soll auch künftig beibehalten werden.[205]

4. Die Begriffe „Nahwärme" und „Fernwärme"

Für die netzgebundene Wärmeversorgung existieren zwei unterschiedliche, zeitlich nacheinander entwickelte „Netztypen": Nah- und Fernwärmenetze.[206] In der aktuellen juristischen Debatte finden beide Begriffe Verwendung, nicht immer unter hinreichender Klarstellung des damit verbundenen Bedeutungsgehalts. Zur Differenzierung kann zum einen auf technische Besonderheiten sowie die chronologische Entwicklung der beiden Netztypen abgestellt werden.[207] Diese Abgrenzungskriterien wurden allerdings der Verwendung der Nah- und Fernwärmeversorgung als Rechtsbegriffe keineswegs einheitlich zugrunde gelegt. Daher bleibt zu klären, welches Verständnis – im Rechtssinne – jeweils damit verbunden ist.

a) Technische Unterschiede und Gemeinsamkeiten der verschiedenen Arten von Wärmenetzen

Unter Fernwärmenetzen werden – unter Zugrundelegung allein der technischen Merkmale – im Allgemeinen ausgedehnte Wärmenetze verstanden, die üblicherweise aus Anlagen mit Kraft-Wärme-Kopplung oder konventionellen Heizwerken gespeist werden. Die Wärmeerzeugung in derartigen Anlagen beruht regelmäßig noch auf der Verbrennung fossiler Energieträger.[208] Das in den Anlagen erhitzte Wasser wird durch ein Leitungsnetz zu den angeschlossenen Abnehmern transportiert, um dort als Heizwasser oder zur Aufbereitung von Warmwasser in Boilern genutzt zu werden, an-

---

204 Ausführlich zu dieser Änderung und der Vereinbarkeit der Förderung mit Europa- und Verfassungsrecht *Burgi*, Klimaschutz durch KWK-Förderung, 2009; ein Überblick über die Änderungen 2008 gibt *Burgi*, a.a.O., S. 23 f.

205 So jedenfalls das Eckpunkte-Papier Strommarkt des Bundesministeriums für Wirtschaft und Energie vom März 2015, S. 3, abrufbar unter: http://www.bmwi.d e/DE/Themen/Energie/Strommarkt-der-Zukunft/strommarkt-2-0.html (17.6.2015).

206 Dazu *Kahl/Schmidtchen*, Kommunaler Klimaschutz, S. 327.

207 *Kahl/Schmidtchen*, ZNER 2011, 35 (36).

208 *Kahl/Schmidtchen*, ZNER 2011, 35 (36).

schließend zum Fernheizkraftwerk bzw. der KWK-Anlage zurückzufließen und dort erneut erhitzt zu werden.[209]

Aufgrund der hohen Leistung derartiger Anlagen können ganze Städte oder Stadtteile an ein solches Fernwärmenetz angeschlossen werden. Diese Art von Wärmenetzen findet in Deutschland bereits seit Beginn des 20. Jahrhunderts Verwendung und stellt damit heute bereits ein „traditionelles" Mittel der Wärmeverteilung dar.[210] Gelegentlich findet auch noch der Begriff der „Fernheizung" dafür Verwendung.

Demgegenüber handelt es sich bei den „jüngeren" Nahwärmenetzen um Netze geringeren Ausmaßes – sowohl im Hinblick auf ihre Ausdehnung als auch bezüglich anderer relevanter Werte, wie etwa der Vorlauftemperatur.[211] Nahwärmenetze werden aus kleineren Erzeugungsanlagen gespeist, in denen in der Praxis in stärkerem Maße als im Fall der eben vorgestellten Fernwärmenetze erneuerbare Energieträger zum Einsatz kommen, beispielsweise über Solarthermie-Anlagen oder Biogas-Blockheizkraftwerke.[212] Den geringeren Ausmaßen entsprechend kann über derartige Nahwärmenetze auch lediglich eine geringere Anzahl von Abnehmern versorgt werden.[213]

Ob Nahwärme in diesem Sinne als zentrale oder dezentrale Art der Wärmeversorgung einzuordnen ist, wird keineswegs einheitlich beantwortet. So wird Nahwärme mitunter lediglich als eine Form der Fernwärme mit besonders ortsnaher Wärmeerzeugungsanlage betrachtet.[214] Andere Beiträge behandeln Nahwärme demgegenüber – in Abgrenzung zur zen-

---

209 Vgl. zur Funktionsweise die kurze Darstellung bei *Wagener,* Anschluß- und Benutzungszwang, S. 32 m.w.N.

210 *Kahl/Schmidtchen*, Kommunaler Klimaschutz, S. 327. Zur langen Tradition der Fernwärme auch *Selmer*, in: Börner (Hrsg.), Beharren und Wandel im Energierecht, S. 31; zur wachsenden Bedeutung insbesondere in den 1980er Jahren *Selmer*, a.a.O. S. 32. f. Mit der rechtlichen Zulässigkeit eines Anschluss- und Benutzungszwanges für Fernwärme beschäftigten sich Untersuchungen dementsprechend auch bereits in den 70er Jahren, vgl. nur *Börner*, Einführung eines Anschluß- und Benutzungszwanges für Fernwärme durch kommunale Satzung, 1978, sowie später *Wagener,* Anschluß- und Benutzungszwang für Fernwärme, 1989.

211 *Kahl/Schmidtchen*, Kommunaler Klimaschutz, S. 327 f.; *dies.*, ZNER 2011, 35 (36).

212 *Kahl/Schmidtchen*, Kommunaler Klimaschutz, S. 327 f.

213 *Kahl/Schmidtchen*, Kommunaler Klimaschutz, S. 328.; *dies.*, ZNER 2011, 35 (36).

214 So *Klemm*, CuR 2008, 124 (130).

tralen Fernwärmeversorgung – gerade als eine „haushaltsnahe, dezentrale" Art der Wärmeversorgung.[215]

Ungeachtet der geschilderten Unterschiede beider Netztypen bleibt auch Fernwärme im oben dargestellten Sinne immer auf ein begrenztes Gebiet beschränkt, kann sie doch unter technischen wie auch betriebswirt-schaftlich-finanziellen Gesichtspunkten nicht unbegrenzt transportiert werden. Dafür sind die beim Transport auftretenden Energieverluste zu groß; eine entsprechende Isolierung der Wärmeleitung wäre zu (kosten-)aufwendig.[216] Aufgrund der Transportverluste sind Wärmenetze in ihrer Reichweite in der Regel auf 10-20 km begrenzt.[217]

Im Übrigen sind sowohl für die Nah- wie auch für die Fernwärmeerzeugung sowohl Solarthermieanlagen wie auch Anlagen unter Verwendung der Kraft-Wärme-Kopplung grundsätzlich geeignet.[218] Welcher Brennstoff zur Wärmeerzeugung genutzt wird, ist insoweit irrelevant – war es früher vor allem Kohle, später in großem Umfang Erdgas, können aus technischer Sicht heute sowohl fossile wie auch erneuerbare Energieträger eingesetzt werden.[219]

b) Begriffliche Differenzierung im Bereich des Zivilrechts

Die genaue Abgrenzung der Begriffe der „Nahwärme" und „Fernwärme" ist, soweit es den juristischen Sprachgebrauch betrifft, nicht unproblematisch und keineswegs allein auf die geschilderten technischen Merkmale zu stützen.[220]

Eine umfassende Regelung des „Fernwärmerechts" existiert in dieser Form nicht. Vielmehr unterliegen verschiedene Einzelaspekte und Sachverhalte der Fernwärmeversorgung jeweils unterschiedlichen Rechtsnormen. Vertragsverhältnisse zwischen Betroffenen und Wärmeversorgern unterfallen grundsätzlich zivilrechtlichen Bestimmungen, andere Aspekte der Fernwärmeversorgung sind dagegen dem öffentlichen Recht zuzuord-

---

215 Siehe etwa *Tomerius*, ER 2013, 61.
216 Vgl. *Faber*, Anschluss- und Benutzungszwang, S. 54.
217 So die Angabe bei *Fricke*, EuroHeat&Power 2011, 26 m.w.N. Dieser bezeichnet es daher als „sprachliche Ironie" hier von *Fern*wärme zu sprechen.
218 Vgl. *Longo*, Örtliche Energieversorgung, S. 34.
219 Siehe *Fricke*, EuroHeat&Power 2011, 26 (27).
220 Dazu *Wagener*, Anschluß- und Benutzungszwang, S. 34 ff.

nen, insbesondere soweit es die Förderung erneuerbarer Energien, um-welt- und klimaschutzrelevante Aspekte betrifft.[221]

Für die Frage der Begriffsbestimmung kam zunächst dem Zivilrecht eine Art „Vorreiterrolle" zu, da sich Regelungen zur Nah- und Fernwärme-versorgung zunächst vor allem im Bürgerlichen Recht fanden. Dabei ging es um die Ausgestaltung der zivilrechtlichen Vertragsverhältnisse zur Ver-sorgung mit Nah- bzw. Fernwärme. So können sich beispielsweise aus der Heizkostenverordnung[222] Anforderungen an die Heizkostenabrechnung er-geben; wichtige Bestimmungen diesbezüglich enthält daneben die AVB-FernwärmeV.[223] Gerade die Eröffnung und Abgrenzung der Anwendungs-bereiche von HeizkostenV und AVBFernwärmeV beschäftigte die zivilge-richtliche Rechtsprechung und Lehre seit Beginn der 1980er Jahre; dafür sollte eine exakte begriffliche Differenzierung zwischen Fernwärme und anderen Formen der Wärmeversorgung maßgeblich sein.[224]

Zum einen war der Anwendungsbereich der HeizkostenV[225] in § 1 der Verordnung gerade unter Rückgriff auf den Begriff der Fernwärme gere-gelt.[226] Zum anderen sah § 6 Abs. 1 Satz 2 HeizkostenV noch bis 1989[227]

---

221 Vgl. dazu *Topp*, in: Danner/Theobald, Energierecht, Allgemeine Anschluss- und Versorgungsbedingungen, 76. Fernwärmerecht, Rn. 1 ff.

222 Verordnung über die verbrauchsabhängige Abrechnung der Heiz- und Warmwas-serkosten (Verordnung über Heizkostenabrechnung – HeizkostenV), in der Fas-sung der Bekanntmachung vom 5.10.2009, BGBl. I 2009, 3250.

223 Verordnung über Allgemeine Bedingungen für die Versorgung mit Fernwärme vom 20.6.1980, BGBl. I 1980, 742, zuletzt geändert durch Art. 16 des Gesetzes vom 25.7.2013, BGBl. I 2013, 2722.

224 Siehe etwa BGH, NJW 1986, 3195; LG Hamburg, NJW 1984, 1562.

225 Verordnung über die verbrauchsabhängige Abrechnung der Heiz- und Warmwas-serkosten (Verordnung über Heizkostenabrechnung – HeizkostenV) vom 23.2.1981, BGBl. I 1981, S. 261.

226 § 1 Abs. 1 HeizkostenV 1981 lautete:
„Diese Verordnung gilt für die Verteilung der Kosten
1. des Betriebs zentraler Heizungsanlagen und zentraler Warmwasserversor-gungsanlagen,
2. der Lieferung von Fernwärme und Fernwarmwasser
durch den Gebäudeeigentümer auf die Nutzer der mit Wärme oder Warmwasser versorgten Räume."
§ 1 Abs. 2 HeizkostenV 1981 stellte verschiedene Personen diesen Gebäudeei-gentümer gleich.

227 Die Aufhebung der Bestimmung erfolgte durch Art. 1 Nr. 5 lit. a) der Verordnung zur Änderung energieeinsparrechtlicher Vorschriften vom 19.1.1989, BGBl. I 1989, S. 109.

eine Ausnahme von der grundsätzlich zwingenden verbrauchsabhängigen Kostenverteilung für die Lieferung von Fernwärme und Fernwarmwasser vor, wenn diese Fernwärmelieferung aufgrund vertraglicher Beziehungen und mit Abrechnung unmittelbar zwischen Lieferant und Endnutzer erfolgte. Erst 1989 wurde schließlich auch in der AVBFernwärmeV mit § 18 Abs. 7 eine Regelung getroffen,[228] wonach bei der Abrechnung der Lieferung von Fernwärme bzw. Fernwarmwasser die HeizkostenV zu beachten ist.

aa) Der zivilrechtliche Fernwärmebegriff in der Rechtsprechung der frühen 1980er Jahre

Teile der Rechtsprechung stellten bei Auslegung des erwähnten § 6 Abs. 1 Satz 2 HeizkostenV a.F. zur Abgrenzung von Nah- und Fernwärme – unter Beachtung systematischer und teleologischer Argumente – im Wesentlichen auf die räumliche Distanz ab und hielten es für entscheidend, ob die jeweilige Heizungsanlage „aufgrund der örtlichen und wirtschaftlichen Verhältnisse" eine „natürliche Wirtschaftseinheit"[229] mit dem von ihr versorgten Wohnblock bildet. Gemäß der Formulierung des BGH ging es um die Prüfung, ob die Heizungsanlage bestimmungsgemäß einen „integrierten Bestandteil" des versorgten Gebäudes darstellt.[230] Auf das Eigentum an der zentralen Heizungsanlage sollte es danach jedenfalls nicht ankommen.

Als wesentliches Argument zur Unterscheidung von Nah- und Fernwärme diente Teilen der Rechtsprechung der allgemeine Sprachgebrauch des Wortes „fern", der eine gewisse räumliche Distanz – im Sinne von „weit weg" – impliziere.[231] Auch der BGH stellte zwar auf den allgemeinen Sprachgebrauch ab, sah den Begriff dabei allerdings nicht als Ausdruck besonderer räumlicher Distanz an: Mittels eines Fernwärmenetzes könnten dem allgemeinen Sprachgebrauch zufolge über ein Leitungsnetz nicht nur

---

228 Änderung durch Art. 4 Nr. 2 lit. b) der Verordnung zur Änderung energieeinsparrechtlicher Vorschriften vom 19.1.1989, BGBl. I 1989, S. 109 (112).

229 LG Hamburg, NJW 1984, 1562 (1563).

230 So BGH, NJW 1986, 3195 (3196).

231 Vgl. wiederum LG Hamburg, NJW 1984, 1562 (1563). Dieses Argument der Wortlaut-Auslegung greift in der aktuelleren Literatur immerhin *Topp*, RdE 2009, 133 (135) wieder auf.

mehrere Gebäude, sondern unter Umständen ganze Stadtteile versorgt werden.[232] Darin klingt bereits die besondere Relevanz der Zahl der angeschlossenen Nutzer an.

Dieses Kriterium findet sich auch in der Rechtsprechung des OLG Hamburg. Das OLG definierte den Begriff der Fernwärme ausdrücklich in Abgrenzung von der genannten Entscheidung des LG Hamburg und stellte vielmehr darauf ab, ob Wärme über ein Leitungsnetz an eine Mehrzahl von Gebäuden oder gar einen ganzen Stadtteil geliefert wird; auf das Eigentum am Heizwerk oder die räumliche Entfernung soll es wiederum nicht ankommen.[233]

bb) Kritik der Literatur am Fernwärmebegriff der Rechtsprechung

Die Rechtsprechung des OLG Hamburg deckt sich mit Stimmen der Literatur, die insbesondere die Entscheidung des LG Hamburg aufs Schärfste kritisiert hatten – im Ergebnis wie auch in der Begründung.[234] Maßgebliche Abgrenzungskriterien seien die Größe des Versorgungsgebietes sowie die Zahl der an ein Wärmeleitungsnetz angeschlossenen Abnehmer.[235] Eine begrenzte Abnehmerzahl und fehlende Flächendeckung des Netzes, das Vorhandensein nur einzelner Nahwärmeschienen oder Stichleitungen, spreche etwa für das Vorliegen von Nahwärme.[236]

Kritiker lehnten mitunter auch die Anwendung des Maßstabs einer „natürlichen Wirtschaftseinheit" von Heizanlage und zu versorgendem Gebäude ab; selbst wenn dies als Kriterium herangezogen werden sollte, so sei dabei jedoch keineswegs eine nur räumliche Betrachtung vorzuneh-

---

232 Vgl. BGH, NJW 1986, 3195 (3196).
233 OLG Hamburg, DWW 1987, 222 (224).
234 So befürchtet etwa *Pauls*, NJW 1984, 2448, die Anwendung der dort aufgestellten Kriterien würde im Ergebnis zum „Konkurs aller privatwirtschaftlich orientierten Fernwärmeunternehmen" führen. Beklagt werden zudem durch *Schubart*, NJW 1985, 1682 (1684), eine „bedenkliche" Argumentation, durch *Pauls*, NJW 1984, 2448 (2449 f.), gar „fundamentale Rechtsanwendungsfehler" des Gerichts. Kritisch auch *Ebel*, ET 1985, 267 (insb. 268).
235 Vgl. *Pauls*, NJW 1984, 2448 (2449).
236 *Pauls*, NJW 1984, 2448 (2449). So auch *Eckert*, ZfE 1984, 136 (144).

men, sondern vielmehr die eigentumsrechtliche Situation sowie zur Errichtung der Anlage getätigte Investitionen mit zu berücksichtigen.[237]

Einer in der Literatur vertretenen Ansicht zufolge bestanden im Übrigen keine Überschneidungen der Anwendungsbereiche von HeizkostenV und AVBFernwärmeV oder Regelungslücken, die eine andere Auslegung des Fernwärmebegriffs erfordern würden.[238] Der – vergleichsweise neue – Begriff der Nahwärme wurde lediglich als Unterfall der Fernwärme im Sinne der HeizkostenV verstanden.[239]

Nach wieder anderer Auffassung sollte jedoch zur Auslegung des Fernwärmebegriffs entscheidend auf die Person des Betreibers der Heizanlage abzustellen sein: Um eine „zentrale Heizungsanlage" im Sinne von § 1 Abs. 1 Nr. 1 HeizkostenV handele es sich lediglich dann, wenn der Eigentümer und Betreiber der Anlage mit dem Wohnungseigentümer (und damit ggf. dem Vermieter) identisch sei.[240] Fernwärme könne demgegenüber immer dann angenommen werden, wenn die Wärmelieferung statt durch den Gebäudeeigentümer durch einen Dritten erfolge – dies selbst dann, wenn die Anlage zwar noch im Eigentum des Gebäudeeigentümers stehe, aber von einem Dritten in eigenem Namen und auf eigene Rechnung betrieben werde.[241] Eine weitere Ansicht orientierte sich am Begriff des (Energie-)Versorgungsunternehmens nach dem EnWG.[242] Danach sollte es wiederum maßgeblich auf die Versorgung *anderer* und damit auf die Eigentumsverhältnisse an der Versorgungsanlage ankommen; diese müsse gerade von einer Kundenanlage zu unterscheiden sein.[243]

Problematisch erscheint die Verwendung des Eigentums als maßgebliches Abgrenzungskriterium, da in einigen Fällen Fragen offenbleiben, et-

---

237 *Pauls*, NJW 1984, 2448 (2449). Ebenfalls kritisch zum Kriterium der „natürlichen Wirtschaftseinheit" und stattdessen auf die Eigentumsverhältnisse abstellend *Ebel*, ET 1985, 267 (268 f.).

238 Siehe *Pauls*, NJW 1984, 2448; *Schubart*, NJW 1985, 1682 (1683).

239 So *Schubart*, NJW 1985, 1682 (1684).

240 *Schubart*, NJW 1985, 1682 (1683).

241 So *Schubart*, NJW 1985, 1682 (1684).

242 Eine Legaldefinition des Begriffs „Energieversorgungsunternehmen" findet sich aktuell in § 3 Nr. 18 EnWG: „natürliche oder juristische Personen, die Energie an andere liefern, ein Energieversorgungsnetz betreiben oder an einem Energieversorgungsnetz als Eigentümer Verfügungsbefugnis besitzen; der Betrieb einer Kundenanlage oder einer Kundenanlage zur betrieblichen Eigenversorgung macht den Betreiber nicht zum Energieversorgungsunternehmen".

243 So *Ebel*, ET 1985, 267 (268 f.). Ebenfalls den Vergleich zum EnWG ziehend, einige Jahre später BGH, NJW 2006, 1667 (1670).

wa beim Vorliegen mehrerer Eigentümer.[244] Eine Abgrenzung anhand der räumlichen Distanz, für die Teile der Rechtsprechung plädierten, erforderte die Bestimmung einer konkreten Grenze und bliebe dabei doch fragwürdig, da das Erfordernis einer gewissen räumlichen Nähe zum Versorgungsgebiet in technischer Hinsicht auf alle Arten einer netzgebundene Wärmeversorgung zutrifft.[245]

Wagener spricht sich angesichts dessen für eine Abgrenzung gemäß der zugrundliegenden Planung, d.h. der ursprünglichen Konzeption, aus. So sei es für die Fernwärmeversorgung (im Unterschied zur Nahwärme) geradezu typisch, dass sie nicht von vornherein auf einen feststehenden Kreis von Abnehmern ausgerichtet sei, allenfalls eine Maximalgrenze könne der Planung aus technischen Gründen bereits zugrunde liegen.[246] Auch diese Auffassung greift somit auf den Maßstab des Abnehmerkreises zurück, wählt dabei allerdings einen anderen Ansatzpunkt: die zugrundeliegende Konzeption statt des konkret realisierten Ergebnisses.

cc) Klärung der Problematik um die AVBFernwärmeV durch den BGH

Im Wesentlichen wurde der Streit schließlich durch eine Entscheidung des BGH aus dem Jahr 1989 beendet. Für den Anwendungsbereich der AVB-FernwärmeV folgt der BGH nunmehr einer weiten Auslegung des Begriffs der Fernwärme. Der Begriff umfasst danach im zivilrechtlichen Sinne auch die zuvor teils separat betrachtete[247] sogenannte Nahwärme.[248]

Sich mit den verschiedenen Auffassungen der Lehre auseinandersetzend, bescheinigte der BGH dabei zunächst der u.a. von *Schubart* propagierten Herangehensweise, dass sie mit der amtlichen Begründung der HeizkostenV 1981 übereinstimme.[249] Ob an der eigenen Rechtsprechung

---

244 Vgl. *Wagener*, Anschluß- und Benutzungszwang, S. 36.
245 Siehe dazu bereits oben, IV. 3. a); dementsprechend auch die berechtigte Kritik von *Schubart*, NJW 1985, 1682 (1684). Siehe auch *Wagener*, Anschluß- und Benutzungszwang, S. 36.
246 So der Abgrenzungsvorschlag bei *Wagener*, Anschluß- und Benutzungszwang, S. 36 f.
247 Vgl. die oben bereits zitierte Rechtsprechung des LG Hamburg, NJW 1984, 1562 (1563).
248 Vgl. BGHZ 109, 118. Siehe auch die Einschätzung dazu bei *Kahl/Schmidtchen*, Kommunaler Klimaschutz, S. 332.
249 BGHZ 109, 118 (124 f.).

aus dem Jahr 1986,[250] die dazu in Widerspruch stand, auch nach Änderung der HeizkostenV[251] festzuhalten sei, lässt der BGH offen.[252] Mit Verzicht auf die Verwendung des Begriffs „Fernwärme" in § 1 Abs. 1 der neuge-fassten HeizkostenV und Aufnahme der Formulierung „eigenständige ge-werbliche Lieferung von Wärme" sei der Anwendungsbereich erweitert worden.[253] Erfasst werden sollten auf diese Weise sowohl Nah-, Direkt-wie auch Fernwärmelieferungen.[254]

Eine den Anwendungsbereich der AVBFernwärmeV eröffnende Versor-gung mit Fernwärme liege vor, wenn „aus einer nicht im Eigentum des Gebäudeeigentümers stehenden Heizungsanlage von einem Dritten nach unternehmenswirtschaftlichen Gesichtspunkten eigenständig Wärme pro-duziert und an andere geliefert" werde.[255] Unerheblich seien dafür die Nä-he der Anlage zu dem zu versorgenden Gebäude sowie das Vorhandensein eines größeren Leitungsnetzes, d.h. eine gewisse räumliche Ausdehnung des Versorgungsgebietes.[256] Räumliche Aspekte lehnt der BGH damit ins-gesamt als wesentliche Begriffsmerkmale ab; maßgebliches Kriterium wird vielmehr das Eigentum an der Anlage.

Spätere Entscheidungen bestätigten diese Rechtsprechung aus dem Jahr 1989 ausdrücklich und führten sie fort.[257] Noch 1989 ergänzte das Ge-richt, dass es ebenfalls unerheblich sei, ob die Zahl der Wärmeabnehmer bereits von vornherein feststehe oder nicht; zumindest die maximale Ab-nehmerzahl lasse sich schließlich anhand der Kapazität der Anlage in je-dem Fall vorab bestimmen.[258]

Nachdem es angesichts des neugefassten, weiten Anwendungsbereichs der HeizkostenV zudem nicht mehr primär auf die Abgrenzung der An-wendungsbereiche von HeizkostenV und AVBFernwärmeV ankam, kon-

---

250 BGH, NJW 1986, 3195.
251 Durch Art. 1 der Verordnung zur Änderung energieeinsparrechtlicher Vorschrif-ten vom 19.1.1989, BGBl. I 1989, S. 109.
252 BGHZ 109, 118 (125 f.).
253 BGHZ 109, 118 (126).
254 So BGHZ 109, 118 (126 f.). Siehe zum weiten Begriff der „Wärmelieferung" im Sinne der HeizkostenV nunmehr auch *Lammel*, in: Schmidt-Futterer, Mietrecht, § 1 HeizkostenV Rn. 10 f. und 13.
255 BGHZ 109, 118 (126).
256 BGHZ 109, 118 (126).
257 Vgl. nur BGH, MDR 1990, 538; BGH, NJW 2006, 1667 (1669 f.); BGH, NJW-RR 2012, 249.
258 BGH, MDR 1990, 538.

zentrierte sich die Debatte um die Definition des Fernwärmebegriffs auf die Formulierung der AVBFernwärmeV, die diesen Begriff nach wie vor beinhaltet.[259] Dabei wies der BGH ausdrücklich darauf hin, dass sich aus der Begründung der HeizkostenV aus dem Jahr 1980 für den Fernwärmebegriff nichts (mehr) gewinnen lasse, sollte doch die HeizkostenV seit ihrer Neufassung 1989 nicht mehr zwischen Nah-, Direkt- oder Fernwärme unterscheiden, sondern vielmehr alle Formen der eigenständigen gewerblichen Wärmelieferung, insbesondere auch neuartige Konzepte, erfassen.[260]

Dass allerdings auch der BGH mitunter durchaus noch von unterschiedlichen Nah- und Fernwärmebegriffen ausgeht, zeigt eine Entscheidung aus dem Jahr 2007,[261] die nicht HeizkostenV oder AVBFernwärmeV, sondern die Auslegung einer konkreten Mietvertragsklausel zum Gegenstand hatte. Danach grenzt der BGH Nah- wie auch Fernwärmelieferung von der Eigenerzeugung durch den Vermieter über eine zentrale Anlage ab. Er versteht sodann unter Nahwärme dem allgemein Sprachgebrauch folgend die Erzeugung von Wärme in geringerer räumlicher Distanz von den zu versorgenden Wohnungen, vermeidet allerdings eine konkrete Grenzziehung, bis zu der noch von Nahwärme gesprochen werden könne.[262] Nicht jede Art der „Fremdlieferung" von Wärme war daher im konkret entschiedenen Fall rechtlich gleich zu behandeln – allerdings begrenzt auf die Auslegung der vertraglich verwendeten Begriff, weshalb diese Entscheidung auch nicht unbesehen auf andere Sachverhalte übertragen werden kann.

dd) Konzept des Wärme-Contracting

Demgegenüber hat sich für die Auslegung des in zivilrechtlichen Regelungen verwendeten Begriffs der Fernwärme inzwischen auch bei großen Teilen der Literatur das weite Verständnis des BGH durchgesetzt, so dass re-

---

259   Vgl. nur BGH, NJW-RR 2012, 249.
260   BGH, NJW-RR 2012, 249 (250), u.a. unter Verweis auf die Begründung der Bundesregierung vom 20.10.1988 zur Verordnung zur Änderung energieeinsparrechtlicher Vorschriften aus dem Jahr 1989, BR-Drs. 494/88 – vgl. dort insb. S. 1 f., 19, 21 f.
261   BGH, Urt. v. 20.6.2007 – VIII ZR 244/06 – BeckRS 2007, 11750.
262   BGH, Urt. v. 20.6.2007 – VIII ZR 244/06 – BeckRS 2007, 11750 Rn. 15.

gelmäßig nicht mehr zwischen Fern-, Nahwärmeversorgung und sogenannten Contracting-Modellen unterschieden wird.[263]

Der seit einigen Jahren ebenfalls gebrauchte Begriff des „Contracting" bezeichnet die vertragliche Übertragung von Energiedienstleistungen – im Fall des Wärme-Contracting speziell die Bereitstellung von Nutzwärme – auf einen darauf spezialisierten Energiedienstleister, der diese Leistung auf eigenes wirtschaftliches Risiko erbringt.[264] Diese Definition ist auch DIN 8930[265] zu entnehmen: Unter Punkt 3.1 der DIN 8930, Teil 5 wird Contracting definiert als „zeitlich und räumlich abgegrenzte Übertragung von Aufgaben der Energiebereitstellung und Energielieferung auf einen Dritten, der im eigenen Namen und auf eigene Rechnung handelt".

Dabei hat Contracting gerade vor dem Hintergrund der verstärkten Nutzung erneuerbarer Energien zunehmend an Bedeutung gewonnen, wenn etwa bei der Errichtung von Wohngebäuden auf den Einbau eigener, fossiler Heizungen verzichtet wird und die Wärmelieferung stattdessen über ein Blockheizkraftwerk mit Kraft-Wärme-Kopplung erfolgt.[266]

Allein mit dem Begriff des Wärme-Contracting ist allerding noch keine Einordnung in die oben genannten Begriffskategorien der Nah- bzw. Fernwärmeversorgung verbunden; die Verwendung des Begriffs in der Fachliteratur erfolgt – entsprechend der Verwendung der Begriffe Nah- und Fernwärmeversorgung – uneinheitlich, mitunter auch ohne jegliche Auseinandersetzung mit dem Bedeutungsgehalt des Begriffs.[267]

---

263 So *Topp*, in: Danner/Theobald, Energierecht, Allgemeine Anschluss- und Versorgungsbedingungen, 76. Fernwärmerecht, Rn. 7, 9; *Topp*, RdE 2009, 133 (135 sowie 138); *Bormann*, in: Böttcher/Faßbender/Waldhoff, Erneuerbare Energien in der Notar- und Gestaltungspraxis, § 5 Rn. 56. In diesem Sinne auch *Fricke*, EuroHeat&Power 2011, 26 (27), der betont, dass eine Differenzierung zwischen Fern- und Nahwärme auch in technischer Hinsicht irrelevant sei.

264 Zum Begriff siehe etwa *Bormann*, in: Böttcher/Faßbender/Waldhoff, Erneuerbare Energien in der Notar- und Gestaltungspraxis, § 5 Rn. 1 m.w.N.; *Niesse/Wiesbrock*, NZM 2013, 529 (530).

265 DIN 8930 Kälteanlagen und Wärmepumpen – Terminologie, Teil 5 Contracting, aus dem Jahr 2003, ist online abrufbar unter: http://www.energyconsult-vk.de/downloads/0503_DIN_9516268.pdf (08.05.2015).

266 Vgl. dazu wiederum *Bormann*, in: Böttcher/Faßbender/Waldhoff, Erneuerbare Energien in der Notar- und Gestaltungspraxis, § 5 Rn. 2. Zur Bedeutung des Contracting als Instrument zur Steigerung der Energieeffizienz auch *Niesse/Wiesbrock*, NZM 2013, 529 (530).

267 So versteht etwa *Corell*, BBB 2014, 40 das Contracting allgemein als gewerbliche Wärmelieferung, wenngleich er dabei durchaus einzelne Arten unterscheiden

Contracting als solches stellt keinen spezifischen Begriff der deutschen Rechtssprache dar,[268] fungiert vielmehr als Oberbegriff für die Erbringung von Energiedienstleistungen verschiedener Art.[269] Wärme-Contracting als allgemeine Bezeichnung gewerblicher Formen der Wärmelieferung kann danach vergleichbar der aktuellen Formulierung in § 1 Abs. 1 Nr. 2 HeizkostenV weit verstanden werden.[270] Im Einzelnen kommt es für die Anwendbarkeit verschiedener Rechtsvorschriften jeweils auf den konkreten Inhalt des Contracting im Einzelfall an.

Unter Berücksichtigung der bereits dargestellten obergerichtlichen Rechtsprechung fallen zudem auch Konstellationen des Wärme-Contracting unter den ebenfalls weiten Begriff der Fernwärmeversorgung im Sinne der AVBFernwärmeV.[271]

---

will. *Krafczyk*, CuR 2014, 19 (20) scheint Contracting zunächst als Lieferung von Fernwärme zu verstehen, bezeichnet es dagegen später, a.a.O. S. 22 und 23, als eine Form der Nahwärmeversorgung, die sich von der Fernwärmeversorgung gerade unterscheide. BGH, NJW-RR 2012, 249 (250) führt das Wärme-Contracting als ein Beispiel neu entwickelter Nahwärmekonzepte, die ebenfalls vom weiten Anwendungsbereich der geänderten HeizkostenV erfasst sein sollen, an. *Bormann*, in: Böttcher/Faßbender/Waldhoff, Erneuerbare Energien in der Notar- und Gestaltungspraxis, § 5 Rn. 2, bezeichnet demgegenüber wiederum Fernwärmesysteme als einen traditionellen Anwendungsfall des Contracting. Allgemein zur uneinheitlichen Verwendung der Begriffe auch *Milger*, NZM 2008, 1 (2).

268 So findet sich der Begriff z.B. auch nicht im Wortlaut des § 556c BGB, obgleich die Norm doch nach allgemeiner Auffassung gerade die Einführung des Wärme-Contracting bzw. die Möglichkeit der Umlage dabei entstehender Kosten mietrechtlich regeln wollte; vgl. nur *Ebert*, in: Schulze u.a., HK-BGB, § 556c Rn. 1; *Schlosser*, in: Bamberger/Roth, BeckOK BGB, § 556c Rn. 1 und 5; *Teichmann*, in: Jauernig, BGB, § 556c Rn. 1.

269 Ausführlich zum Begriff des Contracting, zu dessen Entwicklung, damit verbundenen Zielsetzungen und den vielfältigen Erscheinungsformen *Hack*, in: Danner/Theobald, Energierecht, 99. Contracting Rn. 1 ff. Zum Begriff an sich auch *Niesse/Wiesbrock*, NZM 2013, 529 (530).

270 Siehe etwa auch *Hack*, in: Danner/Theobald, Energierecht, 99. Contracting Rn. 61.

271 *Bormann*, in: Böttcher/Faßbender/Waldhoff, Erneuerbare Energien in der Notar- und Gestaltungspraxis, § 5 Rn. 56.

ee) Jüngere BGH-Rechtsprechung und Übertragbarkeit der
zivilrechtlichen Grundsätze

Mit der Bekräftigung der seit 1989 maßgeblichen Rechtsprechung durch
den BGH kommt es für den Fernwärmebegriff der AVBFernwärmeV aktuell jedenfalls nicht auf eine Differenzierung zwischen Nah- und Fernwärmeversorgung an bzw. darauf, inwieweit die Wärme dezentral erzeugt
wurde.[272]

Dem BGH zufolge kommt es vielmehr lediglich auf die Eigentümerstellung hinsichtlich der Anlage an; bei Betriebsführungsmodellen liege
damit regelmäßig keine (Fern-)Wärmelieferung im Sinne der Verordnung
vor. Denn in der Regel sei der Lieferant gerade gezwungen, zur Erfüllung
seiner Lieferverpflichtungen hohe Investitionen zu tätigen, wenn er die
Anlage selbst errichten müsse. Dieses zwingende Investitionserfordernis
wiederum stelle nach Vorstellung des Verordnungsgebers ein wesentliches
Merkmal der Fernwärmelieferung im Sinne der AVBFernwärmeV dar.[273]

Mit diesem Tatbestandsmerkmal des hohen Investitionsaufwands hat
der BGH in jüngster Zeit neue Kritik heraufbeschworen.[274] Auch Be-
triebsführungsmodelle, bei denen kein Mindestmaß an Investitionen für
die Errichtung der Heizanlage erforderlich sei, sollen nach der Gegenansicht dem Anwendungsbereich der AVBFernwärmeV unterfallen.[275]

Ungeachtet des Streits um das Kriterium des Investitionsaufwands, ist
angesichts der Argumentation des BGH mit Sinn und Zweck der AVB-
FernwärmeV jedenfalls zu beachten, dass sie sich auf Anwendungsfälle
außerhalb der genannten Verordnung nicht ohne weiteres übertragen lässt.

Soweit die Begriffe Nahwärme und Fernwärme im zivilrechtlichen
Kontext nach wie vor uneinheitlich gebraucht werden, bleibt dies doch
weitgehend ohne Konsequenzen. Nach der inzwischen gefestigten Rechtsprechung kommt es für den Anwendungsbereich zivilrechtlicher Verord-

---

272 So auch *Wollschläger*, in: Danner/Theobald, Energierecht, Allgemeine Versorgungsbedingungen, § 1 AVBFernwärmeV Rn. 4-6. Ebenfalls einem weiten Fernwärme-Begriff folgend, der auch Formen des Contracting bzw. der Nahwärmeversorgung umfasst.

273 Vgl. BGH, NJW-RR 2012, 249. Noch a.A. in der Vorinstanz KG Berlin, WuM
2010, 42.

274 Siehe nur *Topp*, in: Danner/Theobald, Energierecht, Allgemeine Anschluss- und
Versorgungsbedingungen, 76. Fernwärmerecht, Rn. 12 m.w.N.

275 *Topp*, in: Danner/Theobald, Energierecht, Allgemeine Anschluss- und Versorgungsbedingungen, 76. Fernwärmerecht, Rn. 12.

nungen auf eine genaue Abgrenzung zwischen Nah- und Fernwärmeversorgung nicht mehr an. Zu differenzieren ist vielmehr zwischen einer netzgebundenen Wärmeversorgung (durch Dritte) und einer dezentralen Eigenversorgung.

Der Streit um die insoweit wiederum maßgeblichen Kriterien – etwa Eigentum oder Investitionsaufwand – kann vorliegend dahinstehen, da sich vielmehr die Frage stellt, ob und inwieweit im öffentlichen Recht zwischen Nahwärmeversorgung einerseits, Fernwärmeversorgung andererseits zu unterscheiden ist oder ob die Grundsätze der BGH-Rechtsprechung auf die Anwendung öffentlich-rechtlicher Normen übertragen werden kann.

c) Verwendung des Begriffs der „Wärmenetze" im Öffentlichen Recht

Für den Bereich des öffentlichen Rechts ist zunächst auf die Definition der „Wärmenetze" in § 3 Abs. 13 KWKG zu verweisen. Danach sind „Wärmenetze" im Sinne des KWKG „Einrichtungen zur leitungsgebundenen Versorgung mit Wärme, die eine horizontale Ausdehnung über die Grundstücksgrenze des Standorts der einspeisenden KWK-Anlage hinaus haben und an die als öffentliches Netz eine unbestimmte Anzahl von Abnehmenden angeschlossen werden kann"; dabei muss mindestens einer der angeschlossenen Abnehmer nicht mit dem Betreiber oder Eigentümer der KWK-Anlage identisch sein. Das KWKG will demnach die Netze erfassen, die nicht nur der eigenen Versorgung aus einer selbst betriebenen KWK-Anlage dienen.[276]

Auf eine Unterscheidung von Nah- und Fernwärme wurde mit der Verwendung des Oberbegriffs der Wärmenetze bewusst verzichtet.[277] Der Grund für das Anknüpfen an das Vorliegen (irgend)eines „Netzes" liegt allein im Bestreben, „objektinterne Verteilungsanlagen", deren Errichtung und Betrieb mit einem geringeren wirtschaftlichen Risiko verbunden sind, von der öffentlichen Förderung auszuschließen.[278] Diese allgemeine Definition der Wärmenetze entspricht den zuvor dargestellten zivilrechtlichen

---

276 Vgl. in dem Sinne auch die Beschlussempfehlung zum Gesetzentwurf der Bundesregierung, BT-Drs. 16/9469, S. 15.
277 So ausdrücklich die Begründung des Gesetzentwurfs der Bundesregierung, BT-Drs. 16/8305, S. 16.
278 So *Fricke*, EuroHeat&Power 2011, 26 (29).

Grundsätzen, nicht zwischen Nah- und Fernwärmeversorgung zu unterscheiden, sondern stattdessen zu prüfen, ob eine (gewissermaßen „externe") netzgebundene Versorgung mit Wärme erzeugt – unabhängig von der konkreten Länge und Ausdehnung des Netzes. Das Eigentum an der Anlage ist dabei allerdings – so ausdrücklich die Legaldefinition – nicht unerheblich.

In anderen öffentlich-rechtlichen Bestimmungen findet sich demgegenüber der – zumindest auf den ersten Blick spezieller erscheinende – Begriff der Fernwärme. Dies gilt zum einen auf Bundesebene für das EE-WärmeG, darüber hinaus aber vor allem auch für Regelungen im Kommunalrecht der Länder, die einen Anschluss- und Benutzungszwang ermöglichen und hier noch näher untersucht werden sollen. Während es dem jeweiligen Landesrecht an einer entsprechenden Legaldefinition fehlt, findet sich eine solche in § 2 Abs. 2 Nr. 2 EEWärmeG.

Danach handelt es sich bei der Fernwärme um Wärme, die in Form von Dampf oder heißem Wasser durch ein Wärmenetz verteilt wird. Allerdings bleibt diese Begriffsbestimmung insofern noch wenig aussagekräftig, als sie doch im Ergebnis wieder an den Begriff des Wärmenetzes anknüpft, ohne diesen näher zu konkretisieren oder etwa auf § 3 Abs. 13 KWKG zu verweisen.[279] Der in der ursprünglichen Entwurfsfassung für die Änderung des EEWärmeG 2011[280] noch vorgesehene Verweis auf § 3 Abs. 13 KWKG wurde im Verlauf des Gesetzgebungsverfahrens unter Berufung auf mögliche Rechtsunsicherheiten gerade gestrichen.[281] Fraglich ist daher zunächst einmal, welche Bedeutung diesem Fernwärmebegriff des EEWärmeG im Einzelnen zukommt.

d) Der Fernwärmebegriff des EEWärmeG

Die Definition des Begriffs der Fernwärme fand erst nachträglich Eingang in das EEWärmeG. Im Unterschied zur ursprünglichen Gesetzesfassung aus dem Jahr 2008[282] findet zudem der Begriff der Nahwärme im EEWärmeG aktuell keine Verwendung mehr. Stattdessen ist nunmehr lediglich

---

279 Siehe dazu *Kahl/Schmidtchen*, Kommunaler Klimaschutz, S. 296 f.
280 Vgl. den Gesetzentwurf der Bundesregierung, BT-Drs. 17/3629, S. 10.
281 Siehe die Beschlussempfehlung zum Gesetzentwurf der Bundesregierung, BT-Drs. 17/4895, S. 24.
282 BGBl. I 2008, S. 1658.

von „Fernwärme" die Rede, wie sie in § 2 Abs. 2 Nr. 2 EEWärmeG definiert wird.

aa) Änderung des Gesetzes 2011

Mit dieser Änderung des EEWärmeG verbunden waren weitere Anpassungen im Gesetzeswortlaut: Während als Ersatzmaßnahme gemäß § 7 Nr. 3 EEWärmeG ursprünglich die Deckung des Wärmeenergiebedarfs aus einem „Netz der Nah- oder Fernwärmeversorgung" anerkannt wurde, erfüllt diese Funktion in der heutigen Gesetzesfassung die Deckung des Wärmeenergiebedarfs durch den Bezug von „Fernwärme". Auch in § 16 EEWärmeG, der später noch ausführlich erörtert werden soll,[283] wurde die Formulierung „Nah- oder Fernwärmeversorgung" ersetzt durch den Begriff der „Fernwärme"; gleiches gilt für die Regelung näherer Anforderungen in der Anlage zum Gesetz. Zu Maßnahmen, die für eine finanzielle Förderung nach dem EEWärmeG in Betracht kamen, zählten ursprünglich die Errichtung bzw. Erweiterung von Nahwärmenetzen, während § 14 Nr. 4 EEWärmeG a.F. Fernwärmenetze gar nicht erwähnte. Demgegenüber umfassen die förderfähigen Maßnahmen nach § 14 Abs. 1 Nr. 4 EE-WärmeG n.F. allgemein die Errichtung oder Erweiterung von Wärmenetzen.

Dem Gesetzeszweck entsprechend sollte der Nahwärme-Begriff des EEWärmeG 2008 all die Fälle erfassen, in denen über ein Netz verteilte Wärme „zumindest zu einem wesentlichen Anteil aus dezentralen Erneuerbare-Energien-Anlagen stammt".[284] Begründet wurde dies mit der durch das EEWärmeG angestrebten Förderung der Nutzung erneuerbaren Energien.[285] Eine Legaldefinition enthielt das Gesetz selbst allerdings nicht und auch der Begründung des Gesetzentwurfs war keine konkrete Definition und Abgrenzung zum Begriff der Fernwärme zu entnehmen. Vielmehr führte die Gesetzesbegründung lediglich aus, dass unter einem „Netz der öffentlichen Nah- oder Fernwärmeversorgung" im Sinne des § 16 EE-WärmeG „alle Netze zur öffentlichen Wärmeversorgung" zu verstehen seien; umfasst würden danach „Netze, die nicht von vornherein auf die Versorgung bestimmter, schon bei der Netzerrichtung feststehender oder

---

283 Dazu unten Teil 4 I. 7.
284 So *Kahl/Schmidtchen*, Kommunaler Klimaschutz, S. 334.
285 *Kahl/Schmidtchen*, Kommunaler Klimaschutz, S. 335.

bestimmbarer Letztverbraucher ausgelegt sind, sondern grundsätzlich für die Versorgung jedes Letztverbrauchers offenstehen".[286]

Die 2011 vorgenommenen Änderungen im EEWärmeG[287] wurde mit einer Anpassung an die ausschließliche Verwendung des Begriffs „Fernwärme" in der Erneuerbare-Energien-Richtlinie der Europäischen Union begründet, deren Umsetzung diese Gesetzesänderung diente.[288] Die Richtlinie unterscheidet nicht zwischen Nah- und Fernwärmenetzen; Art. 2 lit. g) verwendet – wie die Richtlinie insgesamt – lediglich den Begriff der Fernwärme und definiert Fernwärme und Fernkälte als „die Verteilung thermischer Energie in Form von Dampf, heißem Wasser oder kalten Flüssigkeiten von einer zentralen Erzeugungsquelle durch ein Netz an mehrere Gebäude oder Anlagen zur Nutzung von Raum- oder Prozesswärme oder –kälte".

Mit der Änderung des EEWärmeG 2011 sollte allerdings für das nationale Recht keine inhaltliche Änderung verbunden sein. Der Gesetzgeber hat vielmehr darauf hingewiesen, dass eine begriffliche Differenzierung zwischen Nah- und Fernwärmenetzen überholt und ihre Abgrenzung anhand von Kriterien wie Ausbreitung des Netzes, Übertragungskapazität oder Größe der Wärmeerzeugungsanlagen, nunmehr auch in der Rechtsprechung aufgegeben worden sei.[289]

bb) Kritik und Stellungnahme

Von Seiten der Lehre wurde daraufhin zum Teil Kritik laut, die sich ausdrücklich gegen eine „Übertragung der ‚Einheitsdefinition'" des BGH auf den Bereich des öffentlichen Rechts wendet.[290] Die in der Gesetzesbegründung angeführten Motive seien keineswegs zwingend.[291] Vielmehr

---

286 So die Begründung des Gesetzentwurfs der Bundesregierung, BT-Drs. 16/8149, S. 29.
287 Durch Art. 2 des Gesetzes zur Umsetzung der Richtlinie 2009/28/EG zur Förderung der Nutzung von Energie aus erneuerbaren (Europarechtsanpassungsgesetz Erneuerbare Energien – EAG EE) vom 12.4.2011, BGBl. I 2011, 619.
288 Vgl. die Begründung zum Gesetzentwurf der Bundesregierung, BT-Drs. 17/3629, S. 1 und 22.
289 Vgl. die Begründung des Gesetzentwurfs der Bundesregierung, BT-Drs. 17/3629, S. 40.
290 Siehe *Kahl/Schmidtchen*, ZNER 2011, 35 (37).
291 *Kahl/Schmidtchen*, ZNER 2011, 35 (38).

habe der im EEWärmeG 2008 verwendete Begriff der Nahwärmeversorgung durchaus eigenständige rechtliche Bedeutung entfaltet, da der Gesetzgeber in § 14 Nr. 3 der ursprünglichen Gesetzesfassung – in Abkehr vom Wortlaut anderer Bestimmungen des EEWärmeG a.F. – ausdrücklich nur Nahwärme-, keine Fernwärmenetze finanziell fördern wollte.[292]

Kahl versteht daher unter Verweis auf den Zweck des EEWärmeG unter Nahwärmenetzen lediglich solche Netze, „die nicht ausschließlich von zentralen oder ausschließlich fossil befeuerten KWK-Anlagen oder Heizwerken gespeist werden", d.h. Netze, in denen die verteilte Wärme „zumindest zu einem wesentlichen Anteil aus dezentralen EE-Anlagen stammt".[293] Im Gegensatz zu der in den 1980er Jahren für den Bereich des Zivilrechts geführten Diskussion um mögliche Differenzierungen steht damit für das öffentliche Recht ein neues Abgrenzungskriterium zur Debatte.

Eine derartige Differenzierung kann jedoch aus systematischen Gründen nicht überzeugen. Zum einen wurde als Ersatzmaßnahme gemäß § 7 Nr. 3 EEWärmeG 2008 der Anschluss an Netze der Nah- und Fernwärmeversorgung anerkannt und damit auch Netze erfasst, die nach dem Begriffsverständnis von *Kahl* im Grundsatz ausschließlich fossil gespeist werden – dies obgleich der übergeordnete Gesetzeszweck auch den Regelungen zur finanziellen Förderung zugrunde lag.

Daher sah § 7 Nr. 3 EEWärmeG 2008 zur Verwirklichung des Gesetzeszwecks stattdessen zusätzliche Einschränkungen vor. Danach mussten diese Netze die Anforderungen der Nr. VII der Anlage zum EEWärmeG 2008 erfüllen, zu einem bestimmten Anteil aus erneuerbaren Energien, Anlagen zur Nutzung von Abwärme oder KWK-Anlagen gespeist werden. Diese zusätzlichen Kriterien wurden dabei bereits 2008 gleichermaßen sowohl auf Nah- als auch auf Fernwärmenetze angewandt. Wären unter Nahwärmenetze allerdings von vornherein keine ausschließlich fossil gespeisten Netze zu verstehen gewesen, hätte hier eine differenzierende Regelung der Anforderungen an die Netze nahegelegen.

Auch der Formulierung des § 14 Nr. 4 EEWärmeG 2008 war nicht von vornherein, allein durch die Verwendung des Begriffs der Nahwärmenetze, bereits eine Beschränkung auf die aus erneuerbaren Energien gespeisten Netze zu entnehmen. Vielmehr ergaben sich Einschränkungen auch in-

---

292 Vgl. *Kahl/Schmidtchen*, ZNER 2011, 35 (36 f.).
293 *Kahl/Schmidtchen*, ZNER 2011, 35 (37).

soweit erst aus den zusätzlich formulierten Anforderungen an die erfassten Nahwärmenetze.

Auch die in Art. 2 lit. g) Erneuerbare-Energien-Richtlinie enthaltene Definition stellt lediglich auf eine zentrale Erzeugungsquelle ab, ohne bereits nähere Vorgaben zur Art der eingesetzten Energieträger zu regeln. Derartige Vorgaben folgen gegebenenfalls im Einzelfall aus anderen, zusätzlichen Bestimmungen, beispielsweise Art. 13 Abs. 4 UAbs. 3 Satz 2 der Richtlinie.

Die besondere Bedeutung einer zentralen Wärmeversorgung unter Einsatz erneuerbarer Energieträger soll damit keineswegs bestritten werden. Eine daran ausgerichtete begriffliche Differenzierung kann aus dem EE-WärmeG jedoch nicht abgeleitet werden.

Wie aus den Gesetzgebungsmaterialien ersichtlich wird, geht der Gesetzgeber selbst davon aus, dass dem nunmehr verwendeten Begriff der Fernwärme „weiterhin jede Art von netzgebundener Wärmeversorgung",[294] d.h. sowohl Fernwärme- wie auch Nahwärmenetze im Sinne des EEWärmeG 2008 unterfallen. Nähere Anforderungen an die Anlage zur Wärmeerzeugung sowie die eingesetzten Energieträger lassen sich aus EEWärmeG und Erneuerbare-Energien-Richtlinie ebenso wenig ableiten wie aus dem zuvor genannten KWKG.

Für den Bereich des öffentlichen Rechts gibt der Bundesgesetzgeber mit diesen verschiedenen Regelungen zu erkennen, dass er eine – nach welchen Kriterien auch immer durchzuführende – Differenzierung zwischen verschiedenen Netztypen nicht vorgesehen hat; Nah- wie auch Fernwärmenetze unterfallen insoweit vielmehr einem einheitlichen Rechtsrahmen.

e) Spezifisches Bedürfnis für eine Abgrenzung der Nah- von der Fernwärmeversorgung im Landesrecht?

Trotz des einheitlichen Anknüpfens an den umfassenden Begriff der Wärmenetze durch den Bundesgesetzgeber, lässt dies noch keine zwingenden Rückschlüsse auf das dem jeweiligen Landesrecht zugrundeliegende Begriffsverständnis zu.

---

294 So die Begründung des Gesetzentwurfs der Bundesregierung, BT-Drs. 17/3629, S. 40.

Soweit der Begriff der Fernwärme im Landesrecht Verwendung findet, stellt sich die Frage, ob er dem Bundesrecht vergleichbar weit oder in ausdrücklicher Abgrenzung zu Nahwärmenetzen zu verstehen ist. Insofern wird häufig die Ansicht vertreten, nach allen Gemeindeordnungen sei Nahwärme im Ergebnis wie Fernwärme zu behandeln und im Hinblick auf die grundsätzliche Zulässigkeit eines Anschluss- und Benutzungszwangs daher kein Unterschied feststellbar.[295] Die genaue Abgrenzung beider Begriffe könne daher dahingestellt bleiben.[296]

Kommunalrechtlicher Literatur ist eine Definition der Fernwärme zu entnehmen, die ebenfalls ganz allgemein die „Zuleitung von Wärme durch Dampf oder Warmwasser für Heizzwecke und den Warmwasserbedarf" erfasst.[297]

Wie bereits erwähnt,[298] bestreiten einige Stimmen aus der Literatur demgegenüber, dass die Unterscheidung der Begriffe Nahwärme und Fernwärme technisch überholt sei, und bemängeln bereits mit Blick auf das EEWärmeG des Bundes eine gewisse Konturlosigkeit des Begriffs, die einen „qualitativen Rückschritt" befürchten lasse.[299] Immerhin finde der Begriff der Nahwärme auch in einschlägigen Förderrichtlinien weiterhin Verwendung, die im Übrigen auch Vorgaben zur Art der erneuerbaren Energiequelle und dem Anteil der erneuerbaren Energien regelten.[300]

In Abhängigkeit von den konkreten Eigenschaften der netzgebundenen Wärmeversorgung wird auch ihr Ausbaupotenzial zum Teil unterschiedlich beurteilt. So sieht etwa das Umweltbundesamt kaum Chancen für eine Erweiterung von *Fern*wärmenetzen, allenfalls für entsprechende Verdichtungen bestehender Netze; Ausbaupotenzial betont es demgegenüber im Hinblick auf *Nah*wärmenetze.[301] Zugrunde gelegt wird dabei ein Verständ-

---

295 So *Ennuschat/Volino*, CuR 2009, 90. Siehe auch *Klinski/Longo*, Rechtliche Rahmenbedingungen in Kommunen für den EE-Ausbau, S. 28, abrufbar als Arbeitspapier des Projekts SKEP unter: https://projekte.izt.de/skep/ergebnisse/ (10.7.15).
296 *Tschakert*, Klimaschutz durch kommunale Versorgungseinrichtungen, S. 15.
297 So *Gern*, Dt. Kommunalrecht, Rn. 612 bzw. *Gern*, Sächs. Kommunalrecht, Rn. 690, jeweils unter Berufung auf und mit Nachweisen aus der Rechtsprechung.
298 Siehe oben IV. 3. d).
299 *Kahl/Schmidtchen*, Kommunaler Klimaschutz, S. 337.
300 *Kahl/Schmidtchen*, Kommunaler Klimaschutz, S. 337 f.
301 Vgl. *UBA* (Hrsg.), Potenziale von Nah- und Fernwärmenetzen für den Klimaschutz bis zum Jahr 2020, abrufbar unter: www.umweltbundesamt.de/sites/defaul t/files/medien/publikation/long/3501.pdf (25.09.2013), S. 2, 15, 20 f. sowie 40.

nis der Fernwärme als „leitungsgebundene Wärmeversorgung aus einer zentralen Wärmequelle über Verteilnetze", über eine Distanz von bis zu einigen zehn Kilometern.[302] Demgegenüber soll es sich bei der Nahwärme um eine kleinräumige leitungsgebundene Wärmeversorgung handeln, bei der die Wärme maximal etwa einen Kilometer weit transportiert und noch innerhalb der jeweiligen Siedlung bzw. des Quartiers erzeugt wird.[303] Im Rahmen der so definierten Nahwärmeversorgung soll dann insbesondere der Einsatz erneuerbarer Energien einfacher möglich sein.[304] Die Anwendung der Ermächtigungsgrundlagen zur Einführung eines Anschluss- und Benutzungszwangs für die so verstandenen, kleinräumigeren Nahwärmenetze wird dabei bezweifelt.[305]

Tatsächlich zeigt beispielsweise das EEWärmeG, dass „Fernwärme nicht gleich Fernwärme" ist, indem es über § 7 Abs. 1 Nr. 3 i.V.m. Nr. VIII der Anlage zum EEWärmeG die Erfüllung bestimmter Qualitätsanforderungen verlangt und so die Bedeutung der aus erneuerbaren Energien erzeugten Wärme hervorhebt. Allerdings lässt sich eine besonders positive Klimabilanz der netzgebundenen Wärmeversorgung, wie anhand des EEWärmeG dargelegt, nicht über eine begriffliche Differenzierung zwischen Nah- und Fernwärme erreichen, sondern erst durch gesetzliche Formulierung entsprechender zusätzlicher Anforderungen.

Auch nach dem herkömmlichen technischen Verständnis ist die Einordnung als Nah- oder Fernwärme immerhin nicht an die Art der Wärmeerzeugung, sondern vielmehr an eine – wenngleich unscharfe – Unterscheidung nach der Ausdehnung der Netze gekoppelt, aus der gegebenenfalls besonders günstige Bedingungen für den Einsatz bestimmter Arten erneuerbarer Energien folgen.[306] Zudem ist die grundsätzliche Begrenzung der

---

302 So *UBA* (Hrsg.), Potenziale von Nah- und Fernwärmenetzen für den Klimaschutz bis zum Jahr 2020, abrufbar unter: www.umweltbundesamt.de/sites/default/files/medien/publikation/long/3501.pdf (25.09.2013), S. 62.

303 *UBA* (Hrsg.), Potenziale von Nah- und Fernwärmenetzen für den Klimaschutz bis zum Jahr 2020, abrufbar unter: www.umweltbundesamt.de/sites/default/medien/publikation/long/3501.pdf (25.09.2013), S. 55, 62.

304 *UBA* (Hrsg.), Potenziale von Nah- und Fernwärmenetzen für den Klimaschutz bis zum Jahr 2020, abrufbar unter: www.umweltbundesamt.de/sites/default/files/medien/publikation/long/3501.pdf (25.09.2013), S. 40.

305 Siehe *UBA* (Hrsg.), Potenziale von Nah- und Fernwärmenetzen für den Klimaschutz bis zum Jahr 2020, abrufbar unter: www.umweltbundesamt.de/sites/default/files/medien/publikation/long/3501.pdf (25.09.2013), S. 53.

306 Dazu oben IV. 3. a).

Ausdehnung von Wärmenetzen beiden Netztypen gemeinsam. Klarer erscheint daher statt einer Differenzierung zwischen kleinräumigeren Nahwärmenetzen und ausgedehnteren Fernwärmenetzen die Abgrenzung der netzgebundenen, zentralen Wärmeversorgung von einer dezentralen Wärmeerzeugung in einzelnen Gebäuden.[307]

Dieses Gegenüber zentraler (netzgebundener) Wärmeversorgung und dezentraler Eigenversorgung entspricht insbesondere auch den Besonderheiten des Anschluss- und Benutzungszwangs, mit dem die Eigenversorgung der erfassten Grundstücke durch eine Versorgung über die zentrale Einrichtung, zu deren Gunsten der Anschluss- und Benutzungszwang begründet wird, ersetzt werden soll. Einschränkungen können sich insoweit allenfalls aus den landesrechtlich geregelten Voraussetzungen für die Einführung eines Anschluss- und Benutzungszwangs ergeben.

Soweit sich aus dem Landesrecht allerdings gerade keine Anhaltspunkte für ein spezifisches Verständnis des verwendeten Fernwärmebegriffs ergeben, kann lediglich auf ein allgemeines Verständnis der Fernwärme als Begriff im Rechtssinne zurückgegriffen werden. Danach kommt es, wie eben dargelegt, grundsätzlich weder auf die Abgrenzung nach Art der eingesetzten Energieträger an, noch auf eine Unterscheidung von Nah- und Fernwärme anhand der räumlichen Ausdehnung. Vielmehr ist in diesen Fällen lediglich zu fragen, ob es sich um eine die Eigenversorgung ersetzende Art der zentralen Versorgung handelt, die die weiteren landesrechtlichen Voraussetzungen für die Einführung eines Anschluss- und Benutzungszwangs erfüllt.

V. Überblick über die Handlungsmöglichkeiten der Kommunen vor dem Hintergrund von Klimawandel und Energiewende

Die Kommunen sind zu relevanten Akteuren sowohl im Bereich des Klimaschutzes wie auch im Rahmen der Energiewende geworden. Einer der naheliegendsten Gründe für ihre bedeutende Rolle: In den Kommunen wird mit bis zu 80 % auch ein Großteil der klimarelevanten Emissionen

---

307 So auch *Burgi*, Klimaschutz durch KWK-Förderung, S. 19, zum Begriff der Fernwärmenetzes im Kontext des KWKG.

produziert.[308] Zudem sind Kommunen – gewissermaßen an vorderster Front – nicht nur mit Auswirkungen der Klimaänderungen, sondern auch mit den durch steigende Energiepreise hervorgerufenen wirtschaftlichen und sozialen Problemen befasst. So werden den Kommunen auch in besonderer Weise die Folgen der Verknappung herkömmlicher, fossiler Energieträger verdeutlicht.[309]

Zu Recht wurde daher festgestellt dass „der Klimawandel [...] auf kommunaler Ebene sowohl auf der Ursache- als auch auf der Wirkungsebene vorhanden [ist]".[310] Denn Kommunen können auch unter verschiedensten Gesichtspunkten zum Schutz des Klimas tätig werden: nicht allein als Vorbild,[311] sondern auch als Versorger, im Wege kommunaler Planung oder durch Regulierung.[312] Tatsächlich lässt sich in der Praxis auf kommunaler Ebene bereits ein breites Engagement für den Klimaschutz beobachten, und zwar im Rahmen verschiedener Projekte und in Form unterschiedlicher rechtlicher Maßnahmen.[313] Zugleich haben einige Kommunen Schritte hin zur kommunalen Energieautonomie unternommen.[314]

---

308 So die Angabe bei *Stäsche*, EnWZ 2014, 291 (297); vgl. im Übrigen die Beispiele bei *Raschke,* Kommunale Klimaschutzmaßnahmen, S. 37: durch Nutzungen wie Wohnen, Gewerbe, Industrie, Verkehr, Freizeit.

309 *Longo,* Örtliche Energieversorgung, S. 26.

310 So *Stäsche*, EnWZ 2014, 291 (297).

311 Diese Vorbildfunktion wird regelmäßig in Landesklimaschutzgesetzen betont; siehe insofern oben III. 4.

312 Zu diesen und weiteren Rollen *Stäsche*, EnWZ 2014, 291 (297).

313 Beispiele finden sich etwa bei *Raschke,* Kommunale Klimaschutzmaßnahmen, S. 38: Projekt „Klimawandel und Kommunen" in Niedersachsen, Projekt „Hessen aktiv: 100 Kommunen für den Klimaschutz", Auszeichnung Hamburgs mit dem „European Green Capital Award" der Europäischen Kommission 2011; a.a.O. jeweils mit entsprechenden Nachweisen zu den genannten Projekten. Es existiert u.a. auch ein sogenanntes „Klima-Bündnis", ein 1990 gegründeter Verein, dem über 1600 Städte, Gemeinden und Landkreise, Bundesländer, Provinzen, NGOs und andere Organisationen aus verschiedenen europäischen Ländern angehören, darunter 480 Mitglieder aus Deutschland; diese Mitglieder haben sich im Rahmen einer Partnerschaft mit indigenen Völkern der Regenwälder zu verschiedenen freiwilligen Maßnahmen verpflichtet, mit dem Ziel der Reduzierung klimaschädlicher Treibhausgase, um zum Erhalt der Regenwälder beizutragen; nähere Informationen dazu finden sich unter: www.klimabuendnis.org (letzter Abruf: 22.07.2014).

314 Siehe *Longo,* Örtliche Energieversorgung, S. 25.

Während die Spielräume, Klimaschutz mittels kommunaler Finanzpolitik zu betreiben, in weiten Bereichen beschränkt sind,[315] bieten sich doch zahlreiche andere Möglichkeiten. Neben den bereits erwähnten Projekten, Partnerschaften bzw. Kooperationen bieten sich den Kommunen Handlungsmöglichkeiten vor allem durch das Planungsrecht, das eine gezielte Standortsteuerung auch von Energieerzeugungsanlagen zulässt, so dass auf diese Weise etwa die Ansiedlung von Erneuerbare-Energien-Anlagen gelenkt und gezielt gefördert werden kann.[316] Zudem bietet § 9 Abs. 1 Nr. 23 a) und b) BauGB die Möglichkeit der Festsetzung von Verbrennungs- und Verwendungsverboten für luftverunreinigende Stoffe nach oder für eine Verpflichtung zu Maßnahmen für erneuerbare Energien und Kraft-Wärme-Kopplung in Bebauungsplänen.

Abgesehen von Maßnahmen planungsrechtlicher Natur sind Gestaltungsmöglichkeiten in städtebaulichen wie auch verschiedenen zivilrechtlichen Verträgen in Betracht zu ziehen,[317] etwa Vertragsschlüsse mit ökologischen Auflagen. Schließlich können Kommunen durch die Sanierung eigener, kommunaler Liegenschaften,[318] eine dem Klimaschutz verpflichtete kommunale Verkehrspolitik unter Ausbau von Nahverkehrsangeboten, sowie eine klimafreundliche Beschaffungs- und nicht zuletzt die Abfallpolitik zum Klimaschutz beitragen.[319]

„Klimaschutzprojekte" der Kommunen sind regelmäßig freiwillige Projekte bzw. Selbstverpflichtungen der Kommunen, ist doch Klimaschutz – soweit nicht im Einzelfall eine konkrete gesetzliche Verpflichtung besteht

---

315 Vgl. dazu *Schmidt*, DVBl 2014, 1155 ff. Einen Überblick über steuer- und abgabenrechtliche Möglichkeiten geben auch *Klinski/Longo*, Rechtliche Rahmenbedingungen in Kommunen für den EE-Ausbau, S. 36 f., abrufbar als Arbeitspapier des Projekts SKEP unter: https://projekte.izt.de/skep/ergebnisse/ (10.7.15).

316 Zum Klimaschutz in der Bauleitplanung siehe etwa *Ingold/Schwarz*, NuR 2010, 153 ff.; *Klinski/Longo*, ZNER 2007, 41 ff.

317 Zum sogenannten „Vellmarer Modell" des städtebaulichen Solarvertrags siehe *Milkau*, Ansätze zur Förderung der erneuerbaren Energien im Wärmemarkt, S. 277 f. Zum Einsatz städtebaulicher und zivilrechtlicher Verträge als Instrument des Klimaschutzes auch *Klinski/Longo*, ZNER 2007, 41 (44 f. bzw. 47).

318 *Longo,* Örtliche Energieversorgung, S. 26 f. bezeichnet die energetische Sanierung des kommunalen Gebäudebestands als eines der drängendsten Probleme.

319 Vgl. die entsprechende Aufzählung bei *Raschke*, Kommunale Klimaschutzmaßnahmen, S. 39. Einen Überblick über die verschiedenen Handlungsmöglichkeiten der Kommunen bieten *Klinski/Longo*, Rechtliche Rahmenbedingungen in Kommunen für den EE-Ausbau, abrufbar als Arbeitspapier des Projekts SKEP unter: https://projekte.izt.de/skep/ergebnisse/ (10.7.15).

– weitestgehend eine freiwillige Aufgabe der Kommunen.[320] Vor diesem Hintergrund wird zum Teil die recht unterschiedliche Ausprägung des kommunalen Engagements zugunsten des Klimaschutzes bemängelt: So werde insbesondere der ländliche Raum bislang vernachlässigt; im Übrigen hingen Maßnahmen im Allgemeinen stark von der Finanzkraft der jeweiligen Kommune ab, weshalb entsprechende finanzielle Anreize des Bundes sowie vereinheitlichende Vorgaben erforderlich seien.[321]

In den erwähnten Rechtsgebieten, insbesondere im Baurecht bestehen allerdings bereits Regelungen, die den Kommunen Handlungsspielräume gewähren und damit Vorgaben für einen Klimaschutz auch auf lokaler Ebene setzen. Ein viel diskutiertes Thema sind in diesem Zusammenhang sogenannte „Solarsatzungen", mit denen – zusätzlich zu bauplanungsrechtlichen Festsetzungen zur Nutzung von Solarenergie – auch entsprechende örtliche Bauvorschriften getroffen werden, so etwa eine Baupflicht für Solaranlagen, wie am Beispiel der Marburger Solarsatzung nachzuvollziehen ist.[322]

Die Probleme im Zusammenhang mit der Erlass derartiger Solarsatzungen sollen hier nicht näher betrachtet werden; demgegenüber geht es der vorliegenden Untersuchung nicht um Pflichten zur Errichtung eigener, dezentraler Energieerzeugungsanlagen, sondern vielmehr um eine Auseinandersetzung mit der Problematik des zwangsweisen Anschlusses an die zentralen Versorgungseinrichtungen. Soweit im Übrigen auch eine Satzung über den Anschluss- und Benutzungszwang an Einrichtungen der Nah- bzw. Fernwärmeversorgung gelegentlich als „Solarsatzung" bezeichnet wird, ist dies vor dem Hintergrund der erwähnten Diskussion etwa um die „Marburger Solarsatzung" zumindest verwirrend und angesichts der verschiedenen Arten von Wärmenetzen auch in rechtlicher Hinsicht un-

---

320 *Rodi*, IR 2012, 242 (245); *Stäsche*, EnWZ 2014, 291 (297).
321 Vgl. *Rodi*, IR 2012, 242 (243). *Rodi*, IR 2012, 242 (244 und 245) identifiziert jedoch auch verfassungsrechtliche Hindernisse, sowohl für die Zuweisung konkreter Klimaschutzaufgaben an die Kommunen als auch für direkte Finanzhilfen: zum einen das Aufgabenübertragungsverbot des Art. 84 Abs. 1 Satz 7 GG, zum anderen die Beschränkung von Finanzhilfen gemäß Art. 104b GG.
322 Näher zum Fall der „Marburger Solarsatzung" die Darstellung bei *Milkau*, Ansätze zur Förderung der erneuerbaren Energien im Wärmemarkt, S. 279 ff., sowie *Schmidt*, Nutzung von Solarenergie, S. 163 ff. Siehe dazu schließlich auch *Faßbender*, in: Köck/Faßbender, Klimaschutz durch Erneuerbare Energien, S. 39 (48 f.) sowie *Pollmann/Reimer/Walter*, LKRZ 2008, 251 ff.

sauber.[323] Diese Formulierung wird daher auch im Folgenden nicht verwendet werden.

Auf die vielfältigen Fragen, die sich im Zusammenhang mit dem Klimaschutz in der Bauleitplanung oder angesichts sonstiger kommunaler Klimaschutzprojekte stellen, beispielsweise auch auf den Vorschlag eine „Klimaaktionsplanung",[324] kann hier nicht näher eingegangen werden, da dies den Umfang der vorliegenden Arbeit deutlich übersteigen würde. Zudem soll im Folgenden lediglich die Anordnung eines Anschluss- und Benutzungszwangs durch kommunale Satzung erörtert werden, nicht dagegen die Einführung eines solchen Anschluss- und Benutzungszwangs im Wege privatrechtlicher Vereinbarungen der Gemeinde mit betroffenen Grundstückseigentümern. Dass dies rechtlich durchaus zulässig sein kann und auch praktisch bereits relevant wurde, zeigen erste Entscheidungen der Zivilgerichte.[325]

---

323 Zu Recht kritisch und daher einschränkend im Hinblick auf die Formulierung auch *Longo,* Örtliche Energieversorgung, S. 83.
324 Dazu der Aufsatz *Kahl/Schmidtchen,* EurUP 2013, 184 ff.
325 Siehe BGH, Urt. v. 9.7.2002 – KZR 30/00 –, BGHZ 151, 274 = NJW 2002, 3779 (wettbewerbs- und kartellrechtliche Zulässigkeit der Kopplung eines Grundstücksverkaufs mit der Verpflichtung zum Anschluss an die Fernwärmeversorgung) oder OLG Koblenz, Urt. v. 13.3.2006 – 12 U 1227/04 –, NJW-RR 2006, 1285.

Teil 2: Der kommunale Anschluss- und Benutzungszwang – Bedeutung und Voraussetzungen eines klassischen kommunalrechtlichen Handlungsinstruments

Der Anschluss- und Benutzungszwang als ein „klassisches" Instrument des Kommunalrechts soll zunächst allgemein vorgestellt, die Voraussetzungen seiner Einführung nach den jeweils einschlägigen Rechtsgrundlagen dargestellt werden, bevor anschließend betrachtet werden kann, inwieweit sich der Anschluss- und Benutzungszwang gerade als Mittel der Klimaschutz- und Energiepolitik einsetzen lässt.

I. Entwicklung und Rechtsgrundlagen

1. Historische Ursprünge

Der Anschluss- und Benutzungszwang ist zurückzuführen auf genossenschaftliche Mühlen- und Backofenzwänge des Mittelalters sowie weitere Zwänge der Zünfte, Rohstoffe bzw. Materialien nur von bestimmten Händlern zu beziehen.[326]

Durch die Verpflichtung, nur bestimmte Backöfen zu benutzen sollte ursprünglich zum einen die Brandgefahr reduziert werden. Andererseits wurden zwar Mühlenzwänge allein mit Rentabilitätsgesichtspunkten begründet, die erwähnten Backofenzwänge demgegenüber jedoch gerade in waldarmen Gebieten mit dem Erfordernis der Beschränkung des Holzverbrauchs.[327] Somit spielten bereits frühzeitig auch Gesichtspunkte des Ressourcenschutzes eine wesentliche Rolle,[328] die aktuell – unter anderem – zu den Beweggründen für eine grundlegende Energiewende gehören.

---

326 Vgl. dazu die Darstellung bei *Faber,* Anschluss- und Benutzungszwang, S. 37 m.w.N.

327 So *Faber,* Anschluss- und Benutzungszwang, S. 37.

328 Vgl. *Faber,* Anschluss- und Benutzungszwang, S. 37, der von einer „mittelbaren ressourcen- und damit auch umweltschützenden Funktion des Backofenzwangs" spricht.

Seit dem 19. Jahrhundert, zunächst in Preußen, existieren schließlich dem aktuellen Recht vergleichbare Modelle einer Benutzungspflicht öffentlicher Einrichtungen, allerdings ursprünglich nicht als Instrument des Kommunalrechts, sondern vielmehr in Gestalt einer Maßnahme polizeirechtlicher Natur. Dieser „Vorläufer" heutiger Anschluss- und Benutzungszwänge hat seinen Ursprung damit im Recht der Gefahrenabwehr.[329] Wie noch aufzuzeigen sein wird, hat dieser gefahrenabwehrrechtliche Ursprung Auswirkungen auch auf die Auslegung geltender landesrechtlicher Ermächtigungsgrundlagen. Vielfach wurden vor allem „gesundheits- und seuchenpolizeiliche Erwägungen" herangezogen, eine Benutzungspflicht öffentlicher Einrichtungen zu begründen, was sich in der häufigen Anknüpfung späterer Ermächtigungsgrundlagen an die „Volksgesundheit" widerspiegelt.[330]

Die erste kommunalrechtliche Bestimmung zum Anschluss- und Benutzungszwang datiert aus dem Jahr 1926 und fand sich in der damaligen Thüringer Gemeindeordnung. Kurz darauf folgten Regelungen in Bayern und Preußen, später auch in den anderen Ländern. Das dadurch zunächst bestehende Nebeneinander kommunalrechtlicher und polizeirechtlicher Zuständigkeiten wurde erst mit der Vereinheitlichung in der Deutschen Gemeindeordnung im Jahr 1935 beendet.[331] Seitdem existiert der Anschluss- und Benutzungszwang in seiner aktuellen Form, als Zuständigkeit der Gemeinden, sowohl in den westdeutschen Ländern wie auch – wenngleich mit einigen Besonderheiten – in den ostdeutschen Ländern,[332] nunmehr v.a. in den verschiedenen Landesgesetzen zum Kommunalrecht.

Damit handelt es sich beim Anschluss- und Benutzungszwang aus heutiger Sicht tatsächlich um ein hergebrachtes, „klassisches" Instrument des Kommunalrechts.[333]

Dieses Instrument, insbesondere seine Voraussetzungen, unterlagen allerdings im Laufe der Zeit – vor allem seit den 1970/1980er Jahren – einigen Entwicklungen. Als eine der bedeutendsten Änderungen ist dabei die

---

329 Vgl. wiederum *Faber*, Anschluss- und Benutzungszwang, S. 37 f. m.w.N. sowie *Wagener*, Anschluß- und Benutzungszwang, S. 67 f.

330 Siehe dazu *Seewald*, in: Steiner, Bes. VerwR, Kommunalrecht, Rn. 170.

331 Zur historischen Entwicklung im Allgemeinen *Faber*, Anschluss- und Benutzungszwang, S. 38; zur Regelung in § 18 Deutsche Gemeindeordnung von 1935 siehe v.a. *Wagener*, Anschluß- und Benutzungszwang, S. 68.

332 Näher dazu *Faber*, Anschluss- und Benutzungszwang, S. 39.

333 So ausdrücklich auch *Burgi*, Kommunalrecht, § 16 Rn. 59.

Entwicklung vom Instrument des Gesundheitsschutzes der Bevölkerung hin zu einem Mittel des Umweltschutzes zu nennen. Faber etwa spricht von einer „zunehmende[n] Ökologisierung des kommunalen Anschluss- und Benutzungszwangs".[334] Dies gilt in besonderem Maße für den Anschluss- und Benutzungszwang an die Fernwärmeversorgung. Angesichts der Bedeutung der Wärmeversorgung im Kontext von Klimawandel und Energiewende stellt sich hier – stärker noch als für andere Versorgungsbereiche – die Frage nach der Zulässigkeit von Motiven des Umwelt- und Klimaschutzes.

Im Übrigen kommt die größte praktische Bedeutung gegenwärtig ebenfalls dem kommunalen Anschluss- und Benutzungszwang an Einrichtungen der Wasserversorgung und Abwasserentsorgung sowie auf dem Gebiet der Fernwärmeversorgung zu.[335]

Aus diesem Grund soll gerade die Fernwärme im Folgenden im Mittelpunkt der Betrachtung stehen, gegebenenfalls unter vergleichender Bezugnahme auf andere vom Anschluss- und Benutzungszwang betroffene Bereiche.

2. Aktuelle Rechtsgrundlagen und Abgrenzung von baurechtlichen Bestimmungen

Die Rechtsgrundlagen für den Anschluss- und Benutzungszwang finden sich heute in erster Linie im jeweiligen Kommunalrecht der Länder. Daneben existieren allerdings zum einen relevante spezialgesetzliche Vorschriften, etwa im Abfallrecht, in Landes-Straßenreinigungs- und Bestattungsgesetzen, die dann im Wesentlichen abschließende Regelungen treffen und den Gemeinden nur noch geringe Spielräume belassen..[336] Zum anderen sind in einigen Bundesländern einschlägige energierechtliche Bestimmungen zu beachten. In Berlin und Hamburg, die im Unterschied zu den Flä-

---

334 So ausdrücklich *Faber,* Anschluss- und Benutzungszwang, S. 41.
335 *Faber,* Anschluss- und Benutzungszwang, S. 22.
336 Siehe *Faber,* Anschluss- und Benutzungszwang, S. 22 f.; *Gern,* Dt. Kommunalrecht, Rn. 606; *Gern*, Sächs. Kommunalrecht, Rn. 684; *Röhl*, in: Schoch, Bes. VerwR, 1. Kapitel, Rn. 166.

chenstaaten kein Kommunalrecht kennen, existieren überhaupt nur Regelungen in verschiedenen Fachgesetzen.[337]

Keine Ermächtigungsgrundlage zur Anordnung eines kommunalen Anschluss- und Benutzungszwangs stellt der oben bereits erwähnte[338] § 9 Abs. 1 Nr. 23 BauGB dar, wenngleich danach getroffene Festsetzungen gegebenenfalls mit einem nach anderen Vorschriften angeordneten Anschluss- und Benutzungszwang in Verbindung stehen können bzw. diesen möglicherweise planungsrechtlich absichern sollen.[339] Auch von den übrigen bauleitplanerischen Festsetzungsmöglichkeiten des § 9 Abs. 1 BauGB bietet keine eine hinreichende Ermächtigungsgrundlage für die Einführung eines Anschluss- und Benutzungszwangs.[340]

In der Literatur wird vereinzelt darauf hingewiesen, dass das erwähnte Verwendungsverbot für bestimmte Heizstoffe im Einzelfall durchaus wie ein faktischer Anschluss- und Benutzungszwang wirken könne und dann auch an dessen Voraussetzungen zu messen sei.[341] Tatsächlich stehen zu Zwecken der Wärmeerzeugung nur bestimmte Energieträger zur Verfügung, so dass sich im Falle eines Verbots der Verwendung von Heizöl oder Kohle und bei fehlender Anschlussmöglichkeit an die leitungsgebundene Gasversorgung, etwa im ländlichen Raum, kaum noch Alternativen bieten.[342] Auch ein Fernwärmeanschluss ist jedoch gegenwärtig noch nicht flächendeckend verfügbar, so dass sich unter Umständen Fragen der Gewährleistung der Versorgungssicherheit stellen könnten.[343]

Als dezentrale Versorgungsmöglichkeit bliebe den Betroffenen in derartigen Fällen der Betrieb einer eigenen Heizungsanlage unter Einsatz er-

---

337 Siehe dazu den Vergleich landesrechtlicher Ermächtigungsgrundlagen unter Teil 2 III. 1.

338 Siehe oben Teil 1, V.

339 Vgl. nur *Mitschang/Reidt*, in: Battis/Krautzberger/Löhr, BauGB, § 9 Rn. 138; *Söfker*, in: Ernst/Zinkahn/Bielenberg/Krautzberger, BauGB, § 9 Rn. 187 sowie 197a und 197d f. *Kloepfer*, Umweltschutzrecht, § 11 Rn. 49, spricht allgemeiner davon, dass sich so mittelbar eine Möglichkeit biete, „den Anschluss an ein Fernwärmesystem auf der Basis der Kraft-Wärme-Kopplung zu forcieren".

340 *Sparwasser/Mock*, ZUR 2008, 469 (471).

341 So *Sparwasser/Mock*, ZUR 2008, 469 (471). Insoweit kritisch *Kahl/Schmidtchen*, Kommunaler Klimaschutz, S. 297: Die Festsetzung dürfe nicht in einen mittelbar-faktischen Anschluss- und Benutzungszwang erwachsen.

342 *Sparwasser/Mock*, ZUR 2008, 469 (471).

343 Diese Fragen sind auch für die Zulässigkeit der Festsetzung eines Verwendungsverbots für bestimmte Heizstoffe entscheidend, vgl. *Spannowsky*, in: Spannowsky/Uechtritz, BeckOK BauGB, § 9 Rn. 92.1.

neuerbarer Energien – ohne dass dafür eine Ausnahme oder Befreiung vom Anschluss- und Benutzungszwang erforderlich wäre, wenn ein solcher rechtlich nicht existiert. Gerade hierin liegt auch ein wesentlicher Unterschied zwischen einem lediglich „faktischen Anschluss- und Benutzungszwang" und einem im Rechtssinne wirksam angeordneten, kommt es für die Beurteilung der Verhältnismäßigkeit des letzteren doch maßgeblich auf etwaige Befreiungs- und Ausnahmemöglichkeiten an, wie noch aufgezeigt werden wird.[344]

Damit kann die Festsetzung eines Verbrennungsverbots auf Grundlage des BauGB zwar mittelbar auf den – mehr oder weniger freiwilligen – Anschluss an ein Wärmenetz hinwirken.[345] Allein aus Festsetzungen gemäß § 9 Abs. 1 Nr. 23 BauGB, insbesondere einem Verwendungsverbot für bestimmte Heizstoffe nach § 9 Abs. 1 Nr. 23 lit. a) BauGB, folgt aber keineswegs zwangsläufig ein Anschluss- und Benutzungszwang für die Fernwärmeversorgung.[346] Ein mit rechtlichen Mitteln zwangsweise herbeigeführter Anschluss- und Benutzungszwang muss vielmehr erst aufgrund einer speziellen landesrechtlichen Ermächtigungsgrundlage erlassen werden und sich sodann an deren Voraussetzungen messen lassen.

Auf die verschiedenen Rechtsfragen, die sich im Zusammenhang mit der Anwendung des § 9 Abs. 1 Nr. 23 BauGB stellen, soll daher im Folgenden auch nicht näher eingegangen werden, selbst wenn die Wirkung der Vorschrift in Einzelfällen einem faktischen Anschluss- und Benutzungszwang zumindest nahekommen mag. Dazu gehört etwa die von Beginn an strittige Reichweite der Festsetzungsmöglichkeiten nach § 9 Abs. 1 Nr. 23 lit. a) und b) BauGB, die Frage nach der Zulässigkeit der Festsetzung von Ziel- oder Grenzwerten für CO_2-Emissionen,[347] oder die früher bezweifelte Zulässigkeit auch technischer Maßnahmen, die sich zumindest in dieser Form nach der aktuellen Fassung des § 9 Abs. 1 Nr. 23 lit. b) BauGB nicht mehr stellt.[348]

---

344 Ausführlich zur Verhältnismäßigkeitsprüfung unten Teil 5 I. 3. c) und d).
345 Siehe auch *Faßbender*, in: Köck/Faßbender, Klimaschutz durch Erneuerbare Energien, S. 39 (42).
346 *Sparwasser/Mock*, ZUR 2008, 469 (470).
347 Siehe dazu *Schmidt*, Nutzung von Solarenergie, S. 89 f. m.w.N.
348 Vgl. etwa den Überblick bei *Sparwasser/Mock*, ZUR 2008, 469 (470 f.), noch vor Änderung des Wortlauts von § 9 Abs. 1 Nr. 23 lit. b) BauGB. Siehe dazu insgesamt *Mitschang/Reidt*, in: Battis/Krautzberger/Löhr, BauGB, § 9 Rn. 125 ff.; *Söfker*, in: Ernst/Zinkahn/Bielenberg/Krautzberger, BauGB, § 9 Rn. 187 ff.; jeweils m.w.N. Speziell zur Frage der Anordnung einer Nutzungspflicht auf der Grundla-

Die Klärung all dieser Rechtsfragen würde den thematischen Rahmen der vorliegenden Untersuchung überschreiten.

Was bauplanerische Festsetzungen betrifft, so ist an dieser Stelle lediglich noch darauf hinzuweisen, dass ein – nach anderen Vorschriften angeordneter – gemeindlicher Anschluss- und Benutzungszwang nach § 9 Abs. 6 BauGB unter den dort genannten Voraussetzungen in einen Bebauungsplan nachrichtlich übernommen werden soll. Die eigentliche Regelung des kommunalen Anschluss- und Benutzungszwangs und deren Zulässigkeit berührt diese nachrichtliche Aufnahme in den Bebauungsplan allerdings nicht.[349]

Von den Ermächtigungsgrundlagen für einen kommunalen Anschluss- und Benutzungszwang zu unterscheiden sind schließlich auch vereinzelt zu findende, regelmäßig bauordnungsrechtliche Bestimmungen, die es ermöglichen, Vorgaben zur Verwendung einer bestimmten Energie- bzw. Heizungsart zu treffen. Danach könnten zwar Vorgaben für dezentrale Eigenversorgung getroffen, etwa eine Nutzungspflicht für Photovoltaikanlagen auf dem eigenen Gebäude begründet werden.[350] Eine Pflicht zur Benutzung einer zentralen, öffentlichen Einrichtung wird damit jedoch gerade nicht begründet; dies ist vielmehr allein aufgrund der jeweiligen Ermächtigung zur Anordnung eines kommunalen Anschluss- und Benutzungszwangs möglich.

Angesichts dieses Befunds zur Maßgeblichkeit der landesrechtlichen, insbesondere kommunalrechtlichen Ermächtigungsgrundlagen ist in erster Linie hervorzuheben, dass diese Rechtsgrundlagen in den Bundesländern durchaus unterschiedlich ausgestaltet sind und entsprechende Besonderheiten der konkreten Ausgestaltung im Landesrecht beachtet werden müssen. Andererseits sind die Grundzüge der Vorschriften, insbesondere die wesentlichen Voraussetzungen eines Anschluss- und Benutzungszwangs allen landesrechtlichen Regelungen gemeinsam und zumindest auf ähnli-

---

ge des § 9 Abs. 1 Nr. 23 lit. b) BauGB sowie dem früheren Streit um die Auslegung des Begriffs der baulichen Maßnahmen siehe *Schmidt*, Nutzung von Solarenergie, S. 83 ff. m.w.N.

349 Näher dazu etwa *Mitschang/Reidt*, in: Battis/Krautzberger/Löhr, BauGB, § 9 Rn. 229.

350 Dazu *Schmidt*, Nutzung von Solarenergie, S. 138 ff.; siehe auch *Manten/Elbel*, LKV 2009, 1 (2). Zur Problematik der sogenannten „Marburger Solarsatzung" bereits oben Teil 1, V.

che Weise geregelt. Sie können daher auch einer länder-übergreifenden Betrachtung unterzogen werden.

3. Gesetzgebungskompetenz zur Regelung der Ermächtigungsgrundlage eines Anschluss- und Benutzungszwangs

Wie eben dargestellt, finden sich die Ermächtigungsgrundlagen für der Erlass eines Anschluss- und Benutzungszwangs gegenwärtig überwiegend im Kommunalrecht der Länder. Insoweit ist die Frage nach der verfassungsrechtlichen Zulässigkeit einer solchen Ermächtigungsgrundlage unter Kompetenzgesichtspunkten heute im Grundsatz unproblematisch zu bejahen, sind doch die Länder gemäß Art. 70 Abs. 1 GG gerade für die Regelung des Kommunalrechts typischerweise ausschließlich zuständig.[351] Dies umfasst alle Regelungen zur Rechtsstellung, Organisation, den Aufgaben und Handlungsformen von Gemeinden, Landkreisen und sonstigen kommunalen Körperschaften.[352] Als nunmehr klassisches Handlungsinstrument der Kommunen[353] gehört dazu im Grundsatz auch die Regelung eines Anschluss- und Benutzungszwangs.

Zu beachten ist allerdings, dass diese kompetenzrechtliche Einordnung keineswegs unstreitig beurteilt wurde, soweit es speziell die Ermöglichung eines Anschluss- und Benutzungszwangs für die Fernwärmeversorgung bzw. allgemein aus klima- oder energiepolitischen Gründen betrifft.

a) Abgrenzung von der Kompetenz für das Recht der Wirtschaft

Bereits frühzeitig wurde die Möglichkeit der Aufnahme der Fernwärmeversorgung in die kommunalrechtlichen Ermächtigungsgrundlagen mit dem Argument bestritten, dass es sich dabei um eine energiewirtschaftliche Regelung handele, für die der Bund zuständig sei.[354] Das Recht der Wirtschaft und – davon umfasst – speziell das Recht der Energiewirtschaft unterfällt gemäß Art. 74 Abs. 1 Nr. 11 GG der konkurrierenden Gesetzge-

---

351 Siehe nur *Uhle*, in: Maunz/Dürig, Art. 70 GG Rn. 104.
352 *Uhle*, in: Maunz/Dürig, Art. 70 GG Rn. 104.
353 Zur historischen Entwicklung siehe oben, Teil 2, I. 1.
354 Vgl. dazu die Darstellung bei *Wagener*, Anschluß- und Benutzungszwang, S. 46 ff.

bung, für die Bund und Länder nach Maßgabe des Art. 72 GG zuständig sind.

Das Recht der Wirtschaft im Sinne des Grundgesetzes erfasst „in einem weiten Sinne" alle „Vorschriften, die sich in irgendeiner Form auf die Erzeugung, Herstellung und Verteilung von Gütern des wirtschaftlichen Bedarfs beziehen, [sowie] alle anderen das wirtschaftliche Leben und die wirtschaftliche Betätigung als solche regelnde Normen".[355] Auch die Fernwärmeversorgung stellt eine wirtschaftliche Betätigung in diesem Sinne dar, die Regelung der Erzeugung und Verteilung von Wärme ist damit grundsätzlich diesem Kompetenztitel zuzuordnen. Art. 74 Abs. 1 Nr. 11 GG ist auch – anders als etwa das EnWG – nicht auf Elektrizität und Gas beschränkt, sondern bezieht sich auf Energie in einem weiteren Sinne.[356] Damit ist jedoch noch nicht zwangsläufig die Einordnung der Regelung zum Anschluss- und Benutzungszwang in den Gemeindeordnungen der Länder verbunden – zu prüfen ist vielmehr, wo hierbei der Schwerpunkt der Regelung liegt.

Allerdings schließt selbst eine Zuordnung zu Art. 74 Abs. 1 Nr. 11 GG Regelungen durch die Landesgesetzgeber noch nicht aus. Vielmehr ist fraglich, ob der Bund für den betreffenden Bereich bereits eine abschließende Regelung gemäß Art. 72 Abs. 1 GG getroffen hat. Dies ist für den hier konkret betroffenen Bereich der Energiewirtschaft wie auch des Gewerberechts zu verneinen[357] Immerhin hatte das Bundesverfassungsgericht 1978 – wenngleich nicht speziell zum Energiewirtschaftsrecht – bereits darauf hingewiesen, dass die Länder im Bereich der konkurrierenden Gesetzgebung gemäß Art. 72 Abs. 1 GG nicht bereits durch „bloße Wert- oder Zielvorstellungen des Bundesgesetzgebers" am Tätigwerden gehindert seien, da gerade keine „Homogenitätspflicht" der Länder bestehe; vielmehr könnten Länder nur durch eine ausdrücklich abschließende Regelung des Bundesgesetzgebers an eigener Landesgesetzgebung gehindert werden.[358]

---

355 So BVerfGE 55, 274 (308); BVerfGE 29, 402 (409); BVerfGE 28, 119 (146); siehe auch BVerfG, NVwZ 1982, 306 (307).
356 So bereits *Selmer*, in: Börner (Hrsg.), Beharren und Wandel im Energierecht, S. 31 (40).
357 So zu Recht *Wagener*, Anschluß- und Benutzungszwang, S. 47 f.; ebenso *Kusche*, Kompetenzen für eine klimaschutzorientierte Energiepolitik, S. 179 ff.
358 BVerfGE 49, 343 (359).

Für die Fernwärmeversorgung ist zu beachten, dass sie – wie der gesamte Bereich der Wärmeversorgung – vom Anwendungsbereich des EnWG ausgenommen ist.[359] Auch soweit bundesrechtliche Bestimmungen die Wärmeversorgung betreffen, fehlt es doch an einer abschließenden Regelung derselben.[360] Dieser Befund galt nicht nur bei Aufnahme der Fernwärmeversorgung in die ersten landesrechtlichen Bestimmungen über den Anschluss- und Benutzungszwang vor einigen Jahrzehnten, er trifft auch auf die gegenwärtig geltende Rechtslage zu. Die Bedeutung der nunmehr existierenden bundesrechtlichen Vorschrift über einen Anschluss- und Benutzungszwang für die Fernwärmeversorgung in § 16 EEWärmeG, die sich bei ihrer Einführung insbesondere kompetenzrechtlichen Bedenken stellen musste, ist zwar noch einer näheren Prüfung zu unterziehen,[361] doch sei an dieser Stelle bereits darauf hingewiesen, dass auch das EEWärmeG jedenfalls keine abschließende bundesrechtliche Regelung des Anschluss- und Benutzungszwangs vornimmt. Dieser Befund trifft schließlich auch auf andere Bundesgesetze zu, die der Umsetzung klima- und energiepolitischer Ziele des Bundes dienen. Gerade der Bereich des Klimaschutzes wurde doch bislang auf nationaler Ebene lediglich im Zuge verschiedener Einzelgesetze einer Regulierung unterworfen, die den Ländern durchaus Spielraum für weitergehende eigene Normsetzung belässt. Dies zeigt sich sodann auf Landesebene nicht zuletzt im Erlass einer Reihe so genannter Landesklimaschutze, die bereits Erwähnung fanden.[362] Mangels einer abschließenden bundesrechtlichen Regelung zum Energie- bzw. einem „Klimaschutzrecht"[363] kann insofern jedenfalls nicht von einer Sperrwirkung gegenüber landesrechtlichen Bestimmungen zur Anordnung

---

359 Dieser beschränkt sich, wie bereits § 1 Abs. 1 und 2 EnWG zu entnehmen ist, auf die Elektrizitäts- und Gasversorgung; dementsprechend definiert § 3 Nr. 14 des EnWG auch „Energie" im Sinne des Gesetzes lediglich als „Elektrizität und Gas, soweit sie zur leitungsgebundenen Energieversorgung verwendet werden".

360 Vgl. *Cronauge*, in: Rehn/Cronauge/v. Lennep/Knirsch, GO NRW, § 9 S. 14 f.; *Koch/Mengel*, DVBl 2000, 953 (961 f.); *Wagener*, Anschluß- und Benutzungszwang, S. 50 ff.; *Kusche*, Kompetenzen für eine klimaschutzorientierte Energiepolitik, S. 180 f.

361 Dazu unten Teil 4 I.

362 Zum Rechtsrahmen auf Bundes- wie auch auf Länderebene siehe oben Teil 1 III. 3. und 4.

363 Zum Begriff des „Klimaschutzrechts" siehe bereits in der Einleitung, die Nachweise in Fn. 3.

eines Anschluss- und Benutzungszwangs aus Gründen des Klimaschutzes ausgegangen werden.

b) Frage nach einer abschließenden Regelung durch die Gewerbeordnung

Bei Einführung der kommunalrechtlichen Regelungen für die Fernwärmeversorgung standen allerdings nicht allein Bestimmungen des Energiewirtschaftsrechts in der Diskussion. Daneben stellte sich insbesondere auch die Frage nach einem abschließenden Charakter der Gewerbeordnung.[364]

Insofern wurde teilweise argumentiert, ein Anschluss- und Benutzungszwang stelle immer eine Beschränkung der Gewerbeausübung dar, die jedoch durch die bundesrechtliche Gewerbeordnung bereits abschließend geregelt sei.[365] Daher fehle dem Landesgesetzgeber die Kompetenz, zur Einführung eines derartigen Zwangs – gerade für die Wärmeversorgung – zu ermächtigen;[366] andernfalls würde das Land gegen Art. 31 GG verstoßen.[367]

Allerdings würde diese Argumentation – soweit sie denn überzeugen könnte – den Anschluss- und Benutzungszwang ganz grundsätzlich in Frage stellen, nicht lediglich für den Bereich der Fernwärmeversorgung; eine Differenzierung wäre insofern inkonsequent und könnte bereits aus diesem Grund nicht überzeugen.[368] Darüber hinaus ist dieser Auffassung jedoch auch entgegenzuhalten, dass die Gewerbeordnung ausweislich ihres § 1 Abs. 1 mit dem Grundsatz der Gewerbefreiheit zwar Schutz hinsichtlich der Zulassung zu einem Gewerbe bezweckt, nicht jedoch Schutz vor einer Regulierung der Ausübung des Gewerbes.[369] Die Gewerbefreiheit

---

364 Gewerbeordnung, aktuell in der Fassung der Bekanntmachung v. 22.2.1999, BGBl. I 1999, S. 202, zuletzt geändert durch Art. 11 des Gesetzes v. 3.7.2015. BGBl. I 2015. S. 1114.

365 So *Selmer*, in: Börner (Hrsg.), Beharren und Wandel im Energierecht, S. 31 (57 f.), zumindest für modernere Formen des Anschluss- und Benutzungszwangs, die sich vom klassischen Erfordernis aus Gründen der Volksgesundheit lösen.

366 Vgl. *Kimminich*, Beilage Nr. 5 zu DB 1986, 1 (12 f.).

367 *Selmer*, in: Börner (Hrsg.), Beharren und Wandel im Energierecht, S. 31 (59).

368 So auch *Wagener,* Anschluß- und Benutzungszwang, S. 53, der bemängelt, dass dieser Schluss in der entsprechenden Lehre allerdings nicht gezogen wurde.

369 *Ennuschat*, in Tettinger/Wank/Ennuschat, GewO, § 1 Rn. 81; *Kahl*, in Landmann/Rohmer, GewO, § 1 Rn. 6; ebenso *Wagener,* Anschluß- und Benutzungszwang, S. 53. Eine entsprechende Abgrenzung nahm daher auch bereits BVerwGE 38, 209 (213) vor.

des § 1 Abs. 1 GewO wird maßgeblich gerade durch das Grundrecht der Berufsfreiheit aus Art. 12 Abs. 1 GG geprägt, mit der Folge, dass insbesondere auch die Rechtsprechung des Bundesverfassungsgericht zum Gewährleistungsgehalt der Berufsfreiheit für die Auslegung des Grundsatzes der Gewerbefreiheit heranzuziehen ist.[370] Daher ist eine Abgrenzung vorzunehmen, wie sie später auch bei Prüfung einer möglichen Verletzung des Grundrechts der Berufsfreiheit gemäß Art. 12 Abs. 1 GG erforderlich wird.[371] Zusätzlich ist allerdings zu beachten, dass § 1 Abs. 1 GewO insofern über Art. 12 Abs. 1 GG hinausgeht, als er dessen Gesetzesvorbehalt – der sowohl auf Bundes- wie auf Landesgesetze anwendbar ist – einschränkt. Denn gemäß § 1 Abs. 1 GewO sind Beschränkungen der dort geregelten, grundsätzlichen Gewerbefreiheit nur durch die Gewerbeordnung selbst möglich. Eine solche Bestimmung konnte der Bundesgesetzgeber in Ausübung der ihm durch Art. 72, 74 Abs. 1 Nr. 11 GG eingeräumten Gesetzgebungskompetenz treffen.[372]

aa) Abgrenzung zwischen Beeinträchtigungen der Gewerbefreiheit und zulässigen Regelungen der Gewerbeausübung

Sofern nach der eben vorgestellten Auffassung eine Abgrenzung zwischen Beeinträchtigungen der durch § 1 Abs. 1 GewO geschützten Gewerbefreiheit und zulässigen Regelungen der Ausübung eines Gewerbes zu treffen ist, bleibt zu prüfen, inwieweit ein Anschluss- und Benutzungszwang das grundsätzliche Recht, ein bestimmtes Gewerbe zu betreiben, d.h. den Zugang zu diesem Gewerbe, berührt. Zumindest für den Regelfall wird dies verneint, da Gewerbetreibenden, die ihre Leistung aufgrund eines Anschluss- und Benutzungszwangs in einer Gemeinde nicht (mehr) anbieten können, regelmäßig die Möglichkeit des Gewerbebetriebs außerhalb dieses Gebietes verbleibt.[373]

---

370 *Kahl*, in Landmann/Rohmer, GewO, § 1 Rn. 8 m.w.N.; *Wagener,* Anschluß- und Benutzungszwang, S. 54.
371 Dazu ausführlich unter Teil 5 II.
372 Siehe dazu *Kahl*, in Landmann/Rohmer, GewO, § 1 Rn. 14; *Pielow*, in BeckOK GewO, § 1 Rn. 133, 198.
373 *Ennuschat*, in Tettinger/Wank/Ennuschat, GewO, § 1 Rn. 94; *Kahl*, in Landmann/Rohmer, GewO, § 1 Rn. 19; *Pielow*, in BeckOK GewO, § 1 Rn. 201. Ebenso *Kusche*, Kompetenzen für eine klimaschutzorientierte Energiepolitik, S. 182; sowie *Wagener,* Anschluß- und Benutzungszwang, S. 54 f.

Dies könnte allerdings zumindest für die Fälle bezweifelt werden, in denen ein bestimmter Gewerbebetrieb mangels „Mobilität" seiner Natur nach in räumlicher Hinsicht nicht verlegt werden kann, so dass der Ausschluss für ein konkretes Gebiet sich faktisch doch wie eine generelle Zulassungsschranke bzw. Gewerbeuntersagung auswirke.[374] Für den hier interessierenden Bereich ist dies, kritischen Stimmen in der Literatur zufolge, allenfalls denkbar bei Unternehmen, für die angesichts verlegter Leitungen oder ortsfester Anlagen keinen Ortswechsel in Frage komme.[375] Allerdings handelt es sich dabei um keine „naturbedingte Abhängigkeit", da auch derartige Leitungen oder Anlagen nicht von Natur aus „unverrückbar" sind, so dass es sich auch nach den Maßstäben des Bundesverwaltungsgericht im Ergebnis doch nicht um eine Beeinträchtigung der Gewerbefreiheit, sondern lediglich um einen Regelung der Gewerbeausübung handeln soll.[376]

Weiterhin ist jedoch zu prüfen, ob sich nicht aufgrund der wirtschaftlichen Konsequenzen einer solchen Regelung, angesichts der wirtschaftlichen Unzumutbarkeit eines theoretisch möglichen Ortswechsels, eine faktische Zulassungsbeschränkung ergibt.[377] Allerdings ist auch dieses von der Rechtsprechung entwickelte Kriterium eng zu verstehen; insbesondere reicht danach nicht die besondere Betroffenheit eines einzelnen Unternehmens aus. Vor dem Hintergrund der mit einem Benutzungszwang einhergehenden Monopolisierung des jeweiligen Bereichs ist insofern zwar festzustellen, dass – über den Einzelfall hinaus – alle Gewerbetreibenden die-

---

374 So der Maßstab des Bundesverwaltungsgerichts für die Abgrenzung, vgl. BVerwGE 38, 209 (213 f.). Einschränkend zum Verständnis des Kriteriums des Mobilität *Menger*, VerwArch 63, 351 (352), der aber i.E. der Einschätzung des BVerwG wohl zustimmt: Es komme allerdings maßgeblich darauf an, ob ein Gewerbe an einen bestimmten Ort gebunden sei; das Erfordernis, das Gewerbe gegebenenfalls verlegen zu müssen und es nur noch an anderer als der bisherigen Stelle ausüben zu können, beeinträchtige die Gewerbefreiheit noch nicht.

375 Siehe *Wagener,* Anschluß- und Benutzungszwang, S. 56.

376 So auch *Wagener,* Anschluß- und Benutzungszwang, S. 56 f.

377 Vgl. etwa BVerfGE 13, 181 (186 f.) für den Fall einer an die Erlaubnis zur Ausübung eines bestimmten Berufs anknüpfende steuerlichen Vorschrift. Für Art. 12 Abs. 1 hat das Bundesverfassungsgericht u.a. in BVerfGE 30, 292 (313 f.) festgehalten, dass auch bloße Berufsausübungsregelungen aufgrund ihrer faktischen, wirtschaftlichen Auswirkungen einer Zulassungsbeschränkung nahekommen und damit auch die Freiheit der Berufswahl einschränken können, wenngleich lediglich unter streng zu prüfenden Umständen, die das Gericht im genannten Verfahren verneint hat. Näher zu Art. 12 GG unter Teil 5 II.

ses Wirtschaftssektors von einer Tätigkeit im betreffenden Gemeindegebiet ausgeschlossen sind.[378] Dennoch handelt es sich dabei um einen lokal begrenzten Ausschluss, der nicht das gesamte Gewerbe als solches betrifft.[379]

Somit verblieben allenfalls wenige, besonders gelagerte Ausnahmefälle, in denen die wirtschaftlichen Auswirkungen für die Ausübung des betroffenen Gewerbes aufgrund ungewöhnlicher Umstände, beispielsweise im Fall der Anordnung eines Anschluss- und Benutzungszwangs auch in anderen, umliegenden Gemeinden, derart schwerwiegend ausfallen würden, dass es sich faktisch wie eine Beschränkung der Gewerbefreiheit im Sinne des § 1 Abs. 1 GewO auswirkte.[380]

bb) Einschränkung der GewO durch die Gemeindeordnungen?

Soweit nach der oben geschilderten Auffassung aufgrund der genannten Sonderfälle doch eine Beeinträchtigung der Gewerbefreiheit des § 1 Abs. 1 GewO zu bejahen wäre, würde es an einer Landeskompetenz zur Regelung einer Ermächtigung für den Anschluss- und Benutzungszwang fehlen.[381]

Es ist allerdings allgemein anerkannt, dass jedenfalls mit Erlass der Deutschen Gemeindeordnung von 1935 und der darin enthaltenen Ermächtigung der Gemeinden zur Anordnung eines Anschluss- und Benutzungszwangs die Gewerbeordnung in Einklang mit dem Grundsatz des § 1 Abs. 1 GewO eingeschränkt wurde.[382] Zweifelhaft ist jedoch, ob sich diese Argumentation auf die spätere Regelung der Ermächtigungsgrundlagen im Landesrecht übertragen lässt. Dagegen spricht der damit verbundene Wechsel in der Rechtsnatur der Ermächtigungsgrundlagen – vom Bundes- in Landesrecht. Eine Einschränkung der Gewerbeordnung durch landesrechtliche Bestimmungen ist im Gesetz aber gerade nicht vorgesehen.[383]

---

378 *Wagener,* Anschluß- und Benutzungszwang, S. 58 f.
379 So *Wagener,* Anschluß- und Benutzungszwang, S. 60.
380 Siehe *Wagener,* Anschluß- und Benutzungszwang, S. 60 ff.
381 Vgl. *Wagener,* Anschluß- und Benutzungszwang, S. 62.
382 Vgl. *Kahl,* in Landmann/Rohmer, GewO, § 1 Rn. 19.
383 So etwa *Kahl,* in Landmann/Rohmer, GewO, § 1 Rn. 19; *Wagener,* Anschluß- und Benutzungszwang, S. 63 f., mit Nachweisen auch zur gegenteiligen Auffassung.

In der Konsequenz dieser Auffassung wären landesrechtliche Regelungen zur Ermächtigung bezüglich der Anordnung eines Anschluss- und Benutzungszwangs durch § 1 GewO gesperrt. Ob dies tatsächlich überzeugen kann, ist jedoch zweifelhaft, wie sogleich darzulegen sein wird.

c) Abgrenzung von Bundes- und Landeskompetenz nach den vom Bundesverfassungsgericht geprägten Maßstäben

Angesichts der eben geschilderten Auffassung wurde auf verschiedene Weise versucht, eine landesrechtliche Kompetenz für bestimmte öffentliche Aufgaben herzuleiten.[384] Allein die Notwendigkeit der Erfüllung einer den Gemeinden obliegenden Aufgabe der Daseinsvorsorge als Argument zur Begründung einer dafür erforderlichen Kompetenz zu verwenden, ist problematisch. Vorzugswürdig ist es demgegenüber, von vornherein bei der Bestimmung der einschlägigen Kompetenzgrundlage unter Zugrundelegung der Maßstäbe des Bundesverfassungsgerichts genau abzugrenzen, worauf die Regelung der Ermächtigungsgrundlage für den Anschluss- und Benutzungszwang zu stützen ist.

Wie das Bundesverfassungsgericht in seiner Rechtsprechung wiederholt festgestellt hat und auch im Schrifttum anerkannt wird, kommt es dafür auf den Schwerpunkt der jeweiligen Regelung an.[385] Dabei können als notwendiger Annex mit dem unmittelbaren Regelungsgegenstand zugleich auch Bestimmungen getroffenen werden, die der im Schwerpunkt betroffenen Kompetenz nicht unterfallen; entscheidend ist dafür die enge Verzahnung mit dem unmittelbaren Regelungsgegenstand.[386]

Dementsprechend soll maßgeblich danach abgegrenzt werden, ob der Gesetzgeber mit der Ermächtigung zum Anschluss- und Benutzungszwang lediglich „auf einem klassischen Tätigkeitsfeld bereits existierende Aufgaben erweitert oder neue Aufgaben erschlossen hätte".[387] Im erstgenannten Fall wäre von einer Zugehörigkeit zur klassischen Regelungsmaterie des

---

384 Zu den verschiedenen Ansätzen siehe *Wagener,* Anschluß- und Benutzungszwang, S. 65.

385 BVerfGE 80, 124 (132) nimmt eine Zuordnung nach dem „Schwergewicht" der Regelung vor; BVerfGE 97, 228 (251 f.) stellt auf den „Schwerpunkt" der Regelung ab; ebenso BVerfGE 97, 332 (341).

386 Vgl. dazu BVerfGE 98, 145 (158).

387 *Wagener*, Anschluß- und Benutzungszwang, S. 66.

Landesgesetzgebers, somit von einer entsprechenden Gesetzgebungskompetenz der Länder auszugehen. Entscheidend ist jedoch, ob insofern tatsächlich von einem „klassischen Tätigkeitsfeld" ausgegangen werden kann.[388]

Angesichts der geschilderten historischen Ursprünge des Anschluss- und Benutzungszwangs im Gefahrenabwehrrecht der Länder[389] ist dies im Ergebnis zu bejahen.

Dies wird im Zuge der aktuellen Debatte um einen Anschluss- und Benutzungszwang für die Fernwärmeversorgung aus Gründen des Klimaschutzes in Frage gestellt.[390] Auch die Fernwärmeversorgung wurde allerdings zunächst nicht aus den heute diskutierten klima- und energiepolitischen Erwägungen in die landesrechtlichen Ermächtigungsgrundlagen aufgenommen, sondern als Instrument zum Schutz der Volksgesundheit. Auch die Ursprünge des Anschluss- und Benutzungszwangs als Instrument gesundheits- und seuchenpolizeilicher Art[391] sprechen doch gerade für die Einordnung als ein klassischerweise dem Landesrecht zugehöriges Instrument.[392] Soweit später zum Teil eine Einführung des Anschluss- und Benutzungszwangs auch aus anderen Gründen für zulässig erklärt wurde, handelt es sich demgegenüber um eine Erweiterung der zuvor bereits herausgebildeten landesrechtlichen Regelungen.

Unter Anwendung der o.g. Maßstäbe des Bundesverfassungsgerichts für die Abgrenzung der Bundes- und Landeskompetenzen kann sich jedoch umgekehrt auch die Frage stellen, ob der Bundesgesetzgeber, gestützt auf die ihm zustehende Gesetzgebungskompetenz für das Recht der Wirtschaft, einzelne Materien (mit)regeln durfte, die als solche eigentlich

---

388 Dazu *Wagener,* Anschluß- und Benutzungszwang, S. 67 ff. (allerdings hier Konzentration auf Darstellung der klassisch polizeirechtlichen Ursprünge zur Gefahrenabwehr und kein Eingehen auf das Kommunalrecht, obwohl dies zu Beginn ebenfalls – zu Recht – als typischen Regelungsbereiche des Landesgesetzgebers genannt).

389 Siehe oben Teil 2 I. 1.

390 Vgl. *Wagener,* Anschluß- und Benutzungszwang, S. 71 f., m.w.N. speziell zum Streit um die Änderung der entsprechenden Ermächtigungsgrundlage in der Gemeindeordnung Nordrhein-Westfalens im Jahr 1984.

391 Vgl. wiederum oben Teil 2 I. 1.

392 Siehe speziell zur Auslegung des § 19 GO NRW in der Fassung von 1984 *Wagener*, Anschluß- und Benutzungszwang, S. 73 ff., der dort i.E. die Möglichkeit der Anordnung eines Anschluss- und Benutzungszwangs für Fernwärme allein aus energiewirtschaftlichen Gründen, und damit komplett außerhalb des klassisch ordnungsrechtlichen Ursprungs, ebenfalls ablehnt.

der Länderkompetenz für das Kommunalrecht unterfallen würden.[393] Insofern wurde in der älteren Literatur mitunter die Auffassung vertreten, dass die Wahrnehmung kommunaler Versorgungsaufgaben dem Bereich der Daseinsvorsorge zuzurechnen sei[394] und als solche ohne Gewinnerzielungsabsicht durchgeführt werde; infolgedessen handele es sich bei der Regelung dieser Daseinsvorsorge auch nicht um eine Bestimmung des Rechts der Wirtschaft gemäß Art. 74 Abs. 1 Nr. 11 GG.[395] Tatsächlich erscheint diese Begründung zu kurz gegriffen, da die vom Anschluss- und Benutzungszwang erfassten Bereiche ohne die auf diese Weise verursachte Monopolisierung durchaus der Wahrnehmung durch private, auf dem Markt agierende Anbieter offen stünde. Grundsätzlich könnten derartige Regelungen daher durchaus unter den weit zu verstehenden Begriff des Rechts der Wirtschaft[396] gefasst werden.

Soweit daher zwei unterschiedliche Kompetenzgrundlagen in Betracht kommen, ist – wie bereits erwähnt – mit dem Bundesverfassungsgericht auf den Schwerpunkt der jeweiligen Regelung abzustellen. Die Gesetzgebungskompetenz des Bundes nach Art. 74 Abs. 1 Nr. 11 GG kann danach einschlägig sein, soweit es nicht gerade im Kern um die grundsätzliche Befugnis zur Wahrnehmung der jeweiligen Aufgabe der Daseinsvorsorge – im Wege der Einführung eines Anschluss- und Benutzungszwangs – geht, sondern um die Ausgestaltung der Art und Weise dieser Aufgabenwahrnehmung. Die grundsätzliche Möglichkeit der Wahrnehmung dieser Aufgabe mittels eines klassischen kommunalrechtlichen Instruments allerdings unterfällt dem Kommunalrecht und unterliegt somit der Gesetzgebungskompetenz der Länder.

Demnach dürfen Landesgesetzgeber eine solche grundsätzliche Ermächtigung einführen bzw. ändern. Soweit durch den Bundesgesetzgeber Bestimmungen mit Auswirkungen auf die Wahrnehmung dieser grundsätzlichen Befugnis der Gemeinden getroffen werden können, darf die lan-

---

393 Dazu *Wagener,* Anschluß- und Benutzungszwang, S. 78 ff.

394 So z.B. *Selmer*, in: Börner (Hrsg.), Beharren und Wandel im Energierecht, S. 31 (41), der allerdings deshalb Art. 74 Abs. 1 Nr. 11 GG noch nicht ablehnt, vielmehr ein „kompetentiell ambivalente Regelung" konstatiert.

395 So etwa *Knemeyer/Emmert,* JZ 1982, 284 (284 f.). *Wagener,* Anschluß- und Benutzungszwang, S. 82 f., dagegen kritisch. Ausdrücklich a.A. auch *Selmer*, in: Börner (Hrsg.), Beharren und Wandel im Energierecht, S. 31 (42), wenngleich er i.E. (a.a.O. S. 44) ebenfalls eine Landeskompetenz bejaht.

396 Siehe oben Teil 2 I. 3. a).

desrechtliche Ermächtigung dadurch doch nicht komplett in Frage gestellt werden.[397]

II. Inhalt des Anschluss- und Benutzungszwangs

1. Überblick

Ein Anschluss- und Benutzungszwang im vorstehend beschriebenen Sinne muss zunächst grundsätzlich durch eine Satzung[398] der betreffenden Gemeinde angeordnet werden. Diese Satzung muss den Inhalt des Anschluss- und Benutzungszwangs dabei hinreichend konkret regeln, einschließlich seiner genauen Reichweite sowie etwaiger Ausnahmen, Befreiungen oder Übergangsvorschriften, der Art des Anschlusses und der Benutzung, des Kreises der Verpflichteten und schließlich der Widmung der jeweiligen Anlagen, zu deren Gunsten der Zwang begründet wird, als „öffentliche Einrichtung".[399]

Die Konkretisierung des per Satzung angeordneten Zwanges im Einzelfall, dessen Durchsetzung erfolgt sodann mittels eines Anordnungsbescheids,[400] der gegebenenfalls mit der Androhung von Zwangsmitteln verbunden werden kann. Dieser Verwaltungsakt wiederum bedarf keiner speziellen Ermächtigungsgrundlage in der Satzung über die Anordnung des

---

397 So auch BVerfG, Beschl. v. 2.11.1981 – 2 BvR 671/81 –, NVwZ 1982, 306 (307); BVerwG, Beschl. v. 12.07.1991 – 7 B 17 u. 18/91, NVwZ-RR 1992, 37 (38 f.) speziell zur Fernwärmeversorgung, im Kontext der Auseinandersetzung mit der bundesrechtlichen AVBFernwärmeV. Näher zur AVBFernwärmeV noch unter Teil 6 II.

398 Vgl. dazu den Überblick über die verschiedenen landesrechtlichen Ermächtigungsgrundlagen unter Teil 2, III. 1. Besonderheiten gelten insofern – wie auch in anderer Hinsicht – für die Stadtstaaten. So kann ein Anschluss- und Benutzungszwang in Bremen durch „Ortsgesetz", in Hamburg und Berlin jeweils im Wege einer Rechtsverordnung angeordnet werden.

399 Vgl. nur *Gern*, Dt. Kommunalrecht, Rn. 617; *Gern*, Sächs. Kommunalrecht, Rn. 696; *Heckendorf*, in Brüggen/Heckendorf, SächsGemO, § 14 Rn. 57; *Hegele/Ewert*, S. 76 f.

400 *Gern*, Dt. Kommunalrecht, Rn. 619; *Gern*, Sächs. Kommunalrecht, Rn. 699; *Seewald*, in: Steiner, Bes. VerwR, Kommunalrecht, Rn. 175; *Jaeckel/Jaeckel*, Rn. 104.

Anschluss- und Benutzungszwanges, er kann vielmehr unmittelbar auf die satzungsrechtliche Verpflichtung gestützt werden.[401]

Damit eröffnen sich dem Betroffenen verschiedene Rechtsschutzmöglichkeiten mit unterschiedlicher Angriffsrichtung. Einerseits kommt Rechtsschutz gegen die Satzung im Wege einer verwaltungsgerichtlichen Normenkontrolle – soweit nach dem Landesrecht zulässig (vgl. § 47 Abs. 1 Nr. 2 VwGO) – in Betracht, andererseits eine Anfechtungsklage gegen den Verwaltungsakt mit inzidenter Prüfung der zugrundeliegenden Satzung oder schließlich im Falle eines den Zwang durchsetzenden Realakts eine allgemeine Feststellungsklage.[402] Im Ergebnis ist dabei in jedem Fall – unmittelbar oder inzident – die Rechtmäßigkeit der zugrundeliegenden Satzung über den Anschluss- und Benutzungszwang zu prüfen, der sich auch die vorliegende Arbeit näher widmen will.

Ergeht ein Bescheid zur Durchsetzung des per Satzung angeordneten Zwangs im konkreten Fall, handelt es sich dabei um einen Dauerverwaltungsakt handelt, der sich nicht bereits nach einmaliger Befolgung durch den Adressaten erledigt. Ein Anschluss- und Benutzungszwang erfordert vielmehr den dauerhaften Anschluss an die jeweilige Anlage, deren Benutzung sowie – wiederum dauerhaft – das Unterlassen der Nutzung einer alternativen, eigenen Anlage.[403] Diese dreifache Verpflichtung ist Inhalt des Anschluss- und Benutzungszwangs.

2. Kombination von Anschlusszwang und Benutzungspflicht

Die vielfach in einem Zug genannten Elemente – Anschlusszwang einerseits, Benutzungszwang andererseits – sind in rechtlicher Hinsicht zu unterscheiden. Beide Elemente müssen keineswegs zwingend in jedem Fall miteinander verbunden werden. Stattdessen erscheint – zumindest theoretisch – auch allein die Anordnung eines Anschlusszwanges denkbar, ohne dass dieser notwendigerweise mit einem Benutzungszwang einhergeht. Dafür kommt es maßgeblich darauf an, ob der jeweils verfolgte Zweck bereits mittels eines Anschlusszwangs erreicht werden kann.

---

401 Vgl. SächsOVG, DVBl 2013, 867 (868 f.).
402 *Burgi*, Kommunalrecht, § 16 Rn. 68; *Jaeckel/Jaeckel*, Rn. 104. Insoweit gelten die allgemeinen verwaltungsprozessrechtliche Voraussetzungen, auf die vorliegend nicht näher eingegangen werden soll.
403 Vgl. dazu nur SächsOVG, DVBl 2013, 867 (868).

Umgekehrt kommt in bestimmten Fällen allein ein Benutzungszwang in Betracht. Für einige Einrichtungen ist im Landesrecht demgemäß auch lediglich die Einführung eines solchen Benutzungszwangs zulässig.[404]

In der Mehrzahl der Fälle ist dagegen ein Anschlusszwang gerade notwendige Voraussetzung des eigentlich im Vordergrund stehenden Benutzungszwangs.[405]

Werden sowohl Anschluss als auch Benutzung der jeweiligen Einrichtung zwingend vorgeschrieben, so müssen im Hinblick auf ihre rechtliche Selbständigkeit für beide Elemente die gesetzlich geregelten Voraussetzungen, insbesondere das jeweils erforderliche „öffentliche Bedürfnis" gegeben sein.[406] Dementsprechend sind beide Elemente auch getrennt zu betrachten und ihre Voraussetzungen grundsätzlich gesondert zu prüfen, wenngleich die grundlegenden Voraussetzungen jeweils dieselben sind.[407]

Schließlich sind Anschluss- und Benutzungszwang zwar inhaltlich keineswegs deckungsgleich – weder hinsichtlich der konkreten Verpflichtung, noch hinsichtlich der Person des Verpflichteten.[408] Zu beachten ist jedoch, dass der verfolgte Zweck in der Praxis vielfach erst durch eine Kombination aus Anschluss- und Benutzungszwang für erreichbar erachtet wird.[409] Auch in der Rechtfertigung der beiden Zwänge werden sich Argumentationsstrukturen daher häufig wiederholen, insbesondere soweit die angeordnete Benutzungspflicht nicht ohne den Zwang zum Anschluss an die jeweilige öffentliche Einrichtung denkbar erscheint und daher auch die Wirkung beider Elemente für den Betroffenen bei separater Betrachtung nicht in vollem Umfang erfasst werden kann.

---

404 Entsprechende Beispiele finden sich in § 11 I GemO BaWü, § 15 Abs. 1 Satz 1 1 KV M.-V., § 22 Abs. 1 KSVG Saarland, § 14 Abs. 1 SächsGemO, § 8 Nr. 2 Satz 1 GO S.-A. Dies betrifft in der Regel Schlachthöfe sowie Bestattungseinrichtungen.

405 *Widtmann/Grasser/Glaser*, Bayerische Gemeindeordnung, Art. 24 Rn. 8.

406 *Widtmann/Grasser/Glaser*, Bayerische Gemeindeordnung, Art. 24 Rn. 8.

407 Da die Voraussetzungen jeweils dieselben sind, werden sie in dem unter Teil 2 III. folgenden Überblick auch für beide Elemente gemeinsam dargestellt.

408 Siehe dazu nur *Faber*, Anschluss- und Benutzungszwang, S. 42; *Geis*, § 10 Rn. 80; *Gern*, Dt. Kommunalrecht, Rn. 600; *Gern*, Sächs. Kommunalrecht, Rn. 675.

409 Vgl. etwa auch *Meyer*, in: Blum/Häusler/Meyer, NKomVG, § 13 Rn. 33.

3. Anschlusszwang

Der Anschlusszwang begründet eine Pflicht des Betroffenen, auf eigene Kosten alle Vorrichtungen zu treffen bzw. zu dulden, die für den Anschluss, d.h. für die technische Verbindung seines Grundstücks mit der jeweiligen öffentlichen Einrichtung notwendig sind. In aller Regel fallen darunter das Verlegen entsprechender Leitungen oder Kanäle, darüber hinaus werden jedoch alle Vorrichtungen erfasst, die erforderlich sind, damit dem Betroffenen die Benutzung der jeweiligen Einrichtung, zu deren Gunsten der Anschlusszwang besteht, technisch möglich ist.[410]

Bei dieser Verpflichtung handelt es sich um eine grundstücksbezogene.[411] Ihre Anordnung ist demnach zulässig gegenüber dem Eigentümer des betreffenden Grundstücks oder gegenüber einem in vergleichbarer Weise dinglich Berechtigten, beispielsweise einem Erbbauberechtigten.[412]

4. Benutzungszwang

Im Unterschied dazu ist der Benutzungszwang nicht grundstücks-, sondern personenbezogen. Er begründet eine Pflicht der Betroffenen zur tatsächlichen Inanspruchnahme der jeweiligen öffentlichen Einrichtung. Sie dürfen ihren Bedarf danach ausschließlich über die Einrichtung, zu deren Gunsten der Benutzungszwang angeordnet wurde, decken. Zugleich ist es ihnen verboten, sich dazu einer anderen, eigenen Einrichtung bzw. Anlage zu bedienen.[413]

---

410 Siehe nur *Burgi*, Kommunalrecht, § 16 Rn. 61; *Geis*, § 10 Rn. 79; *Gern*, Dt. Kommunalrecht, Rn. 599; *Gern*, Sächs. Kommunalrecht, Rn. 673; *Heckendorf*, in Brüggen/Heckendorf, SächsGemO, § 14 Rn. 53.

411 *Heckendorf*, in Brüggen/Heckendorf, SächsGemO, § 14 Rn. 53; *Quecke/Schaffarzik*, in: Quecke/Schmid, SächsGemO, § 14 Rn. 2.

412 *Faber*, Anschluss- und Benutzungszwang, S. 41; *Seewald*, in: Steiner, Bes. VerwR, Kommunalrecht, Rn. 170; *Hegele/Ewert*, S. 75. Demgegenüber weist *Gern*, Dt. Kommunalrecht, Rn. 619 bzw. *Gern*, Sächs. Kommunalrecht, Rn. 698 darauf hin, der Anschlusszwang könne statt an den Eigentümer auch an den dinglich oder schuldrechtlich Nutzungsberechtigten, wie z.B. Mieter, gerichtet sein.

413 Vgl. *Faber*, Anschluss- und Benutzungszwang, S. 41 f.; *Geis*, § 10 Rn. 80; *Gern*, Dt. Kommunalrecht, Rn. 599; *Seewald*, in: Steiner, Bes. VerwR, Kommunalrecht, Rn. 170. Zum beispielhaft herangezogenen sächsischen Recht, das insoweit allerdings keine Besonderheit darstellt, siehe etwa *Gern*, Sächs. Kommunalrecht,

Als personenbezogene Verpflichtung kann ein Benutzungszwang allen Personen gegenüber angeordnet werden, die sich in der jeweiligen Gemeinde aufhalten und daher die betreffende öffentliche Einrichtung tatsächlich in Anspruch nehmen sollen.[414]

Auf der anderen Seite zieht die Anordnung eines Benutzungszwangs für die Betroffenen auch ein *Recht* auf Benutzung nach sich – selbst für den Fall, dass dieses nicht ausdrücklich in der Satzung festgeschrieben sein sollte.[415] Ohne ein solches Benutzungsrecht ist eine Benutzungspflicht rechtlich nicht denkbar, werden die Betroffenen doch gezwungen, auf den Betrieb eigener Anlagen zu verzichten, so dass ihnen in der Folge auch keine alternative Versorgungsmöglichkeit zur Verfügung steht. Sie sind daher auf die Deckung ihres Bedarfs durch die öffentliche Einrichtung angewiesen.

Indem der Benutzungszwang die Wahlfreiheit nimmt, auf welche Art und Weise der jeweilige Bedarf gedeckt werden soll, werden Betroffene in ihren Grundrechten berührt. Dies gilt jedenfalls für die allgemeine Handlungsfreiheit des Art. 2 Abs. 1 GG, darüber hinaus vielfach sogar für die spezielleren Gewährleistungen der Art. 12 und 14 GG. Die Details dieser Grundrechtsbetroffenheit sollen an späterer Stelle noch ausführlicher betrachtet werden.[416] Doch bereits hier ist zu betonen, dass auch soweit „nur" eine Betroffenheit in Art. 2 Abs. 1 GG im Raum steht, ein solcher Grundrechtseingriff doch einer Rechtfertigung bedarf und dabei insbesondere dem Verhältnismäßigkeitsgrundsatz genügen muss. Dies wäre allerdings im Fall einer Benutzungspflicht ohne eines damit einhergehenden Benutzungsrechts nicht gegeben. Das Verbot, den eigenen Bedarf anderweitig zu decken, muss nur dann hingenommen werden, wenn die Versorgung über den vom Anschluss- und Benutzungszwang begünstigten Versorger sichergestellt ist.[417]

Rn. 674; *Heckendorf*, in Brüggen/Heckendorf, SächsGemO, § 14 Rn. 53; *Hegele/Ewert*, S. 75; *Quecke/Schaffarzik*, in: Quecke/Schmid, SächsGemO, § 14 Rn. 3.

414 Siehe nur *Gern*, Dt. Kommunalrecht, Rn. 619; *Gern*, Sächs. Kommunalrecht, Rn. 698; *Faber*, Anschluss- und Benutzungszwang, S. 42; *Heckendorf*, in Brüggen/Heckendorf, SächsGemO, § 14 Rn. 53; *Hegele/Ewert*, S. 75.

415 *Burgi*, Kommunalrecht, § 16 Rn. 61; *Geis*, § 10 Rn. 80; *Widtmann/Grasser/Glaser*, Bayerische Gemeindeordnung, Art. 24 Rn. 8.

416 Siehe dazu unten Teil 5.

417 So etwa BVerwG, Urt. v. 6.4.2005 – 8 CN 1/04 –, NVwZ 2005, 1072 (1074) = BVerwGE 123, 159; OVG Weimar, Urt. v. 24.9.2007 – 4 N 70/03 –, CuR 2008,

Aus diesem Grund darf ein Benutzungszwang auch lediglich dann angeordnet werden, wenn die Gemeinde in der Lage ist, das Benutzungsrecht der Betroffenen tatsächlich zu gewährleisten und die entsprechende Leistung zu erbringen.[418] Damit ist an dieser Stelle bereits der Aspekt der notwendigen Versorgungssicherheit angesprochen, auf den später noch zurückzukommen sein wird.[419] Dementsprechend kann die (noch) begrenzte Leistungsfähigkeit einer Gemeinde einen Grund darstellen, Anschluss- wie auch Benutzungszwang zunächst auf ein kleineres Gebiet zu beschränken und ihn gegebenenfalls erst später auszudehnen.[420]

5. Monopolisierung durch Begründung eines Anschluss- und Benutzungszwangs

Durch den Ausschluss sonst zulässiger, eigener Alternativen der Bedarfsdeckung bewirkt ein kommunaler Benutzungszwang – im Unterschied zum bloßen Anschlusszwang – eine rechtliche Monopolisierung des Leistungsangebots zugunsten der jeweiligen öffentlichen Einrichtung.[421] Denn die Nachfrage der betroffenen Einwohner der Gemeinde nach der jeweiligen Leistung – ob es nun um Wasserversorgung, Abwasserentsorgung, Wärmebedarfsdeckung oder eine anderweitige Leistung geht – darf ausschließlich über die öffentliche Einrichtung befriedigt werden, für die der Benutzungszwang angeordnet wurde.

Allein der Anschlusszwang hat noch keinen solchen Effekt zur Folge, da er die tatsächliche Bedarfsdeckung selbst noch nicht betrifft. Er berührt allerdings bereits die „Vorbereitung" der Bedarfsdeckung und kann auf diese Weise zumindest faktisch ebenfalls erhebliche Wirkungen zeitigen, die Auswahlentscheidung zwischen verschiedenen „Anbietern" bzw. ver-

---

102 (104); OVG Bautzen, Urt. v. 3.6.2003 – 4 D 373/99 –, SächsVBl. 2005, 256 (258).
418 *Hegele/Ewert*, S. 76.
419 Siehe unten Teil 2 III. 3. b).
420 *Seewald*, in: Steiner, Bes. VerwR, Kommunalrecht, Rn. 174 m.w.N.
421 Vgl. *Burgi*, Kommunalrecht, § 16 Rn. 59; *Seewald*, in: Steiner, Bes. VerwR, Kommunalrecht, Rn. 170; *Faber,* Anschluss- und Benutzungszwang, S. 42. Bei *Faber,* Anschluss- und Benutzungszwang S. 42 ff. findet sich sodann auch eine nähere Auseinandersetzung mit verschiedenen Monopolbegriffen sowie eine Einordnung des Anschluss- und Benutzungszwangs in die ökonomischen Monopolkategorien sowie denen des öffentlichen Rechts.

schiedenen Arten der Bedarfsdeckung mittelbar erheblich beeinflussen. Während damit der Anschlusszwang aufgrund dieser faktischen Wirkung ein Art natürliches Monopol begründen kann, führt der Benutzungszwang zum Bestehen eines Monopols im rechtlichen Sinne.[422]

Die durch den Anschluss- und Benutzungszwang bewirkte „örtlich beschränkte Monopolbildung"[423] hat für die jeweilige Einrichtung u.a. eine kritische Prüfung der Preisgestaltung zur Folge,[424] worauf in der vorliegenden Arbeit allerdings nicht näher eingegangen werden soll. Von Interesse sind im Folgenden vielmehr die unmittelbaren Auswirkungen des angeordneten Zwangs für die Betroffenen. Dabei wird die hier dargestellte, monopolisierende Wirkung eine wesentliche Rolle spielen.

Derartige öffentliche Monopole kommen allgemein in Form von Finanz- oder Verwaltungsmonopolen in Betracht. Die durch Art. 105 Abs. 1, 106 Abs. 1, 108 Abs. 1 GG reglementierten Finanzmonopole sind auf die Erzielung von Einnahmen ausgerichtet und stehen ausschließlich dem Bund zu. Das Branntweinmonopol bildet dabei aktuell das einzige noch existierende Finanzmonopol in diesem Sinne.[425] Demgegenüber wurden zwar auch viele Verwaltungsmonopole inzwischen aufgelöst, doch sie sind grundsätzlich auf allen staatlichen Ebenen denkbar. Das bestimmende Merkmal dieser Monopole liegt, wie etwa im Fall des früheren Bahn- oder Postmonopols, darin, dass die Wahrnehmung einer Aufgabe ausschließlich einer juristischen Person des öffentlichen Rechts vorbehalten bleibt.[426] In vergleichbarer Weise kann etwa auf Ebene der Kommunen durch Einführung eines Anschluss- und Benutzungszwangs zugunsten einer öffentlichen Einrichtung und den dadurch bewirkten Ausschluss privater Konkurrenzangebote auch heute noch ein derartiges Verwaltungsmonopol begrün-

---

422 *Faber,* Anschluss- und Benutzungszwang, S. 44.
423 So *Faber,* Anschluss- und Benutzungszwang, S. 27.
424 Siehe dazu den Hinweis bei *Topp/Kraft,* EuroHeat&Power 2009, 18 auf das GWB.
425 Siehe dazu statt vieler nur *Maunz,* in: Maunz/Dürig, Art. 105 GG Rn. 35 ff.; *Weiß,* VerwArch 90 (1999), 415 (416), jeweils m.w.N. Auch dieses Monopol läuft allerdings zum 31.12.2017 aus, vgl. Art. 1 der Verordnung (EU) Nr. 1234/2010 des Europäischen Parlaments und des Rates vom 15.12.2010, ABl. EU Nr. L 346 S. 11, sowie Art. 1 des Gesetzes zur Abschaffung des Branntweinmonopols (Branntweinmonopolabschaffungsgesetz) vom 21.06.2013, BGBl I 2013, S. 1650.
426 *Maunz,* in: Maunz/Dürig, Art. 105 GG Rn. 36.

det werden.[427] Die davon berührten Grundrechte Betroffener erfordern eine besonders intensive Prüfung und können der Zulässigkeit eines solchen Monopols – und damit der Einführung des Zwangs durch kommunale Satzung – gegebenenfalls entgegenstehen.[428]

III. Allgemeine Voraussetzungen für die Einführung eines Anschluss- und Benutzungszwangs

Mögen auch die einschlägigen Bestimmungen der verschiedenen Bundesländer im Detail variieren, so sind ihnen allen doch einige grundlegende Voraussetzungen für die Einführung eines Anschluss- und Benutzungszwangs gemeinsam. Dazu zählen in erster Linie das Erfordernis eines spezifischen öffentlichen Bedürfnisses sowie das Vorliegen einer öffentlichen Einrichtung.

Bevor auf diese allgemeinen Voraussetzungen näher eingegangen wird, soll zunächst im Rahmen eines Überblicks über die verschiedenen Ermächtigungsgrundlagen der Länder aufgezeigt werden, in welchen Fällen, für welche Einrichtungen danach ein Anschluss- und Benutzungszwang überhaupt in Betracht kommt.[429]

1. Vergleich der kommunal- und energierechtlichen Ermächtigungsgrundlagen in den einzelnen Ländern

a) Baden-Württemberg

Nach § 11 Abs. 1 GemO BaWü[430] kann eine Gemeinde „bei öffentlichem Bedürfnis [...] den Anschluss an Wasserleitung, Abwasserbeseitigung, Straßenreinigung, die Versorgung mit Nah- und Fernwärme und ähnliche

---

427 *Weiß*, VerwArch 90 (1999), 415 (416 f.).
428 Dazu ausführlich unter Teil 5 I. und II.
429 Zur Frage, ob bzw. inwieweit die jeweiligen Ermächtigungsgrundlagen auch Ausnahme- oder Befreiungsvorschriften vorsehen, soll erst an späterer Stelle näher betrachtet werden; dazu siehe unten Teil 6 I.
430 Gemeindeordnung für Baden-Württemberg in der Fassung v. 24.7.2000, GBl. 2000, S. 581, zuletzt geändert durch Art. 1 des Gesetzes v. 16.4.2013, GBl. 2013, S. 55. Die Bestimmung des § 11 GemO wurde zuletzt geändert durch Art. 1 des Gesetzes v. 28.7.2005, GBl. 2005, S. 578.

der Volksgesundheit oder dem Schutz der natürlichen Grundlagen des Lebens einschließlich des Klima- und Ressourcenschutzes dienende Einrichtungen (Anschlusszwang) und die Benutzung dieser Einrichtungen" anordnen; der Einführung eines Benutzungszwangs ist auch möglich für Schlachthöfe sowie Bestattungseinrichtungen.

b) Bayern

Eine vergleichsweise ausführlich und differenziert ausgestaltete Regelung kennt die Bayrische Gemeindeordnung.[431]

Nach Art. 24 Abs. 1 Nr. 2 GO können Gemeinden in Bayern zum einen „aus Gründen des öffentlichen Wohls den Anschluss an die Wasserversorgung, die Abwasserbeseitigung, die Abfallentsorgung, die Straßenreinigung und ähnliche der Gesundheit dienende Einrichtungen vorschreiben und vorbehaltlich anderweitiger gesetzlicher Vorschriften die Benutzung dieser Einrichtungen sowie der Bestattungseinrichtungen und von Schlachthöfen zur Pflicht machen". Daneben ist es den Gemeinden gemäß Art. 24 Abs. 1 Nr. 3 GO – ebenfalls durch Satzung – möglich „für Grundstücke, die einer neuen Bebauung zugeführt werden, und in Sanierungsgebieten den Anschluss an Einrichtungen zur Versorgung mit Fernwärme und deren Benutzung zur Pflicht [zu] machen, sofern der Anschluss aus besonderen städtebaulichen Gründen oder zum Schutz vor schädlichen Umwelteinwirkungen im Sinn des Bundes-Immissionsschutzgesetzes notwendig ist". Von dieser letztgenannten Möglichkeit werden allerdings Grundstücke mit emissionsfreien Heizeinrichtungen komplett ausgenommen.

Landkreise in Bayern können zudem nach Art. 18 Abs. 1 Nr. 2 LKrO[432] durch Satzung „aus Gründen des öffentlichen Wohls, insbesondere zur Abwehr von Gefahren für die Sicherheit oder Gesundheit der Kreisangehörigen, den Anschluss- und Benutzungszwang für Einrichtungen des Landkreises anordnen".

---

431 Gemeindeordnung für den Freistaat Bayern in der Fassung der Bekanntmachung v. 22.8.1998, GVBl. 1998, S. 796, zuletzt geändert durch § 2 Nr. 5 des Gesetzes v. 12.5.2015, GVBl. 2015, S. 82.

432 Landkreisordnung für den Freistaat Bayern in der Fassung der Bekanntmachung v. 22.8.1998, GVBl. 1998, S. 826, zuletzt geändert durch § 1 Nr. 39 der Verordnung v. 22.7.2014, GVBl. 2014, S. 286.

Von besonderem Interesse ist die hier getroffene separate Regelung des Anschluss- und Benutzungszwangs für die Fernwärmeversorgung, die zudem – im Gegensatz zu den sonst erfassten Einrichtungen – zusätzlichen Einschränkungen unterliegt.

c) Mecklenburg-Vorpommern

Für das Land Mecklenburg-Vorpommern bestimmt § 15 Abs. 1 Satz 1 KV:[433] „Die Gemeinde kann für die Grundstücke ihres Gebiets durch Satzung den Anschluss an die Wasserversorgung, die Abwasserbeseitigung, die Straßenreinigung, Einrichtungen zur Versorgung mit Fernwärme und ähnliche dem öffentlichen Wohl dienende Einrichtungen (Anschlusszwang) und die Benutzung dieser Einrichtungen und der öffentlichen Schlachthöfe (Benutzungszwang) vorschreiben, wenn ein dringendes öffentliches Bedürfnis dafür besteht."

Im Übrigen gilt diese Ermächtigungsgrundlage nach § 100 II KV für Landkreise entsprechend.

Regelungstechnisch gleicht dies den Bestimmungen einiger anderer Bundesländer; anders als etwa in Bayern, differenziert die Vorschrift nicht zwischen verschiedenen Arten von Einrichtungen. Vielmehr gelten insofern einheitliche Voraussetzungen, in Mecklenburg-Vorpommern allerdings mit der Besonderheit, dass zum einen ein *dringendes* öffentliches Bedürfnis erforderlich ist. Zum anderen wird dieses in negativer Hinsicht noch näher konkretisiert: Es darf nach § 15 Abs. 1 Satz 2 KV nicht ausschließlich mit der Erhöhung der Wirtschaftlichkeit der betroffenen Einrichtung begründet werden.

d) Niedersachsen

Niedersachsen greift auf eine etwas andere Regelungstechnik zurück und trennt in systematischer Hinsicht deutlich zwischen Anschluss- und Benutzungszwang, wenngleich für beide Elemente im Ergebnis doch gleiche

---

433 Kommunalverfassung für das Land Mecklenburg-Vorpommern v. 13.7.2011, GVOBl. M-V 2011, S. 777.

Voraussetzungen vorgeschrieben werden. Gemäß § 13 Satz 1 NKomVG[434] können Kommunen im Wege einer Satzung „im eigenen Wirkungskreis" für die Grundstücke ihres Gebiets einerseits einen Anschlusszwang anordnen, andererseits die Benutzung bestimmter Einrichtungen vorschreiben; Voraussetzung ist in jedem Fall, dass die Gemeinden „ein dringendes öffentliches Bedürfnis dafür feststellen".

Ein Anschlusszwang kommt zum einen in Betracht für die öffentliche Wasserversorgung, die Abwasserbeseitigung, die Abfallentsorgung, die Straßenreinigung und die Fernwärmeversorgung. Zusätzlich führt diese Regelung allerdings auch den möglichen Anschluss von Heizungsanlagen an bestimmte Energieversorgunganlagen auf sowie schließlich einen Anschlusszwang für „ähnliche dem öffentlichen Wohl dienende Einrichtungen".

Ein Benutzungszwang ist nicht allein für die eben genannten Einrichtungen zulässig, sondern darüber hinaus auch für öffentliche Begräbnisplätze und Bestattungseinrichtungen sowie öffentliche Schlachthöfe.

Als Besonderheit ist für Niedersachsen hervorzuheben, dass die Feststellung des öffentlichen Bedürfnisses nach der genannten Vorschrift ausdrücklich den Gemeinden obliegt.

e) Nordrhein-Westfalen

In Nordrhein-Westfalen können Gemeinden nach § 9 Satz 1 GO NRW[435] „bei öffentlichem Bedürfnis durch Satzung für die Grundstücke ihres Gebiets den Anschluss an Wasserleitung, Kanalisation und ähnliche der Volksgesundheit dienende Einrichtungen sowie an Einrichtungen zur Versorgung mit Fernwärme (Anschlusszwang) und die Benutzung dieser Einrichtungen und der Schlachthöfe (Benutzungszwang)" anordnen.

---

434 Niedersächsisches Kommunalverfassungsgesetz v. 17.12.2010, Nds. GVBl. 2010, S. 576, zuletzt geändert durch Art. 2 des Gesetzes v. 16.12.2014, Nds. GVBl. 2014, S. 434.

435 Gemeindeordnung für das Land Nordrhein-Westfalen in der Fassung der Bekanntmachung v. 14.7.1994, GV. NRW. 1994, S. 666, zuletzt geändert durch Art. 2 des Gesetzes v. 25.6.2015, GV. NRW. 2015, S. 496.

Wie in anderen Ländern, existiert in Nordrhein-Westfalen mit § 7 Satz 1 KrO NRW[436] eine Ermächtigungsgrundlage auch für die Landkreise – allerdings ist diese Regelung konkreter als die entsprechenden Vorschriften anderer Bundesländer und im Wesentlichen parallel zur Bestimmung der Gemeindeordnung ausgestaltet: „Die Kreise können bei öffentlichem Bedürfnis durch Satzung für die Grundstücke des Kreisgebiets den Anschluss an überörtliche, der Volksgesundheit dienende Einrichtungen sowie an Einrichtungen zur Versorgung mit Fernwärme (Anschlusszwang) und die Benutzung dieser Einrichtungen (Benutzungszwang) vorschreiben."

f) Rheinland-Pfalz

Die Gemeindeordnung Rheinland-Pfalz trennt in § 26 Abs. 1 GemO[437] zwar ebenfalls klar zwischen Anschluss- und Benutzungszwang. Voraussetzung ist allerdings in beiden Fällen das Vorliegen eines „öffentlichen Bedürfnisses" und auch die in Betracht kommenden Einrichtungen decken sich. Erfasst werden in beiden Fällen neben Wasserversorgung, Abwasserbeseitigung, Straßenreinigung und Fernheizung auch der Anschluss von Heizungsanlagen an bestimmte Energieversorgungseinrichtungen sowie „andere dem Gemeinwohl dienende Einrichtungen" (vgl. § 26 Abs. 1 Satz 1 und Satz 2 GemO).

Landkreise können auch in Rheinland-Pfalz nach § 19 Abs. 1 LKO[438] „bei öffentlichem Bedürfnis durch Satzung für die Grundstücke ihres Gebiets den Anschluss an überörtliche, dem Gemeinwohl dienende Einrichtungen des Landkreises vorschreiben (Anschlusszwang) [sowie wiederum] durch Satzung bei öffentlichem Bedürfnis auch die Benutzung dieser und anderer dem Gemeinwohl dienender Einrichtungen vorschreiben (Benutzungszwang)."

---

436 Kreisordnung für das Land Nordrhein-Westfalen in der Fassung der Bekanntmachung v. 14.7.1994, GV. NRW. 1994, S. 646, zuletzt geändert durch Art. 2 des Gesetzes v. 19.12.2013, GV. NRW. 2013, S. 878.

437 Gemeindeordnung in der Fassung v. 31.1.1994, GVBl. 1994, S. 153, zuletzt geändert durch Art. 1 des Gesetzes v. 15.6.2015, GVBl. 2015, S. 90.

438 Landkreisordnung in der Fassung v. 31.1.1994, GVBl. 1994, S. 188, zuletzt geändert durch Art. 2 des Gesetzes v. 15.6.2015, GVBl. 2015, S. 90.

g) Saarland

Voraussetzung für die Anordnung eines Anschluss- und/ oder Benutzungszwangs für die Grundstücke einer Gemeinde im Wege einer Satzung ist auch nach § 22 Abs. 1 KSVG[439] des Saarlandes das Vorliegen eines „öffentlichen Bedürfnisses". Als Einrichtungen für den Anschlusszwang kommen „Wasserleitung, Kanalisation, Straßenreinigung, Einrichtungen zur Versorgung mit Fernwärme und ähnliche der Volksgesundheit dienende Einrichtungen" in Betracht; für den Benutzungszwang zusätzlich auch Schlachthöfe.

Diese Regelung ist im Übrigen gemäß § 154 KSVG auf die Landkreise für deren öffentliche Einrichtungen – wiederum bei Vorliegen eines öffentlichen Bedürfnisses – entsprechend anwendbar.

h) Sachsen

Den bereits vorgestellten Ermächtigungsgrundlagen im Wesentlichen vergleichbar ist auch die sächsische Regelung in § 14 Abs. 1 SächsGemO.[440] Danach ist wiederum das Vorliegen eines „öffentlichen Bedürfnisses" Voraussetzung für die Anordnung eines Anschluss- und Benutzungszwanges, die durch Satzung der Gemeinde „für die Grundstücke ihres Gebietes" erfolgt.

In Betracht kommt ein solcher Anschlusszwang für „Anlagen zur Wasserversorgung, Ableitung und Reinigung von Abwasser, Fernwärmeversorgung und ähnliche dem öffentlichen Wohl, insbesondere dem Umweltschutz dienende Einrichtungen"; ein Benutzungszwang ist darüber hinaus auch für Bestattungseinrichtungen, Abfalleinrichtungen und Schlachthöfe zulässig.

---

439 Kommunalselbstverwaltungsgesetz v. 15.1.1964, in der Fassung der Bekanntmachung v. 27.6.1997, ABl. I 1997, S. 682, zuletzt geändert durch Art. 2 des Gesetzes v. 17.6.2015, ABl. I 2015, S. 376.

440 Gemeindeordnung für den Freistaat Sachsen in der Fassung der Bekanntmachung v. 3.3.2014, SächsGVBl. 2014, S. 146, zuletzt geändert durch Art. 18 des Gesetzes v. 29.4.2015, SächsGVBl. 2015, S. 349, 358. Zwar sind hier die letzten Änderungen der Gemeindeordnung noch recht jung, speziell die Ermächtigungsgrundlage für die Anordnung des Anschluss- und Benutzungszwanges ist jedoch seit 1993 unverändert.

Eine allgemeine Ermächtigungsgrundlage für sächsische Landkreise findet sich in § 12 Abs. 1 SächsLKrO.[441] Danach „kann [der Landkreis] im Rahmen seiner Zuständigkeit bei öffentlichem Bedürfnis durch Satzung für die Grundstücke seines Gebiets den Anschluss an Einrichtungen, die dem öffentlichen Wohl, insbesondere dem Umweltschutz dienen (Anschlusszwang), und die Benutzung solcher Einrichtungen (Benutzungszwang) vorschreiben."

Soweit die sächsische Regelung in der Gemeindeordnung – wie etwa auch die einschlägigen Bestimmungen in Bayern, Brandenburg, Niedersachsen, Schleswig-Holstein und Bremen – auch Abfalleinrichtungen ausdrücklich als mögliche Einrichtungen aufführt, ist noch einmal auf die im Wesentlichen abschließenden Regelungen des Kreislaufwirtschaftsrechts zu verweisen, so dass es eines Rückgriffs auf die grundsätzliche Ermächtigungsgrundlage im Kommunalrecht in diesem Bereich nicht mehr bedarf.[442]

Vergleichbar der Regelung in Baden-Württemberg[443] wird der Umweltschutz als möglicher Einrichtungszweck in Sachsen ausdrücklich hervorgehoben.

i) Sachsen-Anhalt

Gemäß § 11 Abs. 1 Satz 1 KVG LSA[444] können alle Kommunen, d.h. Gemeinden und Verbandsgemeinden wie auch Landkreise (vgl. § 1 Abs. 1 KVG LSA), jeweils „im eigenen Wirkungskreis durch Satzung", einen Anschlusszwang für die im Gebiet der Kommune liegenden Grundstücke und/oder einen Benutzungszwang anordnen, „wenn sie ein dringendes öffentliches Bedürfnis dafür feststellen".

Hinsichtlich der dafür in Betracht kommenden Einrichtungen differenziert die Vorschrift zwischen beiden Elementen des Zwangs. Während ein Anschlusszwang für die öffentliche Wasserversorgung, Abwasserbeseiti-

---

441 Landkreisordnung für den Freistaat Sachsen in der Fassung der Bekanntmachung v. 3.3.2014, SächsGVBl. 2014, S. 180, zuletzt geändert durch Art. 19 des Gesetzes v. 29.4.2015, SächsGVBl. 2015, S. 349, 359.

442 Siehe dazu bereits oben Teil 2 I. 2., in und bei Fn. 335.

443 Siehe oben Teil 2, III. 1. a).

444 Kommunalverfassungsgesetz des Landes Sachsen-Anhalt v. 17.6.2014, GVBl. LSA 2014, S. 288.

gung, Abfallentsorgung, Straßenreinigung, Fernwärmeversorgung sowie „ähnliche der Gesundheit der Bevölkerung dienende Einrichtungen" zulässig ist, kann der Benutzungszwang darüber hinaus auch für öffentlichen Begräbnisstätten und Bestattungseinrichtungen sowie Schlachthöfe vorgeschrieben werden.

Die erst 2014 erlassene Vorschrift entspricht, von geringen Änderungen in der Formulierung abgesehen, der Vorgängerregelung für die Gemeinden des Landes Sachsen-Anhalt in § 8 Nr. 2 Satz 1 GO.[445]

Wie bereits unter Geltung der Vorgängerregelung betont auch die aktuell geltende Ermächtigungsgrundlage, dass das erforderliche *dringende* öffentliche Bedürfnis durch die Gemeinde festgestellt wird.

j) Schleswig-Holstein

Auch das Kommunalrecht Schleswig-Holsteins fordert ein solches „dringendes öffentliches Bedürfnis" zur Begründung eines Anschluss- und Benutzungszwanges. Nach § 17 Abs. 2 Satz 1 GO[446] kann ein Anschlusszwang in dem Fall durch die Gemeinde für die Grundstücke ihres Gebiets per Satzung angeordnet werden, und zwar für „die Wasserversorgung, die Abwasserbeseitigung, die Abfallentsorgung, die Versorgung mit Fernwärme, die Straßenreinigung und ähnliche der Gesundheit und dem Schutz der natürlichen Grundlagen des Lebens dienende öffentliche Einrichtungen".

Ein Benutzungszwang ist unter den genannten Voraussetzungen für diese Einrichtungen ebenfalls zulässig, zusätzlich aber auch für Schlachthöfe.

Mit der Bezugnahme auf den Schutz der natürlichen Lebensgrundlagen, greift auch die Regelung Schleswig-Holstein den Gesichtspunkt des Um-

---

445 Gemeindeordnung für das Land Sachsen-Anhalt in der Fassung der Bekanntmachung v. 10.8.2009, GVBl. LSA 2009, S. 383. Die Gemeindeordnung wurde aufgehoben durch Art. 23 Abs. 6 des Gesetzes v. 17.6.2014, GVBl. LSA 2014, S. 288, 343. Für die Landkreise fand sich nach altem Recht eine Ermächtigungsgrundlage in § 6 Abs. 2 der Landkreisordnung für das Land Sachsen-Anhalt in der Fassung der Bekanntmachung v. 12.8.2009, GVBL. LSA 2009, S. 435, ebenfalls aufgehoben durch Art. 23 Abs. 5 Nr. 2 des Gesetzes v. 17.6.2014, GVBl. LSA 2014, S. 288, 343.

446 Gemeindeordnung für Schleswig-Holstein in der Fassung v. 28.2.2003, GVOBl. 2003, S. 57, zuletzt geändert durch Art. 4 des Gesetzes v. 7.7.2015, GVOBl. 2015, S. 200, 203.

welt- bzw. Klimaschutzes ausdrücklich auf. Diese Formulierung wurde bereits 1990 in die einschlägige Ermächtigungsgrundlage aufgenommen.[447]

Für Landkreise existiert mit § 17 Abs. 2 Satz 1 KrO[448] eine entsprechende Ermächtigungsgrundlage, in der lediglich die Versorgung mit Fernwärme sowie die Straßenreinigung nicht aufgeführt werden.

k) Thüringen

In Thüringen wiederum bestimmt § 20 Abs. 2 Satz 1 Nr. 2 ThürKO,[449] dass Gemeinden im Wege einer Satzung „aus Gründen des öffentlichen Wohls die Verpflichtung zum Anschluss von Grundstücken an Anlagen zur Versorgung mit Fernwärme, zur Wasserversorgung, Abwasserbeseitigung, Straßenreinigung und ähnliche dem Gemeinwohl dienende Einrichtungen (Anschlusszwang) sowie die Verpflichtung zur Benutzung dieser Einrichtungen (Benutzungszwang)" anordnen können.

Für Thüringer Landkreise existiert eine allgemein gehaltene Ermächtigung in § 99 Abs. 2 Satz 1 Nr. 2 ThürKO, der zufolge sie im Wege einer Satzung „aus Gründen des öffentlichen Wohls den Anschluss- und Benutzungszwang für Einrichtungen des Landkreises" regeln können.

Die Regelung in § 20 Abs. 2 Satz 1 Nr. 2 ThürKO ersetzte eine zuvor, im Jahr 1992, in die Kommunalordnung aufgenommene detailliertere Regelung, gerade auch zum Anschluss- und Benutzungszwang an die Fernwärmeversorgung. Danach sollten Gemeinden „auch für Grundstücke, die einer neuen Bebauung zugeführt werden, und in Sanierungsgebieten den Anschluß an Einrichtungen zur Versorgung mit Fernwärme oder Gas und deren Benutzung zur Pflicht machen [können], sofern das notwendig ist, um Gefahren, erhebliche Belästigungen oder sonstige erhebliche Nachteile durch Luftverunreinigung zu vermeiden"; ausgenommen wurden aller-

447 Vgl. § 17 Abs. 2 Satz 1 GO in der Fassung der Bekanntmachung v. 2.4.1990, GVOBl. 1990, S. 159; die Änderung erfolgte durch Art. 1 Nr. 13 des Gesetzes v. 23.3.1990, GVOBl. 1990, S. 134.
448 Kreisordnung für Schleswig-Holstein in der Fassung v. 28.2.2003, GVOBl. 2003, S. 94, zuletzt geändert durch Art. 3 des Gesetzes v. 5.5.2015, GVOBl. 2015, S. 105.
449 Thüringer Gemeinde- und Landkreisordnung in der Fassung der Bekanntmachung v. 28.1.2003, GVBl. 2003, S. 41, zuletzt geändert durch Art. 2 des Gesetzes v. 20.3.2014, GVBl. 2014, S. 82, 83.

dings Grundstücke mit immissionsfrei zu betreibenden Heizeinrichtungen.[450]

Im Zuge der umfassenden Novellierung der Kommunalordnung 1993 wurde die Regelung aber bereits mit der allgemeinen Ermächtigung zum Erlass eines Anschluss- und Benutzungszwangs zusammengeführt und gekürzt – vergleichbar der aktuell gültigen Fassung.[451]

l) Brandenburg

Im Unterschied zu den bislang vorgestellten kommunalrechtlichen Ermächtigungsgrundlagen der Bundesländer existieren in Brandenburg wie auch Hessen neben entsprechenden Regelungen im Kommunalrecht zusätzliche, energierechtliche Bestimmungen.

So können Gemeinden zunächst nach § 12 Abs. 2 Satz 1 BbgKVerf[452] können die Gemeinden in Brandenburg ganz allgemein „aus Gründen des öffentlichen Wohls durch Satzung für die Grundstücke ihres Gebiets den Anschluss an öffentliche Einrichtungen (Anschlusszwang) und die Benutzung dieser Einrichtungen (Benutzungszwang) vorschreiben." Nach Satz 2 der Norm gilt dies „insbesondere für Einrichtungen der Wasserversorgung, der Abwasserentsorgung, der Abfallbeseitigung, der Straßenreinigung und der Fernwärme"; Satz 4 zufolge können „Gründe des öffentlichen Wohls [...] auch Gründe des Schutzes der natürlichen Grundlagen des Lebens einschließlich des Klima- oder Ressourcenschutzes sein."

Daneben können Gemeinden allerdings auch gemäß § 8 Abs. 1 LImSchG[453] „durch Satzung für die Grundstücke ihres Gebiets bestimmte Arten und Techniken der Wärmebedarfsdeckung, insbesondere den Anschluß an Nah- oder Fernwärmenetze und die Benutzung dieser Einrichtungen vorschreiben, wenn dies dem Zweck dieses Gesetzes entspricht."

---

450 Siehe Art. 1 Nr. 14 lit. b) des Gesetzes v. 11.6.1992, GVBl. 1992, S. 219 (221).

451 Vgl. § 20 Abs. 2 ThürKO in der Fassung v. 16.8.1993, GVBl. 1993, S. 501 (507). Erläuterungen dieser Änderung sind der Begründung zum Gesetzentwurf der Landesregierung nicht zu entnehmen, vgl. LT-Drs. 1/2149, S. 57.

452 Kommunalverfassung des Landes Brandenburg vom 18.12.2007, GVBl. I 2007, S. 286, zuletzt geändert durch Art. 4 des Gesetzes v. 10.7.2014, GVBl. I 2014, Nr. 32.

453 Landesimmissionsschutzgesetz in der Fassung der Bekanntmachung v. 22.7.1999, GVBl. I 1999, S. 386, zuletzt geändert durch Art. 8 des Gesetzes v. 10.7.2014, GVBl. I 2014, Nr. 32.

Der Zweck dieses Gesetzes besteht nach § 1 LImSchG – neben der Wahrnehmung der Aufgaben des Landes im Bereich des Immissionsschutzes (§ 1 Abs. 1 LImSchG) – im Schutz vor schädlichen Umwelteinwirkungen im Sinne des § 3 Abs. 1 BImSchG und der Vorbeugung der Entstehung derselben (§ 1 Abs. 2 LImSchG). Als weiteren Zweck nennt schließlich § 1 Abs. 3 LImSchG den Schutz vor sonstigen Gefahren, erheblichen Nachteilen und erheblichen Belästigungen sowie die Vorbeugung der Entstehung derselben, „soweit dies der Erfüllung von bindenden Beschlüssen der Europäischen Gemeinschaft dient".

Diese spezialgesetzliche Regelung des Anschluss- und Benutzungszwangs betrifft ausschließlich die Fernwärmeversorgung als lediglich ein Beispiel der zwingenden Vorgabe einer bestimmten „Art und Technik der Wärmeversorgung". Dabei ist die Vorschrift jedoch dem eindeutigen Wortlaut nach nicht darauf beschränkt.

Unter sonstige Arten und Techniken der Wärmebedarfsdeckung im Sinne der Norm kommen daher neben dem Anschluss an die Fernwärmeversorgung und der Benutzung dieser Einrichtung auch die Verpflichtung auf bestimmte Arten dezentraler Anlagen der Wärmebedarfsdeckung in Betracht, beispielsweise die Anordnung einer Nutzungspflicht für eine eigene, unter Einsatz erneuerbarer Energien wie der Solarenergie betriebene Heizungsanlage. Im Falle einer derartigen Verpflichtung handelt es sich allerdings nicht mehr um einen kommunalen Anschluss- und Benutzungszwang im hier beschriebenen Sinne.[454] Diese Möglichkeit soll daher im Folgenden auch nicht näher betrachtet werden. Zudem sieht etwa § 8 Abs. 2 LImSchG auch ein Verbot des Neuanschlusses elektrischer Direktheizungen ab einer bestimmten Größenordnung vor. Dabei handelt es um eine weitere Regelungsmöglichkeit zur Verwirklichung der Zwecke des LImSchG im Bereich der Wärmebedarfsdeckung, die jedoch ebenfalls nicht in unmittelbarem Zusammenhang mit der möglichen Anordnung eines Anschluss- und Benutzungszwangs steht.

Hinsichtlich der Zulässigkeit eins Anschluss- und Benutzungszwangs erstreckt sich die Bestimmung im LImSchG damit auf keine Einrichtungen, die nicht bereits von § 12 Abs. 2 BbgKVerf erfasst wären; ein Unterschied besteht insoweit lediglich hinsichtlich der in Frage kommenden Gründe für den Erlass einer entsprechenden Benutzungssatzung.

---

454 Dazu sowie zur Regelung über eine anteilige Nutzungspflicht von erneuerbaren Energien in § 81 Abs. 7 der Brandenburgischen Bauordnung siehe *Schmidt*, Nutzung von Solarenergie, S. 138 f. Zur Abgrenzung siehe bereits oben Teil 2, I. 2.

m) Hessen

Der Rechtslage in Brandenburg vergleichbar, enthält auch Hessen neben der kommunalrechtlichen Bestimmung eine weitere Ermächtigungsgrundlage für die Anordnung eines Anschluss- und Benutzungszwanges.

Nach § 19 Abs. 2 Satz 1 HGO[455] können Gemeinden zunächst „bei öffentlichem Bedürfnis durch Satzung für die Grundstücke ihres Gebiets den Anschluss an Wasserleitung, Kanalisation, Straßenreinigung, Fernheizung und ähnliche der Volksgesundheit dienende Einrichtungen (Anschlusszwang) und die Benutzung dieser Einrichtungen und der Schlachthöfe (Benutzungszwang) vorschreiben."

Daneben bestimmt § 1 Abs. 4 HEG,[456] dass Gemeinden und Gemeindeverbände „auch zum Zwecke des Klima- und Ressourcenschutzes von ihrem Recht zur Begründung eines Anschluss- und Benutzungszwangs an ein Netz der öffentlichen Fernheizung nach § 19 Abs. 2 Hessische Gemeindeordnung Gebrauch machen [können]." Im Unterschied zu Brandenburg nimmt die Bestimmung im Hessischen Energierecht damit ausdrücklich Bezug auf die entsprechende kommunalrechtliche Regelung des Landes. Es handelt sich somit bei § 1 Abs. 4 HEG nicht um eine eigenständige Ermächtigungsgrundlage, vielmehr beschränkt sich die Vorschrift darauf, die kommunalrechtliche Ermächtigungsgrundlage hinsichtlich der mit dem Anschluss- und Benutzungszwang an die Fernwärmeversorgung zulässigerweise zu verfolgenden Anordnungsgründe zu ergänzen.

n) Bremen

In Bremen ergeben sich – wie auch in den anderen Stadtstaaten Hamburg und Berlin – einige Besonderheiten, wenngleich zugleich die Ermächtigungsgrundlage zur Anordnung eines Anschluss- und Benutzungszwangs in § 1 GemRSBefG[457] durchaus an die bereits vorgestellten kommunal-

---

455 Hessische Gemeindeordnung in der Fassung der Bekanntmachung v. 7.3.2005, GVBl. I 2005, S. 142, zuletzt geändert durch Art. 1 des Gesetzes v. 28.3.2015, GVBl. 2015, S. 158, berichtigt am 22.4.2015, GVBl. 2015, S. 188.

456 Hessisches Energiegesetz vom 21.11.2012, GVBl. 2012, S. 444. Das Gesetz wird gemäß § 14 Satz 2 HEG mit Ablauf des 31.12.2017 außer Kraft treten.

457 Gesetz über Rechtsetzungsbefugnisse der Gemeinden v. 16.6.1964, Brem.GBl. 1964, S. 59, zuletzt geändert durch Gesetz v. 6.10.2009, Brem.GBl. 2009, S. 379.

rechtlichen Vorschriften der anderen Länder erinnert. Immerhin existieren in Bremen, anders als in Hamburg und Berlin, mit Bremen und Bremerhaven noch zwei eigenständige Gemeinden.

Diese können nach § 1 Abs. 1 GemRSBefG „für die Grundstücke ihres Gebietes den Anschluss an Wasserleitung, Abwasserbeseitigung, Müllabfuhr, Straßenreinigung und ähnliche der Volksgesundheit dienende Einrichtungen (Anschlusszwang) und die Benutzung dieser Einrichtungen, der öffentlichen Begräbnisplätze, Bestattungseinrichtungen und Schlachthöfe (Benutzungszwang) durch Ortsgesetz vorschreiben, wenn sie ein öffentliches Bedürfnis dafür feststellen." Wie nach den einschlägigen Bestimmungen Niedersachsen und Sachsen-Anhalts obliegt auch in Bremen den Gemeinden ausdrücklich die Feststellung des erforderlichen öffentlichen Bedürfnisses.

Für die Fernwärmeversorgung erklärt § 1 Abs. 2 Satz 1 GemRSBefG den eben genannte § 1 Abs. 1 GemRSBefG für entsprechend anwendbar; Gleiches gilt auch Einrichtungen zur Versorgung mit „bestimmten Energiearten für Heizungszwecke".

Daneben findet sich auch in Bremen eine weitere Vorschrift zum Anschluss- und Benutzungszwang an Nah- und Fernwärmeversorgungseinrichtungen. Gemäß § 85 Abs. 2 BremLBauO[458] können Gemeinden „durch Satzung bestimmen, dass im Gemeindegebiet oder in Teilen davon die Verwendung bestimmter Brennstoffe untersagt oder der Anschluss an Einrichtungen zur Versorgung mit Nah- und Fernwärme und deren Benutzung vorgeschrieben wird, wenn dies nach den örtlichen Verhältnissen zur Vermeidung von Gefahren, Umweltbelastungen oder unzumutbaren Belästigungen oder aus Gründen der Schonung der natürlichen Lebensgrundlagen, insbesondere zur rationellen Verwendung von Energie, zur Nutzung erneuerbarer Energien oder zur Nutzung von Biomasse, gerechtfertigt ist". Für einen Anschluss- und Benutzungszwang kommen danach Einrichtungen der Nah- wie auch der Fernwärmeversorgung in Betracht; die Bestimmung nennt allerdings – anders als § 1 Abs. 2 i.V.m. Abs. 1 GemRSBefG eine Reihe konkreter gefasster Anordnungsgründe.

---

458 Bremische Landesbauordnung v. 6.10.2009, Brem.GBl. 2009, S. 401, zuletzt geändert durch Art. 1 Abs. 1 des Gesetzes v. 27.5.2014, Brem.GBl. 2014, S. 263.

o) Berlin

Mangels einer kommunalrechtlichen Ermächtigungsgrundlage kann in Berlin lediglich auf die Regelung des § 23 Abs. 1 BEnSpG[459] zurückgegriffen werden. Darin wird der Senat „ermächtigt, durch Rechtsverordnung für bestimmte Gebiete zur Förderung der Ziele und Grundsätze dieses Gesetzes bestimmte Arten und Techniken der Wärmebedarfsdeckung, insbesondere den Anschluss an ein Nah- oder Fernwärmenetz, vorzuschreiben."

Anders als die kommunalrechtlichen Bestimmungen der anderen Bundesländer betrifft diese Regelung damit ausschließlich den Wärmebedarf. Die „Ziele und Grundsätze" des Gesetzes, auf die in der Norm Bezug genommen wird, sind in den §§ 1 und 2 BEnSpG näher geregelt. So ist gemäß § 1 BEnSpG Zweck des Gesetzes die Förderung einer möglichst sparsamen, rationellen, sozial- und umweltverträglichen, ressourcenschonenden, risikoarmen und gesamtwirtschaftlich kostengünstigen Energieerzeugung und -verwendung sowie zugleich die langfristige Gewährleistung der Versorgungssicherheit. Diese Ziele will das Gesetz nach § 2 insbesondere durch den sparsamen Umgang mit Energie sowie den Einsatz erneuerbarer Energien erreichen. Der Anwendungsbereich des Gesetzes erstreckt sich auf die Energieversorgung in ihrer Gesamtheit, befasste sich allerdings insbesondere mit verschiedenen Maßnahmen der Energieeinsparung sowie der Umstellung auf die Nutzung erneuerbarer Energieträger im Wärmesektor. Dabei ist die mögliche Anordnung eines Anschluss- und Benutzungszwangs an die Nah- oder Fernwärmeversorgung lediglich eine von vielen Maßnahmen, die der Gesetzgeber in diesem Bereich vorgesehen hat.

p) Hamburg

Auch in Hamburg sind Regelungen über die Einführung eines Anschluss- und Benutzungszwangs in Ermangelung einer kommunalrechtlichen Ermächtigungsgrundlage an anderer Stelle, in den Fachgesetzen zu suchen.

---

459 Gesetz zur Förderung der sparsamen sowie umwelt- und sozialverträglichen Energieversorgung und Energienutzung im Land Berlin (Berliner Energiespargesetz) vom 2.10.1990, GVBl. 1990, 2144, zuletzt geändert durch Art. LVII des Gesetzes v. 16.7.2001, GVBl. 2001, S. 260.

Dabei finden sich in Hamburg zwei unterschiedliche Regelungen speziell zur Anordnung eines Anschluss- und Benutzungszwanges an die Fernwärmeversorgung: § 81 Abs. 2 Satz 1 HBauO[460] sowie § 4 HmbKliSchG.[461]

Die entsprechende Vorschrift der Bauordnung ermächtigt den Senat[462] durch Rechtsverordnung für bestimmte Gebiete einen Anschluss- und Benutzungszwang anzuordnen, „um Gefahren, unzumutbare Belästigungen oder sonstige Nachteile durch Luftverunreinigungen zu vermeiden oder zur Sicherung der örtlichen Energieversorgung und zur allgemeinen Energieersparnis sowie zum umfassenden Schutz der Umwelt". In Betracht kommt eine solcher Anschluss- und Benutzungszwang danach zugunsten gemeinsamer Heizungsanlagen einer bestimmten Art oder zugunsten einer Fernheizung.

Bei der ebenfalls zulässigen Vorgabe einer bestimmten Heizungsart handelt es sich wiederum nicht um einen Fall des kommunalen Anschluss- und Benutzungszwangs.[463]

Demgegenüber bestimmt § 4 Abs. 1 Satz 1 HmbKliSchG, dass der Senat[464] durch Rechtsverordnung „die Nutzung bestimmter Arten und Techniken der Wärmebedarfsdeckung, insbesondere den Anschluss an ein Fernwärmenetz" anordnen kann, dies allerding nur zur Förderung der Ziele des Gesetzes. Dazu zählt gemäß § 1 Abs. 1 HmbKliSchG „der Schutz des Klimas durch eine möglichst sparsame, rationelle und ressourcenschonende sowie eine umwelt- und gesundheitsverträgliche und risikoarme Erzeugung, Verteilung und Verwendung von Energie im Rahmen des wirtschaftlich Vertretbaren."

Nach § 4 Abs. 1 Satz 1 HmbKliSchG handelt es sich bei der danach zulässigen Anordnung des Anschlusses an die Fernwärmeversorgung lediglich um einen Unterfall der in Betracht kommenden Vorgaben zur „Nutzung bestimmter Arten und Techniken der Wärmebedarfsdeckung". Weitere Fälle eines Anschluss- und Benutzungszwangs sind danach nicht von

---

460 Hamburgische Bauordnung v. 14.12.2005, HmbGVBl. 2005, S. 252, zuletzt geändert durch Gesetz v. 28.1.2014, HmbGVBl. 2014, S. 33.

461 Hamburgisches Gesetz zum Schutz des Klimas durch Energieeinsparung (Hamburgisches Klimaschutzgesetz) vom 25.6.1997, HmbGVBl. 1997, S. 261, zuletzt geändert durch Art. 32 des Gesetzes v. 17.12.2013, HmbGVBl. 2013, S. 503, 531.

462 Soweit die Ermächtigung nicht gemäß § 81 Abs. 11 HBauO durch Verordnung auf die Bezirksämter übertragen wurde, vgl. § 81 Abs. 2 Satz 1 HBauO.

463 Siehe dazu bereits oben Teil 2 I. 2.

464 Insofern sieht auch § 4 Abs. 3 HKliSchG eine Möglichkeit der Übertragung dieser Ermächtigung auf die Bezirksämter vor.

vornherein ausgeschlossen. Allerdings kommt insbesondere eine Reihe weiterer Vorgaben zu Nutzung bestimmter dezentraler Anlagen der Wärmebedarfsdeckung in Betracht, bei denen es sich nicht um die Anordnung eines Anschluss- und Benutzungszwangs im engeren Sinne handelt.

Obwohl § 4 Abs. 1 Satz 1 HmbKliSchG lediglich vom „Anschluss an ein Fernwärmenetz" spricht, umfasst doch die darüber hinausgehende Zulässigkeit von weiteren Vorgaben zur Wärmebedarfsdeckung auch die Anordnung gerade der *Nutzung* der Fernwärmeversorgung.

Für einen solchen Anschluss- und Benutzungszwang hinsichtlich der Fernwärmeversorgung – ebenso für ein sonstiges Anschluss- und Benutzungsgebot im Sinne des § 4 Abs. 1 Satz 1 HmbKliSchG regeln Abs. 1 Satz 2 sowie Abs. 2 der Norm eine Reihe zusätzlicher Voraussetzungen: Danach muss es sich zum einen um eine Wärmeversorgung aus Kraft-Wärme-Kopplung, Abwärmenutzung oder erneuerbaren Energien handeln; darüber hinaus ist eine entsprechend Regelung allein für Neubebauung zulässig (Abs. 2 Satz 1) oder für bestehende Gebäude im Falle einer wesentlichen Änderung der bestehenden Heizungseinrichtungen (Abs. 2 Satz 4).

Fraglich ist für Hamburg das Verhältnis der beiden genannten Ermächtigungsgrundlagen zueinander. Die bauordnungsrechtliche Regelung findet sich in dieser Form nicht erst seit 2006 im Gesetz; eine entsprechende Bestimmung war vielmehr bereits in der vorherigen Fassung der Bauordnung enthalten.[465] Demnach handelt es sich zwar nicht hinsichtlich der konkreten Fassung der einzelnen Bestimmungen, doch mit Blick auf die Gesamtregelung bei dem HmbKliSchG um das jüngere Gesetz. Zudem stellt es angesichts des Regelungszwecks für den Bereich der Energieversorgung die speziellere Regelung dar. Soweit der Anwendungsbereich dieses Gesetzes eröffnet ist, dürfen die detaillierten Vorgaben für die Zulässigkeit eines Anschluss- und Benutzungszwangs daher nicht unter Rückgriff auf die allgemeinere Regelung der Bauordnung umgangen werden.

---

465 § 81 Abs. 9 Satz 1 der Hamburgischen Bauordnung v. 1.7.1986, HmbGVBl. 1986, S. 183, aufgehoben durch Gesetz v. 14.12.2005, HmbGVBl. 2005, S. 525; vgl. den entsprechenden Textnachweis bei juris ab 1.1.2004.

2. Landesrechtliche Besonderheiten

Nachdem einführend bereits auf die grundsätzlichen Gemeinsamkeiten aller soeben vorgestellten landesrechtlichen Ermächtigungsgrundlagen hingewiesen wurde, soll an dieser Stelle auch auf die Unterschiede und landerechtlichen Besonderheiten hingewiesen werden.

Neben den Besonderheiten, die sich aus dem Fehlen kommunalrechtlicher Bestimmungen in Hamburg und Berlin ergeben, gehört dazu insbesondere das Nebeneinander mehrerer Bestimmungen nicht nur in den Stadtstaaten, sondern auch in Brandenburg und Hessen. In allen anderen Bundesländern sind dagegen ausschließlich kommunalrechtliche Vorschriften einschlägig.

Auch wenn alle der genannten kommunalrechtliche Ermächtigungsgrundlagen einige Einrichtungen konkret benennen und sodann um einen Auffangtatbestand für – zum Teil näher bestimmte – „ähnliche Einrichtungen" ergänzen, unterscheiden sie sich doch hinsichtlich der im Einzelnen aufgeführten Einrichtungen, insbesondere soweit es den hier interessierenden Energiesektor betrifft. Welche Anlagen insoweit erfasst werden, bedarf daher noch eingehender Prüfung.

Soweit im jeweiligen Kommunalrecht Ermächtigungsgrundlagen nicht allein für die Gemeinden, sondern auch für die Landkreise existieren, fehlt es dort im Übrigen regelmäßig an einer ausdrücklichen Aufzählung auch der Fernwärmeversorgung oder einer vergleichbaren Einrichtung. Eine Ausnahme bildet insoweit das Landesrecht Niedersachsens. Im Gegensatz dazu ist die Fernwärmeversorgung in Schleswig-Holstein beispielsweise in der für Landkreise anwendbaren Norm gerade nicht benannt.

Nur wenige Länder sehen speziell für den Anschluss- und Benutzungszwang für die Fernwärmeversorgung zusätzliche Anforderungen vor. In Bayern und gemäß der energierechtlichen Ermächtigungsgrundlage Hamburgs allerdings ist ein solcher Zwang von vornherein nur für Neubebauung oder für den Bereich des Gebäudebestands allein anknüpfend an eine wesentliche Änderung der Heizungseinrichtungen (Hamburg) bzw. in Sanierungsgebieten (Bayern) zulässig. Einzig Hamburg fordert im Übrigen gemäß § 4 Abs. 1 Satz 2 HmbKliSchG die Anforderungen an die Art und Weise der (Fern-)Wärmeversorgung und sieht eine Beschränkung auf Wärme aus Kraft-Wärme-Kopplung, Abwärmenutzung oder erneuerbaren Energien vor.

Schließlich sind vor allem die landesrechtlichen Unterschiede bezüglich der zulässigen Anordnungsgründe für die vorliegende Untersuchung von

Bedeutung. Dies betrifft nicht lediglich die Regelung von Ermächtigungsgrundlagen in den genannten Fachgesetzen. Während alle genannten kommunalrechtlichen Bestimmungen einen Anschluss- und Benutzungszwang
im Grundsatz an das Vorliegen eines öffentlichen Bedürfnisses bzw. von
Gründen des öffentlichen Wohls (so Bayern, Brandenburg und Thüringen)
knüpfen, variieren die Regelungen hinsichtlich der Konkretisierung dieses
öffentlichen Bedürfnisses bzw. Wohls. Eine solche Konkretisierung findet
sich bereits nicht in allen Ermächtigungsgrundlagen. Soweit der Begriff
näher bestimmt wird, unterscheiden sich die Vorschriften hinsichtlich der
ausdrücklich anerkannten Anordnungsgründe.

Im Übrigen nimmt einzig die einschlägige Regelung Mecklenburg-Vorpommerns insoweit eine Konkretisierung in negativer Hinsicht vor und
lässt die Erhöhung der Wirtschaftlichkeit der jeweiligen Einrichtung als
solche noch nicht ausreichen.

Da sich vor allem mit Blick auf die Auslegung des Begriffs des öffentlichen Bedürfnisses bzw. öffentlichen Wohls die Frage stellt, ob ein An-
schluss- und Benutzungszwang auch aus klima- und energiepolitischen
Gründen angeordnet werden kann, soll auf diese Auslegung im Folgenden
noch näher eingegangen werden.[466]

3. „Öffentliche Einrichtungen" im Sinne der Ermächtigungsgrundlagen

Wie der Überblick über die verschiedenen kommunal- und fachrechtlichen
Ermächtigungsgrundlagen bereits gezeigt hat, kann ein Anschluss- und
Benutzungszwang ausschließlich zugunsten einer bestimmten Einrichtung
– jeweils im Sinne der einschlägigen Ermächtigungsgrundlage – angeordnet werden.

a) „Öffentliche Einrichtung" im Sinne des jeweiligen Kommunalrechts

In jedem Fall muss es sich dabei zunächst um eine „öffentliche Einrichtung" im Sinne der jeweiligen Gemeindeordnung handeln, und zwar unabhängig davon, ob diese Voraussetzung bereits aus dem Wortlaut der jeweiligen Ermächtigungsgrundlage hinreichend klar herauszulesen ist oder

---

466 Siehe dazu unten ausführlich Teil 3.

sich erst aus einer Zusammenschau mit den weiteren kommunalrechtlichen Bestimmungen und unter Berücksichtigung des Inhalts und der Wirkungsweise des Anschluss- und Benutzungszwangs ergibt.[467] Hintergrund ist nämlich das mit der Begründung eines Anschluss- und Benutzungszwanges stets einhergehende *Recht* der Betroffenen auf Benutzung der jeweiligen Einrichtung, wie es sich für öffentliche Einrichtungen bei Erfüllung der Voraussetzungen auch aus den jeweils einschlägigen kommunalrechtlichen Bestimmungen (z.B. § 10 Abs. 2 SächsGemO) ergeben kann.[468]

Dieses mit dem Benutzungszwang einhergehende Recht auf Nutzung der jeweiligen Anlage muss dauerhaft gewährleistet sein. Das gebietet angesichts der mit der Anordnung eines Anschluss- und Benutzungszwangs verbundenen Einschränkungen der Grundrechte Betroffener auch der Verhältnismäßigkeitsgrundsatz. Denn wie bereits erwähnt, muss ein Verbot, den eigenen Bedarf anderweitig zu decken, nur hingenommen werden, soweit die Versorgung über den vom Anschluss- und Benutzungszwang begünstigten Versorger – selbst bei privatrechtlicher Ausgestaltung des Benutzungsverhältnisses – sichergestellt ist.[469] Somit muss es sich um „öffentliche Einrichtungen" handeln, wie sie etwa das sächsische Recht in §§ 2 Abs. 1, 10 Abs. 2 SächsGemO erwähnt.

Zwar kann insoweit nicht auf eine Legaldefinition des Begriffs der „öffentlichen Einrichtung" zurückgegriffen werden, doch hat sich die in Rechtsprechung und Literatur herausgearbeitete Definition mittlerweile als gefestigt durchgesetzt und kann daher hier herangezogen werden: Danach handelt es sich bei einer „öffentlichen Einrichtung" um eine Zusammenfassung von Personen und Sachmitteln, die den Einwohnern der Gemeinde von dieser in Erfüllung einer ihrer Aufgaben durch Widmung zur Verfügung

---

467 OVG Bautzen, SächsVBl. 2005, 256 (257); ebenso z.B. für Sachsen-Anhalt OVG Magdeburg, NVwZ-RR 2008, 810 (811). Siehe auch *Böhm/Schwarz*, DVBl 2012, 540 (543); *Gern*, Dt. Kommunalrecht, Rn. 605; *Gern*, Sächs. Kommunalrecht, Rn. 681; *Seewald*, in: Steiner, Bes. VerwR, Kommunalrecht, Rn. 170; *Quecke/ Schaffarzik*, in: Quecke/Schmid, SächsGemO, § 14 Rn. 4 f.

468 So auch speziell für das sächsische Recht *Jaeckel/Jaeckel*, Rn. 104; siehe auch *Heckendorf*, in Brüggen/Heckendorf, SächsGemO, § 14 Rn. 54; *Quecke/Schaffarzik*, in: Quecke/Schmid, SächsGemO, § 14 Rn. 5.

469 So etwa BVerwG, NVwZ 2005, 1072 (1074) = BVerwGE 123, 159; OVG Weimar, CuR 2008, 102 (104); OVG Bautzen, SächsVBl. 2005, 256 (258). Siehe dazu bereits oben, unter Teil 2 II. 4.

gestellt wird.[470] Die Widmung der Einrichtung bestimmt Zweck und Grenzen ihrer Nutzung, gegebenenfalls auch den Kreis der Nutzungsberechtigten abweichend vom Kreis der Gemeindeeinwohner, und kann sowohl durch Rechtsnorm, insbesondere durch Satzung erfolgen, als auch durch Verwaltungsakt oder konkludent.[471]

Im Übrigen gilt jedoch für alle erfassten Einrichtungen, dass sie selbst nicht zwingend auf dem betreffenden Gemeindegebiet errichtet und betrieben werden müssen[472] – eine Beschränkung in örtlicher Hinsicht gilt lediglich für die vom Anschluss- und Benutzungszwang erfassten Grundstücke.

b) Zulässigkeit einer Privatisierung der Einrichtung?

Damit in Zusammenhang steht insbesondere die Frage, ob ein Anschluss- und Benutzungszwang auch zugunsten einer privatrechtlich organisierten bzw. durch eine juristische Person des Privatrechts betriebene Einrichtung zulässig ist und unter welchen Voraussetzungen dies gegebenenfalls gilt.[473]

Diese Frage gilt in Rechtsprechung und Literatur – zumindest hinsichtlich der grundsätzlichen Möglichkeit einer privatrechtlichen Ausgestaltung des Benutzungsverhältnisses – inzwischen als weitestgehend geklärt. Eine solche privatrechtliche Ausgestaltung wird ganz überwiegend für zulässig erachtet und dabei eine Differenzierung zwischen dem „Ob" und „Wie" des Zugangs zur jeweiligen Einrichtung anhand der sogenannten „Zwei-Stufen-Theorie" vorgenommen.[474]

---

470 Vgl. nur OVG Bautzen, SächsVBl. 2005, 256 (257). Siehe zum Begriff der öffentlichen Einrichtung auch *Jaeckel/Jaeckel*, Rn. 92 ff.; *Quecke/Schaffarzik*, in: Quecke/Schmid, SächsGemO, § 10 Rn. 22.

471 *Jaeckel/Jaeckel*, Rn. 94.

472 *Widtmann/Grasser/Glaser*, Bayerische Gemeindeordnung, Art. 24 Rn. 7; *Quecke/Schaffarzik*, in: Quecke/Schmid, SächsGemO, § 10 Rn. 22a.

473 Ausführlich zu dieser Problematik *Faber*, Anschluss- und Benutzungszwang, S. 86 ff.

474 Siehe etwa BVerwG, NVwZ 2005, 1072 (1073); OVG Weimar, CuR 2008, 102 (104). Auch *Faber*, Anschluss- und Benutzungszwang, S. 122 f. bejaht i.E. die Zulässigkeit einer privatrechtlichen Ausgestaltung des Benutzungsverhältnisses. Ebenso etwa *Heckendorf*, in Brüggen/Heckendorf, SächsGemO, § 14 Rn. 54, sowie *Jaeckel/Jaeckel*, Rn. 94 und 96; entscheidend für das – zwingend erforderliche – Vorliegen einer „öffentlichen" Einrichtung sei, dass die Gemeinde maßgeb-

aa) Kein vollständiger Ausschluss einer privatrechtlichen Ausgestaltung

Auch die erforderliche Gewährleistung des Benutzungsrechts Betroffener gebietet keineswegs einen vollständigen Ausschluss der Möglichkeit einer privatrechtlichen Regelung des Benutzungsverhältnisses durch Betreibermodelle. Eine solche Auslegung der einschlägigen kommunalrechtlichen Bestimmungen würde vielmehr gegen die Gewährleistung kommunaler Selbstverwaltung in Art. 28 Abs. 2 Satz 1 GG verstoßen und die davon umfasste Organisationshoheit der Kommunen in unverhältnismäßiger Weise einschränken.[475] Daher steht der Gemeinde auch bei Anordnung eines Anschluss- und Benutzungszwangs eine entsprechende Formenwahlfreiheit zu, soweit dem keine anderen gesetzlichen Bestimmungen entgegenstehen.[476]

Auf der anderen Seite gebietet jedoch auch das Verfassungsrecht keine darüber hinausgehenden, weiterreichenden Privatisierungsmöglichkeiten für „öffentliche Einrichtungen" im Sinne der kommunalrechtlichen Normen.

Die aus Art. 28 Abs. 2 Satz 1 GG folgende Garantie eigenverantwortlicher Aufgabenwahrnehmung und die den Kommunen zustehende Organisationshoheit erfordern es zwar, „den Gemeinden eine Mitverantwortung für die organisatorische Bewältigung ihrer Aufgaben einzuräumen".[477]

---

lichen Einfluss auf Zweckbestimmung und Betrieb der Einrichtung besitze, sei es auch nicht aufgrund einer Eigentümerstellung oder Mehrheit der Gesellschaftsanteile, sondern etwa lediglich durch privat-rechtliche Vereinbarung – vgl. *Jaeckel/Jaeckel*, Rn. 96. Auf das Vorliegen eines ausreichenden Einflusses stellen auch *Böhm/Schwarz*, DVBl 2012, 540 (543 f.); *Hegele/Ewert*, S. 78, ab. Noch a.A. *Frotscher*, Ausgestaltung kommunaler Nutzungsverhältnisse, 1974, S. 9 ff., vgl. dort insb. S. 19 f.: Nutzungsverhältnisse hätten bei Bestehen eines Anschluss- und Benutzungszwangs einen Doppelcharakter als Teil der Eingriffs- wie auch der Leistungsverwaltung, doch bestehe bei derartigen Mischverhältnissen keine Wahlfreiheit der öffentlichen Hand hinsichtlich der Ausgestaltung des Nutzungsverhältnisses; dieses sei vielmehr zwingend öffentlich-rechtlich zu gestalten, auch eine Aufspaltung in zwei Stufen komme nicht in Betracht. Allerdings hält auch *Frotscher*, Ausgestaltung kommunaler Nutzungsverhältnisse, S. 21, die Einschaltung eines privaten Dritten als kommunalen Erfüllungsgehilfen für zulässig, sofern sich die Gemeinde nur einen „ausreichenden Einfluß auf das zwischengeschaltete Unternehmen", z.B. über eine vertragliche Regelung sichere – ohne dass *Frotscher* diesen Einfluss sodann näher konkretisierte.

475 BVerwG, NVwZ 2005, 1072 (1073).
476 BVerwG, NVwZ 2005, 1072 (1073).
477 So BVerwG, NVwZ 2005, 963 (964).

Dem ist mit den den Kommunen verbleibenden Ausgestaltungsmöglich-keiten allerdings hinreichend Genüge getan: Es obliegt immerhin der Ent-scheidung der Kommunen, ob – bei Vorliegen der Voraussetzungen – überhaupt ein Anschluss- und Benutzungszwang angeordnet wird und ob der Betrieb der jeweiligen Einrichtung durch die Gemeinde selbst oder einen Privaten erfolgen soll.[478]

Weitergehende Handlungsspielräume, die es der Gemeinde erlauben würden, sich der Verantwortung für die Versorgung komplett zu begeben, ohne dass dies etwas am Charakter als „öffentliche Einrichtung" ändern würde, kann eine Gemeinde auch aus Art. 28 Abs. 2 Satz 1 GG nicht ablei-ten.[479]

bb) Sicherung eines „beherrschenden Einflusses"

Diese nach ganz überwiegender Auffassung nur begrenzte Privatisierungs-möglichkeit bedeutet für die Gemeinden, dass sie sich in jedem Fall zu-mindest einen „beherrschenden Einfluss" vorbehalten müssen, soweit sie nicht selbst als Träger der Einrichtung agieren.[480] Immerhin muss der den Betroffenen zustehende Versorgungsanspruch in gleicher Weise gesichert sein, wie im Falle der Versorgung durch die öffentliche Hand selbst; die grundlegende Verantwortung für die dauerhafte Gewährleistung der Ver-sorgungssicherheit obliegt schließlich weiterhin der Kommune.[481] Würde sich die Gemeinde dagegen der Verantwortung für die übernommene Ver-sorgungsaufgabe komplett begeben, so handelte es sich nicht mehr um eine der öffentlichen Aufgabenwahrnehmung und damit dem öffentlichen Wohl dienende „öffentliche Einrichtung" im Sinne des Kommunalrechts, die aber zwingende Voraussetzung für die wirksame Anordnung eines An-schluss- und Benutzungszwangs ist.[482]

---

478 BVerwG, NVwZ 2005, 963 (964).
479 Siehe dazu die Entscheidung des BVerwG, NVwZ 2005, 963 (964).
480 Siehe nur OVG Weimar, CuR 2008, 102 (104); OVG Magdeburg, NVwZ-RR 2008, 810 (811); OVG Schleswig, CuR 2004, 60 (63); aus der Literatur vgl. u.a. *Gern*, Dt. Kommunalrecht, Rn. 605; *Gern*, Sächs. Kommunalrecht, Rn. 681; *Böhm/Schwarz*, DVBl 2012, 540 (544); *Tschakert*, Klimaschutz durch kommu-nale Versorgungseinrichtungen, S. 23.
481 BVerwG, NVwZ 2005, 1072 (1074).
482 So OVG Bautzen, SächsVBl. 2005, 256 (257); siehe auch OVG Magdeburg, NVwZ-RR 2008, 810 (811).

Wie der erforderliche „beherrschende Einfluss" im Einzelnen gesichert sein muss, ist gesetzlich nicht vorgegeben, sondern bleibt dem von der Kommune im konkreten Fall gewählten Modell überlassen. Maßgeblich ist dabei, ob der Kommune im Ergebnis tatsächlich hinreichende Einwirkungs- und Kontrollrechte zur Verfügung stehen.[483] In Betracht kommen danach einerseits gesellschaftsrechtliche Beteiligungsformen oder auch das vertragliche Vorbehalten eines Vetorechts der Gemeinde, von Abstimmungspflichten bzw. einem Selbsteintritts- oder Übernahmerecht der Gemeinde in bestimmten Fällen.[484]

Sichergestellt sein müssen sowohl eine Eingriffsmöglichkeit für den etwaigen Ausfall des privaten Betreibers, beispielsweise im Insolvenzfall,[485] als auch Einwirkungsmöglichkeiten der Gemeinde auf die laufende Ausgestaltung der Benutzungsverhältnisse und die Gewährleistung des mit dem Anschluss- und Benutzungszwang verfolgten Zwecks, beispielsweise für den Fall, dass dazu technische Verbesserungen der jeweiligen Anlage erforderlich werden.[486] Dazu fordert die Rechtsprechung konkrete Vorkehrungen, „um einen Ausfall des privaten Betreibers zu verhindern oder bei dessen Ausfall die Versorgung [...] aufrechterhalten zu können", d.h. das Fassen und Sichern eines „Notfallplans" der Gemeinde.[487]

Der Rechtsprechung zufolge muss die Gemeinde somit „rechtlich in der Lage sein [...], in diesen Bereichen ihre Vorstellungen gegenüber dem Privaten durchzusetzen."[488] Neben dieser rechtlichen Möglichkeit fordert das OVG Bautzen im Übrigen auch einen entsprechenden tatsächlichen Hand-

---

483 Vgl. BVerwG, NVwZ 2005, 1072 (1074).

484 Siehe die Aufzählung von Beispielen bei BVerwG, NVwZ 2005, 1072 (1074); OVG Weimar, CuR 2008, 102 (104). OVG Magdeburg, NVwZ-RR 2008, 810 (811), beurteilte im zu entscheidenden Fall die gewählte vertragliche Ausgestaltung als ausreichend, die der Gemeinde u.a. die Letztentscheidungskompetenz bezüglich der Benutzungsverhältnisse sowie ein Übernahmerecht für den Fall der den Betrieb führenden GmbH einräumte und zudem für alle wesentlichen Entscheidungen zur technischen Umgestaltung der Fernwärmeversorgungsanlage eine Abstimmungspflicht mit der Gemeinde vorsah.

485 Daran fehlte es beispielsweise in dem vom OVG Schleswig 2003 entschiedenen Fall, vgl. OVG Schleswig, CuR 2004, 60 (64). Siehe auch *Kahl/Schmidtchen*, Kommunaler Klimaschutz, S. 324 f.

486 BVerwG, NVwZ 2005, 1072 (1074).

487 So OVG Bautzen, SächsVBl. 2005, 256 (259). Im konkreten Fall fehlte es dem OVG an Anhaltspunkten dafür, dass die Gemeinde über einen solchen Plan verfügte oder zumindest entsprechende Planungen für den Notfall im Gange waren.

488 OVG Bautzen, SächsVBl. 2005, 256 (258).

lungswillen der Kommune: Sie müsse auch „tatsächlich bereit sein, von den ihr vorbehaltenen rechtlichen Einwirkungsmöglichkeiten Gebrauch zu machen."[489] Ungeachtet eines solchen Willens der Gemeinde, ist sie im Fall des Falles jedenfalls dazu verpflichtet, ihrer Verantwortung nachzukommen – die Möglichkeiten, dies dann tatsächlich tun zu können, müssen rechtlich von vornherein gesichert werden. Entscheidend ist in jedem Fall die Möglichkeit der Kommune, die Versorgung der Betroffenen dauerhaft zu gewährleisten, da ein Anschluss- und Benutzungszwang andernfalls einen unverhältnismäßigen Grundrechtseingriff darstellen würde.[490]

cc) Hinreichende Leistungsfähigkeit der Einrichtung

Ebenfalls in engem Zusammenhang mit der notwendigen Gewährleistung der Versorgungssicherheit durch die den Anschluss- und Benutzungszwang anordnende Gemeinde steht – neben der Sicherung der rechtlichen Zugriffsmöglichkeit – ein weiterer Aspekt: Als weitere, ungeschriebene Voraussetzung ist zu prüfen, ob die jeweilige Einrichtung auch – technisch und organisatorisch – hinreichend leistungsfähig ist, die Versorgung der angeschlossenen bzw. anzuschließenden Grundstücke zu gewährleisten.[491] Die jeweilige Einrichtung muss somit „quantitativ und qualitativ leistungsfähig" sein, wie in der Literatur zutreffend formuliert wurde.[492]

In der Praxis wird dieses Kriterium wohl im vorliegenden Kontext regelmäßig keine unüberwindbare Hürde darstellen. Allerdings ist insoweit auch der Bestimmung des Gebiets, auf das sich der Anschluss- und Benutzungszwang erstrecken soll, besondere Aufmerksamkeit zu widmen. Die jeweilige Einrichtung und ihre Leistungsfähigkeit müssen mit Zuschnitt des Gebiets, d.h. mit dem sich danach ergebenden Kreis von Nutzern, korrespondieren.

---

489 OVG Bautzen, SächsVBl. 2005, 256 (258).
490 Vgl. OVG Schleswig, CuR 2004, 60 (63 f.).
491 OVG Bautzen, SächsVBl. 2005, 256 (259).
492 Siehe *Söhn*, Eigentumsrechtliche Probleme, S. 16.

c) Weitere Anforderungen an die betreffenden Einrichtungen

Wie bereits festgestellt, muss es sich bei der Einrichtung, zu deren Gunsten ein Anschluss- und Benutzungszwang begründet werden soll, nicht nur um eine „öffentliche Einrichtung" im Sinne des Kommunalrechts handeln. Vielmehr müssen daneben auch die sonstigen, in der jeweiligen Ermächtigungsgrundlage genannten besonderen Anforderungen an die Einrichtung erfüllt sein.

Konkret muss es sich entweder um eine der ausdrücklich aufgezählten Arten von Einrichtungen handeln oder die Einrichtung muss unter den jeweils normierten Auffangtatbestand der „ähnlichen Einrichtung"[493] gefasst werden können. Durch eine derartige Generalklausel sollen auch etwaige neu auftretende, bei Schaffung der Ermächtigungsgrundlage noch nicht absehbare Sachlagen erfasst werden können.[494] Das Rechtsinstitut des Anschluss- und Benutzungszwangs soll auf diese Weise dynamisch und auch auf die sich fortentwickelnden Bedürfnisse der Einwohner der Gemeinde ausgerichtet bleiben..[495]

Der Kreis der „ähnlichen Einrichtungen" wird in all diesen Ländern durch zusätzliche Kriterien beschränkt, wenngleich diese unterschiedlich konkret ausfallen. Dabei bestimmen die Ermächtigungsgrundlagen einiger Länder,[496] dass lediglich die „der (Volks-)Gesundheit dienenden Einrichtungen" in Betracht kommen, während andere[497] allgemeiner auf das Vorliegen einer dem öffentlichen Wohl bzw. dem Gemeinwohl dienenden Einrichtung abstellen. In Baden-Württemberg, Sachsen und Schleswig-Holstein werden dabei immerhin auch Umwelt- bzw. Klimaschutzziele gesondert in Bezug genommen.

---

493 Ausnahmen gelten – in Ermangelung einer kommunalrechtlichen Regelung – für die Stadtstaaten Berlin und Hamburg, siehe oben Teil 2 III. 1. o) bzw. p).

494 *Quecke/Schaffarzik*, in: Quecke/Schmid, SächsGemO, § 14 Rn. 7.

495 *Stober*, Kommunalrecht, § 16 III 5. b., S. 243; speziell zum sächsischen Recht, das insofern jedoch keine Besonderheit darstellt, *Jaeckel/Jaeckel*, Rn. 104; *Heckendorf*, in Brüggen/Heckendorf, SächsGemO, § 14 Rn. 54.

496 Dies trifft auf Baden-Württemberg, Bayern, Nordrhein-Westfalen, Saarland, Sachsen-Anhalt, Schleswig-Holstein, Hessen und Bremen zu; vgl. oben Teil 2 III. 1. a), b), e), g), i), j), m) sowie n).

497 Vgl. die Formulierung der Ermächtigungsgrundlagen in Mecklenburg-Vorpommern, Niedersachen, Rheinland-Pfalz, Sachsen und Thüringen; siehe oben Teil 2 III. 1. c), d), f), h) und k).

Einzig das Kommunalrecht Brandenburgs greift von vornherein auf eine abweichende Regelungstechnik zurück, bei der die erfassten Einrichtungen zunächst keiner Konkretisierung unterliegen, anschließend aber einige Einrichtungen – nicht abschließend – als „insbesondere" erfasst benannt werden.[498] Eine zusätzliche Generalklausel fehlt hier somit; es bedarf ihrer aufgrund der von vornherein weit gefassten Formulierung in diesem Fall aber auch nicht.

Fraglich ist dabei, ob sich aus dieser Konkretisierung des Kreises generell zulässiger Einrichtungen noch weitergehende, wiederum einschränkende Anforderungen an eben diese Einrichtungen ableiten lassen, wie angesichts mancher Äußerungen in der Literatur vermutet werden könnte – ob es sich etwa schon der Art der Einrichtung nach stets nicht lediglich um eine öffentliche, sondern zugleich eine generell der Volksgesundheit dienende Einrichtung handeln müsse. Auch soweit nach den eben geschilderten Grundsätzen „ähnliche Einrichtungen" lediglich allgemein dem öffentlichen Wohl dienen müssen, wird daraus doch teilweise wiederum eine Bezugnahme auf den Begriff der Volksgesundheit hergeleitet. Dieser stelle einen hinter dem Begriff des öffentlichen Wohls stehenden Oberbegriff dar.[499] Die Gründe dafür seien insbesondere in der historischen Entwicklung des Instituts des Anschluss- und Benutzungszwanges zu suchen. Ausgehend vom Wortlaut handelt es sich allerdings beim Begriff des öffentlichen Bedürfnisses um den weiter gefassten Begriff, dem – u.a. – der Schutz der Volksgesundheit unterfallen kann. Ob dem so ist, bzw. welche Interessen im Übrigen zu den „öffentlichen Bedürfnissen" im Sinne der jeweiligen Ermächtigungsgrundlage zu rechnen sind, soll im Folgenden noch ausführlicher untersucht werden.

Gegen eine umfassende Rückbindung der landesrechtlichen Ermächtigungsgrundlagen an den Begriff der Volksgesundheit auch insoweit, als dies der Norm selbst nicht entnommen werden kann, spricht in einigen Ländern die ausdrücklich vorgenommene Differenzierung zwischen den „der Volksgesundheit dienenden" und sonstigen Einrichtungen, etwa der Fernwärmeversorgung.[500] Auch soweit eine solche ausdrückliche Unterscheidung im Landesrecht nicht vorgenommen wurde, kann sich die nähe-

---

498 Siehe oben Teil 2 III. 1. l).

499 So etwa für das sächsische Recht *Heckendorf*, in Brüggen/Heckendorf, Sächs-GemO, § 14 Rn. 54.

500 So auch *Cronauge*, in: Rehn/Cronauge/v. Lennep/Knirsch, GO NRW, § 9 S. 19, für die dem entsprechende Rechtslage in Nordrhein-Westfalen.

re Eingrenzung der erfassten „ähnlichen Einrichtungen" allein durch Auslegung des „öffentlichen Bedürfnisses" ergeben, das als weitere, wesentliche Voraussetzung auch der Reichweite des jeweiligen Auffangtatbestands
der Ermächtigungsgrundlage eine Grenze setzt und mit der Qualifizierung
der zulässigen Einrichtungen nicht vermischt werden sollte.

4. Erfasste Einrichtungen im Bereich der Energieversorgung

a) Nah- und Fernwärmeversorgung

Bereits der Überblick über die verschiedenen Ermächtigungsgrundlagen
der Länder zur Anordnung eines Anschluss- und Benutzungszwanges hat
gezeigt, dass nicht allein fachgesetzliche Bestimmungen, sondern mittlerweile auch jede einzelne der kommunalrechtlichen Normen die netzgebundene Wärmeversorgung ausdrücklich als eine der Einrichtungen benennt, zu deren Gunsten der Anschluss- und Benutzungszwang begründet
werden kann.[501] Der Wortlaut der Vorschriften allerdings variiert nach wie
vor zwischen „Fernwärme", „Fernheizung" (in Rheinland-Pfalz und Hessen) und „Nah- und Fernwärme" (Baden-Württemberg, Berlin, Bremische
Landesbauordnung). Es zeigt sich hier somit ein insgesamt ebenso unein-
heitlicher Gebrauch der verschiedenen Begrifflichkeiten, wie dies bereits
für das Zivilrecht sowie öffentlich-rechtliche Regelungen des Bundes aufgezeigt wurde.[502]

Dass die Ermächtigungsgrundlagen der Länder überhaupt auch die
Wärmeversorgung erfassen, war keineswegs immer der Fall; die „Fernheizung" wurde ursprünglich nur in Rheinland-Pfalz ausdrücklich erwähnt.[503]
Vor Aufnahme der (Fern-)Wärmeversorgung in den Kreis der ausdrücklich
genannten Einrichtungen auch in den übrigen Bundesländern konnte sie
allenfalls unter die Generalklausel der „ähnlichen Einrichtungen" subsumiert werden – vorausgesetzt, es handelte sich dabei auch konkret um eine

---

501 Dazu findet sich ein kurzer Überblick über die historische Entwicklung der landesrechtlichen Ermächtigungen bei *Tschakert*, Klimaschutz durch kommunale
 Versorgungseinrichtungen, S. 11 ff.
502 Siehe dazu oben Teil 1 IV. 4.
503 Siehe zur früheren Rechtslage *Söhn*, Eigentumsrechtliche Probleme, 1965, S. 10.

dem öffentlichen Wohl bzw. der Volksgesundheit dienende Einrichtung im Sinne der jeweiligen Ermächtigungsgrundlage.[504]

Nach der einschlägigen kommunalrechten Literatur umfasst die in den Ermächtigungsgrundlagen aufgeführte Fernwärmeversorgung alle zentralen Einrichtungen zur Erzeugung und Verteilung von Wärme durch Dampf oder Warmwasser, wobei die Wärme dabei zum einen Heizzwecken, zum anderen zur Deckung des Warmwasserbedarfs dient.[505] Ausführungen zur Frage der Erforderlichkeit einer Differenzierung zwischen Nah- und Fernwärme, wie sie früher für den Bereich des Zivilrechts durchaus vertreten wurde,[506] finden sich kaum.

Dies erübrigt sich ohnehin in den Fällen, in denen die einschlägige Norm beide Arten der netzgebundenen Wärmeversorgung ausdrücklich benennt. Dass es sich dabei auch im Falle der Nahwärme um eine Art der zentralen Wärmeversorgung – in Abgrenzung von dezentraler Eigenversorgung durch die Betroffenen[507] – handeln muss, ergibt sich bereits aus dem Erfordernis des Vorliegens eines öffentlichen Einrichtung der Gemeinde. Daher scheidet hier eine generelle Differenzierung zwischen einer zentralen Fernwärme- und einer privaten, dezentralen Nahwärmeversorgung bereits aus. Vielmehr kann es lediglich um zwei Unterarten der zentralen Wärmeversorgung gehen. Dies deckt sich mit der nunmehr maßgeblichen Abgrenzung in der jüngeren zivilrechtlichen Rechtsprechung sowie der Verwendung des Begriffs der Wärmenetze in öffentlich-rechtlichen Bestimmungen auf Bundesebene.[508]

aa) Landesrechtliche Erfordernisse einer Differenzierung?

Für § 9 Satz 1 GO NRW allerdings, der lediglich „Einrichtungen zur Versorgung mit Fernwärme" ausdrücklich aufführt, wird in der Kommentarliteratur noch immer auf eine Differenzierung zwischen Fernwärme einer-

---

504 Vgl. auch *Wagener,* Anschluß- und Benutzungszwang, S. 41 sowie S. 99 zur vor der ausdrücklichen Erwähnung der Fernwärme in den einschlägigen Regelungen geführten Diskussion, ob sie eine solche der Volksgesundheit dienende Einrichtung darstellen kann.

505 Vgl. etwa *Heckendorf,* in Brüggen/Heckendorf, SächsGemO, § 14 Rn. 54; *Cronauge,* in: Rehn/Cronauge/v. Lennep/Knirsch, GO NRW, § 9 S. 18.

506 Siehe oben Teil 1 IV. 4. b).

507 Zum Begriffsverständnis oben Teil 1 IV. 4., insbesondere Abschnitt e).

508 Siehe dazu oben Teil 1 IV. 4. b) ee) sowie c) und d).

seits, Nah- und Direktwärme andererseits abgestellt, aus der wohl im Ergebnis ein Ausschluss von Anlagen zur Nahwärmeversorgung abgeleitet werden soll.[509] Während „Fernwärme planerisch auf einen zunächst nicht feststehenden Kreis von Einzelabnehmern ausgerichtet" sei, stehe der Abnehmerkreis bei Nah- oder Direktwärme von vornherein als fixe Größe fest.[510]

Auch in anderen Bundesländern hält die Rechtsprechung zum Teil an einer Abgrenzung zwischen ausdrücklich erwähnter Fernwärme und einer davon zu unterscheidenden Nahwärme fest und prüft dementsprechend, ob der Anschluss- und Benutzungszwang für eine in der Satzung als Nahwärme bezeichnete Einrichtung auf die entsprechende Ermächtigungsgrundlage der Gemeindeordnung gestützt werden kann.[511] Im konkreten Fall kam das Gericht allerdings unter Bezugnahme auf die vom BGH entwickelte Definition des Fernwärmebegriffs[512] zu dem Ergebnis, tatsächlich handele es sich – trotz anders lautender Bezeichnung in der Satzung – um Fernwärme.[513]

Maßgebliche Kriterien waren dabei, dass die Anlage kein integrierter Bestandteil der versorgten Gebäude darstellte, es sich bei Anlagenbetreiber und Nutzern um unterschiedliche Personen handelte und schließlich die Anlage ihrer Dimension nach nicht auf einen festen Abnehmerkreis begrenzt, sondern für eine Erweiterung desselben offen war.[514]

Tatsächlich hat der BGH zwar diese Kriterien zur Prüfung des Fernwärme-Begriffs zugrunde gelegt, tritt aber im Übrigen seit 1989 für eine weite Auslegung dieses Begriffs ein, der auch andere Erscheinungsformen der Wärmeversorgung wie Nah- oder Direktwärme umfasst.[515]

Für eine weite Auslegung des im Landesrecht verwendeten Begriffs würde hier zudem die mit der Änderung der Ermächtigungsgrundlage 1984 bezweckte Ausdehnung der Anwendungsmöglichkeiten eines Anschluss- und Benutzungszwangs im Wärmebereich sprechen, für die u.a.

---

509 Siehe *Cronauge*, in: Rehn/Cronauge/v. Lennep/Knirsch, GO NRW, § 9 S. 18.

510 So *Cronauge*, in: Rehn/Cronauge/v. Lennep/Knirsch, GO NRW, § 9 S. 18.

511 Siehe OVG Schleswig, CuR 2004, 60 (62). In der Literatur plädierte z.B. *Kusche*, Kompetenzen für eine klimaschutzorientierte Energiepolitik, S. 159, noch allgemein für eine Unterscheidung von Nah- und Fernwärme bei Prüfung der landesrechtlichen Ermächtigungsgrundlagen für den Anschluss- und Benutzungszwang.

512 Dazu siehe oben Teil 1 IV. 4. b).

513 OVG Schleswig, CuR 2004, 60 (62).

514 Siehe OVG Schleswig, CuR 2004, 60 (62).

515 Siehe oben Teil 1 IV. 4. b) cc).

Gründe der Sicherung der örtlichen Energieversorgung sowie Gesichtspunkte des Umweltschutzes als zulässigerweise zu verfolgende Gründe des öffentlichen Wohls angeführt wurden.[516] Derartige Gründe kommen grundsätzlich auch zugunsten eines Anschluss- und Benutzungszwangs an die Nahwärmeversorgung in Betracht, lediglich Anlagen einzelner oder mehrerer Privater zur (gemeinsamen) dezentralen Eigenversorgung scheiden aus, da es dann bereits an einer öffentlichen Einrichtung fehlen würde. Im Ergebnis laufen auch die vom OVG herangezogenen Kriterien auf diese Unterscheidung hinaus, wenngleich die begriffliche Differenzierung zwischen Fern- und Nahwärmeversorgung insoweit nicht hinreichend klar erscheint.

bb) Begriff der „ähnlichen Einrichtungen"

Wird demgegenüber für das jeweilige Landesrecht ein engerer Fernwärmebegriff vertreten, so ist weiterhin zu prüfen, ob die Nahwärmeversorgung – als eine weitere zentrale Art der Versorgung über eine öffentliche Einrichtung im oben beschriebenen Sinne – unter den Begriff der „ähnlichen Einrichtungen" subsumiert werden kann. Dies kann nicht einheitlich beantwortet werden; vielmehr ist dabei wiederum die jeweils einschlägige Ermächtigungsgrundlage maßgeblich.

Soweit das Landesrecht systematisch zwischen einem Anschluss- und Benutzungszwang für die Wärme- bzw. Energieversorgung im Allgemeinen einerseits, sonstigen konkret benannten und „ähnlichen Einrichtungen" andererseits trennt (vgl. § 9 Satz 1 GO NRW, Art. 24 Abs. 1 Nr. 2 GO Bay.), scheidet ein Rückgriff auf diesen Auffangtatbestand aus systematischen Gründen aus. In allen anderen Fällen käme ein solcher Rückgriff dagegen durchaus in Betracht – die Erfüllung der weiteren, für „ähnliche Einrichtungen" geltenden Anforderungen vorausgesetzt.

cc) Stellungnahme

Wie bereits dargelegt, besteht jedoch für eine enge Auslegung des Fernwärmebegriffs kein Anlass, weder der Wortlaut der vorgestellten landes-

---

516 Vgl. zu dieser Gesetzesänderung *Cronauge*, in: Rehn/Cronauge/v. Lennep/ Knirsch, GO NRW, § 9 S. 14.

rechtlichen Regelungen noch der Sinn und Zweck eines solchen Anschluss- und Benutzungszwangs sprechen dafür. Vielmehr ist auch hier ein weites Verständnis zugrunde zu legen, wonach „Fernwärme" auch andere Erscheinungsformen einer zentralen, netzgebundenen Wärmeversorgung wie die Lieferung von Nahwärme umfasst. Abzugrenzen ist allein gegenüber einer dezentralen Eigenversorgung.[517]

Im Übrigen kann auch nicht generell nach der Art und Weise der Speisung der Wärmenetze, d.h. nach den zur Wärmeerzeugung eingesetzten Energieträgern unterschieden werden, wie dies teilweise für den Anwendungsbereich des EEWärmeG vertreten wurde.[518] Einschränkungen der Art der netzgebundenen Wärmeversorgung sind nach den geschilderten Besonderheiten der Ermächtigungsgrundlagen gemäß § 4 Abs. 2 Satz 1 HmbKliSchG lediglich in Hamburg zu beachten, muss es sich doch danach um eine Wärmeversorgung aus Kraft-Wärme-Kopplung, Abwärmenutzung oder erneuerbaren Energien handeln. Damit ergeben sich hier unmittelbar aus der einschlägigen Ermächtigungsgrundlagen einschränkende Anforderungen an die Art der Wärmeerzeugung.

Für die anderen Länder kann eine solche Beschränkung demgegenüber mangels entsprechender gesetzlicher Regelung nicht hergeleitet werden.

b) Elektrizitäts- und Gasversorgung

Die erwähnten Generalklauseln zur Erfassung „ähnlicher Einrichtungen" wurden darüber hinaus zum Teil zur Begründung eines Anschluss- und Benutzungszwanges an die Gasversorgung herangezogen, die früher in einzelnen Ländern auch ausdrücklich aufgeführt wurde.[519] Dies ist heute allerdings mit guten Gründen nicht mehr der Fall.

---

517 So auch *Longo/Schuster*, ZNER 2000, 118 (121), die Nahwärmesysteme als „Fernheizung im kleinen Maßstab" betrachten, hilfsweise ebenfalls auf den Begriff der „ähnlichen Einrichtung" verweisen.

518 Siehe dazu oben Teil 1 IV. 4. d) bb).

519 Vgl. Art. 24 Abs. 1 Nr. 3 GO Bay. in der Fassung der Bekanntmachung v. 11.9.1989, GVBl. 1989, S. 585, der den Anschluss an die Fernwärme- oder Gasversorgung regelte. Seit 1997 wird die Gasversorgung allerdings auch in Art. 24 Abs. 1 GO Bay. nicht mehr aufgeführt; zu den Gründen vgl. die Begründung des Gesetzentwurfs der Staatsregierung v. 30.4.1997, LT-Drs. 13/8037, S. 8 f. Zur früheren Rechtslage in Bayern noch *Faber,* Anschluss- und Benutzungszwang, S. 40; *Wagener,* Anschluß- und Benutzungszwang, S. 41.

Auch wenn dies in der Literatur zum Teil noch anders beurteilt wird, kommt ein Anschluss- und Benutzungszwang an Gas- oder Elektrizitätsversorgung nach aktueller Rechtslage nicht mehr in Betracht.[520] Entgegen einer mitunter noch vertretenen Auffassung[521] kommen andere Energieversorgungsanlagen, insbesondere Einrichtungen zur Gas- oder Stromversorgung, gegenwärtig auch nicht mehr als „ähnliche Einrichtungen" im Sinne der landesrechtlichen Ermächtigungsgrundlagen in Betracht.

Soweit ein Anschluss- und Benutzungszwang für die Elektrizitätsversorgung in der Literatur in Erwähnung gezogen wird,[522] bleiben wesentliche Aspekte unberücksichtigt.

Problematisiert wurden dabei gelegentlich Fragen der Ermächtigungsgrundlage, wobei auch die Ausführungen zu dieser Problematik nur teilweise überzeugen können, wenn ein Anschluss- und Benutzungszwang im Bereich der Elektrizitätsversorgung danach – ungeachtet der konkreten landesrechtlichen Ermächtigungsgrundlage – unmittelbar aus der gemeindlichen Verwaltungshoheit und Satzungshoheit hergeleitet werden soll.[523]

aa) Überlegungen zur Einführung eines Anschluss- und
     Benutzungszwangs für Einrichtungen zur Elektrizitäts- und
     Gasversorgung

Ein Anschluss- und Benutzungszwang für Anlagen der Stromversorgung wurde noch vor einigen Jahren für durchaus „denkbar" gehalten und dazu das Beispiel eines kommunalen Windparks zur Diskussion gestellt.[524] Allerdings wurde dabei im Ergebnis angesichts einer abschließenden bundesrechtlichen Regelung bereits die Kompetenz des Landesgesetzgebers verneint, eine Ermächtigungsgrundlage für den Anschluss- und Benutzungsrecht an Einrichtungen der Elektrizitätsversorgung zu regeln.[525]

---

520 So zu Recht auch *Widtmann/Grasser/Glaser*, Bayerische Gemeindeordnung, Art. 24 Rn. 7.
521 Siehe *Tschakert*, Klimaschutz durch kommunale Versorgungseinrichtungen, S. 18 f.
522 Siehe beispielsweise auch *Heiermann/Tschäpe*, ZfBR-Beil. 2012, 110 (114).
523 So *Heiermann/Tschäpe*, ZfBR-Beil. 2012, 110 (114), wenngleich noch ohne nähere Begründung.
524 Vgl. *Kusche*, Kompetenzen für eine klimaschutzorientierte Energiepolitik, S. 159.
525 *Kusche*, Kompetenzen für eine klimaschutzorientierte Energiepolitik, S. 180.

Soweit in diesem Kontext ein Anschluss- und Benutzungszwang an die „Gasversorgung" zur Debatte steht, ist damit zwar die Zuleitung von Gas für Heizzwecke und den Warmwasserbedarf gemeint.[526] Doch obwohl die Lieferung von Gas damit demselben Versorgungszweck wie auch Fern- oder Nahwärme dient, sind die rechtlichen Rahmenbedingungen insofern grundlegend andere.

Obgleich auch in den Bereichen Gas und Elektrizität Umwelt- bzw. Klimaschutzgesichtspunkte durchaus für die Möglichkeit eines Anschluss- und Benutzungszwangs sprechen könnten,[527] unterliegen diese Bereiche gegenwärtig jedoch speziellen Vorschriften.[528]

Zwar setzen viele Maßnahmen zum Zwecke der Reduzierung klimaschädlicher Treibhausgase nicht ohne Grund bei der Elektrizitätsversorgung an. Diese ist von besonderer Relevanz für die Realisierung der Energiewende und den Erfolg der Anstrengungen zum Schutz des Klimas. Daher könnte sich auf den ersten Blick durchaus die Frage stellen, ob nicht etwa ein Anschluss- und Benutzungszwang für kommunale Erneuerbare-Energien-Anlagen, als ein die Umstellung der Stromversorgung auf nicht-fossile Energieträger fördernder Beitrag in Betracht zu ziehen wäre. Allerdings können die rechtlichen Rahmenbedingungen trotz der oben dargestellten Zusammenhänge des Klimawandels und der Energiewende und den sich daraus ergebenen Erfordernissen einer Umstellung der kompletten Energieversorgung nicht außer Acht gelassen werden.

Damit sind noch nicht Fragen der praktischen Umsetzung angesprochen, wie beispielsweise die dauerhafte Gewährleistung der Versorgungssicherheit aller dem Benutzungszwang unterliegenden Betroffenen (und damit zugleich Nutzungs*berechtigten*)[529] sichergestellt werden kann, ob die Stromerzeugung dazu bereits jetzt allein auf erneuerbare Energieträger

---

526 Vgl. *Gern*, Dt. Kommunalrecht, Rn. 613.
527 Siehe *Hegele/Ewert*, S. 76. Auch *Gern* bejahte zuletzt noch für das sächsische Recht die Möglichkeit eines Anschluss- und Benutzungszwangs an die Gasversorgung, obwohl diese dort nicht explizit erwähnt wird, da sie „besonders umweltschonend" sei und somit dem öffentlichen Wohl im Sinne der einschlägigen Norm diene; *Gern*, Sächs. Kommunalrecht, Rn. 691.
528 Darauf geht beispielsweise *Tschakert*, Klimaschutz durch kommunale Versorgungseinrichtungen, S. 18 f. nicht ein.
529 Siehe oben Teil 2 II. 4.

gestützt oder gegebenenfalls noch durch konventionell erzeugte Energie ergänzt werden muss.[530]

Die Bereiche der Elektrizitäts- und Gasversorgung werden jedoch durch die Bestimmungen des EnWG und europarechtliche Vorgaben abschließend geregelt, die einem Anschluss- und Benutzungszwang entgegenstehen.[531]

bb) Die Entscheidung des VGH Mannheim vom 25.02.1994

Unabhängig von dieser Rechtsentwicklung, die sogleich noch näher dargestellt werden soll, hatte sich der VGH Mannheim mit anderer Argumentation zuvor bereits ablehnend gegenüber einem Anschluss- und Benutzungszwang an die Erdgasversorgung positioniert.[532]

Im Verfahren der Normenkontrolle eines Bebauungsplans stand ein mit diesem Bebauungsplan zugleich angeordneter Anschluss- und Benutzungszwang für im Plangebiet belegene Grundstücke an die Erdgasversorgung zur Prüfung. Nach dieser Satzung war ausschließlich das Heizen mit Erdgas mittels eines Brennwertkessels zulässig; zugleich bestimmte die Satzung einen ausschließlichen Versorgungsträger für die Gasversorgung des gesamten betroffenen Gebiets.[533] Die zulässige Beheizung der Grundstücke hatte eine der wesentlichen Fragen im Bebauungsplanverfahren dargestellt. Zunächst war die Versorgung mit Fernwärme aus einem Blockheizkraftwerk befürwortet worden; ein Wirtschaftlichkeitsgutachten zur Wärmeversorgung gab jedoch schließlich den Ausschlag für eine Entscheidung zugunsten der Erdgas- und gegen die Fernwärmeversorgung.[534]

---

530 Auf das Problem der Versorgungssicherheit weist auch *Kusche*, Kompetenzen für eine klimaschutzorientierte Energiepolitik, S. 159, für sein Beispiel eines kommunalen Windparks hin.

531 Siehe zu dieser Entwicklung *Faber*, Anschluss- und Benutzungszwang, S. 24 f.; *Pielow/Finger*, JURA 2007, 189 (193). Näher dazu sogleich unter Teil 2 III. 4. b) cc).

532 VGH Mannheim, DVBl 1994, 1153.

533 Vgl. den Tatbestand der Entscheidung des VGH Mannheim, DVBl 1994, 1153, vollständig nachzulesen in der Fassung der Veröffentlichung bei juris: VGH Mannheim, Beschl. v. 25.2.1994 – 5 S 317/93, juris, insbesondere Rn. 3 und 5.

534 Vgl. die entsprechende Darstellung im Beschluss des VGH Mannheim, Beschl. v. 25.2.1994 – 5 S 317/93, juris Rn. 6.

Das Gericht sah in diesem Fall die in der Satzung vorgenommene Anordnung des Anschluss- und Benutzungszwanges an die Erdgasversorgung gleich aus mehreren Gründen als nichtig an – neben verfahrensrechtlichen Verstößen befand das Gericht den Anschluss- und Benutzungszwang in materieller Hinsicht für unvereinbar mit höherrangigem Recht. Weder bestehe eine hinreichende Ermächtigungsgrundlage für einen Anschluss- und Benutzungszwang an die Erdgasversorgung, noch könne das damit einhergehende Verbot der Benutzung anderer Energieträger im konkreten Fall auf bauplanungs- oder bauordnungsrechtliche Grundlagen[535] gestützt werden.[536]

Tatsächlich wird die Gasversorgung als solche, wie bereits erwähnt, heute in keiner der vorgestellten Ermächtigungsgrundlagen mehr ausdrücklich benannt.

Es handelte sich in dem 1994 entschiedenen Fall nach Auffassung des VGH Mannheim bei der Erdgasversorgung aber auch nicht um eine „ähnliche der Volksgesundheit dienende Einrichtung" im Sinne der einschlägigen Bestimmung der baden-württembergischen Gemeindeordnung (§ 11 I 1 GemO BaWü a.F.), die als Ermächtigungsgrundlage heranzuziehen war. Das Gericht legte die Norm dabei mit Blick auf den speziellen Abs. 2 der Norm, der sich auf den Anschluss- und Benutzungszwang für die Fernwärmeversorgung bezieht, insbesondere unter systematischen Gesichtspunkten aus. Angesichts der Tatsache, dass die Gemeindeordnung für den Bereich der Energieversorgung eine Ausnahme von der allgemeinen Ermächtigungsgrundlage für die Anordnung eines Anschluss- und Benutzungszwangs enthalte, diese spezielle Regelung allerdings auf die Fernwärmeversorgung beschränkt sei und die Erdgasversorgung nicht erwähne, könne diese auch nicht als „ähnliche Einrichtung" im Sinne des Abs. 1 betrachtet werden. Andernfalls würde die Spezialregelung des Abs. 2 unterlaufen.[537]

Diese Argumentation ist aktuell, wie bereits dargelegt, gegebenenfalls auf die Prüfung eines Anschluss- und Benutzungszwangs an die Nahwär-

---

535 In Betracht kamen insofern § 9 I Nr. 23 BauGB sowie eine entsprechende Bestimmung der Landesbauordnung Baden-Württembergs, deren Voraussetzungen hier allerdings als nicht erfüllt bzw. das angeordnete Verbot als darüber hinausgehend angesehen wurden.

536 Vgl. dazu VGH Mannheim, DVBl 1994, 1153 (1153 f.).

537 Siehe VGH Mannheim, DVBl 1994, 1153 (1153 f.).

meversorgung zu übertragen, soweit diese, einer engen Auslegung folgend, von der Fernwärme unterschieden wird.[538]

Speziell in Hinblick auf die nunmehr geltende Bestimmung der Gemeindeordnung Baden-Württembergs kann allerdings das im Wege der systematischen Auslegung gewonnene Argument des VGH Mannheim aus dem Jahre 1994 nicht mehr gegen eine Zulässigkeit des Anschluss- und Benutzungszwangs für die Gasversorgung ins Feld geführt werden. Im Gegensatz zu der noch im Jahr 1994 gültigen Fassung der Norm, sieht die einschlägige Ermächtigungsgrundlage seit ihrer Änderung 2005[539] keinen eigenen, speziellen Absatz über die Fernwärmeversorgung mehr vor. Stattdessen ist Abs. 1 Satz 1 nunmehr einheitliche Ermächtigungsgrundlage für alle in Frage kommenden Einrichtungen – neben der „Versorgung mit Nah- und Fernwärme" ist danach auch heute ein Anschlusszwang an eine „ähnliche der Volksgesundheit oder dem Schutz der natürlichen Grundlagen des Lebens einschließlich des Klima- und Ressourcenschutzes dienende Einrichtung" möglich.

Auch der Wortlaut steht einer Auslegung des Begriffs der „ähnlichen Einrichtung", die die Erdgasversorgung umfassen würde, nicht von vornherein entgegen – insbesondere angesichts der erweiterten Formulierung der zulässigerweise zu verfolgenden Ziele, die ausdrücklich auch den Klima- und Ressourcenschutz umfassen. Die Gesetzesänderung von 2005 diente maßgeblich dem Zweck, vor dem Hintergrund des in Art. 20a GG wie auch Art. 3a der Landesverfassung genannten Schutzes der natürlichen Lebensgrundlagen die Einsatzmöglichkeiten für das Instrument des Anschluss- und Benutzungszwanges zu erweitern. Allerdings bezog sich der Gesetzgeber dabei im Wesentlichen auf die Nah- und Fernwärmeversorgung; die Erdgasversorgung spielte demgegenüber in der Diskussion um diese Gesetzesänderung keine Rolle.[540] Das allein muss einen Anschluss- und Benutzungszwang an die Erdgasversorgung aus ebensolchen Klimaschutzerwägungen allerdings noch nicht zwingend ausschließen, im-

---

538 Siehe oben Teil 2 III. 4. a).

539 Durch das Gesetz zur Änderung kommunalverfassungsrechtlicher Vorschriften vom 28.07.2005, GBl. 2005, 578; siehe auch den entsprechenden Gesetzesbeschluss des Landtags, Drs. 13/4565.

540 Vgl. dazu die Begründung des Gesetzentwurfs der Landesregierung vom 13.06.2005, LT-Drs. 13/4385, S. 16.

merhin bezog sich auch der Gesetzgeber im Jahr 2005 lediglich „in erster Linie" auf die Nah- und Fernwärmeversorgung.[541]

Die Auslegung des Begriffs der „ähnlichen Einrichtung" war für den VGH Mannheim 1994 ein gewichtiges, wenngleich nicht das einzige Argument. Ob im Übrigen ein öffentliches Bedürfnis aus Gründen des Umweltschutzes, als weitere Voraussetzung des Anschluss- und Benutzungszwanges, zu bejahen gewesen wäre, brauchte das Gericht nach der von ihm vorgenommenen Auslegung jedenfalls nicht mehr zu entscheiden.[542] Im Übrigen handelte es sich dem VGH zufolge – zumindest im konkret zu entscheidenden Fall – aber auch nicht um eine „öffentliche Einrichtung" im kommunalrechtlichen Sinne. Denn die Gemeinde war weder selbst Träger der die Erdgasversorgung betreibenden AG, noch besaß sie einen bestimmenden Einfluss.[543] Selbst wenn ein Anschluss- und Benutzungszwang an die Erdgasversorgung also grundsätzlich in Betracht gekommen wäre, hätte er im konkreten Fall in dieser Ausgestaltung nicht zulässigerweise angeordnet werden können.

Gegenwärtig stünden einem solchen Anschluss- und Benutzungszwang – und damit einer entsprechend weiten Auslegung des Begriffs der „ähnlichen Einrichtung" darüber hinaus grundlegende rechtliche Hindernisse entgegen, mit denen sich der VGH Mannheim noch nicht zu befassen brauchte, die aber im Folgenden näher dargestellt werden sollen.

cc) Rechtliche Rahmenbedingungen der Elektrizitäts- und Gasversorgung nach der Liberalisierung der Märkte

Schließlich ist es den Kommunen im Bereich der Gas- und Elektrizitätsversorgung heute – ausgelöst durch Vorgaben des europäischen Rechts und umgesetzt im deutschen EnWG – bereits ganz grundsätzlich nicht mehr möglich, ein örtliches Versorgungsmonopol zu schaffen. Solange sich Kommunen in Gas- und/ oder Elektrizitätsversorgung (weiterhin) en-

---

541 Siehe die Begründung des Gesetzentwurfs der Landesregierung vom 13.06.2005, LT-Drs. 13/4385, S. 1 und 9.

542 VGH Mannheim, DVBl 1994, 1153 (1154) tendiert aber wohl zu dieser Auffassung, wenn es in den Entscheidungsgründen heißt: „...auch wenn insoweit das erforderliche öffentliche Bedürfnis aus Gründen des Umweltschutzes zu bejahen wäre...".

543 VGH Mannheim, DVBl 1994, 1153 (1154).

gagieren, stehen sie im Wettbewerb mit privaten Anbietern und unterliegen denselben rechtlichen Anforderungen wie diese.[544] Damit scheidet ein Anschluss- und Benutzungszwang mit der damit einhergehenden Monopolwirkung für die Gas- und Elektrizitätsversorgung aus.[545]

Die Europäische Union hat seit den 1990ern Jahren zunehmend das Ziel der Verwirklichung eines europäischen Energiebinnenmarktes forciert, doch konzentriert sich diese Liberalisierung bisher auf die Elektrizitäts- und Gasversorgung.[546] So existieren inzwischen zwar auch eine Reihe sekundärrechtlicher Regelungen mit Auswirkungen etwa auf die Wärmeversorgung, doch sind bislang nur Elektrizitäts- und Gasversorgung von konkreten Vorgaben zur Marktöffnung betroffen,[547] die im Folgenden im Wege eines kurzen Überblicks dargestellt werden sollen.

(1) Ausgangssituation im deutschen Energierecht: Monopolbildung durch Konzessions- und Demarkationsverträge

Im Bereich der Energieversorgung bestanden in Deutschland zuvor infolge einer festen Aufteilung der Versorgungsgebiete Monopole, die sich aus einer Kombination von Konzessions- und Demarkationsverträgen ergaben.[548]

Über Ausschließlichkeitsvereinbarungen bezüglich der Wegenutzungsrechts bildeten sich bis 1998 kommunale Versorgungsmonopole, die ursprünglich auch vom Kartellrecht freigestellt wurden.[549] Erst aufgrund einiger Änderungen im deutschen Kartellrecht, die auf europäische Vorga-

---

544 *Klinski/Longo*, Rechtliche Rahmenbedingungen in Kommunen für den EE-Ausbau, S. 20, 24, abrufbar als Arbeitspapier des Projekts SKEP unter: https://projekt e.izt.de/skep/ergebnisse/ (10.7.15).

545 So ausdrücklich auch *Klinski/Longo*, Rechtliche Rahmenbedingungen in Kommunen für den EE-Ausbau, S. 28, abrufbar als Arbeitspapier des Projekts SKEP unter: https://projekte.izt.de/skep/ergebnisse/ (10.7.15); ebenso *Longo*, Örtliche Energieversorgung, S. 174.

546 *Heselhaus*, in: Nowak, Konsolidierung und Entwicklungsperspektiven des Europäischen Umweltrechts, S. 327 (335).

547 *Faber,* Anschluss- und Benutzungszwang, S. 170.

548 *Burgi*, Kommunalrecht, § 17 Rn. 53; *Krebs*, Kommunale Elektrizitätsversorgung, S. 13 zu diesem „Prinzip der geschlossenen Versorgungsgebiete".

549 Rechtstechnisch erfolgte diese Freistellung durch die Bestimmungen der §§ 103, 103a GWB a.F.; vgl. die entsprechenden Vorschriften des Gesetzes gegen Wettbewerbsbeschränkungen (GWB) in der Fassung der Bekanntmachung vom

ben zur Verwirklichung eines EU-Binnenmarktes für Strom und Gas zurückzuführen sind, wurden diese kommunalen Versorgungsmonopole kartellrechtlich unzulässig.[550]

Konzessionsverträge zur Vereinbarung der Benutzung von im Gemeindeeigentum stehenden Straßen und Wege zur Verlegung der Leitungen gegen Zahlung einer Konzessionsabgabe beinhalteten sogenannte Ausschließlichkeitsklauseln. Danach verpflichtete sich die Gemeinde, entsprechende Konzessionen nicht ohne Zustimmung des jeweiligen Versorgungsunternehmens, das als Vertragspartner agierte, anderweitig zu vergeben. Auf diese Weise wurde dem Vertragspartner jedoch ein „faktisches Verteilungsmonopol" eingeräumt. Zusätzlich wurden zwischen verschiedenen Versorgungsunternehmen bzw. mit den in der Elektrizitätsversorgung tätigen Gebietskörperschaften sogenannte Demarkationsverträge über die Abgrenzung der jeweiligen Versorgungsgebiete getroffen.[551] Damit verbunden war die Verpflichtung mindestens einer der Vertragsparteien, eine Tätigkeit im Bereich der Elektrizitätsversorgung im jeweiligen Gebiet zu unterlassen.

Die wettbewerbsrechtliche Sonderstellung, die diesen Konzessionsverträgen eingeräumt wurde, sollte angesichts fehlender Speichermöglichkeiten für Elektrizität, eines hohen Investitionsbedarfs im Bereich Stromversorgung, sowie der Notwendigkeit des Bereithaltens von Reservekapazität zur dauerhaften Gewährleistung der Versorgungssicherheit beitragen.[552] Damit sollte für die Verbraucher im Ergebnis eine bessere Elektrizitätsversorgung sichergestellt werden, als sie unter freien wettbewerblichen Bedingungen möglich erschien.[553]

20.2.1990, BGBl. I 1990, S. 235. Dazu *Krebs*, Kommunale Elektrizitätsversorgung, S. 13.

550 Aufgehoben wurde die kartellrechtliche Freistellung durch Art. 2 des Gesetzes zur Neuregelung des Energiewirtschaftsrechts vom 24.4.1998, BGBl. I 1998, S. 730 (734). Dem damit neu eingefügten § 103b Satz 1 GWB zufolge, sollten die §§ 103, 103a GWB auf die Versorgung mit Elektrizität und Gas keine Anwendung mehr finden. Kurze Zeit darauf folgte die grundlegende Neufassung des GWB durch Art. 1 des Sechsten Gesetzes zur Änderung des Gesetzes gegen Wettbewerbsbeschränkungen v. 28.8.1998, BGBl. I 1998, S. 2521. Siehe dazu *Britz*, in: Schneider/Theobald, Recht der Energiewirtschaft, 3. Aufl., § 5 Rn. 26; *Lukes*, RdE 1998, 49 ff.

551 Dazu *Krebs*, Kommunale Elektrizitätsversorgung, S. 14 f.

552 Näher dazu *Krebs*, Kommunale Elektrizitätsversorgung, S. 13 f., m.w.N.

553 *Krebs*, Kommunale Elektrizitätsversorgung, S. 16.

Trotz der im deutschen Kartellrecht geregelten Freistellung ergaben sich jedoch rechtliche Bedenken im Hinblick auf die Vereinbarkeit der Konzessions- und Demarkationsverträge mit dem Gemeinschaftsrecht. Fraglich erschien vor allem die Vereinbarkeit mit der Warenverkehrsfreiheit sowie dem europäischen Wettbewerbsrecht.[554]

(2) Liberalisierung der europäischen Strom- und Gasmärkte

Über verschiedene grundlegende Sekundärrechtsakte wurden die europäischen Strom- und Gasmärkte seit Beginn der 1990er Jahre jedoch liberalisiert. Die rechtliche Umsetzung erfolgte mit dem Erlass der Elektrizitäts-[555] und Erdgasbinnenmarktrichtlinien.[556]

Die durch diese Richtlinien bewirkte Öffnung der Märkte erfolgte nach der Konzeption der Richtlinien stufenweise. Sie erfasste zunächst, ab Mitte 2004, die Belieferung von Nicht-Haushaltskunden, schließlich ab Juli 2007 alle Kunden (vgl. Art. 33 Abs. 1 RL 2009/72/EG).[557]

---

554 Ausführlich dazu *Krebs*, Kommunale Elektrizitätsversorgung, S. 219 ff. m.w.N.; zur Konzessionsvergabe auch *Britz*, Örtliche Energieversorgung, S. 153 ff.

555 Richtlinie 96/92/EG des Europäischen Parlaments und des Rates vom 19. Dezember 1996 betreffend gemeinsame Vorschriften für den Elektrizitätsbinnenmarkt (ABl. EG Nr. L 27 S. 20); aktuell Richtlinie 2009/72/EG des Europäischen Parlaments und des Rates vom 13. Juli 2009 über gemeinsame Vorschriften für den Elektrizitätsbinnenmarkt und zur Aufhebung der Richtlinie 2003/54/EG (ABl. EU Nr. L 211 S. 55. Bei der damit (Art. 48 der RL 2009/72/EG) aufgehobenen Richtlinie handelte es sich um die Richtlinie 2003/54/EG des Europäischen Parlaments und des Rates vom 26. Juni 2003 über gemeinsame Vorschriften für den Elektrizitätsbinnenmarkt und zur Aufhebung der Richtlinie 96/92 EG (ABl. EU Nr. L 176, S. 37).

556 Richtlinie 98/30/EG des Europäischen Parlaments und des Rates vom 22. Juni 1998 betreffend gemeinsame Vorschriften für den Erdgasbinnenmarkt (ABl. EG Nr. L 204 S. 1); aktuell Richtlinie 2009/73/EG der Europäischen Parlaments und des Rates vom 13. Juli 2009 über gemeinsame Vorschriften für den Erdgasbinnenmarkt und zur Aufhebung der Richtlinie 2003/55/EG (ABl. EU Nr. L 211 S. 94). Durch Art. 53 dieser Richtlinie aufgehoben wurde Richtlinie 2003/55/EG des Europäischen Parlaments und des Rates vom 26. Juni 2003 über gemeinsame Vorschriften für den Erdgasbinnenmarkt und zur Aufhebung der Richtlinie 98/30/EG (ABl. EU Nr. L 176 S. 57).

557 Zu den Vorgaben bezüglich der Marktliberalisierung sowie zu weiteren wesentlichen Inhalten der Elektrizitätsbinnenmarktrichtlinie siehe den Überblick bei *Prall/Ewer*, in: Koch (Hrsg.), Umweltrecht, § 9 Rn. 78 ff.

Mit dem Erlass dieser beiden Binnenmarktrichtlinien verfolgt die Europäische Kommission das Ziel, den Verbrauchern die Einflussnahme auf die Auswahl ihrer Elektrizitätslieferanten zu ermöglichen.[558] Zu diesem Zweck mussten ausschließliche Rechte abgeschafft, Dritten ein Zugang zum Versorgungsnetz sowie die Entflechtung sogenannter „vertikal integrierter" Versorgungsunternehmen, die auf mehreren Ebenen der Stromerzeugung, des Stromtransports und/oder der Stromverteilung tätig waren, betrieben werden.[559] Im Unterschied zu Privatisierungsbestrebungen zielt „Liberalisierung" eines Marktes nicht auf eine Ablösung öffentliche Akteure, sondern vielmehr auf Zulassung privater Konkurrenz ab.[560] Dieses Ziel ist den genannten Bestimmungen des europäischen Sekundärrechts deutlich zu entnehmen.

Im Erwägungsgrund Nr. 3 der nunmehr geltenden Elektrizitätsbinnenmarktrichtlinie 2009/72/EG wird dementsprechend das Ziel eines vollständig geöffneten Marktes betont, der allen Verbrauchern die freie Wahl ihrer Lieferanten sowie im umgekehrten Sinne allen in Anbietern die Belieferung ihrer Kunden ermöglicht. Auch Art. 1 der Richtlinie hebt die Bedeutung von durch Wettbewerb geprägten Strommärkten hervor; die Richtlinie regelt danach u.a. die Organisation und Funktionsweise des Elektrizitätssektors sowie den freien Marktzugang. Daher haben die Mitgliedstaaten nach Art. 3 Abs. 4 Satz 1 der Richtlinie sicherzustellen, „dass alle Kunden das Recht haben, von einem Lieferanten — sofern dieser zustimmt — mit Strom versorgt zu werden, unabhängig davon, in welchem Mitgliedstaat dieser als Lieferant zugelassen ist, sofern der Lieferant die geltenden Regeln im Bereich Handel und Ausgleich einhält." Art. 3 Abs. 5 der Richtlinie befasst sich sodann, in der Konsequenz des Rechts der Wahl eines Lieferanten, auch mit der Sicherstellung des Rechts, den Lieferanten im Rahmen der Vertragsbedingungen zu wechseln.

Zwar gestattet die Richtlinie neben anderen Aspekten beispielsweise auch die Berücksichtigung des Umwelt- und Klimaschutzes, doch müssen alle Verpflichtungen, die die Mitgliedstaaten den Versorgungsunternehmen zum Schutz dieser öffentlichen Interessen auferlegen, gemäß Art. 3 Abs. 2 Satz 2 der Richtlinie „klar festgelegt, transparent, nichtdiskriminierend und überprüfbar sein und den gleichberechtigten Zugang von Elektrizitäts-

---

558 *Krebs*, Kommunale Elektrizitätsversorgung, S. 307.
559 *Krebs*, Kommunale Elektrizitätsversorgung, S. 308.
560 Vgl. zur begrifflichen Abgrenzung *Hertwig*, EuR 2011, 745 (750).

unternehmen der Gemeinschaft zu den nationalen Verbrauchern sicherstellen."

Im deutschen Recht zogen die europäischen Vorgaben nicht allein die bereits erwähnten Änderungen im Kartellrecht nach sich, vielmehr wurde auch das Energiewirtschaftsrecht insbesondere im EnWG novelliert. Für die Elektrizitäts- wie auch die Gasversorgung stellt das EnWG eine bundesrechtliche Regelung dar, die auch von Kommunen zu beachten ist, die sich im Bereich der Elektrizitäts- oder Gasversorgung betätigen wollen.

Europäische Richtlinien sind gemäß Art. 288 UAbs. 3 AEUV hinsichtlich der mit ihnen verfolgten Ziele verbindlich, im Übrigen auf Umsetzung durch die Mitgliedstaaten angelegt. Der Umsetzung des europäischen „Dritten Binnenmarktpakets Energie" und insbesondere der darin enthaltenen Binnenmarktrichtlinien für die Elektrizitäts- und Gasversorgung ins nationale Recht diente konkret das Gesetz zur Neuregelung energiewirtschaftsrechtlicher Vorschriften vom 26.7.2011.[561] Die genannten Richtlinien sollten dabei „1:1" ins deutsche Recht umgesetzt werden.[562] Das Ziel eines freien Wettbewerbs in den Bereichen Strom und Gas wird dabei zwar im Text gerade des zentralen EnWG nicht auf so deutliche Weise herausgestellt, wie dies in den europäischen Richtlinien erfolgt ist. Dieses Ziel wird allerdings nicht nur in der Begründung zum genannten Änderungsgesetz aus dem Jahr 2011 wiederholt betont, sondern kommt zumindest indirekt auch in verschiedenen Vorschriften des EnWG sowie ergänzender, energierechtlicher Verordnungen zum Ausdruck.

Insgesamt sollten mit der Novellierung die Voraussetzungen für eine „flächendeckenden funktionierenden Wettbewerb über alle Kundengruppen" geschaffen bzw. verbessert,[563] daneben die Verbraucherrechte gerade im Zusammenhang mit einem möglichen Lieferantenwechsel gestärkt werden.[564] Im Gesetz selbst betont das Ziel des freien Wettbewerbs bereits die allgemeine Zweckbestimmung des § 1 Abs. 2 EnWG. Danach dient die Regulierung der Elektrizitäts- und Gasversorgungsnetze u.a. „den Zielen der Sicherstellung eines wirksamen und unverfälschten Wettbewerbs bei der Versorgung mit Elektrizität und Gas". Der Gedanke des Wettbewerbs

---

561 BGBl. I 2011, S. 1554. Zu den Zielen dieses Gesetzes vgl. die Begründung des Gesetzentwurfs, BT-Drs. 17/6072, S. 45.
562 So die Begründung des Gesetzentwurfs, BT-Drs. 17/6072, S. 49.
563 So wiederum die Begründung des Gesetzentwurfs, BT-Drs. 17/6072, S. 45 sowie S. 48.
564 Vgl. dazu die Begründung des Gesetzentwurfs, BT-Drs. 17/6072, S. 46.

und freien Marktzugangs kommt daneben in weiteren Bestimmungen zum Ausdruck. So regelt einerseits § 20 EnWG den diskriminierungsfrei zu gewährleistenden Zugang zu den Energieversorgungsnetzen. Andererseits, aus Sicht der Endverbraucher, befasst sich sodann § 20a EnWG mit dem Recht auf einen Lieferantenwechsel, frei von einschränkenden Bedingungen sowie in angemessener Frist. Danach hängt ein solcher Wechsel nicht von bestimmten Voraussetzungen ab, hat vielmehr nach § 20a Abs. 2 EnWG grundsätzlich innerhalb einer Frist von 3 Wochen zu erfolgen und darf gemäß Abs. 3 der Norm auch nicht mit zusätzlichen Kosten verbunden werden. Dementsprechend regelt etwa für den Elektrizitätsbereich auch § 14 StromNZV[565] die Pflichten von Netzbetreiber und Lieferanten im Fall eines Lieferantenwechsels; von anderen als den in den vorherigen Absätzen der Norm genannten Bedingungen darf der Netzbetreiber den Lieferantenwechsel gemäß § 14 Abs. 4 Satz 1 StromNZV nicht abhängig machen.

Mit der Einführung des § 20a EnWG zur Stärkung der Rechte der Verbraucher ist der Bundesgesetzgeber konkreten Verpflichtungen der Elektrizitätsbinnenmarktrichtlinie, die sie den Mitgliedstaaten im bereits erwähnten Art. 3 der Richtlinie auferlegt hat, nachgekommen[566] und hat deren Ziele und Inhalte damit auch im deutschen Energiewirtschaftsrecht verankert.

dd) Zwischenergebnis

In der Folge dieser europa- und bundesrechtlichen Regelungen ist die Bildung von Versorgungsmonopolen im Bereich der Elektrizitäts- und Gasversorgung nunmehr ausgeschlossen. Dies betrifft auch die mit einem Anschluss- und Benutzungszwang einhergehende Monopolisierung.

Für die Elektrizitäts- und Gasversorgung kommt angesichts der Bestimmungen des höherrangigen, die Länder bindenden Bundes- sowie Europarechts ein Anschluss- und Benutzungszwang somit nicht in Betracht.

---

565 Verordnung über den Zugang zu Elektrizitätsversorgungsnetzen (Stromnetzzugangsverordnung) v. 25.7.2005, BGBl. I 2005, S. 2243, zuletzt geändert durch Art. 8 des Gesetzes v. 21.7.2014, BGBl. I 2014, S. 1066.
566 Vgl. dazu wiederum die Begründung des Gesetzentwurfs zur Änderung des EnWG 2011, BT-Drs. 17/6072, S. 75 f.

Auf den Bereich der (Fern-)Wärmeversorgung trifft dieser Befund demgegenüber nicht zu, da sie bislang weder europa- noch bundesrechtlich in entsprechender Weise liberalisiert wurde und weder vom Anwendungsbereich der einschlägigen EU-Binnenmarktrichtlinien, noch vom EnWG erfasst wird.

c) Sonstige „Energieversorgungsanlagen" im Sinne des Landesrechts

Neben dem Anschluss von Grundstücken an die Fernwärmeversorgung lassen einige landesrechtliche Ermächtigungsgrundlagen allerdings aufgrund einer entsprechend weiter gefassten Formulierung im Bereich der Energieversorgung auf den ersten Blick durchaus noch weitere Fälle eines Anschluss- und Benutzungszwangs zu.

aa) Landesrechtliche Besonderheiten

Insoweit sei zum einen auf die bereits vorgestellten Regelungen des § 13 Satz 1 Nr. 1 lit. b) NKomVG sowie § 26 Abs. 1 Satz 1 GemO Rh.-Pf. verwiesen. Danach kann auch der Anschluss von Heizungsanlagen an bestimmte Energieversorgungsanlagen angeordnet werden. Es stellt sich jedoch die Frage, welche Bedeutung diesen Ermächtigungen insoweit zukommt, welche Einrichtungen damit neben der (Fern-)Wärmeversorgung noch erfasst werden sollen. So bezeichnet etwa *Ipsen* den Anwendungsbereich der genannten niedersächsischen Bestimmung zutreffend als unklar.[567]

Das niedersächsische Kommunalrecht kennt diese Regelung nicht erst seit Erlass des Niedersächsischen Kommunalverfassungsgesetzes 2010. Vielmehr war zuvor bereits, nach § 8 Nr. 2 NGO[568] ein Anschluss- und Benutzungszwang u.a. an die Fernwärmeversorgung sowie „von Heizungsanlagen an bestimmte Energieversorgungsanlagen" zulässig.

Zweck der Ergänzung der Ermächtigungsgrundlage um diese Formulierung[569] war die Klarstellung, dass nicht allein ein Anschluss- und Benut-

---

567 *Ipsen*, ders. (Hrsg.), NKomVG, § 13 Rn. 12.

568 Niedersächsische Gemeindeordnung in der Fassung v. 22.8.1996, Nds. GVBl. 1996, 382; Textnachweis über juris.

569 Durch Art. 1 Nr. 7 des Gesetzes v. 1.4.1996, Nds. GVBl. 1996, 82.

zungszwang an die Fernwärmeversorgung in Betracht kommen sollte; als Beispiel für andere Energieversorgungsanlagen im Sinne der Norm nennt die Begründung der entsprechenden Gesetzesänderung das Blockheizkraftwerk.[570]

Im rheinland-pfälzischen Landesrecht findet sich die Ermächtigung zur Anordnung auch eines Anschlusses von Heizungsanlagen an bestimmte Energieversorgungseinrichtungen ebenfalls bereits seit mehreren Jahrzehnten.[571] Neben den bereits in der Gesetzesbegründung zur Einführung der niedersächsischen Regelung genannten Blockheizkraftwerken wird in diesem Zusammenhang zum einen die Erdgasversorgung ins Spiel gebracht; zum anderen soll die Bestimmung „vor dem Hintergrund der Abwärmenutzung der Biogasanlagen an Bedeutung gewinnen."[572] Freilich fehlt es diesen Überlegungen noch an einer näheren Auseinandersetzung mit den vorgeschlagenen Anwendungsfällen; es wird – im Ergebnis zu Recht – lediglich allgemein auf Bedenken im Hinblick auf die bundes- und europarechtliche Zulässigkeit hingewiesen.[573]

bb) Stellungnahme zum Bedeutungsgehalt der Vorschriften

Soweit die entsprechende Gesetzesänderung in Niedersachsen auch als Reaktion auf die einen Anschluss- und Benutzungszwang an die Erdgasversorgung ablehnende Rechtsprechung des VGH Mannheim[574] betrachtet wird,[575] sei hier zum einen erneut auf die Besonderheiten der der Entscheidung zugrundeliegenden landesrechtliche Regelung verwiesen.[576] Zum anderen muss speziell für die Gasversorgung noch einmal das Augenmerk auf die mittlerweile veränderten rechtlichen Rahmenbedingungen gelenkt werden.[577]

---

570 Vgl. den Gesetzentwurf der Landesregierung für ein Gesetz zur Reform des niedersächsischen Kommunalverfassungsrechts, LT-Drs. 13/1450, S. 102.

571 Siehe Gemeindeordnung für Rheinland-Pfalz (GemO) v. 14.12.1973, GVBl. 1973, 419; Textnachweis über juris.

572 So ausdrücklich *Meyer*, in: Blum/Häusler/Meyer, NKomVG, § 13 Rn. 30.

573 *Meyer*, in: Blum/Häusler/Meyer, NKomVG, § 13 Rn. 30 unter Verweis auf *Ipsen*, ders. (Hrsg.), NKomVG, § 13 Rn. 12 und 18.

574 VGH Mannheim, DVBl 1994, 1153.

575 So *Meyer*, in: Blum/Häusler/Meyer, NKomVG, § 13 Rn. 30.

576 Siehe oben Teil 2 III. 4. b) bb).

577 Dazu soeben unter Teil 2 III. 4. b) cc).

Eine Legaldefinition der Begriffe „Energieversorgungsanlagen" bzw. „Energieversorgungseinrichtung" sucht man im Kommunalrecht der Länder Niedersachsen und Rheinland-Pfalz vergebens. Es lässt sich insoweit § 85 Abs. 1 Satz 1 Nr. 3 der Gemeindeordnung Rheinland-Pfalz, d.h. in anderem Kontext, lediglich entnehmen, dass unter „Energieversorgung" in einem umfassenden Sinne die Versorgung mit Elektrizität, Gas und Wärme verstanden wird. Daher liegt es nahe, *Ipsen* folgend eine Begriffsbestimmung im Bundesrecht zu suchen, wenngleich auch diese Suche lediglich zur Definition des Begriffs „Energieanlagen" im Sinne des EnWG führt.[578] Für die Bereiche Elektrizität und Gas sind somit in jedem Fall die Vorgaben des EnWG (und entsprechende europarechtliche Bestimmungen) zu beachten, die im Ergebnis der Zulässigkeit eines Anschluss- und Benutzungszwanges in diesen Bereichen entgegenstehen werden.

Dass die genannten kommunalrechtlichen Bestimmungen über den Begriff der „Energie" – insoweit über das Begriffsverständnis des EnWG hinausgehend – auch den Wärmesektor erfassen, zeigt nicht nur § 85 Abs. 1 Satz 1 Nr. 3 GemO Rheinland-Pfalz, sondern bereits unmittelbar die Ermächtigungsgrundlagen für den Anschluss- und Benutzungszwang, die einen solchen Zwang insbesondere auch für Einrichtungen der Fernwärmeversorgung einerseits, für „Heizungsanlagen" andererseits vorsehen. Durch die Klarstellung, dass auch sonstige Energieversorgungsanlagen bzw. -einrichtungen lediglich der Versorgung von Heizungsanlagen dienen, wird zudem eine Beschränkung auf den Wärmesektor vorgenommen, so dass ein Anschluss- und Benutzungszwang für Elektrizitätsversorgungseinrichtungen – ungeachtet der sonstigen rechtlichen Hemmnisse[579] – bereits von vornherein ausscheidet, sofern es nicht wiederum um die Lieferung von Elektrizität zum Betrieb der Heizungsanlagen geht.

Im Ergebnis verbleiben somit als „sonstige Energieversorgungsanlagen" allein die erwähnten Blockheizkraftwerke oder Beispiele wie die Abwärmenutzung von Biogasanlagen. In derartigen zentralen Anlagen er-

---

578 Siehe *Ipsen*, ders. (Hrsg.), NKomVG, § 13 Rn. 12. „Energieanlagen" werden in § 3 Nr. 15 EnWG legaldefiniert als „Anlagen zur Erzeugung, Speicherung, Fortleitung oder Abgabe von Energie, soweit sie nicht lediglich der Übertragung von Signalen dienen, dies schließt die Verteileranlagen der Letztverbraucher sowie bei der Gasversorgung auch die letzte Absperreinrichtung vor der Verbrauchsanlage ein"; „Energie" im Sinne des EnWG umfasst gemäß § 3 Nr. 14 EnWG „Elektrizität und Gas, soweit sie zur leitungsgebundenen Energieversorgung verwendet werden".

579 Dazu auch *Ipsen*, ders. (Hrsg.), NKomVG, § 13 Rn. 12 und 18.

zeugte Wärme, muss zur Nutzung für die Warmwasserbereitung oder Beheizung über ein Wärmenetz zu den Abnehmern weitergeleitet werden. Damit unterscheiden sich auch diese Anwendungsbeispiele im Ergebnis nicht von der ohnehin erfassten – hier in einem weiten Sinne verstandenen – Fernwärmeversorgung.

Die ausdrücklich weiter gefassten Ermächtigungsgrundlagen bringen angesichts der geschilderten Diskussion um den Fernwärmebegriff allerdings deutlich zum Ausdruck, dass auch bei engem Verständnis des Fernwärmebegriffs andere Erscheinungsformen der netzgebundenen Wärmeversorgung für einen Anschluss- und Benutzungszwang danach durchaus in Betracht kommen.

5. Erfordernis eines „öffentlichen Bedürfnisses"

Neben den eben geschilderten Anforderungen an die von der jeweiligen Ermächtigungsgrundlage umfassten öffentlichen Einrichtungen knüpfen alle Normen die Zulässigkeit der Anordnung eines Anschluss- und Benutzungszwangs an das Vorliegen eines öffentlichen Bedürfnisses bzw. von Gründen des öffentlichen Wohls.[580] Ob diese Voraussetzung gegeben ist, muss im Wege einer umfassenden Wertung insbesondere auch der zu erwartenden Bevölkerungs- und Siedlungsentwicklung sowie der Leistungsfähigkeit etwaiger vorhandener Einrichtungen ermittelt werden.[581] Ein öffentliches Bedürfnis besteht im Grundsatz immer dann, soweit der Anschluss- und Benutzungszwang zum Schutz von – im Einzelnen noch näher zu bestimmenden – besonders wichtigen Gemeinschaftsgütern vor erheblichen Nachteilen erforderlich ist. Dies setzt allerdings keine Gefahr für diese Schutzgüter im polizeirechtlichen Sinne voraus.[582]

Grundlegende Unterschiede bestehen insoweit weder zwischen der Prüfung eines „öffentlichen Bedürfnisses" und der „Gründe des öffentlichen Wohls", noch zwischen den Fällen, in denen die landesrechtliche Ermächtigungsgrundlage das Vorliegen eines „dringenden öffentlichen Bedürfnis-

---

580 Diese Formulierung findet sich in Art. 24 Abs. 1 Nr. 2 GO Bay, § 12 Abs. 2 Satz 1 BbgKVerf sowie § 20 Abs. 2 Satz 1 Nr. 2 ThürKO.

581 *Faber,* Anschluss- und Benutzungszwang, S. 72.

582 Siehe nur *Seewald*, in: Steiner, Bes. VerwR, Kommunalrecht, Rn. 171; *Quecke/ Schaffarzik*, in: Quecke/Schmid, SächsGemO, § 14 Rn. 17.

ses" fordert, und dem Erfordernis eines (einfachen) „öffentlichen Bedürfnisses".

Letzteres mag auf den ersten Blick angesichts des Wortlauts durchaus anders erscheinen. In der Praxis allerdings sind hinsichtlich der Auslegung und Anwendung der Merkmale „dringendes" bzw. sonstiges „öffentliches Bedürfnis" keine Unterschiede mehr feststellbar.[583] Tatsächlich geht insbesondere mit der Grundrechtsrelevanz eines Anschluss- und Benutzungszwangs in allen Fällen das Erfordernis einer intensiven Prüfung der Voraussetzungen einher und können – vor allem unter Verhältnismäßigkeitsgesichtspunkten – keineswegs jegliche Gemeinwohlgründe ausreichen.

Das zwingende Erfordernis eines öffentlichen Bedürfnisses bedeutet für die Gemeinde, dass ein Anschluss- und Benutzungszwang nur dann in Betracht kommt, wenn dadurch das Wohl der Einwohner, ihre Lebensqualität gefördert wird.[584] Dabei ist in diesem Zusammenhang nicht auf den einzelnen Einwohner, sondern auf die Gemeinschaft im Ganzen abzustellen.[585]

Maßgeblich ist für das Vorliegen dieser Voraussetzung der Zeitpunkt der Begründung eines Anschluss- und Benutzungszwangs. D.h. für die Prüfung, ob ein entsprechendes öffentliches Bedürfnis besteht, ist ein Vergleich zwischen den Gegebenheiten im Zeitpunkt des Erlasses der Satzung und den (zu prognostizierenden) Verbesserungen bei Bestehen eines Anschluss- und Benutzungszwangs anzustellen: Wird etwa eine Verbesserung der Luftqualität bezweckt, ist die bei Entscheidung über einen Anschluss- und Benutzungszwang aktuell festzustellende Luftqualität (insbesondere der aktuelle Schadstoffgehalt) ins Verhältnis zu setzen zu den mittels Anschluss- und Benutzungszwang konkret zu erzielenden Verbesserungen

---

583 So *Frotscher*, Ausgestaltung kommunaler Nutzungsverhältnisse, S. 3; ebenso *Ennuschat/Volino*, CuR 2009, 90 (92); *Tschakert*, Klimaschutz durch kommunale Versorgungseinrichtungen, S. 33. Dies wurde früher in der Literatur zum Teil noch anders vertreten, vgl. *Söhn*, Eigentumsrechtliche Probleme, S. 12, dem zufolge der Anschluss- und Benutzungszwang bei Erfordernis eines dringenden öffentlichen Bedürfnisses „auf zwingende Ausnahmefälle [beschränkt]" bleiben müsse.

584 *Geis*, § 10 Rn. 84; *Jaeckel/Jaeckel*, Rn. 10. Ebenso *Gern*, Dt. Kommunalrecht, Rn. 605 und 614; *Gern*, Sächs. Kommunalrecht, Rn. 682 und 692; *Quecke/Schaffarzik*, in: Quecke/Schmid, SächsGemO, § 14 Rn. 17.

585 *Geis*, § 10 Rn. 84; *Gern*, Dt. Kommunalrecht, Rn. 614; *Gern*, Sächs. Kommunalrecht, Rn. 692.

derselben.[586] Allein auf bereits abgeschlossene, in der Vergangenheit liegende Umstände darf dabei nicht abgestellt werden.[587] Ausgehend von der Gegenwart ist ein Prognose der künftigen Gegebenheiten zu entwickeln, die angesichts des auf Dauer angelegten Anschluss- und Benutzungszwangs auch in technischer Hinsicht nicht allein beim „status quo" stehen bleibt, sondern absehbare künftige Entwicklungen berücksichtigt.[588]

Entscheidender Maßstab ist letztlich, ob der jeweilige Gemeinwohlbelang bzw. das öffentliche Bedürfnis vor dem Hintergrund dieser Prognose nicht auch auf andere Weise gewährleistet werden kann. Ein Bedürfnis liegt beispielsweise dann vor, wenn anderweitig nicht sichergestellt werden könnte, dass die jeweilige Einrichtung der Kommune ohne Anschluss- und Benutzungszwang über die für einen wirtschaftlich sinnvollen Betrieb erforderliche, hinreichend große Anzahl an Nutzern bzw. Abnehmern verfügt.[589]

Dabei ist zu beachten, dass allein die Begründung eines Anschlusszwangs zur Verwirklichung dieses Ziels nicht ausreichen wird, ließe sie den Betroffenen doch – ungeachtet eines mittelbar faktischen Drucks – weiterhin die freie Entscheidung, ob sie die jeweiligen Einrichtung tatsächlich in Anspruch nehme wollen oder nicht. Zunächst ist es zwar erforderlich, dass alle technischen und baulichen Maßnahmen geduldet bzw. selbst vorgenommen werden, um die notwendigen Voraussetzungen für eine Nutzung der öffentlichen Einrichtung zu schaffen, ohne dass sich Betroffene später auf das Argument der faktischen Unmöglichkeit der Nutzung berufen könnten. Anschließend kann die Nutzung selbst, die dem öffentlichen Wohl gerade dienen soll, allerdings erst im Wege des Benutzungszwangs rechtsverbindlich sichergestellt werden. Um dem jeweiligen öffentlichen Bedürfnis Genüge zu tun, sind daher regelmäßig beide Zwangselemente – sowohl Anschluss- als auch Benutzungszwang – erforderlich.

---

586 Vgl. OVG Weimar, Urt. v. 24.9.2007 – 4 N 70/03 –, CuR 2008, 102 (105); OVG Bautzen, Urt. v. 3.6.2003 – 4 D 373/99 –, SächsVBl. 2005, 256 (260).

587 So ausdrücklich OVG Bautzen, Urt. v. 3.6.2003 – 4 D 373/99 –, SächsVBl. 2005, 256 (260).

588 *Börner*, Einführung eines Anschluß- und Benutzungszwanges für Fernwärme. S. 31.

589 Siehe nur *Jaeckel/Jaeckel*, Rn. 104; *Wustlich*, in: Danner/Theobald, Energierecht, Erneuerbare Energien, § 16 EEWärmeG Rn. 7.

Die eben erwähnte Frage nach einem wirtschaftlich sinnvollen Betrieb der jeweiligen Anlage deutet schließlich bereits darauf hin, dass für die Beurteilung der Voraussetzung des öffentlichen Bedürfnisses auch Wirtschaftlichkeitserwägungen eine maßgebliche Rolle spielen können, mit dem zu verfolgenden öffentlichen Bedürfnis jedoch nicht gleichgesetzt werden dürfen. Welche Gemeinwohlgründe im Einzelnen allerdings unter den Begriff des „öffentlichen Bedürfnisses" gefasst werden können, ist problematisch und hängt insbesondere auch vom verfassungsrechtlichen Rahmen ab, in den die Befugnis zur Anordnung eines Anschluss- und Benutzungszwangs eingebettet ist. Diese Problematik soll daher sogleich[590] noch näher erörtert werden.

6. Anforderungen höherrangigen Rechts – Die europarechtliche
   Zulässigkeit eines Anschluss- und Benutzungszwangs

Satzungen zur Anordnung eines Anschluss- und Benutzungszwangs haben schließlich nicht allein die eben dargestellten Vorgaben der jeweiligen Ermächtigungsgrundlage zu beachten, sondern müssen auch mit sonstigen Bestimmungen höherrangigen Rechts vereinbar sein, wozu etwaige Vorgaben des Bundesrechts und insbesondere die grundgesetzlich geschützten Grundrechte gehören.[591] Ein Verstoß der Satzung gegen höherrangiges Recht kann dabei nicht allein im ausdrücklichen Widerspruch zu gesetzlichen Bestimmungen liegen, sondern auch darin, dass die Satzung zusätzliche Vorgaben für einen Bereich aufstellt, der vom Gesetzgeber bereits abschließend geregelt wurde.[592]

Gemeinden sind nach Art. 20 Abs. 3 GG an Gesetz und Recht gebunden; auch die Garantie kommunaler Selbstverwaltung steht ihnen gemäß Art. 28 Abs. 2 Satz 1 GG lediglich „im Rahmen der Gesetze" zu. Neben bundesrechtlichen Regelungen könnte auch das Europarecht einem Anschluss- und Benutzungszwang entgegenstehen.

Zu denken ist hier zum einen an die Grundfreiheiten, vor allem die Warenverkehrsfreiheit des Art. 34 ff. AEUV und die Dienstleistungsfreiheit des Art. 56 AEUV, sowie Vorgaben des europäischen Wettbewerbsrechts.

---

590 Siehe dazu ausführlich Teil 3 der Arbeit.
591 *v. Mutius*, Kommunalrecht, Rn. 341. Zu den Grundrechten siehe unten Teil 5 I.-III.
592 *Widtmann/Grasser/Glaser*, Bayerische Gemeindeordnung, Art. 24 Rn. 2.

Diese Vorschriften können im Rahmen der vorliegenden Arbeit nicht umfassend geprüft werden, wesentliche Grundsätze sollen jedoch in einem Überblick vorgestellt werden.

Wie auch im Fall der oben bereits genannten, grundlegenden Voraussetzungen betrifft die Problematik der Vereinbarkeit mit dem Europarecht im Grundsatz alle Arten von Einrichtungen, die vom Anschluss- und Benutzungszwang betroffen sein können, nicht allein die (Fern-)Wärmeversorgung.

Dabei ist ganz allgemein zu berücksichtigen, dass auch das Europarecht einer etwaigen wirtschaftlichen Betätigung des Staates nicht per se entgegensteht, sondern lediglich Anforderungen an die Art und Weise einer Betätigung des Staates – und damit auch der Kommunen – formuliert.[593]

a) Beeinträchtigungen der Grundfreiheiten

Durch die zwingende Deckung des Bedarfs über die öffentliche Einrichtung, zu deren Gunsten ein Anschluss- und Benutzungszwang angeordnet wurde, werden zwangsläufig auch konkurrierende Anbieter aus anderen EU-Mitgliedstaaten im jeweiligen Gebiet ausgeschlossen. Allerdings genügt insoweit im konkreten Fall keine rein theoretische Beeinträchtigung ausländischer Anbieter, um den erforderlichen grenzüberschreitenden Bezug der Maßnahme zu begründen.[594]

Dieser grenzüberschreitende Bezug liegt vor im Fall der Erbringung von Leistungen eines Anbieters in einem anderen Mitgliedstaat oder durch den grenzüberschreitenden Warenaustausch in grenznahen Regionen. Handelt es sich um die Erbringung einer netzgebundenen Leistung, wie etwa der Fern- oder Nahwärmeversorgung, ist v.a. unter Berücksichtigung der beim Transport anfallenden Wärmeverluste eine solche Möglichkeit des grenzüberschreitenden Angebots von Leistungen räumlich stark begrenzt, weshalb es in der Praxis auf besondere Ausnahmefälle, in grenznahen Gegenden beschränkt bleiben wird.[595] Insbesondere soweit einzelne Betroffene ihren Bedarf selbst, über den Betrieb eigener dezentraler Anlagen de-

---

593 *Wolff*, in: Schneider/Theobald, Recht der Energiewirtschaft, § 5 Rn. 116; *Burgi*, Kommunalrecht, § 17 Rn. 23.
594 Siehe BVerwGE 125, 68 (77, Rn. 33); siehe auch OVG Bautzen, Urt. v. 18.12.2007 – 4 B 541/05 –, juris Rn. 31.
595 *Faber*, Anschluss- und Benutzungszwang, S. 178.

cken wollen, fehlt es gerade am erforderlichen grenzüberschreitenden Bezug.[596]

Waren im Sinne der Vorschrift sind grundsätzlich alle beweglichen körperlichen Gegenstände, die einen Geldwert haben und Gegenstand von Handelsgeschäften sein können.[597] Gas und Elektrizität wurden vom EuGH ausdrücklich unter diesen Begriff subsumiert,[598] obgleich sich ihre Einordnung als „körperlicher Gegenstand" in Zweifel ziehen ließe. Ihnen kommt aber jedenfalls ein Geldwert zu, weshalb sie auch Gegenstand von Handelsgeschäften sein können und damit die wesentlichen Merkmale des europarechtlichen Warenbegriffs erfüllen. Mit dieser Argumentation ist auch die Fernwärme als Ware im Sinne des AEUV zu betrachten.[599]

Demnach würde die Anwendung der Vorschriften über die Dienstleistungsfreiheit ausscheiden; dahingehend herrscht allerdings keineswegs Einigkeit, was das Bundesverwaltungsgericht veranlasste, es dahinstehen zu lassen, ob die Warenverkehrsfreiheit beschränkt werde – jedenfalls sei die Rechtfertigung einer etwaigen Beschränkung aus Gründen des Umweltschutzes zu bejahen.[600]

aa) Verbot einer „Maßnahme gleicher Wirkung" im Sinne des Art. 34 AEUV

Verboten sind gemäß Art. 34 AEUV mengenmäßige Einfuhrbeschränkungen sowie Maßnahmen gleicher Wirkung. Gemäß der vom EuGH ent-

---

596 Darauf weist BVerwGE 125, 68 (77, Rn. 33) hin.

597 Siehe nur *Schroeder*, in: Streinz, Art. 34 AEUV Rn. 19; *v. Vormizeele*, in: v. d. Groeben/Schwarze/Hatje, Europäisches Unionsrecht, Art. 28 AEUV Rn. 21.

598 EuGH, Rs. C-393/92 (Almelo), Slg. 1994 I-1477 (1516); vgl. auch die Prüfung am damaligen Art. 30 EG durch den EuGH, Rs. C-379/98 (PreussenElektra), Slg. 2001 I-2099 (2183 ff.). Dem folgt auch die Literatur, siehe nur *Kamann*, in: Streinz, Art. 28 AEUV Rn. 15; *v. Vormizeele*, in: v. d. Groeben/Schwarze/Hatje, Europäisches Unionsrecht, Art. 28 AEUV Rn. 21; *Heselhaus*, EurUP 2013, 137 (143).

599 So auch *Faber*, Anschluss- und Benutzungszwang, S. 177; *Tschakert*, Klimaschutz durch kommunale Versorgungseinrichtungen, S. 129.

600 BVerwGE 125, 68 (77 f., Rn. 34). OVG Bautzen, Urt. v. 18.12.2007 – 4 B 541/05 –, juris Rn. 31 verzichtet ebenfalls auf eine Abgrenzung zwischen beiden Grundfreiheiten und bejaht jedenfalls zumindest eine Rechtfertigung; die Beschwerde gegen die Nichtzulassen der Revision gegen diese Entscheidung wurde zurückgewiesen durch BVerwG, Beschl. v. 14.1.2009 – 8 B 37/08 –, juris.

wickelten, sogenannten Dassonville-Formel ist eine solche Maßnahme gleicher Wirkung, somit eine Beschränkung der Warenverkehrsfreiheit, jede Regelung, „die geeignet ist, den innergemeinschaftlichen Handel unmittelbar oder mittelbar, tatsächlich oder potentiell zu behindern",[601] unabhängig davon, ob es sich dabei um eine diskriminierende oder nicht-diskriminierende Maßnahme handelt.[602] Insoweit ist irrelevant, dass durch den Anschluss- und Benutzungszwang inländische wie ausländische Anbieter gleichermaßen betroffen sind, weshalb es sich dabei um keine diskriminierende Regelung handelt.

Trotz der nach der sogenannten Keck-Rechtsprechung[603] zu beachtenden Einschränkungen dieses weiten Beschränkungsbegriffs,[604] werden aufgrund der von ihnen ausgehenden Behinderung des Marktzugangs doch jedenfalls solche Vertriebsregelungen bzw. Zuweisungen ausschließlicher Rechte als Beeinträchtigung des freien Warenverkehrs betrachtet, die allen (anderen) Anbietern der Ware ihren Vertrieb untersagen.[605]

Diese Argumentation auf das Instrument des Anschluss- und Benutzungszwangs übertragend, ergibt sich aufgrund der monopolisierenden Wirkung des Benutzungszwangs ein Ausschluss konkurrierender Anbieter der jeweiligen Leistung, die nun ausschließlich durch die öffentliche Einrichtung erbracht werden soll. Für ausländische Anbieter bedeutet dies eine zumindest potentielle Behinderung des Marktzugangs, wenn das Angebot der jeweiligen Ware auch lediglich örtlich begrenzt ausgeschlossen wird, da der Anwendungsbereich des Anschluss- und Benutzungszwangs auf das Gemeindegebiet begrenzt bleibt und nicht den gesamten nationalen Markt betrifft. Daher ist insoweit von einer Beeinträchtigung der Wa-

---

601 EuGH, Rs. 8/74 (Dassonville), Slg. 1974, 837 (852, Rn. 5). Näher dazu, insbesondere auch zu der Weiterentwicklung des Begriffs durch den EuGH *Kingreen*, in: Calliess/Ruffert, Art. 36 AEUV Rn. 37 ff.; *Schroeder*, in: Streinz, Art. 34 AEUV Rn. 35 ff.

602 *Kingreen*, in: Calliess/Ruffert, Art. 36 AEUV Rn. 188 ff *Schroeder*, in: Streinz, Art. 34 AEUV Rn. 39 f.

603 EuGH, Rs. C-267/91 (Keck und Mithouard), Slg. 1993 I-6097.

604 Ausführlich dazu *Kingreen*, in: Calliess/Ruffert, Art. 36 AEUV Rn. 49 f. sowie 51 ff.; *Müller-Graff*, in: v. d. Groeben/Schwarze/Hatje, Europäisches Unionsrecht, Art. 34 AEUV Rn. 129 ff. sowie 153 f.; *Schroeder*, in: Streinz, Art. 34 AEUV Rn. 41 ff.

605 Siehe zu dieser Fallgruppe – jeweils mit Beispielen aus der Rechtsprechungspraxis der EuGH – *Kingreen*, in: Calliess/Ruffert, Art. 36 AEUV Rn. 172; *Schroeder*, in: Streinz, Art. 34 AEUV Rn. 57.

renverkehrsfreiheit auszugehen – eine nicht nur theoretische Beeinträchtigung ausländischer Anbieter im konkreten Fall vorausgesetzt.[606]

bb) Mögliche Ausnahmen

Selbst wenn danach eine Beschränkung des freien Warenverkehrs im Sinne von Art. 34 AEUV vorliegt, ist jedoch weiterhin zu prüfen, ob diese nicht gerechtfertigt werden kann. Als Rechtfertigungsgründe kommen neben den Art. 36 Satz 1 AEUV ausdrücklich benannten Gründen – öffentliche Sittlichkeit, Ordnung und Sicherheit, Schutz der Gesundheit und des Lebens von Menschen, Tieren oder Pflanzen, Schutz des nationalen Kulturguts von künstlerischem, geschichtlichem oder archäologischem Wert sowie Schutz des gewerblichen und kommerziellen Eigentums – auch ungeschriebene zwingende Erfordernisse der Gemeinwohls in Betracht.[607] Dazu gehört u.a. der Umweltschutz, speziell auch in Ausprägung der Förderung erneuerbarer Energien mit dem Ziel der Reduzierung von Treibhausgasemissionen.[608]

---

606 *Faber,* Anschluss- und Benutzungszwang, S. 178 f.; *Tschakert,* Klimaschutz durch kommunale Versorgungseinrichtungen, S. 129 f.

607 Dies wurde bereits vom EuGH, Rs. 120/78 (Cassis de Dijon), Slg. 1979, 649 (662, Rn. 8), anerkannt. Näher dazu, jeweils m.w.N., *Kingreen,* in: Calliess/Ruffert, Art. 36 AEUV Rn. 191 ff.; *Schroeder,* in: Streinz, Art. 36 AEUV Rn. 3, 33 ff. Nach anderer Auffassung handelt es sich dabei nicht um Ausnahmen bzw. Rechtfertigungsgründe, sondern um eine tatbestandliche Einschränkung des Beschränkungsverbots, vgl. *Müller-Graff,* in: v. d. Groeben/Schwarze/Hatje, Europäisches Unionsrecht, Art. 34 AEUV Rn. 312. Für die Prüfung ergibt sich daraus jedoch im Ergebnis kein Unterschied. *Scharpf,* EuZW 2005, 295 (296), lehnt eine Rechtfertigung zum – europarechtlich eng auszulegenden – Schutz der Gesundheit ab, prüft allerdings ungeschriebene Rechtfertigungsgründe gar nicht, sondern stützt sich unmittelbar auf die Bestimmung des aktuellen Art. 106 Abs. 2 AEUV.

608 Vgl. insofern die Prüfung des EuGH, Rs. C-379/98 (PreussenElektra), Slg. 2001 I-2099 (2185, Rn. 73 ff.). Auch jüngst hat der EuGH bestätigt, dass auch das Gemeinwohlinteresse der Förderung erneuerbarer Energien geeignet ist, eine Beschränkung der Warenverkehrsfreiheit zu rechtfertigen, vgl. EuGH, Urt. v. 11.9.2014 – Rs. C-204/12 bis C-208/12, ABl. EU Nr. C 409, S. 3. Dies steht schließlich in Einklang mit den oben dargestellten Bestrebungen zum Schutz des Klimas auch auf europäischer Ebene, vgl. oben Teil 1 III. 2. Speziell zur Rechtfertigung eines Anschluss- und Benutzungszwangs OVG Bautzen, Urt. v. 18.12.2007 – 4 B 541/05 –, juris Rn. 31. Siehe dazu auch *Kingreen,* in: Calliess/Ruffert, Art. 36 AEUV Rn. 214 m.w.N.; *Schroeder,* in: Streinz, Art. 36

Die Anordnung eines Anschluss- und Benutzungszwangs kann im Allgemeinen somit insbesondere zum Schutz der Umwelt oder der in Art. 36 AEUV explizit erwähnten menschlichen Gesundheit gerechtfertigt sein. Dabei ist jedoch in jedem Einzelfall konkret zu prüfen, für welche öffentliche Einrichtung Anschluss- und Benutzungszwang angeordnet wurden und aus welchen Gründen dies erfolgt. Allgemeingültige Aussagen für alle Fälle eines Anschluss- und Benutzungszwangs lassen sich insoweit nicht treffen.

Liegt danach zwar eine Beschränkung der Warenverkehrsfreiheit vor, die sich jedoch auf einen tauglichen Rechtfertigungsgrund stützen kann, ist als „Schranken-Schranken" weiterhin der Grundsatz der Verhältnismäßigkeit zu beachten; Beschränkungen der Grundfreiheiten dürfen nicht über das zum Schutz des jeweiligen Gemeinwohlbelangs erforderliche Maß hinausgehen.[609]

Auch das Bundesverwaltungsgericht hat im Übrigen auf den Umweltschutz Bezug genommen und ausgeführt, dass damit nicht nur ein hinreichend gewichtiger Rechtfertigungsgrund vorliege; hinzu komme, dass ein etwaiger Eingriff in die Warenverkehrsfreiheit lediglich punktuell und damit in seinen Auswirkungen auf den innergemeinschaftlichen Handel auch gering sei.[610]

Da hinsichtlich der Verhältnismäßigkeitsprüfung im Einzelfall Erwägungen anzustellen sind, die auch im Rahmen der Prüfung der Grundrechte nach nationalem Recht relevant werden, soll an dieser Stelle auf die noch folgenden Ausführungen zum konkreten Anwendungsbeispiel des Anschluss- und Benutzungszwangs für die Fernwärmeversorgung verwiesen werden.[611] Festzuhalten bleibt jedoch, dass die europäischen Grundfreiheiten einem Anschluss- und Benutzungszwang keineswegs von vornherein entgegenstehen.

AEUV Rn. 41 ff. *Britz*, in: Schulze-Fielitz/Müller, Europäisches Klimaschutzrecht, S. 71 (88 f.), führt dazu aus, dass die Anerkennung gerade auch des Klimaschutzes als Rechtfertigungsgrund außer Frage stehe. Demgegenüber hält *Faber,* Anschluss- und Benutzungszwang, S. 185 den „Umweltschutz" in diesem Sinne nicht für einschlägig, soweit es im Einzelnen um Aspekte der Luftreinhaltung oder den Klimaschutz geht.

609 *Kingreen*, in: Calliess/Ruffert, Art. 36 AEUV Rn. 193; *Schroeder*, in: Streinz, Art. 36 AEUV Rn. 50 ff.

610 BVerwGE 125, 68 (77 f., Rn. 34).

611 Siehe unten Teil 5 I. 3. c) und d) sowie II. 4.

cc) Art. 37 AEUV

In Bezug auf staatliche Handelsmonopole enthält im Übrigen Art. 37 AEUV eine Sonderregelung, deren Anwendbarkeit auf örtlich begrenzte Monopole allerdings problematisch erscheint.[612] Wenn überhaupt, so ist eine restriktive Handhabung der Vorschrift erforderlich: Die Norm setzt einen Sachverhalt voraus, der es mitgliedstaatlichen Behörden erlaubt, den zwischenstaatlichen Handel zu kontrollieren, zu lenken oder doch merklich zu beeinflussen.[613] Dies wird im Fall eines gemeindlichen Anschluss- und Benutzungszwangs kaum der Fall sein.

Die grundsätzliche Anwendbarkeit der Vorschrift vorausgesetzt, ist zu beachten, dass nur dann eine vorrangige Prüfung an Art. 37 AEUV vorzunehmen ist, wenn eine „merkliche Beeinflussung des innergemeinschaftlichen Handelns zu erwarten" ist, was wiederum allenfalls in wenigen Ausnahmefällen, soweit beispielsweise „besonders exponierte Großstädte" betroffen sind, in Betracht kommt.[614]

dd) Dienstleistungsfreiheit

Soweit die Annahme einer „Ware" im Sinne des AEUV abgelehnt wird, ist zu prüfen, ob der Anschluss- und Benutzungszwang eine unzulässige Beschränkung der Dienstleistungsfreiheit des Art. 56 AEUV darstellt. Dabei werden als Dienstleistungen gemäß Art. 57 AEUV gegen Entgelt erbrachte Leistungen verstanden, soweit sie nicht bereits den Bestimmungen des freien Waren- und Kapitalverkehrs oder zur Freizügigkeit von Personen unterliegen. Soweit bereits der Anwendungsbereich des Art. 34 AEUV bejaht wurde, scheidet eine Prüfung des Art. 56 AEUV daher aus.

Handelt es sich dagegen bei der durch die öffentliche Einrichtung im Rahmen eines Anschluss- und Benutzungszwangs erbrachte Leistung um eine Dienstleistung gemäß Art. 57 AEUV, stellt sich die weitere Frage nach einer Beschränkung der Dienstleistungsfreiheit im Sinne von Art. 56 AEUV sowie gegebenenfalls ihrer Rechtfertigung.

---

612 So *Faber,* Anschluss- und Benutzungszwang, S. 179.
613 Vgl. den engen Maßstab des EuGH, Rs. C-393/92 (Almelo), Slg. 1994 I-1477 (1517, Rn. 29).
614 So *Faber,* Anschluss- und Benutzungszwang, S. 180.

Auch die Dienstleistungsfreiheit unterliegt – wie bereits die Warenverkehrsfreiheit – einem weiten, allgemeinen Beschränkungsverbot, das nicht lediglich vor Diskriminierungen schützen soll; vielmehr genügt es bereits, wenn die Ausübung einer Dienstleistung in sonstiger Weise unterbunden, behindert oder weniger attraktiv gemacht wird.[615] Eine solche Behinderung ist zu bejahen, wenn im Wege der Anordnung eines Benutzungszwangs ein örtliches Monopol zugunsten der öffentlichen Einrichtung begründet wird und ausländische Anbieter dadurch auf einem – zumindest örtlich begrenzten– Markt von der Erbringung der Dienstleistung ausgeschlossen werden.[616]

Doch auch die Dienstleistungsfreiheit wird nicht uneingeschränkt gewährleistet. Vor der Frage nach einer Rechtfertigung der festgestellten Beeinträchtigung ist zunächst zu prüfen, ob die Erbringung einer Dienstleistung im Rahmen eines durch Satzung begründeten Anschluss- und Benutzungszwangs gemäß Art. 62 i.V.m. Art. 51 AEUV von vornherein vom Anwendungsbereich der Dienstleistungsfreiheit ausgenommen ist. Voraussetzung dafür wäre jedoch die Ausübung öffentlicher Gewalt im Sinne von Art. 51 AEUV.[617] Da es sich hierbei jedoch um eine Ausnahme vom Grundsatz der Dienstleistungsfreiheit handelt, ist eine enge Auslegung geboten. Vor diesem Hintergrund kann unter öffentlicher Gewalt im Sinne der Norm allein die originäre Ausübung von Hoheitsgewalt verstanden werden. Eine solche liegt im Fall der Erbringung einer Leistung im Rahmen des Anschluss- und Benutzungszwangs jedoch nicht vor.[618]

Darüber hinaus kommt eine Rechtfertigung aus Gründen der öffentlichen Ordnung, Sicherheit oder Gesundheit gemäß Art. 62 i.V.m. Art. 52 Abs. 1 AEUV oder durch ungeschriebene zwingende Gründen des Allgemeininteresses[619] – wiederum unter Beachtung des Verhältnismäßigkeitsgrundsatzes[620] – in Betracht. Auch insoweit bedarf es einer intensiven Prü-

---

615 Sieh dazu nur *Kluth*, in: Calliess/Ruffert, Art. 57 AEUV Rn. 57 ff.; *Müller-Graff*, in: Streinz, Art. 56 AEUV Rn. 70, 85 ff., jeweils m.w.N.

616 So auch *Faber*, Anschluss- und Benutzungszwang, S. 181 f.

617 Siehe dazu etwa *Hailbronner*, NJW 1991, 593 (596 f.).

618 Ebenso *Faber*, Anschluss- und Benutzungszwang, S. 186.

619 *Kluth*, in: Calliess/Ruffert, Art. 57 AEUV Rn. 71 f.; *Müller-Graff*, in: Streinz, Art. 56 AEUV Rn. 89, 98 ff. Für deren vorrangige Prüfung im Fall eines Anschluss- und Benutzungszwangs plädiert etwa *Faber*, Anschluss- und Benutzungszwang, S. 187 ff.

620 *Kluth*, in: Calliess/Ruffert, Art. 57 AEUV Rn. 72; *Müller-Graff*, in: Streinz, Art. 56 AEUV Rn. 109.

fung im konkreten Fall, die vorliegend nicht durch allgemeine Ausführungen ersetzt werden kann.[621] Festzuhalten bleibt angesichts dieser Rechtfertigungsmöglichkeit jedoch im Ergebnis einmal mehr, dass der Anschluss- und Benutzungszwang als solcher nicht von vornherein gegen europäische Grundfreiheiten verstößt.[622]

Auch soweit eine Rechtfertigung der Beschränkung der Dienstleistungsfreiheit abgelehnt würde, ist schließlich Art. 106 Abs. 2 AEUV zu beachten.[623] Die Vorschrift weist darauf hin, dass das europäische Recht, auch die Grundfreiheiten, der Begründung eines Dienstleistungsmonopols einer öffentlichen Einrichtung im Wege der Anordnung eines Anschluss- und Benutzungszwangs nicht von vornherein entgegenstehend.[624]

Hinsichtlich der Ausgestaltung des Monopols ist u.a. zu beachten, dass die Maßnahme dennoch keine diskriminierende Wirkung entfalten darf.[625] Dies ist bei Anordnung eines Anschluss- und Benutzungszwangs allerdings nicht der Fall.[626]

Art. 106 Abs. 2 AEUV ist schließlich nicht allein für die Prüfung der Grundfreiheiten von Bedeutung, sondern auch hinsichtlich der Vereinbarkeit mit dem europäischen Wettbewerbsrecht. Auf die Voraussetzungen der Norm wird daher sogleich noch zurückzukommen sein.

b) Europäisches Wettbewerbsrecht

Neben den Grundfreiheiten ist der Anschluss- und Benutzungszwang angesichts seiner monopolisierenden Wirkung auch an den Bestimmungen des europäischen Wettbewerbsrechts, Art. 101 ff. AEUV, zu messen. Art. 106 AEUV enthält dabei Regelungen speziell auch für öffentliche Monopole.

---

621 So hält *Gern*, Dt. Kommunalrecht, Rn. 629, den Anschluss- und Benutzungszwang i.E. für „unbedenklich", ohne dies allerdings im Einzelnen konkret mit einer der genannten Vorschriften zu begründen.

622 Ebenso *Pielow/Finger*, JURA 2007, 189 (200).

623 Siehe dazu auch *Scharpf*, EuZW 2005, 295 (296); *Tschakert*, Klimaschutz durch kommunale Versorgungseinrichtungen, S. 130.

624 So *Kluth*, in: Calliess/Ruffert, Art. 57 AEUV Rn. 94 m.w.N.; *Müller-Graff*, in: Streinz, Art. 56 AEUV Rn. 141.

625 *Faber*, Anschluss- und Benutzungszwang, S. 207; *Kluth*, in: Calliess/Ruffert, Art. 57 AEUV Rn. 94; *Müller-Graff*, in: Streinz, Art. 56 AEUV Rn. 141.

626 So auch *Pielow/Finger*, JURA 2007, 189 (200).

Gemäß Art. 106 Abs. 1 AEUV dürfen die Mitgliedstaaten „in Bezug auf öffentliche Unternehmen und auf Unternehmen, denen sie besondere oder ausschließliche Rechte gewähren, keine den Verträgen und insbesondere den Artikeln 18 und 101 bis 109 widersprechende Maßnahmen treffen oder beibehalten". Im Fall der hier betrachteten öffentlichen Einrichtungen könnte es sich um „öffentliche Unternehmen" im Sinne der europäischen Vertragsrechts oder Unternehmen, denen „besondere oder ausschließliche Rechte" eingeräumt wurden, handeln.

Für Unternehmen, die mit Dienstleistungen von allgemeinem wirtschaftlichem Interesse betraut sind, sowie Finanzmonopole enthält Art. 106 Abs. 2 AEUV sodann jedoch die bereits erwähnte Ausnahmeregelung. Danach gelten die Bestimmungen der europäischen Verträge für diese Unternehmen nur „soweit die Anwendung dieser Vorschriften nicht die Erfüllung der ihnen übertragenen besonderen Aufgabe rechtlich oder tatsächlich verhindert"; allerdings darf „die Entwicklung des Handelsverkehrs [...] nicht in einem Ausmaß beeinträchtigt werden, das dem Interesse der Union zuwiderläuft".

aa) Begriff des „Unternehmens"

Das europäische Wettbewerbsrecht knüpft zunächst generell an den Begriff des Unternehmens an, Art. 101 ff. AEUV regelt Anforderungen speziell mit Bezug auf „Unternehmen" im europarechtlichen Sinne. Soweit es im Fall eines kommunalen Anschluss- und Benutzungszwangs um die Erbringung von Leistungen durch eine „öffentliche Einrichtung" im Sinne des Kommunalrechts handelt, ist zunächst fraglich, ob es sich überhaupt um ein solches „Unternehmen" handelt, das dem europäischen Wettbewerbsrecht unterliegt.[627]

Für die Abgrenzung zwischen einer öffentlichen Einrichtung und einem – gegebenenfalls öffentlichen – Unternehmen kommt es jedenfalls nicht auf die Rechtsform an;[628] vielmehr ist für die Prüfung des Unternehmensbegriffs in funktionaler Hinsicht darauf abzustellen, ob Güter oder Dienst-

---

627 *Hertwig*, EuR 2011, 745 (746) verneint dies nicht nur für Gebietskörperschaften sondern auch im Fall einer öffentlichen Einrichtung bei Erfüllung der ihnen übertragenen Aufgaben.

628 Siehe nur *Faber*, Anschluss- und Benutzungszwang, S. 172; *Hertwig*, EuR 2011, 745 (748); *Sodan*, LKV 2013, 433 (436).

leistungen auf dem Markt angeboten werden und die jeweilige Organisation dabei das wirtschaftliche Risiko dieser Betätigung selbst trägt, ohne dass zwingend Gewinne erwirtschaftet werden müssten.[629] Demgegenüber handele es sich dann nicht um ein Unternehmen, sondern um eine öffentliche Einrichtung im europarechtlichen Sinne, wenn für die angebotenen Güter bzw. Dienstleistungen kein Markt vorhanden sei; werde ein Anschluss- und Benutzungszwang angeordnet, soll dies Stimmen des Schrifttums zufolge der Fall sein.[630]

Nach anderer – und im Ergebnis überzeugender Auffassung – fallen auch öffentliche Einrichtungen, die Leistungen im Rahmen eines Anschluss- und Benutzungszwangs erbringen, durchaus unter den weiten Unternehmensbegriff des Europarechts, da sie Waren und Dienstleistungen gegen Zahlung eines Entgelts erbringen. Dass damit zugleich bestimmte Gemeinwohlbelange verfolgt werden, steht dieser Einordnung nicht entgegen.[631]

Art. 106 Abs. 1 AEUV unterfallen lediglich „öffentliche Unternehmen" sowie Unternehmen, denen „besondere oder ausschließliche Rechte" eingeräumt werden.

Wird zugunsten einer bestimmten Einrichtung im Wege einer Satzung ein Anschluss- und Benutzungszwang angeordnet, so wird dieser Einrichtung als einem Unternehmen im Sinne der Norm eine Monopolstellung eingeräumt und damit ein Sonderrecht gewährt.[632] Darüber hinaus ist zu beachten, dass die jeweilige Gemeinde als staatliche Stelle sich zugleich die Möglichkeit einer Einflussnahme auf die Einrichtung bereits aus Gründen des nationalen Rechts zwingend vorbehalten muss.[633]

Unterfallen diese öffentlichen Einrichtungen somit Art. 106 Abs. 1 AEUV, so ergibt sich daraus, dass sie den Bestimmungen des AEUV grundsätzlich unterliegen. Eine Ausnahme davon kommt jedoch nach Maßgabe des Art. 106 Abs. 2 AEUV in Betracht.

---

629 Vgl. *Hertwig*, EuR 2011, 745 (748); *Komorowski*, EuR 2015, 310 (320).
630 Siehe *Hertwig*, EuR 2011, 745 (748).
631 *Faber*, Anschluss- und Benutzungszwang, S. 172; siehe auch *Sodan*, LKV 2013, 433 (436).
632 *Faber*, Anschluss- und Benutzungszwang, S. 173 f.
633 Siehe oben Teil 2 III. 3. b).

bb) Dienstleistungen von allgemeinem wirtschaftlichen Interesse

Entscheidend für die Anwendbarkeit dieser Ausnahmeregelung ist das Tatbestandsmerkmal der Dienstleistung „von allgemeinem wirtschaftlichem Interesse". Ob dieses Interesse bereits deshalb bejaht werden kann, weil die Ausübung einer bestimmten Dienstleistung Zielen des Umwelt- und Klimaschutzes dient, ist fraglich. Das Bundesverwaltungsgericht hat dies jedoch für das Beispiel einer Wärmeversorgung aus Gründen des Umweltschutzes (vergleichsweise knapp) getan, ohne sich näher mit den Voraussetzungen des damaligen Art. 86 Abs. 2 EG, dem der aktuelle Art. 106 Abs. 2 AEUV entspricht, auseinanderzusetzen.[634]

Mit Art. 14 AEUV erkennt das europäische Primärrecht die Bedeutung der Dienste von allgemeinem wirtschaftlichem Interesse inzwischen ausdrücklich an und bestimmt, dass Union wie auch Mitgliedstaaten im Rahmen ihrer jeweiligen Befugnisse für das Funktionieren der Dienste Sorge tragen, damit diese ihren Aufgaben nachkommen können.[635] Die Norm befreit allerdings schon ihrem Wortlaut nach nicht von der grundsätzlichen Geltung des europäischen Wettbewerbsrechts; eine Ausnahme davon kommt vielmehr ausschließlich nach Maßgabe des Art. 106 Abs. 2 AEUV in Betracht.

Der autonom europarechtlich auszulegende Begriff der Dienstleistungen von allgemeinem wirtschaftlichem Interesse ist zwar keineswegs deckungsgleich mit dem im nationalen Recht häufig verwendeten Begriff der „Daseinsvorsorge", doch kommen die Bedeutungsinhalte beider Begriffe einander im Ergebnis doch zumindest nahe.[636] Der Begriff der Dienstleistungen von allgemeinem wirtschaftlichem Interesse umfasst neben der Er-

---

634 Siehe BVerwGE 125, 68 (78 f., Rn. 37). Ebenso *Tschakert*, Klimaschutz durch kommunale Versorgungseinrichtungen, S. 130.

635 *Frenz*, WRP 2008, 73 (75 ff. sowie Thesen S. 86), versteht diese Vorschrift daher speziell als Norm zum Schutz kommunaler Betätigung. A.A. *Britz*, in: Schneider/ Theobald, Recht der Energiewirtschaft, 3. Aufl., § 5 Rn. 24, die darauf hinweist, dass die Vorschrift nicht zwingend voraussetzt, dass die jeweilige Leistung durch Kommunen erbracht werde; die Dienste als solche sollten daher geschützt werden, nicht kommunale Unternehmen. *Komorowski*, EuR 2015, 310 (312 f.), sieht in Art. 14 AEUV generell eine „Aufwertung" der Dienstleistungen von allgemeine wirtschaftlichem Interesse, die sich auch auf die Auslegung des Art. 106 Abs. 2 AEUV auswirke.

636 Siehe *Kolb*, LKV 2006, 97 (98). *Komorowski*, EuR 2015, 310 (317) betrachtet Art. 106 Abs. 2 AEUV gar als „allgemeinen Daseinsvorsorgevorbehalt".

bringung von Dienstleistungen im Sinne des Art. 57 AEUV auch die Bereitstellung von Waren – jedenfalls soweit zumindest potentiell ein Markt dafür besteht, es sich also um eine wirtschaftliche Tätigkeit handelt;[637] maßgeblich ist jeweils, dass die Leistungserbringung (zumindest auch) im Interesse der Allgemeinheit erfolgt.[638]

Eine abschließende Beurteilung der Voraussetzungen des Art. 106 Abs. 2 AEUV kann vorliegend nicht vorgenommen werden, zumal dabei auch auf die Besonderheiten des jeweiligen Anschluss- und Benutzungszwangs eingegangen werden müsste. Für die Energieversorgung beispielsweise wird das Vorliegen einer Dienstleistung von allgemeinem wirtschaftlichem Interesse nach den eben geschilderten Grundsätzen jedoch bejaht.[639] Dies kann auch auf den speziellen Bereich der Lieferung von Fernwärme übertragen werden.

cc) „Betrauung" im Sinne des Art. 106 Abs. 2 AEUV

Näherer Prüfung bedarf darüber hinaus aber auch die Frage der „Betrauung" des jeweiligen Unternehmens mit dieser Dienstleistung, wenngleich diese Betrauung einer Ansicht der Literatur zufolge nicht an eine bestimmte Form geknüpft ist.[640] Nach anderer Auffassung soll eine Betrauung als Tatbestandsmerkmal einer Ausnahmevorschrift dagegen enger ausgelegt werden und daher einen Hoheitsakt erfordern – dies kann jedoch auch im Wege einer Rechtsvorschrift erfolgen.[641] Im Hinblick auf die Energieversorgung kann dies insofern als problematisch erscheinen, als gerade die Pflicht zur Grundversorgung sich nunmehr gemäß § 36 Abs. 2

---

637 *Kolb*, LKV 2006, 97 (98); *Sodan*, LKV 2013, 433 (442).

638 Vgl. *Kolb*, LKV 2006, 97 (98) m.w.N.; *Sodan*, LKV 2013, 433 (442). Ebenso *Frenz*, WRP 2008, 73 (74 f.).

639 So u.a. *Britz*, in: Schneider/Theobald, Recht der Energiewirtschaft, 3. Aufl., § 5 Rn. 39.

640 *Tschakert*, Klimaschutz durch kommunale Versorgungseinrichtungen, S. 130, bejaht sie deshalb auch bei Einführung eines Anschluss- und Benutzungszwangs zugunsten einer öffentlichen Einrichtung. Für eine weites Verständnis *Komorowski*, EuR 2015, 310 (322 f.).

641 Vgl. *Krebs*, Kommunale Elektrizitätsversorgung, S. 242 ff., zum Beispiel einer im EnWG gesetzlich geregelten allgemeinen Anschluss- und Versorgungspflicht. Kritisch im Hinblick auf eine „Betrauung" mit der Aufgabe der Energieversorgung im Allgemeinen durch das EnWG dagegen *Sodan*, LKV 2013, 433 (442).

EnWG ohne besonderen Rechtsakt anhand der faktischen Gegebenheiten bestimmt und der jeweilige Grundversorger lediglich durch den Netzbetreiber bekanntgegeben wird.[642] Für den hier betrachteten Anschluss- und Benutzungszwang allerdings erfolgt die Betrauung im Wege der Satzung, die für Betroffene zugleich ein Benutzungsrecht gegenüber der jeweiligen öffentlichen Einrichtung begründet.

dd) „Verhinderung" der Aufgabenerfüllung

Weiterhin kommt es gemäß Art. 106 Abs. 2 AEUV darauf an, ob bei Anwendung der Vorschriften der Verträge die Erfüllung der mit der Dienstleistung verbundenen Aufgabe rechtlich oder tatsächlich verhindert würde. Zudem darf die Inanspruchnahme der Ausnahmeregelung nach Art. 106 Abs. 2 Satz 2 AEUV dem Unionsinteresse nicht zuwiderlaufen. Ob die Erfüllung der jeweiligen Aufgaben gemäß Art. 106 Abs. 2 Satz 1 AEUV „verhindert" würde, ist streng zu prüfen. Fraglich ist dabei, welcher Maßstab insoweit anzulegen ist.

Die Bestimmung darf nicht dahingehend verstanden werden, dass die Erfüllung der Aufgabe absolut verhindert würde. Dies ließe den Mitgliedstaaten im Ergebnis keinen Spielraum mehr hinsichtlich der Art und Weise der Aufgabenerfüllung und der Anwendungsbereich des Art. 106 Abs. 2 AEUV würde praktisch weitestgehend leerlaufen.[643] Daher soll es einer Auffassung zufolge letztendlich auch im Rahmen dieser Prüfung lediglich darauf ankommen, ob – wie vom nationalen Recht gefordert – ein besonderes öffentliches Bedürfnis gerade für die Einführung eines Anschluss- und Benutzungszwangs vorlag.[644] Entscheidend ist, dass die mit dem Anschluss- und Benutzungszwang verfolgten Interessen nicht gleichermaßen durch private Anbieter erfüllt werden könnten.[645] Insoweit hat die Ge-

---

642 Kritisch daher im Hinblick auf die „Betrauung" *Wolff*, in: Schneider/Theobald, Recht der Energiewirtschaft, § 5 Rn. 122.

643 Vgl. *Faber,* Anschluss- und Benutzungszwang, S. 203 f. Für eine enge Auslegung der Voraussetzung des „Verhinderns", die den Mitgliedstaaten hinreichend Raum belässt – gerade vor dem Hintergrund der Regelung des Art. 14 AEUV – *Komorowski*, EuR 2015, 310 (313, 324 f., m.w.N.).

644 So *Faber,* Anschluss- und Benutzungszwang, S. 204.

645 Siehe *Scharpf*, EuZW 2005, 295 (296 f.), der insoweit für eine „gemeinschaftsrechtskonforme Interpretation" und damit wohl im Ergebnis für eine restriktive Anwendung des Instruments Anschluss- und Benutzungszwangs plädiert.

meinde aber auch nach nationalem Recht bereits zu begründen, weshalb gerade ein öffentliches Bedürfnis für die Einführung des Anschluss- und Benutzungszwangs besteht und die damit verfolgten Ziele – gerade vor dem Hintergrund etwaiger Grundrechtsbeschränkungen – nicht auf andere Weise erreicht werden können.

Darüber hinaus enthält Art. 106 Abs. 2 AEUV mit Satz 2 der Regelung schließlich eine Art Abwägungsvorbehalt zwischen mitgliedstaatlichen Interessen und den Interessen der Europäischen Union, der wiederum restriktiv auszulegen ist.[646] Danach kommt es auf eine aktive Störung der Fortentwicklung des Handelsverkehrs an, die durch eine örtlich begrenzt wirkende Anschluss- und Benutzungsverpflichtung noch nicht hervorgerufen werden kann; lediglich punktuelle Beeinträchtigungen reichen für die Annahme des Art. 106 Abs. 2 Satz 2 AEUV noch nicht aus.[647]

So hatte das Bundesverwaltungsgericht in der genannten Entscheidung zuvor bereits die Einschlägigkeit des europäischen Wettbewerbsrechts verneint, da der nur örtlich ansetzende Anschluss- und Benutzungszwang dem Gericht zufolge nicht geeignet erscheine, den innergemeinschaftlichen Handel zu beeinträchtigen; eine Abschottung des nationalen Marktes im Hinblick auf die Fernwärmelieferung werde dadurch nicht hervorgerufen, da netzgebundene Wärmelieferung bereits aus technischen Gründen ohnehin immer nur in räumlich begrenzt erfolgen könne.[648]

Auch im Hinblick auf nicht (mehr) einsetzbare fossile Brennstoffe werde der Handel zwischen den Mitgliedstaaten nicht beeinträchtigt, da mit dem Anschluss- und Benutzungszwang kein generelle Verhinderung des Absatzes solcher fossiler Energieträger einhergehe und die Maßnahme ausländischen Anbietern gegenüber nicht diskriminierend wirke.[649]

c) Zwischenergebnis

Zusammenfassend bleibt festzuhalten, dass sich ein kommunaler Anschluss- und Benutzungszwang zwar in verschiedener Hinsicht europa-

---

646 *Komorowski*, EuR 2015, 310 (326).
647 *Faber,* Anschluss- und Benutzungszwang, S. 204 f.
648 BVerwGE 125, 68 (78, Rn. 36). Auch OVG Bautzen, Urt. v. 18.12.2007 – 4 B 541/05 –, juris Rn. 31 verweist auf nur punktuelle Wirkungen eines Anschluss- und Benutzungszwangs und sieht darin keine Verletzung des Wettbewerbsrechts.
649 BVerwGE 125, 68 (78, Rn. 36).

rechtlichen Bedenken ausgesetzt sieht, das Recht der Europäischen Union der Einführung eines solchen Zwangs jedoch keineswegs von vornherein entgegensteht. Das europäische Primärrecht sieht vielmehr verschiedene Ausnahmeregelungen vor, auf die gegebenenfalls – eine intensive Prüfung des Einzelfalls vorausgesetzt – auch ein Anschluss- und Benutzungszwang gestützt werden kann. Etwaige Beschränkungen europarechtlich gewährleisteter Freiheiten können danach im konkreten Fall durchaus gerechtfertigt sein. Mit der Prüfung dieser Vorschriften hat sich die Gemeinde vor Erlass einer Satzung zur Einführung eines Anschluss- und Benutzungszwangs allerdings ebenso zu befassen, wie mit den Vorgaben des nationalen Rechts.

Nach dem Überblick über die grundlegenden Voraussetzungen des Anschluss- und Benutzungszwangs soll im Folgenden das Erfordernis eines öffentlichen Bedürfnisses näher betrachtet werden. Zu erörtern ist insoweit v.a., ob darunter auch klima- bzw. energiepolitische Belange gefasst und Anschluss- und Benutzungszwänge durch derartige Gründe gerechtfertigt werden können.

Teil 3: Das Erfordernis eines „öffentlichen Bedürfnisses" als Voraussetzung für den Anschluss- und Benutzungszwang – unter Berücksichtigung des verfassungsrechtlichen Rahmens

Hinsichtlich der Frage, welche Belange im Einzelnen ein „öffentliches Bedürfnis" im Sinne der jeweiligen Ermächtigungsgrundlage begründen können bzw. welche Belange zulässige „Gründe des öffentlichen Wohls" darstellen, hat sich in mancher Hinsicht bereits eine einheitliche Betrachtungsweise durchgesetzt. Ausgehend von der historischen Entwicklung des Instruments des Anschluss- und Benutzungszwangs sind bestimmte „klassische" Anordnungsgründe allgemein anerkannt, einige andere Interessen konnten sich nach wie vor nicht durchsetzen.

Kontrovers diskutiert wird demgegenüber bereits seit mehreren Jahren die Frage, ob bzw. inwieweit klima- und energiepolitische Zielsetzungen zur Begründung eines solchen öffentlichen Bedürfnisses herangezogen werden dürfen. Für die Beantwortung dieser Frage wird es maßgeblich auf das Verständnis vom Anschluss- und Benutzungszwang sowie auf dessen verfassungsrechtliche Einbettung ankommen. Dieser verfassungsrechtliche Rahmen soll daher im Anschluss an einen Überblick über die Problematik ausführlich untersucht werden.

I. Überblick über die Problematik

Typischerweise lassen sich die in Erwägung gezogenen Anordnungsgründe in drei Gruppen einteilen: Neben dem Gesundheits- und Hygieneschutz kommen Umweltschutzbelange in Betracht und schließlich kommunalwirtschaftliche Erwägungsgründe.[650]

Aspekte des Gesundheits- und Hygieneschutzes sind insoweit unproblematisch, als es sich dabei doch gerade um die klassischen Beweggründe

---

650 So auch *Faber*, Anschluss- und Benutzungszwang, S. 74 ff., der dort allerdings als zusätzliche, eigene Kategorie die Gewährleistung der Daseinsvorsorge nennt und daher insgesamt gar von vier „typischen" Anordnungsgründen spricht.

für die Entwicklung des Rechtsinstituts des Anschluss- und Benutzungs-zwangs handelt,[651] wie sie auch heute noch über das Merkmal der „Volks-gesundheit" Erwähnung in den Ermächtigungsgrundlagen finden (vgl. u.a. § 11 Abs. 1 GemO BaWü, § 9 Satz 1 GO NRW, § 22 Abs. 1 KSVG Saar-land).

Problematisch gestaltet sich demgegenüber die Einführung eines An-schluss- und Benutzungszwangs aus einem der anderen Gründe.

1. Kommunalwirtschaftliche Erwägungen zur Rentabilität der öffentlichen Einrichtung

Für die betreffenden Gemeinden stehen bei der Entscheidung über die Einführung eines Anschluss- und Benutzungszwangs vielfach kommunal-wirtschaftliche Erwägungen im Raum.

Allerdings besteht – vor dem Hintergrund der Grundrechtsrelevanz einer derartigen Maßnahme völlig zu Recht – Einigkeit, dass allein wirt-schaftliche Erwägungen der Gemeinde, u.U. gar das Ziel der Gewinnerzie-lung bzw. -maximierung, die Einführung eines Anschluss- und Benut-zungszwangs nicht rechtfertigen können.[652]

Das bedeutet jedoch keineswegs, dass wirtschaftliche Gesichtspunkte völlig außer Betracht bleiben müssten. Mit Blick auf frühe Ansätze des Ressourcenschutzes[653] können diese nicht bereits unter Berufung auf die historische Entwicklung des Anschluss- und Benutzungszwangs ausge-schlossen werden. Sie dienen zwar für sich betrachtet noch nicht der Be-gründung eines öffentlichen Bedürfnisses, können aber in Verbindung mit anderen, als solche zulässigen Belangen, das Vorliegen eines Gemein-wohls hinreichend begründen.

So ist, wie bereits erwähnt,[654] entscheidend, ob der für die jeweilige öf-fentliche Einrichtung maßgebliche Anordnungsgrund nicht auch auf ande-re Weise erreicht werden kann. Dies wird in vielen Fällen bereits deshalb zu verneinen sein, da sich die – im Hinblick auf den an sich zulässigen

---

651 Dazu oben Teil 2 I. 1.
652 Vgl. statt vieler aus der kommunalrechtlichen Literatur nur *Geis*, § 10 Rn. 84; *Gern*, Dt. Kommunalrecht, Rn. 614; *Gern*, Dt. Kommunalrecht, Rn. 692; *Hegele/ Ewert*, S. 76.
653 Siehe oben Teil 2 I. 1.
654 Siehe oben Teil 2 III. 5.

Anordnungsgrund erforderliche – Einrichtung nur bei einer hinreichenden Zahl von Nutzern wirtschaftlich rentabel betreiben lässt. Derartige Rentabilitätsgesichtspunkte können daher in Verbindung mit einem an sich zulässigen Anordnungsgrund zur Rechtfertigung des Anschluss- und Benutzungszwangs führen bzw. zur Erstreckung des Zwangs auch auf Grundstücke, die andernfalls, mit Blick auf den eigentlichen Anordnungsgrund nicht zwingend erfasst werden müssten.[655]

Primärer Anordnungsgrund bleibt in diesen Fällen demnach ein Belang nicht-wirtschaftlicher Art, beispielsweise der Schutz der Gesundheit. Diesem Interesse könnte zwar auch bereits durch Schaffung der jeweiligen öffentlichen Einrichtung – unter Verzicht auf den zwangsweisen Anschluss der Gemeindeeinwohner – Rechnung getragen werden. Ohne Erlass eines Anschluss- und Benutzungszwangs müsste der Betrieb der Einrichtung jedoch scheitern, falls Einwohner nicht in ausreichender Zahl freiwillig von der Nutzungsmöglichkeit der Einrichtung Gebrauch machen würden. Der Zwang dient damit in diesen Fällen der Absicherung der für den Betrieb der Einrichtung erforderlichen Einnahmen – im Ergebnis jedoch wiederum als ein Mittel zum Schutz der Gesundheit bzw. des sonstigen Anordnungsgrundes.[656]

Diese Überlegungen korrespondieren mit dem oben genannten Grundsatz, dass das jeweilige, primär verfolgte Interesse nicht für jedes einzelne erfasste Grundstück nachgewiesen werden muss.[657]

Ist in Anwendung dieser Grundsätze ein Anordnungs- und Benutzungszwang unter Einbeziehung von Rentabilitätsgesichtspunkten zulässig, so steht die Tatsache, dass mit der Einrichtung in der Praxis tatsächlich auch Gewinne erzielt werden, dieser Zulässigkeit jedoch nicht entgegen. Allein die Gewinnerzielungsabsicht darf nicht primäre Motivation für die Einführung des Zwangs sein.[658]

---

655 Vgl. aus der Rechtsprechung nur BVerwG, NVwZ 1986, 754 (755 f.); OVG Schleswig, CuR 2004, 60 (63); OVG Schleswig, ZUR 2003, 92 (94); VGH Mannheim, VBlBW 1982, 234 (236). Dazu auch *Faber,* Anschluss- und Benutzungszwang, S. 80 ff.; *Quecke/Schaffarzik,* in: Quecke/Schmid, SächsGemO, § 14 Rn. 19. *Röhl,* in: Schoch, Bes. VerwR, 1. Kapitel, Rn. 167, weist ebenfalls darauf hin, dass fiskalische Erwägungen als „Nebenzweck" dienen dürfen.

656 Siehe *Widtmann/Grasser/Glaser*, Bayerische Gemeindeordnung, Art. 24 Rn. 6.

657 *Widtmann/Grasser/Glaser*, Bayerische Gemeindeordnung, Art. 24 Rn. 6; *Quecke/ Schaffarzik*, in: Quecke/Schmid, SächsGemO, § 14 Rn. 18. Siehe bereits oben Teil 2 III. 5.

658 *Quecke/Schaffarzik*, in: Quecke/Schmid, SächsGemO, § 14 Rn. 19.

Auch soweit klima- und energiepolitische Erwägungen als zulässige Anordnungsgründe anerkannt würden, kann beispielsweise der Einsatz der KWK-Technik für sich genommen – selbst vor dem Hintergrund ihrer klima- und energiepolitischen Vorzüge – die Einführung eines Anschluss- und Benutzungszwangs für die netzgebundene Wärmeversorgung noch nicht rechtfertigen. Immerhin sind diese Vorteile der KWK-Technik als solche unabhängig vom Bestehen eines solchen Zwangs.

Doch erst die Verpflichtung der Gemeindeeinwohner zur Nutzung dieser Technik über die netzgebundene Wärmeversorgung bietet derselben eine hinreichend gesicherte Nachfrage, um die Anlage wirtschaftlich effizient betreiben zu können. Bliebe die Auswahlentscheidung zwischen verschiedenen Arten der Wärmebedarfsdeckung allein dem Markt überlassen, könnten aktuell Öl- oder Gas-betriebene Einzelfeuerungsanlagen vielfach noch von geringeren Investitionskosten profitieren.[659] Nicht zuletzt ist der räumliche Radius einer möglichen „Kundensuche" für Betreiber eines Wärmenetzes eingeschränkt, da die begrenzte Ausdehnung der Netze eine gewisse räumliche Nähe der zentralen Anlagen zu den Abnehmern erforderlich macht.[660] Zudem ermöglicht erst eine hinreichend große Auslastung der KWK-Anlage die erforderliche Anzahl von Betriebsstunden, um nicht nur einen wirtschaftlich sinnvollen Betrieb zu ermöglichen, sondern auch größtmögliche Energieeffizienz-Effekte zu erzielen.[661]

Zumindest als Nebenzweck dürfen derartige Gesichtspunkte zur Wirtschaftlichkeit des Betriebs der jeweiligen Einrichtung somit herangezogen werden, setzen aber zugleich einen zulässigen „Primärzweck" voraus. Fraglich ist, ob als solcher neben dem Gesundheitsschutz auch klima- oder energiepolitische Interessen in Betracht kommen.

2. Umwelt- und Klimaschutz als „öffentliches Bedürfnis"?

Anders als der Gesundheitsschutz zählt der Umweltschutz nicht zu den „klassischen" Anordnungsgründen, sondern gewann erst im Laufe der letzten Jahrzehnte an Bedeutung. So wurden Formulierungen zum Schutz der Umwelt, des Klimas bzw. der natürlichen Lebensgrundlagen auch erst nach und nach in die einschlägigen Bestimmungen des Kommunalrechts

---

659 *Kahl*, VBlBW 2011, 53 (54).
660 *Böhm/Schwarz*, DVBl 2012, 540.
661 *Böhm/Schwarz*, DVBl 2012, 540.

aufgenommen. Bis heute sucht man diese oder eine ähnliche Formulierung in § 22 Abs. 1 KSVG des Saarlandes und § 11 Abs. 1 Satz 1 KVG LSA vergeblich.

Soweit die konkreten Umweltschutzbelange zugleich wiederum mit dem Schutz der menschlichen Gesundheit im engeren Sinne unmittelbar verbunden sind, kann ein Anschluss- und Benutzungszwang sich gegebenenfalls auch insofern auf den Schutz der Volksgesundheit stützen. Fehlt es jedoch an einem solchen, unmittelbaren Gesundheitsbezug, ist fraglich, ob der Umweltschutz im weiteren Sinne, insbesondere auch der Schutz des globalen Klimas, einen zulässigen Anordnungsgrund darstellen kann.

Vor dem Hintergrund der Folgen des Klimawandels[662] ist zwar eine zumindest mittelbare Auswirkung auch auf die menschliche Gesundheit nicht von der Hand zu weisen. Versuche, einen Anschluss- und Benutzungszwang aus Gründen des Klimaschutzes auf die jeweilige Ermächtigungsgrundlage zu stützen, durften daher nicht überraschen. Sie blieben allerdings überwiegend erfolglos, solange Umwelt- und Klimaschutz in den einschlägigen Vorschriften noch nicht ausdrücklich benannt wurden und ein unmittelbarer Bezug zur Volksgesundheit im engeren Sinne nicht nachgewiesen werden konnte.

Problematisch gestaltet sich insoweit insbesondere ein Anschluss- und Benutzungszwang im Bereich der Wärmeversorgung, während für die sonst erfassten öffentlichen Einrichtungen regelmäßig „klassische" Erwägungen des Gesundheitsschutzes ins Feld geführt werden konnten bzw. weiterhin können.

Da die netzgebundene, zentrale Wärmeversorgung gegenwärtig in allen Ermächtigungsgrundlagen ausdrücklich als Einrichtung benannt wird, zu deren Gunsten ein Anschluss- und Benutzungszwang in Betracht kommt, geben die Landesgesetzgeber damit zu erkennen, dass sie die zentrale Wärmeversorgung als öffentliche Einrichtung betrachten, die grundsätzlich geeignet ist, dem jeweiligen öffentlichen Wohl – bzw. konkret der Volksgesundheit – zu dienen. Allerdings ist damit noch nicht festgestellt, ob das öffentliche Bedürfnis auch im konkreten Fall gegeben ist bzw. worin genau das öffentliche Bedürfnis im Einzelnen bestehen kann.

So findet sich in der kommunalrechtlichen Literatur die Bewertung des Anschluss- und Benutzungszwangs im Wärmebereich als ein Instrument

---

662 Siehe oben Teil 1 I. 2.

zum Zweck des Immissionsschutzes.[663] Ein öffentliches Bedürfnis zu dessen Anordnung bestehe nur, wenn auf diese Weise im konkreten Fall eine – gesundheitsschädliche – Zunahme der Luftverschmutzung durch die von Einzelheizungen ausgehenden Emissionen vermieden werden könne.[664] Eine – im Hinblick auf die Gesundheit der Gemeindeeinwohner – vor Ort spürbare Auswirkung kann die netzgebundene Wärmeversorgung aber nur im Falle besonderer örtlicher Gegebenheiten entfalten, bei einer besonders hohen Emissionsbelastung beispielsweise in größeren Ballungszentren, einer stark industriell geprägten Umgebung oder aufgrund des Betriebs einer großen Zahl einzelner Heizungsanlagen auf engem Raum.[665]

Dementsprechend hat auch die Rechtsprechung die Einführung eines Anschluss- und Benutzungszwangs an die öffentliche Fernwärmeversorgung im Grundsatz für unproblematisch erachtet, soweit er gerade aus Gründen des örtlich ansetzenden Immissionsschutzes, in Anbetracht der spezifischen baulichen Situation vor Ort, angeordnet wurde.[666]

§ 22 Abs. 1 KSVG des Saarlandes benennt als öffentliche Einrichtungen u.a. „… Einrichtungen zur Versorgung mit Fernwärme und ähnliche der Volksgesundheit dienende Einrichtungen". In vergleichbarer Weise spricht auch § 11 Abs. 1 Satz 1 KVG LSA von verschiedenen konkreten öffentlichen Einrichtungen, darunter die Fernwärmeversorgung, sowie „ähnliche[n] der Gesundheit der Bevölkerung dienende[n] Einrichtungen". In beiden Fällen legt die Verknüpfung mit dem Auffangtatbestand bei systematischer Auslegung nahe, auch die konkret benannten Einrichtungen, einschließlich der Fernwärmeversorgung, als „der Gesundheit dienende Einrichtungen" zu verstehen. Danach wäre in jedem Fall ein Nachweis der Verfolgung des Ziels der Gesundheit im historisch eng verstandenen Sinne erforderlich.

Obwohl die Thüringer Ermächtigungsgrundlage nicht in dieser engen Form an das Vorliegen einer „der Gesundheit dienenden Einrichtung" anknüpft, setzt sie doch der Rechtsprechung des OVG Weimar zufolge einen entsprechenden örtlichen Bezug voraus: Nach § 20 Abs. 2 Satz 1 Nr. 2 ThürKO könne ein Anschluss- und Benutzungszwang nicht allein auf entsprechende Erwägungen des globalen Klimaschutzes gestützt werden, sondern es sei ein Bezug gerade zur örtlichen Gemeinschaft erforder-

---

663 Siehe *Gern*, Dt. Kommunalrecht, Rn. 598.
664 *Gern*, Dt. Kommunalrecht, Rn. 616; *ders.*, Sächs. Kommunalrecht, Rn. 694.
665 Siehe *Glaser*, Verw. 41 (2008), 483 (496 f.).
666 BVerwG, NVwZ-RR 1992, 37.

I. Überblick über die Problematik

lich.[667] Dazu könne grundsätzlich auch ein Energiekonzept zur umweltfreundlichen Energieversorgung herangezogen werden; ein örtlicher Bezug ergebe sich dann aus der im Energiekonzept vorgesehenen Gewährleistung einer kostengünstigen Versorgung innerhalb der Gemeinde sowie aus dem zugleich beabsichtigten Beitrag zur Sicherstellung guter klimatischer Werte der Stadt, die den Status eines anerkannten Erholungsortes innehatte.[668] Die konkret verfolgten Motive waren dem OVG Weimar zufolge daher nicht allein solche des globalen Klimaschutzes, sondern das Ziel der Luftreinhaltung der betroffenen Stadt, indem die örtlichen CO_2-Emissionen vieler einzelner, fossil betriebener Heizungsanlagen verringert werden sollten.[669]

Ob diese Gründe für die Anordnung eines Anschluss- und Benutzungszwangs tatsächlich vorlagen, prüfte das Gericht dabei durchaus kritisch nach, unter maßgeblicher Berücksichtigung der seit 1990 bereits festzustellenden Verbesserung der Luftsituation vor Ort.[670] Das Gericht zweifelte aus diesem Grund im konkreten Fall am Vorliegen der für den Anschluss- und Benutzungszwang erforderlichen Gemeinwohlgründe und ließ die Entscheidung im Ergebnis lediglich deshalb offen, da die Satzung sich auch aus anderen Gründen als unwirksam erwies.[671]

Wie u.a. diese Entscheidung des OVG Weimar zeigt, steht die Problematik eines „spezifischen örtlichen Bezugs" des Anschluss- und Benutzungszwangs in unmittelbarem Zusammenhang mit der Frage nach der Zulässigkeit des Klimaschutzes als Anordnungsgrund. So wird die grundlegende Notwendigkeit eines besonderen öffentlichen Bedürfnisses doch gerade auf die Beschränkung der Handlungsbefugnis der Gemeinden auf die Angelegenheiten der örtlichen Gemeinschaft im Sinne des Art. 28 Abs. 2 Satz 1 GG zurückgeführt.

In der Folge dessen sei das erforderliche „öffentliche Bedürfnis" gerade mit Blick auf das Wohlergehen der örtlichen Gemeinschaft auszulegen, weshalb die Anordnung eines Anschluss- und Benutzungszwangs in jedem Fall einen spezifischen örtlichen Bezug voraussetze.[672] Gerade im Hinblick auf den globalen Klimaschutz scheint das Bestehen eines örtli-

---

667 So OVG Weimar, CuR 2008, 102 (104 f.).
668 OVG Weimar, CuR 2008, 102 (105).
669 OVG Weimar, CuR 2008, 102 (105).
670 Vgl. OVG Weimar, CuR 2008, 102 (105).
671 So OVG Weimar, CuR 2008, 102 (105).
672 Siehe zu dieser Problematik *Ennuschat/Volino*, CuR 2009, 90 (92).

chen Bezugs allerdings insofern zweifelhaft, da zum einen die Änderung des Klimas durch verschiedene globale Ursachen bedingt ist und sich das Klima zum anderen weder allein auf regionaler Ebene steuern lässt, noch einzelne lokale Beiträge zum Klimaschutz vor Ort spürbare Auswirkungen nach sich ziehen.[673] Andererseits besteht gerade auf regionaler bzw. lokaler Ebene ein großes Potenzial für verschiedene Beiträge zum Klimaschutz.[674]

Änderungen der landesrechtlichen Ermächtigungsgrundlagen, in deren Zuge Umwelt- und Klimaschutz ausdrücklich als zulässige Zielsetzungen verankert werden sollten, kamen aus diesem Grund ebenfalls nicht um eine Auseinandersetzung mit der Bedeutung des Art. 28 Abs. 2 Satz 1 GG herum. So wurde beispielsweise im Verlauf des Gesetzgebungsverfahren zur Änderung der baden-württembergischen Gemeindeordnung im Jahr 2005 kontrovers diskutiert, ob auch bei der Verfolgung von Klimaschutzzielen mit dem Mittel des Anschluss- und Benutzungszwangs die Erforderlichkeit eines spezifischen örtlichen Bezugs stets gewährleistet bleiben müsse.[675] Wie der Gesetzesbegründung schließlich zu entnehmen ist, dürfen die Gemeinden keine Aufgaben ohne spezifischen Bezug zur örtlichen Gemeinschaft wahrnehmen, insbesondere nicht bei Grundrechtsrelevanz dieser Aufgabenwahrnehmung, wie im Falle der Anordnung eines Anschluss- und Benutzungszwangs.[676]

Inwieweit somit auch nur überörtlich spürbare Auswirkungen der netzgebundenen Wärmeversorgung auf die Emission von Treibhausgasen ausreichen können, einen spezifischen örtlichen Bezug zu bejahen und die Anordnung eines Anschluss- und Benutzungszwangs zu rechtfertigen, kann daher zumindest nicht als endgültig geklärt betrachtet werden. In Anbetracht dieser Bedeutung des Art. 28 Abs. 2 Satz 1 GG für die Auslegung landesrechtlicher Ermächtigungsgrundlagen wie auch ihrer Novellierung ist diesem verfassungsrechtlichen Rahmen sogleich noch ausführlicher nachzugehen.

---

673 *Manten/Elbel*, LKV 2009, 1 (5).
674 *Manten/Elbel*, LKV 2009, 1 (5). Siehe dazu bereits oben Teil 1 V.
675 Siehe dazu die Begründung des Gesetzentwurfs der Landesregierung vom 13.06.2005, LT-Drs. 13/4385, S. 10 sowie 31 einerseits, andererseits jedoch S. 16 f. Dazu sogleich noch näher unter Teil 3 IV. 1.
676 So die Begründung des Gesetzentwurfs der Landesregierung vom 13.06.2005, LT-Drs. 13/4385, S. 16.

3. Energiepolitische Aspekte als „öffentliches Bedürfnis"?

Neben dem Klimaschutz werden auch energiepolitische Erwägungen gelegentlich als zulässige Anordnungsgründe betrachtet.[677] Doch da auch insofern kein unmittelbarer Gesundheitsbezug besteht, ist diese Zulässigkeit ebenso problematisch wie im Fall des allgemeinen Umwelt- und Klimaschutzes.

Dementsprechend wird zum Teil vertreten, das Ziel der rationelleren Energieverwendung oder Energieeinsparung *allein* könne einen Anschluss- und Benutzungszwang nicht rechtfertigen, da dies von den landesrechtlichen Ermächtigungsgrundlagen weder gedeckt sei, noch überhaupt erfasst werden könnte, angesichts geltender bundesrechtlicher Regelungen dazu; auch handele es sich im Fall der Energiepolitik doch um eine gesamtstaatliche, keine örtliche Aufgabe.[678] Allerdings könnten energiepolitische Gründe neben den umweltpolitischen mit verfolgt werden.[679]

Die Begründung kann in dieser Form nicht überzeugen: Soweit auf die konkurrierende Gesetzgebungskompetenz des Bundes für das Recht der Wirtschaft gemäß Art. 74 Abs. 1 Nr. 11 GG und existierendes Bundesrecht verwiesen wird,[680] hätte es zumindest näherer Ausführungen bedurft, inwieweit es sich dabei um eine abschließende Regelung handelt. Dass eine solche für den Wärmebereich – im Unterschied zur Elektrizitäts- und Gasversorgung – nicht vorliegt, wurde bereits an anderer Stelle dargelegt.[681]

In Bezug auf die Feststellung einer „gesamtstaatlichen Aufgabe" kann wiederum auf das Beispiel des Klimaschutzes verwiesen werden, der ebenfalls eine überörtliche, gar globale Aufgabe darstellt.

Anders als Aspekte des Umwelt- und Klimaschutzes finden energiepolitische Gesichtspunkte in den einschlägigen Bestimmungen des Landesrechts allerdings noch deutlich seltener Erwähnung. Ausnahmen bilden insoweit lediglich § 11 Abs. 1 GemO BaWü, § 12 Abs. 2 Satz 4 BbgKVerf und § 1 Abs. 4 HEG, die den Ressourcenschutz ausdrücklich neben dem Ziel des Klimaschutzes aufführen; in Berlin und Hamburg finden zudem

---

677 Siehe dazu etwa *Gern*, Dt. Kommunalrecht, Rn. 616; *Gern*, Sächs. Kommunalrecht, Rn. 694.
678 So *Quecke/Schaffarzik*, in: Quecke/Schmid, SächsGemO, § 14 Rn. 10.
679 *Quecke/Schaffarzik*, in: Quecke/Schmid, SächsGemO, § 14 Rn. 10.
680 Siehe wiederum *Quecke/Schaffarzik*, in: Quecke/Schmid, SächsGemO, § 14 Rn. 10.
681 Siehe oben Teil 2 I. 3. sowie III. 4. b).

fachgesetzliche Ermächtigungsgrundlagen Anwendung, die den jeweiligen, insbesondere auch energiepolitischen Zielen dieser Fachgesetze verpflichtet sind.

Die Problematik der Zulässigkeit entsprechender Anordnungsgründe als „öffentliches Bedürfnis" im Sinne der jeweiligen Ermächtigungsgrundlage ist damit aber der des Klimaschutzes durchaus vergleichbar und erfordert ebenfalls eine nähere Betrachtung des verfassungsrechtlichen Rahmens.

Zusammenfassend lassen sich die Motivationen der Kommunen, Maßnahmen des Klima- und Ressourcenschutzes zu ergreifen, somit wie folgt einordnen:

Einerseits kann es sich um siedlungsökologische Interessen in einem engeren Sinne handeln, bei der die Luftqualität vor Ort verbessert werden soll und die nach den obigen Grundsätzen kein besonderes Problem im Hinblick auf die Einführung eines Anschluss- und Benutzungszwangs darstellen.

Ungleich problematischer gestaltet sich dagegen die Beurteilung der Zulässigkeit entsprechender Maßnahmen, soweit die Kommune damit in einem übergreifenden Sinne ökologisches Engagement zeigen will und primär einen Beitrag zum globalen Klima- und Ressourcenschutz beabsichtigt,[682] oder soweit sie (energie-)wirtschaftliche Interessen verfolgt, letzteres etwa mit dem Ziel einer autarken kommunalen Energieversorgung, gegebenenfalls im Sinne einer nachhaltigen Entwicklung der Region, zur Sicherung der regionalen Wertschöpfung und dem Schutz vor einem Kapitalabfluss, zum Teil wiederum verstärkt durch Belange des Klimaschutzes.[683]

4. Parallele zum Streit um Maßnahmen des Klimaschutzes mit den Mitteln des Städtebaurechts

Der Streit um die Reichweite kommunaler Kompetenzen entfaltet sich vielfach und seit langem am Beispiel des Städtebaurechts. Dabei wird be-

---

682 *Longo*, Örtliche Energieversorgung, S. 71, spricht insoweit von einem „global-ökologischen Anliegen" der Kommune, in Abgrenzung von dem bereits genannten „siedlungsökologischen" sowie einem etwaigen „siedlungsökonomischen" Anliegen.

683 Zu derartigen (energie-)wirtschaftlichen Motiven *Longo,* Örtliche Energieversorgung, S. 77 ff.

reits seit längerem kontrovers diskutiert, welche Festsetzungen beispielsweise in einem Bebauungsplan zulässig sind und welche Motive die Gemeinde dabei zulässigerweise verfolgen darf. Diese Diskussion kann daher zum Vergleich auch für die vorliegenden Überlegungen zu dem mit klassischen kommunalrechtlichen Instrumenten verfolgten Klimaschutz herangezogen werden.

Nicht nur in der Rechtsprechung wird der Begriff des Städtebaurechts an einen bodenrechtlichen Bezug gekoppelt, von dem der allgemeine Klimaschutz lange Zeit als nicht umfasst angesehen wurde.[684] Einige Vertreter des Schrifttums sind dem allerdings mit deutlicher Kritik entgegengetreten.[685] Sie plädieren für einen weiten Begriff des Städtebaurechts, da auch klimaschützende Festsetzungen insoweit von bodenrechtlicher Relevanz seien, als durch die Beplanung von Flächen die Errichtung baulicher Anlagen ermöglicht werde. Dies wiederum bilde mittelbar eine Ursache für die Entstehung von Emissionen, durch den entsprechenden Energieverbrauch in eben diesen Anlagen.[686] Mit den Mitteln des Städtebaurechts könnten Kommunen daher einen entscheidenden Beitrag nicht allein zur Verursachung der Problematik, sondern umgekehrt auch zur Problemlösung leisten. Zwar sei ihr unmittelbarer Handlungsraum durch die Gemeindegrenzen beschränkt, doch gelte dies keineswegs für die ihre einzelnen Handlungen prägende Perspektive der Kommunen.[687]

Vor dem Hintergrund dieser Diskussion ist auch der Gesetzgeber aktiv geworden. Seit einer Novellierung des BauGB im Jahr 2011[688] enthält § 1 Abs. 5 Satz 2 BauGB nunmehr eine ausdrückliche Regelung dahingehend, dass Bauleitpläne auch einen Beitrag zur Förderung von Klimaschutz und Klimaanpassung leisten sollen; dies betont auch § 1a Abs. 5 BauGB. Diese

---

684 Vgl. *Kraft*, DVBl 1998, 1048 (1049 f.); *Mitschang/Reidt*, in: Battis/Krautzberger/ Löhr, BauGB, § 9 Rn. 127; *Söfker*, in: Ernst/Zinkahn/Bielenberg/Krautzberger, BauGB, § 9 Rn. 191; *Spannowsky*, in: Spannowsky/Uechtritz, BeckOK BauGB, § 9 Rn. 91.

685 Siehe etwa *Faßbender*, in: Köck/Faßbender, Klimaschutz durch Erneuerbare Energien, S. 39 (43 ff.); *Kahl*, ZUR 2010, 395 (396); *Klinski/Longo*, ZNER 2007, 41 (42); *Koch/Mengel*, DVBl 2000, 953 (956 f.).

686 *Koch/Mengel*, DVBl 2000, 953 (959); *Schmidt*, Nutzung von Solarenergie, S. 68 f.; *Schmidt*, NVwZ 2006, 1354 (1356).

687 *Koch/Mengel*, DVBl 2000, 953 (957).

688 Durch Art. 1 Nr. 2 und 3 des Gesetzes zur Förderung des Klimaschutzes bei der Entwicklung in den Städten und Gemeinden v. 22.7.2011, BGBl. I 2011, S. 1509.

Änderungen sollten bestehende Unsicherheiten beseitigen und die Handlungsmöglichkeiten der Kommunen erweitern.[689]

Aus diesem Grund könnte man zu der Einschätzung gelangen, der frühere Streit um die Zulässigkeit des Klimaschutzes als städtebaulich relevanter Belang habe sich damit erledigt.[690] Dass dem nicht so ist, zeigen jedoch andere Äußerungen im Schrifttum.[691]

Fraglich bleibt die Bedeutung des Erfordernisses der Rechtfertigung bauplanerischer Festsetzungen durch städtebauliche Gründe gemäß § 9 Abs. 1 BauGB. Immerhin wurde dieses Erfordernis trotz der bekannten Problematik[692] und Diskussion darum auch im Rahmen der Novellierung 2011 nicht gestrichen.[693] Daher stellt sich die Frage, was als städtebaulicher Grund in diesem Sinne zu betrachten ist, vom dem das Bauplanungsrecht nach dem Willen des Gesetzgebers offenbar keineswegs komplett losgelöst werden sollte.[694]

Wie bereits aufgezeigt, kann ein entsprechender städtebaulicher Bezug jedoch bereits darin gesehen werden, dass mittels der Bauleitplanung eine bestimmte Bebauung ermöglicht und somit auch Energiebedarf hervorgerufen wird.

Im Übrigen gibt die historische Fortentwicklung des BauGB bis hin zur ausdrücklichen Aufnahme der Aufgabe des Klimaschutzes in §§ 1 und 1a BauGB der Literatur zufolge – unter Beachtung des Staatsziels Umweltschutz aus Art. 20a GG – „Anlass zu Überlegungen", ob der globale Kli-

---

689 Siehe *Schmidt*, Nutzung von Solarenergie, S. 47 f. Das Ergebnis belegt *Schmidt* schließlich noch durch eine ausführliche systematisch-teleologische Auslegung, vgl. a.a.O. S. 48 ff. Für eine weite Auslegung und gegen eine Beschränkung auf die Erforderlichkeit aus Gründen der örtlichen Situationen daher z.B. auch *Ekardt/Schmitz/Schmidtke*, ZNER 2008, 334 (335 f.).

690 Zu alldem m.w.N. *Longo*, Örtliche Energieversorgung, S. 85 ff.

691 So zeigt *Schmidt*, Nutzung von Solarenergie, S. 43 f., eindrucksvoll auf, dass mit der letzten Änderung 2011 keineswegs alle Unklarheiten beseitigt wurden.

692 So hat etwa BVerwG, NVwZ 1989, 664 betont, dass die Festsetzung eines Verwendungsverbots bauplanungsrechtlich erforderlich sein müsse, was wiederum „jedenfalls dann" bejaht werden könne, wenn das betroffene Stadtgebiet „lufthygienisch" stark vorbelastet sei.

693 Vgl. dazu die Darstellung bei *Schmidt*, Nutzung von Solarenergie, S. 65.

694 *Schmidt*, Nutzung von Solarenergie, S. 66; zu den sich danach ergebenden Anforderungen an die städtebauliche Erforderlichkeit *Schmidt*, a.a.O. S. 67 ff.

maschutz mit den Mitteln der Bauleitplanung selbst ohne spezifischen örtlichen Bezug aktiv verfolgt werden dürfe.[695]

Auch auf die Auslegung städtebaulicher Normen nehmen die verfassungsrechtlichen Vorgaben entsprechend Einfluss – so insbesondere Art. 28 Abs. 2 Satz 1 GG sowie Art. 20a GG, angesichts der Grundrechtsbindung der Kommunen aber auch Art. 14 GG.[696]

II. Der verfassungsrechtliche Rahmen der kommunalen Selbstverwaltung gemäß Art. 28 Abs. 2 Satz 1 GG

Wenngleich sich Klimaschutz und Energiewende in verschiedener Hinsicht als besondere Handlungsfelder der Kommunen anbieten[697] und ihre Rolle im Kampf gegen den Klimawandel häufig betont wird,[698] ist der Befund – die Einordnung des Klimaschutzes als rechtliche Angelegenheit gerade der Kommunen keineswegs eindeutig.

So lässt sich durchaus vertreten, die „Rettung des Weltklimas" weise nicht per se einen Bezug zur örtlichen Gemeinschaft auf.[699] Andererseits wird im Schrifttum nicht weniger deutlich hervorgehoben, es könne „nicht ernsthaft bestritten werden, dass sich Kommunen im Rahmen der kommunalen Allzuständigkeit [...] auch mit Fragen des Klimaschutzes beschäftigen dürfen".[700] Immerhin könnten alle in Frage kommenden Klimaschutzmaßnahmen einem der klassischen kommunalen Aufgabenbereiche zugeordnet werden und die Folgen des Klimawandels wiederum fielen letztendlich doch auf die Kommunen zurück.[701]

Mit der Frage der „kommunalen Allzuständigkeit" ist Art. 28 Abs. 2 Satz 1 GG angesprochen, die Garantie kommunaler Selbstverwaltung. Danach muss den Gemeinden das Recht gewährleistet sein, alle Angelegenheiten der örtlichen Gemeinschaft im Rahmen der Gesetze in eigener Verantwortung zu regeln.

---

695 So *Schmidt,* Nutzung von Solarenergie, S. 45 f. Für ein weites Verständnis mit Blick auf die Änderungen in § 1 BauGB auch *Schmidt,* NVwZ 2006, 1354 (1357).

696 *Longo,* Örtliche Energieversorgung, S. 86 f.

697 Siehe oben Teil 1 V.

698 Zur Vorbildfunktion der Kommunen siehe oben Teil 1 III. 4.

699 Vgl. *Rodi,* IR 2012, 242 (243).

700 So – trotz des zuvor erwähnten Einwands – etwa *Rodi,* IR 2012, 242 (243).

701 *Rodi,* IR 2012, 242 (243).

Ob sich als eine solche Angelegenheit der örtlichen Gemeinschaft, die den Gemeinden verfassungsrechtlich gewährleistet ist, auch der Klimaschutz sowie die Energiepolitik darstellen, ist näher zu prüfen. Dabei soll zunächst ein Überblick über die Bedeutung der verfassungsrechtlichen Gewährleistung gegeben werden, bevor anschließend eine nähere Konkretisierung des Begriffs der „Angelegenheiten der örtlichen Gemeinschaft" erforderlich wird.

1. Bedeutung der kommunalen Selbstverwaltungsgarantie des Art. 28 Abs. 2 Satz 1 GG

Eine verfassungsrechtliche Garantie der kommunalen Selbstverwaltung findet sich nicht nur in Art. 28 Abs. 2 Satz 1 GG. Daneben enthalten auch alle Landesverfassungen entsprechende Gewährleistungen, so beispielsweise Art. 82 Abs. 2, 84 SächsVerf.[702] Die landesverfassungsrechtlichen Gewährleistungsgehalte gehen dabei teilweise noch über die grundgesetzliche Garantie hinaus.[703] Art. 28 Abs. 2 Satz 1 GG enthält insofern eine Mindestgarantie, die im Folgenden im Mittelpunkt stehen soll.

Welche Bedeutung der Selbstverwaltungsgarantie der Gemeinden zuerkannt wird, zeigt sich nicht zuletzt darin, dass sie gemäß Art. 93 Abs. 1 Nr. 4b GG, §§ 13 Nr. 8a, 91 ff. BVerfGG durch die Gemeinden im Wege der Kommunalverfassungsbeschwerde vor dem Bundesverfassungsgericht einklagbar ist.[704] Auch auf Landesebene existieren vergleichbare Verfahren zu den Landesverfassungsgerichten (vgl. z.B. Art. 90 SächsVerf, §§ 7 Nr. 8, 36 SächsVerfGHG).

Gemeinden sind nach der verfassungsrechtlichen Ordnung Teil der Landesstaatsgewalt; als sogenannte „mittelbare Staatsverwaltung" sind sie der Exekutive im Sinne des Art. 20 Abs. 3 GG zuzurechnen und als solche an Gesetz und Recht gebunden.[705] Zugleich jedoch können Gemeinden selbst

---

702 Verfassung des Freistaates Sachsen v. 27.5.1992, SächsGVBl. 1992, S. 243, zuletzt geändert durch Gesetz v. 11.7.2013, SächsGVBl. 2013, S. 502.

703 Zu den landesverfassungsrechtlichen Gewährleistungen siehe *Hellermann*, in: Epping/Hillgruber, BeckOK GG, Art. 28 Rn. 27 f.; *Mehde*, in: Maunz/Dürig, Art. 28 GG Rn. 20 ff.

704 Siehe nur BVerfGE 79, 127 (154 f.).

705 *Burgi*, Kommunalrecht, § 2 Rn. 3 ff. und § 6 Rn. 6; *Röhl*, in: Schoch, Bes. VerwR, 1. Kapitel, Rn. 16; *Gern*, Dt. Kommunalrecht, Rn. 55; *Raschke,* Kommunale Klimaschutzmaßnahmen, S. 36 m.w.N.

über Art. 28 Abs. 2 Satz 1 GG Rechte aus der Verfassung ableiten und gegebenenfalls auch gerichtlich durchsetzen.

Dabei sind der verfassungsrechtlichen Regelung zwar keine einzelnen, konkreten Aufgaben und Handlungsmöglichkeiten zu entnehmen, vielmehr verweist auch die Norm auf den durch die geltenden Gesetze gebildeten Rahmen. Doch mit der Zuweisung der Angelegenheiten der örtlichen Gemeinschaft an die Gemeinden, hat der Verfassungsgeber eine grundlegende Aufgabenzuordnung vorgenommen.

Wenngleich Art. 28 Abs. 2 Satz 1 GG den Gemeinden auch eine subjektive Rechtsposition vermittelt, handelt es sich dabei doch nicht um ein Grundrecht, sondern vielmehr um eine auf Ausgestaltung und Konkretisierung durch den Gesetzgeber angelegte institutionelle Garantie; die Vorschrift ist auf eine Kompetenzverteilung zwischen den verschiedenen staatlichen Ebenen ausgerichtet.[706]

2. Verpflichtung der Gemeinden selbst aus Art. 28 Abs. 2 Satz 1 GG?

Adressaten der Verpflichtung aus Art. 28 Abs. 2 Satz 1 GG sind sowohl der Bund wie auch die Länder, darüber hinaus auch andere Gemeinden.[707] Fraglich ist allerdings, ob daneben auch die Gemeinden selbst, im Sinne eines Schutzes vor sich selbst verpflichtet werden. Diskutiert wird dies vor dem Hintergrund einer jüngeren Entscheidung des Bundesverwaltungsgerichts v.a. als etwa erforderlicher Schutz der Gemeinden vor einer Aushöhlung des eigenen Aufgabenbestands.[708]

So darf sich eine Gemeinde dem Bundesverwaltungsgericht zufolge „im Interesse einer wirksamen Wahrnehmung der Angelegenheiten der örtlichen Gemeinschaft nicht ihrer gemeinwohlorientierten Handlungsspielräume begeben", weshalb beispielsweise die materielle Privatisierung

---

706 Vgl. dazu BVerfGE 79, 127 (143); BVerfGE 76, 107 (119). Diese institutionelle Garantie bestätigte das Bundesverfassungsgericht bereits 1952, BVerfGE 1, 167 (174 f.). Aus der Literatur siehe *Nierhaus*, in: Sachs (Hrsg.), GG, Art. 28 Rn. 40; *Röhl*, in: Schoch, Bes. VerwR, 1. Kapitel, Rn. 21; *Gern*, Dt. Kommunalrecht, Rn. 49; *Burgi*, Kommunalrecht, § 6 Rn. 4; *Geis*, § 6 Rn. 1.

707 *Henneke*, in: Schmidt-Bleibtreu/Hofmann/Henneke (Hrsg.), GG, Art. 28 Rn. 60, sowie *Nierhaus*, in: Sachs (Hrsg.), GG, Art. 28 Rn. 40, sprechen von einem „Rundumschutz"; siehe auch *Röhl*, in: Schoch, Bes. VerwR, 1. Kapitel, Rn. 20; *Burgi*, Kommunalrecht, § 6 Rn. 9.

708 Siehe *Burgi*, Kommunalrecht, § 6 Rn. 10.

eines bisher kommunal betriebenen Weihnachtsmarktes für unzulässig erachtet wurde.[709]

Das Gericht hebt hervor, dass es sich bei dem Markt um einen „kulturell, sozial und traditionsmäßig bedeutsamen" handelt, hinsichtlich dessen der Gemeinde eine „Aufgabenverantwortung" zugewiesen wird. Der Gemeinde obliege insoweit „die Sicherung und Wahrung ihres Aufgabenbereichs, um eine wirkungsvolle Selbstverwaltung und Wahrnehmung der Angelegenheiten der örtlichen Gemeinschaft zu gewährleisten".[710] Eine Pflicht zur Wahrung und Sicherung des eigenen Aufgabenbestandes komme der Gemeinde jedenfalls insoweit zu, als dieser Bestand in den Angelegenheiten der örtlichen Gemeinschaft wurzelt.[711] Daher sei es der Gemeinde keineswegs freigestellt, ob sie eine darunter fallende Aufgabe übernehmen oder sich dieser gegebenenfalls entledigen wolle.[712] Die Gemeinden sollen sich nach dieser Rechtsprechung der Verantwortung für die Wahrnehmung der ihnen übertragenen Aufgaben nicht einfach entziehen dürfen.[713] Dieser Gedanke könnte gegebenenfalls über den konkreten Fall hinaus für ganz andere kommunale Aufgaben Bedeutung erlangen.

Es sei den Gemeinden, so das Gericht weiter, nicht gestattet, den ihnen verfassungsrechtlich gewährleisteten Inhalt der kommunalen Selbstverwaltung selbst auszuhöhlen; zwar stehe ihnen eine formelle oder funktionelle Privatisierung von Aufgaben frei, doch bei einer solchen Aufgabenübertragung müssten sie sich Einwirkungs- und Steuerungsmöglichkeiten vorbehalten.[714]

Das Gericht differenziert dabei zwischen dem Betreiben einer öffentlichen Einrichtung mit kulturellem, sozialem und traditionsbildendem Hintergrund, zu dem es auch den konkreten Weihnachtsmarkt zählt,[715] und einer wirtschaftlicher Betätigung der Gemeinden, bei der die Zuordnung zu den Angelegenheiten der örtlichen Gemeinschaft im Sinne des Art. 28 Abs. 2 Satz 1 GG bereits „von vornherein zweifelhaft" sei.[716]

---

709 BVerwG, DVBl 2009, 1382.
710 Vgl. BVerwG, DVBl 2009, 1382.
711 BVerwG, DVBl 2009, 1382 (1383, Rn. 27).
712 Siehe BVerwG, DVBl 2009, 1382 (1383, Rn. 29).
713 BVerwG, DVBl 2009, 1382 (1383, Rn. 29).
714 Vgl. BVerwG, DVBl 2009, 1382 (1383 f., Rn. 29 ff.).
715 BVerwG, DVBl 2009, 1382 (1384, Rn. 34 ff.).
716 Vgl. BVerwG, DVBl 2009, 1382 (1383, Rn. 30.).

Ob sich damit – auch über den konkret entschiedenen Sachverhalt hinaus, in anderen Bereichen – bei Zuordnung einer Aufgabe zum verfassungsrechtlich gewährleisteten Aufgabenbestand tatsächlich eine Pflicht der Gemeinde zur Wahrnehmung dieser Aufgabe unmittelbar aus der Verfassung ableiten ließe, ist allerdings zu bezweifeln.

Die Entscheidung des Bundesverwaltungsgerichts wurde denn auch im Schrifttum kritisch aufgenommen und die darin getroffenen Feststellungen hinterfragt.[717] So wurde Art. 28 Abs. 2 Satz 1 GG bislang als Gewährleistung zugunsten der Gemeinden verstanden, wonach ihnen zumindest in Bezug auf die nicht gesetzlich ausdrücklich zugewiesenen, freiwilligen Aufgaben die freie Entscheidung auch hinsichtlich des „Ob" der Aufgabenwahrnehmung zustehe. Könnten sie allerdings frei über die Wahrnehmung einer Aufgabe entscheiden, dann müsse ihnen schließlich auch das Recht zustehen, eine Aufgabe nicht zu übernehmen bzw. sie nicht länger wahrzunehmen.[718] Bereits der Wortlaut der Norm spricht immerhin von der Gewährleistung eines Rechts der Gemeinden; im Gegensatz dazu sind der Bestimmung keine ausdrücklichen Anhaltspunkte für eine Verpflichtung zu entnehmen.[719]

Zwar wird der verfassungsrechtlichen Bestimmung auch in der Literatur zumindest eine Art „Untermaßverbot" entnommen, wonach ein genereller Verzicht auf das Errichten öffentlicher Einrichtungen unzulässig wäre, die Entscheidung über den konkreten Umfang der Leistungserbringung, einschließlich der Auswahl der konkret bereitzustellenden Einrichtungen, müsse aber i.Ü. den Gemeinden selbst überlassen bleiben.[720] Lediglich bei lebenswichtigen Gütern oder Dienstleistungen, für die kein Markt existiere oder ein Marktversagen festzustellen sei, komme es in Betracht, diesem Untermaßverbot darüber hinaus auch eine konkrete Gewährleistungspflicht zu entnehmen.[721]

Insbesondere die vom Bundesverwaltungsgericht vorgenommene Differenzierung zwischen wirtschaftlicher Betätigung und öffentlichen Einrich-

---

717 Vgl. etwa *Donhauser*, NVwZ 2010, 931 ff.; *Ehlers*, DVBl 2009, 1456 ff. A.A. dagegen die im Grundsatz zustimmende Anmerkung von *Katz*, NVwZ 2010, 405 ff., sowie insbesondere *Schönleiter*, GewArch 2009, 484 (486 f.).

718 So etwa *Ehlers*, DVBl 2009, 1456 (1456).

719 So zu Recht auch *Donhauser*, NVwZ 2010, 931 (933). Ebenso kritisch *Henneke*, in: Schmidt-Bleibtreu/Hofmann/Henneke (Hrsg.), GG, Art. 28 Rn. 63; *Hellermann*, in: Epping/Hillgruber, BeckOK GG, Art. 28 Rn. 41.8.

720 Vgl. *Ehlers*, DVBl 2009, 1456 (1456).

721 *Ehlers*, DVBl 2009, 1456 (1456 f.).

tungen kulturellen, sozialen, und traditionsbildenden Charakters ist in dieser Form kritisch zu hinterfragen. Zum einem stellen auch Bereiche der „kulturellen Daseinsvorsorge" für die Gemeinden vielfach eine wirtschaftliche Betätigung dar, da die entsprechenden Leistungen ebenso von Privaten mit Gewinnerzielungsabsicht erbracht werden könnten; zum anderen kann in einigen Fällen eine typischerweise als wirtschaftliche Betätigung betrachtete Leistung, etwa im Bereich der Energie- oder Wasserversorgung, für die Gemeindeeinwohner von existentiellerer Bedeutung sein als die Durchführung von Märkten.[722] Tatsächlich verkürzt das Gericht mit dieser Entscheidung den den Gemeinden zustehenden Entscheidungsspielraum; bemängelt wird insofern zum Teil gar die Einebnung des Unterschieds zwischen freiwilligen und Pflichtaufgaben der Gemeinde, was nicht zuletzt vor dem Hintergrund der Gebote der Wirtschaftlichkeit und Sparsamkeit, denen die Gemeinde unterliegt, bedenklich erscheine.[723]

Ob daher aus der Zuordnung einer bestimmten Aufgabe zum Gewährleistungsgehalt des Art. 28 Abs. 2 Satz 1 GG umgekehrt auch eine Pflicht der Gemeinde zur Wahrnehmung dieser Aufgabe hergeleitet werden kann, erscheint auch nach der Entscheidung des Bundesverwaltungsgerichts weiter fraglich. Immerhin erkennt auch das Gericht – die nicht unberechtigte Kritik an der konkret vorgenommen Differenzierung sei dahingestellt – an, dass insofern zumindest zwischen verschiedenen Aufgaben zu differenzieren ist und es im Ergebnis auf den Schutz vor einer „Aushöhlung" des Aufgabenbestands hinausläuft. Eine uneingeschränkte Verpflichtung zur Aufgabenwahrnehmung ergibt sich daraus noch nicht.

Eine solche kann wohl allenfalls in Ausnahmefällen in Frage kommen, wenn sich die Gemeinde ihrer Verantwortung vollständig entziehen würde und es zu einem völligen Ausfall der Wahrnehmung freiwilliger Aufgaben, gerade auch im Bereich der Bereitstellung lebenswichtiger Güter und Dienstleistungen käme.[724]

Selbst wenn eine solche ausnahmsweise Verpflichtung der Gemeinden in Betracht gezogen werden soll, bliebe zuvor jedoch zu klären, ob die je-

---

722 Vgl. *Ehlers*, DVBl 2009, 1456 (1457). Allgemein gegen eine Differenzierung anhand kultureller, sozialer bzw. traditionsbildender Aspekte einerseits, wirtschaftlicher Betätigungen andererseits auch *Donhauser*, NVwZ 2010, 931 (934).

723 *Ehlers*, DVBl 2009, 1456 (1457); ebenso *Mehde*, in: Maunz/Dürig, Art. 28 GG Rn. 56.

724 So *Mehde*, in: Maunz/Dürig, Art. 28 GG Rn. 55 f., der insoweit von einem wohl nur theoretisch denkbaren Anwendungsfall spricht.

weilige Aufgabe als solche überhaupt dem Gewährleistungsgehalt des Art. 28 Abs. 2 Satz 1 GG unterfällt.

3. Grundlegender Gewährleistungsgehalt des Art. 28 Abs. 2 Satz 1 GG

Der Gewährleistungsgehalt des Art. 28 Abs. 2 Satz 1 GG erstreckt sich auf eine grundlegende institutionelle Garantie der kommunalen Selbstverwaltung in dreifacher Hinsicht.[725] Zunächst garantiert die verfassungsrechtliche Bestimmung als eine „institutionelle Rechtssubjektsgarantie" die Existenz zwar nicht jeder einzelnen Gemeinde, doch der Gemeinden insgesamt als eine Ebene innerhalb des Staatsaufbaus, die Existenz entsprechender öffentlich-rechtlicher Gebietskörperschaften, mit eigener Rechtspersönlichkeit und eigenen Organen.[726]

Darüber hinaus ist dem Grundgesetz v.a. die Garantie der kommunalen Selbstverwaltung als Institution zu entnehmen, die weder als solche beseitigt, noch durch Aushöhlung ihres Kernbereichs substantiell entleert werden darf. Obwohl sie nach Art. 28 Abs. 2 Satz 1 GG nur „im Rahmen der Gesetze" gewährleistet wird, ist doch auch eine gesetzgeberische Ausgestaltung nur in den verfassungsgerichtlichen Grenzen zulässig. Diese Garantie der Rechtsinstitution kommunale Selbstverwaltung umfasst insbesondere eine Kompetenzzuweisung an die Gemeinden, zur eigenverantwortlichen Wahrnehmung des gemeindlichen Aufgabenbereichs im Rahmen der Gesetze.[727]

Dieser Gewährleistungsgehalt der Verfassung wird schließlich abgerundet durch den Schutz der Rechtspositionen der Gemeinde vor Eingriffen in den Garantiebereich, der ihnen v.a. auch die gerichtliche Abwehr derartiger Eingriffe ermöglicht. Zugunsten der Gemeinden gewährt Art. 28 Abs. 2 Satz 1 GG damit auch ein subjektiv-öffentliches Recht der Gemein-

---

725 Vgl. nur *Henneke*, in: Schmidt-Bleibtreu/Hofmann/Henneke (Hrsg.), GG, Art. 28 Rn. 52 ff.; *Mehde*, in: Maunz/Dürig, Art. 28 GG Rn. 39; *Nierhaus*, in: Sachs (Hrsg.), GG, Art. 28 Rn. 40 ff.; *Longo*, Örtliche Energieversorgung, S. 93 f.; ebenso *Karst*, DÖV 2002, 809 (810).

726 *Henneke*, in: Schmidt-Bleibtreu/Hofmann/Henneke (Hrsg.), GG, Art. 28 Rn. 53; *Nierhaus*, in: Sachs (Hrsg.), GG, Art. 28 Rn. 41 f.

727 *Nierhaus*, in: Sachs (Hrsg.), GG, Art. 28 Rn. 44. Siehe auch *Burgi*, Kommunalrecht, § 6 Rn. 20.

den mit entsprechender Rechtsschutzmöglichkeit im Fall einer Verletzung des Art. 28 Abs. 2 Satz 1 GG.[728]

Die im Grundgesetz wie auch in den Landesverfassungen enthaltene Selbstverwaltungsgarantie als institutionelle Garantie gewährleistet den Gemeinden einen alle ihre Angelegenheiten, d.h. die „Angelegenheiten der örtlichen Gemeinschaft", umfassenden Aufgabenbereich sowie die Befugnis zur eigenverantwortlichen Wahrnehmung eben dieser Aufgaben.[729]

Nach Bundes- wie auch Landesverfassungsrecht steht diese Gewährleistung zwar unter Gesetzesvorbehalt, doch enthält sie zugleich einen unantastbaren Kernbereich. Der Schutz des Wesensgehalts der Selbstverwaltungsgarantie ist somit auch dem Gesetzgeber entzogen.[730] Zwar handelt es sich bei diesem Kernbereich nicht um einen feststehenden inhaltlichen Aufgabenkatalog, doch zählt dazu die Allzuständigkeit der Gemeinden, d.h. ihre grundsätzliche Befugnis, sich aller Angelegenheiten der örtlichen Gemeinschaft auch ohne besonderen Kompetenztitel – in eigenverantwortlicher Weise – anzunehmen, soweit die Angelegenheiten nicht durch Gesetz bereits anderen Trägern öffentlicher Verwaltung zugewiesen sind.[731]

Als die den Gemeinden verfassungsrechtlich zugeordneten „Angelegenheiten der örtlichen Gemeinschaft" bezeichnen das Bundesverfassungsgericht und ihm folgend sowohl Bundesverwaltungsgericht wie auch beispielsweise der Sächsische Verfassungsgerichtshof die Bedürfnisse und Interessen, die in der örtlichen Gemeinschaft wurzeln oder auf sie einen spezifischen Bezug haben, die den Gemeindeeinwohnern als solchen gemeinsam sind und das Zusammenleben und –wohnen der Menschen in der Gemeinde betreffen.[732] Das Bundesverfassungsgericht stellt zudem darauf

---

728 *Henneke*, in: Schmidt-Bleibtreu/Hofmann/Henneke (Hrsg.), GG, Art. 28 Rn. 56; *Nierhaus*, in: Sachs (Hrsg.), GG, Art. 28 Rn. 45. Siehe dazu auch *Röhl*, in: Schoch, Bes. VerwR, 1. Kapitel, Rn. 47. Zum Rechtsschutz siehe bereits oben Teil 3 II. 1.

729 Vgl. BVerfGE 79, 127 (143), für das Landesrecht z.B. SächsVerfGH, SächsVBl. 1994, 280 (282).

730 Siehe nur BVerfGE 79, 127 (143).

731 So BVerfGE 79, 127 (146) sowie unter Bezug darauf beispielsweise SächsVerfGH, SächsVBl. 1994, 280 (282); ebenso BVerwG, NVwZ 2005, 963 (964); BVerwG, DÖV 2014, 345 (346).

732 Vgl. nur BVerfGE 8, 122 (134); BVerfGE 50, 195 (201); BVerfGE 52, 95 (120); BVerfGE 79, 127 (151 f.); BVerwG, DÖV 2014, 345 (346); SächsVerfGH, SächsVBl. 1994, 280 (282).

ab, dass es sich um Aufgaben handelt, die von der örtlichen Gemeinschaft „eigenverantwortlich und selbständig bewältigt werden können".[733]

Hinsichtlich dieser Angelegenheiten ist den Gemeinden die eigenständige Aufgabenerledigung garantiert und der Gesetzgeber insoweit an den bereits erwähnten Kernbereich der Selbstverwaltungsgarantie gebunden.

Für den hier interessierenden Klimaschutz stellt sich somit die Frage, ob die Aufgabe des Klimaschutzes von den Angelegenheiten der örtlichen Gemeinschaft umfasst wird, so dass die Gemeinden sich hinsichtlich der Wahrnehmung dieser Aufgabe im Rahmen ihrer verfassungsrechtlich garantierten Allzuständigkeit frei entscheiden können.

Zu fragen ist darüber hinaus, ob die Entscheidung über die Art und Weise der Erfüllung dieser Aufgabe – gerade im Wege der Anordnung eines Anschluss- und Benutzungszwangs – ebenfalls hiervon erfasst wird.[734]

Der hier im Mittelpunkt der Betrachtung stehende Anschluss- und Benutzungszwang ist nach ganz überwiegender Auffassung als solcher nicht bereits unmittelbar von der verfassungsrechtlichen Gewährleistung des Art. 28 Abs. 2 Satz 1 GG umfasst, da die Gemeinde für konkrete, grundrechtsrelevante Maßnahmen vielmehr einer speziellen gesetzlichen Ermächtigung bedarf.[735] Art. 28 Abs. 2 Satz 1 GG ist zwar eine Kompetenz der Gemeinden zur Wahrnehmung der Aufgaben kommunaler Selbstverwaltung zu entnehmen, doch stellt dies nach ganz herrschender Meinung noch keine Ermächtigung zu konkreten Grundrechtseingriffen dar.[736] Vielmehr gilt für Gemeinden – im Rahmen der bereits genannten Bindung gemäß Art. 20 Abs. 3 GG – der Vorrang und Vorbehalt des Gesetzes.[737] So bedürfen sie auch für Grundrechtseingriffe einer hinreichend bestimmten gesetzlichen Ermächtigung.[738]

Auch wenn die Satzungshoheit der Gemeinden unmittelbar aus Art. 28 Abs. 2 Satz 1 GG folgt, gelten Besonderheiten für Grundrechtseingriffe. Zum Erlass einer solchen Satzung – etwa über den Anschluss- und Benut-

---

733 BVerfGE 50, 195 (201); BVerfGE 52, 95 (120).

734 So trennt auch *Faber,* Anschluss- und Benutzungszwang, S. 51 ff.

735 Siehe nur BVerwG, NVwZ 2005, 963. A.A. *Böhm,* in: Lübbe-Wolff/Wegener, Umweltschutz durch kommunales Satzungsrecht, S. 414 ff., insb. (zusammenfassend) Rn. 725.

736 *Longo,* Örtliche Energieversorgung, S. 89.

737 *Longo,* Örtliche Energieversorgung, S. 90.

738 *Longo,* Örtliche Energieversorgung, S. 91.

zungszwang – kann sich die Gemeinde daher nicht unmittelbar auf das Grundgesetz bzw. die einschlägige Landesverfassung berufen.[739]

So hat auch das Bundesverfassungsgericht etwa speziell zu Art. 14 GG festgehalten, dass der Gesetzgeber nicht pauschal zu Eingriffen in das Grundrecht (im Wege einer Verordnung) ermächtigen kann, sondern „die Voraussetzungen, unter denen der Gebrauch des Eigentums beschränkt werden darf, durch eine nach Inhalt, Zweck und Ausmaß hinreichend bestimmte Ermächtigung selbst festzulegen [hat]".[740] Auch soweit es um Eingriffe im Wege einer Satzung geht, genügt eine Generalermächtigung den grundgesetzlichen Anforderungen daher nicht, vielmehr muss der Gesetzgeber auch insoweit bereits im Rahmen der Regelung der Satzungsermächtigung selbst genau entscheiden, unter welchen Voraussetzungen Grundrechtseingriffe zulässig sein sollen.[741]

Dieses Erfordernis einer konkreten Ermächtigungsgrundlage ist in der Praxis allerdings insofern unproblematisch, als einfachgesetzliche Ermächtigungsgrundlagen für die Anordnung eines Anschluss- und Benutzungszwangs, wie aufgezeigt,[742] in allen Ländern existieren.

4. Möglichkeit des Gesetzgebers zur Gestaltung und Beschränkung der kommunalen Selbstverwaltung

Da die kommunale Selbstverwaltung den Gemeinden nach Art. 28 Abs. 2 Satz 1 GG nur „im Rahmen der Gesetze" gewährleistet ist, kommt dem Gesetzgeber damit eine Kompetenz zur Gestaltung und gegebenenfalls auch Beschränkung zu.

Zuständig dafür ist in Abhängigkeit von der grundgesetzlichen Ordnung der Gesetzgebungskompetenzen der Bundes- oder Landesgesetzgeber. Dabei ist die Verteilung der Gesetzgebungskompetenzen zwischen Bund und Ländern laut Bundesverfassungsgericht „für das verfassungsrechtliche Bild der Selbstverwaltung mitbestimmend", weshalb Eingriffe grundsätz-

---

739 *Mehde*, in: Maunz/Dürig, Art. 28 GG Rn. 63 f.
740 BVerfGE 58, 137 (146).
741 So auch *v. Mutius*, Kommunalrecht, Rn. 338 f. Für Beeinträchtigung von Art. 12 GG betonen das Erfordernis einer speziellen Ermächtigungsgrundlage etwa *Mann*, in: Sachs (Hrsg.), Art. 12 GG Rn. 116; *Hofmann*, in: Schmidt-Bleibtreu/ Hofmann/Henneke (Hrsg.), Art. 12 GG Rn. 51.
742 Siehe oben Teil 2 III. 1.

lich nur dem Landesgesetzgeber zustehen, soweit nicht dem Bund eine besondere Kompetenz zugewiesen ist, die ihn zu dem jeweiligen Eingriff ermächtigt.[743] Im Regelfall unterfallen Gemeindeangelegenheiten der grundsätzlichen Länderkompetenz nach Art. 70 GG, wie heute insbesondere auch die verfassungsrechtlichen Aufgabenübertragungsverbote der Art. 84 Abs. 1 Satz 7, 85 Abs. 1 Satz 2 GG unterstreichen.

Dieser Gestaltungs- und Beschränkungsmöglichkeit sind jedoch wiederum durch Art. 28 Abs. 2 Satz 1 GG Grenzen gezogen.[744]

Selbst im Wege einer gesetzlichen Regelung nicht anzutasten ist der Kernbereich kommunaler Selbstverwaltung,[745] der allerdings in der Praxis auch nur in besonderen Ausnahmefällen berührt sein wird.[746] Die genaue Abgrenzung dieses Kernbereichs gestaltet sich problematisch. Davon umfasst ist zwar die bereits genannte gemeindliche Allzuständigkeit, aber nicht die Zuständigkeit für die Wahrnehmung einzelner, ganz konkreter Aufgaben.[747] In den Worten des Bundesverfassungsgerichts umfasst der Kernbereich keinen „gegenständlich bestimmte[n] oder nach feststehenden Merkmalen bestimmbare[n] Aufgabenkatalog, wohl aber die Befugnis, sich aller Angelegenheiten der örtlichen Gemeinschaft, die nicht durch Gesetz bereits anderen Trägern öffentlicher Verwaltung übertragen sind, ohne besonderen Kompetenztitel anzunehmen".[748] Was im Einzelnen zum Kernbereich zähle, könne dagegen immer nur „von Fall zu Fall" bestimmt werden.[749]

In der Literatur wird kritisch darauf hingewiesen, dass der Kernbereich durch die Rechtsprechung zu stark eingeschränkt würde[750] und für die Abgrenzung immer auch auf die geschichtliche Entwicklung der Selbstver-

---

743 So erst jüngst BVerfG, NVwZ 2015, 136 (144, Rn. 127); zuvor bereits BVerfGE 1, 167 (176); BVerfGE 56, 298 (310).
744 Vgl. nur BVerwG, NVwZ 2005, 963 (964).
745 *Gern*, Dt. Kommunalrecht, Rn. 79; *Burgi*, Kommunalrecht, § 6 Rn. 36; *Nierhaus*, in: Sachs (Hrsg.), GG, Art. 28 Rn. 64.
746 *Burgi*, Kommunalrecht, § 6 Rn. 36. *Röhl*, in: Schoch, Bes. VerwR, 1. Kapitel, Rn. 43 spricht insoweit von „seltenen Fällen besonders krasser oder rabiater Eingriffe" und vom „Wesensgehalt [...] als absolute[r] Sperre".
747 *Burgi*, Kommunalrecht, § 6 Rn. 38; *Röhl*, in: Schoch, Bes. VerwR, 1. Kapitel, Rn. 43.
748 BVerfGE 79, 127 (146); siehe auch BVerfGE 107, 1 (12).
749 BVerfGE 76, 107 (118).
750 *Nierhaus*, in: Sachs (Hrsg.), GG, Art. 28 Rn. 66 f., meint der Kernbereichsschutz laufe weitgehend leer.

waltungsgarantie abzustellen sei.[751] Späteren Entscheidungen seien zu Recht Anhaltspunkte für die Auffassung zu entnehmen, dass es durchaus inhaltlich zu bestimmende Gegenstände gebe, die dem Kernbereichsschutz unterfallen.[752]

Tatsächlich hat auch das Bundesverfassungsgericht selbst darauf hingewiesen, dass bei der Bestimmung des Kernbereichs der Selbstverwaltungsgarantie „in besonderer Weise der geschichtlichen Entwicklung und den verschiedenen [historischen] Erscheinungsformen der Selbstverwaltung Rechnung zu tragen" sei.[753]

Dem Kernbereichsschutz unterfallen – zumindest im „Grundbestand", nicht dagegen in allen „Einzelausformungen"[754] – die klassischen gemeindlichen Hoheiten. Dabei handelt es sich um Gebiets-, Organisations-, Kooperations-, Personal-, Finanz-, Satzungs- und Planungshoheit der Gemeinden.[755] Damit werden einzelne Gewährleistungen benannt, die allerdings darüber hinaus zur Abgrenzung des durch Art. 28 Abs. 2 Satz 1 GG gewährten Schutzes kaum geeignet sind.[756] Sie führen somit auch im vorliegenden Kontext, für die Frage der Zuordnung einzelner Aufgaben zur Gewährleistung der kommunalen Selbstverwaltung, nicht weiter.

Auch außerhalb des Kernbereichsschutzes ist der Gesetzgeber in seiner Gestaltungsbefugnis nicht völlig frei; Beschränkungen sind auch insoweit rechtfertigungsbedürftig. So hat das Bundesverfassungsgericht zum einen darauf hingewiesen, dass der Wesensgehalt der Selbstverwaltungsgarantie „nicht ausgehöhlt werden" dürfe,[757] zum anderen sei das sich aus Art. 28 Abs. 2 Satz 1 GG ergebende „Aufgabenverteilungsprinzip" auch über den

---

751 Siehe *Nierhaus*, in: Sachs (Hrsg.), GG, Art. 28 Rn. 64.

752 So *Gern*, Dt. Kommunalrecht, Rn. 79, m.w.N. BVerfGE 86, 90 (107), nennt etwa bestimmte Einschränkungen für Bestands- und Gebietsänderungen von Gemeinden als dem Kernbereich der Selbstverwaltungsgarantie zuzurechnende Anforderungen.

753 BVerfGE 91, 228 (238) m.w.N.; zuvor bereits BVerfGE 76, 107 (118); BVerfGE 83, 363 (381).

754 So die Formulierung bei *Gern*, Dt. Kommunalrecht, Rn. 80. *Nierhaus*, in: Sachs (Hrsg.), GG, Art. 28 Rn. 53, rechnet sie „als sog. Hoheitsbündel" zum Wesenskern der Selbstverwaltung in Hinblick auf die Eigenverantwortlichkeit der Aufgabenwahrnehmung.

755 *Gern*, Dt. Kommunalrecht, Rn. 80; vgl. dazu auch *Röhl*, in: Schoch, Bes. VerwR, 1. Kapitel, Rn. 36; *Karst*, DÖV 2002, 809 (811).

756 *Hellermann*, in: Epping/Hillgruber, BeckOK GG, Art. 28 Rn. 40, zufolge kommt ihnen „keine eigentlich definitorische Bedeutung" zu.

757 BVerfGE 79, 127 (146).

Kernbereich hinaus zu berücksichtigen.[758] Habe eine Aufgabe einen „relevanten örtlichen Charakter", müsse der Gesetzgeber dieses Prinzip berücksichtigen und das Gericht habe zu prüfen, ob er im Ergebnis „eine vertretbare Ausfüllung" des durch Art. 28 Abs. 2 Satz 1 GG gezogenen Rahmens" vorgenommen oder sachfremde Erwägungen zugrunde gelegt habe.[759] Immerhin komme dem Gesetzgeber dabei allerdings ein Einschätzungsspielraum zu.[760] Zwar geht die gerichtliche Kontrolle dabei über eine bloße Willkürkontrolle hinaus, sie bleibt jedoch auf eine Vertretbarkeitskontrolle beschränkt.[761]

Sollen den Gemeinden Aufgaben entzogen werden sollen, ist somit das sich aus dem Grundgesetz ergebende Regel-Ausnahme-Verhältnis zu beachten. Daher muss ein Aufgabenentzug aus Gründen des Gemeininteresses erforderlich sein, die gegenüber der Art. 28 Abs. 2 Satz 1 GG zu entnehmenden Aufgabenverteilung überwiegen.[762] Lediglich das Ziel der Verwaltungsvereinfachung oder einer Zuständigkeitskonzentration ist dagegen nicht ausreichend;[763] der Zweck der Kostenersparnis genügt grundsätzlich ebenso wenig wie bloße Zweckmäßigkeitserwägungen.[764]

Auch außerhalb des Kernbereichs muss den Gemeinden schließlich ein hinreichender „organisatorischer Spielraum" bei der Aufgabenwahrnehmung verbleiben.[765] Solange dies jedoch der Fall ist und damit grundsätzliche Möglichkeiten der eigenen Gestaltung der Aufgabenwahrnehmung bestehen, verletzen gesetzgeberische Vorgaben Art. 28 Abs. 2 Satz 1 GG nicht.[766]

---

758 BVerfGE 79, 127 (150).
759 BVerfGE 79, 127 (154).
760 BVerfGE 79, 127 (153). Zustimmend *Mehde*, in: Maunz/Dürig, Art. 28 GG Rn. 53.
761 *Röhl*, in: Schoch, Bes. VerwR, 1. Kapitel, Rn. 44; *Gern*, Dt. Kommunalrecht, Rn. 86; *Burgi*, Kommunalrecht, § 6 Rn. 44 und 45.
762 *Röhl*, in: Schoch, Bes. VerwR, 1. Kapitel, Rn. 44; *Gern*, Dt. Kommunalrecht, Rn. 82.
763 *Burgi*, Kommunalrecht, § 6 Rn. 42; *Geis*, § 6 Rn. 7; *Röhl*, in: Schoch, Bes. VerwR, 1. Kapitel, Rn. 44.
764 *Röhl*, in: Schoch, Bes. VerwR, 1. Kapitel, Rn. 44; *Gern*, Dt. Kommunalrecht, Rn. 82, mit Nachweisen zur Rechtsprechung.
765 So wiederum BVerwG, Urt. v. 6.4.2005 – 8 CN 1/03 –, NVwZ 2005, 963 (964).
766 Vgl. speziell zum Anschluss- und Benutzungszwang und der Ausgestaltung der jeweiligen Benutzungsverhältnisse BVerwG, Urt. v. 6.4.2005 – 8 CN 1/03 –, NVwZ 2005, 963 (964).

Nach diesen Grundsätzen geht es somit neben der Sicherung der Eigenverantwortlichkeit der Aufgabenerfüllung[767] insbesondere um einen Schutz des Aufgabenbestandes vor Entzug bzw. anderweitiger Zuweisung der Aufgabe.[768] Allerdings befasst sich die Diskussion aktuell häufig nicht mehr nur mit der Frage des Entzugs von Aufgaben, sondern zunehmend auch einer möglichen, v.a. finanziellen Überforderung der Kommunen durch neue Aufgabenzuweisungen, die ihre Spielräume hinsichtlich der eigenverantwortlichen Erfüllung ihrer Aufgaben verringern.[769] Diesen Gefahren sollte daher auch der 2006 eingefügte Art. 84 Abs. 1 Satz 7 GG[770] begegnen; im Landesrecht sind aus diesen Gründen Konnexitätsprinzipien, etwa Art. 85 SächsVerf, zu beachten.

Diese spezielle Problematik kann jedoch zumindest für den hier interessierenden Bereich dahinstehen, geht es doch weder um den Entzug der Gemeinde bislang zugeordneter Aufgaben, noch primär um die Frage nach einer unzulässigen „Aufbürdung" neuer Aufgaben. In der Hauptsache wollen doch Kommunen vielfach zu ihren Gunsten die – in ihrer Zuordnung umstrittene – Aufgabe des Klimaschutzes mit kommunalrechtlichen Mitteln wahrnehmen. Lediglich in bestimmten Fällen wird der Regelungsgehalt des Art. 84 Abs. 1 Satz 7 GG möglicherweise berührt.[771] Im Übrigen könnte sich vorliegend die Frage etwa nach einer Beschränkung der kommunalen Selbstverwaltungsgarantie durch Regelungen wie die des EnWG stellen.[772] Daraus ergibt sich, wie bereits dargelegt, ein Verbot, örtliche Strom- oder Gasversorgungsmonopole zu schaffen, das einem Anschluss- und Benutzungszwang für diese Bereiche entgegensteht.[773]

Aus den vorstehend erläuterten Grundsätzen zu den Grenzen der Gestaltungsmöglichkeit des Gesetzgebers nach Art. 28 Abs. 2 Satz 1 GG wird

---

767 *Burgi*, Kommunalrecht, § 6 Rn. 25 sowie 28.

768 Zum Schutz gegenüber dem Entzug von Aufgaben siehe etwa BVerfGE 79, 127 (insb. 153 ff.).

769 Vgl. dazu *Burgi*, Kommunalrecht, § 6 Rn. 29; a.a.O. Rn. 30 auch zur – zumindest lange Zeit nicht unstreitigen – Frage der Rechtfertigungsbedürftigkeit derartiger Aufgabenzuweisungen. Siehe auch *Röhl*, in: Schoch, Bes. VerwR, 1. Kapitel, Rn. 46.

770 Durch Art. 1 Nr. 9 des Gesetzes v. 28.8.2006, BGBl. I 2006, 2034.

771 Siehe dazu unten Teil 4 I. 6. b).

772 Dessen Bedeutung als Schranke kommunaler Betätigung auf dem Gebiet der Energieversorgung betonte beispielsweise schon *Tettinger*, NWVBl 1989, 1 (5 f.).

773 *Longo*, örtliche Energieversorgung, S. 174. Ausführlich dazu bereits oben, Teil 2 III. 4. b) cc).

zum Teil ganz konkret ein Schutz gegenüber der Entziehung der Möglichkeit der Anordnung des kommunalen Anschluss- und Benutzungszwangs durch den Gesetzgeber, im Wege von Privatisierung oder Deregulierung, hergeleitet.[774] Allerdings ist dabei zu beachten, dass auch nach dieser Auffassung insoweit keine absolute Schranke gelten kann, vielmehr soll der Prüfungsmaßstab lediglich auf eine rationale, nachvollziehbare Rechtfertigung der jeweiligen Maßnahme beschränkt sein.[775] D.h. es müssen sachliche Gründe für einen solchen Eingriff in das kommunale Selbstverwaltungsrecht vorliegen, insbesondere – die konkrete und nicht nur abstrakte Nachvollziehbarkeit jeweils vorausgesetzt – eine Verbesserung des Angebots durch Marktöffnung oder der Schutz der Gemeinden vor unangemessenen Belastungen, die die kommunale Aufgabenerledigung gefährden.[776] Dem Kernbereich der Selbstverwaltungsgarantie wird das Rechtsinstitut des Anschluss- und Benutzungszwangs auch nach dieser Auffassung ausdrücklich nicht zugeordnet.[777] Insoweit kann auch der gesetzlichen Regelung des Energie- und Gassektors, die eine Einführung des Anschluss- und Benutzungszwangs in diesen Bereichen ausschließt, nicht die Qualität eines unzulässigen Eingriffs in die kommunale Selbstverwaltungsgarantie zukommen.

5. „Angelegenheiten der örtlichen Gemeinschaft" im Sinne des Art. 28 Abs. 2 Satz 1 GG

Für die Zuordnung einer Aufgabe ist schließlich entscheidend, ob sie zu den Angelegenheiten der örtlichen Gemeinschaft im Sinne des Art. 28 Abs. 2 Satz 1 GG zu zählen ist.

Wie bereits ausgeführt wurde, versteht das Bundesverfassungsgericht darunter all die Bedürfnisse und Interessen, die in der örtlichen Gemeinschaft wurzeln oder auf sie einen spezifischen Bezug haben, die den Gemeindeeinwohnern als solchen gemeinsam sind und das Zusammenleben und –wohnen der Menschen in der Gemeinde betreffen.[778] Das Bundes-

---

774 *Faber*, Anschluss- und Benutzungszwang, S. 60.
775 Vgl. *Faber*, Anschluss- und Benutzungszwang, S. 60.
776 Siehe *Faber*, Anschluss- und Benutzungszwang, S. 61 f.
777 Vgl. *Faber*, Anschluss- und Benutzungszwang, S. 64.
778 Vgl. nur BVerfGE 8, 122 (134); BVerfGE 50, 195 (201); BVerfGE 52, 95 (120); BVerfGE 79, 127 (151 f.).

verfassungsgericht stellt zudem darauf ab, dass es sich um Aufgaben handelt, die von der örtlichen Gemeinschaft „eigenverantwortlich und selbständig bewältigt werden können".[779]

Dabei wird dem Gesetzgeber hinsichtlich der Bestimmung von Aufgaben als „örtliche Aufgabe" ein „Typisierungs- und Einschätzungsspielraum" eingeräumt, der lediglich einer „Vertretbarkeitskontrolle" unterliegt.[780]

a) Kompetenzbegründende und –begrenzende Wirkung der „Angelegenheiten der örtlichen Gemeinschaft"

Der Begriff der „Angelegenheiten der örtlichen Gemeinschaft" im Sinne von Art. 28 Abs. 2 Satz 1 GG begründet einerseits Kompetenzen der Gemeinden, legt andererseits aber auch die Grenzen der kommunalen Kompetenzen fest.[781] Diesen Angelegenheiten kommt damit zugleich kompetenzbegründende wie auch kompetenzbegrenzende Wirkung zu.[782] Ist eine Aufgabe davon nicht umfasst, handelt es sich – entsprechend der grundgesetzlichen Kompetenzordnung – um eine staatliche Aufgabe des Bundes bzw. der Länder, sie kann allerdings von der jeweils zuständigen Ebene den Gemeinden gegebenenfalls als Aufgabe übertragen werden.[783] Zu berücksichtigen ist dabei, dass weder eine feststehende Liste von Angelegenheiten der örtlichen Gemeinschaft existiert, noch die Aufgabenzuordnung starr und unveränderlich ist.[784] Sie kann vielmehr im Laufe der Zeit einem Wandel unterliegen.[785]

---

779 BVerfGE 50, 195 (201); BVerfGE 52, 95 (120).

780 So *Burgi*, Kommunalrecht, § 6 Rn. 15; *Röhl*, in: Schoch, Bes. VerwR, 1. Kapitel, Rn. 27.

781 *Burgi*, Kommunalrecht, § 6 Rn. 13. Siehe auch *Faßbender*, in: Köck/Faßbender, Klimaschutz durch Erneuerbare Energien, S. 39 (43).

782 *Nierhaus*, in: Sachs (Hrsg.), GG, Art. 28 Rn. 35.

783 Siehe nur BVerfGE 79, 127 (152); *Röhl*, in: Schoch, Bes. VerwR, 1. Kapitel, Rn. 31; *Burgi*, Kommunalrecht, § 6 Rn. 13.

784 Vgl. *Faßbender*, in: Köck/Faßbender, Klimaschutz durch Erneuerbare Energien, S. 39 (44) m.w.N.; *Nierhaus*, in: Sachs (Hrsg.), GG, Art. 28 Rn. 47. Auch BVerwGE 67, 321 (323) hatte bereits klargestellt, dass etwa der Kernbereich kommunaler Selbstverwaltung „kein ein für allemal feststehendes Aufgabenfeld" umfasse.

785 So auch *Hellermann*, in: Epping/Hillgruber, BeckOK GG, Art. 28 Rn. 41; *Mehde*, in: Maunz/Dürig, Art. 28 GG Rn. 51.

Die Gemeinden können auf „bislang unbesetzte Aufgaben" zugreifen, soweit diese zu den Angelegenheiten im Sinne des Art. 28 Abs. 2 Satz 1 GG gehören.[786] Für Aufgaben allerdings, die den Gemeinden weder als Angelegenheiten der örtlichen Gemeinschaft zustehen, noch ausdrücklich zugewiesen werden, steht ihnen die Befugnis zur Erledigung der Aufgaben nicht zu. Für einige dieser staatlichen Aufgaben wird jedoch wenn keine Erledigungs-, so doch zumindest eine Befassungskompetenz der Gemeinden diskutiert. Eine solche Befassungskompetenz stehe den Gemeinden zu, wenn deren – von Art. 28 Abs. 2 Satz 1 GG geschützte – Rechtspositionen „in spezifischer Weise konkret gegenwärtig [...] oder abstrakt, d.h. künftig potentiell [...] betroffen werden (können)".[787] Als entsprechende Beispiele kommen einzelne Angelegenheiten der Landesverteidigung, überörtliche Planungen, staatliche Maßnahmen gegenüber ortsansässigen Betrieben oder auch Gesetzesvorhaben auf Bundes- oder Landesebene, die Rechtspositionen der Gemeinden berühren können, in Betracht.[788] Problematischer ist der „Grenzfall" einer kommunalen Außenpolitik.[789]

Den Gemeinden steht jedenfalls gerade kein allgemeinpolitisches Mandat zu.[790] So hat auch das Bundesverfassungsgericht bereits früh darauf hingewiesen, dass eine Gemeinde ihren Zuständigkeitsbereich überschreite, „wenn sie zu allgemeinen, überörtlichen, vielleicht hochpolitischen Fragen Resolutionen fasst oder für oder gegen eine Politik Stellung nimmt, die sie nicht als einzelne Gemeinde besonders trifft, sondern der Allgemeinheit [...] eine Last aufbürdet oder sie allgemeinen Gefahren aussetzt".[791]

Für die Einordnung als gemeindliche Angelegenheit im Sinne des Art. 28 Abs. 2 Satz 1 GG muss sich eine Aufgabe aber keineswegs „hinsichtlich all ihrer Teilaspekte und nicht für alle Gemeinden gleichermaßen

---

786 So *Burgi*, Kommunalrecht, § 6 Rn. 27; *Röhl*, in: Schoch, Bes. VerwR, 1. Kapitel, Rn. 29; *Seewald*, in: Steiner, Bes. VerwR, Kommunalrecht, Rn. 61.

787 *Gern*, Dt. Kommunalrecht, Rn. 65, mit Nachweisen aus der Rechtsprechung; *Röhl*, in: Schoch, Bes. VerwR, 1. Kapitel, Rn. 33.

788 Vgl. die entsprechenden, ausführlicheren Beispiele (und auch Negativbeispiele) bei *Gern*, Dt. Kommunalrecht, Rn. 66 f.

789 Dazu statt vieler *Gern*, Dt. Kommunalrecht, Rn. 72 f.

790 *Seewald*, in: Steiner, Bes. VerwR, Kommunalrecht, Rn. 59; *Röhl*, in: Schoch, Bes. VerwR, 1. Kapitel, Rn. 33.

791 So BVerfGE 8, 122 (134).

als eine Angelegenheit der örtlichen Gemeinschaft darstellen".[792] Die Aufgaben müssen somit keineswegs einen ausschließlich örtlichen Charakter aufweisen, vielmehr ist es für die Zuordnung als Angelegenheit der Gemeinde ausreichend, dass eine konkrete Aufgabe sich teilweise als örtliche, zum Teil als überörtliche Angelegenheit darstellt – entscheidend ist danach allein, dass überhaupt (irgend-)ein „relevanter örtlicher Charakter" festzustellen ist.[793]

Fraglich ist allerdings weiterhin, wann ein solcher „relevanter" örtlicher Charakter vorliegt – eine Formulierung, die bereits der bundesverfassungsgerichtlichen „Rastede"-Entscheidung entnommen ist.[794]

Dieses Kriterium der „Örtlichkeit" knüpft zum einen in räumlicher Hinsicht an das Gebiet der Gemeinde an, daneben an deren Einwohner.[795]

Ungeachtet der erwähnten Dynamik der Aufgabenzuordnung und der „Berücksichtigung des Wandels in den sozialen, wirtschaftlichen oder technischen Rahmenbedingungen", ist für die Qualifizierung einer Aufgabe auch auf den historischen Bestand kommunaler Angelegenheiten abzustellen.[796] Insoweit sind beide Elemente – Betrachtung der historischen Gegebenheiten wie auch Offenheit für neue Entwicklungen – zu berücksichtigen; keinem dieser Elemente kann allein ausschlaggebende Bedeutung für die Zuordnung einer bestimmten Aufgabe zukommen.[797]

Für die vorliegende Problematik stellt sich die Frage, ob auch Klima- und Ressourcenschutz zu den „Angelegenheiten der örtlichen Gemeinschaft" zählen, ob sie somit in der örtlichen Gemeinschaft wurzeln oder auf sie einen spezifischen Bezug haben, den Gemeindeeinwohnern als solchen gemeinsam sind und das Zusammenleben in der Gemeinde betref-

---

792 So BVerfGE 79, 127 (153 f.); ebenso BVerfGE 110, 370 (401).

793 *Faßbender*, in: Köck/Faßbender, Klimaschutz durch Erneuerbare Energien, S. 39 (44); *Nierhaus*, in: Sachs (Hrsg.), GG, Art. 28 Rn. 48.

794 Siehe BVerfG, Beschl. v. 23.11.1988 – 2 BvR 1619, 1628/83 –, BVerfGE 79, 127 (152).

795 *Seewald*, in: Steiner, Bes. VerwR, Kommunalrecht, Rn. 63; *Burgi*, Kommunalrecht, § 6 Rn. 14.

796 *Burgi*, Kommunalrecht, § 6 Rn. 14; vgl. auch *Gern*, Dt. Kommunalrecht, Rn. 59 f.; *Geis*, § 6 Rn. 2.

797 Insofern äußert sich auch *Longo*, Örtliche Energieversorgung, S. 125 ff., insbesondere S. 127, kritisch im Hinblick auf das Abstellen auf die „historischen Wurzeln einer Aufgabe", diese könnten keine zwingende Voraussetzung im Sinne einer „conditio sine qua non" für die Annahme einer Angelegenheit der örtlichen Gemeinschaft sein.

fen,[798] oder ob es sich dabei stattdessen um staatliche Aufgaben handelt. Näher betrachtet werden soll dabei im Folgenden neben dem Klimaschutz auch die Energieversorgung. Vor dem Hintergrund der Energiewende können sich klimapolitische Belange schließlich mit energiepolitischen Interessen überschneiden.[799]

b) Einordnung der Aufgabe der Energieversorgung

Konkret für die Energieversorgung wird ein solcher „relevanter" örtlicher Charakter heute zwar zum Teil bezweifelt.[800] Das Bundesverwaltungsgericht aber hat auch insoweit einen „örtlich relevanten Charakter" der örtlichen Energieversorgung noch 1995 bejaht und aus diesem Grund eine verfassungsrechtlich geschützte Selbstverwaltungsangelegenheit der Gemeinden angenommen.[801] Dazu bedarf es jedoch wiederum noch einer näheren Konkretisierung des Begriffs der „örtlichen Energieversorgung".

Wie bereits dargelegt, existiert kein Katalog örtlicher Angelegenheiten, insbesondere ist dem Grundgesetz keine entsprechende Bestimmung dieser Aufgaben zu entnehmen. Eine – nicht abschließende – Aufzählung findet sich hingegen in Art. 83 Abs. 1 der Bayerischen Verfassung,[802] aus der sich immerhin Anhaltspunkte für die Einordnung bestimmter Aufgaben ableiten lassen. Danach soll beispielsweise auch „die Versorgung der Bevölkerung mit Wasser, Licht, Gas und elektrischer Kraft" dem in Bayern so bezeichneten „eigenen Wirkungskreis" der Gemeinden angehören.

Die Rechtsprechung hatte sich bereits mit verschiedenen Aufgaben konkret zu befassen. Für den Bereich der Fernwasserversorgung wurde die Einordnung als örtliche Aufgabe nicht unter dem Gesichtspunkt der weitgehenden Privatisierung als problematisch betrachtet, sondern die Relevanz des Eigentums an den Anlagen sowie deren räumliche Lage und Um-

---

798 Vgl. nur BVerfGE 8, 122 (134); BVerfGE 50, 195 (201); BVerfGE 52, 95 (120); BVerfGE 79, 127 (151 f.).

799 Siehe bereits oben Teil 1 II. 3.

800 Die Frage offen lassend *Nierhaus*, in: Sachs (Hrsg.), GG, Art. 28 Rn. 51.

801 BVerwGE 98, 273 (275 f.). Siehe auch BVerwGE 122, 350 (356). Dem folgend zählt auch *Mehde*, in: Maunz/Dürig, Art. 28 GG Rn. 93, die örtliche Energieversorgung zu den Angelegenheiten der örtlichen Gemeinschaft.

802 Verfassung des Freistaates Bayern in der Fassung der Bekanntmachung vom 15.12.1998, GVBl. 1998, S. 991, zuletzt geändert durch Gesetz v. 11.11.2013, GVBl. 2013, S. 638 ff.

fang diskutiert. Das Bundesverwaltungsgericht hat allerdings darauf hingewiesen, dass es auf diese Aspekte nicht maßgeblich ankomme.[803] Ein ausreichender örtlicher Bezug der Fernwasserversorgung werde – bei funktionaler Betrachtung – vielmehr dadurch begründet, dass sie der Versorgung der Einwohner der Gemeinde bzw. der Unternehmen, die in der Gemeinde ihren Sitz haben, diene. Auf diese Weise diene die Aufgabenerfüllung gerade den Bedürfnissen und Interessen der örtlichen Gemeinschaft im Sinne von Art. 28 Abs. 2 Satz 1 GG und habe somit einen hinreichenden „spezifischen Ortsbezug".[804]

Diese Argumentation in funktionaler Hinsicht lässt sich auch auf andere Versorgungsbereiche übertragen. So kann auch im Hinblick auf die Energieversorgung durchaus von einer Leistung zum Wohle der vor Ort zu versorgenden Bevölkerung gesprochen und insofern ein örtlicher Bezug bejaht werden. Dennoch ist diese Einordnung der Energieversorgung nicht unumstritten.

aa) Energieversorgung als den Kommunen zugewiesene Aufgabe der „Daseinsvorsorge"?

Soweit den Kommunen allgemein die Aufgaben der sogenannten Daseinsvorsorge zugewiesen werden, wird Kritik bereits an der Verwendung dieses Begriffs geäußert.[805]

Forsthoff verstand unter dem Begriff der Daseinsvorsorge alle „nützlichen" Leistungen der Verwaltung an die Allgemeinheit oder einen nach objektiven Merkmalen bestimmten Personenkreis, keineswegs beschränkt auf „lebensnotwendige" Leistungen, sondern darüber hinausgehend; es handle sich dabei um einen „Leitbegriff" zur Zusammenfassung der „Funktionen der leistenden Verwaltung", unabhängig von der konkreten Rechtsform.[806]

---

803 BVerwGE 122, 350 (354 f.).
804 BVerwGE 122, 350 (355).
805 So hält beispielsweise *Krebs*, Kommunale Elektrizitätsversorgung, S. 40 f., den Begriff für ungeeignet, eine konkrete Bestimmung des gemeindlichen Aufgabenkreises vorzunehmen; ebenso kritisch *Longo*, Örtliche Energieversorgung, S. 127 f.; sowie *Löwer*, DVBl 1991, 132 (137).
806 Vgl. *Forsthoff*, Lehrbuch des Verwaltungsrechts, Bd. 1 AT, Vorbem. vor § 20, S. 370.

Der heute herrschenden Auffassung zufolge, wohnt dem Begriff kein konkreter Definitionsgehalt inne; es handle sich vielmehr um einen „überkommenen Oberbegriff für ein wesentliches Feld gemeindlicher Betätigungen".[807] Während die Rechtsprechung den Begriff der Daseinsvorsorge zum einen im Verwaltungsprivatrecht verwendet, um lediglich die Bindung auch wirtschaftlicher Tätigkeit des Staates an einen öffentlichen Zweck zu umschreiben,[808] qualifiziert sie damit aber andererseits auch ein bestimmtes staatliches Leistungsangebot als öffentlich-rechtlich.[809]

Demnach ist unter Daseinsvorsorge gegenwärtig allgemein die Sicherstellung der Versorgung der Bevölkerung mit Gütern und Dienstleistungen zu verstehen, derer die Gemeinschaft in wirtschaftlicher, sozialer und kultureller Hinsicht oder auch zur ökologischen Bedürfnisbefriedigung bedarf.[810] Dabei kommt es zum einen wesentlich auf die Gewährleistung der Versorgungssicherheit an, und zwar auch in Form einer flächendeckenden Versorgung mit gleichberechtigtem Zugang zur Leistung, zum anderen auf die Qualität des Leistungsangebots sowie die Sicherung eines angemessenen Preisniveaus.[811] Als solche Aufgaben der Daseinsvorsorge werden danach immer wieder v.a. Wasser- wie auch Energieversorgung genannt und dem Kernbereich der Selbstverwaltungsgarantie zugerechnet.[812]

Die eben dargelegten Definitionselemente zugrunde gelegt, wird die Energieversorgung immerhin zu Recht als Teil der so verstandenen Daseinsvorsorge betrachtet und damit ihre Bedeutung, insbesondere das Erfordernis einer sicheren und für alle zugänglichen Energieversorgung hervorgehoben.[813]

Diesem Verständnis der Daseinsvorsorge folgend, lässt sich allein aus der Annahme einer Aufgabe der Daseinsvorsorge allerdings noch nicht

---

807 Vgl. die Nachweise bei *Faber,* Anschluss- und Benutzungszwang, S. 46. Auch *Löwer*, DVBl 1991, 132 (137) betont, dass dem Begriff der Daseinsvorsorge nach wie vor lediglich deskriptive Wirkung zukomme und keinesfalls kompetenzbegründende; *Mehde*, in: Maunz/Dürig, Art. 28 GG Rn. 92, m.w.N., stellt kritisch fest, dass mit dem Begriff „kaum eine Eingrenzung verbunden" sei.

808 Vgl. die Nachweise bei *Löwer*, DVBl 1991, 132 (136).

809 Insoweit kritisch *Löwer*, DVBl 1991, 132 (137), m.w.N.

810 Siehe *Faber,* Anschluss- und Benutzungszwang, S. 46; *Kolb*, LKV 2006, 97 (98).

811 Vgl. wiederum *Kolb*, LKV 2006, 97 (98).

812 So *Karst*, DÖV 2002, 809 (811 f.). Dagegen hält beispielsweise *Krebs*, Kommunale Elektrizitätsversorgung, S. 55, die Auffassung, die Elektrizitätsversorgung gehöre dem Kernbereich der Selbstverwaltungsgarantie an, für überholt.

813 Siehe dazu oben Teil 1 II. 1.

zwingend der Schluss ziehen, dass es sich zugleich um eine Angelegenheit der örtlichen Gemeinschaft handelt.[814] Wenngleich derartige Leistungen auch vielfach durch die Gemeinden erbracht werden, ist zumindest dem allgemeinen Bedeutungsgehalt des Begriffs der Daseinsvorsorge noch keine Beschränkung auf einen bestimmten Leistungserbringer zu entnehmen.

Auch insofern kommt es daher maßgeblich auf den Bezug zur örtlichen Gemeinschaft im Sinne des Art. 28 Abs. 2 Satz 1 GG an.

bb) Die Rolle der Kommunen im Bereich der Energieversorgung

Um die Aufgabe der Energieversorgung einordnen zu können, ist es notwendig, die Rolle der Kommunen in der Energieversorgung und deren Entwicklung in die Betrachtung einzubeziehen. Im Mittelpunkt steht dabei v.a. die Energieversorgung im Sinne des EnWG, die die Bereiche Elektrizität und Gas umfasst.

Strom- und Gasversorgung entwickelten sich in Deutschland „bottom-up", d.h. zunächst in lokaler Verantwortlichkeit.[815] Den Gemeinden kam dabei von Beginn an – zunächst mit dem Abschluss von Konzessionsverträgen zur Beauftragung privater Unternehmen mit der Energieversorgung – eine besondere Bedeutung zu.[816]

(1) Bedeutung der Wegenutzungsverträge gemäß § 46 EnWG

Der Abschluss entsprechender Konzessionsverträge ist nach wie vor erforderlich, weshalb die Kommunen noch immer im Besitz eines „natürlichen Monopols"[817] sind, von dem Gebrauch zu machen ihnen in der Literatur

---

814 So auch *Longo*, Örtliche Energieversorgung, S. 131.
815 *Theobald*, in: Schneider/Theobald, Recht der Energiewirtschaft, § 1 Rn. 144.
816 *Theobald*, in: Schneider/Theobald, Recht der Energiewirtschaft, § 1 Rn. 144. Zur Struktur der Elektrizitätsversorgung in der Bundesrepublik bis in die 1990er Jahre (einschließlich eines Überblicks zu Entwicklung in der DDR bzw. später in den neuen Ländern) *Krebs*, Kommunale Elektrizitätsversorgung, S. 5 ff.; a.a.O. S. 27 ff. auch näher zu Begriff, Entwicklung und Bedeutung kommunaler Elektrizitätsversorgungsunternehmen.
817 So *Klinski/Longo*, Rechtliche Rahmenbedingungen in Kommunen für den EE-Ausbau, S. 18, abrufbar als Arbeitspapier des Projekts SKEP unter: https://projekt e.izt.de/skep/ergebnisse/ (10.7.15.).

zum Teil nachdrücklich empfohlen wird.[818] Die maßgeblichen Rechtsfragen sind jedoch mittlerweile, nach der Liberalisierung der Märkte,[819] andere.[820] Die Vergabe der Konzession wird durch den geltenden § 46 EnWG geregelt. Die sich daraus im Einzelnen ergebenden Anforderungen an den Abschluss von Wegenutzungsverträgen sind allerdings stark umstritten. So hatte der BGH sich in seinen Entscheidungen vom 17.12.2013 zur Neuvergabe der Konzessionen für die Stromnetze Berkenthin[821] und Heiligenhafen[822] bereits mit einigen grundlegenden Fragen auseinanderzusetzen. Danach hat die Gemeinde bei der Konzessionsvergabe eine marktbeherrschende Stellung inne und es ist der Neukonzessionär daher in einem diskriminierungsfreien Verfahren auszuwählen, für das insbesondere das Transparenzgebot gilt. Die Auswahl des neuen Netzbetreibers hat „vorrangig" nach an den Zielen des § 1 EnWG ausgerichteten Kriterien zu erfolgen,[823] andernfalls sind die abgeschlossenen Konzessionsverträge grundsätzlich gemäß § 134 BGB nichtig.[824] Der BGH hat zudem hervorgehoben, dass das Diskriminierungsverbot des § 46 Abs. 1 EnWG gerade auch dann gilt, wenn die Übertragung auf einen Eigenbetrieb der Gemeinde beabsichtigt ist.[825] Wenngleich diese Entscheidungen des BGH im

---

818 Siehe etwa *Klinski/Longo*, Rechtliche Rahmenbedingungen in Kommunen für den EE-Ausbau, S. 17 f. und 24, abrufbar als Arbeitspapier des Projekts SKEP unter: https://projekte.izt.de/skep/ergebnisse/ (10.7.15). *Rodi*, IR 2012, 242 (247), sieht auch im Zusammenhang mit dem Abschluss von Konzessionsverträgen „Chancen und Möglichkeiten klimaschutzpolitischer Elemente" der Kommunen.

819 Dazu oben Teil 2 III. 4. b) cc).

820 Zu den Rechtsfragen im Zusammenhang mit dem Abschluss derartiger Konzessionsverträge aktuell etwa *Lecheler*, NVwZ 2014, 917 ff.; *Weiß*, NVwZ 2014, 1415 ff. Zu den sich im Zusammenhang mit der Rekommunalisierung (hier speziell der Verteilernetze) stellenden Fragen siehe *Pielow*, in: Faßbender/Köck, Versorgungssicherheit in der Energiewende, S. 45 (63 ff.) m.w.N.

821 BGH, NVwZ 2014, 807 = BGHZ 199, 289.

822 BGH, NVwZ 2014, 817. Siehe zu beiden BGH-Entscheidungen etwa die Anmerkung von *Scholtka/Keller-Herder*, N&R 2014, 186 ff.

823 BGH, NVwZ 2014, 807 (809 f.); BGH, NVwZ 2014, 817 (818 f.).

824 Vgl. BGH, NVwZ 2014, 807 (816) und BGH, NVwZ 2014, 817 (823) sowie die Ausführungen von *Scholtka/Keller-Herder*, N&R 2014, 186 (188 f. sowie 191 ff.).

825 BGH, NVwZ 2014, 817 (820, 823). Dazu *Scholtka/Keller-Herder*, N&R 2014, 186 (187).

Schrifttum zum Teil heftige Kritik hervorgerufen haben,[826] wurden die darin aufgestellten Grundsätze in späteren Entscheidungen doch ausdrücklich bekräftigt.[827]

Den zahlreichen Problemen und Streitfragen im Kontext der Konzessionsvergabe kann in der vorliegenden Untersuchung nicht weiter nachgegangen werden, auch wenn dies– wie die Zahl aktueller Entscheidungen und Aufsätze zeigt – eine hochaktuelle und praxisrelevante Problematik betrifft und Gemeinden durch die Vorgaben bezüglich der Konzessionsvergabe in ihrer Selbstverwaltungsgarantie berührt werden.[828] Mit dem speziellen Fall der beabsichtigten Übertragung der Konzession auf einen Eigenbetrieb der Gemeinde ist jedoch zugleich ein zuletzt häufiger zu beobachtendes Phänomen angesprochen: das der Rekommunalisierung.

(2) Phänomen der Rekommunalisierung, insbesondere im Energiebereich

Nachdem insbesondere in den 1990er Jahren eine steigende Zahl von Privatisierungen in verschiedenen Bereichen des öffentlichen Wirtschaftsrechts festzustellen war, hat sich dieses Bild nunmehr gewandelt. Während die Privatisierungen der 1990er Jahre v.a. die Bereiche Telekommunikation, Strom und Gas, Schienenverkehr betrafen, und damit u.a. wichtige wirtschaftliche Unternehmen des Bundes privatisiert wurden, erfasste dieser Prozess doch auch die Länderebene und eine Vielzahl kommunaler Einrichtungen.[829]

Unter „Privatisierung" ist in diesem Zusammenhang ganz allgemein die Übertragung der Organisation in private Trägerschaft sowie die Zuordnung einer Aufgabe zu einem privaten Träger zu verstehen; „Vermögens-

---

826 Vgl. etwa *Wieland*, DÖV 2015, 169. A.A. dagegen, und zwar bereits vor der Klärung durch den BGH, *Sodan*, LKV 2013, 433 (437 ff.). Überwiegend positiv auch das Fazit von *Scholtka/Keller-Herder*, N&R 2014, 186 (194).

827 Siehe dazu nur die folgenden Entscheidungen, die letztlich alle auf die Entscheidungen vom 17.12.2013 Bezug nehmen und Konzessionsverfahren an den darin aufgestellten Maßstäben messen: BGH, NVwZ 2014, 1600 (1606 f.); BGH, NZBau 2015, 113 (114); BGH, NZBau 2015, 115 (120).

828 Siehe dazu *Wieland*, DÖV 2015, 169; zur kommunalen Selbstverwaltung als zu beachtende Rahmenbedingung auch *Sodan*, LKV 2013, 433 (435, 437).

829 Vgl. die entsprechenden Belege bei *Faber*, Anschluss- und Benutzungszwang, S. 28 f.

privatisierung" bezeichnet dabei den „Übergang ehedem staatlich gehaltenen Vermögens auf einen echten Privaten".[830]

Als Ursachen für diesen Prozess der Privatisierung identifiziert *Faber* zum einen die Überforderung des Staates in quantitativer wie qualitativer Hinsicht; angesichts der zunehmenden Komplexität verschiedener Materien habe die hinreichende Fachkompetenz mitunter gefehlt.[831] Zum anderen sei jedoch auch ein Wandel der Vorstellungen zur Aufgabenverteilung zwischen staatlichen und privaten Akteuren festzustellen gewesen und nicht zuletzt habe gerade das Europarecht wesentliche Anstöße zu Privatisierung und Deregulierung und damit zur Marktöffnung geliefert.[832]

Demgegenüber ist inzwischen seit einigen Jahren wieder ein Trend zum verstärkten Engagement der Kommunen zu beobachten. Diese „Rekommunalisierung" wird gelegentlich bereits als neuer „Megatrend" bezeichnet.[833] Der Begriff bezeichnet ganz allgemein eine Neuorganisation kommunaler Aufgabenwahrnehmung, als Sammelbegriff für eine Vielzahl von Maßnahmen und neu strukturierten Organisationsformen zur veränderten Aufgabenwahrnehmung.[834]

Dieser Prozess der Rekommunalisierung betrifft verschiedenste Bereiche, in erster Linie die Versorgung mit Gas, Elektrizität, Fernwärme oder Wasser, sowie die Abwasser – und Abfallentsorgung, die Straßenreinigung, aber auch das Gesundheitswesen, seltener die Bereiche städtischer Wohnungen und Kultur.[835] Insbesondere im Energiesektor äußert sich der

---

830 Siehe näher zur Definition *Faber,* Anschluss- und Benutzungszwang, S. 33 m.w.N.

831 Vgl. *Faber,* Anschluss- und Benutzungszwang, S. 29 f.

832 *Faber,* Anschluss- und Benutzungszwang, S. 31.

833 Vgl. *Bauer,* DÖV 2012, 329 (329 f.); siehe auch *Bauer,* a.a.O., S. 330 ff. zu verschiedenen Beispielen und „Rekommunalisierungsszenarien". Konkrete Zahlen für den Energiebereich, zu Konzessionsübernahmen und der Neugründung von Stadtwerken, finden sich bei *Pennekamp/Schäfers,* in FAZ v. 5.8.2015, S. 17, online abrufbar unter: http://www.faz.net/aktuell/wirtschaft/wirtschaftspolitik/rueck laeufiger-trend-deutschland-laesst-den-staatskapitalismus-bluehen-13734501-p2. html (5.8.15). *Budäus/Hilgers,* DÖV 2013, 701 (702) konstatieren allerdings zum Teil eine „Emotionalisierung der Problemdefinition".

834 So *Budäus/Hilgers,* DÖV 2013, 701 (701 f.).

835 So die Auflistung bei *Schmidt,* DÖV 2014, 357 (357). Demgegenüber soll anderen Berichten zufolge, die Trendwende von der Privatisierung hin zur Rekommunalisierung v.a. im Energiesektor deutlich werden, während in anderen Bereichen kein „übergreifender Trend" festzustellen sei; so *Pennekamp/Schäfers,* in FAZ v. 5.8.2015, S. 17, online abrufbar unter: http://www.faz.net/aktuell/wirtschaft/wir

Rekommunalisierungs-Trend in einer Vielzahl von (Neu-)Gründungen kommunaler Unternehmen, v.a. von Stadtwerken, und dem Bemühen um die bereits erwähnte Konzessionsvergabe an Eigenbetriebe der Gemeinde.[836]

Als Beispiel sei insoweit nur auf die mit Volksentscheiden einhergehenden Bemühungen in Berlin[837] und Hamburg[838] verwiesen, die Strom- und Gasnetze zu übernehmen. Speziell mit Blick auf die Konzessionsvergabe ist die Diskussion derzeit hochaktuell, da die Verträge nach § 46 Abs. 2 Satz 1 EnWG nur mit einer Laufzeit von maximal 20 Jahren geschlossen werden dürfen und viele der Verträge gegenwärtig bzw. demnächst auslaufen.[839]

Zugleich haben verschiedene Entwicklungen dazu beigetragen, dass Gemeinden sich nunmehr berufen sehen, sich insbesondere im Bereich der Energieversorgung wieder verstärkt zu engagieren: Zum Teil bildeten Missstände oder Preiserhöhungen bzw. ein Versagen privatwirtschaftlicher

---

tschaftspolitik/ruecklaeufiger-trend-deutschland-laesst-den-staatskapitalismus-bl uehen-13734501-p2.html (5.8.15).

836 Siehe *Britz*, in: Schneider/Theobald, Recht der Energiewirtschaft, 3. Aufl., § 5 Rn. 2. *Rodi*, IR 2012, 242 (244) spricht insofern von einer „ungeahnten Renaissance" der Konzessionsverträge.

837 Der Volksentscheid in Berlin am 3.11.2013 über den Kauf des Stromnetzes und die Gründung eines kommunalen Öko-Stadtwerkes ist zwar am erforderlichen Quorum gescheitert, das Land Berlin hatte allerdings ohnehin seine Bewerbung um das Berliner Stromnetz bereits auf den Weg gebracht und ein Stadtwerk gegründet, das Ökostrom produzieren und verkaufen soll; vgl. dazu die Berichterstattung FAZ v. 28.9.2013, S. 4 sowie auf http://www.spiegel.de/wirtschaft/untern ehmen/berliner-strom-volksentscheid-gescheitert-a-931545.html (20.11.2013) und http://www.rbb-online.de/wirtschaft/thema/volksentscheid-berlin/beitraege/v olksentscheid-energietisch-berlin.html (27.11.2013). Darüber hinaus wurde das – ebenfalls politisch wie rechtlich umkämpfte – Vorhaben der Rekommunalisierung des Berliner Gasnetzes in Angriff genommen; vgl. dazu die Berichterstattung „Dagegen oder doch dafür" in der FAZ v. 25.6.2014, S. 4. Die Vergabe der Konzession an die landeseigene Berlin Energie wurde allerdings inzwischen durch das LG Berlin, ZNER 2015, 158, für unwirksam erklärt; zu den rechtlichen Rahmenbedingungen, die im Konzessionierungsverfahren zu beachten sind, bereits im Vorfeld der Durchführung des Volksentscheids, *Sodan*, LKV 2013, 433 ff.

838 Der am 23.9.2013 durchgeführte Volksentscheid für den Rückkauf der Hamburger Energienetze war – anders als in Berlin – erfolgreich, so dass der Senat der Stadt danach alle Schritte unternehmen musste, zu versuchen, die lokalen Strom-, Gas- und Fernwärmenetze zu übernehmen; vgl. dazu wiederum die Berichterstattung der FAZ v. 24.9.2013, S. 6 und 19.

839 *Müller*, VR 2014, 145 (145).

Mechanismen gerade auch in der Folge vorheriger Privatisierungen konkrete Anlässe für Rekommunalisierungsvorhaben.[840] Die Gründe sind daher im Ergebnis durchaus vielfältig. Sie reichen von Erwartungen der Einwohner bezüglich der Preisentwicklung sowie der Durchsetzung besonderer Sozial- und Umweltstandards, über das Interesse der Gemeinde an verstärkten Einflussnahme- und Steuerungsmöglichkeiten, ein „neu erwachtes Selbstbewusstsein der Kommunen" und die „Rückbesinnung auf Leitbilder öffentlicher Daseinsvorsorge", bis hin zur Erwartung finanzieller Gewinne für die Kommune.[841] So sind vielfach gerade Sektoren mit einem relativ hohen Gewinn- wie auch Gestaltungs- und Profilierungspotenzial betroffen.[842]

Speziell im Energiebereich verfolgen die betreffenden Gemeinden neben dem Ziel höherer Einnahmen häufig das Anliegen, Steuerungsmöglichkeiten zurückzugewinnen und eine verbrauchernahe, dezentrale Energieversorgung zu stärken.[843]

Dabei sind von den Gemeinden nicht nur tatsächliche, wirtschaftliche Hürden zu überwinden.[844] Es stellen sich auch in rechtlicher Hinsicht Grenzen,[845] nicht nur mit Blick auf den oben genannten § 46 EnWG,[846] wenngleich weder dem Europa-, noch dem Verfassungs- oder Kommunal-

---

840 *Bauer*, DÖV 2012, 329 (334 f.); *Schmidt*, DÖV 2014, 357 (358).

841 Zu diesen und weiteren Motiven *Bauer*, DÖV 2012, 329 (334 f.); *Schmidt*, DÖV 2014, 357 (358). Vgl. allerdings kritisch *Budäus/Hilgers*, DÖV 2013, 701 (705), die Fehleinschätzungen der Kompetenz bemängeln und feststellen, dass die mit einer Rekommunalisierung verbundenen „Ideal- und Zielvorstellungen [...] in wesentlichen Bereichen nicht mit den realen Gegebenheiten im Einklang stehen".

842 So wiederum *Schmidt*, DÖV 2014, 357 (357); siehe auch *Budäus/Hilgers*, DÖV 2013, 701 (704, 706).

843 *Müller*, VR 2014, 145.

844 Vgl. *Müller*, VR 2014, 145 (146) – mit einer entsprechenden Warnung gerade im Hinblick auf die wirtschaftlichen Rahmenbedingungen a.a.O. S. 147 ff.

845 Siehe etwa den Überblick bei *Sodan*, LKV 2013, 433 ff.

846 Siehe beispielsweise zum Kommunalwirtschaftsrecht *Rauber/Rauscher*, HGZ 2011, 133 (136 ff.), am Beispiel des hessischen Kommunalrechts. Allgemein zu den kommunalrechtlichen Voraussetzungen einer wirtschaftlichen Betätigung der Kommunen u.a. *Löwer*, NWVBl. 2000, 241 (242 f.); *Müller*, VR 2014, 145 (148); .*Schmidt*, DÖV 2014, 357 (361 f.); *Schmidt*, DVBl 2014, 1155 (1160 f.). Zu etwaigen kommunalrechtlichen Schranken für das Betreiben eines kommunalen Elektrizitätsversorgungsunternehmens *Krebs*, Kommunale Elektrizitätsversorgung, S. 135 ff.

recht ein grundsätzliches Verbot der Rekommunalisierung entnommen werden kann.[847]

(3) Gegenwärtige Rolle der Kommunen im Energiesektor

Vor dem Hintergrund der eben geschilderten Entwicklungen wird im Schrifttum von drei Stufen der Beteiligung der Kommunen im Energiebereich gesprochen.[848]

Zunächst haben alle Gemeinden gemäß § 46 EnWG Wegenutzungsverträge abzuschließen und erhalten im Gegenzug Konzessionsabgaben für die Inanspruchnahme öffentlicher Wege durch Energieversorgung.

Darüber hinaus betätigen sich einige der Gemeinden über ihre Stadtwerke selbst als Energieversorger – häufig als Eigentümer der Netze im Bereich der Verteilung der Energie an die Endkunden, zum Teil – gewissermaßen als stärkste Form der Beteiligung – gar als Energieerzeuger.[849]

Während Gemeinden früher nicht nur über die Vergabe der Strom- und Gasversorgung an einen Dritten entscheiden konnten, betrifft dies heute lediglich noch die Auswahl des Netzbetreibers.[850] Letzterer ermittelt dann auch jeweils für drei Jahre den Grundversorger – konkret das Energieversorgungsunternehmen, das im betreffenden Netzgebiet die meisten Haushaltskunden mit Strom bzw. Gas versorgt (vgl. § 36 Abs. 2 EnWG). Auch in Bezug auf die Grundversorgung ist die Bedeutung der Gemeinden somit aufgrund der Regelung durch das EnWG gesunken.[851]

Neben der Rolle beim Abschluss von Konzessionsverträgen sowie gegebenenfalls der Betätigung als Netzbetreiber, Energieerzeuger und – auf der anderen Seite natürlich – auch als Abnehmer, verbleibt den Gemeinden ihre Bedeutung als Träger der Bauleitplanung, mit der sie zumindest mittelbar auch auf die verschiedenen Bereiche der Energieversorgung Einfluss nehmen.

---

847 *Britz*, NVwZ 2001, 380 (381) m.w.N.; *Sodan*, LKV 2013, 433 (439); zum Europa- und Verfassungsrecht siehe auch *Schmidt*, DÖV 2014, 357 (359 f.).

848 *Löwer*, NWVBl. 2000, 241.

849 Beispiele finden sich bei *Klinski/Longo*, Rechtliche Rahmenbedingungen in Kommunen für den EE-Ausbau, S. 19, abrufbar als Arbeitspapier des Projekts SKEP unter: https://projekte.izt.de/skep/ergebnisse/ (10.7.15).

850 *Theobald*, in: Schneider/Theobald, Recht der Energiewirtschaft, § 1 Rn. 151.

851 Insoweit kritisch *Rodi*, IR 2012, 242 (246), der für eine Änderung der §§ 36 ff. EnWG plädiert.

Während die geschilderten Veränderungen insbesondere die Bereiche der durch das EnWG regulierten Elektrizitäts- und Gasversorgung betreffen, lassen sich doch auch im Bereich der Wärmeversorgung vergleichbare Rollen der Gemeinden identifizieren – als mittelbar Einfluss nehmender Träger der Bauleitplanung, als Verbraucher sowie auf der anderen Seite, gerade im Wege der hier interessierenden netzgebundenen Wärmeversorgung, gegebenenfalls als Erzeuger und Lieferant von Wärme.

Die Entwicklungen im Elektrizitäts- und Gasbereich können insofern nicht außer Acht gelassen werden, da im Hinblick auf die Frage der Qualifizierung der Energieversorgung als örtliche Angelegenheit der Gemeinden vielfach lediglich allgemein von der „Energieversorgung" die Rede ist, ohne nähere Spezifizierung.

cc) „Örtliche Energieversorgung" als Angelegenheit der örtlichen
   Gemeinschaft

Nachdem sich die Rolle der Gemeinden im Bereich der Energieversorgung derart gewandelt hat, stellt sich die Frage, inwieweit die Energieversorgung – speziell als „örtliche Energieversorgung" (noch) als den Gemeinden verfassungsrechtlich zugewiesene Angelegenheit der örtlichen Gemeinschaft betrachtet werden kann.

Unter dieser „örtlichen Energieversorgung" wird die „leitungsgebundene Verteilung von Energie an Letztverbraucher und die dezentrale Energieerzeugung in ortsgebundenen Anlagen zur verbrauchernahen Versorgung der Gemeindeeinwohner mit Strom, Gas und Fernwärme" verstanden.[852] In Ergänzung dazu betrachtet *Longo* die „Erschließung örtlich verfügbarer, nicht endlicher erneuerbarer Energiequellen" mit dem Ziel der Sicherung einer auch nachhaltigen Energieversorgung als sogenannte „neue örtliche Energieversorgung".[853]

Dies bezeichnet somit gerade den Ausschnitt der tatsächlich „vor Ort" stattfindenden Versorgung mit Energie, wobei ausdrücklich ein weiter, umfassender Energiebegriff zugrunde gelegt wird.

---

852 Siehe *Longo*, Örtliche Energieversorgung, S. 348.
853 *Longo*, Örtliche Energieversorgung, S. 348.

(1) Rechtsprechung des Bundesverwaltungsgerichts

Dem Bundesverwaltungsgericht zufolge wird das Kriterium der „Örtlichkeit" von den jeweiligen Anforderungen an die Art und Weise des Aufgabenvollzugs beeinflusst; dies bedinge die erwähnte Dynamik der Aufgabenzuordnung.[854] So stellt das Gericht zur Qualifizierung der „örtlichen Energieversorgung" als gemeindliche Aufgabe zum einen auf ihre historische Entwicklung, Bezüge zum kommunalen Wegeeigentum sowie zur Bauleitplanung ab, zum anderen v.a. auf die Bedeutung der Energieversorgung für das Wohl der Gemeindeeinwohner.[855] Wie eben dargestellt, ist insbesondere das Wegeeigentum nicht nur historisch, sondern auch gegenwärtig maßgeblicher Grund für eine aktive Rolle jeder Gemeinde im Bereich der Energieversorgung.[856]

Irrelevant sei, dass die Energieversorgung keine Aufgabe ausschließlich örtlichen Charakters, d.h. „regelmäßig nicht in vollem Umfang den Angelegenheiten der örtlichen Gemeinschaft zuzurechnen" sei, sondern von verschiedenen, auch privatrechtlichen Unternehmen ausgeführt werde und insbesondere hinsichtlich Erzeugung und überregionaler Verteilung weitgehend auf überregionaler Ebene erfolge.[857] Jedenfalls die Grundsatzentscheidung über die Art und Weise der Sicherstellung der örtlichen Stromversorgung sei eine Angelegenheit der örtlichen Gemeinschaft.[858]

Das Bundesverwaltungsgericht hat bestätigt, dass zwar die überörtliche Energieerzeugung, die zum größten Teil auch privatisiert wurde, anders einzuordnen sei.[859] Doch jedenfalls „die Energieerzeugung für den örtlichen Bedarf und die kleinräumige Energieverteilung [seien] nach wie vor der Selbstverwaltung der Gemeinden [zuzurechnen]".[860]

---

854 BVerwGE 67, 321 (323).
855 Vgl. BVerwGE 98, 273 (275). Insbesondere auf das erforderliche Wegenutzungsrecht stellt auch *Krebs*, Kommunale Elektrizitätsversorgung, S. 41 ff., ab; siehe dazu auch *Karst*, DÖV 2002, 809 (811).
856 Siehe oben Teil 3 II. 5. b) bb) (1).
857 Siehe BVerwGE 98, 273 (275 f.).
858 BVerwGE 98, 273 (276).
859 BVerwGE 122, 350 (356) spricht insoweit, unter Berufung auf Stimmen aus der Lehre von einem „Herauswachsen" aus den Angelegenheiten der örtlichen Gemeinschaft.
860 BVerwGE 122, 350 (356).

(2) Qualifizierung als staatliche Aufgabe

Schließlich betrachtet auch das Bundesverfassungsgericht die Energieversorgung als öffentliche Aufgabe von besonderer Bedeutung und Teil der Daseinsvorsorge.[861] Allerdings muss mit dieser Einordnung noch nicht zwangsläufig die Qualifizierung als den Gemeinden zugewiesene Angelegenheit der örtlichen Gemeinschaft verbunden sein.

Zumindest die Einschätzung als öffentliche – hier im Sinne einer dem Staat zugewiesenen[862] – Aufgabe, ist, soweit ersichtlich, insofern unstreitig, als es die grundlegende Verantwortung für die Sicherstellung der Energieversorgung betrifft.[863] Diese grundlegende Sicherstellung der Energieversorgung war es auch, die das Bundesverfassungsgericht zur Bewertung derselben als ein „Gemeinschaftsinteresse höchsten Ranges" veranlasst hat und die das Gericht daher in die Verantwortung des Staates gelegt hat.[864] Eine solche Gewährleistungsverantwortung bedeutet freilich andererseits keine Pflicht, die Energieversorgung selbst zu betreiben oder sich daran zu beteiligen.[865]

---

861 Vgl. nur BVerfG, NJW 1990, 1783; BVerfGE 66, 248 (258); BVerfGE 38, 258 (270).

862 Vgl. insofern kritisch zum Begriff der „öffentlichen Aufgabe" *Löwer*, DVBl 1991, 132 (138 f.) m.w.N., der als solche alle Aufgaben begriffen wissen will, an deren Erfüllung die Öffentlichkeit ein besonderes Interesse habe, woraus aber nicht zwingend eine staatliche Kompetenz zur Erfüllung der Aufgabe folge; „öffentliche Aufgaben" seien dementsprechend von „staatlichen Aufgaben" zu unterscheiden. Eine entsprechende Differenzierung trifft auch *Weiß*, VerwArch 90 (1999), 415 (416, in Fn. 4), mit zahlreichen Nachweisen zur Verwendung der Begriffe. Nach *Weiß*, a.a.O., handelt es sich bei „öffentlichen Aufgaben" um solche, „die im öffentlichen Interesse liegende Angelegenheiten" betreffen, unabhängig davon, ob sie von Privaten oder dem Staat erbracht werden; demgegenüber stellen die „staatlichen Aufgaben" eine „Untermenge" der „öffentlichen Aufgaben" dar und umfassen lediglich die durch den Staat zu erbringenden (wiederum unabhängig von der konkret zuständigen staatlichen Ebene).

863 Siehe u.a. *Püttner*, RdE 1992, 92 (92 f.), der von einer „Garantiefunktion" der öffentlichen Hand spricht; siehe auch *Tettinger*, NWVBl 1989, 1 (2). Diese Einordnung bejaht im Übrigen auch *Löwer*, DVBl 1991, 132 (139 und 142), der sich i.Ü. einer Einstufung der Energieversorgung als Aufgabe der Kommunen überaus kritisch auseinandersetzt.

864 BVerfGE 30, 292 (323 f.).

865 *Püttner*, RdE 1992, 92 (93).

Darüber hinaus ist die Energieversorgung schließlich keineswegs mehr eine exklusiv dem Staat vorbehaltene Aufgabe und wird doch vielfach (auch) durch Private wahrgenommen.[866]

(3) Bezug zur örtlichen Gemeinschaft

Dass es sich bei der Energieversorgung – zumindest im eben beschriebenen engen Rahmen – um eine öffentliche Aufgabe handelt, bedeutet jedoch noch nicht zwingend, dass es auch gerade eine Angelegenheiten der Gemeinden darstellen muss. Diese Frage kann wiederum nur nach den bereits genannten Kriterien zur Auslegung des Art. 28 Abs. 2 Satz 1 GG beantwortet werden.

Dabei ist zu beachten, dass gerade die Sicherstellung der Versorgung der Gemeindeeinwohner eine Angelegenheit von größter Bedeutung für ihr Wohl ist, von der sie letztlich vor Ort konkret spürbar betroffen sind.

Angesichts der geänderten Rahmenbedingungen und der inzwischen „großräumigen Verflechtung der Elektrizitätserzeugung", des Angewiesenseins auf die Einbindung in das überregionale Verbundsystem, zumindest für Reservezwecke, ist die Energieversorgung insgesamt allerdings vielfach gar nicht mehr allein durch die Gemeinden zu bewältigen.[867] Gerade dem überörtlichen Stromtransport über Hoch- und Höchstspannungsnetze – als ein Ausschnitt aus dem Bereich der Energieversorgung – fehlt es im Unterschied zur Verteilung an die Endverbraucher vor Ort am spezifischen Bezug zur örtlichen Gemeinschaft.[868]

Diese Argumente sprechen daher dagegen, die Energieversorgung insgesamt, in all ihren Facetten, als einen homogenen Vorgang zu begreifen, der auch im Hinblick auf die Qualifizierung als örtliche oder überörtlich wahrzunehmende Aufgabe nicht aufgespalten werden könnte.[869]

Vielmehr ist nur ein Ausschnitt der Gesamtaufgabe der Energieversorgung – in Abgrenzung von der allgemeinen Energiepolitik, die sich u.a. mit der Sicherheit der Energieanlagen, dem Ausbau des Verbundnetzes so-

---

866 So zu Recht *Püttner*, RdE 1992, 92 (92). Zu den Rahmenbedingungen im Bereich der Elektrizitäts- und Gasversorgung siehe oben Teil 2 III. 4. b) cc).
867 So zumindest *Gern*, Dt. Kommunalrecht, Rn. 60; ebenso *Löwer*, DVBl 1991, 132 (141); a.A. etwa *Karst*, DÖV 2002, 809 (811 f.).
868 *Krebs*, Kommunale Elektrizitätsversorgung, S. 40.
869 So aber *Karst*, DÖV 2002, 809 (811).

wie der Energiepreisaufsicht befasst[870] – als „örtliche Energieversorgung" zu den den Gemeinden zugewiesenen Angelegenheit der örtlichen Gemeinschaft zu zählen.[871] Davon erfasst werden die Fragen der dezentralen Energieerzeugung,[872] der Verteilung der Energie an Letztverbraucher und nicht zuletzt die Entscheidung für oder gegen ein eigenes, gemeindliches Engagement im Bereich der Energieversorgung.

Besonders umstritten ist insbesondere die Qualifizierung der Elektrizitätserzeugung als örtliche Angelegenheit.[873] Auch wenn es sich dabei um einen nicht hinwegzudenkenden Teilaspekt der Energieversorgung, schließlich auch eine notwendige Voraussetzung der Elektrizitätsverteilung handelt, kann das allein doch nicht ausreichen, um die Annahme einer Angelegenheit im Sinne des Art. 28 Abs. 2 Satz 1 GG zu begründen, sollen die einzelnen Abschnitte – wie eben dargelegt – getrennt betrachtet werden.[874]

Zwar wird auch hinsichtlich der Elektrizitätserzeugung im Schrifttum auf die Bedeutung der historischen Entwicklung der „Ursprünge der Elektrifizierung" in den Gemeinden verwiesen.[875] Andererseits darf die Bewertung der Elektrizitätserzeugung gerade nicht bei der historischen Betrachtung stehenbleiben, sondern hat auch eine gegebenenfalls zu beobachtende Dynamik der Entwicklung zu berücksichtigen.[876] Auch wenn die Energieversorgung doch gegenwärtig angesichts der Transportmöglichkeiten we-

---

870 *Theobald*, in: Schneider/Theobald, Recht der Energiewirtschaft, § 1 Rn. 147.

871 Siehe auch *Sodan*, LKV 2013, 433 (435, 439); *Wieland*, DÖV 2015, 169 (171); *Klinski/Longo*, Rechtliche Rahmenbedingungen in Kommunen für den EE-Ausbau, S. 19, abrufbar als Arbeitspapier des Projekts SKEP unter: https://projekte.iz t.de/skep/ergebnisse/ (10.7.15).

872 Siehe *v. Kaler/Kneuper*, NVwZ 2012, 791 (794), die speziell die dezentrale Energieerzeugung unter Einsatz erneuerbarer Energien vor dem Hintergrund der Energiewende als Teil der Daseinsvorsorge betrachten, da sie notwendig sei, um Versorgungssicherheit gewährleisten zu können.

873 Dagegen etwa *Löwer*, DVBl 1991, 132 (141); a.A. beispielsweise *Karst*, DÖV 2002, 809 (811 f.); *Krebs*, Kommunale Elektrizitätsversorgung, S. 51.

874 *Krebs*, Kommunale Elektrizitätsversorgung, S. 45.

875 So *Krebs*, Kommunale Elektrizitätsversorgung, S. 47. Die Bedeutung der historischen Zuständigkeit der Gemeinden für die Energieversorgung (als eine der „geradezu klassischen, organisch gewachsenen Zuständigkeit[en] der Gemeinden") betont auch *Karst*, DÖV 2002, 809 (812), m.w.N. – dies sei auch „keineswegs historisch überholt".

876 Siehe dazu oben Teil 3 II. 5. a).

der zwingend auf verbrauchsnahe Erzeugungsstandorte angewiesen ist,[877] noch eine hinreichend sichere Stromversorgung gegenwärtig ausschließlich lokal gewährleistet wird, ist doch die Bedeutung der dezentralen Stromerzeugung insbesondere vor dem Hintergrund der Energiewende gestiegen. Auch Fragen der dezentralen Energieerzeugung und die Entscheidung der Gemeinde über ein eigenes Engagement in diesem Bereich sind daher im Ergebnis zu den örtlichen Angelegenheiten zu zählen.

Dies bedeutet freilich keine Freistellung der Gemeinden von geltenden gesetzlichen Vorgaben, ist doch auch die kommunale Selbstverwaltung nach Art. 28 Abs. 2 Satz 1 GG nur im Rahmen der Gesetze gewährleistet. Dabei ist an dieser Stelle noch einmal an die oben bereits dargestellten Beschränkungen des Anschluss- und Benutzungszwangs zu erinnern, die sich aus europarechtlichen Vorgaben und dem EnWG ergeben.[878] Soweit nach den dort getroffenen Regelungen ein Anschluss- und Benutzungszwang an Gas- oder Elektrizitätsversorgung nach aktueller Rechtslage nicht mehr in Betracht kommt, kann dieser Befund auch nicht unter Rückgriff auf die Einordnung der örtlichen Energieversorgung als Angelegenheit der örtlichen Gemeinschaft im Sinne des Art. 28 Abs. 2 Satz 1 GG überwunden werden.

Insbesondere die im Zusammenhang mit der Elektrizitätsversorgung relevanten Kriterien der Bedeutung für das Wohl der Gemeindeeinwohner sowie Bezüge zum Bauplanungsrecht können allerdings auch auf die Wärmeversorgung übertragen und für deren Einordnung als örtliche Angelegenheit herangezogen werden. Gleiches gilt gegebenenfalls auch für Fragen der Wegenutzungsrechte für ein (Fern-)Wärmenetz, wenngleich dies nicht § 46 EnWG unterfällt.

Hinzu kommt speziell im Fall der netzgebundenen Wärmeversorgung ein weiterer Aspekt – die Tatsache, dass ein Wärmetransport in technischer Hinsicht angesichts der Wärmeverluste lediglich innerhalb eines beschränkten Radius möglich ist und damit regelmäßig auf ein Gemeindegebiet beschränkt bleiben wird.[879]

---

877 So auch *Krebs*, Kommunale Elektrizitätsversorgung, S. 46.
878 Siehe dazu oben Teil 2 III. 4. b).
879 So wiederum *Krebs*, Kommunale Elektrizitätsversorgung, S. 47 f.

(4) Zuordnung zum Kernbereich der kommunalen Selbstverwaltung?

Ob es sich bei der örtlichen Energieversorgung im hier beschriebenen Sinne im Übrigen auch um eine dem Kernbereich, d.h. dem Wesensgehalt der kommunalen Selbstverwaltung zuzurechnende Aufgabe handelt, ist wiederum umstritten.[880] In einem allgemeineren Sinne ist fraglich, ob Aufgaben der sogenannten „Daseinsvorsorge" zum Kernbereich der Selbstverwaltungsgarantie gezählt werden können.[881] Dagegen könnte bereits der unklare Gehalt dieses Begriffs sprechen.

Diese spezielle Frage kann allerdings vorliegend dahinstehen, da die so beschriebene Aufgabe der Sicherstellung der örtlichen Energieversorgung den Gemeinden auch durch gesetzliche Regelungen nicht entzogen wurde. Soweit gesetzliche Regelungen die Art und Weise der Energieversorgung, insbesondere im Hinblick auf die Bereiche Elektrizität und Gas, ausgestaltet haben und damit einzelne Instrumente, etwa einen Anschluss- und Benutzungszwang ausgeschlossen haben, berührt dies nicht die Befugnis der Gemeinden zu entscheiden, ob sie sich auch in diesen Bereichen weiterhin selbst betätigen wollen; sie unterliegen in einem solchen Fall lediglich den auch für private Akteure geltenden Bestimmungen. Wenn die Gemeinden allerdings (auch) durch eigene Betätigung zur Sicherstellung der Energieversorgung ihrer Einwohner beitragen wollen, steht ihnen dies grundsätzlich frei.

---

880 Dafür *Püttner*, RdE 1992, 92 (93 f.). Differenzierend dagegen *Tettinger*, NWVBl 1989, 1 (2), demzufolge zwar die Verantwortung für die Sicherstellung der Versorgung der Bürger mit Energie, im Einzelnen dann aber wohl lediglich die örtliche Strom*verteilung* eine traditionell den Gemeinden zukommende – und damit wohl auch dem Kernbereichsschutz des Art. 28 Abs. 2 Satz 1 GG unterliegende – Aufgabe darstellt; demgegenüber sei die Strom*erzeugung* keine verfassungsrechtlich (als zum Kernbereich der kommunalen Selbstverwaltung gehörend) geschützte kommunale Aufgabe. *Klinski/Longo*, Rechtliche Rahmenbedingungen in Kommunen für den EE-Ausbau, S. 19, abrufbar als Arbeitspapier des Projekts SKEP unter: https://projekte.izt.de/skep/ergebnisse/ (10.7.15), ordnen lediglich die grundsätzliche Entscheidungsfreiheit über das Anbieten von Leistungen der Energieversorgung, im Wettbewerb mit privatrechtlichen Anbietern, dem Kerngehalt der Selbstverwaltungsgarantie zu.

881 In diesem Sinne etwa *Karst*, DÖV 2002, 809 (811).

dd) Zwischenergebnis

Somit kann zwar die Frage eines Kernbereichsschutzes für die örtliche Energieversorgung dahinstehen. Die örtliche Energieversorgung als ein Ausschnitt der Energieversorgung in ihrer Gesamtheit ist aufgrund ihres spezifischen Bezugs zur örtlichen Gemeinschaft – insbesondere angesichts ihrer Bedeutung für das Wohl der Gemeindeeinwohner, vor dem Hintergrund der historischen Rolle der Kommunen in der Energieversorgung sowie mit Blick auf die Bedeutung der Wegenutzungsrechte – als Angelegenheit im Sinne des Art. 28 Abs. 2 Satz 1 GG zu betrachten.

Soweit die so verstandene *örtliche* Energieversorgung unter die verfassungsrechtlich geschützten Angelegenheiten der örtlichen Gemeinschaft zu fassen ist, ist damit allerdings noch immer nicht über die Zulässigkeit aller Einzelmaßnahmen entschieden, da es für Grundrechtseingriffe einer speziellen Ermächtigungsgrundlage bedarf.[882]

Speziell im Hinblick auf den Erlass einer Satzung über den Anschluss- und Benutzungszwang für die Wärmeversorgung wurde bereits dargelegt, dass eine entsprechende Ermächtigungsgrundlage mittlerweile in allen Bundesländern existiert.

Wenn auch die Frage der grundlegenden Neustrukturierung der gesamten Energieversorgung im Zuge der Energiewende überörtlich zu betrachten ist, baut sie doch auch auf vor Ort erbrachten Beiträgen auf. Über den Ausbau der netzgebundenen Wärmeversorgung kann die Gemeinde damit einen Beitrag sowohl zur Sicherung der Wärmeversorgung der Gemeindeeinwohner als auch zur Umstellung der Wärmeerzeugung vor Ort leisten.

Auch Art. 28 Abs. 2 Satz 1 GG entbindet die Gemeinde allerdings weder von der Beachtung bundesrechtlicher Vorgaben, die einen Anschluss- und Benutzungszwang für bestimmte Bereiche vollständig ausschließen, noch von der Beachtung der in den landesrechtlichen Ermächtigungsgrundlagen geregelten Voraussetzungen. Ob danach schließlich vom kommunalrechtlichen Instrument des Anschluss- und Benutzungszwangs auch zum Zwecke des globalen Klimaschutzes Gebrauch gemacht werden darf, ist im Folgenden zu betrachten. Dabei stellt sich zunächst v.a. die Frage, ob auch der globale Klimaschutz eine Angelegenheit der örtlichen Gemeinschaft darstellt.

---

882 Siehe oben Teil 3 II. 3.

c) Einordnung des Klimaschutzes

Neben der örtlichen Energieversorgung stellt sich insbesondere die Frage, ob auch der Klimaschutz eine Angelegenheit der örtlichen Gemeinschaft darstellt. Eine historische Betrachtung der Rolle der Gemeinden führt insofern nicht weiter, vielmehr geht es um die Problematik der Zuordnung neuer Aufgaben. Entscheidend ist daher das Vorliegen eines spezifischen örtlichen Bezugs.

Bei einer engen Auslegung soll Art. 28 Abs. 2 Satz 1 GG lediglich Aufgaben erfassen, bei denen ein spezifischer örtlicher Bezug gerade in Form von lokal spürbaren Auswirkungen besteht. Die Verfolgung von Zielen des überörtlichen Umwelt- und Klimaschutzes sollen daher nicht Art. 28 Abs. 2 Satz 1 GG unterfallen.[883]

Andererseits kann ein örtlicher Bezug möglicherweise aufgrund des lokalen Beitrags zu den weltweiten Klimaänderungen bejaht werden.[884] Wenngleich nicht im Einzelnen als (mengenmäßig) konkreter Verursachungsbeitrag bestimmter Klimaänderungen quantifizierbar, tragen doch auch die vor Ort entstehenden Emissionen zur globalen Emissionsbelastung und somit zum Klimawandel bei.

aa) Mögliche Konkretisierungen des erforderlichen Bezugs zur örtlichen Gemeinschaft

Ist zu untersuchen, ob dem globalen Klimaschutz ein hinreichender Bezug zur örtlichen Gemeinschaft innewohnt, so befasst sich etwa *Longo* zunächst damit, ob dieser Bezug im Sinne des Art. 28 Abs. 2 Satz 1 GG noch näher konkretisiert werden kann – sowohl in zeitlicher als auch in sachlicher und räumlicher Hinsicht. So stelle sich einerseits die Frage, ob ein Bezug in zeitlicher Hinsicht zur gegenwärtigen örtlichen Gemeinschaft gegeben sein muss oder auch – gegebenenfalls gar ausschließlich – die Belange der künftigen Generationen in den Blick genommen werden dürfen.[885] Fraglich sei zudem, ob die Inanspruchnahme einer gemeindlichen Kompetenz auf wissenschaftlich gesicherten Erkenntnissen beruhen muss

---

883 So z.B. *Ennuschat/Volino*, CuR 2009, 90 (92).
884 Darauf weisen etwa *Köck/Coder*, ZUR 2003, 95 (96) hin.
885 *Longo*, Örtliche Energieversorgung, S. 101 f.

oder die Gemeinde sich auch mit lediglich wahrscheinlichen Problemen befassen kann.[886]

In räumlicher Hinsicht ergebe die Betrachtung der historischen Wurzeln der kommunalen Selbstverwaltung bereits eine Beschränkung auf die jeweilige örtliche Gemeinschaft.[887] Auch der Wortsinn der „örtlichen Gemeinschaft" deutet auf einen abgegrenzten Raum hin und spricht damit für eine solche Beschränkung in räumlicher Hinsicht.[888] Schließlich soll Art. 28 Abs. 2 Satz 1 GG seiner heute anerkannten Funktion nach auch nicht allein Bund und Länder verpflichten, sondern gegebenenfalls auch die Kommunen im Verhältnis zueinander.[889] Auch dies spricht für eine Beschränkung des Gewährleistungsgehalts in räumlicher Hinsicht – auf das Gebiet der jeweiligen Gemeinde. Ein Bezug muss danach gerade zur Gemeinschaft selbst, in ihren räumlichen Grenzen, bestehen und darf kein ausschließlich übergemeindlicher Bezug sein.

In zeitlicher Hinsicht allerdings sind dem Wortlaut des Art. 28 Abs. 2 Satz 1 GG keine Beschränkungen zu entnehmen. Dass bestimmte Angelegenheiten, die als solche allerdings bereits als konkreter Anknüpfungspunkt gegeben sein müssen, auch Auswirkungen in die Zukunft haben, steht der Annahme einer Angelegenheit der örtlichen Gemeinschaft im Sinne des Art. 28 Abs. 2 Satz 1 GG daher nicht entgegen.[890]

Ebenso kann nicht von vornherein eine bereits wissenschaftlich gesicherte Erkenntnis verlangt werden, ist eine solche doch typischerweise bei zukunftsoffenen Angelegenheiten (noch) nicht gegeben und wird Kommunen doch auch in anderen Zusammenhängen – nicht allein in Hinblick auf den Klimaschutz – mitunter eine Prognose abverlangt. Für die Annahme einer Angelegenheit der örtlichen Gemeinschaft ausnahmslos gesicherte wissenschaftliche Erkenntnisse zu fordern, würde den Anwendungsbereich des Art. 28 Abs. 2 Satz 1 GG über die Maßen beschränken – ohne dass dies der Norm selbst entnommen werden könnte.

Die Funktion der kommunalen Selbstverwaltung liegt zum einen im Ziel der Gewährleistung einer dezentralen, bürgernahen Verwaltung, zum anderen kommt der Selbstverwaltung aber auch eine demokratische Funktion zu, die das Engagement der Bürger für das Gemeinwohl und ihre de-

---

886 *Longo*, Örtliche Energieversorgung, S. 102.
887 *Longo*, Örtliche Energieversorgung, S. 103 f. m.w.N.
888 *Longo*, Örtliche Energieversorgung, S. 110, 112.
889 Zu den Adressaten der Verpflichtung bereits oben Teil 3 II. 2.
890 So auch *Longo*, Örtliche Energieversorgung, S. 113.

mokratische Mitwirkung ermöglichen soll.[891] Im letztgenannten Sinne sollen Gemeinden ihren Bürgern eine Identifikationsmöglichkeit bieten.[892] Daher müssen die Angelegenheiten der öffentlichen Gemeinschaft gerade auch im Sinne einer Befriedigung elementarer Bedürfnisse der Gemeindeeinwohner verstanden werden.[893]

Zudem ist vor diesem Hintergrund davon auszugehen, dass Art. 28 Abs. 2 Satz 1 GG in zeitlicher Hinsicht an die Angelegenheiten der vor Ort zur demokratischen Mitwirkung berufenen, daher gegenwärtig betroffenen Einwohner anknüpft, wenngleich nichts dagegen spricht, dass deren Interessen zumindest auch in die Zukunft gerichtet sind.[894] Dies bedeutet jedoch nicht, dass damit stets sofort spürbare Auswirkungen verbunden sein müssen, vielmehr genügt insoweit eine künftige Betroffenheit der gegenwärtigen Gemeinschaft.

Mit Blick auf den Klimaschutz steht daher die noch ungewisse Wirkkraft etwaiger lokaler Beiträge einer Einordnung als Angelegenheit der örtlichen Gemeinschaft unter diesem Gesichtspunkt nicht entgegen. Immerhin sind auch die gegenwärtigen Generationen bereits vom Klimawandel betroffen und es geht auch den Maßnahmen zum Schutz des Klimas um ein Beenden der fortschreitenden Klimaänderungen in absehbaren Zeiträumen.[895] Vor dem Hintergrund der geschilderten Folgen des Klimawandels kann zudem nicht bestritten werden, dass Maßnahmen des Klimaschutzes zumindest auch den Interessen der Bürger vor Ort dienen, wenngleich sich dies nicht konkret quantifizieren lässt.

Um ein Überdehnen des Begriffs der Angelegenheiten der öffentlichen Gemeinschaft unter Bezugnahme auf die allgemeine Befriedigung von Bedürfnissen zu vermeiden, bleibt allerdings auch insoweit der konkrete örtliche Bezug dieser Bedürfnisbefriedigung entscheidend. Daher weisen

---

891 *Longo*, Örtliche Energieversorgung, S. 125 m.w.N. So auch *Hellermann*, in: Epping/Hillgruber, BeckOK GG, Art. 28 Rn. 30 f.

892 *Mehde*, in: Maunz/Dürig, Art. 28 GG Rn. 12. Diese politische-demokratische Funktion und ihre Bedeutung für das Verständnis des Art. 28 Abs. 2 Satz 1 GG betont auch *v. Mutius*, in: ders. (Hrsg.), FS Unruh, S. 227 (244).

893 So *v. Mutius*, in: ders. (Hrsg.), FS Unruh, S. 227 (244).

894 Siehe *Longo*, Örtliche Energieversorgung, S. 139 ff., insbesondere S. 141.

895 Siehe oben Teil 1 I. zum Phänomen des Klimawandels und seinen Auswirkungen, Teil 1 III. zu den Zielsetzungen auf internationaler wie nationaler Ebene.

Vertreter der Literatur zu Recht darauf hin, dass die jeweiligen Maßnahmen vor Ort ansetzen müssen.[896]

Da Angelegenheiten jedoch darüber hinaus durchaus auch überörtliche Elemente aufweisen können,[897] steht es der Einordnung als gemeindliche Angelegenheit im Sinne des Art. 28 Abs. 2 Satz 1 GG nicht entgegen, wenn sich die Auswirkungen einer Maßnahme nicht auf die konkrete örtliche Gemeinschaft beziehen lassen[898] – sofern im Übrigen ein hinreichender örtlicher Bezug gewahrt bleibt.

bb) Spezifischer örtlicher Bezug von Maßnahmen des Klimaschutzes

Neben dem örtlichen *Ansatz* der Maßnahmen kann ein spezifischer örtlicher Bezug von Klimaschutzmaßnahmen auch noch in anderer Hinsicht bejaht werden. Als solche Maßnahmen kommen einerseits bauplanerische in Betracht, andererseits etwa der hier betrachtete kommunale Anschluss- und Benutzungszwang. Insofern liegt ein Bezug gerade zur örtlichen Gemeinschaft vor, die *durch die Maßnahmen betroffen* wird, der damit einhergehenden Verpflichtungswirkung unterliegt. Darüber hinaus ist ein örtlicher Bezug jedoch auch mit Blick auf den *Grund* für das Handeln der Gemeinde, nämlich die Entstehung von Emissionen vor Ort, zu bejahen, da die örtliche Gemeinschaft damit einen Beitrag zur Verursachung der weltweiten Klimaänderungen leistet.[899]

Demnach ist der erforderliche hinreichende Ortsbezug bereits zu bejahen im Fall einer vor Ort auf die Betroffenen *einwirkenden* Maßnahme;

---

896 Vgl. *Faber,* Anschluss- und Benutzungszwang, S. 53 f.; *Longo*, Örtliche Energieversorgung, S. 152, 155. Siehe auch *Faßbender*, in: Köck/Faßbender, Klimaschutz durch Erneuerbare Energien, S. 39 (44); *Tschakert*, Klimaschutz durch kommunale Versorgungseinrichtungen, S. 29 f.

897 Siehe bereits oben Teil 3 II. 5. a).

898 Insoweit enger allerdings *Longo*, Örtliche Energieversorgung, S. 159 f., 164: Allein das örtliche Ansetzen reiche nicht aus; es müsse immer auch ein Beitrag zur Abwehr negativer Folgen auf die „Raumgemeinschaft", eine „raumgemeinschaftlich relevante Wirkung" feststellbar sein.

899 Ebenso *Kahl*, VBlBW 2011, 53 (57); siehe auch *Schmidt*, NVwZ 2006, 1354 (1356).

dies muss jedoch nicht zusätzlich auch mit vor Ort spürbaren *Auswirkungen* einhergehen.[900]

Schließlich nimmt die Gemeinde mit der Aufgabe des Klimaschutzes auch nicht unzulässigerweise ein allgemeinpolitisches Mandat in Anspruch, indem sie örtlich ansetzende Maßnahmen ergreift, wenn auch die Auswirkungen erst bei globaler Betrachtung feststellbar sind.

Zudem ist daran zu erinnern, dass eine Aufgabe keineswegs eine in jeder Hinsicht bzw. ausschließlich örtlicher Natur sein muss. Vielmehr ist es ausreichend, wenn es sich zum Teil um eine örtliche, teils um eine überörtliche Angelegenheit handelt.

Danach sind örtlich ansetzende Maßnahmen des Klimaschutzes durchaus als Angelegenheiten der örtlichen Gemeinschaft im Sinne des Art. 28 Abs. 2 Satz 1 GG zu betrachten. Einmal mehr ist jedoch zu beachten, dass sich grundrechtsrelevante Maßnahmen wie der Anschluss- und Benutzungszwang dennoch nicht unmittelbar auf diese verfassungsrechtliche Bestimmung stützen können, sondern vielmehr einer speziellen gesetzlichen Ermächtigung bedürfen.[901] Zwar existieren in allen Bundesländern Vorschriften über die Anordnung eines Anschluss- und Benutzungszwangs, doch müssen entsprechende Ermächtigungsgrundlagen hinreichend bestimmt sein und erkennen lassen, unter welchen Voraussetzungen und zu welchem Zweck von der Ermächtigungsgrundlage Gebrauch gemacht werden darf. Die danach eingeräumten Kompetenzen können auch unter Rückgriff auf Art. 28 Abs. 2 Satz 1 GG nicht über die Reichweite der jeweiligen gesetzlichen Regelung hinaus erweitert werden, selbst wenn dafür gegebenenfalls ein Nutzen für den Klimaschutz ins Feld geführt werden könnte. Als Beispiel sei insofern einmal mehr auf die Problematik eines Anschluss- und Benutzungszwangs im Bereich der Gas- und Elektrizitätsversorgung verwiesen, für den zwar unter Umständen durchaus klimapolitische Argumente vorgebracht werden könnten, der aber von den geltenden Ermächtigungsgrundlagen nicht mehr gedeckt ist.[902] Neben diesen Anforderungen an die erfassten Einrichtungen sind aber auch die Vorgaben der Ermächtigungsgrundlagen zu den Anordnungsgründen, d.h. zu den zulässigerweise zu verfolgenden Zwecken zu beachten.

---

900 *Kahl*, VBlBW 2011, 53 (57); *ders.*, ZUR 2010, 395 (398 f.); *Kahl/Schmidtchen*, Kommunaler Klimaschutz, S. 306.

901 Siehe oben Teil 3 II. 3.

902 Siehe dazu wiederum oben Teil 2 III. 4. b); zu Klimaschutzgesichtspunkten dort unter Gliederungspunkt aa).

Entscheidend ist danach, ob die einzelnen landesrechtlichen Bestimmungen zur Einführung eines Anschluss- und Benutzungszwangs ausschließlich aus Gründen des globalen Klimaschutzes ermächtigen.

d) Möglichkeit der Übertragung von Aufgaben

Soweit die Aufgabe des Klimaschutzes – anders als hier vertreten – nicht als Angelegenheit der örtlichen Gemeinschaft betrachtet wird, ist im Übrigen weiterhin zu prüfen, ob die Aufgabe den Gemeinden nicht durch den Gesetzgeber zugewiesen wurde.

Art. 28 Abs. 2 Satz 1 GG kommt über das Anknüpfen an die Angelegenheiten der örtlichen Gemeinschaft, wie bereits dargelegt, sowohl kompetenzbegründende als auch –begrenzende Wirkung zu.[903]

Ist eine Aufgabe davon nicht umfasst, handelt es sich um eine staatliche Aufgabe, die gemäß Kompetenzverteilung des Grundgesetzes dem Bund oder den Ländern zusteht.

Dabei kann die jeweils zuständige Ebene die Aufgabe nach ganz überwiegender Auffassung im Schrifttum den Gemeinden gegebenenfalls im Wege einer gesetzlichen Regelung übertragen.[904]

Dies entspricht auch der Ansicht sowohl des Bundesverfassungs- wie auch des Bundesverwaltungsgerichts. Das Bundesverfassungsgericht hat insoweit festgestellt, dass der Gesetzgeber „in seiner Zuordnung frei" sei, soweit es sich nicht um eine in den Schutzbereich des Art. 28 Abs. 2 Satz 1 GG fallende Aufgaben örtlichen Charakters handelt.[905] Das Bundesverwaltungsgericht spricht im Hinblick auf Art. 28 Abs. 2 Satz 1 GG ebenfalls von einer verfassungsrechtlichen „Mindestgarantie", die nicht aus-

---

903 Siehe bereits oben Teil 3 II. 5. a).
904 Siehe nur *Burgi*, Kommunalrecht, § 6 Rn. 13. *Ennuschat/Volino*, CuR 2009, 90 (92); *Faßbender*, in: Köck/Faßbender, Klimaschutz durch Erneuerbare Energien, S. 39 (44); *Kusche*, Kompetenzen für eine klimaschutzorientierte Energiepolitik, S. 176 f.; *Longo,* Örtliche Energieversorgung, S. 91; *Röhl*, in: Schoch, Bes. VerwR, 1. Kapitel, Rn. 31; *Schmidt*, NVwZ 2006, 1354 (1357); *Schmidt-Aßmann*, ZHR 170 (2006), S. 489 (495); *Selmer*, in: Börner (Hrsg.), Beharren und Wandel im Energierecht, S. 31 (52 f.). Vgl. auch die Erläuterungen von *Tschakert*, Klimaschutz durch kommunale Versorgungseinrichtungen, S. 28, in Fn. 131, sowie S. 31.
905 BVerfGE 79, 127 (152); ebenso BVerfGE 110, 370 (400).

schließe „dass der Gesetzgeber den Gemeinden darüber hinausgehende Aufgaben zuweist".[906]

So könnte auch die Wahrnehmung des globalen Klimaschutzes – selbst soweit dies nicht ohnehin als örtliche Angelegenheit der Gemeinden gelten sollte – im Wege einer Regelung durch den jeweils zuständigen Gesetzgeber auf die Gemeinden übertragen worden sein. Er könnte den Gemeinden damit die Befugnis übertragen haben, den globalen Klimaschutz auch mit dem Mittel des Anschluss- und Benutzungszwangs zu verfolgen.

Für die Zulässigkeit der Regelung einer entsprechenden kommunalen Befugnis durch den Landesgesetzgeber kommt es entscheidend auf die Frage der Gesetzgebungskompetenz an, die hier im Ergebnis ebenfalls zu bejahen ist. Eine derartige Regelung unterfällt auch keiner abschließenden bundesrechtlichen Regelung, die eine Regelung durch den Landesgesetzgeber ausschließen würde – weder im EnWG oder anderen energierechtlichen Vorschriften, noch etwa im BImSchG.[907]

Eine Grenze zieht die Rechtsprechung der Aufgabenübertragung lediglich dort, wo durch Zuweisung neuer Aufgaben die Gemeinden in der Erfüllung ihrer durch Art. 28 Abs. 2 Satz 1 GG geschützten Selbstverwaltungsangelegenheiten „in erheblichem Maße" beeinträchtigt würden.[908] Dies wiederum verneint das Bundesverwaltungsgericht allerdings, wenn die durch Gesetz zugewiesene Aufgabe zumindest „einen deutlichen örtlichen Bezug" aufweise.[909]

Ein solcher örtlicher Bezug kann im Hinblick auf die Verfolgung des Klimaschutzes, wie bereits dargelegt, bejaht werden.[910] Er besteht danach unabhängig vom überörtlichen Ziel dieser Aufgabe.[911] Darüber hinaus ist nicht ersichtlich, dass die Gemeinden durch eine Übertragung der Befugnis zur Anordnung des Anschluss- und Benutzungszwangs aus Gründen des globalen Klimaschutzes in der Wahrnehmung der ihnen sonst im Rah-

---

906 BVerwG, DÖV 2014, 345 (346). Ebenso bereits BVerwGE 125, 68 (72 f., Rn. 17), gerade hinsichtlich eines Anschluss- und Benutzungszwangs aus Gründen des Klimaschutzes.

907 Siehe zur Gesetzgebungskompetenz für die Regelung der Zulässigkeit eines Anschluss- und Benutzungszwangs bereits oben Teil 2 I. 3. Wie hier *Koch/Mengel*, DVBl 2000, 953 (961 f.).

908 Siehe BVerwGE 125, 68 (73, Rn. 17).

909 BVerwGE 125, 68 (73, Rn. 17).

910 Siehe oben Teil 3 II. 5. c).

911 So auch BVerwGE 125, 68 (73, Rn. 17).

men des Art. 28 Abs. 2 Satz 1 GG zustehenden Angelegenheiten der örtlichen Gemeinschaft beeinträchtigt würden.

Demnach sind auch die gegebenenfalls zu beachtenden Grenzen einer entsprechenden Aufgabenübertragung gewahrt.

6. Zwischenergebnis

Unter Beachtung des verfassungsrechtlichen Rahmens, der sich aus Art. 28 Abs. 2 Satz 1 GG ergibt, kommt es im Ergebnis maßgeblich auf die Auslegung der jeweiligen landesrechtlichen Ermächtigungsgrundlagen an. Danach ist zu beurteilen, ob den Gemeinden die Befugnis zur Einführung eines Anschluss- und Benutzungszwangs allein aus Gründen des globalen Klimaschutzes zusteht.

Dies gilt angesichts der Grundrechtsrelevanz der Maßnahme, die eine hinreichend bestimmte Ermächtigungsgrundlage erforderlich macht, sowohl in dem Fall, dass der Klimaschutz als Angelegenheit der örtlichen Gemeinschaft im Sinne des Art. 28 Abs. 2 Satz 1 GG betrachtet wird, als auch für den Fall, dass eine solche Bewertung des Klimaschutzes abgelehnt wird. Immerhin kann die Aufgabe den Gemeinden dann durch den zuständigen Gesetzgeber übertragen worden sein.

Bevor im Folgenden die landesrechtlichen Ermächtigungsgrundlagen daraufhin untersucht werden sollen, ob sie zur Wahrnehmung der Aufgabe des Klimaschutzes mit dem Mittel des Anschluss- und Benutzungszwangs ermächtigen, stellt sich jedoch die Frage, ob eine solche Befugnis der Kommunen nicht auch bereits aufgrund der Regelung des Art. 20a GG unmittelbar aus der Verfassung abzuleiten ist.

III. Zur Bedeutung des Art. 20a GG

Gemäß Art. 20a GG schützt der Staat „auch in Verantwortung für die künftigen Generationen die natürlichen Lebensgrundlagen und die Tiere im Rahmen der verfassungsmäßigen Ordnung durch die Gesetzgebung und nach Maßgabe von Gesetz und Recht durch die vollziehende Gewalt und die Rechtsprechung."

Daher stellt sich die Frage, ob sich auch aus diesem alle staatliche Gewalt umfassenden Schutzauftrag eine Erweiterung der kommunalen Handlungsmöglichkeiten gerade zum Schutz der natürlichen Lebensgrundlagen ableiten lässt, soweit eine solche Erweiterung erforderlich sein sollte, oder ob Art. 20a GG in anderer Hinsicht Bedeutung für die jeweiligen landesrechtlichen Ermächtigungsgrundlagen zukommt.

1. Allgemeine Bedeutung als Staatszielbestimmung

Bei Art. 20a GG handelt es sich um eine Staatszielbestimmung,[912] die alle staatliche Gewalt „verpflichtet, das Gemeinschaftsgut ‚natürliche Lebensgrundlagen' im Sinne eines Optimierungsgebots zu schützen".[913] Daraus folgen zwar keine subjektiven Ansprüche Einzelner, aber es handelt sich hierbei um eine rechtsverbindliche, objektive Verpflichtung des Staates.[914]

Geschützt werden die „natürlichen Lebensgrundlagen", d.h. alle Umweltgüter, von denen das Leben der Menschen, Tiere und Pflanzen auch langfristig abhängt.[915] Zu diesen Lebensgrundlagen zählt nach allgemeiner Auffassung neben den Umweltmedien Luft, Wasser und Boden auch die Atmosphäre bzw. die klimatischen Bedingungen, weshalb aus Art. 20a GG auch eine Verpflichtung zum Schutz des Klimas folgt.[916]

Gelegentlich im Schrifttum angestellte Überlegungen, ob der Schutz dabei jedoch auf die natürlichen Lebensgrundlagen in Deutschland zu beschränken oder eine globale Perspektive einzunehmen sei, kommen ebenfalls zu dem Schluss, dass sich insbesondere im Fall des Klimas eine an geographischen Grenzen orientierte Betrachtungsweise verbietet, da auch die Beeinflussung des Klimas nicht isoliert nationalstaatlich erfolgt, sondern durch weltweite Wechselwirkungen geprägt ist.[917]

---

912 *Epiney*, in: v. Mangoldt/Klein/Starck, Bd. 2, Art. 20a GG Rn. 32; *Murswiek*, in: Sachs (Hrsg.), Art. 20a GG Rn. 12; *Scholz*, in: Maunz/Dürig, Art. 20a GG Rn. 17 f.

913 So wörtlich BVerwG, NVwZ 2006, 595 (597).

914 *Murswiek*, in: Sachs (Hrsg.), Art. 20a GG Rn. 12 f.; *Scholz*, in: Maunz/Dürig, Art. 20a GG Rn. 35.

915 *Murswiek*, in: Sachs (Hrsg.), Art. 20a GG Rn. 29.

916 *Epiney*, in: v. Mangoldt/Klein/Starck, Bd. 2, Art. 20a GG Rn. 18; *Gärditz*, in: Landmann/Rohmer, Umweltrecht, Art. 20a GG Rn. 9; *Murswiek*, in: Sachs (Hrsg.), Art. 20a GG Rn. 30; *Scholz*, in: Maunz/Dürig, Art. 20a GG Rn. 36. Ebenso *Groß*, ZUR 2009, 364 (366) m.w.N.

917 Siehe *Epiney*, in: v. Mangoldt/Klein/Starck, Bd. 2, Art. 20a GG Rn. 23; *Gärditz*, in: Landmann/Rohmer, Umweltrecht, Art. 20a GG Rn. 18; *Groß*, ZUR 2009, 364 (366 f.).

Nach Art. 20a GG hat der Staat einerseits Schädigungen der natürlichen Lebensgrundlagen zu unterlassen bzw. abzuwehren, die Verpflichtung fordert andererseits aber auch positive Schutzmaßnahmen.[918]

Wie bereits dem Wortlaut der Norm zu entnehmen ist, gilt diese Staatszielbestimmung jedoch für den Gesetzgeber allein im Rahmen der verfassungsmäßigen Ordnung, andererseits zwar auch für die übrigen Gewalten, doch lediglich „nach Maßgabe von Gesetz und Recht". Von der Beachtung geltender – verfassungsrechtlicher wie auch einfachgesetzlicher – Bindungen befreit Art. 20a GG somit bereits seinem klaren Wortlaut nach keineswegs.[919]

Art. 20a GG kommt daher keine kompetenzerweiternde Funktion zu; auch diese Staatszielbestimmung kann die Hürde einer etwa fehlenden, aber verfassungsrechtlich erforderlichen Kompetenz nicht überwinden. Bedeutung kann der Schutzauftrag des Art. 20a GG danach zwar „lediglich" im Rahmen der Auslegung und Anwendung bestehender Befugnisnormen erlangen, soweit entsprechende Spielräume bestehen.[920] Bei Inanspruchnahme bestehender Kompetenzen bietet Art. 20a GG allerdings eine in ihrer Bedeutung nicht zu vernachlässigende „Legitimationsgrundlage für die umfassende Wahrnehmung von Aufgaben der Zukunftsverantwortung für den Klima- und Ressourcenschutz".[921]

Grenzen findet die gemäß Art. 20a GG erforderliche Berücksichtigung des Schutzes der natürlichen Lebensgrundlagen wiederum in anderen Verfassungsgütern. Der Staatszielbestimmung kommt schließlich kein absoluter Vorrang gegenüber anderen verfassungsrechtlich geschützten Belangen zu, auch nicht im Rahmen der Auslegung und Anwendung von Rechtsnormen.[922] Das Staatsziel des Umweltschutzes ist vielmehr in Ausgleich mit

---

918 *Murswiek*, in: Sachs (Hrsg.), Art. 20a GG Rn. 33.

919 Wie u.a. *Murswiek*, in: Sachs (Hrsg.), Art. 20a GG Rn. 56, betont, ergibt sich diese Bindung allerdings ohnehin bereits aus Art. 20 Abs. 3 GG. Ebenso *Epiney*, in: v. Mangoldt/Klein/Starck, Bd. 2, Art. 20a GG Rn. 53 f.

920 *Gärditz*, in: Landmann/Rohmer, Umweltrecht, Art. 20a GG Rn. 29; *Longo*, Örtliche Energieversorgung, S. 178 f.; *Murswiek*, in: Sachs (Hrsg.), Art. 20a GG Rn. 61.

921 So *Longo*, Örtliche Energieversorgung, S. 195.

922 Siehe nur BVerwG, NVwZ 2006, 595 (597). Dazu auch *Epiney*, in: v. Mangoldt/Klein/Starck, Bd. 2, Art. 20a GG Rn. 47; *Gärditz*, in: Landmann/Rohmer, Umweltrecht, Art. 20a GG Rn. 52.

anderen verfassungsrechtlich geschützten Gütern zu bringen,[923] so dass es im Einzelfall gegebenenfalls auch dahinter zurücktreten kann.

Dies gilt insbesondere im Falle von Grundrechtseingriffen, bei denen auch in Anbetracht des aus Art. 20a GG folgenden Schutzauftrags die Grenze der Verhältnismäßigkeit zu wahren ist.[924]

Im Übrigen ist zu beachten, dass Art. 20a GG selbst keine konkreten Instrumente oder Maßnahmen benennt, auf welche Art und Weise die Aufgabe des Schutzes der natürlichen Lebensgrundlagen wahrgenommen werden soll. Die Norm gesteht dem Gesetzgeber einen weiten Gestaltungsspielraum zu.[925] Soweit eine Konkretisierung des Schutzauftrags auch durch den Gesetzgeber nicht erfolgt ist, ergibt sich daher aus Art. 20a GG für alle staatliche Gewalt lediglich die allgemeine Aufgabe des Schutzes der natürlichen Lebensgrundlagen.[926] Somit lässt sich aus Art. 20a GG insbesondere keine konkrete Pflicht zur Durchführung bestimmter Maßnahmen ableiten, sondern lediglich eine abstrakte Verpflichtung.[927]

2. Bedeutung für die Gemeinden

Insoweit allerdings bindet Art. 20a GG schließlich auch die Gemeinden als Teil der mittelbaren Staatsverwaltung – wenngleich ebenfalls (nur) im Rahmen ihrer Kompetenzen.[928] Darüber hinaus beseitigt auch Art. 20a GG nicht das Erfordernis einer hinreichend bestimmten Ermächtigungsgrundlage für Maßnahmen, mit denen Grundrechtsbeschränkungen verbunden sind. Allerdings kann die Norm gerade bei der Auslegung solcher Ermächtigungsgrundlagen, insbesondere soweit die jeweilige Vorschrift unbestimmte Rechtsbegriffe enthält oder eine Ermessensentscheidung vorsieht, Bedeutung entfalten.[929] Dies ist für die vorliegende Untersuchung ent-

---

923 BVerwG, NVwZ 2006, 595 (597).
924 *Longo*, Örtliche Energieversorgung, S. 204.
925 *Murswiek*, in: Sachs (Hrsg.), Art. 20a GG Rn. 17.
926 *Blasberg*, Inhalts- und Schrankenbestimmungen des Grundeigentums, S. 67.
927 *Rodi*, IR 2012, 242 (243, 245); *Stäsche*, EnWZ 2014, 291 (297), spricht lediglich von einer „allgemeinen Pflicht […] zum Klimaschutz".
928 Siehe nur *Longo*, Örtliche Energieversorgung, S. 198; *Murswiek*, in: Sachs (Hrsg.), Art. 20a GG Rn. 56. Dies hat auch das Bundesverwaltungsgericht ausdrücklich betont, vgl. BVerwG, NVwZ 2006, 595 (597).
929 Vgl. BVerwG, NVwZ 2006, 595 (597); dazu auch *Longo*, Örtliche Energieversorgung, S. 199; *Scholz*, in: Maunz/Dürig, Art. 20a GG Rn. 57.

scheidend, da – wie oben aufgezeigt[930] – in allen Ländern Ermächtigungs-grundlagen für die Einführung eines Anschluss- und Benutzungszwangs vorhanden sind, die maßgeblich auf das Vorliegen eines „öffentlichen Bedürfnisses" abstellen, das hier näher konkretisiert werden soll.

Teilweise soll diese Relevanz des Art. 20a GG für die Gesetzesausle-gung zwar auf Fälle beschränkt werden, in denen die jeweilige Norm gera-de Spielraum für einen vorsorgenden Umweltschutz belässt und „Gegen-stände [betrifft], die im Zusammenhang mit den Schutzgütern des Art. 20a GG stehen", z.B. durch Bezugnahme auf „öffentliche Belange", „öffentli-che Bedürfnisse" oder das „Wohl der Allgemeinheit".[931] Nach anderer Auffassung reicht die Bedeutung demgegenüber noch darüber hinaus und greift auch dann, wenn kein Bezug zu Schutzgütern der Umwelt besteht, beispielsweise beim Begriff der „öffentlichen Sicherheit und Ordnung" im Sinne des Polizeirechts.[932] Die Entscheidung dieser Problematik kann je-doch vorliegend dahinstehen, da es gerade um die Auslegung der Begriffe des „öffentlichen Bedürfnisses" bzw. der „Gründe des öffentlichen Wohls" geht, die auch nach eben genannter engerer Auffassung im Lichte des Art. 20a GG auszulegen sein sollen.

Den oben genannten, allgemeinen Grundsätzen folgend, gilt auch für die Gemeinden, dass sie bei Anwendung der ihnen zur Verfügung stehen-den Befugnisnormen, im Rahmen der danach verbleibenden Spielräume, verpflichtet sind, dem Schutz der natürlichen Lebensgrundlagen Rechnung zu tragen. *Groß* stellt dafür den Grundsatz auf „in dubio pro natura".[933]

Art. 20a GG kann zwar zugunsten der Gemeinden keine Kompetenzen begründen, die ihnen nicht bereits gemäß der geltenden Rechtsordnung zustehen, insbesondere keine unmittelbare Ermächtigung zu Grundrechts-eingriffen darstellen.[934] Auch kann die Staatszielbestimmung nicht von in den geltenden Rechtsgrundlagen geregelten rechtlichen Anforderungen entbinden, da der Schutzauftrag auch für die Gemeinden lediglich „nach Maßgabe von Gesetz und Recht" gilt.[935] Auf eine Erweiterung kommuna-

---

930 Siehe oben Teil 2 III. 1.
931 Dafür *Longo*, Örtliche Energieversorgung, S. 201 f.
932 Siehe dazu *Epiney*, in: v. Mangoldt/Klein/Starck, Bd. 2, Art. 20a GG Rn. 93; *Groß*, ZUR 2009, 364 (368); *Murswiek*, in: Sachs (Hrsg.), Art. 20a GG Rn. 68.
933 *Groß*, ZUR 2009, 364 (367.).
934 So auch *Longo*, Örtliche Energieversorgung, S. 205; *Glaser*, Verw. 41 (2008), 483 (487).
935 Vgl. wiederum BVerwG, NVwZ 2006, 595 (597).

ler Kompetenzen in diesem Sinne kommt es jedoch im vorliegenden Fall auch nicht an. Vielmehr gewinnt Art. 20a GG Bedeutung bei der Auslegung bestehender landesrechtlicher Normen: Sind nämlich entsprechende Ermächtigungen vorhanden und enthalten diese Auslegungsspielräume für eine Berücksichtigung der Ziele des Art. 20a GG, so haben die Gemeinden ihrem verfassungsrechtlichen Schutzauftrag bei Anwendung der Ermächtigungsgrundlagen Rechnung zu tragen.

Insofern verbleibt es bei dem durch Auslegung des Art. 28 Abs. 2 Satz 1 GG gewonnenen Befund: Maßgeblich ist die Auslegung der einschlägigen landesrechtlichen Ermächtigungsgrundlagen für die Anordnung eines Anschluss- und Benutzungszwangs – gegebenenfalls unter Berücksichtigung des Art. 20a GG.

IV. Auslegung der landesrechtlichen Ermächtigungsgrundlagen

Da es unter Beachtung des verfassungsrechtlichen Rahmens, den Art. 28 Abs. 2 Satz 1 GG, auch in Verbindung mit Art. 20a GG, für die kommunale Betätigung aus Gründen des Klimaschutzes bildet, maßgeblich auf die Auslegung der einzelnen landesrechtlichen Ermächtigungsgrundlagen ankommt, soll deren Bedeutungsgehalt im Folgenden näher erörtert werden.

Einen spezifischen örtlichen Bezug stellen die landesrechtlichen Vorschriften insbesondere über das Erfordernis eines öffentlichen Bedürfnisses bzw. von Gründen des öffentlichen Wohls her, das gerade auf das Wohl der Gemeindeeinwohner bezogen ist.[936] Ein solcher Bezug ist – je nachdem, welcher Auffassung insoweit gefolgt wird – Ausdruck des Erfordernisses der Beschränkung auf die den Gemeinden verfassungsrechtlich zugeordneten Angelegenheiten der örtlichen Gemeinschaft bzw. er sichert den örtlichen Bezug als Grenze der gesetzgeberischen Möglichkeit, den Gemeinden auch über den Gewährleistungsgehalt des Art. 28 Abs. 2 Satz 1 GG hinaus Aufgaben zuzuweisen.[937]

Soweit als öffentliches Bedürfnis im Sinne des Landesrechts jedoch auch überörtliche Interessen, etwa das Ziel des globalen Klimaschutzes, durch den Gesetzgeber anerkannt sind, ist daran zu erinnern, dass der örtli-

---

936 Siehe dazu oben Teil 2 III. 5.
937 Dazu oben Teil 3 II. 5. d).

che Bezug auch durch das örtlich *ansetzende* Instrument des Anschluss- und Benutzungszwangs als solches gewahrt wird. So handelt es sich doch dabei um eine auf die Grundstücke des Gemeindegebiets beschränkte Maßnahme, um hinsichtlich der in der Gemeinde verursachten Emissionen regulierend einzugreifen.

1. Ausdrückliche Bezugnahme des Landesrechts auf den Klima- und Ressourcenschutz bzw. energiepolitische Ziele

Wie bereits aus der Vorstellung der einschlägigen Ermächtigungsgrundlagen der Länder ersichtlich wurde, unterscheiden sich die Länder dahingehend, ob bzw. auf welche Weise der Begriff des öffentlichen Bedürfnisses näher konkretisiert wird.

Vergleichsweise unproblematisch gestaltet sich die Beurteilung der landesrechtlichen Ermächtigungsgrundlagen, die ausdrücklich das Ziel des Klimaschutzes benennen. Dies gilt für § 11 Abs. 1 GemO BaWü, § 12 Abs. 2 BbgKVerf, § 19 Abs. 2 Satz 1 HGO i.V.m. § 1 Abs. 4 HEG, nach denen ein Anschluss- und Benutzungszwang auch aus Gründen des Klima- und Ressourcenschutzes angeordnet werden kann.

Trotz des klaren Wortlauts bleibt dieser Befund allerdings speziell für § 11 Abs. 1 GemO BaWü keineswegs unbestritten[938] – obwohl sich der Landesgesetzgeber gerade durch eine restriktive Rechtsprechung des VGH Mannheim[939] zur Änderung der Vorschrift und Einfügung der Bezugnahme auf den „Schutz der natürlichen Grundlagen des Lebens einschließlich des Klima- und Ressourcenschutzes" veranlasst sah.[940]

Zugegebenermaßen wurden im Verlauf des Gesetzgebungsverfahrens widersprüchliche Äußerungen getätigt. Den Gesetzgebungsmaterialien zufolge war zwar eine Erweiterung der Ermächtigungsgrundlage bezweckt, doch wurde unter Verweis auf verfassungsrechtliche Bedenken zugleich die Voraussetzung einer Immissionsverbesserung vor Ort weiterhin für er-

---

938 Weiterhin für eine enge Auslegung *Glaser*, Verw. 41 (2008), 483 (499 f.); siehe auch *Schmidt-Aßmann*, ZHR 170 (2006), S. 489 (495). A.A. allerdings – und damit wie hier vertreten – *Kahl/Schmidtchen*, Kommunaler Klimaschutz, S. 304; *Kahl*, VBlBW 2011, 53 (57).

939 VGH Mannheim, NuR 2004, 668. Siehe dazu auch unten Teil 4 I. 1. b) aa).

940 Siehe LT-Drs. 13/4495, S. 7 f., 11 ff.

forderlich befunden.[941] Die Gesetzesbegründung stellt sich insofern nicht als konsequent dar, wenn sie einerseits einen spezifischen örtlichen Bezug fordert, der über das bloße Ansetzen der Maßnahme vor Ort hinausgeht, gleichzeitig jedoch auch ein Beitrag zum allgemeinen Klimaschutz für ausreichend erachtet wird.[942] Dabei soll es der Gesetzesbegründung zufolge entscheidend auf einen Vergleich der Emissionen ankommen – bei Bestehen eines Anschluss- und Benutzungszwanges an die Nah- oder Fernwärmeversorgung einerseits, beim Betrieb von Einzelfeuerungsanlagen andererseits. Diesbezüglich sei eine Gesamtbetrachtung anzustellen, in der etwa an anderer Stelle ersparte Kraftwerksleistungen berücksichtigt werden sollen, aber auch die eingesetzten Energieträger.[943] Insbesondere im Falle eines reinen Biomasse- oder Geothermieheizwerks könnte ein Anschluss- und Benutzungszwang an die Fernwärmeversorgung Emissions- und Immissionsvorteile bewirken.[944] In Betracht käme aber unter Umständen auch eine Solarthermieanlage oder der Betrieb eines Blockheizkraftwerks, gegebenenfalls in Kombination mit einem Erdgasspitzenkessel.[945]

Würde es auch nach geänderter Rechtslage weiterhin stets auf eine Verbesserung der Immissionsbelastung vor Ort ankommen, so wäre die vorgenommene Neufassung der Ermächtigungsgrundlage jedenfalls überflüssig gewesen. Zudem sollte schließlich auch nach dem Willen des Gesetzgebers etwaigen verfassungsrechtlichen Bedenken bei Auslegung und Anwendung der neugefassten Ermächtigungsgrundlage in hinreichendem Maße Rechnung getragen werden können.[946] Angesichts des Ziels der Gesetzesänderung 2005 sowie des letztlich vom Gesetzgeber verabschiedeten

---

941 So in der Tat die Begründung des Gesetzentwurfs der Landesregierung vom 13.6.2005, LT-Drs. 13/4385, S. 16, sowie die der Beschlussempfehlung des Innenausschusses beigefügte gutachterliche Äußerung der zuständigen Fachabteilung des Innenministeriums, LT-Drs. 13/4495, S. 15 ff.

942 Siehe im Einzelnen die Begründung des Gesetzentwurfs der Landesregierung vom 13.6.2005, LT-Drs. 13/4385, S. 16.

943 Siehe dazu die Begründung des Gesetzentwurfs der Landesregierung vom 13.06.2005, LT-Drs. 13/4385, S. 16 f.

944 Begründung des Gesetzentwurfs der Landesregierung vom 13.06.2005, LT-Drs. 13/4385, S. 16.

945 Vgl. die Begründung des Gesetzentwurfs der Landesregierung vom 13.06.2005, LT-Drs. 13/4385, S. 16 f.

946 Siehe die gutachterliche Äußerung der zuständigen Fachabteilung des Innenministeriums, LT-Drs. 13/4495, S. 18: „Eine solche Vorschrift könnte von den Gerichten [...] verfassungskonform in der Weise ausgelegt werden, dass – jedenfalls auch – ein spezifischer Bezug zur örtlichen Gemeinschaft gegeben sein muss".

Wortlauts des § 11 Abs. 1 GemO BaWü können Bedenken gegenüber einer weiten Auslegung der Norm, die den Klimaschutz als Anordnungsgrund des Anschluss- und Benutzungszwangs anerkennt, daher nicht überzeugen. Unbestimmte Rechtsbegriffe wie der des öffentlichen Bedürfnisses geben vielmehr insbesondere vor dem Hintergrund des aus Art. 20a GG folgenden Schutzauftrags gerade Raum für die Berücksichtigung der Belange des Klimaschutzes.[947]

Anders als die eben betrachteten kommunalrechtlichen Bestimmungen erlauben § 23 Abs. 1 BEnSpG und § 4 Abs. 1 Satz 1 HmbKliSchG die Anordnung des Zwangs nur zur Förderung der Ziele des jeweiligen Gesetzes. Dazu zählen allerdings in beiden Fällen wiederum auch Zwecke des Klima- und Ressourcenschutzes.

So ist Gesetzeszweck gemäß § 1 Abs. 1 HmbKliSchG „der Schutz des Klimas durch eine möglichst sparsame, rationelle und ressourcenschonende sowie eine umwelt- und gesundheitsverträgliche und risikoarme Erzeugung, Verteilung und Verwendung von Energie im Rahmen des wirtschaftlich Vertretbaren."

Die Berliner Regelung in § 1 BEnSpG bestimmt den Zweck des Gesetzes energiepolitisch, doch soll davon ausdrücklich auch die Förderung einer möglichst umweltverträglichen und ressourcenschonenden Energieerzeugung und -verwendung umfasst sein und die Ziele des Gesetzes darüber hinaus gemäß § 2 BEnSpG insbesondere durch den sparsamen Umgang mit Energie sowie den Einsatz erneuerbarer Energien erreicht werden. Auch wenn die Normen nicht speziell vom „Klimaschutz" sprechen, sondern lediglich von einer umweltverträglichen Energieversorgung, wird doch insbesondere durch die Bezugnahme auf Energieeinsparungen und den Einsatz erneuerbarer Energien deutlich, dass die Vorschriften den Zwecken der Energiewende und des Klimaschutzes, der eine wesentliche Motivation für diese Umstellung der Energieversorgung darstellt,[948] zu dienen bestimmt sind.

Die einschlägigen Vorschriften der genannten Länder ermächtigen damit ausdrücklich zur Anordnung eines Anschluss- und Benutzungszwangs aus energie- und klimapolitischen Gründen. Sie stellen damit eine hinreichend bestimmte Ermächtigungsgrundlage auch für die mit dem Zwang einhergehenden Grundrechtsbeeinträchtigungen dar. Ob derartige Beein-

---

947 Siehe oben Teil 3 III. 2.
948 Siehe oben Teil 1 II.

trächtigungen gerechtfertigt werden können, wird noch näher zu untersuchen sein. Dies wird insbesondere davon abhängen, ob der angeordnete Zwang im Einzelfall tatsächlich geeignet und erforderlich ist, das angestrebte Ziel zu verfolgen und ob er den Betroffenen aus diesen Gründen zugemutet werden kann.[949]

2. Bezugnahmen auf den Schutz der Umwelt bzw. der natürlichen Lebensgrundlagen

Einige Bestimmungen benennen den Klimaschutz nicht ausdrücklich, erkennen dagegen den Schutz der Umwelt bzw. der natürlichen Lebensgrundlagen als zulässigerweise zu verfolgende Zielsetzungen an – so § 14 Abs. 1 SächsGemO sowie § 17 Abs. 2 Satz 1 GO Schleswig-Holstein. Danach soll es sich bei den in Betracht kommenden öffentlichen Einrichtungen auch um dem Umweltschutz bzw. dem Schutz der natürlichen Lebensgrundlagen dienende Einrichtungen handeln können. Diese Ziele werden damit ausdrücklich als mit den Einrichtungen – und einem zu ihren Gunsten angeordneten Anschluss- und Benutzungszwang – zu verfolgende Zwecke anerkannt.

Die Auslegung dieser Vorschriften führt schließlich zu der Erkenntnis, dass davon auch der Klimaschutz umfasst ist.

Der Wortlaut „Umweltschutz" bzw. „Schutz der natürlichen Lebensgrundlagen" ist dabei – in Ermangelung einer den Vorschriften zu entnehmenden Beschränkung auf bestimmte Teilaspekte – weit zu verstehen. Herangezogen werden kann dabei auch das Verständnis des Art. 20a GG,[950] dessen Wortlaut ebenfalls auf den Schutz der natürlichen Lebensgrundlagen abstellt und damit – im Sinne eines weiten Umweltbegriffs – auch den Schutz des Klimas mit umfasst.[951]

Das in der Literatur vereinzelt noch anzutreffende engere Verständnis, im Sinne einer Beschränkung des „Umweltschutzes" auf den (vor Ort zu bewirkenden) Schutz vor schädlichen Umwelteinwirkungen im Sinne des

---

949 Siehe dazu unten Teil 5 I. 3. c) und d) sowie II. 4.
950 So auch *Ennuschat/Volino*, CuR 2009, 90 (91); *Köck/Coder*, ZUR 2003, 95 (96); *Tschakert*, Klimaschutz durch kommunale Versorgungseinrichtungen, S. 43 ff. für den „Schutz der natürlichen Lebensgrundlagen".
951 Siehe dazu oben Teil 3 III. 1.

Immissionsschutzrechts,[952] kann nicht überzeugen. Ginge es den Bestimmungen allein um einen Immissionsschutz im engeren Sinne, ein entsprechend engeres Verständnis von Luftreinhaltung, würden sich daraus im Ergebnis Beschränkungen ergeben, vergleichbar dem hergebrachten Verständnis der Normen, denen zufolge ein Anschluss- und Benutzungszwang ausdrücklich der Volksgesundheit dienen muss.[953] Eine Aufnahme gerade des Umweltschutzes bzw. des Schutzes der natürlichen Lebensgrundlagen in die jeweiligen Ermächtigungsgrundlagen wäre dann jedoch überflüssig gewesen.

Der Vergleich mit den oben genannten Formulierungen anderer Länder, die den Klimaschutz zum Teil ausdrücklich erwähnen, spricht nicht gegen eine weite Auslegung des Begriffs der Umwelt bzw. der natürlichen Lebensgrundlagen. Es handelt sich dabei schließlich um Regelungen verschiedener Normgeber, die in ihrem Wortlaut keineswegs aufeinander abgestimmt sein müssen. Abgesehen vom unterschiedlichen Wortlaut verfolgen jedoch alle diese Bestimmungen die gleichen übergeordneten Ziele. Sie sollten die Anordnungsmöglichkeiten der Gemeinden im Hinblick auf den Anschluss- und Benutzungszwang vor dem Hintergrund gewandelter Bedürfnisse erweitern.[954]

Auch in Sachsen und Schleswig-Holstein bestehen damit im Ergebnis hinreichend bestimmte Ermächtigungsgrundlagen für die Anordnung eines Anschluss- und Benutzungszwangs aus Gründen des überörtlichen Klimaschutzes.

3. Bezugnahme auf den Schutz vor schädlichen Umwelteinwirkungen

Eine Sonderstellung im Kreise der landesrechtlichen Ermächtigungsgrundlagen nimmt die bayrische Regelung in Art. 24 Abs. 1 Nr. 3 GO ein.

Danach kommt ein Anschluss- und Benutzungszwang für die Fernwärmeversorgung in Betracht „aus besonderen städtebaulichen Gründen oder zum Schutz vor schädlichen Umwelteinwirkungen im Sinn des Bundes-Immissionsschutzgesetzes". Ob auch darunter Ziele des globalen Klimaschutzes zu fassen sind, ist fraglich.

---

952 So zumindest *Quecke/Schaffarzik*, in: Quecke/Schmid, SächsGemO, § 14 Rn. 10 und 26 f.

953 Vgl. *Ennuschat/Volino*, CuR 2009, 90 (91).

954 Ebenso *Köck/Coder*, ZUR 2003, 95 (96).

Dagegen spricht zunächst, dass der bayrische Gesetzgeber sich dagegen entschieden hat, an den Umwelt- oder Klimaschutz als solchen anzuknüpfen, sondern stattdessen lediglich auf einen Teilaspekt des Umweltschutzes, den Schutz vor schädlichen Umwelteinwirkungen im Sinne des Immissionsschutzrechts, Bezug nimmt. Alternativ kommt ein Erfordernis aus städtebaulichen Gründen in Betracht.

Beide Anknüpfungspunkte eröffnen jedoch gerade mit Blick auf den Klimaschutz wiederum Raum für Diskussionen.

So gehen einige Stimmen in der Literatur davon aus, derartige „schädliche Umwelteinwirkungen" müssten gerade vor Ort vorliegen, allein Gründe des globalen Klimaschutzes sollen danach nicht ausreichen.[955]

a) Verständnis des Städtebau- und Immissionsschutzrechts

Dafür spricht das lange Zeit vorherrschende Verständnis der Bestimmung des § 9 Abs. 1 Nr. 23 lit. a) BauGB,[956] der danach ebenfalls dem Immissionsschutz auf örtlicher Ebene dienen und dementsprechend immer eine spezifische örtliche Problemlage erfordern sollte.[957] Allerdings ist auch das Verständnis dieser Bestimmung des BauGB keineswegs unumstritten.[958] Auch soweit die „städtebaulichen Gründe" im Sinne des BauGB heute mit einigen Stimmen im Schrifttum weiter zu verstehen sind und dabei insbesondere auch der Klimaschutz in § 1 Abs. 5 Satz 2, § 1a Abs. 5 BauGB zu berücksichtigen ist, erscheint fraglich, ob sich diese Auffassung mit dem Verständnis des bayerischen Gesetzgebers deckt, das dieser der Regelung in Art. 24 Abs. 1 Nr. 3 GO zugrunde gelegt hat.

---

955 *Widtmann/Grasser/Glaser*, Bayerische Gemeindeordnung, Art. 24 Rn. 12. A.A. aber *Tschakert*, Klimaschutz durch kommunale Versorgungseinrichtungen, S. 53 ff., insb. 56 ff.

956 Gegen eine Übertragbarkeit der Auslegung des § 9 Abs. 1 Nr. 23 BauGB auf die Bestimmung im bayerischen Kommunalrecht aber *Tschakert*, Klimaschutz durch kommunale Versorgungseinrichtungen, S. 60 f., allerdings ohne sodann weiter auf die (selbständige) Auslegung gerade des Art. 24 Abs. 1 Nr. 3 GO einzugehen.

957 Vgl. *Mitschang/Reidt*, in: Battis/Krautzberger/Löhr, BauGB, § 9 Rn. 127; *Söfker*, in: Ernst/Zinkahn/Bielenberg/Krautzberger, BauGB, § 9 Rn. 191. Weitere Nachweise zu eben dieser Auffassung finden sich auch bei *Tschakert*, Klimaschutz durch kommunale Versorgungseinrichtungen, S. 60, in und bei Fn. 270.

958 Siehe dazu oben Teil 3 I. 4.

Das Immissionsschutzrecht definiert in § 3 Abs. 1 BImSchG schädliche Umwelteinwirkungen als „Immissionen, die nach Art, Ausmaß oder Dauer geeignet sind, Gefahren, erhebliche Nachteile oder erhebliche Belästigungen für die Allgemeinheit oder die Nachbarschaft herbeizuführen". Es führt jedoch nicht näher aus, ob der Schutz vor derartigen schädlichen Umwelteinwirkungen auch Maßnahmen zum Zweck des globalen Klimaschutzes umfasst.[959] Das BImSchG kennt im Übrigen sowohl Schutzanforderungen als auch darüber hinausgehende Vorsorgepflichten (vgl. § 5 Abs. 1 Nr. 1 und 2 BImSchG).

Immissionen im Sinne des BImSchG sind gemäß § 3 Abs. 2 BImSchG „auf Menschen, Tiere und Pflanzen, den Boden, das Wasser, die Atmosphäre sowie Kultur- und sonstige Sachgüter einwirkende Luftverunreinigungen, Geräusche, Erschütterungen, Licht, Wärme, Strahlen und ähnliche Umwelteinwirkungen", Luftverunreinigung wiederum alle „Veränderungen der natürlichen Zusammensetzung der Luft, insbesondere durch Rauch, Ruß, Staub, Gase, Aerosole, Dämpfe oder Geruchsstoffe" (§ 3 Abs. 4 BImSchG). Wo diese Veränderungen eintreten müssen, darüber geben diese Legaldefinitionen allein noch keine Auskunft. Auch die Unterscheidung zwischen Vorsorge und Schutz in primär zeitlicher Hinsicht kann die Frage nach der Erforderlichkeit eines spezifischen örtlichen Bezugs noch nicht beantworten.

Die Formulierung „Schutz vor schädlichen Umwelteinwirkungen" erinnert allerdings an die Regelung des § 5 Abs. 1 Nr. 1 BImSchG, bei der es sich um eine gefahrenabwehrrechtliche Bestimmung handelt.[960] Wenngleich zum Schutzgut der Atmosphäre im Sinne von § 3 Abs. 2 BImSchG auch das Klima zählt, bedeutet dies doch nicht zwangsläufig, dass etwa auf § 5 Abs. 1 Nr. 1 BImSchG Maßnahmen des globalen Klimaschutzes gestützt werden könnten.[961]

---

959 Siehe *Dietlein*, in: Landmann/Rohmer, Umweltrecht, § 1 BImSchG Rn. 15. Kritisch auch *Manten/Elbel*, LKV 2009, 1 (2), sowie, dem folgend, *Schmidt*, Nutzung von Solarenergie, S. 138. A.A. allerdings *Jarass*, BImSchG § 1 Rn. 6c, demzufolge auch die globalen Klimaverhältnisse als Schutzgüter des Immissionsschutzrechts erfasst sind.

960 *Jarass*, BImSchG § 5 Rn. 6. *Schmidt-Kötters*, in: Giesberts/Reinhardt, BeckOK Umweltrecht, § 5 BImSchG Rn. 29.

961 *Dietlein*, in: Landmann/Rohmer, Umweltrecht, § 5 BImSchG Rn. 82. Auch *Manten/Elbel*, LKV 2009, 1 (2), sowie *Schmidt*, Nutzung von Solarenergie, S. 138 f., sehen den Schutz des globalen Klimas im Ergebnis wohl nicht als Belang im Sinne des BImSchG an.

Speziell mit Blick auf die bayerische Regelung ist wiederum der vom Landesgesetzgeber zugrunde gelegte Bedeutungsgehalt maßgeblich.

b) Gesetzeshistorie sowie Sinn und Zweck der aktuell geltenden Regelung

Dabei ist für die Bayerische Gemeindeordnung schließlich zu beachten, dass die Vorschrift in ihrer aktuellen Fassung seit 1.9.1997 Geltung beansprucht. Der zuvor geltenden Fassung des Art. 24 Abs. 1 Nr. 3 GO zufolge musste ein Anschluss- und Benutzungszwang für die von der Regelung erfasste Fernwärmeversorgung notwendig sein, „um Gefahren, erhebliche Belästigungen oder sonstige erhebliche Nachteile durch Luftverunreinigungen zu vermeiden".[962] Damit knüpfte auch diese Regelung dem Wortlaut nach bereits erkennbar an die Definition „schädlicher Umwelteinwirkungen" im Sinne des Immissionsschutzrechts (vgl. § 3 Abs. 1 BImSchG) an. Die aktuelle Formulierung wirkt demgegenüber zum einen als Zusammenfassung und textliche Vereinfachung, indem allgemein auf das Vorliegen schädlicher Umwelteinwirkungen im Sinne des BImSchG abgestellt wird. Darüber hinaus wurde die Vorschrift jedoch um eine Bezugnahme auf städtebauliche Gründe erweitert.

Insgesamt sollte damit eine Angleichung an § 9 Abs. 1 Nr. 23 BauGB in der damals geltenden Fassung vorgenommen werden; dem Willen des Gesetzgebers nach, wie er sich aus der Begründung des Gesetzentwurfs ergibt, war dementsprechend auch für das Verständnis der Norm insbesondere die Rechtsprechung zum BauGB maßgeblich.[963] § 9 Abs. 1 Nr. 23 BauGB a.F. erlaubte aus städtebaulichen Gründen die Festsetzung von Gebieten, „in denen zum Schutz vor schädlichen Umwelteinwirkungen im Sinne des Bundes-Immissionsschutzgesetzes bestimmte luftverunreinigende Stoffe nicht oder nur beschränkt verwendet werden dürfen" und forderte demnach ebenfalls das Vorliegen städtebaulicher Gründe sowie eine Festsetzung gerade zum Schutz vor schädlichen Umwelteinwirkungen im Sinne des Immissionsschutzrechts.

---

962 Siehe Gemeindeordnung für den Freistaat Bayern (Gemeindeordnung - GO) in der Fassung der Bekanntmachung v. 6.1.1993, GVBl 1993, S. 65, Textnachweis bei juris.

963 Vgl. die Begründung des Gesetzentwurfs der Staatsregierung v. 30.4.1997, LT-Drs. 13/8037, S. 9.

Ziel der Regelung zum Anschluss- und Benutzungszwang für die Wärmeversorgung war die Gewährleistung eines möglichst emissionsfreien Betriebs der Versorgungsanlagen. Dies spiegelt sich zum einen in den Argumenten wieder, die für die Streichung der Gasversorgung aus der Ermächtigungsgrundlage angeführt wurden,[964] zum anderen in der ausdrücklichen Ausnahme für Grundstücke mit emissionsfreien Heizeinrichtungen. Schließlich heißt es in der Gesetzesbegründung ausdrücklich: „Ein wirklich immissionsfreier Betrieb auf dem Grundstück ist aber nur bei Fernwärmeversorgung gewährleistet."[965] Dieses Ziel des emissionsfreien Betriebs der Wärmeversorgungsanlagen in der jeweiligen Gemeinde sollte allerdings nicht als Beitrag zur global zu betrachtenden Verminderung von Emissionen dienen, sondern vielmehr speziell der Verbesserung der Luftqualität vor Ort. Dies verdeutlichen die Ausführungen der Gesetzesbegründung zu den erforderlichen städtebaulichen Gründen. So sollte ein Anschluss- und Benutzungszwang für die Wärmeversorgung aus „besonderen städtebaulichen Gründen" dann in Betracht kommen, wenn sich insoweit eine spezifische Problematik der Luftqualität aufgrund der Schutzwürdigkeit des jeweiligen Gebiets (z.B. als Kurort oder Naherholungsgebiet) oder aufgrund einer besonderen geographischen Gefährdungslage, etwa bei Hang- oder Tallagen, feststellen lässt.[966] Dass dem „Schutz vor schädlichen Umwelteinwirkungen" darüber hinaus eine eigenständige – und weitergehende – Bedeutung zukommen sollte, ist der Gesetzesbegründung gerade nicht zu entnehmen.

c) Zwischenergebnis

Die Ermächtigungsgrundlage knüpft damit – unter Beachtung des vom Gesetzgeber zugrunde gelegten Sinn und Zwecks – gerade an die örtliche Luftqualität, d.h. an die Immissionsbelastung vor Ort an. Bei Art. 24 Abs. 1 Nr. 3 GO handelt es sich insoweit auch um eine spezielle und ab-

---

964 Siehe wiederum die Begründung des Gesetzentwurfs der Staatsregierung v. 30.4.1997, LT-Drs. 13/8037, S. 9: „kein wirklich emissionsfreier Betrieb" der Gasversorgung.

965 Begründung des Gesetzentwurfs der Staatsregierung v. 30.4.1997, LT-Drs. 13/8037, S. 8.

966 Vgl. die Begründung des Gesetzentwurfs der Staatsregierung v. 30.4.1997, LT-Drs. 13/8037, S. 9.

schließende Regelung, die für den Bereich der Wärmeversorgung einen Rückgriff auf die allgemeine Ermächtigungsgrundlage für den Anschluss- und Benutzungszwang in Art. 24 Abs. 1 Nr. 2 GO ausschließt. Es kann daher – soweit besondere städtebauliche Gründe oder schädliche Umwelteinwirkungen im Sinne der Vorschrift nicht gegeben sind – auch nicht allgemein auf ein Erfordernis aus sonstigen Gründen des öffentlichen Wohls abgestellt werden.

Trotz der anhaltenden Debatte der letzten Jahre um einen Anschluss- und Benutzungszwang aus Gründen des Klimaschutzes sah sich der Landesgesetzgeber bislang auch nicht veranlasst, die Ermächtigungsgrundlage für weitergehende Zielsetzungen zu öffnen.

Gründe des globalen Klimaschutzes, die nicht unmittelbar eine Verbesserung der Luftqualität vor Ort zum Ziel haben, können nach der engen Fassung der Vorschrift allerdings nicht zur Einführung eines Anschluss- und Benutzungszwangs, gestützt auf Art. 24 Abs. 1 Nr. 3 GO, herangezogen werden.

4. Gründe des öffentlichen Wohls

Im Unterschied zu Bayern enthalten viele Gemeindeordnungen oder Kommunalverfassungsgesetze der Bundesländer keine speziellen Regelungen für einen Anschluss- und Benutzungszwang im Bereich der Wärmeversorgung, sondern regeln diesen Anwendungsfall gemeinsam mit anderen in Betracht kommenden Einrichtungen.

Vielfach werden die erforderlichen „Gründe des öffentlichen Wohls" bzw. das „öffentliche Bedürfnis" bzw. dabei nicht näher konkretisiert. Dies trifft auf § 1 Abs. 2 Satz 1 i.V.m. § 1 Abs. 1 GemRSBefG, § 15 Abs. 1 Satz 1 KV M.-V., § 13 Satz 1 NKomVG, § 9 Satz 1 GO NRW, § 26 Abs. 1 GemO Rh.-Pf. sowie § 20 Abs. 2 Satz 1 Nr. 2 ThürKO zu. In all diesen Ländern kommt ein Anschluss- und Benutzungszwang ganz allgemein in Betracht für die dem öffentlichen Wohl dienenden Einrichtungen, soweit ein entsprechendes öffentliches Bedürfnis besteht. Auch bei der Wärmeversorgung handelt es sich damit dem Grunde nach um eine dem öffentlichen Wohl dienende Einrichtung.

a) Wortlaut und Systematik der betreffenden Vorschriften

Dem Wortlaut dieser Vorschriften sind jedoch kaum Anhaltspunkte zu entnehmen, ob ein Anschluss- und Benutzungszwang gerade an die Wärmeversorgung danach auch allein aus Gründen des globalen Klimaschutzes angeordnet werden darf.

Dabei ist zunächst auf eine Besonderheit der Regelungen § 1 Abs. 2 Satz 1 i.V.m. § 1 Abs. 1 GemRSBefG und § 9 Satz 1 GO NRW hinzuweisen: Beide Ermächtigungsgrundlagen trennen zwischen Einrichtungen der (Fern-)Wärmeversorgung und sonstigen öffentlichen Einrichtungen im Sinne der Vorschrift. Anders als die übrigen erfassten Einrichtungen soll es sich nach dieser Systematik bei der (Fern-)Wärmeversorgung nicht um eine „der Volksgesundheit" dienende Einrichtung handeln. Insoweit entfällt für beide Bundesländer bereits eine einschränkende Konkretisierung der Wärmeversorgung. Dies spricht jedenfalls dafür, in diesem Bereich auch über die Aspekte der ausschließlich örtlich betrachteten Volksgesundheit hinaus einen Anschluss- und Benutzungszwang für zulässig zu erachten.[967]

Davon abgesehen gilt es jedoch bezüglich aller Vorschriften der hier aufgeführten sechs Bundesländer zu beachten, dass mit der Formulierung des „öffentlichen Bedürfnisses" bzw. den „Gründen des öffentlichen Wohls" eine umfassende und daher grundsätzlich weit zu verstehende Bestimmung des zulässigen Einrichtungszwecks und Anordnungsgrundes gewählt wurde.Insbesondere geht die Formulierung damit über den Begriff der Volksgesundheit hinaus.[968] Dass bestimmte Gemeinwohlgründe von vornherein ausgeschlossenen sein sollten, ist dem Wortlaut nicht zu entnehmen.

Vertreter der Literatur wollen daher vielfach – und im Ergebnis zu Recht – Art. 20a GG zur Auslegung der unbestimmten Rechtsbegriffe „öffentliches Bedürfnis" bzw. „Gründe des öffentlichen Wohls" heranziehen und daraus ableiten, dass auch insoweit ein Anschluss- und Benutzungszwang aus Gründen des globalen Klimaschutzes zulässig sein soll.[969]

---

967 Vgl. in diesem Sinne auch *Cronauge*, in: Rehn/Cronauge/v. Lennep/Knirsch, GO NRW, § 9 S. 19.

968 Darauf weist auch *Kusche*, Kompetenzen für eine klimaschutzorientierte Energiepolitik, S. 163, zu Recht hin.

969 *Groß*, ZUR 2009, 364 (368); *Longo/Schuster*, ZNER 2000, 118 (121); *Schwerdtner*, VBlBW 2005, 99; *Tschakert*, Klimaschutz durch kommunale Versorgungs-

Zwar entfaltet Art. 20a GG keine kompetenzerweiternde Wirkung,[970] doch steht dies einer Anwendung der Vorschrift dann nicht entgegen, wenn im Rahmen der bestehenden Kompetenzen der Gemeinden Raum für die Berücksichtigung des Umwelt- und Klimaschutzes bleibt. Das ist, wie bereits dargelegt, im Rahmen der Auslegung des Begriffs des „öffentlichen Bedürfnisses" der Fall.[971]

b) Entwicklung und Bedeutung des Anschluss- und Benutzungszwangs sowie die Berücksichtigung des verfassungsrechtlichen Rahmens

Angesichts der historischen Entwicklung des Instruments des Anschluss- und Benutzungszwangs[972] erscheint es jedoch zugegebenermaßen nicht ganz unbedenklich, ohne konkrete Anhaltspunkte einen gesetzgeberischen Willen dahingehend anzunehmen, dass auch überörtliche Belange des allgemeinen Klimaschutzes einen Anschluss- und Benutzungszwang rechtfertigen können sollen. So war insbesondere ein spezifisches öffentliches Bedürfnis bereits seit Jahrzehnten typische Voraussetzung für die Anwendung der Ermächtigungsgrundlagen – auch soweit das Instrument des Anschluss- und Benutzungszwangs noch speziell auf den Schutz der Gesundheit der Gemeindeeinwohner im engeren Sinne ausgerichtet war. Darin sollte gerade der örtliche Bezug des Anschluss- und Benutzungszwangs zum Ausdruck kommen.

So spricht zunächst einiges dafür – in Ermangelung entgegenstehender Anhaltspunkte – davon auszugehen, dass den Gemeinden lediglich die Befugnis zum Gebrauchmachen vom „klassischen" kommunalrechtlichen Instrument Anschluss- und Benutzungszwang im Rahmen der ihnen zustehenden und verfassungsrechtlich garantierten örtlichen Angelegenheiten

---

einrichtungen, S. 47 f. Ebenfalls für eine weite Auslegung auch der landesrechtlichen Ermächtigungsgrundlagen, die den Klimaschutz nicht ausdrücklich erwähnen, *Faßbender*, in: Köck/Faßbender, Klimaschutz durch Erneuerbare Energien, S. 39 (44 f.). A.A. allerdings *Kahl*, VBlBW 2011, 53 (57).

970 Darauf verweist in diesem Zusammenhang *Kahl*, VBlBW 2011, 53 (57). Dazu bereits oben Teil 3 III. 2.
971 Siehe oben Teil 3 III. 2.
972 Siehe oben Teil 2 I. 1.

eingeräumt werden sollte.[973] Soweit daher – anders als hier vertreten[974] – der Klimaschutz als solcher nicht als Angelegenheit der örtlichen Gemeinschaft im Sinne des Art. 28 Abs. 2 Satz 1 GG betrachtet werden sollte, ist konkret darzulegen, dass den Gemeinden im Rahmen des Kommunalrechts doch eine darüber hinausgehende Ermächtigung zum Anschluss- und Benutzungszwang eingeräumt werden sollte. Demnach sollen diese Ermächtigungsnormen „klassisch" am Zweck der Volksgesundheit orientiert auszulegen sein, soweit das öffentliche Bedürfnis nicht ausdrücklich anderweitig näher bestimmt wird.[975]

Andererseits ist einem Festhalten an eng begrenzten, historischen Anwendungsfällen gegenüber Zurückhaltung geboten, sollten doch die landesrechtlichen Ermächtigungsgrundlagen regelmäßig für die Erfassung künftiger Bedürfnisse offen bleiben. So diente insbesondere die Aufnahme einer Generalklausel der „ähnlichen Einrichtungen" dazu, auch etwaige neu auftretende, ursprünglich noch nicht absehbare Sachlagen erfassen zu können, so dass sich das Instrument des Anschluss- und Benutzungszwangs insoweit dynamisch auch den künftigen Bedürfnissen der Einwohner der Gemeinde anpassen konnte.[976] Raum für eine in diesem Sinne dynamische Auslegung, ausgerichtet an sich wandelnden Bedürfnissen der Einwohner, bietet daneben jedoch auch die Deutung des Begriffs des „öffentlichen Bedürfnisses" bzw. der „Gründe des öffentlichen Wohls".

Dabei handelt es sich, wie dargelegt, um unbestimmte Rechtsbegriffe, bei deren Auslegung den Gemeinden eine Beachtung des Schutzauftrags aus Art. 20a GG möglich ist.[977]

---

973 Von einer solchen Begrenzung geht dann auch *Schmidt*, Nutzung von Solarenergie, S. 177 f. sowie 185, aus und fordert eine „besondere Ermächtigungsgrundlage" gerade für den Anschluss aus Klimaschutzgründen.

974 Siehe dazu Teil 3 II. 5. c).

975 So *Milkau*, Ansätze zur Förderung der erneuerbaren Energien im Wärmemarkt, S. 237; vgl. auch *Stober*, Kommunalrecht, § 16 III 5.b., S. 244. A.A. jedoch *Kusche*, Kompetenzen für eine klimaschutzorientierte Energiepolitik, S. 173, der sich ausdrücklich gegen „eine historisch überkommene Norminterpretation" wendet.

976 *Stober*, Kommunalrecht, § 16 III 5. b., S. 243; speziell zum sächsischen Recht, das insofern jedoch keine Besonderheit darstellt, *Jaeckel/Jaeckel*, Rn. 104; *Heckendorf*, in Brüggen/Heckendorf, SächsGemO, § 14 Rn. 54; *Quecke/Schaffarzik*, in: Quecke/Schmid, SächsGemO, § 14 Rn. 7.

977 Dazu oben Teil 3 III. 2.

c) Zwingende Anknüpfung an das Wohl der Gemeindeeinwohner bzw.
   die Volksgesundheit?

Auch wenn Art. 20a GG grundsätzlich im Rahmen verbliebener Auslegungsspielräume herangezogen werden kann, folgt daraus noch nicht
zwangsläufig, dass in jedem Fall neben einem örtlichen Umweltschutz ge-
gebenfalls auch Ziele des überörtlichen Klimaschutzes verfolgt werden
dürfen. Schließlich könnte es nach wie vor fraglich erscheinen, ob die Anordnung eines Anschluss- und Benutzungszwangs aus Gründen des globalen Klimaschutzes im Einzelfall tatsächlich dem Wohl der Gemeindeeinwohner dient, dessen Sicherstellung das Erfordernis des „öffentlichen
Wohls" im Allgemeinen zugutekommen soll.[978] Zumindest scheinen Äußerungen im Schrifttum verschiedentlich auf eine solche Beschränkung
der einschlägigen Ermächtigungsgrundlagen hinzudeuten.

So führt *Stober* aus, dass dem Begriff des öffentlichen Wohls Gründe
der Daseinsvorsorge bzw. der „Grundversorgung der Ortsbevölkerung"
unterfallen sollen.[979] In der Konsequenz des so verstandenen Anknüpfens
an das Wohl der Gemeindeeinwohner wäre dann auch die Berufung auf
Art. 20a GG im Hinblick auf den globalen Klimaschutz nicht zielführend,
ergeben sich daraus Verpflichtungen doch nur im Rahmen der bestehenden
Kompetenzordnung[980] und der Begriff des öffentlichen Wohls ließe – derart eng verstanden – für eine weitere Auslegung keinen Raum. Auch soweit in der Literatur aus Art. 20a GG eine Verpflichtung des Landesgesetzgebers abgeleitet wird, den kommunalen Satzungsgebern eine ausdrückliche Ermächtigung zum Zwecke des überörtlichen Klimaschutzes
einzuräumen,[981] würde diese Forderung doch Grenzen des geltenden
Rechts noch nicht zu überwinden vermögen.

Bei genauer Betrachtung führt diese Argumentation aber letztlich nicht
weiter, sondern lediglich zum Ausgangspunkt der Überlegungen zurück.
Denn es ist doch das hinter dem Begriff des „öffentlichen Bedürfnisses"
stehende Wohl der Gemeindeeinwohner jeweils konkret bezogen auf die
von der landesrechtlichen Ermächtigungsgrundlage erfassten Anordnungs-

---

978 Dazu siehe oben Teil 2 III. 5.
979 Siehe *Stober*, Kommunalrecht, § 16 III 5. b., S. 243.
980 Darauf weist *Blasberg*, Inhalts- und Schrankenbestimmungen des Grundeigen-
     tums, S. 128 f., hin. Siehe dazu bereits oben Teil 3 III. 2.
981 So etwa *Blasberg*, Inhalts- und Schrankenbestimmungen des Grundeigentums,
     S. 129.

gründe zu verstehen und daraus keine zusätzliche Beschränkung zu entnehmen.

Zwar wird darüber hinaus zum Teil vertreten, dass der Begriff der Volksgesundheit stets hinter dem Begriff des „öffentlichen Wohls" stehe – selbst in den Fällen, in denen es sich in dieser Form nicht unmittelbar aus dem Wortlaut der Norm ergibt.[982] Eine entsprechend enge Auslegung der einschlägigen Ermächtigungsgrundlagen sei erforderlich, auch wenn die Anordnungsvoraussetzungen „abgesenkt" wurden; damit solle über das Erfordernis eines (durch das Merkmal der Volksgesundheit vermittelten) Ortsbezugs eine „völlige Entgrenzung" der Anwendungsmöglichkeiten des Anschluss- und Benutzungszwanges verhindert werden.[983]

Mit dem weit gefassten Wortlaut, der nicht (mehr) streng an den Zweck der Volksgesundheit anknüpft und sich damit auch von den Vorschriften des Saarlandes und Sachsen-Anhalts unterscheidet,[984] ist ein solches Verständnis jedoch nicht zu vereinbaren. Die Gefahr einer „völligen Entgrenzung" wird auch durch die weiteren Tatbestandsvoraussetzungen der jeweiligen Ermächtigungsgrundlage vermieden; insbesondere ist ein örtlicher Bezug nach wie vor erforderlich, er muss sich nur nicht zwingend auf die mit dem Anschluss- und Benutzungszwang verbundenen Auswirkungen erstrecken.[985]

d) Besonderheiten des jeweiligen Landesrechts – ausdrücklich angestrebte Erweiterungen der Ermächtigungsgrundlagen

Für einige der landesrechtlichen Vorschriften lassen sich zudem ihrer Entstehungsgeschichte konkrete Anhaltspunkte für den Bedeutungsgehalt der Normen entnehmen, wenngleich die Begründungs- und Beratungsmateria-

---

982 Vgl. für das sächsische Recht *Heckendorf*, in Brüggen/Heckendorf, SächsGemO, § 14 Rn. 54. Siehe auch *Röhl*, in: Schoch, Bes. VerwR, 1. Kapitel, Rn. 167, der betont, dass – zumindest vor Erlass des § 16 EEWärmeG (dazu ausführlich unter Teil 4 I.) – „systematisch zutreffend" ein Bedürfnis des Gesundheitsschutzes verlangt wurde.

983 So *Glaser*, Verw. 41 (2008), 483 (499).

984 Dazu sogleich noch unter Teil 3 IV. 5.

985 Siehe oben Teil 3 II. 5. c).

lien sich keineswegs in allen Fällen als aufschlussreich erweisen und einen Rückschluss auf den Willen des aktuellen Normgebers zulassen.[986]

So wird in der Literatur jedoch beispielsweise zugunsten einer weiten Auslegung der nordrhein-westfälischen Regelung auch auf das vom Gesetzgeber verfolgte Ziel der Ermöglichung eines Anschluss- und Benutzungszwangs für die Fernwärmeversorgung aus Gründen des Umweltschutzes oder der Energiepolitik verwiesen.[987]

Konkrete Anhaltspunkte lassen sich darüber hinaus den Gesetzesmaterialien zur Kommunalverfassung Mecklenburg-Vorpommerns entnehmen. Danach sollen zwar einerseits „Aspekte der Erhaltung und Förderung der Volksgesundheit" erfasst werden, „im Fall der Einrichtungen zur Versorgung mit Fernwärme [allerdings] auch Gründe des Umweltschutzes, insbesondere der Luftreinhaltung, und der Energieeinsparung".[988]

Dies verkennen Gerichtsentscheidungen, denen zufolge das Ziel des Klimaschutzes die Anordnung eines Anschluss- und Benutzungszwangs nicht zu rechtfertigen vermag, sondern dieses Instrument vielmehr stets dem Schutz der Gesundheit der örtlichen Bevölkerung diene müsse.[989] Soweit der Rechtsprechung zufolge ein Anschluss- und Benutzungszwang für die Fernwärmeversorgung nicht in Betracht kommt, wenn damit lediglich bei globaler Betrachtung Kraftwerksleistung an anderer Stelle eingespart und somit Emissionen reduziert würden,[990] geht sie über die mit der Ermächtigungsgrundlage verfolgten gesetzgeberischen Ziele hinweg.

In vergleichbarer Weise wurde auch in Niedersachsen 1996 die frühere Gemeindeordnung novelliert und im Zuge dessen die Möglichkeiten der Anordnung eines Anschluss- und Benutzungszwangs um das Ziel des Umweltschutzes erweitert; der Begriff der Volksgesundheit wurde dazu durch die allgemeinere Formulierung „öffentliches Wohl" ersetzt.[991] Ziel dieser Änderung war es explizit, klarzustellen, dass „auch andere Gesichtspunkte als der der Volksgesundheit, z.B. der Umweltschutz, zum Anlass für die

---

986 Vgl. dazu u.a. *Tschakert*, Klimaschutz durch kommunale Versorgungseinrichtungen, S. 48 f.

987 Siehe die Darstellung bei *Kusche*, Kompetenzen für eine klimaschutzorientierte Energiepolitik, S. 170, mit Nachweisen noch zur Vorgängerregelung der aktuellen nordrhein-westfälischen Ermächtigungsgrundlage.

988 So die Begründung des Gesetzentwurfs der Landesregierung bereits zur gleichlautenden früheren Fassung der Kommunalverfassung, LT-Drs. 1/3645, S. 103.

989 VG Schwerin, Urt. v. 21.9.2011 – 7 A 1085/08 –, BeckRS 2012, 46711.

990 Vgl. VG Schwerin, Urt. v. 21.9.2011 – 7 A 1085/08 –, BeckRS 2012, 46711.

991 Vgl. Art. 1 Nr. 7 des Gesetzes v. 1.4.1996, Nds. GVBl. Nr. 6/1996, S. 82.

Einführung des Anschluss- und Benutzungszwanges genommen werden können."[992] Der Begriff des Umweltschutzes ist dabei – wie in den Fällen seiner ausdrücklichen Erwähnung – weit zu verstehen.[993]

Die Fernwärmeversorgung nunmehr weiterhin zwingend an das Erfordernis eines konkreten Beitrags zum Schutz der Volksgesundheit zu knüpfen, würde diese Gesetzesänderung komplett unterlaufen.

In Thüringen wiederum sollte bereits die ursprüngliche, detaillierte Ermächtigung zum Erlass eines Anschluss- und Benutzungszwangs an die Fernwärmeversorgung, die dem Wortlaut nach an die Vermeidung von Luftverunreinigungen anknüpfte,[994] gerade auch dem Umweltschutz dienen.[995] Die Gründe für eine Neufassung der Regelung 1993 wurden in der Gesetzesbegründung zwar nicht erläutert.[996] Allerdings sind dieser Begründung auch keine Anhaltspunkte zu entnehmen, dass mit der Zusammenfassung der Ermächtigungen zum Erlass eines Anschluss- und Benutzungszwangs für die verschiedenen in Frage kommenden Einrichtungen und der damit verbundenen einheitlichen Verwendung des allgemeineren Begriffs des „öffentlichen Wohls" auch eine Änderung der – zuvor ausdrücklich als zulässig betrachteten – Zwecksetzung verbunden sein sollte.

e) Zwischenergebnis

Wie diese Schilderung verdeutlicht, liegt den Ermächtigungsgrundlagen der Länder, die die Anordnung eines Anschluss- und Benutzungszwangs aus Gründen des öffentlichen Wohls bzw. bei Vorliegen eines öffentlichen Bedürfnisses ermöglichen, vielfach der ausdrückliche Wille des Gesetzgebers zugrunde, damit gerade auch überörtlichen Interessen des Umwelt- und Klimaschutzes zu dienen.

Dies kommt nicht zuletzt im weitgefassten Wortlaut dieser Vorschriften zum Ausdruck. Die unbestimmten Rechtsbegriffe des „öffentlichen Be-

---

992 Vgl. die Begründung des Gesetzentwurfs der Landesregierung für ein Gesetz zur Reform des niedersächsischen Kommunalverfassungsrechts, LT-Drs. 13/1450, S. 102.

993 Siehe oben Teil 3 IV. 2.

994 Siehe dazu oben Teil 2 III. 1. k).

995 So die Begründung des Gesetzentwurfs der Landesregierung, LT-Drs. 1/1012, S. 20.

996 Vgl. die Begründung des Gesetzentwurfs der Landesregierung, LT-Drs. 1/2149, S. 57.

dürfnisses" bzw. der „Gründe des öffentlichen Wohls" sind offen für die Annahme verschiedener Gemeinwohlbelange und daher unter Beachtung der sich aus Art. 20a GG ergebenden Verpflichtung auch der Kommunen auszulegen. Danach liegt ein solches „öffentliches Bedürfnis" auch im Schutz des Klimas begründet.

Dass die Anordnung eines Anschluss- und Benutzungszwangs angesichts seiner Grundrechtsrelevanz auch das Vorliegen einer hinreichend bestimmten Ermächtigungsgrundlage voraussetzt, führt schließlich zu keinem anderen Ergebnis. Die Anforderungen an die Bestimmtheit der Ermächtigungsgrundlage für den Erlass einer Satzung folgen zwar nicht dem Prüfungsmaßstab des Art. 80 Abs. 1 Satz 2 GG für Rechtsverordnungen des Bundes, sie ergeben sich jedoch unmittelbar aus dem Rechtsstaatsprinzip des Art. 20 Abs. 3 GG.[997] Danach müsse im Fall einer Satzungsermächtigung dieser Norm zum einen stets der zulässige Satzungsgegenstand „zweifelsfrei" entnommen werden können. Sind wie im Fall eines Anschluss- und Benutzungszwangs Grundrechte Einzelner betroffen, so müssen zum anderen aber auch Zweck und Rahmen einer zulässigen Inanspruchnahme der Satzungsermächtigung hinreichend bestimmt sein.[998] Denn – so das Bundesverwaltungsgericht – „die grundlegende Entscheidung, ob und welche Gemeinschaftsinteressen so gewichtig sind, dass sie eine Einschränkung der Freiheitsrechte des Einzelnen rechtfertigen, fällt in den Verantwortungsbereich des staatlichen Gesetzgebers."[999]

Allerdings steht die Verwendung unbestimmter Rechtsbegriffe in besagter Ermächtigungsgrundlage dem nicht entgegen, sofern diese in sachlicher Hinsicht durch Auslegung näher konkretisiert werden können und die mögliche Betroffenheit Einzelner damit vorausseh bar bleibt.[1000] Dies ist auch bei einer den Klimaschutz umfassenden Auslegung des Begriffs des öffentlichen Bedürfnisses nach den vorstehend erläuterten Grundsätzen der Fall. Immerhin stellt auch das Bundesverwaltungsgericht u. a. darauf ab, dass es sich bei dem kommunalrechtlichen Anschluss- und Benut-

---

997 Siehe nur BVerwGE 125, 68 (70, Rn. 12).

998 BVerwGE 125, 68 (70 f., Rn. 13).

999 So wörtlich BVerwGE 125, 68 (70 f., Rn. 13).

1000 Vgl. allgemein *Huster/Rux*, in: Epping/Hillgruber, BeckOK GG, Art. 20 Rn. 182; *Grzeszick*, in: Maunz/Dürig, Art. 20 GG Rn. 62, 65, jeweils m.w.N. Speziell zur Auslegung des „öffentlichen Bedürfnisses" *Wichardt*, DVBl 1980, 31 (33).

zungszwang um ein hergebrachtes Instrument der Gemeinden handelt, „dessen Konturen von der Rechtsprechung herausgearbeitet sind".[1001]

5. Fernwärmeversorgung als „der Volksgesundheit dienende Einrichtung"

Als problematischer erweisen sich jedoch die landesrechtlichen Ermächtigungsgrundlagen Sachsen-Anhalts (§ 11 Abs. 1 Satz 1 KVG LSA) und des Saarlands (§ 22 Abs. 1 KSVG).[1002]

Die einschlägigen Normen dieser Länder fordern zwar zunächst ebenfalls das Bestehen eines öffentlichen Bedürfnisses, beziehen die Zulässigkeit des Anschluss- und Benutzungszwangs jedoch im Übrigen auf eine konkret bezeichnete öffentliche Einrichtung oder auf „ähnliche der (Volks-)Gesundheit dienende Einrichtungen". Demnach müsste es sich auch bei allen der zuvor ausdrücklich genannten Einrichtungen, einschließlich der Fernwärmeversorgung, um solche der (Volks-)Gesundheit dienende handeln.

Im Fall Sachsen-Anhalts entspricht die erst 2014 erlassene Vorschrift insofern inhaltlich nicht lediglich der unmittelbaren Vorgängerregelung für die Gemeinden des Landes Sachsen-Anhalt in § 8 Nr. 2 Satz 1 GO in der Fassung von 2009,[1003] sondern vielmehr bereits § 8 Nr. 2 Satz 1 der Gemeindeordnung aus dem Jahr 1993.[1004]

Der Gesetzgeber sah jedoch offenbar auch jüngst keinerlei Anlass, die Ermächtigungsgrundlage zu ändern bzw. gegebenenfalls zu erweitern. Dass neben der eng verstandenen „Volksgesundheit" auch Gründe des Umwelt- und Klimaschutzes als Anordnungsgründe eines Anschluss- und Benutzungszwangs in Betracht kommen sollen, ist auch den Begründungen der jeweiligen Gesetzesentwürfe[1005] nicht zu entnehmen.

1001 So wiederum BVerwGE 125, 68 (71, Rn. 14).

1002 Siehe oben Teil 2 III. 1. g) sowie i).

1003 Gemeindeordnung für das Land Sachsen-Anhalt in der Fassung der Bekanntmachung v. 10.8.2009, GVBl. LSA 2009, S. 383.

1004 Gemeindeordnung für das Land Sachsen-Anhalt v. 5.10.1993, GVBl. LSA 1993, S. 568.

1005 Siehe zum einen die Begründung des Entwurfs der Gemeindeordnung für Sachsen-Anhalt aus dem Jahr 1993, LT-Drs. 1/1222, zum anderen die Begründung des Gesetzentwurfs der Landesregierung für das Kommunalrechtsreformgesetz v. 4.7.2013, LT-Drs. 6/2247.

Aus den Unterlagen zur Anhörung, die der Begründung des Gesetzentwurfs aus dem Jahr 2014 beigefügt sind,[1006] wird allerdings ersichtlich, dass zumindest von Seiten des Landkreistages vorgeschlagen wurde, die Fernwärmeversorgung aus dem Kreis der übrigen öffentlichen Einrichtungen herauszulösen.[1007] Dieser Vorschlag wurde allerdings abgelehnt; vielmehr sollte die Fernwärmeversorgung im Hinblick auf ihre Eignung, „schädlichen Umwelteinflüssen vorzubeugen und damit dem Umweltschutz [zu] dienen", weiterhin als eine der „dem öffentlichen Wohl dienenden Einrichtungen" betrachtet werden.[1008] In dieser Anmerkung zur Anhörung äußert sich ein deutlich weiteres Verständnis, als es dem Wortlaut der Vorschrift selbst unmittelbar entnommen werden kann. Dass sich dies nicht in einer entsprechenden Neufassung der Bestimmung niedergeschlagen hat, die dann zumindest zur Klarstellung beigetragen hätte, ist zu bedauern. Unklar bleibt aber auch, wie weit der hier angedeutete „Umweltschutz" zu verstehen wäre, ob es sich dabei gegebenenfalls wiederum lediglich um eine Verbesserung der Umweltsituation vor Ort handeln sollte.

Angesichts des Wortlauts der Ermächtigungsgrundlagen Sachsen-Anhalts und des Saarlandes liegt es auf den ersten Blick nahe, auf einen konkreten, unmittelbaren Bezug zur Volksgesundheit in diesen Ländern nicht zu verzichten.[1009] So spricht viel dafür, dass beide Vorschriften damit an die historische eng betrachtete Funktion des Anschluss- und Benutzungszwangs anknüpfen. Dass diese Verknüpfung auch im Verlauf der letzten Gesetzesänderungen nicht gelöst wurde, ist insbesondere angesichts der in den letzten Jahren geführten Diskussion um einen Anschluss- und Benutzungszwang aus Gründen des Klimaschutzes und der zahlreichen Änderungen in anderen Bundesländern bemerkenswert.

Müsste die Fernwärmeversorgung damit primär dem Zweck der (Volks-)Gesundheit dienen, so wäre das „öffentliche Bedürfnis" unmittelbar auf die Gesundheit der Gemeindeeinwohner zu beziehen und könnte daher lediglich durch eine Verbesserung der Umweltsituation, speziell der

---

1006 LT-Drs. 6/2247, S. 140 ff.
1007 LT-Drs. 6/2247, S. 163.
1008 LT-Drs. 6/2247, S. 163.
1009 So z.B. auch OVG Münster, NuR 2003, 501 (502), am Beispiel des Anschlusses an die Kanalisation als „der Volksgesundheit dienende Einrichtung".

Luftqualität, vor Ort verfolgt werden.[1010] Allein global festzustellenden Einwirkungen auf das Klima fehlte es insoweit an einem hinreichenden Bezug gerade zur Gesundheit der Gemeindeeinwohner.[1011]

Hintergrund der Bindung an die Volksgesundheit im engen Sinne ist dabei, wie bereits erwähnt, die Entstehung der entsprechenden kommunalrechtlichen Bestimmungen, von ihrem Ursprung im Recht der Gefahrenabwehr bis hin zu den 1970er Jahren, in denen die Bestimmungen schließlich zunehmend unter dem Eindruck der Diskussion um den Umweltschutz und der politischen Forderung nach sauberer Luft standen.[1012]

Insbesondere die mehr und mehr auch energierechtlichen Überlegungen zu Beginn der 1980er Jahre – angesichts des rasanten Ölpreisanstiegs und der Einsicht in die Endlichkeit des Erdöls, geprägt von der Sorge um die Funktionsfähigkeit der Wirtschaft – führten allerdings bereits dazu, dass nach und nach Änderungen der Gemeindeordnungen vorgenommen wurden, die einen Anschluss- und Benutzungszwang auch im Bereich der Wärmeversorgung erst ermöglichen sollten und bereits eine gewisse Lockerung der Beschränkung auf den Zweck der Volksgesundheit eingeleitet haben.[1013]

Die Betrachtung der Vorschriften darf sich daher nicht auf die frühen Ursprünge des Anschluss- und Benutzungszwangs beschränken, sondern muss auch diese Dynamik und zunehmend überörtliche Betrachtungsweise für die Bestimmung der zulässigen Zwecksetzung berücksichtigen.

Ungeachtet der Tatsache, dass – auf lange Sicht, angesichts drohender Auswirkungen des Klimawandels auch auf den Menschen – der Klimaschutz letztlich wenigstens mittelbar auch der Förderung der menschlichen Gesundheit dient,[1014] ist schließlich zu beachten, dass der Begriff der Volksgesundheit zwar zur näheren Konkretisierung der öffentlichen Einrichtungen herangezogen wird, allerdings nicht ausdrücklich zur Bestim-

---

1010   So etwa OVG Magdeburg, NVwZ-RR 2008, 810 (811). Diese engeren Voraussetzungen bejaht auch *Tschakert*, Klimaschutz durch kommunale Versorgungseinrichtungen, S. 39 f., für alle Bundesländer, die an das Ziel der Volksgesundheit anknüpfen.

1011   Siehe dazu auch *Glaser*, Verw. 41 (2008), 483 (496), der ebenfalls auf „objektiv messbare Umweltschutzeffekte gerade in der konkreten Gemeinde" abstellt, die nur bei besonderen örtlichen Gegebenheiten vorliegen könnten.

1012   Vgl. *Wichardt*, DVBl 1980, 31 (32).

1013   So bereits *Wichardt*, DVBl 1980, 31 (32 f.).

1014   So etwa *Longo/Schuster*, ZNER 2000, 118 (121).

mung des zulässigen Anordnungsgrundes.[1015] Soweit das Merkmal der Volksgesundheit somit dazu dient, den Kreis der generell in Frage kommenden öffentlichen Einrichtungen einzugrenzen, ist zu beachten, dass es sich auch bei der Fernwärmeversorgung im Grundsatz um eine Einrichtung handelt, die – in Abhängigkeit von den konkreten Umständen – gegebenenfalls auch der Gesundheit der Gemeindeeinwohner dienen kann. Dies lässt sich mit Blick auf mögliche Anwendungsfälle der Verbesserung der Luftqualität vor Ort, etwa im Fall besonders gefährdeter Gebiete wie Hang- oder Tallagen, belegen.

Daraus kann jedoch nicht der Schluss gezogen werden, ein solcher Bezug sei gemäß § 22 Abs. 1 KSVG und § 11 Abs. 1 Satz 1 KVG LSA in jedem Einzelfall erforderlich. Dem Wortlaut der Bestimmungen zufolge kommt ein Anschluss- und Benutzungszwang nicht lediglich „aus Gründen der Volksgesundheit" in Betracht oder etwa „wenn er zum Schutz der Volksgesundheit erforderlich ist". Vielmehr verweisen die Vorschriften darauf, dass ein Anschluss- und Benutzungszwang „bei öffentlichem Bedürfnis", bzw. „wenn sie ein dringendes öffentliches Bedürfnis dafür feststellen", angeordnet werden darf. Insoweit fassen auch § 22 Abs. 1 KSVG und § 11 Abs. 1 Satz 1 KVG LSA die möglichen Anordnungsgründe deutlich weiter und beschränken sie gerade nicht auf das Ziel der Verbesserung der Volksgesundheit.

Damit handelt es sich auch hier um einen unbestimmten Rechtsbegriff, bei dessen Auslegung sich Spielräume für eine Berücksichtigung auch des Schutzauftrags aus Art. 20a GG ergeben. Zur Auslegung des „öffentlichen Bedürfnisses" kann daher auf die obigen Ausführungen[1016] verwiesen werden.

6. Zwischenergebnis zur Auslegung der landesrechtlichen
   Ermächtigungsgrundlagen

Die nähere Betrachtung der einschlägigen Vorschriften der Bundesländer hat gezeigt, dass in fast allen Ländern eine hinreichende Ermächtigungs-

---

1015 Auch *Kahl*, VBlBW 2011, 53 (57) differenziert, wenngleich in Bezug auf die Ermächtigungsgrundlagen anderer Länder, zwischen einer „Erweiterung möglicher Einrichtungszwecke" einerseits, „der Erweiterung der Anordnungsgründe" andererseits.

1016 Teil 3 IV. 4. e).

grundlage zur Verfolgung der Ziele des Klimaschutzes mit dem Instrument des Anschluss- und Benutzungszwangs besteht. Davon unterscheidet sich lediglich die Rechtslage in Bayern, die aufgrund der speziellen, abschließenden Regelung des Anschluss- und Benutzungszwangs keine darüber hinausgehenden Anordnungsgründe zulässt.

Da die hier vertretene Auffassung zu den einzelnen Bestimmungen der Bundesländer wird jedoch keineswegs einhellig geteilt wird, besteht zumindest Rechtsunsicherheit, die schließlich den Bundesgesetzgeber bewogen hat, tätig zu werden. Die daraufhin geschaffene Regelung des § 16 EEWärmeG und ihr Verhältnis zum jeweiligen Landesrecht sollen in Teil 4 der vorliegenden Arbeit noch näherer Betrachtung unterzogen werden.[1017]

V. Der Umfang der gerichtlichen Kontrolle des öffentlichen Bedürfnisses

Neben der soeben ausführlich betrachteten Problematik, welche Gemeinwohlgründe im Einzelnen ein „öffentliches Bedürfnis" begründen können, ist für die Praxis eine damit verbundene, weitere Frage von wesentlicher Bedeutung – die nach der gerichtlichen Kontrolle des Vorliegens eines solchen öffentlichen Bedürfnisses. Auch diese Frage wird in Rechtsprechung wie auch Lehre nach wie vor nicht einheitlich beantwortet und soll daher im Folgenden ebenfalls näher betrachtet werden.

1. Annahme eines Beurteilungsspielraums

Teilweise wird insoweit für einen Beurteilungsspielraum des den Anschluss- und Benutzungszwang im Wege einer Satzung anordnenden Gemeinderats plädiert.[1018]

Zugunsten eines kommunalen Beurteilungsspielraums könnte angeführt werden, dass mit dem jeweiligen Gemeinderat ein demokratisch legitimiertes Organ über das Vorliegen der entsprechenden Voraussetzungen

---

1017 Siehe dazu unten Teil 4 I.
1018 So etwa OVG Lüneburg, NVwZ-RR 1991, 576 (576 f.), allerdings unter Bezugnahme auf Besonderheiten der landesrechtlichen Ermächtigungsgrundlage; OVG Münster, NVwZ 1987, 727; aus der Literatur z. B. *Cronauge*, in: Rehn/Cronauge/v. Lennep/Knirsch, GO NRW, § 9 S. 19.

entscheidet; diese Entscheidung sei dann Ausfluss der kommunalen Gestaltungsfreiheit.[1019] Auch wohne der Entscheidung über das Vorliegen eines öffentlichen Bedürfnisses ein gewisser prognostischer Gehalt inne – so etwa im Hinblick auf die Beurteilung des künftigen Bedarfs oder der Wirtschaftlichkeit der Anlage.[1020] Schließlich wird auch eine besondere Intensität der Grundrechtsrelevanz, zumindest für den Regelfall, bestritten.[1021]

In der Konsequenz dieser Ansicht wäre eine gerichtliche Kontrolle im Wesentlichen auf die Prüfung der Einhaltung des Verfahrens, der zutreffenden und vollständigen Sachverhaltsermittlung, der Beachtung allgemeiner Bewertungsgrundsätze, der Verhältnismäßigkeit der Maßnahme sowie auf die Kontrolle beschränkt, ob sachwidrige Erwägungen zugrunde gelegt wurden.[1022]

2. Gegenauffassung vom vollumfänglich überprüfbaren unbestimmten Rechtsbegriff

Die Gegenansicht will einen solchen Beurteilungsspielraum allerdings aus überzeugenden Gründen nicht einräumen. Beim Tatbestandsmerkmal des öffentlichen Bedürfnisses bzw. des öffentlichen Wohls handelt es sich danach vielmehr um einen gerichtlich vollumfänglich überprüfbaren unbestimmten Rechtsbegriff.[1023]

1019 So etwa *Tschakert*, Klimaschutz durch kommunale Versorgungseinrichtungen, S. 146 f.

1020 *Tschakert*, Klimaschutz durch kommunale Versorgungseinrichtungen, S. 147.

1021 Siehe *Tschakert*, Klimaschutz durch kommunale Versorgungseinrichtungen, S. 149.

1022 Vgl. *Tschakert*, Klimaschutz durch kommunale Versorgungseinrichtungen, S. 151 f.

1023 So OVG Weimar, CuR 2008, 102 (104); OVG Bautzen, SächsVBl. 2005, 256 (260); OVG Schleswig, CuR 2004, 60 (63); OVG Schleswig, ZUR 2003, 92 (93). Ebenso aus dem Schrifttum *Burgi*, Kommunalrecht, § 16 Rn. 64; *Gern*, Dt. Kommunalrecht, Rn. 605 und 615; *Gern*, Sächs. Kommunalrecht, Rn. 682 und 693; *v. Mutius*, Kommunalrecht, Rn. 340; *Glaser*, Verw. 41 (2008), 483 (494); *Widtmann/Grasser/Glaser*, Bayerische Gemeindeordnung, Art. 24 Rn. 6; *Heckendorf*, in Brüggen/Heckendorf, SächsGemO, § 14 Rn. 55; *Hegele/Ewert*, S. 76; *Quecke/Schaffarzik*, in: Quecke/Schmid, SächsGemO, § 14 Rn. 16; *Jaeckel/Jaeckel*, Rn. 104, allerdings nicht spezielle für „öffentliches Bedürfnis" sondern bereits für Anforderungen an die „Einrichtung" für die ABZ angeordnet werden kann, i.Ü. ohne nähere Begründung.

a) Normsetzungsermessen der Gemeinderäte

Auch diese Auffassung übersieht nicht, dass dem Satzungsgeber regelmäßig ein Normsetzungsermessen zusteht.[1024] Zwar sind Gemeindeparlamente keine Organe der Legislative, denen gesetzgeberisches Ermessen zusteht, sondern Teil der Exekutive, deren Gestaltungsfreiheit aufgrund der Gesetzesbindung stärker eingeschränkt ist als die des parlamentarischen Gesetzgebers.[1025] Dennoch kommt dem Gemeinderat als einem demokratisch zusammengesetzten Organ in seiner Rolle als Entscheidungsträger doch eine gegenüber der Exekutive im Übrigen besondere Stellung zu.[1026]

Aber erst wenn bei objektiver Betrachtung Gründe des öffentlichen Wohls vorliegen, die die Anordnung eines Anschluss- und Benutzungszwangs grundsätzlich rechtfertigen könnten, ist der jeweiligen Gemeinde tatsächlich Ermessen eingeräumt, über die Anordnung eines Anschluss- und Benutzungszwangs sowie dessen Ausgestaltung zu entscheiden.[1027]

Soweit daher in Gemeinden mit vergleichbarer Ausgangssituation die Einführung eines Anschluss- und Benutzungszwangs konträr beurteilt wird,[1028] liegt dies zwar im Rahmen des den Gemeinden durchaus eingeräumten Ermessen – es setzt jedoch zunächst voraus, dass in beiden Gemeinden überhaupt ein öffentliches Bedürfnis bejaht werden kann. Im Rahmen des der Gemeinde danach verbleibenden Entscheidungsspielraums hat sie alle Belange gegeneinander abzuwägen, die für bzw. gegen die Anordnung eines Anschluss- und Benutzungszwangs sprechen.[1029] Dazu gehören die Interessen Betroffener wie auch die – zuvor festzustellenden – Gründe des Gemeinwohls. Dies führt allerdings gerade nicht dazu, dass der Gemeinde bereits hinsichtlich dieser Feststellung des öffentlichen Bedürfnisses, d.h. der jeweiligen Gemeinwohlgründe, ein Beurteilungsspielraum zukommen muss.

1024 Allgemein dazu *Schmidt-Aßmann*, in: Maunz/Dürig, Art. 19 Abs. 4 GG Rn. 217 f.

1025 So ausdrücklich *Wagener,* Anschluß- und Benutzungszwang, S. 162. Ebenso argumentieren *Quecke/Schaffarzik*, in: Quecke/Schmid, SächsGemO, § 14 Rn. 16.

1026 *Wagener,* Anschluß- und Benutzungszwang, S. 163.

1027 OVG Weimar, CuR 2008, 102 (104); OVG Schleswig, CuR 2004, 60 (63); vgl. auch die Prüfung des OVG Bautzen, SächsVBl. 2005, 256 (259).

1028 Dies führt *Tschakert*, Klimaschutz durch kommunale Versorgungseinrichtungen, S. 146, zugunsten der Annahme eines Beurteilungsspielraums an.

1029 *Faber,* Anschluss- und Benutzungszwang, S. 83.

b) Grundrechtsrelevanz der Entscheidung

Entscheidend für eine vollumfängliche gerichtliche Überprüfbarkeit der Tatbestandsvoraussetzung sprechen schließlich die Wirkungen eines Anschluss- und Benutzungszwangs für die Betroffenen, die maßgeblich von der Annahme eines öffentlichen Bedürfnisses abhängen.

Eine grundsätzlich umfassende gerichtliche Kontrolle, die nur ausnahmsweise durch Annahme eines besonderen Beurteilungsspielraums durchbrochen werden darf, gebieten die mit der Anordnung eines Anschluss- und Benutzungszwangs einhergehende Grundrechtsbetroffenheit sowie das Erfordernis effektiven Rechtsschutzes gemäß Art. 19 Abs. 4 GG.[1030] Eine derartige Durchbrechung käme in Betracht, wenn die gerichtliche Kontrolle an ihre Funktionsgrenzen stoßen würde, beispielsweise aufgrund der Komplexität der jeweiligen Materie oder ihrer besonderen Dynamik.[1031] Dass dies bei Prüfung der Voraussetzungen des Anschluss- und Benutzungszwangs der Fall wäre, ist jedoch nicht ersichtlich.

Auch wenn die Beurteilung, ob ein öffentliches Bedürfnis für die Einführung eines Anschluss- und Benutzungszwangs besteht, gegebenenfalls Prognosen hinsichtlich der weiteren Entwicklung erfordert,[1032] sind diese Bewertungen doch abhängig von der Auswertung konkreten Datenmaterials, weshalb die Feststellung des Bedürfnisses insoweit auch durchaus nachvollziehbar bzw. „rekonstruierbar" bleibt.[1033]

So lehnt die Rechtsprechung zu Recht auch die Übertragung der bundesverwaltungsgerichtlichen Rechtsprechung zur wirtschaftlichen Betätigung von Gemeinden auf die vorliegende Sachverhaltskonstellation ab.[1034] Zwar wird einer Gemeinde hinsichtlich des Vorliegens eines die wirt-

---

1030 Siehe OVG Schleswig, ZUR 2003, 92 (93); ebenso z.B. *Faber*, Anschluss- und Benutzungszwang, S. 72 f.; *Pielow/Finger*, JURA 2007, 189 (195); *Quecke/ Schaffarzik*, in: Quecke/Schmid, SächsGemO, § 14 Rn. 16. *Schmidt-Aßmann*, in: Maunz/Dürig, Art. 19 Abs. 4 GG Rn. 217, weist allgemein darauf hin, dass ein gegebenenfalls bestehendes Normsetzungsermessen bei „eingreifenden Satzungen" beschränkt sein kann. Auch *Wagener*, Anschluß- und Benutzungszwang, S. 159 betont, dass effektiver Rechtsschutz im Sinne von Art. 19 IV GG eine „in rechtlicher und tatsächlicher Hinsicht" umfassende gerichtliche Kontrolle erfordere, von der allerdings in bestimmten Fällen Ausnahmen eingeräumt werden müssten.

1031 *Pielow/Finger*, JURA 2007, 189 (195).

1032 Vgl. dazu *Faber*, Anschluss- und Benutzungszwang, S. 73.

1033 So *Burgi*, Kommunalrecht, § 16 Rn. 65.

1034 Vgl. OVG Schleswig, ZUR 2003, 92 (94).

schaftliche Betätigung der Kommune rechtfertigenden öffentlichen Zwecks ein gerichtlich nur eingeschränkt überprüfbarer Beurteilungsspielraum eingeräumt.[1035] Allerdings zeichnet sich die Anordnung eines Anschluss- und Benutzungszwangs zum einen durch eine deutlich intensivere Grundrechtsbeeinträchtigung aus, als eine nicht mit Zwang einhergehende kommunalwirtschaftliche Betätigung.[1036] Zum anderen unterliegt letztere mit der Subsidiaritätsklausel weiteren strengen Beschränkungen, während sich die beim Anschluss- und Benutzungszwang zu prüfenden Voraussetzungen ganz wesentlich auf das Merkmal des öffentlichen Bedürfnisses konzentrieren.[1037]

c) Maßgeblichkeit der jeweiligen Ermächtigungsgrundlage

Schließlich müsste ein Beurteilungsspielraum der Verwaltung in der jeweils einschlägigen Rechtsnorm selbst angelegt sein.[1038] Vor dem Hintergrund der Bedeutung des eben bereits angesprochenen Art. 19 Abs. 4 GG betont dies nicht zuletzt das Bundesverfassungsgericht. Es hat sich damit in den letzten Jahren „auf den Boden der so genannten normativen Ermächtigungslehre [gestellt]", wie einer Bewertung dieser Rechtsprechung zu entnehmen ist.[1039]

So hat das Bundesverfassungsgericht in einer Entscheidung aus dem Jahr 2011 eine Verletzung des Art. 19 Abs. 4 Satz 1 GG mit der Begründung festgestellt, dass der Bundesfinanzhof sich im konkreten Fall zu Unrecht auf eine eingeschränkte Kontrolle der zugrundeliegenden Entscheidung des Finanzamts beschränkt hat.[1040] Aus der Garantie effektiven Rechtsschutzes des Art. 19 Abs. 4 Satz 1 GG folge schließlich „grundsätzlich die Pflicht der Gerichte, die angefochtenen Verwaltungsakte in rechtlicher und tatsächlicher Hinsicht vollständig nachzuprüfen", was wiederum „eine Bindung der rechtsprechenden Gewalt an tatsächliche oder

---

1035 Siehe BVerwGE 39, 329 (334).
1036 So zu Recht OVG Schleswig, ZUR 2003, 92 (94). Ausführlich zur Grundrechtsrelevanz des Anschluss- und Benutzungszwangs unten Teil 5 I.-III.
1037 Vgl. wiederum OVG Schleswig, ZUR 2003, 92 (94).
1038 Vgl. wiederum *Pielow/Finger*, JURA 2007, 189 (195). Dies erkennt auch *Tschakert*, Klimaschutz durch kommunale Versorgungseinrichtungen, S. 141, an.
1039 *Eichberger*, NVwZ-Beilage 2013, 18 (21).
1040 BVerfGE 129, 1 (17).

rechtliche Feststellungen und Wertungen [...] im Grundsatz" ausschließe.[1041] Die Konkretisierung unbestimmter Rechtsbegriffe ist daher dem Bundesverfassungsgericht zufolge „grundsätzlich Sache der Gerichte, die die Rechtsanwendung der Verwaltungsbehörden uneingeschränkt nachzuprüfen haben".[1042] Zwar dürfe der Gesetzgeber Gestaltungs-, Ermessens- und Beurteilungsspielräume gewähren und damit die gerichtliche Kontrolle einschränken, dies müsse sich dann allerdings „ausdrücklich aus dem jeweiligen Gesetz ergeben oder durch Auslegung hinreichend deutlich zu ermitteln sein" und auch der Gesetzgeber sei schließlich hinsichtlich der Einräumung derartiger behördlicher Letztentscheidungsbefugnisse nicht völlig frei.[1043] Diese Rechtsprechung zum Erfordernis einer ausdrücklichen, hinreichend deutlichen gesetzlichen Regelung einer etwaigen behördlichen Letztentscheidungsbefugnis hat das Bundesverfassungsgericht kurz darauf in einer weiteren Entscheidung bestätigt.[1044]

Es kommt somit auch dem Bundesverfassungsgericht zufolge maßgeblich auf die Auslegung der jeweils einschlägigen gesetzlichen Grundlage an. Dabei lässt sich ein behördlicher Beurteilungsspielraum gerade nicht allein aus der Verwendung unbestimmter Rechtsbegriffe ableiten und ist auch sonst für die einzelnen landesrechtlichen Ermächtigungsgrundlagen für den Anschluss- und Benutzungszwang nicht erkennbar. Selbst wenn vor dem Hintergrund der Selbstverwaltungsgarantie des Art. 28 Abs. 2 Satz 1 GG die Einräumung einer Einschätzungsprärogative zugunsten der Kommune eher anzunehmen sein sollte, als sonst in Fällen einer behördlichen Ermächtigung, kann dennoch nicht vollständig auf Anhaltspunkte in der jeweiligen Ermächtigungsgrundlage verzichtet werden – zumal Gemeinden auch beim Erlass von Satzungen an höherrangiges Recht gebun-

---

1041 So ausdrücklich BVerfGE 129, 1 (20).

1042 BVerfGE 129, 1 (21).

1043 So wiederum BVerfGE 129, 1 (22). Das Erfordernis einer normativen, vom Gesetzgeber selbst zu treffenden Entscheidung über die Einräumung eines behördlichen Beurteilungsspielraums betont in anderem Kontext – ebenfalls unter Berufung auf die Rechtsprechung des Bundesverfassungsgerichts – auch *Brückner*, Die Mittelstandsförderung im Vergaberecht, S. 181 m.w.N. Allgemein zur Problematik des nicht überprüfbaren Beurteilungsspielraums vgl. auch *Faßbender*, JuS 2012, 332 (335).

1044 BVerfG, NVwZ 2012, 694 (695), wenngleich das Gericht hier im Ergebnis eine Verletzung des Art. 19 Abs. 4 Satz 1 GG verneint hat. Insoweit kritisch verschiedene Anmerkungen zum Beschluss des BVerfG, vgl. etwa *Sachs/Jasper*, NVwZ 2012, 649 (652); *Winkler*, DVBl 2013, 156 (158).

den bleiben und keineswegs völlig frei sind.[1045] Derartige Anhaltspunkte fehlen jedoch in fast allen Ländern.

Vor dem Hintergrund dieser Bedeutung der Ermächtigungsgrundlage ergibt sich lediglich für drei Bundesländer ein abweichendes Ergebnis. Die einschlägigen Bestimmungen Sachsen-Anhalts, Niedersachsens[1046] und Bremens zeichnen sich dadurch aus, dass das öffentliche Bedürfnis der jeweiligen Vorschrift zufolge ausdrücklich *durch die Gemeinde festgestellt* werden muss.[1047] Im Unterschied zu den Regelungen der übrigen Länder[1048] wird den zuständigen Gemeindeorganen damit hinsichtlich des öffentlichen Bedürfnisses explizit die Feststellung übertragen und auf diese Weise ein Spielraum bezüglich der anzustellenden Beurteilung eingeräumt.

3. Zwischenergebnis

Aus den dargestellten Gründen kommt dem über die Anordnung eines Anschluss- und Benutzungszwangs entscheidenden Gemeinderat somit nur in wenigen Fällen, aufgrund landesrechtlich geregelter Besonderheiten, ein Beurteilungsspielraum hinsichtlich des Vorliegens eines besonderen öffentlichen Bedürfnisses zu. Regelmäßig unterliegt diese Voraussetzung dagegen vollumfänglicher gerichtlicher Kontrolle.

Dies betrifft gegebenenfalls auch die Frage nach einem Erfordernis der Anordnung eines Anschluss- und Benutzungszwangs aus Gründen des Klimaschutzes, sofern sich Gemeinden im Einzelfall darauf stützen, was – wie bereits aufgezeigt – nach den Ermächtigungsgrundlagen fast aller Länder durchaus zulässig ist.

Darüber hinaus hat sich auch der Bundesgesetzgeber mit der Frage einer Zulässigkeit des Anschluss- und Benutzungszwangs aus Gründen des Klimaschutzes befasst. Daraus können sich – insbesondere angesichts

---

1045 Siehe OVG Schleswig, ZUR 2003, 92 (93).

1046 Dazu auch die bereits zitierte Entscheidung OVG Lüneburg, NVwZ-RR 1991, 576.

1047 Zu § 13 Satz 1 NKomVG, § 11 Abs. 1 Satz 1 KVG LSA sowie § 1 Abs. 1 GemRSBefG siehe oben Teil 2 III. 1. d), i) sowie n).

1048 A.A. wiederum *Tschakert*, Klimaschutz durch kommunale Versorgungseinrichtungen, S. 145 ff., die unter Berufung auf die Satzungsautonomie der Gemeinden sowie ihre Planungs- und Gestaltungshoheit auch für alle anderen Länder einen Beurteilungsspielraum bejaht.

der geschilderten unterschiedlichen Auffassungen zur Auslegung des einschlägigen Landesrechts[1049] – noch weitere Anordnungsmöglichkeiten ergeben. Dem soll im folgenden Abschnitt nachgegangen werden.

1049 Siehe dazu oben unter Teil 3 IV. 1., 4. c) sowie 5.

Teil 4: Bundesrechtliche Regelungen zum Anschluss- und Benutzungszwang und ihre Bedeutung für das Landesrecht

Die hier zur Zulässigkeit des Anordnungsgrundes „Klimaschutz" vertretene Auffassung zu den einzelnen Bestimmungen der Bundesländer[1050] wird keineswegs einhellig geteilt und abweichende Auffassungen haben sich insbesondere auch in der Rechtsprechung der zuständigen Gerichte niedergeschlagen. Die daraus resultierende Rechtsunsicherheit hat schließlich den Bundesgesetzgeber bewogen, tätig zu werden und mit § 16 EEWärmeG speziell für den Anschluss- und Benutzungszwang im Bereich der Wärmeversorgung eine bundesrechtliche Regelung zu treffen.

Auch für andere Einrichtungen, für die ein kommunaler Anschluss- und Benutzungszwang nach Landesrecht in Betracht kommt, gelten bundesrechtliche Bestimmungen, die mit Blick auf den Klimawandel von Bedeutung sind – wenn auch in anderer Hinsicht, als im Fall des § 16 EEWärmeG. Gemeint sind hier speziell die Anforderungen des Wasserrechts an die Abwasserentsorgung.

Diese unterschiedlichen bundesrechtlichen Normen für die Bereiche Wärmeversorgung einerseits, Abwasserbeseitigung andererseits, ihre Inhalte sowie die Auswirkungen auf die Möglichkeit der Anordnung eines kommunalen Anschluss- und Benutzungszwangs sollen im Folgenden dargestellt werden.

I. Die bundesrechtliche Regelung der Fernwärmeversorgung in § 16 EEWärmeG

1. Zum Hintergrund: Der Anschluss- und Benutzungszwang für die Wärmeversorgung in der Rechtsprechung

Zur eben erwähnten Rechtsunsicherheit tragen gegensätzliche Entscheidungen der Gerichte der einzelnen Länder bei. Im Blickpunkt standen hier

---

1050 Siehe oben Teil 3 IV.

insbesondere die Bestimmungen der Gemeindeordnungen Schleswig-Holsteins und Baden-Württembergs. Die grundlegenden Urteile des OVG Schleswig vom 21.8.2002[1051] und 5.1.2005,[1052] mit den entsprechenden Entscheidungen des Bundesverwaltungsgerichts vom 28.4.2004[1053] und 25.1.2006[1054] in der Revisionsinstanz sollen daher im Folgenden kurz vorgestellt werden. Gleiches gilt auch für das Urteil des VGH Mannheim 18.3.2004[1055] sowie die Revisionsentscheidung des Bundesverwaltungsgerichts vom 23.11.2005.[1056]

a) Die Rechtsprechung zur Gemeindeordnung Schleswig-Holsteins

Das OVG Schleswig hat bezüglich der Ermächtigungsgrundlage für den Anschluss- und Benutzungszwang in Schleswig-Holstein bereits 2002 hervorgehoben, dass ein nach dem Landesrecht erforderliches „dringendes öffentliches Bedürfnis" neben dem Schutz der Gesundheit gerade auch im „Schutz der natürlichen Grundlagen des Lebens" liegen könne.[1057] Dabei konnte sich das Gericht auf den Wortlaut der Gemeindeordnung stützen, es stellte darüber hinaus aber auch auf die mit der Änderung der Ermächtigungsgrundlage 1990 verfolgten Zwecke des Umweltschutzes ab und zieht Art. 20a GG zur Auslegung heran.[1058] Vor diesem Hintergrund reiche es aus, wenn der Anschluss- und Benutzungszwang dem Ziel des globalen Klimaschutzes diene und dazu einen Beitrag leiste – „auch dann [...], wenn die Fernwärmeversorgung nur bei globaler Betrachtung unter Einbeziehung ersparter Kraftwerksleistungen an anderer Stelle zu einer beachtlichen Verringerung des Schadstoffausstoßes führt".[1059]

Das Bundesverwaltungsgericht hat hierin zwar in der Folge eine Verletzung von Bundesrecht festgestellt und der Revision gegen das genannte

---

1051 OVG Schleswig, ZUR 2003, 92.

1052 OVG Schleswig, Urt. v. 5.1.2005 – 2 LB 62/04 –, juris.

1053 BVerwG, NVwZ 2004, 1131.

1054 BVerwGE 125, 68.

1055 VGH Mannheim, NuR 2004, 668.

1056 BVerwG, NVwZ 2006, 595.

1057 OVG Schleswig, ZUR 2003, 92 (94); bestätigt auch durch OVG Schleswig, Urt. v. 5.1.2005 – 2 LB 62/04 –, juris Rn. 74 ff.

1058 OVG Schleswig, ZUR 2003, 92 (94 f.); OVG Schleswig, Urt. v. 5.1.2005 – 2 LB 62/04 –, juris Rn. 79.

1059 So wörtlich OVG Schleswig, ZUR 2003, 92 (95).

Urteil des OVG Schleswig stattgegeben.[1060] Dabei wendet sich das Bundesverwaltungsgericht allerdings nicht gegen die Auslegung der landesrechtlichen Ermächtigungsgrundlage durch das OVG, es stellte vielmehr im konkreten Fall einen Verstoß der Fernwärmeversorgungsatzung gegen den Verhältnismäßigkeitsgrundsatz fest.[1061] Zweck der konkreten Fernwärmesatzung sei – ausweislich des ausdrücklichen Satzungswortlauts, der durch die Auslegung auch nicht übergegangen werden dürfe – nicht der Klimaschutz, sondern allein die Verbesserung der örtlichen Luftqualität gewesen.[1062] Die Eignung des Anschluss- und Benutzungszwangs, einen Beitrag zur Verminderung der Immissionen vor Ort zu leisten, sei aber vom OVG nicht festgestellt, sondern noch offengelassen worden.[1063]

Mit dieser Frage hatte sich das OVG daher anschließend – nach Zurückverweisung der Sache und dem zwischenzeitlichen Erlass einer geänderten Satzung[1064] – erneut zu befassen. Angesichts der Änderung der Satzung konnte sich das OVG allerdings darauf beschränken festzustellen, dass die Satzung in der aktuellen Fassung tatsächlich dem Ziel des Klimaschutzes diene.[1065] Zu diesem Zweck sei die Fernwärmeversorgung auch geeignet, da sie – angesichts der Verwendung der KWK-Technik – gegenüber einer dezentralen Wärmeversorgung zur Energieeinsparung und Umweltentlastung führe; auf das – hier nach wie vor streitige – Ausmaß der Energieeinsparung kommt es dem OVG zufolge nicht an.[1066]

b) Die Rechtsprechung zur Auslegung der Gemeindeordnung Baden-Württembergs

aa) Das Urteil des VGH Mannheim vom 18.3.2004

Anders als zuvor das OVG Schleswig stellte der VGH Mannheim demgegenüber für die Ermächtigungsgrundlage im Landesrecht Baden-Württem-

---

1060 BVerwG, NVwZ 2004, 1131.
1061 BVerwG, NVwZ 2004, 1131.
1062 BVerwG, NVwZ 2004, 1131 (1131 f.).
1063 BVerwG, NVwZ 2004, 1131 (1132).
1064 Siehe OVG Schleswig, Urt. v. 5.1.2005 – 2 LB 62/04 –, juris Rn. 54 ff.
1065 OVG Schleswig, Urt. v. 5.1.2005 – 2 LB 62/04 –, juris Rn. 71 ff.
1066 OVG Schleswig, Urt. v. 5.1.2005 – 2 LB 62/04 –, juris Rn. 91.

bergs[1067] fest, dass das Erfordernis eines öffentlichen Bedürfnisses im Sinne der Ermächtigungsgrundlage einen hinreichenden örtlichen Bezug voraussetze. Dieser fehle, wenn die Satzung allein globalen Klimaschutzzielen diene und sich dementsprechend allein überörtlich auswirke; stattdessen müsse mit dem Anschluss- und Benutzungszwang eine Verbesserung der Situation vor Ort angestrebt werden.[1068] Dass mit der Fernwärmesatzung objektiv das Wohl der Gemeindeeinwohner gefördert würde, könne nicht festgestellt werden, fehle es doch angesichts der Immissionssituation und Luftqualität vor Ort überhaupt an einer Gefahr für das Wohl, speziell die Gesundheit, der Gemeindeeinwohner.[1069] Die einschlägige Ermächtigungsgrundlage für die Anordnung eine Anschluss- und Benutzungszwangs sei – wie die kommunale Selbstverwaltungsgarantie – auf die Angelegenheiten der örtlichen Gemeinschaft beschränkt, was jeweils einen hinreichenden örtlichen Bezug erforderlich mache.[1070]

Soweit der VGH Zweifel daran äußert, dass der Landesgesetzgeber den Gemeinden gegebenenfalls auch darüber hinausgehende Befugnisse hätte einräumen können,[1071] ist allerdings zu kritisieren, dass er es versäumt, sich damit zu befassen, dass dieser örtliche Bezug gegebenenfalls auch nur zum Teil vorliegen könnte.[1072] Im Übrigen erkennt der VGH allerdings auch keinen gesetzgeberischen Willen für eine entsprechende Zuweisung weiterer Aufgaben an die Gemeinden und verweist dafür auf die Gesetzgebungsmaterialien.[1073]

Einen örtlichen Bezug dahingehend, dass mit der Satzung die Versorgung der Gemeindeeinwohner geregelt werde, hält das Gericht für unzureichend, da damit keine wirkliche Eingrenzung mehr verbunden und die Voraussetzung des öffentlichen Bedürfnisses damit „in der Praxis letztlich überflüssig wäre".[1074]

1067 VGH Mannheim, NuR 2004, 668 (671), verweist dabei ausdrücklich auf die Unterschiede der Ermächtigungsgrundlagen.

1068 VGH Mannheim, NuR 2004, 668 (670). Ebenso auch OVG Magdeburg, NVwZ-RR 2008, 810 (811) für das Landesrecht Sachsen-Anhalt. Kritisch die Anmerkung etwa von *Schwerdtner*, VBlBW 2005, 99.

1069 VGH Mannheim, NuR 2004, 668 (669).

1070 VGH Mannheim, NuR 2004, 668 (670).

1071 Siehe VGH Mannheim, NuR 2004, 668 (670).

1072 Siehe dazu oben Teil 3 II. 5. a) sowie d).

1073 Vgl. VGH Mannheim, NuR 2004, 668 (670 f.).

1074 So VGH Mannheim, NuR 2004, 668 (671).

Der einschlägigen Ermächtigungsgrundlage zu entnehmende Begrenzungen der kommunalen Befugnisse könnten schließlich auch nicht unter Bezugnahme auf Art. 20a GG überwunden werden, da die sich aus der Staatszielbestimmung ergebende Verpflichtung auch der Gemeinden lediglich im Rahmen der Gesetze und danach eingeräumten Kompetenzen bestehe.[1075]

bb) Bestätigung durch das Bundesverwaltungsgericht

Das Bundesverwaltungsgericht hat schließlich bestätigt, dass der VGH mit dieser Auslegung des einschlägigen Landesrechts weder die kommunale Selbstverwaltungsgarantie (Art. 28 Abs. 2 Satz 1 GG) noch die Staatszielbestimmung des Art. 20a GG verletzt habe.[1076] Im Übrigen betont das Gericht, dass für diese Auslegung nicht auf die zwischenzeitliche Änderung des Landesrechts abzustellen sei, da die im Streit stehende Satzung noch auf die zuvor geltende Ermächtigungsgrundlage gestützt wurde und daher auch noch an den bislang geltenden Anforderungen zu messen war.[1077]

Das Recht zur Anordnung eines Anschluss- und Benutzungszwangs gehöre nicht von vornherein zum Kernbereich der kommunalen Selbstverwaltungsgarantie. Da es in Grundrechte Betroffener eingreife, bedürfe es dazu vielmehr einer ausdrücklichen gesetzlichen Ermächtigung, die auch die Voraussetzungen der Anordnung eines Anschluss- und Benutzungszwanges regeln müsse.[1078] Die Auslegung dieser gesetzlichen Regelung durch den VGH, nach der ein Anschluss- und Benutzungszwang allein aus Gründen des globalen Klimaschutzes nicht in Frage komme, verletze daher auch kein den Gemeinden von vornherein als Ausfluss der Selbstverwaltungsgarantie zustehendes Recht.[1079]

Auch aus Art. 20a GG folge schließlich nicht, dass die landesrechtliche Ermächtigungsgrundlage zwingend auch den Erlass einer Satzung allein aus Gründen des globalen Klimaschutzes ermöglichen müsse.[1080] Zwar sei

---

1075 Siehe VGH Mannheim, NuR 2004, 668 (671). Dazu oben Teil 3 III. 2.
1076 BVerwG, NVwZ 2006, 595.
1077 BVerwG, NVwZ 2006, 595 (596). Zur Änderung der einschlägigen Ermächtigungsgrundlage siehe bereits oben Teil 3 IV. 1.
1078 BVerwG, NVwZ 2006, 595 (596). Siehe dazu bereits oben Teil 3 II. 3.
1079 BVerwG, NVwZ 2006, 595 (596).
1080 Dazu BVerwG, NVwZ 2006, 595 (597).

diese Staatszielbestimmung zum einen von der Rechtsprechung bei Auslegung unbestimmter Rechtsbegriffe zu berücksichtigen und verpflichte zum anderen auch Gemeinden bei der Inanspruchnahme ihnen eingeräumter Befugnisse.[1081] Allerdings könne Art. 20a GG nicht herangezogen werden, um die – gemäß der Auslegung des VGH noch bestehenden – Grenzen dieser Befugnisse zu überwinden; die Staatszielbestimmung räume dem Umweltschutz schließlich auch keinen absoluten Vorrang ein.[1082] Eine Änderung des Landesrechts und Erweiterung im Hinblick auf die aus der Staatszielbestimmung folgende Verpflichtung obliege vielmehr dem Gesetzgeber selbst.[1083]

c) Die erneute Entscheidung des Bundesverwaltungsgerichts zur Gemeindeordnung Schleswig-Holsteins aus dem Jahr 2006

Das BVerwG hatte bereits kurz darauf erneut Gelegenheit, sich mit einer Auslegung einschlägigen Landesrechts zu befassen, in diesem Fall wiederum mit dem Landesrecht Schleswig-Holsteins, nachdem das OVG Schleswig in erneuter Befassung mit der (geänderten) Satzung über den Anschluss- und Benutzungszwang für die Fernwärmeversorgung die Zulässigkeit der Zielsetzung des globalen Klimaschutzes hervorgehoben hatte.[1084] Im Januar 2006 hat das mit der Revision gegen diese Entscheidung des OVG Schleswig befasste Bundesverwaltungsgericht die Rechtmäßigkeit einer solchen Satzung aus Gründen des Klimaschutzes daraufhin ebenfalls bejaht.[1085]

Dabei prüfte das Bundesverwaltungsgericht, ob eine hinreichend bestimmte Ermächtigungsgrundlage bestand, wie sie gemäß Art. 20 Abs. 3 GG erforderlich sei.[1086] Unter Zugrundelegung dieses Maßstabs muss sich die zulässige Zwecksetzung der Satzung der jeweiligen Ermächtigungsgrundlage stets hinreichend deutlich entnehmen lassen. Dies gelte zunächst für den zulässigen Satzungsgegenstand, angesichts der mit dem

---

1081 BVerwG, NVwZ 2006, 595 (597).
1082 Vgl. wiederum BVerwG, NVwZ 2006, 595 (597). Zur Bedeutung des Art. 20a GG bereits oben Teil 3 III. 2.
1083 BVerwG, NVwZ 2006, 595 (597).
1084 OVG Schleswig, Urt. v. 5.1.2005 – 2 LB 62/04 –, juris; siehe dazu bereits oben Teil 4 I. 1. a).
1085 BVerwGE 125, 68.
1086 BVerwGE 125, 68 (70, Rn. 12).

Anschluss- und Benutzungszwang verbundenen Grundrechtsbetroffenheit Einzelner aber eben gerade auch für den Zweck, zu dem von der Satzungs- befugnis Gebrauch gemacht werden dürfe.[1087] Die ausdrückliche Bezug- nahme der Ermächtigungsgrundlage auf den „Schutz der natürlichen Le- bensgrundlagen" ist insofern eindeutig und – als dem Art. 20a GG ent- nommene Formulierung – vom Gericht auch zu Recht als den Klima- schutz umfassend verstanden worden.[1088]

Dabei wird die Möglichkeit der Anordnung eines Anschluss- und Be- nutzungszwangs aus Gründen des Klimaschutzes vom Bundesverwal- tungsgericht offenbar als eine den Gemeinden vom Gesetzgeber zugewie- sene, über den verfassungsrechtlichen Gewährleistungsgehalt der kommu- nalen Selbstverwaltung gemäß Art. 28 Abs. 2 Satz 1 GG hinausgehende Angelegenheit betrachtet – immerhin stellt das Gericht auf die Zulässig- keit einer solchen Zuweisung von Aufgaben ab und prüft die dafür existie- renden Grenzen.[1089] Diese seien allerdings gewahrt, da zumindest ein „deutlicher örtlicher Bezug" bestehe, selbst wenn dieser gerade nicht im Ziel des Klimaschutzes liege.[1090]

d) Bewertung der Rechtsprechung insbesondere des
   Bundesverwaltungsgerichts

Den hier vorgestellten Entscheidungen des Bundesverwaltungsgerichts ge- meinsam ist zunächst einmal die Anerkennung der Auslegung des – nicht revisiblen – Landesrechts durch VGH bzw. OVG. Für die Frage der Zuläs- sigkeit eines Anschluss- und Benutzungszwangs aus Gründen des (global zu betrachtenden) Klimaschutzes kommt es maßgeblich auf die Reichwei- te der jeweiligen Ermächtigungsgrundlage an.[1091] Insofern besteht auch kein Widerspruch zwischen den Entscheidungen des Gerichts vom No- vember 2005 und Januar 2006.[1092]

1087 BVerwGE 125, 68 (70 f., Rn. 13).
1088 BVerwGE 125, 68 (71, Rn. 14).
1089 BVerwGE 125, 68 (72 f., Rn. 17). Siehe oben Teil 3 II. 5. d) zu dieser Möglich-
     keit und den entsprechenden Grenzen.
1090 Siehe BVerwGE 125, 68 (73, Rn. 17).
1091 Vgl bereits oben das Zwischenergebnis in Teil 3 II. 6.
1092 Ebenso *Milkau*, in: Müller/Oschmann/Wustlich, EEWärmeG, § 16 Rn. 39.

Hinsichtlich der Entscheidung des Bundesverwaltungsgerichts aus dem Jahr 2006, die zumindest den vorläufigen Schlusspunkt[1093] der Rechtsprechung zum Anschluss- und Benutzungszwang im Wärmebereich aus Gründen des Klimaschutzes bildete, attestierten einige Vertreter der Lehre dem Gericht zwar einen Beitrag zu mehr Rechtssicherheit und begrüßten die erfolgte Stärkung der Position der Gemeinden bei Wahrnehmung ihrer Verantwortung für das Klima,[1094] doch stieß insbesondere die Rechtsprechung zum erforderlichen Ortsbezug zum Teil auch auf Kritik.

So wurde einerseits bemängelt, das nach Art. 28 Abs. 2 Satz 1 erforderliche Kriterium des hinreichenden Ortsbezugs werde durch das Bundesverwaltungsgericht faktisch aufgegeben.[1095] Das trifft bei genauer Betrachtung der Entscheidungen aber nicht zu. Am Erfordernis eines hinreichenden örtlichen Bezugs wird durchaus festgehalten, lediglich die Auswirkungen der ergriffenen Maßnahmen im Hinblick auf das verfolgte Ziel müssen sich nicht in vor Ort messbarer Form niederschlagen.[1096]

Andererseits ist zu überlegen, ob das Gericht in seiner Rechtsprechung nicht nach wie vor einer zu engen Auslegung folgt. So ist die Ansicht des Bundesverwaltungsgerichts jedenfalls insoweit kritisch zu hinterfragen, als es die Möglichkeit der Anordnung eines Anschluss- und Benutzungszwangs aus Gründen des Klimaschutzes lediglich als eine den Gemeinden vom Gesetzgeber zugewiesene, aber über den verfassungsrechtlichen Gewährleistungsgehalt der kommunalen Selbstverwaltung gemäß Art. 28 Abs. 2 Satz 1 GG hinausgehende Angelegenheit betrachtet.[1097] Schließlich ist doch die Frage, ob der Klimaschutz im Grundsatz (auch) eine den Gemeinden zustehende Angelegenheit der örtlichen Gemeinschaft darstellen

---

1093 So *Milkau*, in: Müller/Oschmann/Wustlich, EEWärmeG, § 16 Rn. 39.

1094 Vgl. etwa *Kanngießer*, CuR 2006, 100 (101).

1095 Siehe *Ennuschat/Volino*, CuR 2009, 90 (93), denen zufolge ein solcher örtlicher Bezug „faktisch immer bejaht werden" könne. Auch *Raschke,* Kommunale Klimaschutzmaßnahmen*,* S. 44, meint, durch das weite Verständnis, dass das Gericht hier zugrunde legt, werde das Erfordernis eines örtlichen Bezugs wieder „relativiert". A.A. und dem BVerwG i.E. zustimmend dagegen die Bewertung von *Manten/Elbel*, LKV 2009, 1 (5); siehe auch *Milkau*, in: Müller/Oschmann/ Wustlich, EEWärmeG, § 16 Rn. 39 f.; *Kahl*, VBlBW 2011, 53 (57); ders., ZUR 2010, 395 (398); *Kahl/Schmidtchen*, Kommunaler Klimaschutz, S. 306.

1096 So bereits die hier vertetene Auffassung, siehe dazu oben Teil 3 II. 5. c) bb).

1097 BVerwGE 125, 68 (72 f., Rn. 17). Dazu soeben bereits unter Teil 4 I. 1. c).

kann, insoweit gerade zu bejahen, als es um vor Ort ansetzende Maßnahmen geht.[1098]

Darüber hinaus wurde kritisiert, das Bundesverwaltungsgericht habe sich mit „recht pauschalen Feststellungen der Vorinstanz" zur Geeignetheit und Erforderlichkeit des Anschluss- und Benutzungszwangs aus Gründen des globalen Klimaschutzes zufrieden gegeben.[1099] Derartige Fragen stellen sich ungeachtet der Tatsache, dass es dem Bundesverwaltungsgericht zufolge – zu Recht – nicht auf vor Ort messbare Auswirkungen ankommen kann, sondern auch lediglich bei globaler Betrachtung feststellbare Vorteile, etwa der Verwendung von Kraft-Wärme-Kopplung, ausreichen.[1100] Tatsächlich muss jedoch auch die Geeignetheit und Erforderlichkeit eines Anschluss- und Benutzungszwangs im Hinblick auf das Ziel des (globalen) Klimaschutzes näher geprüft werden. Diesen Fragen soll daher an anderer Stelle noch näher nachgegangen werden.[1101]

2. Die Einführung des § 16 EEWärmeG als Reaktion des Bundesgesetzgebers

Die (nicht in allen Punkten überzeugende) Rechtsprechung zeigt, wie bereits erwähnt, bestehende Unsicherheiten auf, die selbst durch Änderungen landesrechtlicher Bestimmungen nicht vollständig beseitigt werden konnten,[1102] und in der Praxis eine Anwendung der Vorschriften zur Anordnung eines Anschluss- und Benutzungszwangs erheblich erschwerten.

Dies bot letztendlich auch dem Bundesgesetzgeber Anlass, durch Erlass einer bundesrechtlichen Regelung zum Anschluss- und Benutzungszwang in die Debatte einzugreifen. Mit § 16 EEWärmeG sollte zumindest eine Klarstellung der Rechtslage, gegebenenfalls auch eine Erweiterung der nach Landesrecht bestehenden Möglichkeiten der Anordnung eines Anschluss- und Benutzungszwangs bewirkt werden.[1103] Die bundesrechtliche Regelung soll daher in den folgenden Abschnitten ausführlicher darge-

---

1098 Siehe wiederum bereits oben Teil 3 II. 5. c).
1099 *Schmidt-Aßmann*, ZHR 170 (2006), S. 489 (495 ff.).
1100 Darauf weist *Kahl*, VBlBW 2011, 53 (57), hin.
1101 Siehe dazu unten Teil 5 I. 3. c) bb) und cc).
1102 Siehe bereits oben Teil 3 IV. 1.
1103 *Kahl/Schmidtchen*, Kommunaler Klimaschutz, S. 307; *Kahl*, VBlBW 2011, 53 (58).

stellt und ihre Bedeutung erörtert werden. Dabei wird sich abschließend die Frage stellen, ob der Bundesgesetzgeber es vermocht hat, mit Erlass dieser Regelung tatsächlich bestehende Unklarheiten zu beseitigen. Zu klären bleibt außerdem, ob bzw. inwieweit dem Landesrecht auch weiterhin eigenständige Bedeutung zukommt.

3. Ziele und Instrumente des EEWärmeG

Das „Gesetz zur Förderung Erneuerbarer Energien im Wärmebereich", kurz „Erneuerbare-Energien-Wärmegesetz" (EEWärmeG), wurde im Jahr 2008 erlassen und ist am 1.1.2009 in Kraft getreten;[1104] eine umfassende Novellierung[1105] erfolgte im Jahr 2011. Diese Novellierung diente der Anpassung an die neue Erneuerbare-Energien-Richtlinie der Europäischen Union von 2009[1106] und dabei insbesondere der Einführung von Bestimmungen zur Stärkung der Vorbildfunktion der öffentlichen Hand.[1107] Das Gesetz ging zwar in seiner ursprünglichen Fassung nicht auf europarechtliche Vorgaben zurück, ist es doch etwas älter als die genannte EU-Richtlinie. Doch mit deren Erlass wurden schnell Anpassungen und Weiterentwicklungen der Pflichten des damals noch relativ jungen Gesetzes erforderlich.[1108]

a) Übergeordnetes Ziel des Klimaschutzes

Ziel des EEWärmeG war von Beginn an die Reduzierung von Treibhausgasemissionen als ein Beitrag zum Klimaschutz, und zwar konkret durch

---

1104 BGBl. I 2008, S. 1658.
1105 Durch Art. 2 des Gesetzes zur Umsetzung der Richtlinie 2009/28/EG zur Förderung der Nutzung von Energie aus erneuerbaren Quellen (Europarechtsanpassungsgesetz Erneuerbare Energien – EAG EE) v. 12.4.2011, BGBl. I 2011, S. 619 (623).
1106 Siehe die Begründung des Gesetzentwurfs der Bundesregierung, BT-Drs. 17/3629, S. 1, 22 sowie 38. Zur Richtlinie 2009/28/EG siehe bereits oben Teil 1 III. 2.
1107 Zur Vorbildfunktion der öffentlichen Hand im Zuge der Novellierung des EEWärmeG siehe *Kahl/Schmidtchen*, LKV 2011, 439 (440); *Klemm*, REE 2011, 61 (65 f.).
1108 Siehe *Klemm*, REE 2011, 61 (67).

die Steigerung des Anteils erneuerbarer Energien sowie die damit verbundene Reduzierung des Anteils fossiler Energieträger an der Energieversorgung.[1109] Die weiteren, im Gesetz benannten Ziele in Bezug auf die Sicherstellung der Energieversorgung und Ressourcenschonung bedeuten demgegenüber lediglich eine Ergänzung des übergeordneten Ziels des Klimaschutzes.[1110]

So heißt es in § 1 Abs. 1 EEWärmeG: „Zweck dieses Gesetzes ist es, insbesondere im Interesse des Klimaschutzes, der Schonung fossiler Ressourcen und der Minderung der Abhängigkeit von Energieimporten, eine nachhaltige Entwicklung der Energieversorgung zu ermöglichen und die Weiterentwicklung von Technologien zur Erzeugung von Wärme und Kälte aus Erneuerbaren Energien zu fördern." Der Wortlaut der Norm („… insbesondere im Interesse des Klimaschutzes…") hebt damit die Bedeutung des Klimaschutzes deutlich hervor.

Auch die in § 1 Abs. 2 EEWärmeG aufgeführten Teilziele sollen zu dessen Verwirklichung beitragen: „Um den Zweck des Absatzes 1 unter Wahrung der wirtschaftlichen Vertretbarkeit zu erreichen, verfolgt dieses Gesetz das Ziel, dazu beizutragen, den Anteil Erneuerbarer Energien am Endenergieverbrauch für Wärme und Kälte bis zum Jahr 2020 auf 14 Prozent zu erhöhen."

b) Instrumente des EEWärmeG und systematische Einordnung

Das EEWärmeG bildet – neben dem EEG und den Regelungen zu Biokraftstoffen – eines der drei Hauptinstrumente im Bereich der Regelungen zur Substitution fossiler Energieträger durch erneuerbare[1111] und dient damit der Umsetzung der oben geschilderten völker- und europarechtlichen, wie auch der nationalen Klimaschutzziele.[1112]

Um – als Beitrag zum übergeordneten Ziel des Klimaschutzes – diesen angestrebten Anteil erneuerbarer Energien an der Wärmebedarfsdeckung

---

1109 Vgl. die Begründung des Gesetzentwurfs der Bundesregierung aus dem Jahr 2008, BT-Drs. 16/8149, S. 12.

1110 So ausdrücklich die Begründung des Gesetzentwurfs der Bundesregierung aus dem Jahr 2008, BT-Drs. 16/8149, S. 12 f.

1111 So *Müller*, in: Müller/Oschmann/Wustlich, EEWärmeG, Einl. Rn. 25.

1112 Siehe die Begründung des Gesetzentwurfs der Bundesregierung aus dem Jahr 2008, BT-Drs. 16/8149, S. 12. Zu den Klimaschutzzielen oben Teil 1 III.

zu erreichen, greift der Gesetzgeber im Rahmen des EEWärmeG auf einen Instrumentenmix zurück. Daher besteht das Gesetz aus verschiedenen „Säulen": Neben der „ersten Säule", einer ordnungsrechtlichen Pflicht zur Nutzung erneuerbarer Energien, gehört dazu als „zweite Säule" ein Marktanreizprogramm zur finanziellen Förderung der Nutzung erneuerbarer Energien. Abgerundet werden diese beiden Regelungskomplexe durch den mitunter gar als „dritte Säule" bezeichneten § 16 EEWärmeG über den Anschluss- und Benutzungszwang im Bereich der Wärmeversorgung.[1113]

Vor Erlass des EEWärmeG auf Bundesebene existierte auf Landesebene bereits ein vergleichbares Gesetz, das Gesetz zur Nutzung erneuerbarer Wärmeenergie in Baden-Württemberg (EWärmeG).[1114] Auch im baden-württembergischen Landesrecht war Regelungsinhalt des Gesetzes eine Pflicht zur Nutzung erneuerbarer Energien im Bereich der Wärmeversorgung; im Unterschied zum Bundesrecht fehlten Bestimmungen zur finanziellen Förderungen oder zum Anschluss- und Benutzungszwang, der in Baden-Württemberg bereits kommunalrechtlich geregelt ist. Gleiches gilt im Übrigen auch für den Inhalt des baden-württembergischen EWärmeG 2015.

Das EEWärmeG des Bundes wurde auch als Reaktion auf dieses bereits bestehende Erneuerbare-Wärme-Gesetz Baden-Württembergs erlassen.[1115]

Mit der ordnungsrechtlichen Pflicht zur anteiligen Nutzung erneuerbarer Energien setzt das EEWärmeG – im Unterschied etwa zum EEG – unmittelbar beim Gebäudeeigentümer und Endverbraucher der Energie an und beschränkt sich nicht lediglich auf Verpflichtungen, die sich auf zivilrechtliche Vertragsverhältnisse der beteiligten Versorger auswirken.[1116] Auch wenn beiden Gesetzen das Ziel der Steigerung des Anteils erneuer-

---

1113 Vgl. den kurzen Überblick bei *Kahl*, VBlBW 2011, 53 (54); *Kahl/Schmidtchen*, Kommunaler Klimaschutz, S. 35; sowie *Müller*, in: Müller/Oschmann/Wustlich, EEWärmeG, Einl. Rn. 9 und 12 ff. Die Begründung des Gesetzentwurfs der Bundesregierung aus dem Jahr 2008, BT-Drs. 16/8149, S. 13, spricht insofern von den „drei Schwerpunkte[n]" des Gesetzes.

1114 Gesetz zur Nutzung erneuerbarer Wärmeenergie in Baden-Württemberg (Erneuerbare-Wärme-Gesetz – EWärmeG) v. 20.11.2007, GBl. 2007, S. 531, nunmehr seit 1.7.2015 aufgehoben und ersetzt durch das Gesetz zur Nutzung erneuerbarer Wärmeenergie in Baden-Württemberg (Erneuerbare-Wärme-Gesetz – EWärmeG) v. 17.3.2015, GBl. 2015, S. 151.

1115 Vgl. *Müller*, in: Müller/Oschmann/Wustlich, EEWärmeG, Einl. Rn. 51 sowie 82.

1116 *Klemm*, CuR 2008, 124 (125).

barer Energien zur Reduzierung von Treibhausgasemissionen gemeinsam ist, verfolgt der Bundesgesetzgeber damit für den Strom- und Wärmebereich unterschiedliche Regelungsansätze. Der Grund dafür liegt allerdings in den jeweiligen Besonderheiten der Versorgungsstrukturen begründet: Da Wärme, im Unterschied zur Elektrizität, stärker dezentral erzeugt und nur begrenzt leitungsgebunden transportiert wird, sind entsprechende Netze im Bereich der Wärmeversorgung nicht nur kleinflächiger, sondern auch in geringerem Ausmaß miteinander verbunden.[1117]

4. Die Pflicht zur Nutzung erneuerbarer Energien

Das EEWärmeG sieht in § 3 Abs. 1 grundsätzlich für alle neu errichteten Gebäude eine Pflicht zur anteiligen Nutzung erneuerbarer Energien zur Deckung ihres Wärme- und Kälteenergiebedarfs vor. Ausgenommen sind gemäß § 4 EEWärmeG Gebäude mit einer Nutzfläche von maximal 50 m^2 sowie die im Katalog des § 4 abschließend aufgeführten Arten von Gebäuden.

Hinsichtlich der Nutzungspflicht, die in §§ 3, 4 EEWärmeG geregelt ist, wird den Betroffenen eine gewisse Wahlfreiheit zugestanden, auf welche Art und Weise sie ihrer Verpflichtung nachkommen wollen. Zur Auswahl stehen dabei verschiedene Arten der anteiligen Deckung des Wärmebedarfs aus erneuerbaren Energien gemäß §§ 5, 6 EEWärmeG, Ersatzmaßnahmen nach § 7 des Gesetzes sowie schließlich eine Kombination aus beidem (§ 8 EEWärmeG).[1118] Erst wenn alle diese Möglichkeiten der Erfüllung der Nutzungspflicht ausgeschöpft bzw. in rechtlicher oder technischer Hinsicht „nicht realisierbar" sind, entfällt die entsprechende Verpflichtung gemäß § 9 Abs. 1 Nr. 1 bzw. Abs. 2 Nr. 1 EEWärmeG.

1117 *Klemm*, CuR 2008, 124 (125).
1118 Siehe dazu *Klemm*, CuR 2008, 124 (124 f. sowie näher zur Erfüllung der Nutzungspflicht S. 126 ff.); *Müller*, in: Müller/Oschmann/Wustlich, EEWärmeG, Einl. Rn. 14 f.

a) Beschränkung des Anwendungsbereichs der Nutzungspflicht auf Neubauten

§ 3 Abs. 1 Satz 1 EEWärmeG beschränkt diese Nutzungspflicht allerdings auf Neubauten, d.h. auf ab 2009 errichtete Gebäude, für die nach 2008 ein Bauantrag gestellt bzw. die entsprechende Anzeige erstattet oder mit der Bauausführung begonnen wurde.[1119] Der Gebäudebestand bleibt damit trotz seiner Bedeutung im Hinblick auf Energieeinspar-Potenziale vom Anwendungsbereich grundsätzlich ausgenommen. Etwas anderes gilt insoweit gemäß § 3 Abs. 2 und 3 EEWärmeG nur für öffentliche Gebäude. Danach findet die Nutzungspflicht Anwendung auch auf bereits errichtete öffentliche Gebäude, wenn diese einer „grundlegenden Renovierung" unterzogen werden. Darin kommt die der öffentlichen Hand zugewiesene besondere Vorbildfunktion zum Ausdruck, die bereits § 1a EEWärmeG ausdrücklich hervorhebt.

Hinsichtlich des Anwendungsbereichs der Nutzungspflicht unterscheiden sich das Bundesrecht im Übrigen wiederum vom EWärmeG Baden-Württembergs.[1120] So galt das EWärmeG 2007 sowohl für bereits errichtete wie auch neu zu errichtende Gebäude (§ 2 EWärmeG 2007); das EWärmeG 2015 begrenzt den Anwendungsbereich gemäß § 2 Abs. 1 auf alle am 1.1.2009 bereits errichteten Gebäude. Dies ist der bundesrechtlichen Regelung und bestehenden verfassungsrechtlichen Beschränkungen geschuldet.

Während das EEWärmeG des Bundes hinsichtlich der Nutzungspflicht für Neubauten eine weitestgehend abschließende Regelung im Sinne des Art. 72 Abs. 1 GG getroffen hat, gilt dies für den Bereich des Gebäudebestands gerade nicht. Vielmehr beinhaltet § 3 Abs. 4 EEWärmeG insoweit eine ausdrückliche Öffnungsklausel zugunsten der Länder. Hinsichtlich des Gebäudebestands wurde die Entscheidung über die Einführung entsprechender Nutzungspflichten somit an die Landesgesetzgeber „delegiert".[1121] Für den Bereich der neu errichteten Gebäude steht den Ländern

---

1119 *Müller*, in: Müller/Oschmann/Wustlich, EEWärmeG, Einl. Rn. 13.
1120 Zum Vergleich der Gesetze und den Auswirkungen der Überschneidungen im Anwendungsbereich siehe etwa *Kahl*, VBlBW 2011, 53.
1121 So *Müller*, in: Müller/Oschmann/Wustlich, EEWärmeG, Einl. Rn. 12 sowie 50; siehe auch *Kahl*, VBlBW 2011, 53 (53).

dagegen lediglich die Möglichkeit der Regelung größerer Mindestflächen nach Nr. I. 1. a) der Anlage zum EEWärmeG offen.[1122]

Die Beschränkung des EEWärmeG auf Neubauten stellt keine grundsätzliche Einschränkung des Anwendungsbereichs des Gesetzes dar, sondern betrifft ausschließlich die Nutzungspflicht. Demgegenüber gilt für die „zweite Säule" des Gesetzes, die Regelungen zur finanziellen Förderung, keine derartige Begrenzung. Eine entsprechende Einschränkung ist §§ 13, 14 EEWärmeG schließlich nicht zu entnehmen. Es ist allerdings zu beachten, dass nach § 15 Abs. 1 EEWärmeG grundsätzlich keine Förderung erfolgt, wenn die jeweilige Maßnahme gerade der Erfüllung einer nach Bundes- oder Landesrecht bestehenden Nutzungspflicht für erneuerbare Energien dient – dies betrifft über § 15 Abs. 1 i.V.m. § 3 Abs. 4 Nr. 2 EEWärmeG gegebenenfalls auch bereits errichtete Gebäude.[1123]

b) Erforderliche Erweiterung des Anwendungsbereichs?

Der Anwendungsbereich der Nutzungspflicht wurde erst infolge einer Änderung im Verlauf des Gesetzgebungsverfahrens auf Neubauten beschränkt. Der Regierungsentwurf nahm diese Beschränkung auf und begründete sie mit befürchteten Verzögerungen notwendiger Sanierungsmaßnahmen im Gebäudebestand.[1124] Die Öffnungsklausel des § 3 Abs. 4 EEWärmeG fungierte somit als gewisser Ausgleich.[1125]

Mag diese Beschränkung auch ursprünglich gerechtfertigt gewesen sein, so begegnet sie doch für die Zeit seit dem 1.1.2015 erheblichen rechtlichen Bedenken.[1126]

Die fortdauernde Ausklammerung des Gebäudebestands aus dem Anwendungsbereich der Nutzungspflicht kann nicht nur als Hindernis für den weiteren Ausbau der erneuerbaren Energien im Wärmesektor gewertet

---

1122 Siehe zur nicht unproblematischen Anwendung dieser Regelung und den umstrittenen Folgerungen für das baden-württembergische EWärmeG 2007 einerseits *Müller*, in: Müller/Oschmann/Wustlich, EEWärmeG, Einl. Rn. 53 f., andererseits *Kahl*, VBlBW 2011, 53 (53 f.).

1123 Siehe dazu *Müller*, in: Müller/Oschmann/Wustlich, EEWärmeG, Einl. Rn. 104.

1124 Vgl. dazu *Klemm*, CuR 2008, 124; *Müller*, in: Müller/Oschmann/Wustlich, EEWärmeG, Einl. Rn. 100.

1125 *Klemm*, CuR 2008, 124.

1126 Auch *Koch*, NVwZ 2011, 641 (653), meldet insoweit zumindest „Zweifel an der Richtlinienkonformität" an.

werden,[1127] sondern ist im Übrigen auch mit Blick auf das Europarecht problematisch.[1128]

Wie bereits ausgeführt, diente die Novellierung des EEWärmeG 2011 der Anpassung an die neue Erneuerbare-Energien-Richtlinie 2009/28/EG. Nach Art. 13 Abs. 4 UAbs. 3 Satz 1 dieser Richtlinie mussten die Mitgliedstaaten bis spätestens 31.12.2014 – „sofern angemessen" – auch für den Gebäudebestand eine Regelung zur Nutzung eines Mindestmaßes an Energie aus erneuerbaren Quellen treffen. Erfasst werden nach dieser Richtlinienbestimmung neben neuen auch bereits bestehende Gebäude, „an denen größere Renovierungsarbeiten vorgenommen werden".

Nachdem die Einbeziehung des Gebäudebestands ursprünglich an nationalen politischen Widerständen scheiterte, wird diese Vorgabe der Richtlinie nun als möglicher Weg betrachtet, die Nutzungspflichten trotz derartiger Widerstände auf den Gebäudebestand auszudehnen.[1129] Bislang jedoch ist dies nur für öffentliche Gebäude geschehen, wurden doch im Zuge der Novellierung des Gesetzes 2011 die Nutzungspflichten für öffentliche Gebäude in § 3 Abs. 2-4 detailliert geregelt.[1130]

Dabei strebte der Gesetzgeber zwar die Umsetzung der Vorgaben der Richtlinie im Hinblick auf die Vorbildfunktion der öffentlichen Hand (Art. 13 Abs. 5 der Erneuerbar-Energien-Richtlinie) an,[1131] behielt sich die Umsetzung der Nutzungspflicht gemäß Art. 13 Abs. 4 UAbs. 3 Satz 1 der Richtlinie für den Gebäudebestand im Übrigen aber noch für die Zeit nach 2014 vor.[1132] Eine etwaige weitere Novellierung des EEWärmeG steht je-

---

1127 Das Umweltbundesamt bezeichnet diese Beschränkung der Nutzungspflicht als „das augenscheinlichste Hemmnis für einen verstärkten Einsatz erneuerbarer Energien im Wärme- und Kältesektor", vgl. *UBA* (Hrsg.), S. 317, Konzepte für die Beseitigung rechtlicher Hemmnisse des Klimaschutzes im Gebäudebereich, abrufbar unter: www.umweltbundesamt.de/publikationen/konzepte-fuer-beseitig ung-rechtlicher-hemmnisse-des (25.11.2013).

1128 So auch *Müller*, in: Müller/Oschmann/Wustlich, EEWärmeG, Einl. Rn. 161 ff.

1129 Siehe *Klemm*, REE 2011, 61 (67).

1130 Durch Art. 2 Nr. 5 lit. b) des Gesetzes zur Umsetzung der Richtlinie 2009/28/EG zur Förderung der Nutzung von Energie aus erneuerbaren Quellen (Europarechtsanpassungsgesetz Erneuerbare Energien – EAG EE) v. 12.4.2011, BGBl. I 2011, S. 619 (624 f.).

1131 So die Begründung des Gesetzentwurfs der Bundesregierung, BT-Drs. 17/3629, S. 38 und 44. Siehe dazu *Kahl/Schmidtchen*, LKV 2011, 439 (440).

1132 Siehe die Begründung des Gesetzentwurfs der Bundesregierung, BT-Drs. 17/3629, S. 38 f. Auch dem Erfahrungsbericht zum Erneuerbare-Energien-Wärmegesetz (EEWärmeG-Erfahrungsbericht) v. 19.12.2012, S. 126, ist gerade

doch nach wie vor aus. Allein die erfolgte Einbeziehung bestehender öffentlicher Gebäude genügt den Anforderungen der Erneuerbare-Energien-Richtlinie aber nicht, da der private Gebäudebestand noch immer komplett und pauschal ausgenommen bleibt. Insbesondere kann dies nicht durch eine Umsetzung der Richtlinie auf Länderebene ersetzt werden, denn auch dort wurden bislang nur vereinzelt (etwa in Baden-Württemberg) Regelungen für den Gebäudebestand getroffen.[1133]

Dem Wortlaut der Richtlinienbestimmung zufolge könnte eine Ausnahme für den Gebäudebestand allenfalls mit der „Unangemessenheit" ihrer Einbeziehung begründet werden, die jedoch – zumindest in dieser allgemeinen, umfassenden Form – bezweifelt werden darf.[1134] Schließlich bleiben infolge der pauschalen Ausklammerung des privaten Gebäudebestands etwaige Ausnahmeregelungen oder Beschränkungen von vornherein außer Betracht, obgleich damit gegebenenfalls eine Unangemessenheit im Einzelfall aufgefangen werden könnte. Dies gilt es – zumal angesichts der in Art. 13 Abs. 4 UAbs. 3 Satz 1 Erneuerbare-Energien-Richtlinie enthaltenen Begrenzung – zu bedenken. Diese Bestimmung fordert eine Einbeziehung bestehender Gebäude nur aus Anlass „größerer Renovierungsarbeiten"; sie nimmt damit selbst bereits eine gewisse Steuerung vor und ermöglicht die Wahrung des Verhältnismäßigkeitsgrundsatzes. Verhältnismäßigkeitserwägungen können daher einer pauschalen, umfassenden Ausklammerung des kompletten Gebäudebestands aus dem Anwendungsbereich der Nutzungspflichten nicht als Argument dienen.[1135]

Dabei verbleibt den Mitgliedstaaten nach Art. 13 Abs. 4 UAbs. 3 Satz 1 der Richtlinie durchaus Gestaltungsspielraum, inwieweit sie die Nutzungspflicht auch für den Gebäudebestand umsetzen wollen. Insbesondere wird

---

„noch keine abschließende Empfehlung" der Bundesregierung für eine entsprechende Änderung des EEWärmeG zu entnehmen; abrufbar unter: https://www.e rneuerbare-energien.de/EE/Redaktion/DE/Downloads/Berichte/erfahrungsberic ht_der_bundesregierung_zum_erneuerbare_energien_waermegesetz.pdf?__blob =publicationFile&v=4 (25.6.2015).

1133 Einen Überblick über landesrechtliche Regelungen zu einer Nutzungspflicht für erneuerbare Energien bzw. im Hinblick auf eine energetische Sanierungspflicht geben *Böhm/Schwarz*, NVwZ 2012, 129 (130).

1134 So in überzeugender Weise auch *Müller*, in: Müller/Oschmann/Wustlich, EE-WärmeG, Einl. Rn. 163; *Lehnert/Vollprecht*, ZUR 2009, 307 (314).

1135 Als Ausdruck des Verhältnismäßigkeitsgrundsatzes betrachten die bisherige Beschränkung der Nutzungspflicht aber z.B. *Prall/Ewer*, in: Koch (Hrsg.), Umweltrecht, § 9 Rn. 150.

kein konkreter Mindestanteil vorgeschrieben. So hätte auch einer behutsamen Ausdehnung, unter Berücksichtigung der damit für die Betroffenen einhergehenden finanziellen Belastung, nichts im Wege gestanden.[1136] Entsprechende Wege hat der Bundesgesetzgeber jedoch bislang bedauerlicherweise nicht beschritten; dies ist auch gegenwärtig noch nicht absehbar. Dem Koalitionsvertrag von 2013 zufolge ist zwar eine Fortentwicklung des EEWärmeG geplant, doch mit der Maßgabe, dass der Einsatz von erneuerbaren Energien im Gebäudebestand weiterhin auf Freiwilligkeit beruhen solle.[1137]

Allein die finanzielle Förderung von Maßnahmen am Gebäudebestand kann die Regelung einer Nutzungspflicht für denselben nicht ersetzen, da auf diese Weise nicht im Sinne der Erneuerbare-Energien-Richtlinie gewährleistet ist, dass tatsächlich „ein Mindestmaß an Energie aus erneuerbaren Quellen genutzt wird"; die Entscheidung darüber bleibt ohne ordnungsrechtliche Verpflichtung den Eigentümern überlassen.[1138] Nicht umsonst betont auch Erwägungsgrund Nr. 47 der Richtlinie die besondere Bedeutung und bisherige Erfolge gerade der Nutzungspflichten.

c) Erfüllung der Nutzungspflicht durch Ersatzmaßnahmen

Im Kontext der Nutzungspflichten erscheint ein weiterer Aspekt problematisch. Nach geltendem Bundesrecht kommt als mögliche Ersatzmaßnahme gemäß § 7 Abs. 1 Nr. 3 i.V.m. Nr. VIII der Anlage zum EEWärmeG die Fernwärmenutzung in Betracht, wenn die Fernwärme zu einem wesentlichen Teil aus erneuerbaren Energien, aus Anlagen zur Nutzung von Abwärme oder aus KWK-Anlagen stammt. Dabei genügt es nach nationa-

---

1136 So plädierte *Klemm*, CuR 2008, 124 (130), für eine schrittweise Ausdehnung der Nutzungspflicht mit „Augenmaß", ohne die Gebäudeeigentümer damit finanziell zu überfordern.

1137 Vgl. dazu die Darstellung bei *Wustlich*, in: Danner/Theobald, Energierecht, Erneuerbare Energien, Einführung zum EEWärmeG Rn. 60a.

1138 In diesem Sinne schon *Kahl/Schmidtchen*, LKV 2011, 439 (440 f.), in Bezug auf die ebenfalls europarechtlich vorgegebene Vorbildfunktion der öffentlichen Hand wie auch mit Blick auf Art. 13 Abs. 4 UAbs. 3 der Erneuerbare-Energien-Richtlinie; ebenso *Lehnert/Vollprecht*, ZUR 2009, 307 (314 f.). Auch *Wustlich*, in: Danner/Theobald, Energierecht, Erneuerbare Energien, Einführung zum EEWärmeG Rn. 37, spricht sich für eine grundsätzlich ordnungsrechtliche Ausgestaltung aus.

lem Recht (Nr. VIII 1. Satz 1 lit. c) der Anlage zum EEWärmeG), wenn die Wärme „zu mindestens 50 Prozent aus KWK-Anlagen" stammt, wobei damit noch keine Aussage zu den in den betreffenden KWK-Anlagen zum Einsatz kommenden Energieträgern getroffen ist.

Art. 13 Abs. 4 UAbs. 3 Satz 2 Erneuerbare-Energien-Richtlinie sieht demgegenüber eine mögliche Erfüllung der Nutzungspflicht durch den Bezug von Fernwärme vor, „die zu einem bedeutenden Anteil aus erneuerbaren Quellen erzeugt" wird. Fossil gespeiste KWK-Anlagen können dem nach dem Wortlaut der Richtlinie nicht genügen.[1139]

Immerhin erkennt auch die Bundesregierung das grundsätzliche Erfordernis einer Weiterentwicklung des EEWärmeG in dieser Hinsicht an, da nach Angaben aus dem Jahr 2012 der Anteil erneuerbarer Energien in Wärmenetzen erst bei ca. 9 % lag.[1140]

Teile der Literatur wollen allerdings insofern auf die ökologische Sinnhaftigkeit der Nutzung von KWK-Anlagen abstellen.[1141] Dies ist angesichts des klaren Wortlauts der Richtlinie kritisch zu hinterfragen. Als vermittelnde Lösung wurde vorgeschlagen, diese Vorteile der KWK-Technik im Rahmen der Erfüllung der Nutzungspflichten auf andere Weise zu berücksichtigen. So wäre etwa unter Anknüpfung an das Kriterium der „Angemessenheit" in Art. 13 Abs. 4 UAbs. 3 Satz 1 der Richtlinie eine dahingehende Ausnahme von der Nutzungspflicht bei Verwendung der KWK-Technik denkbar, „wenn eine Umstellung der KWK-Anlage auf die Nutzung erneuerbarer Energien nicht zu angemessenen Bedingungen möglich" wäre.[1142]

Dagegen werden jedoch systematische Argumente ins Feld geführt. So ist das Kriterium der „Angemessenheit" nach Art. 13 Abs. 4 UAbs. 3 Satz 1 der Richtlinie maßgeblich für das grundsätzliche Bestehen einer Nutzungspflicht – erst bei Bestehen einer solchen kann sich die weitere

---

1139 Vgl. *Müller*, in: Müller/Oschmann/Wustlich, EEWärmeG, Einl. Rn. 165; *Lehnert/Vollprecht*, ZUR 2009, 307 (315).

1140 Vgl. den Erfahrungsbericht zum Erneuerbare-Energien-Wärmegesetz (EEWärmeG-Erfahrungsbericht) v. 19.12.2012, S. 98 f.; abrufbar unter: https://www.ern euerbare-energien.de/EE/Redaktion/DE/Downloads/Berichte/erfahrungsbericht_ der_bundesregierung_zum_erneuerbare_energien_waermegesetz.pdf?__blob=p ublicationFile&v=4 (25.6.2015).

1141 Siehe *Lehnert/Vollprecht*, ZUR 2009, 307 (315).

1142 So *Lehnert/Vollprecht*, ZUR 2009, 307 (315); a.A. aber *Müller*, in: Müller/Oschmann/Wustlich, EEWärmeG, Einl. Rn. 166.

Frage nach der Art und Weise ihrer Erfüllung stellen.[1143] Die Ersatzmaßnahmen sind gerade nicht als allgemeine Ausnahmen von der Nutzungspflicht konzipiert.[1144] Soweit schließlich Art. 13 Abs. 4 UAbs. 3 Satz 2 der Richtlinie seinem Wortlaut nach weitere Ersatzmaßnahmen vorsieht („unter anderem"), spricht viel dafür, dass damit andere Maßnahmen als die Nutzung von Fernwärme gemeint sind – statt der Nutzung von Fernwärme zu anderen Bedingungen.

Schließlich ist nach der Konzeption der Richtlinie in jedem Fall gerade die Verwendung erneuerbarer Energien entscheidend.[1145] Darauf deutet bereits die Regelung der Ziele der Richtlinie in Art. 3 sowie die Bestimmung ihres Gegenstands in Art. 1 hin.

Dass diese Problematik auch von praktischer Relevanz ist, zeigen erste Erfahrungen mit der Anwendung des EEWärmeG. Danach sind in knapp einem Drittel der vom Gesetz erfassten Fälle die Pflichten unter Rückgriff auf Ersatzmaßnahmen erfüllt wurden.[1146] Unter diesen Ersatzmaßnahmen soll der Anschluss an ein Nah- oder Fernwärmenetz ersten Auswertungen zufolge – wenngleich mit deutlichem Abstand hinter Maßnahmen zur Wärmedämmung – immerhin den zweiten Platz einnehmen.[1147]

1143 So *Müller*, in: Müller/Oschmann/Wustlich, EEWärmeG, Einl. Rn. 171.

1144 *Müller*, in: Müller/Oschmann/Wustlich, EEWärmeG, Einl. Rn. 170.

1145 Vgl. *Müller*, in: Müller/Oschmann/Wustlich, EEWärmeG, Einl. Rn. 168 f.

1146 Einer Umfrage unter Bauunternehmern, Planungs- und Architekturbüros aus dem Jahr 2010 zufolge wurden die Vorgaben in 32,3 % der Fälle durch Ersatzmaßnahmen erfüllt; vgl. Agentur für Erneuerbare Energien e.V. (Hrsg.), Renews Spezial 24/2010, S. 5, abrufbar unter: www.unendlich-viel-energie.de/de/service/mediathek/renewsspezial.html (25.09.2013).

1147 Siehe Agentur für Erneuerbare Energien e.V. (Hrsg.), Renews Spezial 24/2010, S. 8, abrufbar unter: www.unendlich-viel-energie.de/de/service/mediathek/rene wsspezial.html (25.09.2013): Anteil von Maßnahmen der Wärmedämmung innerhalb der Ersatzmaßnahmen 62 %, Anschluss an ein Wärmenetz 18,3 %. Der Erfahrungsbericht zum Erneuerbare-Energien-Wärmegesetz (EEWärmeG-Erfahrungsbericht) v. 19.12.2012, S. 48, abrufbar unter: https://www.erneuerbare-e nergien.de/EE/Redaktion/DE/Downloads/Berichte/erfahrungsbericht_der_bunde sregierung_zum_erneuerbare_energien_waermegesetz.pdf?__blob=publicationF ile&v=4 (25.6.2015), weist auf Schwierigkeiten der statistischen Auswertung angesichts der Kombinationsmöglichkeiten nach § 8 EEWärmeG hin, doch auch dieser Erfahrungsbericht (a.a.O. S. 51 und 54) geht von knapp 60 % der Fälle aus, in denen Maßnahmen der Energieeinsparung als Ersatzmaßnahmen angerechnet werden konnten; die dort genannten Zahlen für den Anschluss an Wärmenetze fallen mit knapp 6 % im Jahr 2010 allerdings noch geringer aus (a.a.O. S. 51, Tabelle 13).

5. Inhalt und Bedeutung des § 16 EEWärmeG

Dem hier im Mittelpunkt stehenden § 16 EEWärmeG, der auf den ersten Blick eine Sonderstellung im Regelungssystem des EEWärmeG einnimmt, kommt mittlerweile eine „zentrale Bedeutung" für die im Übrigen bisher nur „fragmentarisch" geregelten Wärmenetze zu.[1148] Gemäß § 16 EEWärmeG können Gemeinden „von einer Bestimmung nach Landesrecht, die sie zur Begründung eines Anschluss- und Benutzungszwangs an ein Netz der öffentlichen Fernwärme- oder Fernkälteversorgung ermächtigt, auch zum Zwecke des Klima- und Ressourcenschutzes Gebrauch machen."

Dabei greift der Bundesgesetzgeber mit dieser Regelung auf die im Landesrecht geregelten Befugnisse der Kommunen durch und wirft damit eine Reihe verfassungsrechtlicher Fragen auf, denen noch nachzugehen sein wird.

Zweck der Regelung des § 16 EEWärmeG ist die Beseitigung landesrechtlicher Hemmnisse für die Anordnung eines Anschluss- und Benutzungszwangs an die Wärmeversorgung und somit die Schaffung von Rechtssicherheit für die Praxis. Dabei soll die Förderung des Ausbaus der zentralen, netzgebundenen Wärmeversorgung im Ergebnis zur Erreichung der Ausbauziele für erneuerbare Energien beitragen.[1149] Vor eben diesem Hintergrund ist die Vorschrift daher auch auszulegen.

Fraglich bleibt, inwieweit § 16 EEWärmeG am Ende tatsächlich dazu beitragen kann, die Verbreitung des Anschluss- und Benutzungszwangs im Bereich der Wärmeversorgung merklich zu steigern.[1150]

Angesichts der bisher nur geringen praktischen Relevanz dieses Instruments gerade im Fernwärmebereich[1151] mag sich auf den ersten Blick die Frage aufdrängen, ob eine Vorschrift zur (erweiterten) Ermöglichung eines Anschluss- und Benutzungszwangs in diesem Bereich überhaupt erforderlich war. Doch lässt sich die Frage keineswegs allein mit Verweis auf die bisher geringe Verbreitung (maximal 10 % des Fernwärmeabsatzes) beant-

---

1148 So *Kahl/Schmidtchen*, Kommunaler Klimaschutz, S. 296.

1149 Vgl. dazu *Wustlich*, in: Danner/Theobald, Energierecht, Erneuerbare Energien, § 16 EEWärmeG Rn. 4.

1150 *Kahl/Schmidtchen*, Kommunaler Klimaschutz, S. 35, weisen zu Recht darauf hin, dass sich praktisch schwer ermitteln lässt, ob bzw. inwieweit ein Anschluss- und Benutzungszwang tatsächlich unter Rückgriff auf § 16 EEWärmeG gerechtfertigt wurde.

1151 Siehe oben Teil 1 IV. 2. a).

worten. Aus derartigen Angaben ist schließlich nicht ersichtlich, ob es darüber hinaus allgemein am Bedürfnis für einen Anschluss- und Benutzungszwang fehlt oder dem nicht vielmehr rechtliche Hindernisse entgegenstehen. Potenzial für einen Ausbau der netzgebundenen Wärmeversorgung besteht jedenfalls.[1152]

Trotz Einführung des § 16 EEWärmeG können nicht alle rechtlichen Hemmnisse und Begrenzungen für erledigt erachtet werden.[1153] Auch abgesehen von Streitigkeiten um die Verfassungswidrigkeit der Norm, kommt den landesrechtlichen Ermächtigungsgrundlagen nicht nur weiterhin Bedeutung für die Anforderungen an entsprechende Fernwärmesatzungen zu – vielmehr verbleibt ihnen, wie noch zu zeigen sein wird, in beschränktem Umfang ein eigenständiger Anwendungsbereich.

6. Verfassungsrechtliche Fragestellungen zum EEWärmeG

Zusätzlich zu den eben geschilderten Bedenken in europarechtlicher Hinsicht, die eine Änderung des EEWärmeG im Hinblick auf Anwendungsbereich und Erfüllung der Nutzungspflicht erforderlich machen,[1154] hat die bundesrechtliche Regelung von Beginn an auch verfassungsrechtliche Fragen aufgeworfen. Gegenstand der Debatte bildete dabei in erster Linie die Regelung des § 16 EEWärmeG, die als bundesrechtliche Vorschrift das Landesrecht – je nach Verständnis der landesrechtlichen Ermächtigungsgrundlagen für die Anordnung eines Anschluss- und Benutzungszwangs – erweitert[1155] bzw. „überlagert" oder auch „auflädt".[1156]

Näherer Betrachtung bedarf dabei zum einen die Frage der Gesetzgebungskompetenz, zum anderen das Aufgabenübertragungsverbot des Art. 84 Abs. 1 Satz 7 GG.

1152 Auch dies wurde bereits dargelegt – siehe oben Einleitung.
1153 So auch die Einschätzung des *UBA* (Hrsg.), Konzepte für die Beseitigung rechtlicher Hemmnisse des Klimaschutzes im Gebäudebereich, S. 329 f., abrufbar unter: www.umweltbundesamt.de/publikationen/konzepte-fuer-beseitigung-rechtlicher-hemmnisse-des (25.11.2013).
1154 Siehe oben Teil 4 I. 4. b) und c).
1155 *Kahl/Schmidtchen*, Kommunaler Klimaschutz, S. 298.
1156 So *Rodi*, IR 2012, 242 (244 f.).

a) Gesetzgebungskompetenz für den Erlass des EEWärmeG

Bereits im Verlauf des Gesetzgebungsverfahrens war umstritten, auf welche Gesetzgebungskompetenz das Gesetz insgesamt, aber v.a. die Regelung des § 16 EEWärmeG gestützt werden konnte – ob dies der Länderkompetenz für das Kommunalrecht (Art. 70 Abs. 1 GG) unterfällt oder sich der Bund auf seine konkurrierende Gesetzgebungskompetenz für die Luftreinhaltung (Art. 74 Abs. 1 Nr. 24 GG) und/ oder das Recht der Wirtschaft gemäß Art. 74 Abs. 1 Nr. 11 GG berufen konnte.

aa) Diskussion im Verlauf des Gesetzgebungsverfahrens

Der Gesetzgeber selbst hat sich ausweislich der Gesetzesbegründung für das gesamte EEWärmeG auf den Kompetenztitel des Art. 74 Abs. 1 Nr. 24 GG für die Luftreinhaltung berufen.[1157] Die Bundesregierung begründet dies mit der Zwecksetzung des Gesetzes, wie sie in den einzelnen Regelungen objektiv zum Ausdruck komme. Danach sollten durch verstärkte Nutzung erneuerbarer Energien fossile Energieträger substituiert, auf diese Weise der CO_2-Ausstoß reduziert und damit ein Beitrag zur Reinhaltung der Luft durch Reduzierung der darin befindlichen Schadstoffmenge geleistet werden.

Der Bundesrat bestritt allerding das Bestehen einer Bundeskompetenz für § 16 EEWärmeG, da die Regelung an landesrechtliche Ermächtigungsgrundlagen in den jeweiligen Gemeindeordnungen anknüpfe; zu einer Änderung derselben sei aber nur der Landesgesetzgeber selbst befugt, der diese Ermächtigungsgrundlagen aufgrund seiner Kompetenz für das Kommunalrecht erlassen habe.[1158] Im Übrigen erkannte der Bundesrat auch kein Erfordernis für eine entsprechende bundesrechtliche Regelung zur Erweiterung landesrechtlicher Ermächtigungsgrundlagen an, da in allen

---

1157 Vgl. die Begründung des Gesetzentwurfs der Bundesregierung aus dem Jahr 2008, BT-Drs. 16/8149, S. 12 f., wie auch später, anlässlich der Änderung im Jahre 2011, die Begründung des Gesetzentwurfs der Bundesregierung für dieses Änderungsgesetz, BT-Drs. 17/3629, S. 22.

1158 So die Stellungnahme des Bundesrates zum Gesetzentwurf der Bundesregierung, BT-Drs. 16/8149, S. 37.

Ländern bereits ein Anschluss- und Benutzungszwang aus Klimaschutz-gründen rechtlich möglich sei.[1159]

Dem können zum einen die bestehenden Rechtsunsicherheiten[1160] entgegengehalten werden, auf die sich auch die Bundesregierung[1161] beruft. Darüber hinaus ist diese Feststellung des Bundesrates in dieser umfassenden Form zurückzuweisen.[1162]

Insbesondere das Ziel der Schaffung von Rechtssicherheit ist somit durchaus anzuerkennen – es entbindet freilich nicht von der Prüfung einer Bundeskompetenz, zumal es für einige Länder im Ergebnis nicht lediglich um eine Klarstellung der geltenden Rechtslage, sondern tatsächlich um eine Erweiterung und damit Änderung bestehender Regelungen geht.[1163]

Die Bundesregierung verweist auch in ihrer Gegenäußerung zur Stellungnahme des Bundesrats lediglich auf die ursprüngliche Begründung des Gesetzentwurfs, ohne auf die einzelnen Kritikpunkte näher einzugehen, und bekräftigt ihre Auffassung vom Bestehen einer Bundeskompetenz gemäß Art. 72 i.V.m. Art. 74 Abs. 1 Nr. 24 GG.[1164]

Trotz seiner gegenteiligen Meinung hat auch der Bundesrat bis heute von der Möglichkeit, das Bundesverfassungsgericht zur Klärung des Streits anzurufen, keinen Gebrauch gemacht.[1165]

bb) Meinungsstreit im Schrifttum

Auch die Literatur geht überwiegend davon aus, dass der Regelungs-schwerpunkt des Gesetzes – nicht allein der sonstigen Bestimmungen, sondern auch speziell des § 16 EEWärmeG – im Bereich der Luftreinhal-

---

1159 Vgl. die Stellungnahme des Bundesrates zum Gesetzentwurf der Bundesregierung, BT-Drs. 16/8149, S. 37.

1160 Siehe insbesondere zur Rechtsprechung und andauernder Kritik oben Teil 4 I. 1. Diese Unsicherheiten bejaht auch *Milkau*, in: Müller/Oschmann/Wustlich, EE-WärmeG, § 16 Rn. 5.

1161 In ihrer Begründung des Gesetzentwurfs, BT-Drs. 16/8149, S. 29.

1162 Siehe dazu im Einzelnen oben Teil 3 IV.

1163 Darauf weisen *Böhm/Schwarz*, DVBl 2012, 540 (542), hin. Freilich verschweigt auch die Gesetzesbegründung das Vorliegen einer solchen Erweiterung keineswegs, vgl. die Begründung des Gesetzentwurfs der Bundesregierung, BT-Drs. 16/8149, S. 19.

1164 Gegenäußerung der Bundesregierung, BT-Drs. 16/8395, S. 3.

1165 Siehe *Kahl/Schmidtchen*, Kommunaler Klimaschutz, S. 298.

tung liege, so dass das Gesetz insgesamt dem Kompetenztitel des Art. 74 Abs. 1 Nr. 24 GG zuzuordnen sei.[1166] Durch § 16 EEWärmeG würden die kommunalrechtlichen Ermächtigungsgrundlagen lediglich in Form einer „punktuellen Erweiterung" der möglichen Anordnungsgründe berührt; ein engerer Zusammenhang bestehe demgegenüber zum Hauptzweck des Gesetzes, der im Klimaschutz liege.[1167] Die Kompetenz des Landesgesetzgebers für das Kommunalrecht wird mit dieser Begründung ganz überwiegend abgelehnt.

Soweit das Gesetz – allein oder i.V.m. der Kompetenz für die Luftreinhaltung – auf den Kompetenztitel für das Recht der Wirtschaft gemäß Art. 74 Abs. 1 Nr. 11 GG gestützt werden soll, so werden auch die in diesem Fall zu prüfenden Voraussetzungen der Erforderlichkeitsklausel des Art. 72 Abs. 2 GG bejaht.[1168]

Nach anderer Auffassung handelt es sich allerdings bei § 16 EEWärmeG um eine kompetenzwidrige „Einwirkung auf das Landesrecht". In Anbetracht der originären Landeskompetenz für das Kommunalrecht könne die Norm daher lediglich als „Appell" an die Landesgesetzgeber verstanden werden.[1169]

1166 So z.B. *Ekardt/Heitmann*, ZNER 2009, 346 (354); *Faßbender*, in: Köck/ Faßbender, Klimaschutz durch Erneuerbare Energien, S. 39 (47); *Raschke*, Kommunale Klimaschutzmaßnahmen, S. 153 f., der sich zuvor auch mit vier – i.E. ebenfalls zustimmenden – anderen in der Literatur vertretenen Auffassungen auseinandersetzt; ebenso *Böhm/Schwarz*, DVBl 2012, 540 (542); *Ennuschat/Volino*, CuR 2009, 90 (94); *Rodi*, IR 2012, 242 (245); *Sösemann*, ZNER 2008, 137 (140); *Milkau*, in: Müller/Oschmann/Wustlich, EEWärmeG, § 16 Rn. 10, mit Nachweisen auch bereits zur öffentlichen Anhörung zum Gesetzentwurf im Umweltausschuss des Bundestages; *Wustlich*, in: Danner/Theobald, Energierecht, Erneuerbare Energien, § 16 EEWärmeG Rn. 2; *Tomerius*, ER 2013, 61 (63) lässt die Entscheidung zwischen Art. 74 Abs. 1 Nr. 11 und Nr. 24 GG dahinstehen, hält das Gesetz aber im Ergebnis jedenfalls für kompetenz- und auch im Übrigen verfassungsgemäß zustande gekommen. Auch *Dengler*, KommP BY 2010, 300, weist lediglich darauf hin, dass „Art. 74 Abs. 1 Nr. 24 GG näher gelegen hätte". Siehe dazu auch *Kahl/Schmidtchen*, Kommunaler Klimaschutz, S. 299, die allerdings nicht allein auf 74 I Nr. 24 abstellen, sondern für „Kompetenzmix" aus 74 I Nr. 11 und 24 GG plädieren.

1167 *Kahl/Schmidtchen*, Kommunaler Klimaschutz, S. 300.

1168 So eben – und damit konsequent – *Kahl/Schmidtchen*, Kommunaler Klimaschutz, S. 299.

1169 So *Longo*, Örtliche Energieversorgung, S. 337 f. An einer Bundeskompetenz für § 16 EEWärmeG zweifelnd auch *Milkau*, Ansätze zur Förderung der erneuerbaren Energien im Wärmemarkt, S. 260 f. Kritik klingt im Übrigen auch bei *Poll-*

cc) Maßstäbe für die Abgrenzung von Gesetzgebungskompetenzen

Während ein Gesetz insgesamt durchaus auf verschiedene Kompetenztitel gestützt werden kann, muss doch jede einzelne Regelung jeweils einem Kompetenztitel zugeordnet werden.[1170] Die unterschiedlichen Ebenen von Bund und Ländern sind zwingend in eindeutiger Weise voneinander abzugrenzen. Eine solche Abgrenzung nimmt das Grundgesetz allgemein in Art. 30, speziell für die Gesetzgebungskompetenzen in Art. 70 ff. GG vor. Für ein Bundesgesetz ist es daher erforderlich, dass der Bund sich für jede einzelne der darin enthaltenen Regelungen auf seine Bundeskompetenz berufen kann.[1171]

Das Bundesverfassungsgericht hatte sich wiederholt mit der Abgrenzung der Zuständigkeiten von Bund und Ländern im Bereich der Gesetzgebung zu beschäftigen und hat dabei überzeugende Maßstäbe herausgearbeitet. Soweit eine Regelung die Kompetenzen beider Ebenen berührt, kommt es danach für die Abgrenzung auf den Schwerpunkt der jeweiligen Regelung an.[1172]

Dem Bundesverfassungsgericht zufolge kann „die umfassende Regelung eines Zuständigkeitsbereichs [auch] Teilregelungen enthalten, die zwar einen anderen Kompetenzbereich berühren, die aber gleichwohl Teil der im Übrigen geregelten Materie bleiben."[1173] Derartige Regelungen dürfen dann nicht isoliert, sondern müssen im jeweiligen Gesamtregelungszusammenhang betrachtet werden, dem sie angehören – eine „enge Verzahnung" spricht dabei grundsätzlich für die Zugehörigkeit zum Kompetenzbereich der Gesamtregelung.[1174]

---

mann/Reimer/Walter, LKRZ 2008, 251, an, die § 16 als „im Verhältnis zum Landesrecht höchst fragwürdig" bezeichnen, sich jedoch im Folgenden nicht näher mit der Norm oder Fragen der Gesetzgebungskompetenz befassen.

1170 *Milkau*, Ansätze zur Förderung der erneuerbaren Energien im Wärmemarkt, S. 46.

1171 Vgl. wiederum *Milkau*, Ansätze zur Förderung der erneuerbaren Energien im Wärmemarkt, S. 4.

1172 Vgl. BVerfGE 80, 124 (132); BVerfGE 97, 228 (251 f.); BVerfGE 97, 332 (341).

1173 BVerfGE 98, 145 (158).

1174 BVerfGE 98, 145 (158); BVerfGE 98, 265 (299); BVerfGE 97, 228 (251 f.). Auf die Bedeutung dieser Rechtsprechung gerade im Kontext der Prüfung von § 16 EEWärmeG weisen auch *Nast/Klinski/u.a.*, Ergänzende Untersuchungen und vertiefende Analysen zu möglichen Ausgestaltungsvarianten eines Wärmegesetzes. Endbericht 2009, S. 148, hin, abrufbar unter: http://www.dlr.de/tt/Portaldata

Diese Aspekte der Verzahnung sind im vorliegenden Kontext zu beachten, stellt sich doch die Frage nach der Gesetzgebungskompetenz für das EEWärmeG insgesamt, das zum Großteil aus den Regelungen zur Nutzungspflicht für erneuerbare Energien und den Vorschriften über die finanzielle Förderung besteht, und schließlich die Problematik der Kompetenzgrundlage für die spezielle Regelung des § 16 EEWärmeG.

Die vom Bundesverfassungsgericht geprägten Grundsätze darauf anwendend, ist hier eine solche enge Verzahnung des § 16 EEWärmeG mit den restlichen Regelungen des Gesetzes zu bejahen.[1175] So wird auch in der Literatur zum EEWärmeG darauf hingewiesen, dass § 16 EEWärmeG dazu dienen soll, „eine für das Funktionieren des gesetzlichen Systems insgesamt zentrale Begleitbestimmung zu schaffen", da die Vorschrift einen Beitrag zum gesetzgeberischen Konzept leiste, den durch das EEWärmeG Verpflichteten „eine möglichst breite Palette an Verhaltensmöglichkeiten zu bieten".[1176] Tatsächlich betrachtet der Gesetzgeber Wärmenetze als eine von verschiedenen Möglichkeiten, den Einsatz erneuerbarer Energien im Bereich der Wärmebedarfsdeckung deutlich zu steigern, wie auch die Aufnahme in den Katalog zulässiger Ersatzmaßnahmen in § 7 Abs. 1 Nr. 3 EEWärmeG zeigt. Zur Förderung des Ausbaus der Wärmenetze wiederum kann – neben einer finanziellen Förderung wie nach § 14 Abs. 1 Nr. 4 EEWärmeG – insbesondere ein Anschluss- und Benutzungszwang, der gegebenenfalls einen wirtschaftlich rentablen Betrieb dieser Netze ermöglicht, wertvolle Beiträge leisten. So fügt § 16 EEWärmeG sich in das Regelungsgefüge des EEWärmeG ein und ergänzt die darin enthaltenen Instrumente und Förderregelungen.

/41/Resources/dokumente/institut/system/publications/Endbericht_Waermegeset z-11.pdf (31.7.2015).

1175 Ebenso *Nast/Klinski/u.a.*, Ergänzende Untersuchungen und vertiefende Analysen zu möglichen Ausgestaltungsvarianten eines Wärmegesetzes. Endbericht 2009, S. 150, abrufbar unter: http://www.dlr.de/tt/Portaldata/41/Resources/doku mente/institut/system/publications/Endbericht_Waermegesetz-11.pdf (31.7.2015).

1176 So *Nast/Klinski/u.a.*, Ergänzende Untersuchungen und vertiefende Analysen zu möglichen Ausgestaltungsvarianten eines Wärmegesetzes. Endbericht 2009, S. 149, abrufbar unter: http://www.dlr.de/tt/Portaldata/41/Resources/dokumente/ institut/system/publications/Endbericht_Waermegesetz-11.pdf (31.7.2015).

dd) Regelungsschwerpunkt des EEWärmeG

Auch nach den verschiedenen in der Literatur vertretenen Auffassungen ist letztlich der Regelungsschwerpunkt zu bestimmen, dem für die Abgrenzung zwischen Bundes- und Landeskompetenz maßgebliche Bedeutung zukommt.

Dazu wird insbesondere der Zweck der gesetzlichen Regelung herangezogen, wie er sich aus dem Gesetz selbst ergibt. Dass das EEWärmeG insgesamt dem Ziel des Klimaschutzes dient, kann bereits der gesetzlich geregelten Zweckbestimmung in § 1 Abs. 1 des Gesetzes entnommen werden, wonach die Bestimmungen „insbesondere im Interesse des Klimaschutzes" getroffen werden.

Da Zweck des EEWärmeG danach gerade der Klimaschutz ist, folgert die Literatur daraus häufig, dass es sich dabei im Kern nicht um eine kommunalrechtliche Regelung, sondern eine solche zur Luftreinhaltung gemäß Art. 74 Abs. 1 Nr. 24 GG handle, für die dem Bund nach Art. 72 GG die Gesetzgebungskompetenz zustehe.[1177] Zu diesem Zweck dürfe der Bund auch an bestehende landesgesetzliche Ermächtigungsnormen anknüpfen, ohne eine solche damit selbst zu schaffen.[1178]

Daneben wird mit Blick auf die Rechtsprechung zur Problematik eines Anschluss- und Benutzungszwangs aus Gründen des Klimaschutzes mitunter auch auf den Bedarf nach einer bundeseinheitlichen Regelung verwiesen.[1179] Diesem Argument ist jedoch zunächst entgegenzuhalten, dass keinesfalls allein von einem festgestellten Erfordernis auf das Bestehen einer (Bundes-)Kompetenz geschlossen werden kann. Vielmehr ist zunächst anhand der ausdrücklichen Regelungen der Art. 70 ff. GG der einschlägige Kompetenztitel zu bestimmen; die Frage nach der Erforderlichkeit einer bundesrechtlichen Regelung kann sich sodann allenfalls im Anwendungsbereich des Art. 72 Abs. 2 GG stellen. Dies setzt jedoch zunächst voraus, dass die Materie einem der in Art. 72 Abs. 2 GG benannten Kompetenztitel des Art. 74 Abs. 1 GG unterfällt.

Daher kommt es zunächst ausschließlich auf den Schwerpunkt der Regelung an. Immerhin befasst sich der Gesetzgeber speziell in § 16 EEWär-

---

1177 So *Böhm/Schwarz*, DVBl 2012, 540 (542); *Ennuschat/Volino*, CuR 2009, 90 (94); *Raschke*, Kommunale Klimaschutzmaßnahmen, S. 153; *Rodi*, IR 2012, 242 (245).
1178 Vgl. *Raschke*, Kommunale Klimaschutzmaßnahmen, S. 153.
1179 *Raschke*, Kommunale Klimaschutzmaßnahmen, S. 153 f.

meG nicht mit verschiedenen Maßnahmen zum Klimaschutz, sondern ausschließlich mit einem klassischen kommunalrechtlichen Instrument. Für den Schwerpunkt der Regelung kommt es jedoch nicht auf die Wahl des Mittels, sondern primär auf den Regelungszweck an.[1180]

Dies gilt hier in besonderer Weise, da der Bundesgesetzgeber die bestehenden landesrechtlichen Regelungen keineswegs ersetzt, sondern ausdrücklich daran anknüpft – im Interesse einer Klarstellung oder gegebenenfalls auch Erweiterung der landesrechtlichen Ermächtigung.[1181] Daher treten die bundesrechtlich verfolgten Ziele durch das Anknüpfen an ein typischerweise im Landesrecht geregeltes Instrument auch keineswegs in den Hintergrund; der Anschluss- und Benutzungszwang ist Gegenstand des § 16 EEWärmeG, doch nicht des EEWärmeG im Ganzen, mit dem § 16 – wie ausgeführt – eng verzahnt ist. Aus diesem Grund folgt die Kompetenz für die Regelung einer Maßnahme speziell zum Zwecke des Klimaschutzes auch nicht der kommunalrechtlichen Kompetenz der Länder für die grundsätzliche Regelung der Zulässigkeit des Anschluss- und Benutzungszwangs.

ee) Rechtsprechung des Bundesverfassungsgerichts zur Ausgestaltung des Rechtsinstituts des kommunalen Anschluss- und Benutzungszwangs

Der Gegenauffassung zufolge soll es sich allerdings nicht um eine „bloße Annexregelung" mit Regelungsschwerpunkt im Klimaschutzrecht handeln, da gerade ein Kernbereich des Kommunalrechts betroffen sei und die insoweit bewusst unterschiedliche Gestaltung in den einzelnen Ländern durch eine bundeseinheitliche Regelung ausgehebelt werde.[1182]

Wie jedoch sogleich noch aufzuzeigen sein wird,[1183] ist diese Feststellung nicht ganz zutreffend, denn der Regelungsgehalt des § 16 EEWärmeG betrifft lediglich einen Teilaspekt der Zulässigkeit des Anschluss- und Benutzungszwangs und lässt alle übrigen, gegebenenfalls landesspezi-

---

1180 *Rodi*, IR 2012, 242 (245); siehe auch *Kahl*, VBlBW 2011, 53 (55).
1181 Siehe *Wustlich*, in: Danner/Theobald, Energierecht, Erneuerbare Energien, § 16 EEWärmeG Rn. 2.
1182 So noch *Milkau*, Ansätze zur Förderung der erneuerbaren Energien im Wärmemarkt, S. 261.
1183 Siehe dazu Teil 4 I. 7. b).

fisch geregelten Voraussetzungen unberührt. Dabei kann die Frage, ob es sich bei § 16 EEWärmeG um eine rein deklaratorische Bestimmung handelt oder der Norm zumindest teilweise auch konstitutive, das Landesrecht erweiternde Funktion zukommt,[1184] insoweit dahinstehen. Auch eine – in Teilen – konstitutive Wirkung ändert nichts an der Bestimmung des Regelungsschwerpunkts, da diese Wirkung des § 16 EEWärmeG in jedem Fall auf einen einzelnen Aspekt der Zulässigkeit eines kommunalen Anschluss- und Benutzungszwangs begrenzt bleibt.

Die Rechtsprechung hatte darüber hinaus bereits Gelegenheit, sich wenn auch nicht zur Gesetzgebungskompetenz für § 16 EEWärmeG, so doch zur Kompetenz für andere bundesrechtliche Vorschriften zu äußern, die Einfluss haben auf die Möglichkeiten der Begründung und Ausgestaltung eines kommunalen Anschluss- und Benutzungszwangs. Danach darf der Bundesgesetzgeber – eine entsprechende Sachkompetenz vorausgesetzt – dem Bundesverwaltungsgericht zufolge durchaus derartige Regelungen treffen, ohne dass damit unzulässigerweise in die den Ländern ausschließlich zustehende Kompetenz für das Kommunalrecht eingegriffen würde. Dies gilt allerdings nur, soweit die landesrechtliche Befugnis zur Anordnung eines Anschluss- und Benutzungszwanges dabei nicht völlig ausgehöhlt wird.[1185]

Diese Argumentation zur Abgrenzung der kommunalrechtlichen Kompetenz für die *grundsätzliche Ermächtigung* zum Erlass eines Anschluss- und Benutzungszwangs von der Sachkompetenz für Regelungen, die sich auf die *Ausgestaltung* eines solchen Anschluss- und Benutzungszwangs auswirken, lässt sich auch auf die Prüfung der Gesetzgebungskompetenz für § 16 EEWärmeG übertragen.[1186] Zwar ist vorliegend nicht die inhaltliche Ausgestaltung des Anschluss- und Benutzungszwangs, sondern die Frage seiner Anordnung betroffen, allerdings geht es dabei lediglich um die zulässigen Anordnungsgründe, ohne die grundsätzliche Ermächtigung der Gemeinden zu berühren oder diese gar auszuhöhlen. Vielmehr sollen die Handlungsmöglichkeiten der Gemeinden erweitert werden; sie werden jedoch durch § 16 EEWärmeG keineswegs unmittelbar zu einer bestimmten Maßnahme verpflichtet oder umgekehrt daran gehindert, in bestimmter Weise von der landesrechtlichen Ermächtigungsgrundlage Gebrauch zu machen.

1184 Dafür u.a. *Kahl*, VBlBW 2011, 53 (55).
1185 BVerwG, NVwZ-RR 1992, 37 (38 f.); BVerwG, NVwZ 1988, 1126 (1127).
1186 So auch *Milkau*, in: Müller/Oschmann/Wustlich, EEWärmeG, § 16 Rn. 12, 14.

Auch soweit der Bund mit § 16 EEWärmeG für die Kommunen einiger Länder erstmals die Möglichkeit der Anordnung eines Anschluss- und Benutzungszwangs aus Klimaschutzgründen und damit faktisch eine neue Befugnis für diese Gemeinden schafft,[1187] kann nichts anderes gelten. Denn § 16 EEWärmeG betrifft auch insoweit nicht die grundsätzliche Ermächtigung zur Anordnung *irgendeines* Anschluss- und Benutzungszwangs, sondern lediglich einen bestimmten Anwendungsfall; das Vorliegen einer Ermächtigungsgrundlage im Kommunalrecht des jeweiligen Landes bleibt nach wie vor zwingende Voraussetzung, um überhaupt auf § 16 EEWärmeG zurückgreifen zu können.[1188]

Demnach ist Regelungsschwerpunkt des § 16 EEWärmeG – unter Beachtung seines eigenen Regelungsgehalts sowie seiner Stellung im Regelungsgefüge der übrigen Bestimmungen des EEWärmeG – der Klimaschutz.

ff) Die Kompetenztitel für Luftreinhaltung und das Recht der Wirtschaft – Art. 74 Abs. 1 Nr. 24 und 11 GG

Steht somit zunächst fest, dass es sich nach dem Regelungsschwerpunkt nicht um eine kommunalrechtliche Regelung handelt, für die den Ländern nach Art. 70 Abs. 1 GG die Gesetzgebungskompetenz zusteht, stellt sich die weitere Frage, auf welchen konkreten Kompetenztitel eine derartige Bestimmung zum Zwecke des Klimaschutzes gestützt werden kann. In Betracht kommt dafür neben Art. 74 Abs. 1 Nr. 24 GG (Luftreinhaltung) auch der Kompetenztitel für das Recht der Wirtschaft. Die Frage nach der konkreten Zuordnung zu einer dieser Materien stellt sich dabei insbesondere vor dem Hintergrund der unterschiedlichen Anforderungen, denen die jeweiligen Kompetenzen unterliegen. So wäre eine Regelung zum Recht der Wirtschaft nach Art. 74 Abs. 1 Nr. 11 GG an der Erforderlichkeitsklausel des Art. 72 Abs. 2 GG zu messen.[1189]

1187 *Milkau*, in: Müller/Oschmann/Wustlich, EEWärmeG, § 16 Rn. 13.
1188 Siehe dazu sogleich noch unten Teil 4 I. 7. b).
1189 So vermuten *Böhm/Schwarz*, DVBl 2012, 540 (542), dass Art. 72 Abs. 2 GG der Grund dafür war, dass der Gesetzgeber selbst das EEWärmeG ausschließlich auf Art. 74 Abs. 1 Nr. 24 GG gestützt hat.

(1) „Recht der Wirtschaft" im Sinne des Art. 74 Abs. 1 Nr. 11 GG

Das „Recht der Wirtschaft", speziell der Bereich der Energiewirtschaft, im Sinne des Art. 74 Abs. 1 Nr. 11 GG ist weit gefasst. Ihm unterfallen alle energiewirtschaftlichen Belange, die Erzeugung und wirtschaftliche Ausnutzung gespeicherter Kraft, der Verkehr mit Energie, Fernwärme sowie die Energiepreise, Aspekte der Rohstoffsicherung, die Sicherung der Energieversorgung im Allgemeinen, aber auch die Anforderungen an den Wärmeschutz in Gebäuden sowie an heizungstechnische Anforderungen im Besonderen.[1190] Einer grundsätzlichen Zuordnung zum Recht der Wirtschaft steht dabei auch nicht entgegen, dass die entsprechende Regelung daneben (oder gar primär) auch dem Zweck des Klimaschutzes dient, sofern es sich doch um Belange der Energiewirtschaft im dargestellten Sinn handelt.[1191]

Da durchaus Fragen der Technologien der Energieversorgung und Aspekte der Versorgungssicherheit berührt sind, kann das EEWärmeG als wirtschaftsrechtliche Regelung im Sinne von Art. 74 Abs. 1 Nr. 11 GG begriffen werden.[1192]

(2) „Luftreinhaltung" im Sinne des Art. 74 Abs. 1 Nr. 24 GG

Der in Art. 74 Abs. 1 Nr. 24 GG verwendete Begriff der „Luftreinhaltung" ist demgegenüber nach allgemeiner Ansicht im Lichte des § 3 Abs. 4 BImSchG auszulegen.[1193] Dieser enthält zwar keine Definition des Begriffs der Luftreinhaltung, wohl aber eine solche der im Gegensatz dazu stehenden „Luftverunreinigung". Dabei handelt es sich gemäß § 3 Abs. 4 BImSchG um „Veränderungen der natürlichen Zusammensetzung der Luft, insbesondere durch Rauch, Ruß, Staub, Gase, Aerosole, Dämpfe oder Geruchsstoffe". Nach § 3 Abs. 2 BImSchG zählt schließlich auch die Atmosphäre zu den vor besagten Luftverunreinigungen zu schützenden

---

1190 *Milkau*, Ansätze zur Förderung der erneuerbaren Energien im Wärmemarkt, S. 53 f.
1191 *Milkau*, Ansätze zur Förderung der erneuerbaren Energien im Wärmemarkt, S. 54; *ders.*, ZUR 2008, 561 (563).
1192 *Sösemann*, ZNER 2008, 137 (138).
1193 *Degenhart*, in: Sachs (Hrsg.), GG, Art. 74 Rn. 102; *Oeter*, in: v. Mangoldt/Klein/Starck, Bd. 2, Art. 74 GG Rn. 166. Ebenso *Milkau*, ZUR 2008, 561 (562).

Gütern.[1194] Danach handelt es sich beim Begriff der Luftverunreinigung im Sinne des BImSchG bzw. dem verfassungsrechtlichen Begriff der Luftreinhaltung um entwicklungsoffene Formulierungen, die auch den Klimaschutz erfassen, selbst wenn diese Problematik Gesetz- und Verfassungsgeber bei Schaffung der entsprechenden Regelungen noch nicht bewusst war.[1195] Immerhin ist weder das BImSchG noch der Kompetenztitel des Art. 74 Abs. 1 Nr. 24 GG auf bestimmte schädliche Stoffe beschränkt, sondern offen auch für neuartige bzw. neu entdeckte Sachverhalte.[1196]

Das Begriffsverständnis des einfachen Rechts kann dabei in diesem Fall ausnahmsweise für die Auslegung der Verfassung herangezogen werden, da bei Schaffung dieses Kompetenztitels auch das BImSchG im Entstehen begriffen war und in beiden Fällen ein einheitliches Verständnis von der Luftreinhaltung zugrunde gelegt wurde.[1197] Im Übrigen deckt es sich auch mit dem allgemeinen Sprachgebrauch, unter Luftreinhaltung all die Maßnahmen zu fassen, die der Freihaltung der – wiederum weit verstandenen – Luft von Schadstoffen dienen, die ihre Zusammensetzung in unnatürlichem Maße ändern würden und sich zumindest in einer bestimmten Menge als schädlich für Pflanzen, Tiere und Menschen erweisen. Darunter fallen auch Treibhausgase, insbesondere Kohlendioxid in einer bestimmten Konzentration.[1198]

Ziel des EEWärmeG – auch unter Rückgriff auf das Instrument des Anschluss- und Benutzungszwangs – ist es, durch Reduzierung von CO_2-Emissionen einen Beitrag zum Klimaschutz zu leisten. Demnach soll dadurch im Ergebnis die Zusammensetzung der Luft zumindest in quantitativer Hinsicht, soweit ihr Klimarelevanz zukommt, beeinflusst werden. Die angestrebte Vermeidung des ab einer bestimmten Konzentration als Luftschadstoff einzustufenden Kohlendioxids stellt einen direkten Beitrag zur „Luftreinhaltung" im Sinne von Art. 74 Abs. 1 Nr. 24 GG dar.[1199]

1194 Siehe nur *Braun*, NordÖR 2008, 253 (255); *Ennuschat/Volino*, CuR 2009, 90 (94) m.w.N.
1195 *Kahl/Schmidtchen*, Kommunaler Klimaschutz, S. 299; *Sösemann*, ZNER 2008, 137 (139 f.).
1196 *Sösemann*, ZNER 2008, 137 (140).
1197 *Sösemann*, ZNER 2008, 137 (139).
1198 So wiederum *Sösemann*, ZNER 2008, 137 (139).
1199 *Müller*, in: Müller/Oschmann/Wustlich, EEWärmeG, Einl. Rn. 113.

(3) „Kompetenzmix" für den Erlass des EEWärmeG?

Da somit vorliegend sowohl Art. 74 Abs. 1 Nr. 11 als auch Nr. 24 GG im Grundsatz bejaht werden können, ist fraglich, ob bzw. nach welchen Kriterien zwischen beiden Kompetenztiteln eine Abgrenzung vorgenommen werden muss.

In der Literatur finden sich Stimmen, die „für querschnittsorientierte Aufgabenfelder wie z.B. Klimaschutz, Recht der erneuerbaren Energien" für einen „Kompetenzmix" plädieren, da es an einem umfassenden Kompetenztitel „Recht der Umwelt" fehle und einzelne Kompetenztitel für die verschiedenen Teilaspekte nicht als ausreichend erachtet werden.[1200]

Andererseits ist aufgrund der Weite des Art. 74 Abs. 1 Nr. 11 GG zu beachten, dass dieser Kompetenz etwaige speziellere Kompetenztitel, etwa Art. 74 Abs. 1 Nr. 24 GG, grundsätzlich vorgehen.[1201] Lediglich soweit die speziellere Kompetenz nicht ausreicht, kann und muss daneben gegebenenfalls auf Art. 74 Abs. 1 Nr. 11 GG zurückgegriffen werden.[1202]

Wird wiederum auf den Regelungsschwerpunkt abgestellt, so stellt sich für den vorliegenden Fall die entscheidende Frage, ob die berührten energiewirtschaftlichen Aspekte es schaffen, den Klimaschutz als Gesetzeszweck zu „verdrängen".[1203] Das wird im Ergebnis zu Recht verneint – der Klimaschutz ist primäres bzw. „Hauptziel" des EEWärmeG. Dieses Gesetz dient, wie § 1 Abs. 1 EEWärmeG entnommen werden kann, „insbesondere" dem Klimaschutz. Es ist in erster Linie als Regelung zur Förderung der weiteren Verbreitung erneuerbarer Energien zu verstehen, um so einen Beitrag zur Reduzierung von Treibhausgasemissionen zu leisten.[1204]

1200 Siehe *Schulze-Fielitz*, NVwZ 2007, 249 (252); grundsätzlich ebenso *Sösemann*, ZNER 2008, 137 (138). Speziell zum EEWärmeG bejahen einen solchen Kompetenzmix *Kahl*, VBlBW 2011, 53 (55); *Böhm/Schwarz*, DVBl 2012, 540 (542).

1201 So hier v.a. *Müller*, in: Müller/Oschmann/Wustlich, EEWärmeG, Einl. Rn. 116; ebenso *Braun*, NordÖR 2008, 253 (255); *Milkau*, ZUR 2008, 561 (564); *Nast/Klinski/u.a.*, Ergänzende Untersuchungen und vertiefende Analysen zu möglichen Ausgestaltungsvarianten eines Wärmegesetzes. Endbericht 2009, S. 146, abrufbar unter: http://www.dlr.de/tt/Portaldata/41/Resources/dokumente/institut/system/publications/Endbericht_Waermegesetz-11.pdf (31.7.2015).

1202 *Milkau*, Ansätze zur Förderung der erneuerbaren Energien im Wärmemarkt, S. 55; *ders.*, ZUR 2008, 561 (564).

1203 So wiederum *Sösemann*, ZNER 2008, 137 (138).

1204 *Sösemann*, ZNER 2008, 137 (138).

Dieser Einschätzung kann entgegengehalten werden, dass § 1 EEWärmeG auch eine Reihe weiterer Ziele benennt: neben der Schonung fossiler Ressourcen und der Minderung der Abhängigkeit von Energieimporten auch das Ziel einer nachhaltigen Entwicklung der Energieversorgung, die Förderung der technologischen Entwicklung und schließlich gemäß Abs. 2 den Ausbau des Anteils erneuerbarer Energien am Endenergieverbrauch, unter Wahrung der wirtschaftlichen Vertretbarkeit.

Die Aufzählung beinhaltet damit verschiedene (energie-)wirtschaftliche Belange, die als solche zwar mit der Luftreinhaltung in keiner unmittelbaren Verbindung stehen, wohl aber mit dem Recht der Wirtschaft in § 74 Abs. 1 Nr. 11 GG. Diese verschiedenen Ziele sind auch untereinander unmittelbar verbunden. So können beispielsweise das Anliegen einer Reduzierung von CO_2-Emissionen einerseits und die Sicherung einer nachhaltigen Energieversorgung andererseits nicht unabhängig voneinander betrachtet werden. Das spricht wiederum für einen Kompetenzmix aus den Kompetenztiteln Nr. 11 und 24 des Art. 74 Abs. 1 GG.[1205] Beide Zielsetzungen des Gesetzes, Reduzierung von Emissionen zum Zwecke der Luftreinhaltung einerseits, wie auch Ressourcenschonung und Aufbau einer gesicherten Energieversorgung andererseits, seien gewissermaßen „die beiden Seiten von ein und derselben Medaille".[1206]

Demgegenüber darf jedoch nicht außer Acht gelassen werden, dass letztlich alle genannten Teilziele dem Klimaschutz zu dienen bestimmt sind. Das gilt nicht nur für das Anliegen einer *nachhaltigen* Energieversorgung und den Ausbau gerade der erneuerbaren Energien. Auch die Förderung der technischen Entwicklung ist speziell auf erneuerbare Energien ausgerichtet; die Schonung fossiler Ressourcen bedingt wiederum den Ausbau erneuerbarer Energien und trägt somit unmittelbar zur Verwirklichung der Klimaschutzziele bei. Eine damit einhergehende, verminderte Abhängigkeit von Energieimporten stellt dabei nicht nur einen positiven wirtschaftspolitischen Nebeneffekt dar, sondern kann unter Umständen zumindest mittelbar, über die Verringerung der Nachfrage, ebenfalls dazu beitragen, eine klimaschädliche Energieerzeugung, sei es auch im Ausland, nach und nach abzubauen. Energiewirtschaftliche Belange, v.a. die

---

1205 So *Milkau*, Ansätze zur Förderung der erneuerbaren Energien im Wärmemarkt, S. 57 sowie 256.

1206 *Milkau*, ZUR 2008, 561 (564).

der fossilen Energiewirtschaft, werden demgegenüber lediglich „reflexartig [...] betroffen".[1207]
Der Klimaschutz ist demzufolge als Primärzweck des EEWärmeG zu verstehen.[1208] Dessen Regelungen – § 16 EEWärmeG eingeschlossen – können daher auf die Kompetenz des Bundes für die Luftreinhaltung, Art. 72 i.V.m. 74 Abs. 1 Nr. 24 GG, gestützt werden.

(4) Hilfsweise: Frage der Erforderlichkeit einer bundeseinheitlichen Regelung gemäß Art. 72 Abs. 2 GG

Soll die Kompetenz des Bundes für den Erlass des EEWärmeG dagegen – anders als hier vertreten – nur unter Rückgriff auf den Kompetenztitel für das Recht der Wirtschaft in Art. 74 Abs. 1 Nr. 11 GG begründet oder ein „Kompetenzmix" angenommen werden, so stellt sich die weitere Frage nach der Anwendung der Erforderlichkeitsklausel des Art. 72 Abs. 2 GG, der zumindest Art. 74 Abs. 1 Nr. 11 GG unterfällt.
Wird ein solcher Kompetenzmix nicht bereits aus diesem Grund – der Geltung unterschiedlicher Anforderungen für ein Tätigwerden des Bundes – für unzulässig gehalten, so ist problematisch, ob der Kompetenzmix im Ganzen von dieser Erforderlichkeitsprüfung freigestellt werden muss oder daran gebunden ist.[1209] Eine Freistellung von der Anwendung des Art. 72 Abs. 2 GG birgt freilich die Gefahr der Umgehung geltender verfassungsrechtlicher Anforderungen in sich. Daher ist die Ausübung der Kompetenz an Art. 72 Abs. 2 GG zu messen.[1210]
Vorliegend würde sich damit die Frage stellen, ob die Bestimmungen des EEWärmeG als bundesrechtliche Regelung zur Herstellung gleichwertiger Lebensverhältnisse im Bundesgebiet oder zur Wahrung der Rechts- oder Wirtschaftseinheit im gesamtstaatlichen Interesse erforderlich sind. Dies ist v.a. mit Blick auf die unterschiedlichen Regelungselemente des Gesetzes näher zu begründen.

1207 Siehe dazu die Nachweise bei *Kahl/Schmidtchen*, Kommunaler Klimaschutz, S. 299 f.
1208 Ebenso *Müller*, in: Müller/Oschmann/Wustlich, EEWärmeG, Einl. Rn. 117.
1209 Dazu *Milkau*, Ansätze zur Förderung der erneuerbaren Energien im Wärmemarkt, S. 63 ff., der sich im Ergebnis in überzeugender Weise der letztgenannten Auffassung anschließt.
1210 So auch *Milkau*, ZUR 2008, 561 (565); *Schulze-Fielitz*, NVwZ 2007, 249 (252).

Soweit Art. 72 Abs. 2 GG im Schrifttum geprüft wird, werden dessen Voraussetzungen mit Blick auf das EEWärmeG einhellig bejaht. So bejaht beispielsweise *Milkau* die Erforderlichkeit einer bundeseinheitlichen Regelung zur Wahrung der Wirtschaftseinheit im gesamtstaatlichen Interesse,[1211] argumentiert dabei allerdings vorwiegend allgemein, mit Blick auf die Notwendigkeit einer Förderung aufgrund der höheren Kosten erneuerbarer Energien.[1212] Angesichts steigender Kosten des Klimawandels, der weitgehenden Untätigkeit der Landesgesetzgeber, der fehlenden Abstimmung zwischen den Ländern und einer insgesamt unzureichenden Technologieförderung sollen die Regelungen des EEWärmeG für die Erhaltung der Funktionsfähigkeit des Wirtschaftsraumes der Bundesrepublik im gesamtstaatlichen Interesse notwendig sein.[1213] Schließlich gehe es zum einen um eine faire Lastenverteilung, zum anderen auch um die Notwendigkeit der Umsetzung internationaler Verpflichtungen, soweit dies auf Länderebene noch nicht hinreichend verfolgt wird.[1214]

Schließlich könnte auch bezüglich § 16 EEWärmeG mit guten Gründen die Erforderlichkeit der Regelung zur Wahrung der Rechts- und Wirtschaftseinheit im gesamtstaatlichen Interesse angenommen werden. Dabei kann insbesondere darauf abgestellt werden, dass diese Norm einen integralen Bestandteil des gesetzgeberischen Konzepts des EEWärmeG darstellt, das den zur Nutzung erneuerbarer Energien Verpflichteten eine Vielzahl von Möglichkeiten der Erfüllung dieser Nutzungspflichten zur Verfügung stellen will. Das setzt voraus, dass insoweit für alle Betroffenen bundesweit einheitliche Bedingungen auch hinsichtlich der Nutzung von Wärmenetzen gelten.[1215] Daran fehlte es vor Erlass des EEWärmeG jedoch angesichts der umstrittenen und unterschiedlichen landesrechtlichen Voraussetzungen für die „Förderung" dieser Netze mit dem Mittel des Anschluss- und Benutzungszwangs.

1211 Siehe *Milkau*, Ansätze zur Förderung der erneuerbaren Energien im Wärmemarkt, S. 65.

1212 Vgl. *Milkau*, Ansätze zur Förderung der erneuerbaren Energien im Wärmemarkt, S. 242 ff.; *ders.*, ZUR 2008, 561 (565).

1213 *Müller*, in: Müller/Oschmann/Wustlich, EEWärmeG, Einl. Rn. 115.

1214 Siehe *Milkau*, ZUR 2008, 561 (566).

1215 So *Nast/Klinski/u.a.*, Ergänzende Untersuchungen und vertiefende Analysen zu möglichen Ausgestaltungsvarianten eines Wärmegesetzes. Endbericht 2009, S. 152, abrufbar unter: http://www.dlr.de/tt/Portaldata/41/Resources/dokumente/institut/system/publications/Endbericht_Waermegesetz-11.pdf (31.7.2015).

gg) Zusammenfassung

Verfassungsrechtliche Zweifel am Bestehen einer Bundeskompetenz für das EEWärmeG – einschließlich der Bestimmung des § 16 EEWärmeG – können demzufolge im Ergebnis nicht durchgreifen. Vielmehr durfte der Bundesgesetzgeber für den Erlass dieser Regelungen, die schwerpunktmäßig dem Klimaschutz dienen, von seiner Kompetenz für die Luftreinhaltung gemäß Art. 72, 74 Abs. 1 Nr. 24 GG Gebrauch machen. Auf die Prüfung der Erforderlichkeit im Sinne des Art. 72 Abs. 2 GG, die mit guten Gründen bejaht werden könnte, kam es dabei nicht an.

b) Aufgabenübertragungsverbot des Art. 84 Abs. 1 Satz 7 GG

Auch in anderer Hinsicht wurden jedoch verfassungsrechtliche Bedenken geäußert. So stellt sich mit Blick auf Art. 84 Abs. 1 Satz 7 GG die Frage, ob den Kommunen mit der Regelung des § 16 EEWärmeG unzulässigerweise Aufgaben übertragen werden.[1216]

Ein vergleichbares Problem stellt sich übrigens auch mit Blick auf die Bestimmungen § 3 Abs. 2 und 3 EEWärmeG zur „Vorbildfunktion" der öffentlichen Hand. Da dies für die Thematik des Anschluss- und Benutzungszwangs allerdings nicht von Bedeutung ist, soll diese spezielle Frage hier nicht näher erörtert werden.[1217]

Eine Aufgabenübertragung an Gemeinden und Gemeindeverbände steht dem Bundesgesetzgeber nach Art. 84 Abs. 1 Satz 7 GG nicht zu. Dahinter steht die Absicht, einen unmittelbaren Durchgriff des Bundes auf die Kommunen, an den Ländern vorbei, zu vermeiden, im Zuge dessen den Kommunen Aufgaben mit gegebenenfalls erheblichen finanziellen Auswirkungen übertragen werden könnten.[1218]

Fraglich ist jedoch, ob den Gemeinden durch § 16 EEWärmeG überhaupt im Sinne der verfassungsrechtlichen Bestimmung „Aufgaben über-

1216 Auch dies bemängelt der Bundesrat in seiner Stellungnahme, BT-Drs. 16/8149, S. 37. Gegen einen solchen Grundgesetzverstoß aber u.a. *Tomerius*, ER 2013, 61 (63).

1217 Ausführlich dazu, und diese Frage im Ergebnis verneinend, *Kahl/Schmidtchen*, LKV 2011, 439 (441 ff.).

1218 Siehe zu den Hintergründen dieser Regelung statt vieler nur *F. Kirchhof*, in: Maunz/Dürig, Art. 84 GG Rn. 152, 154 f.

tragen" werden. Auch Art. 84 Abs. 1 Satz 7 GG verbietet schließlich nicht jede Art von Belastung der Gemeinden, die mit dem Erlass eines Bundesgesetzes gegebenenfalls einhergeht; untersagt wird lediglich die Übertragung des Vollzugs von Bundesgesetzen.[1219] Dass es sich um eine „Aufgabe" im so verstandenen Sinne handelt, darf jedoch vorliegend bezweifelt werden. Ob durch Art. 84 Abs. 1 Satz 1 GG auch die „mittelbare Vermehrung" einer den Gemeinden bereits zugewiesenen Aufgabe ausgeschlossen sein soll, ist noch ungeklärt.[1220]

Der Bundesrat begründete seine verfassungsrechtlichen Bedenken damit, dass die Gemeinden durch § 16 EEWärmeG zumindest verpflichtet würden, „verantwortungsvoll" über den Gebrauch der jeweiligen landesrechtlichen Ermächtigungsgrundlage zu entscheiden und gegebenenfalls tätig zu werden.[1221] Ein „verantwortungsvoller" Umgang mit den den Gemeinden eingeräumten Ermächtigungen und Befugnissen darf freilich auch ohne zusätzliche bundesrechtliche Regelung erwartet werden.

Eine Verpflichtung zum Tätigwerden oder gar zur Anordnung eines bestimmten Anschluss- und Benutzungszwangs ist schließlich auch § 16 EEWärmeG gerade nicht zu entnehmen.[1222] Der Schutzzweck des verfassungsrechtlichen Aufgabenübertragungsverbots wird daher durch § 16 EEWärmeG nicht berührt, werden doch den Gemeinden weder besonders „ausgabenintensive", noch sonstige Aufgaben in Form etwaiger „zu erledigende[r] Verwaltungsangelegenheiten" übertragen, die ihnen bislang nicht zustanden.[1223]

Auch bei weitem Verständnis des aus Art. 84 Abs. 1 Satz 7 GG resultierenden Verbots kann eine Verletzung desselben durch § 16 EEWärmeG nicht festgestellt werden; die grundsätzliche Entscheidung („Ob") über das Treffen einer kommunalen Maßnahme lässt der Bundesgesetzgeber unberührt. Lediglich für den Fall, dass sich die Gemeinde für die Einführung eines Anschluss- und Benutzungszwangs entschieden hat, erweitert § 16

1219 *F. Kirchhof*, in: Maunz/Dürig, Art. 84 GG Rn. 162.

1220 Siehe dazu *F. Kirchhof*, in: Maunz/Dürig, Art. 84 GG Rn. 168, der dies im Ergebnis bejaht.

1221 Vgl. wiederum die Stellungnahme des Bundesrates zum Gesetzentwurf der Bundesregierung, BT-Drs. 16/8149, S. 37.

1222 So *Ennuschat/Volino*, CuR 2009, 90 (95); *Kahl*, VBlBW 2011, 53 (56); *Kahl/Schmidtchen*, Kommunaler Klimaschutz, S. 302.

1223 *Kahl/Schmidtchen*, Kommunaler Klimaschutz, S. 302 m.w.N. Ebenso auf den Schutzzweck des Art. 84 Abs. 1 Satz 7 GG abstellend *Böhm/Schwarz*, DVBl 2012, 540 (542); *Kahl*, VBlBW 2011, 53 (56).

EEWärmeG die Handlungsmöglichkeiten der Kommune bzw. trägt in einigen Fällen gar nur zur Klarstellung bei.

In diesem Zusammenhang wird daher zum Teil auf Art. 28 Abs. 2 Satz 1 GG als lex specialis zu Art. 84 Abs. 1 Satz 7 GG verwiesen, mit der Folge, dass aus Art. 84 Abs. 1 Satz 7 GG keine Beschränkungen für den eigenen Wirkungskreis der Gemeinden abgeleitet werden könnten – dazu gehöre schließlich der Erlass von Satzungen über den Anschluss- und Benutzungszwang.[1224] Im Ergebnis stützt sich auch diese Auffassung auf die Tatsache, dass den Gemeinden insoweit keine Aufgaben übertragen werden können, die ihnen von vornherein bereits zustanden – soweit das entsprechende Bundesrecht keine darüber hinausgehende Regelung trifft.

Das ist jedoch bei § 16 EEWärmeG nicht der Fall. Die bundesrechtliche Norm enthält weder eine Verpflichtung der Gemeinden, noch steuert sie die Entscheidung der Gemeinde inhaltlich für oder gegen einen Anschluss- und Benutzungszwang.[1225] Auch eine Aufgabenvermehrung ist mit § 16 EEWärmeG somit nicht verbunden, noch werden die Gemeinden in den Vollzug von Bundesgesetzen eingeschaltet.[1226]

Das Aufgabenübertragungsverbot des Art. 84 Abs. 1 Satz 7 GG wird daher durch § 16 EEWärmeG nicht verletzt. Die gegen diese Bestimmung ins Feld geführten verfassungsrechtlichen Bedenken können somit im Ergebnis nicht durchgreifen.

7. Einzelheiten zum Regelungsinhalt des § 16 EEWärmeG und die sich daraus ergebenden Rechtsfolgen

Da die Vorschrift des § 16 EEWärmeG demnach der vorgetragenen Kritik in verfassungsrechtlicher Hinsicht Stand hält, stellt sich die Frage nach der konkreten Regelungswirkung der Norm.

§ 16 EEWärmeG zufolge können Gemeinden „von einer Bestimmung nach Landesrecht, die sie zur Begründung eines Anschluss- und Benutzungszwangs an ein Netz der öffentlichen Fernwärme- oder Fernkälteversorgung ermächtigt, auch zum Zwecke des Klima- und Ressourcenschut-

---

1224 So *Kahl/Schmidtchen*, Kommunaler Klimaschutz, S. 302 f.
1225 *Kahl*, VBlBW 2011, 53 (56); *Kahl/Schmidtchen*, Kommunaler Klimaschutz, S. 303 m.w.N. So auch *Ekardt/Heitmann*, ZNER 2009, 346 (354).
1226 So *Kahl*, VBlBW 2011, 53 (56); *Kahl/Schmidtchen*, Kommunaler Klimaschutz, S. 303 m.w.N.

zes Gebrauch machen." Die umstrittene Frage, ob nach dem jeweiligen Landesrecht die Anordnung eines Anschluss- und Benutzungszwangs aus diesem Grund zulässig ist, wird damit durch den Bundesgesetzgeber eindeutig zugunsten des Klimaschutzes entschieden.

Die Norm kann dabei allerdings Satzungen nicht rückwirkend heilen. Für Satzungen, die aus Zeit vor dem Inkrafttreten des Gesetzes am 1.1.2009[1227] stammen, kann § 16 EEWärmeG in zeitlicher Hinsicht noch keine Anwendung finden.[1228]

Soweit auch nach Landesrecht der Klimaschutz bereits einen zulässigen Anordnungsgrund darstellt, kommt § 16 EEWärmeG ohnehin lediglich klarstellende Funktion zu. Für die übrigen Bundesländer entfaltet die bundesrechtliche Regelung allerdings eine erweiternde Wirkung bezüglich der landesrechtlich zulässigen Anordnungsgründe.[1229]

Der Bundesgesetzgeber hat damit im Zuge seiner Energie- und Klimapolitik zugleich eine Wertentscheidung zugunsten des Klimaschutzes getroffen und verdeutlicht mit § 16 EEWärmeG, dass eine Anwendung des kommunalrechtlichen Instruments des Anschluss- und Benutzungszwangs zum Schutz des globalen Klimas aus seiner Sicht wünschenswert erscheint.[1230] Die Rolle der Gemeinden bei der Realisierung eines globalen Anliegens wurde dadurch einmal mehr gestärkt.

Daher wird § 16 EEWärmeG im Schrifttum auch als ein gelungenes Beispiel für die Möglichkeiten des Bundes betrachtet, „im Klimaschutzrecht Landesrecht zu überlagern und überformen", um so im Ergebnis die kommunalen Handlungsmöglichkeiten weiter zu stärken.[1231] Landesrechtliche Regelungen könnten auf diese Weise „aufgeladen und harmonisiert" werden.[1232]

Wie bereits dem Wortlaut des § 16 EEWärmeG zu entnehmen ist, stellt die Vorschrift jedenfalls selbst keine Ermächtigungsgrundlage für die Anordnung eines Anschluss- und Benutzungszwangs dar, sondern setzt eine

---

1227 Das EEWärmeG trat dessen § 20 zufolge am 1.1.2009 in Kraft.
1228 Siehe VG Schwerin, Urt. v. 21.9.2011 – 7 A 1085/08 –, BeckRS 2012, 46711.
1229 So *Kahl*, VBlBW 2011, 53 (58), sowie *ders.*, ZUR 2010, 395 (399); ebenso *Klemm*, CuR 2008, 124 (129 f.); *Wustlich*, in: Danner/Theobald, Energierecht, Erneuerbare Energien, § 16 EEWärmeG Rn. 2.
1230 Siehe *Faßbender*, in: Köck/Faßbender, Klimaschutz durch Erneuerbare Energien, S. 39 (47).
1231 *Rodi*, IR 2012, 242 (244 f.).
1232 So wiederum *Rodi*, IR 2012, 242 (245), der dies auch für andere Regelungsbereiche fordert.

solche – landesrechtliche – Ermächtigung vielmehr voraus.[1233] Der Gesetzgeber selbst spricht von einer „Erweiterung bereits bestehender Ermächtigungsgrundlagen der Länder"[1234] und bestätigt, dass damit keine neue, bundesrechtliche Ermächtigungsgrundlage geschaffen werden sollte.[1235]

Das verdeutlicht im Übrigen auch der Vergleich mit der im Rahmen des Gesetzgebungsverfahrens zunächst vorgesehenen Regelung, die ausdrücklich eine unmittelbare Ermächtigung für Gemeinden und Gemeindeverbände enthalten sollte, später allerdings zugunsten der nun in § 16 EEWärmeG enthaltenen Regelung aufgegeben wurde.[1236] Mit der bloßen Klarstellung bzw. Erweiterung bereits bestehender Ermächtigungsgrundlagen wird einerseits ein Nebeneinander verschiedener Ermächtigungsgrundlagen einschließlich der daraus folgenden Abgrenzungsschwierigkeiten und Rechtsunsicherheiten vermieden, andererseits können mit dieser Regelungstechnik etwaige landesrechtliche Besonderheiten im Hinblick auf die konkret zulässige Ausgestaltung des Anschluss- und Benutzungszwangs beibehalten und zudem die Länderkompetenzen weitest möglich geschont werden.[1237]

a) „Fernwärmeversorgung" im Sinne des § 16 EEWärmeG

Der Regelungsgehalt des § 16 EEWärmeG ist dem klaren Wortlaut nach auf wenige konkrete Anwendungsfälle beschränkt und an die Erfüllung

---

1233 So *Klemm*, CuR 2008, 124 (129); *Wustlich*, in: Danner/Theobald, Energierecht, Erneuerbare Energien, § 16 EEWärmeG Rn. 14. *Schmidt*, Nutzung von Solarenergie, S. 180, spricht von einer „eingeschränkte[n] Rechtsgrundverweisung". Unklar *Schmidt/Kahl/Gärditz*, Umweltrecht, § 6 Rn. 86, die einerseits § 16 EEWärmeG selbst als „bundesweite Ermächtigungsgrundlage" bezeichnen, mit der dem verfassungsrechtlichen Gesetzesvorbehalt Genüge getan sei, zugleich aber andererseits darauf hinweisen, dass die Länder danach „von einer Bestimmung nach Landesrecht [...] auch zum Zwecke des Klima- und Ressourcenschutzes Gebrauch machen" könnten.
1234 Begründung des Gesetzentwurfs der Bundesregierung, BT-Drs. 16/8149, S. 19. Dem folgend *Ekardt/Schmitz/Schmidtke*, ZNER 2008, 334 (341); *Tomerius*, ER 2013, 61 (63).
1235 Begründung des Gesetzentwurfs der Bundesregierung, BT-Drs. 16/8149, S. 29.
1236 Vgl. dazu *Milkau*, in: Müller/Oschmann/Wustlich, EEWärmeG, § 16 Rn. 6; *Kahl/Schmidtchen*, Kommunaler Klimaschutz, S. 298.
1237 Siehe *Milkau*, in: Müller/Oschmann/Wustlich, EEWärmeG, § 16 Rn. 8.

bestimmter Voraussetzungen gebunden. So betrifft die Norm ausschließlich die „Begründung eines Anschluss- und Benutzungszwangs an ein Netz der öffentlichen Fernwärme- oder Fernkälteversorgung".

Eine Definition des Begriffs der Fernwärme[1238] für den Anwendungsbereich des EEWärmeG enthält § 2 Abs. 2 Nr. 2 des Gesetzes. Der Begriff umfasst danach Wärme, die in Form von Dampf oder heißem Wasser durch ein Wärmenetz verteilt wird, somit jede leitungsgebundene Wärmeversorgung – auch als „Nahwärme" bezeichnete Formen.[1239] Dass das Gesetz lediglich von Fernwärme spricht und die Nahwärme nicht ausdrücklich erwähnt, wird teils kritisch bewertet, da die Wortwahl des Bundesgesetzgeber damit Anlass geben könnte, die Nahwärmeversorgung – entgegen der gesetzgeberischen Absicht – rechtlich doch anders zu behandeln als Fernwärme, sie insbesondere vom Anwendungsbereich des EEWärmeG auszunehmen.[1240]

Eine solche Auslegung wäre von der im Gesetz enthaltenen Legaldefinition allerdings nicht gedeckt. Vielmehr zeigt der Gesetzgeber durch die einheitliche Verwendung nur des Fernwärmebegriffs, dass er dabei von einem einheitlichen Oberbegriff für die netzgebundene Wärmeversorgung ausgeht,[1241] der verschiedene Formen umfasst – auch etwa als „Nahwärme" bezeichnete Arten einer gegebenenfalls kleinräumigeren, dennoch zentralen Wärmeversorgung.

Allein für die Auslegung des Begriffs der Fernwärme im Sinne des EEWärmeG kommt es daher weder auf die Distanz zwischen versorgten Gebäuden zur Anlage der zentralen Wärmeerzeugung an, noch auf die dazu in dieser Anlage eingesetzten Energieträger. Zu prüfen bleibt jedoch, ob

---

1238 Für die ebenfalls aufgeführte Fernkälte gelten nach den Bestimmungen des EEWärmeG insoweit die gleichen Anforderungen; die Fernkälte soll daher im Folgenden nicht „parallel" mit erwähnt, sondern die Ausführungen auf die im Mittelpunkt auch des öffentlichen und juristischen Interesses stehende Wärmeversorgung beschränkt werden.

1239 So bereits die Begründung des Gesetzentwurfs der Bundesregierung, BT-Drs. 16/8149, S. 29. Vgl. auch *Wustlich*, in: Danner/Theobald, Energierecht, Erneuerbare Energien, § 16 EEWärmeG Rn. 19. Ausführlich zu den entsprechenden Begrifflichkeiten bereits oben Teil 1 IV. 4., dort unter lit. d) speziell zu den Begriffen im Sinne des EEWärmeG.

1240 So zumindest die Befürchtung von *Klemm*, CuR 2008, 124 (130).

1241 Siehe in dem Sinne auch die Begründung des Gesetzentwurfs der Bundesregierung, BT-Drs. 17/3629, S. 40. So auch der BGH seit BGHZ 109, 118; dazu wiederum bereits oben Teil 1 IV. 4. b) cc).

sich für die Anwendbarkeit des § 16 EEWärmeG gegebenenfalls – zusätzlich zum allgemeinen Begriff der Fernwärme – weitere Anforderungen an die Wärmeversorgung ergeben.

Soweit es sich nach § 16 EEWärmeG um ein Netz der „öffentlichen" Fernwärmeversorgung handeln muss, verbindet sich damit die Anforderung, dass es sich um ein grundsätzlich allen Letztverbrauchern im jeweiligen Gebiet offenstehendes Netz handeln muss, das nicht bereits bei der Errichtung von vornherein auf die Versorgung eines feststehenden oder bestimmbaren Kreises von Abnehmern ausgerichtet war.[1242] Der Begriff knüpft demgegenüber nicht an eine zwingende Trägerschaft der öffentlichen Hand an.[1243]

Stimmen im Schrifttum, die im Zusammenhang § 16 EEWärmeG von einem „über die Nah- und Fernwärmefrage" hinausreichenden Anwendungsbereich sprechen,[1244] bleiben unklar und sind streng genommen – die parallele Behandlung der Kälteversorgung einmal außer Acht gelassen – auch nicht zutreffend.

§ 16 EEWärmeG bezieht sich nämlich dem insoweit eindeutigen Wortlaut zufolge allein auf die „öffentliche Fernwärme- oder Fernkälteversorgung" und macht – von der Zielsetzung des globalen Klimaschutzes abgesehen – die Subsumtion unter die übrigen Voraussetzungen der jeweiligen landesrechtlichen Ermächtigungsgrundlage keineswegs entbehrlich.[1245] Zwar bringt die Norm tatsächlich eine Tendenz des Gesetzgebers zum Ausdruck, den Klimaschutz als relevanten Belang für verschiedene Bereiche insbesondere kommunaler Aktivitäten ausdrücklich gesetzlich festzuhalten, doch kommt eine unmittelbare Übertragung der Regelung über den eigentlichen Anwendungsbereich hinaus nicht in Betracht.

1242 So *Wustlich*, in: Danner/Theobald, Energierecht, Erneuerbare Energien, § 16 EEWärmeG Rn. 19, wiederum unter Berufung auf die Begründung des Gesetzentwurfs der Bundesregierung, BT-Drs. 16/8149, S. 29.

1243 Begründung des Gesetzentwurfs der Bundesregierung, BT-Drs. 16/8149, S. 29; *Milkau*, in: Müller/Oschmann/Wustlich, EEWärmeG, § 16 Rn. 48.

1244 So *Ekardt/Schmitz/Schmidtke*, ZNER 2008, 334 (341).

1245 Dies deuten aber *Ekardt/Schmitz/Schmidtke*, ZNER 2008, 334 (341), an.

b) Geltung allgemeiner landesrechtlicher Voraussetzungen

Ausgehend vom Wortlaut werden für die Inanspruchnahme des § 16 EE-
WärmeG weitere Voraussetzungen abgeleitet. Da es sich bei der Regelung
gerade nicht um eine selbstständige Ermächtigungsgrundlage handelt,
bleibt Ausgangspunkt der Prüfung der Zulässigkeit eines Anschluss- und
Benutzungszwanges nach wie vor die jeweilige landesrechtliche Ermächtigungsgrundlage mit den darin geregelten Voraussetzungen, die zunächst
gegeben sein müssen.[1246]
Danach müsste nach Landesrecht überhaupt die Möglichkeit eines An-
schluss- und Benutzungszwangs für die (Fern-)Wärmeversorgung vorgesehen sein. Das ist, wie gesehen, gegenwärtig in allen Bundesländern der
Fall.[1247]
Unterschiede bestehen jedoch hinsichtlich der Zulässigkeit der Einbeziehung des Gebäudebestands, da der Anschluss- und Benutzungszwang
in Bayern und Hamburg insoweit Beschränkungen unterliegt.[1248] Derartige Beschränkungen des Landesrechts können auch im Rahmen der Anwendung des § 16 EEWärmeG nicht überwunden werden.[1249] Danach
kann etwa in Bayern ein Anschluss- und Benutzungszwang für die Wärmeversorgung auch unter Rückgriff auf § 16 EEWärmeG lediglich für Gebiete, die einer neuen Bebauung zugeführt werden, sowie für Sanierungs-
gebiete begründet werden; „Grundstücke mit emissionsfreien Heizeinrichtungen" müssen in Bayern vom Geltungsbereich eines solchen Anschluss-
und Benutzungszwangs von vornherein ausgenommen bleiben.[1250]
Auf den ersten Blick könnte fraglich erscheinen, ob § 16 EEWärmeG
nicht ebenso wie die Nutzungspflicht des § 3 Abs. 1 EEWärmeG auf Neubauten beschränkt ist und damit generell keine Einbeziehung des Gebäudebestands gestattet.[1251] Dagegen sprechen jedoch nicht nur der Wortlaut
der Norm, dem in dieser Hinsicht keine Einschränkung entnommen werden kann, sondern auch systematische Erwägungen. Die Beschränkung

---

1246 So auch *Wustlich*, in: Danner/Theobald, Energierecht, Erneuerbare Energien,
§ 16 EEWärmeG Rn. 17 f. sowie 25; *Böhm/Schwarz*, DVBl 2012, 540 (543).
1247 Siehe oben Teil 2 III. 1. zu den einzelnen landesrechtlichen Regelungen.
1248 Siehe oben Teil 2 III. 2. zu dieser und weiteren landesrechtlichen Besonderheiten.
1249 Ebenso *Böhm/Schwarz*, DVBl 2012, 540 (544).
1250 So auch *Dengler*, KommP BY 2010, 300 (301).
1251 Diese Frage werfen auch *Ennuschat/Volino*, CuR 2009, 90 (95), auf.

auf Neubauten ist speziell für die Regelung der Nutzungspflicht privater Gebäudeeigentümer vorgesehen und dementsprechend lediglich in Teil 2 des Gesetzes enthalten. Eine Übertragung auf die anderen Teile des Gesetzes scheidet danach aus.[1252] Zudem sprechen auch Sinn und Zweck des § 16 EEWärmeG gegen eine Beschränkung auf Neubauten, bliebe dem Anschluss- und Benutzungszwang damit doch gerade ein besonders bedeutsamer Teil des grundsätzlich möglichen Anwendungsbereichs verschlossen.[1253] Inwieweit gegebenenfalls aus anderen, insbesondere verfassungsrechtlichen Gründen Ausnahmen oder Beschränkungen im Hinblick auf Altbauten erforderlich sind, ist eine Frage der konkreten Ausgestaltung der Satzung, mit der sich § 16 EEWärmeG nicht näher befasst.

Lediglich soweit es das Vorliegen eines Festsetzungsgrundes, d.h. des erforderlichen „öffentlichen Bedürfnisses" bzw. der „Gründe des öffentlichen Wohls" betrifft, kann auf § 16 EEWärmeG zurückgegriffen werden.[1254] In Konsequenz der teils klarstellenden, teils erweiternden Wirkung des § 16 EEWärmeG ist Voraussetzung für seine Anwendbarkeit, dass die landesrechtliche Ermächtigungsgrundlage einen Anschluss- und Benutzungszwang aus Gründen des globalen Klimaschutzes nicht zulässt. § 16 EEWärmeG ist danach lediglich subsidiär anwendbar, sein Anwendungsbereich somit gesperrt, wenn bereits Landesrecht einen entsprechenden Festsetzungsgrund kennt.[1255] Dafür spricht der mit § 16 EEWärmeG verfolgte Regelungszweck, demzufolge die bundesrechtliche Vorschrift nach Landesrecht bestehende Hindernisse beseitigen, nicht jedoch landesrechtliche Ermächtigungsgrundlagen ersetzen soll.[1256] Auch eine andere Auffassung, wonach § 16 EEWärmeG grundsätzlich neben der jeweiligen landesrechtlichen Vorschrift anwendbar wäre, würde allerdings im Ergebnis für die Praxis keinen Unterschied darstellen. In der Konsequenz wäre ein Anschluss- und Benutzungszwang aus Gründen des globalen Klimaschutzes danach zulässig – gegebenenfalls unter unmittelbarer Heranziehung des § 16 EEWärmeG; die weiteren Voraussetzungen richteten sich dennoch in jedem Fall nach geltendem Landesrecht.

1252 Ebenso *Ennuschat/Volino*, CuR 2009, 90 (95).
1253 Zur Bedeutung gerade des Gebäudebestands siehe Einleitung, in und bei Fn. 8.
1254 *Böhm/Schwarz*, DVBl 2012, 540 (544).
1255 So *Wustlich*, in: Danner/Theobald, Energierecht, Erneuerbare Energien, § 16 EEWärmeG Rn. 22 f.
1256 Ebenso *Wustlich*, in: Danner/Theobald, Energierecht, Erneuerbare Energien, § 16 EEWärmeG Rn. 22.

c) Zusätzliche Anforderungen nach den Bestimmungen des EEWärmeG

Aus dem Regelungszweck des EEWärmeG können sich darüber hinaus weitere Beschränkungen ergeben. Obgleich § 16 EEWärmeG lediglich voraussetzt, dass ein Anschluss- und Benutzungszwang an die öffentliche Fernwärmeversorgung begründet werden soll, regelt das Gesetz doch an anderer Stelle – etwa in § 7 Abs. 1 Nr. 3 i.V.m. Nr. VIII der Anlage zum EEWärmeG – zusätzliche Anforderungen an die Fernwärmeversorgung. Daher stellt sich die Frage, ob und inwieweit diese Anforderungen auch im Rahmen der Anwendung des § 16 EEWärmeG zu beachten sind.

aa) Die Anforderungen gemäß Nr. VIII der Anlage zum EEWärmeG

Gemäß Nr. VIII 1. der Anlage zum EEWärmeG gilt die Nutzung von Fernwärme oder -kälte nur dann als Ersatzmaßnahme nach § 7 Abs. 1 Nr. 3 des Gesetzes, „wenn die in dem Wärme- oder Kältenetz insgesamt verteilte Wärme oder Kälte
a) zu einem wesentlichen Anteil aus Erneuerbaren Energien,
b) zu mindestens 50 Prozent aus Anlagen zur Nutzung von Abwärme,
c) zu mindestens 50 Prozent aus KWK-Anlagen oder
d) zu mindestens 50 Prozent durch eine Kombination der in den Buchstaben a bis c genannten Maßnahmen stammt. Die Nummern I bis IV gelten entsprechend.“
Durch den genannten Satz 2 der Regelung der Nr. VIII 1. der Anlage zum EEWärmeG wird hinsichtlich der danach erforderlichen Nutzung erneuerbarer Energien, von Abwärme oder KWK-Anlagen wiederum auf die Maßstäbe der Nr. I-VI der Anlage zum EEWärmeG verwiesen. Soweit Nr. VIII 1. Satz 1 lit. a) der Anlage unbestimmt von einem „wesentlichen Anteil aus Erneuerbaren Energien" spricht, so bleibt dies im konkreten Fall der Prüfung durch die zuständige Behörde überlassen, doch sollen dabei wiederum als Richtwerte die Mindestanteile nach § 5 EEWärmeG herangezogen werden, von denen aber – begründete – Abweichungen zulässig seien.[1257] Dies gelte insbesondere in Zweifelsfällen und bei nur gering-

---

1257 Dafür sprach sich das Bundesministerium für Umwelt, Naturschutz und Reaktorsicherheit in seinen Anwendungshinweisen zum Vollzug des EEWärmeG vom 18.3.2011, „Nutzung von Fernwärme oder Fernkälte bei Neubauten (Hinweis Nr. 1/2011)", S. 4, aus; abrufbar unter: http://www.erneuerbare-energien.de

fügigen Unterschreitungen dieser Werte, da unter Berücksichtigung der Gesamtziele des EEWärmeG in der Tendenz eine Entscheidung zugunsten der Anerkennung der Wärme- bzw. Kältenetze zu treffen sei.[1258] Auch wenn dem Fernwärmebegriff des § 2 Abs. 2 Nr. 2 EEWärmeG ein weites Begriffsverständnis zugrunde liegt, von dem alle Formen der netzgebundenen Wärmeversorgung erfasst werden, regelt das Gesetz doch in Nr. VIII 1. der Anlage zum EEWärmeG konkrete Anforderungen an die jeweils eingesetzten Energieträger bzw. die technischen Effizienzmerkmale gerade der KWK-Anlagen. Erst bei Erfüllung dieser zusätzlichen Anforderungen sind mit der Nutzung der Fernwärme die gesetzlich vorgesehenen Rechtsfolgen verbunden.

Wissenschaftlichen Schätzungen zufolge erfüllten 2010 etwa 60 % der in Wärmenetzen verteilten Wärme die Anforderungen aus Nr. VIII des Anhangs zum EEWärmeG[1259] und kamen daher gegebenenfalls für die Anerkennung als Ersatzmaßnahme gemäß § 7 Abs. 1 Nr. 3 EEWärmeG in Betracht.

bb) Wortlaut des § 16 EEWärmeG

§ 16 EEWärmeG selbst allerdings nimmt diese in der Anlage zum Gesetz niedergelegten Anforderungen nicht unmittelbar in Bezug. Bei isolierter Betrachtung des Wortlauts von § 16 EEWärmeG liegt daher die Annahme nicht fern, dass ein Anschluss- und Benutzungszwang aus Gründen des Klimaschutzes danach auch für ausschließlich fossil gespeiste Wärmenet-

---

/EE/Redaktion/DE/Downloads/nutzung_von_fernwaerme_oder_fernkaelte_bei_neubauten.html;jsessionid=E4F345A9E23178A7F41532C1C31220D9 (24.6.2015). Für eine Heranziehung der Werte des § 5 EEWärmeG als „Richtgrößen" auch *Schmidt*, Nutzung von Solarenergie, S. 184.

1258 So ebenfalls das Bundesministerium für Umwelt, Naturschutz und Reaktorsicherheit in seinen Anwendungshinweisen zum Vollzug des EEWärmeG vom 18.3.2011, „Nutzung von Fernwärme oder Fernkälte bei Neubauten (Hinweis Nr. 1/2011)", S. 4, aus; abrufbar unter: http://www.erneuerbare-energien.de/EE/Redaktion/DE/Downloads/nutzung_von_fernwaerme_oder_fernkaelte_bei_neubauten.html;jsessionid=E4F345A9E23178A7F41532C1C31220D9 (24.6.2015).

1259 Siehe den Erfahrungsbericht zum Erneuerbare-Energien-Wärmegesetz (EEWärmeG-Erfahrungsbericht) v. 19.12.2012, S. 52, 72; abrufbar unter: https://www.erneuerbare-energien.de/EE/Redaktion/DE/Downloads/Berichte/erfahrungsbericht_der_bundesregierung_zum_erneuerbare_energien_waermegesetz.pdf?__blob=publicationFile&v=4 (25.6.2015).

ze zulässig sein soll.[1260] Mit Blick auf das EEWärmeG insgesamt wird allerdings zum Teil bezweifelt, ob durch Nutzung derartiger Wärmenetze tatsächlich ein Beitrag zum Klimaschutz, wie ihn das Gesetz fördern will, geleistet werden kann.

Doch auch bestimmte Aussagen der Gesetzesbegründung sprechen eher gegen eine Übertragung der Anforderungen aus Nr. VIII der Anlage des Gesetzes auf § 16 EEWärmeG. Danach soll nun überall die Anordnung eines Anschluss- und Benutzungszwanges aus Klimaschutzgründen möglich sein, „insbesondere [an ein] Netz, in dem die Endenergie anteilig aus Erneuerbaren Energien oder überwiegend aus Kraft-Wärme-Kopplungsanlagen nach Maßgabe der Gesetzesanlage stammt".[1261]

cc) Sinn und Zweck der gesetzlichen Regelung

Andererseits könnten Systematik sowie Sinn und Zweck der gesetzlichen Regelung dafür sprechen, dass eine Fernwärmeversorgung, zu deren Gunsten unter Berufung auf § 16 EEWärmeG ein kommunaler Anschluss- und Benutzungszwang begründet werden soll, den in § 7 Abs. 1 Nr. 3 i.V.m. Nr. VIII der Anlage zum EEWärmeG geregelten weiteren Anforderungen genügen muss.

Wie mit dem EEWärmeG insgesamt verfolgte der Gesetzgeber auch speziell mit § 16 EEWärmeG das Ziel der Förderung des Ausbaus erneuerbarer Energien aus Gründen des Klimaschutzes. An diesem Ziel, das § 1 Abs. 2 des Gesetzes ausdrücklich festhält, orientieren sich alle Bestimmungen des EEWärmeG, insbesondere die konkreten Nutzungspflichten für erneuerbare Energien gemäß § 3 EEWärmeG, aber auch die Regelungen zur finanziellen Förderung einzelner Maßnahmen nach § 14 EEWärmeG.

§ 16 fügt sich in systematischer Hinsicht als eines von insgesamt drei verschiedenen Instrumenten zur Förderung von Wärmenetzen in das Re-

---

1260 So etwa *Milkau*, Ansätze zur Förderung der erneuerbaren Energien im Wärmemarkt, S. 261.
1261 Begründung des Gesetzentwurfs der Bundesregierung, BT-Drs. 16/8149, S. 29. Darauf nimmt auch *Milkau*, in: Müller/Oschmann/Wustlich, EEWärmeG, § 16 Rn. 48 sowie 55, 57, Bezug und führt aus, dass eine Änderung des Wortlauts im Verlauf des Gesetzgebungsverfahrens gerade abgelehnt worden war (a.a.O. Rn. 55).

gelungsgefüge des EEWärmeG ein. Die Vorschrift ergänzt die Anerkennung der Wärmenetze als Ersatzmaßnahme in § 7 Abs. 1 Nr. 3 EEWärmeG sowie § 14 Abs. 1 Nr. 4 EEWärmeG zur finanziellen Förderung dieser Netze. Beiden Regelungen, § 7 Abs. 1 Nr. 3 und § 14 Abs. 1 Nr. 4 EEWärmeG, sind spezielle Anforderungen an den Einsatz gerade erneuerbarer Energien gemeinsam.[1262] Alle drei dem Ausbau der Wärmenetze dienenden Instrumente sind Ausdruck der besonderen „Förderungswürdigkeit", die der Gesetzgeber Wärmenetzen unter Einsatz der KWK-Technik oder erneuerbarer Energien zuschreibt. Die Vorschriften stehen somit in engem Zusammenhang und könnten in der Konsequenz dieser Auffassung „als Einheit" zu betrachten und entsprechend auszulegen sein.[1263]

Immerhin zeigt der Wortlaut des § 16 EEWärmeG – gewissermaßen als Bestätigung dieses Regelungszusammenhangs –, dass es dem Gesetzgeber hierbei ebenfalls um das Ziel des Klima- und Ressourcenschutzes geht. § 16 EEWärmeG nimmt somit Bezug auf die Zwecksetzung des § 1 Abs. 1 EEWärmeG, die gemäß Abs. 2 dieser Norm gerade durch Steigerung des Anteils erneuerbarer Energien am Endenergieverbrauch für Wärme und Kälte auf 14 % bis 2020 realisiert werden soll. Der Zweck des Gesetzes kommt im gesamten Normgefüge zum Ausdruck; er war schließlich auch entscheidend für die Bestimmung der Kompetenzgrundlage für den Erlass des Gesetzes.[1264]

Daher kann zumindest der Einwand, bei einer Auslegung des § 16 EEWärmeG „im Lichte des § 7 Nr. 3 EEWärmeG" würde der Anwendungsbereich des § 16 EEWärmeG zu sehr verengt, im Ergebnis nicht ganz überzeugen.[1265] Denn schließlich ist die Begrenzung des Anwendungsbereichs dem Telos der Regelung geschuldet. Im Übrigen stünden selbst nach Nr. VIII der Anlage zum EEWärmeG zur Erfüllung der Anforderungen noch verschiedene Alternativen der Energieerzeugung und Speisung des Wärmenetzes zur Verfügung, weshalb der Gestaltungsspielraum für die Praxis zwar eingeschränkt würde, allerdings nicht über ein noch zu realisierendes Maß hinaus. Dies zeigen nicht zuletzt Schätzungen, wonach

---

1262 Zum Gefüge dieser drei Instrumente bzw. „Bausteine" zur Förderung von Wärmenetzen *Milkau*, in: Müller/Oschmann/Wustlich, EEWärmeG, § 16 Rn. 53.
1263 So *Wustlich*, ZUR 2008, 113 (119).
1264 Siehe oben Teil 4 I 6. a).
1265 So aber *Ennuschat/Volino*, CuR 2009, 90 (95).

die Anforderungen der Nr. VIII des Anhangs zum EEWärmeG bereits von mehr als der Hälfte, ca. 60 %, der Wärmenetze erfüllt werden können.[1266]

Das öffentliche Bedürfnis des Klimaschutzes kann zudem – auch unter Einsatz einer zentralen Wärmeversorgung – dann umso konsequenter verfolgt werden, wenn die erzeugte Wärme „anteilig aus Erneuerbaren Energien oder überwiegend aus Kraft-Wärme-Kopplungsanlagen [...] stammt".[1267] Sofern die Wärmeerzeugung den in Nr. VIII der Anlage zum EEWärmeG geregelten Kriterien nicht genügt, sondern allein bzw. überwiegend konventionelle, fossile Brennstoffe zum Einsatz kommen, kann daher berechtigterweise die Frage aufgeworfen werden, ob ein Anschluss- und Benutzungszwang für die Wärmeversorgung in diesen Fällen tatsächlich dem Ziel des Klimaschutzes dienen und dementsprechend auf § 16 EEWärmeG gestützt werden könnte.[1268]

dd) Gefahr einer Pflichtenkollision

Schließlich wäre es tatsächlich wenig überzeugend, den Ausbau auch eines solchen Wärmenetzes über § 16 EEWärmeG zu fördern, das Betroffenen eine Erfüllung der ihnen obliegenden Nutzungspflicht nach § 3 EEWärmeG im Wege der Ersatzmaßnahme gemäß § 7 Abs. 1 Nr. 3 des Gesetzes nicht ermöglichen würde.[1269]

In der Literatur findet sich daher zu Recht der Hinweis auf eine mögliche Pflichtenkollision für Betroffene, die sowohl der Nutzungspflicht des EEWärmeG als auch einem Anschluss- und Benutzungszwang an ein

---

1266 Siehe den Erfahrungsbericht zum Erneuerbare-Energien-Wärmegesetz (EEWärmeG-Erfahrungsbericht) v. 19.12.2012, S. 52, 72; abrufbar unter: https://www.er neuerbare-energien.de/EE/Redaktion/DE/Downloads/Berichte/erfahrungsbericht _der_bundesregierung_zum_erneuerbare_energien_waermegesetz.pdf?__blob= publicationFile&v=4 (25.6.2015).

1267 Siehe auch *Wustlich*, in: Danner/Theobald, Energierecht, Erneuerbare Energien, § 16 EEWärmeG Rn. 20.

1268 Ebenso *Wustlich*, in: Danner/Theobald, Energierecht, Erneuerbare Energien, § 16 EEWärmeG Rn. 20; *ders.*, ZUR 2008, 113 (119); *Kahl*, ZUR 2010, 395 (399); *Schmidt*, Nutzung von Solarenergie, S. 183. A.A. *Ennuschat/Volino*, CuR 2009, 90 (95); *Milkau,* in: Müller/Oschmann/Wustlich, EEWärmeG, § 16 Rn. 55 ff.

1269 Ebenso *Milkau*, in: Müller/Oschmann/Wustlich, EEWärmeG, § 16 Rn. 54, der sich jedoch i.E. dennoch der Gegenauffassung anschließt; siehe auch *Kahl/ Schmidtchen*, Kommunaler Klimaschutz, S. 316.

kommunales Wärmenetz unterliegen, das allerdings den Anforderungen des § 7 Nr. 3 EEWärmeG nicht gerecht wird.[1270]

ee) Vergleich mit geltenden landesrechtlichen Bestimmungen

Soweit Vertreter des Schrifttums ihre Argumentation gegen zusätzliche Anforderungen an die konkrete Wärmeversorgung auch auf einen Vergleich mit den bestehenden landesrechtlichen Ermächtigungsgrundlagen stützen,[1271] können sie damit jedenfalls insofern nicht durchdringen, als es keineswegs ausgeschlossen ist, dass gleich- oder ähnlich lautende Formulierungen in verschiedenen Gesetzen unterschiedlich auszulegen sind, insbesondere soweit es sich um Regelungen verschiedener Normgeber handelt. Immerhin strebt auch das EEWärmeG keine – kompetenzrechtlich problematische – vollständige Angleichung der Ermächtigungsgrundlagen der Länder an.[1272] Vielmehr dient die Regelung des § 16 EEWärmeG dem Ziel, bestehende Rechtsunsicherheiten zu beseitigen und bundesweit einen Anschluss- und Benutzungszwang im Bereich der Wärmeversorgung aus Gründen des globalen Klimaschutzes zu ermöglich – dies allerdings unter Anknüpfung an bestehendes Landesrecht und unter Beibehaltung der jeweiligen landesrechtlichen Besonderheiten.[1273]

ff) Lösung der Problematik über eine vermittelnde Ansicht

Vor dem Hintergrund der gerade fehlenden ausdrücklichen Bezugnahme auf Nr. VIII der Anlage zum EEWärmeG einerseits, der Einbettung des § 16 EEWärmeG in das Instrumentarium des Gesetzes und insbesondere der erwähnten teleologischen Argumente andererseits, weist schließlich eine vermittelnde Ansicht den Weg zur Auflösung der geschilderten Problematik: Ein auf § 16 EEWärmeG gestützter Anschluss- und Benutzungs-

---

1270 So *Dengler*, KommP BY 2010, 300 (301). Zum Verhältnis des EEWärmeG zu einem kommunalen Anschluss- und Benutzungszwang siehe im Übrigen sogleich noch unter Teil 4 I. 8.

1271 So etwa *Milkau*, in: Müller/Oschmann/Wustlich, EEWärmeG, § 16 Rn. 56.

1272 So aber offenbar *Milkau*, in: Müller/Oschmann/Wustlich, EEWärmeG, § 16 Rn. 56.

1273 Vgl. dazu wiederum auch *Milkau*, in: Müller/Oschmann/Wustlich, EEWärmeG, § 16 Rn. 5 und 7.

zwang kommt dem Wortlaut der Norm zufolge allein „zum Zwecke des Klima- und Ressourcenschutzes" in Betracht. Somit ist auch zu beachten, auf welche Art und Weise das EEWärmeG insgesamt den Klimaschutz fördern will. Danach kommt es insbesondere auf eine weitere Verbreitung erneuerbarer Energien zur Wärmebedarfsdeckung an.

Im Übrigen strebte der Bundesgesetzgeber mit § 16 EEWärmeG zwar eine Erweiterung der zulässigen Anordnungsgründe um das Ziel des Klimaschutzes an, soweit dies nach dem jeweiligen Landesrecht erforderlich sein sollte. Die grundsätzliche Zulässigkeit eines bestimmten Anordnungsgrundes entbindet allerdings nicht von der Erforderlichkeit der Darlegung, dass die Anordnung eines Anschluss- und Benutzungszwangs im konkreten Fall auch tatsächlich diesem Grund dient.

Da § 16 EEWärmeG, wie bereits erwähnt, nicht ausdrücklich auf Nr. VIII der Anlage zum EEWärmeG Bezug nimmt, können die dort geregelten Mindestanteile nicht direkt angewandt und als zwingende Voraussetzung im Rahmen des § 16 EEWärmeG verstanden werden.[1274] Offenbar hat der Gesetzgeber hier bewusst darauf verzichtet, eine verbindliche Vorgabe in Form konkreter Quoten festzuschreiben, um auf diese Weise noch weitere Anwendungsfälle zu erschließen und einem Anschluss- und Benutzungszwang aus Gründen des Klimaschutzes zugänglich zu machen – auch soweit in technischer Hinsicht derzeit noch Grenzen für den Einsatz erneuerbarer Energien bestehen.[1275]

Werden andererseits die Werte gemäß Nr. VIII der Anlage zum EEWärmeG eingehalten, so kann jedenfalls von der Verfolgung der Ziele des Klima- und Ressourcenschutzes im Sinne des Gesetzes ausgegangen werden.[1276] Im Übrigen ist allerdings in jedem Einzelfall konkret zu prüfen, ob die netzgebundene Wärmeversorgung tatsächlich dem Ziel des Klima- und Ressourcenschutzes im Sinne des EEWärmeG dient – durch eine zumindest anteilige Verwendung erneuerbarer Energien bzw. durch den Einsatz der KWK-Technik in nicht zu vernachlässigendem Umfang, die den

---

1274 So zu Recht *Wustlich*, in: Danner/Theobald, Energierecht, Erneuerbare Energien, § 16 EEWärmeG Rn. 21. Insoweit unklar dagegen *Schmidt*, Nutzung von Solarenergie, S. 183, die lediglich davon spricht, dass das jeweilige Wärmenetz den Anforderungen der VIII der Anlage entsprechen müsse.

1275 *Wustlich*, ZUR 2008, 113 (119 f.).

1276 Vgl. *Wustlich*, in: Danner/Theobald, Energierecht, Erneuerbare Energien, § 16 EEWärmeG Rn. 21 sowie Einführung zum EEWärmeG Rn. 163.

Vorgaben der Nr. VIII der Anlage zum EEWärmeG zumindest nahe kommt.

Künftig ist aufgrund der erforderlichen Weiterentwicklung des EEWärmeG zur Anpassung an die europarechtlichen Vorgaben mit einer weiteren Verschärfung dieser Anforderungen zu rechnen. So verlangt Art. 13 Abs. 4 UAbs. 3 Satz 2 der Erneuerbare-Energien-Richtlinie, dass ein Mindestmaß der in Wärmenetzen verteilten Energie aus erneuerbaren Quellen stammt. Daher ist eine entsprechende Anpassung des EEWärmeG erforderlich, das diese Bestimmung der Richtlinie bislang nicht hinreichend berücksichtigt.[1277]

Eine derartige Anpassung wird sodann unter Zugrundelegung der eben dargestellten Argumentation wiederum Auswirkungen auch auf § 16 EEWärmeG haben.[1278] Allerdings lassen sich entsprechende Vorgaben für den Anschluss- und Benutzungszwang nicht unmittelbar aus der Erneuerbare-Energien-Richtlinie ableiten, die dieses kommunalrechtliche Instrument als solches nicht regelt und darüber hinaus auch bezüglich der Förderung von Wärmenetzen auf die Umsetzung durch die Mitgliedstaaten angelegt ist und ihnen dabei gewisse Spielräume zugesteht.

d) Verbleibende Bedeutung des Landesrechts außerhalb des Anwendungsbereichs des EEWärmeG

Vor dem Hintergrund des gesetzgeberischen Bestrebens, zum Abbau von Rechtsunsicherheiten beizutragen und bundesweit die Anordnung eines Anschluss- und Benutzungszwangs aus Gründen des globalen Klimaschutzes zu ermöglichen, stellt sich die Frage, ob dieses Ziel mit der Regelung des § 16 EEWärmeG tatsächlich erreicht werden konnte und die Frage nach etwaigen landesrechtlichen Besonderheiten als erledigt zu betrachten ist.

Zunächst ist daran zu erinnern, dass landesrechtliche Besonderheiten, wie dargelegt, auch im Rahmen der Anwendung des § 16 EEWärmeG weiterhin Geltung beanspruchen, da die einzelnen Ermächtigungsgrundlagen durch die bundesrechtliche Regelung keineswegs ersetzt wurden. Lediglich soweit es den Anordnungsgrund des Klimaschutzes betrifft,

---

1277 Siehe dazu oben Teil 4 I. 4. c).
1278 Vgl. *Kahl/Schmidtchen*, Kommunaler Klimaschutz, S. 316.

kommt § 16 EEWärmeG im Ergebnis tatsächlich eine das Landesrecht faktisch harmonisierende Wirkung zu. Aufgrund der Erweiterung der Ermächtigungsgrundlagen um die Möglichkeit, einen Anschluss- und Benutzungszwang auch ausschließlich zum Schutz des Klimas anzuordnen, steht eben diese Befugnis nunmehr den Gemeinden aller Bundesländer zu. Während der bundesrechtlichen Regelung insoweit im Hinblick auf einige Länder lediglich eine klarstellende Funktion zukommt, entfaltet sie im Übrigen durchaus eine das Landesrecht erweiternde Wirkung.

Soweit es die Frage nach der Zulässigkeit eines Anschluss- und Benutzungszwangs aus Gründen des Klimaschutzes betrifft, ist es dem Bundesgesetzgeber damit tatsächlich gelungen, rechtliche Hemmnisse zu beseitigen und strittige Rechtsfragen zumindest im Wege einer Klarstellung einer Streitentscheidung zuzuführen.

Zu bedenken ist schließlich, dass sich die bisherigen Streitfragen außerhalb des Anwendungsbereichs von § 16 EEWärmeG nach wie vor stellen. Wie gesehen, kann unter Rückgriff auf § 16 EEWärmeG ein Anschluss- und Benutzungszwang ausschließlich für Wärmenetze begründet werden, die den Anforderungen des EEWärmeG an die Verfolgung des Ziels des Klimaschutzes Rechnung tragen und in denen daher Wärme verteilt wird, die zumindest anteilig – wenngleich nicht zwingend in Erfüllung der konkreten Werte der Nr. VIII der Anlage zum EEWärmeG – unter Verwendung erneuerbarer Energien bzw. durch den Einsatz der KWK-Technik erzeugt wurde.

Sind diese Voraussetzungen nicht erfüllt, so kann eine Gemeinde einen Anschluss- und Benutzungszwang ausschließlich auf die jeweilige landesrechtliche Ermächtigungsgrundlage stützen und es ist entscheidend, ob diese den Zwang – gegebenenfalls allein aus Gründen des Klimaschutzes – trägt. Insofern sei an dieser Stelle wiederum auf die nicht unumstrittenen, obigen Ausführungen zum Landesrecht verwiesen.[1279]

Allerdings wird die Zahl der Anwendungsfälle, in denen es weiterhin maßgeblich auf die strittige Frage der Auslegung des Landesrechts ankommt, nach geltender Rechtslage – wenn überhaupt – doch praktisch gering bleiben. Immerhin wäre im Fall eines ausschließlich oder doch überwiegend fossil gespeisten Wärmenetzes wiederum konkret darzulegen, dass bzw. inwieweit damit dem Schutz des Klimas tatsächlich gedient werden kann. Ohne zumindest die Berücksichtigung möglicher Ersparnis-

---

1279 Siehe dazu oben Teil 3 IV.

se von Emissionen in Folge der Nutzung der KWK-Technik wird dies in der Praxis kaum überzeugend gelingen können. Die Nutzung dieser Technik in nicht zu vernachlässigendem Umfang allerdings ermöglicht es zumindest nach geltendem Stand des EEWärmeG wiederum, auch den Anforderungen dieses Gesetzes an Wärmenetze Rechnung zu tragen.

Dies könnte sich gegebenenfalls erst mit einer Verschärfung der Anforderungen des EEWärmeG im Hinblick auf die Verwendung erneuerbarer Energieträger ändern.[1280]

8. Verhältnis des EEWärmeG zum kommunalen Anschluss- und Benutzungszwang im Allgemeinen

Unabhängig von der Frage nach der Bedeutung des § 16 EEWärmeG für die Zulässigkeit der Begründung eines kommunalen Anschluss- und Benutzungszwangs, stellt sich das Verhältnis zwischen den Bestimmungen des EEWärmeG sowie einem solchen kommunalen Anschluss- und Benutzungszwang noch unter einem anderen Gesichtspunkt als problematisch dar. So scheint auf den ersten Blick die Vereinbarkeit einer kommunalen Fernwärmesatzung mit höherrangigem Recht fraglich, soweit sie die Erfüllung der sich aus dem EEWärmeG ergebenden Verpflichtungen unmöglich macht.

§ 3 EEWärmeG begründet, wie dargestellt, konkrete Nutzungspflichten für erneuerbare Energien, die von privaten Gebäudeeigentümern wie auch der öffentlichen Hand zu erfüllen sind. Schreibt demgegenüber ein kommunaler Anschluss- und Benutzungszwang zwingend die Deckung des Wärmebedarfs ausschließlich über die jeweilige zentrale öffentliche Wärmeversorgung vor, so kann dies zwar unter Umständen als Ersatzmaßnahme im Sinne von § 7 Abs. 1 Nr. 3 EEWärmeG zur Erfüllung der Nutzungspflicht nach diesem Gesetz anerkannt werden. Doch kommt es dabei zum einen auf die Erfüllung der gebäudebezogenen Mindestanforderungen des § 7 Abs. 1 Nr. 3 Satz 1, 2. HS i.V.m. Satz 2 und 3 EEWärmeG, zum anderen auch darauf an, ob diese Fernwärmeversorgung die erwähnten netzbezogenen Anforderungen der Nr. VIII der Anlage zum EEWärmeG erfüllt. Ist dies jedoch nicht der Fall, so kann die konkrete Fernwärmeversorgung, an die der Betroffene durch kommunale Satzung fest gebunden ist, nicht

---

1280 Dazu siehe oben Teil 4 I. 4. c).

zur Erfüllung der Pflicht nach dem EEWärmeG herangezogen werden und die Erfüllung eben dieser Nutzungspflicht wäre dem Betroffenen damit im Rahmen des Anschluss- und Benutzungszwangs unmöglich.

Dass jedoch die Anordnung eines Anschluss- und Benutzungszwangs grundsätzlich auch unter Geltung des EEWärmeG weiterhin möglich sein sollte, zeigt andererseits die Regelung des § 16 EEWärmeG überaus deutlich.

Ob andernfalls die Geltung eines Anschluss- und Benutzungszwanges für eine den Kriterien der Nr. VIII der Anlage zum EEWärmeG nicht genügende Wärmeversorgung wiederum die Voraussetzungen für die Gewährung einer Ausnahme gemäß § 9 Abs. 1 Nr. 1 lit. a), Abs. 2 Nr. 1 lit. a) EEWärmeG erfüllt, ist fraglich.[1281] Nach § 9 Abs. 1 Nr. 1 lit. a) sowie Abs. 2 Nr. 1 lit. a) entfällt die Nutzungspflicht des § 3 Abs. 1 bzw. Abs. 2 EEWärmeG, wenn ihre Erfüllung – auch im Wege einer Ersatzmaßnahme – anderen öffentlich-rechtlichen Pflichten widerspricht. Im Falle eines solchen Widerspruchs zwischen dem EEWärmeG und anderen öffentlich-rechtlichen Verpflichtungen ist die vorrangige Rechtspflicht daher nicht im Wege der Auslegung unter Anwendung der allgemeinen Auslegungsgrundsätze zu bestimmen. Vielmehr ist die Erfüllung der Nutzungspflicht nach dem EEWärmeG damit kraft gesetzlicher Anordnung nachrangig gegenüber anderen öffentlich-rechtlichen Verpflichtungen.[1282]

Demgegenüber sind jedoch zwei Aspekte von Bedeutung, bevor entweder eine Ausnahme nach den genannten Bestimmungen des EEWärmeG oder ein Verstoß der kommunalen Satzung gegen die Vorgaben des EEWärmeG anzunehmen ist. Zum einen können – und müssen gegebenenfalls – bestimmte Ausnahmen vom Anschluss- und Benutzungszwang vorgesehen werden, die wiederum eine Erfüllung der Nutzungspflicht nach § 3 EEWärmeG ermöglichen könnten.[1283]

Zum anderen kommen als Ersatzmaßnahmen zur Erfüllung der Nutzungspflichten nach § 7 Abs. 1 Nr. 2 i.V.m. Nr. VII der Anlage zum EE-

---

1281 Vgl. *Wustlich*, in: Danner/Theobald, Energierecht, Erneuerbare Energien, § 9 EEWärmeG Rn. 14a.

1282 Siehe *Pause*, in: Müller/Oschmann/Wustlich, EEWärmeG, § 9 Rn. 6.

1283 Darauf weist auch *Wustlich*, in: Danner/Theobald, Energierecht, Erneuerbare Energien, § 9 EEWärmeG Rn. 14a, hin. Zu den erforderlichen Ausnahmen siehe insbesondere unten Teil 5 I. 3. c) dd).

WärmeG auch Maßnahmen zur Energieeinsparung in Betracht.[1284] Diesen steht ein kommunaler Anschluss- und Benutzungszwang nicht entgegen; er berührt allein die Frage der Deckung des jeweiligen Energiebedarfs, nicht jedoch eine etwaige Reduzierung dieses Bedarfs.[1285] Maßnahmen zur Energieeinsparung bleiben vielmehr daneben zulässig, so dass parallel zum Bezug von Fernwärme im Rahmen des Anschluss- und Benutzungszwangs die aus dem EEWärmeG resultierende Nutzungspflicht zumindest im Wege einer Ersatzmaßnahme erfüllt werden kann. Einer Ausnahme nach § 9 Abs. 1 Nr. 1 lit. a), Abs. 2 Nr. 1 lit. a) EEWärmeG bedarf es daher in diesen Fällen nicht; sie käme im Ergebnis auch nicht in Betracht, da diese Ausnahmeregelung wiederum lediglich die Fälle erfasst, in denen auch (sämtliche) Ersatzmaßnahmen aus rechtlichen Gründen ausscheiden.[1286]

Auch wenn das EEWärmeG selbst den potentiellen Konfliktfall zwischen bundesrechtlicher Nutzungspflicht und kommunaler Fernwärmesatzung nicht abschließend und klar regelt, lässt sich eine etwaige Pflichtenkollision im Übrigen wohl regelmäßig über die Inanspruchnahme einer Ausnahme vom kommunalen Anschluss- und Benutzungszwang vermeiden, die die jeweilige Satzung zur ihrer Wirksamkeit bereits aus anderen, insbesondere verfassungsrechtlichen Gründen vorsehen muss. Insoweit wird an dieser Stelle auf diese in Teil 5 der vorliegenden Arbeit näher zu prüfenden verfassungsrechtlichen Anforderungen verwiesen, da die daraus abzuleitenden Erfordernisse von Ausnahme- und Befreiungsregelungen dann auch für die Anordnung eines Anschluss- und Benutzungszwangs, gestützt auf § 16 EEWärmeG, Bedeutung entfalten können.[1287]

1284 Siehe auch *Wustlich*, in: Danner/Theobald, Energierecht, Erneuerbare Energien, § 9 EEWärmeG Rn. 14a.

1285 Siehe oben Teil 2 II. zum Inhalt eines kommunalen Anschluss- und Benutzungszwangs.

1286 Vgl. *Pause*, in: Müller/Oschmann/Wustlich, EEWärmeG, § 9 Rn. 21 f.; *Wustlich*, in: Danner/Theobald, Energierecht, Stand. 83. EL 2015, Erneuerbare Energien, § 9 EEWärmeG Rn. 14.

1287 Zu danach erforderlichen Ausnahmen und Befreiungen ausführlich unter Teil 5 I. 3. c) dd).

II. Der Anschluss- und Benutzungszwang außerhalb der Wärmeversorgung – Aspekte des Klimaschutzes im Bereich der Abwasserentsorgung

Obgleich sich die grundsätzliche Rechtfertigung eines Anschluss- und Benutzungszwangs für andere Bereiche, z.B. die Wasserversorgung oder Abwasserentsorgung, in der Praxis vergleichsweise unproblematisch gestalten und – im Gegensatz zum Anwendungsbereich der Wärmeversorgung – vielfach bereits die bloße Vermutung positiver Einflüsse ausreichen soll,[1288] die Möglichkeit der Anordnung eines Anschluss- und Benutzungszwangs aus Gründen des öffentlichen Wohls hier gar „als hinreichend geklärt" betrachtet wird,[1289] kann auch dies inzwischen doch nicht mehr uneingeschränkt gelten.

Vor dem Hintergrund der Erfordernisse des Umwelt- und Klimaschutzes stellen sich geänderte rechtliche Rahmenbedingungen insbesondere für einen Anschluss- und Benutzungszwang im Wärmebereich, sie bleiben allerdings nicht auf den Wärmesektor beschränkt. Daneben bedarf es v.a. auch bei Anordnung eines Anschluss- und Benutzungszwangs für die Abwasserentsorgung der Berücksichtigung der geänderten rechtlichen und tatsächlichen Rahmenbedingungen. Insbesondere hinsichtlich des Umfangs eines grundsätzlich zulässigen Anschluss- und Benutzungszwangs ist hier eine differenzierte Herangehensweise geboten.

Im Unterschied zur Situation der netzgebundenen Wärmeversorgung geht es insoweit nicht um die Frage der Zulässigkeit eines Anschluss- und Benutzungszwangs als Beitrag zur Förderung des Klimaschutzes im Sinne einer Beendigung des fortschreitenden Klimawandels. Vielmehr stellt sich die Frage, inwieweit mit der Art und Weise der Abwasserbeseitigung auch Gesichtspunkten einer notwendigen Anpassung an die Folgen des Klimawandels Rechnung getragen werden kann. Immerhin zählt es gemäß § 6 Abs. 1 Nr. 3 WHG[1290] u.a. zu den allgemeinen Grundsätzen der Gewässerbewirtschaftung, die Gewässer nachhaltig mit dem Ziel zu bewirtschaften, möglichen Folgen des Klimawandels vorzubeugen.

1288 Vgl. dazu *Ipsen*, in: ders. (Hrsg.), NKomVG, § 13 Rn. 11 sowie 18.
1289 Siehe nur *Düwel*, LKV 2007, 109 (110).
1290 Gesetz zur Ordnung des Wasserhaushalts (Wasserhaushaltsgesetz – WHG) v. 31.7.2009, BGBl. I 2009, S. 2585, zuletzt geändert durch Art. 2 des Gesetzes v. 15.11.2014, BGBl. I 2014, S. 1724.

1. Problemstellung

Es stellt sich konkret die Frage, ob nicht im Hinblick auf Teilmengen des Abwassers eine ortsnahe Versickerung die ökologisch sinnvollere Lösung darstellt als das Abführen über die Kanalisation.[1291] So ist zu berücksichtigen, dass einer ortsnahen Versickerung des Niederschlagswassers erhebliches Potential zur Verbesserung der Hochwasservorsorge zugeschrieben wird.[1292] Ein Anstieg der durchschnittlichen jährlichen Niederschlagsmenge auch in Deutschland sowie generell eine zunehmende Überschwemmungsgefahr zählen zu den Folgen des Klimawandels,[1293] die Anpassungen gerade im Bereich des Wasserrechts erforderlich machen. Eine ortsnahe Versickerung könnte dann allerdings mit einer etwaigen kommunalen Abwasserbeseitigungspflicht kollidieren, soweit keine Ausnahmemöglichkeit vorgesehen ist.

Es bestehen im Bereich Wasser/ Abwasser nach wie vor Lösungen der Eigenversorgung und dezentralen Abwasserbeseitigung, wenngleich zentrale Lösungen gegenwärtig doch deutlich dominieren: So sind 99 % der deutschen Haushalte, somit der weit überwiegende Teil, an die öffentliche Wasserversorgung sowie ebenfalls etwa 95 % der Haushalte an Kanalisation und Abwasserbehandlungsanlagen angeschlossen.[1294] In Schrifttum und Praxis wird allerdings zunehmend darauf hingewiesen, dass abzuwarten bleibe, ob die dezentrale Entsorgung künftig aufgrund des demographischen Wandels an Bedeutung gewinnen werde.[1295] Gerade in dünn besiedelten Gebieten wird aktuell bereits diskutiert, ob nicht dezentrale Lösungen kostengünstigere Alternativen bieten und auf der anderen Seite auch einzelne Betroffene sich entgegen den üblichen Anschluss- und Benutzungszwängen für eine dezentrale Entsorgung entscheiden könnten.[1296] Dafür sprechen, wie bereits erwähnt, auch Gründe der Anpassung an den Klimawandel.

1291 Vgl. u.a. *Lübbe-Wolff/Wegener*, in: dies., Umweltschutz durch kommunales Satzungsrecht, Rn. 437.
1292 Vgl. dazu *Faßbender*, ZUR 2010, 181 (187); *ders*, ZUR 2015, 525 (527); ebenso *Laskowski*, ZUR 2012, 597 (599).
1293 Siehe oben Teil 1 I. 2.
1294 *Köck*, ZUR 2015, 3 (7).
1295 So wiederum *Köck*, ZUR 2015, 3 (7).
1296 *Köck*, ZUR 2015, 3 (7 f); *Laskowski*, ZUR 2012, 597.

Anders als für die Wärmeversorgung ist für Fragen der Abwasserentsorgung eine ausdifferenzierte Regelung im Bundes- und Landeswasserrecht heranzuziehen. So widmet das geltende Wasserhaushaltsgesetz der Abwasserbeseitigung die §§ 54 ff. WHG. Wesentliche Grundsätze sowie Anforderungen an die Abwasserbeseitigung sind diesen bundesgesetzlichen Bestimmungen zu entnehmen, deren Beachtung auch der kommunale Satzungsgeber zu gewährleisten hat. Weitere Regelungen finden sich in den Wassergesetzen der Bundesländer. Dazu gehören inzwischen in fast allen Ländern Ausnahmeregelungen für das Niederschlagswasser bzw. die Möglichkeit, eine solche Ausnahme im Einzelfall zu treffen.[1297] Mittlerweile existiert zudem auch auf Bundesebene hierzu eine Regelung, auf die im Folgenden noch zurückzukommen ist.

Davon abgesehen weist die Rechtsprechung teilweise darauf hin, dass sich der Anschluss- und Benutzungszwang nicht bereits dann auf das Niederschlagswasser erstrecken kann, wenn dies von der kommunalen Beseitigungspflicht erfasst wird. Vielmehr sei davon unabhängig das Vorliegen von Gründen des öffentlichen Wohls bzw. ein öffentliches Bedürfnis zu prüfen.[1298] Diese Auffassung ist allerdings in der Literatur wiederum auf Kritik gestoßen, da sie das Verhältnis kommunalrechtlicher und wasserrechtlicher Bestimmungen zueinander verkenne. Der Begriff des öffentlichen Wohls werde doch für den Bereich des Wasserrechts gerade durch die wasserrechtlichen Regelungen konkretisiert.[1299] Demnach sei „kraft Gesetzes davon auszugehen", dass ein Anschluss- und Benutzungszwang im öffentlichen Wohl liege, soweit eine Abwasserbeseitigungspflicht der Kommune bestehe, deren Erfüllung der Anschluss- und Benutzungszwang schließlich gerade diene.[1300]

1297 *Lübbe-Wolff/Wegener*, in: dies., Umweltschutz durch kommunales Satzungsrecht, Rn. 438, mit zahlreichen Beispielen aus dem Landeswasserrecht. Siehe beispielsweise im sächsischen Recht dazu § 50 Abs. 3-5 SächsWG.
1298 VGH München, NVwZ-RR 1995, 345.
1299 *Lübbe-Wolff/Wegener*, in: dies., Umweltschutz durch kommunales Satzungsrecht, Rn. 439.
1300 So *Lübbe-Wolff/Wegener*, in: dies., Umweltschutz durch kommunales Satzungsrecht, Rn. 439.

2. Rechtsrahmen des Anschluss- und Benutzungszwangs für die Abwasserbeseitigung

Die Ermächtigungsgrundlage für einen Anschluss- und Benutzungszwang an die öffentliche Abwasserentsorgung findet sich wiederum im jeweiligen Kommunalrecht der Länder. Die Abwasserbeseitigung wird darin ausdrücklich als eine der öffentlichen Einrichtungen benannt, zu deren Gunsten ein Anschluss- und Benutzungszwang angeordnet werden kann.[1301] Dabei sind die allgemeinen Voraussetzungen der Ermächtigungsgrundlage für die Anordnung eines solchen Zwangs – v.a. das Erfordernis des öffentlichen Bedürfnisses – ebenso zu beachten wie die Vorgaben höherrangigen Rechts. Insofern ist insbesondere das Wasserrecht des Bundes in den Blick zu nehmen.

Als Abwasser im wasserrechtlichen Sinne zählt gemäß § 54 Abs. 1 Satz 1 WHG sowohl Schmutz- als auch Niederschlagswasser. Nach § 55 Abs. 1 WHG ist Abwasser so zu beseitigen, dass das Wohl der Allgemeinheit im Sinne des § 6 Abs. 1 Satz 1 Nr. 3 WHG nicht beeinträchtigt wird. Zweck der wasserrechtlichen Vorschriften über die Abwasserbeseitigung ist es, Gefahren für die Gewässer durch mögliche Verunreinigungen sowie für die menschliche Gesundheit zu vermeiden.[1302]

Dem Wohl der Allgemeinheit kann dabei gemäß § 55 Abs. 1 Satz 2 WHG auch die Beseitigung von häuslichem Abwasser durch dezentrale Anlagen entsprechen. Diese letztgenannte Regelung könnte eine relevante Einschränkung für die Begründung eines Anschluss- und Benutzungszwangs zugunsten der zentralen Abwasserbeseitigung bewirken. So weist die Vorschrift darauf hin, dass im konkreten Fall jeweils zu prüfen und darzulegen ist, ob der Anschluss- und Benutzungszwang für die zentrale Abwasserbeseitigung dem erforderlichen „öffentlichen Bedürfnis" bzw. den „Gründen des öffentlichen Wohls"[1303] tatsächlich genügt oder ob nicht im Einzelfall dezentrale Lösungen dem öffentlichen Wohl dienlicher sind.[1304] Insofern bietet § 55 Abs. 1 Satz 2 WHG möglicherweise einen

---

1301 Zu den kommunalrechtlichen Ermächtigungsgrundlagen siehe oben Teil 2 III. 1.

1302 OVG Greifswald, NVwZ-RR 2011, 891 (892); siehe auch *Czychowski/Reinhardt*, § 55 WHG Rn. 3.

1303 Allgemein dazu siehe oben Teil 2 III. 5.

1304 Zur Bedeutung der Vorschrift, die noch keinen _Anspruch auf Befreiung gewährt, siehe nur *Czychowski/Reinhardt*, § 55 WHG Rn. 10 m.w.N.; *Schulz*, in: Giesberts/Reinhardt, BeckOK Umweltrecht, § 55 WHG Rn. 5; ebenso *Kühne*,

Ansatzpunkt, den sich aufgrund des demographischen Wandels stellenden Herausforderungen[1305] zu begegnen. Allerdings steht die Norm nicht in unmittelbarem Zusammenhang zur hier betrachteten Thematik des Klimaschutzes und soll daher im Folgenden nicht näher betrachtet werden.

Darüber hinaus „soll" Niederschlagswasser gemäß § 55 Abs. 2 WHG „ortsnah versickert, verrieselt oder direkt oder über eine Kanalisation ohne Vermischung mit Schmutzwasser in ein Gewässer eingeleitet werden, soweit dem weder wasserrechtliche noch sonstige öffentlich-rechtliche Vorschriften noch wasserwirtschaftliche Belange entgegenstehen". Die Literatur spricht insoweit vom „Grundsatz der ortsnahen Beseitigung von Niederschlagswasser".[1306] Wenngleich damit noch keine zwingende Pflicht normiert ist,[1307] wird doch das Niederschlagswasser danach zumindest im Regelfall einer der hier genannten vier Arten der Abwasserbeseitigung zuzuführen sein.[1308] Etwas anderes gilt nur, soweit öffentlich-rechtliche, insbesondere wasserwirtschaftliche Belange entgegenstehen. Diese Regelung soll neuen Erkenntnissen zur bereits erwähnten Verbesserung der Hochwasservorsorge, Rechnung tragen.[1309]

Aufgrund der Natur des WHG als vorrangiges und damit auch vom Satzungsgeber zu beachtendes Recht, stellt sich die Frage, ob danach nicht für den Regelfall (d.h. in den Grenzen des § 55 Abs. 2 WHG) ein auch das

---

LKV 2004, 49 (51) zu § 18a Abs. 1 Satz 2 WHG a.F.; Vgl. insofern auch OVG Greifswald, NVwZ-RR 2011, 891 (892); bereits zu § 18a Abs. 1 Satz 2 WHG a.F., dem der aktuelle § 55 Abs. 1 Satz 2 WHG entspricht, OVG Lüneburg, NVwZ-RR 2002, 347 (348 f.); OVG Bautzen, Urt. v. 18.12.2007 – 4 B 541/05 –, juris Rn. 27; die Beschwerde gegen die Nichtzulassen der Revision gegen diese Entscheidung wurde zurückgewiesen durch BVerwG, Beschl. v. 14.1.2009 – 8 B 37/08 –, juris.

1305 Zu diesen Herausforderungen, die sich wiederum auch im Kontext des Ausbaus von Wärmenetzen stellen, siehe auch oben Teil 1 IV. 2. b).

1306 *Ganske*, in: Landmann/Rohmer, Umweltrecht, § 55 WHG Rn. 22.

1307 *Schulz*, in: Giesberts/Reinhardt, BeckOK Umweltrecht, § 55 WHG Rn. 6. *Ganske*, in: Landmann/Rohmer, Umweltrecht, § 55 WHG Rn. 23, betont die bewusst offene Formulierung als Sollvorschrift; ebenso *Zöllner*, in: Sieder/Zeitler/Dahme/Knopp, WHG AbwAG, § 55 WHG Rn. 3.

1308 *Laskowski*, ZUR 2012, 597 (599).

1309 Unter diesem Gesichtspunkt wurde die Regelung des § 55 Abs. 2 WHG bereits in einem Überblick zum neugefassten WHG 2010 von *Faßbender*, ZUR 2010, 181 (187), positiv hervorgehoben; siehe auch *Laskowski*, ZUR 2012, 597 (599); *Czychowski/Reinhardt*, § 55 WHG Rn. 16 f.; *Ganske*, in: Landmann/Rohmer, Umweltrecht, § 55 WHG Rn. 23. Zur Bedeutung einer ortsnahen Versickerung des Niederschlagswassers für die Hochwasservorsorge bereits Teil 4 II. 1.

Niederschlagswasser umfassender Anschluss- und Benutzungszwang an die Abwasserbeseitigung, die nicht dem Trennsystem des § 55 Abs. 2 Alt. 4 WHG folgt, ausscheiden muss.[1310] Danach ließe sich vertreten, erst soweit wasserwirtschaftliche Belange im Sinne des § 55 Abs. 2 WHG den dort genannten Arten der Entsorgung entgegenstehen, könne überhaupt ein öffentliches Bedürfnis vorliegen, das die Einführung eines Anschluss- und Benutzungszwangs nach Landesrecht rechtfertigen würde. Allerdings sollen als entgegenstehende öffentlich-rechtliche Bestimmungen im Sinne des § 55 Abs. 2 WHG gerade auch Bestimmungen über einen Anschluss- und Benutzungszwang zu beachten sein.[1311]

Fraglich ist darüber hinaus, welche Bedeutung der Regelung der jedermann treffenden, allgemeinen wasserrechtlichen Sorgfaltspflichten in § 5 Abs. 1 WHG zukommt. Zu prüfen wäre dabei, ob sich nicht auch aus § 5 Abs. 1 WHG, gegebenenfalls i.V.m. Art. 20a GG, ein Anspruch auf Befreiung von einem bestehenden Anschluss- und Benutzungszwang für die Abwasserentsorgung ergeben könnte, wenn das Niederschlagswasser – den Pflichten des § 5 Abs. 1 Nr. 4 WHG entsprechend – ordnungsgemäß auf dem Grundstück versickert oder verrieselt. Allerdings sind weder aus Art. 20a GG subjektive öffentliche Rechte abzuleiten,[1312] noch vermittelt § 5 Abs. 1 WHG subjektiv-rechtliche Rechtspositionen.[1313] Dementsprechend kann aus § 5 Abs. 1 WHG auch kein Anspruch auf Befreiung von kommunalen Anschluss- und Benutzungszwang abgeleitet werden, auch nicht unter Rückgriff auf Art. 20a GG.

Anzusetzen ist vielmehr wiederum bei der grundsätzlichen Frage, ob ein Anschluss- und Benutzungszwang – im jeweiligen Umfang – überhaupt wirksam angeordnet werden durfte oder ob es dafür am erforderlichen öffentlichen Bedürfnis fehlt.

1310 Siehe auch *Laskowski*, ZUR 2012, 597 (599 f.).
1311 *Schulz*, in: Giesberts/Reinhardt, BeckOK Umweltrecht, § 55 WHG Rn. 13.
1312 Siehe bereits oben Teil 3 III. 1.
1313 *Knopp*, in: Sieder/Zeitler/Dahme/Knopp, WHG AbwAG, § 5 WHG Rn. 8. Ebenso eine subjektiv-rechtliche Wirkung der Norm verneinend *Faßbender*, in: Landmann/Rohmer, Umweltrecht, § 5 WHG Rn. 16 und 34.

3. Schlussfolgerungen für die dezentrale Abwasserbeseitigung

Dass die Abwasserbeseitigung als öffentliche Einrichtung in den landesrechtlichen Ermächtigungsgrundlagen ausdrücklich benannt wird, entbindet nicht von der Prüfung des öffentlichen Bedürfnisses. Ein solches liegt,
wie bereits dargestellt,[1314] grundsätzlich nur dann vor, wenn durch die Begründung des Anschluss- und Benutzungszwangs das Wohl der Einwohner, ihre Lebensqualität gefördert wird.[1315]

Der Anschluss- und Benutzungszwang für die zentrale, wasserrechtlichen Anforderungen genügende Abwasserentsorgung dient grundsätzlich
hygienischen Belangen, dem Schutz der Gewässer vor Verunreinigungen,
insbesondere vor dem Hintergrund der Trinkwasserversorgung, und damit
der Gesundheit der Gemeindeeinwohner.[1316] Daneben stehen auch Aspekte des Umweltrechts in Rede, die mittels der Abwasserbeseitigung gewahrt werden müssen, insbesondere der Schutz der Gewässer. Auch derartige umweltrechtliche Belange können ein öffentliches Bedürfnis zur Einführung eines Anschluss- und Benutzungszwangs begründen. Anders als
bei Fragen des Klimaschutzes kann der örtliche Bezug hierbei auch nicht
mit dem Argument fehlender positiver Wirkungen vor Ort bestritten werden.

Damit den Interessen der Gesundheit der Gemeindeeinwohner sowie
des Umweltschutzes Genüge getan wird, muss die Abwasserbeseitigung
den im WHG geregelten Anforderungen entsprechen.[1317] Sie muss, wie
auch § 55 Abs. 1 Satz 1 WHG ausdrücklich zu entnehmen ist, jeweils so
erfolgen, dass das Wohl der Allgemeinheit nicht beeinträchtigt wird. Aus
der Systematik der Sätze 1 und 2 des § 55 Abs. 1 WHG wird deutlich, dass
dem Wohl der Allgemeinheit dabei regelmäßig durch eine zentrale Abwasserbeseitigung Rechnung getragen wird.

Auch § 55 Abs. 2 WHG soll schließlich weder das Vorliegen eines öffentlichen Bedürfnisses für die Anordnung eines kommunalen Anschluss-
und Benutzungszwangs per se ausschließen, noch einen Anspruch auf Be-

---

1314 Siehe oben Teil 2 III. 5.
1315 *Geis*, § 10 Rn. 84; *Jaeckel/Jaeckel*, Rn. 10. Ebenso *Gern*, Dt. Kommunalrecht,
        Rn. 605 und 614; *Gern*, Sächs. Kommunalrecht, Rn. 682 und 692; *Quecke/
        Schaffarzik*, in: Quecke/Schmid, SächsGemO, § 14 Rn. 17.
1316 Siehe nur OVG Frankfurt (Oder), NuR 2004, 602 (603) m.w.N.
1317 Siehe insoweit *Laskowski*, ZUR 2008, 527 (530 ff.), kritisch gegenüber der Ent-
        scheidung des OVG Berlin-Brandenburg, ZUR 2008, 533.

freiung von einem solchen Zwang gewähren.[1318] Doch ist insoweit wiederum darauf hinzuweisen, dass sich die Frage einer Befreiung oder Ausnahme erst stellt, nachdem ein Anschluss- und Benutzungszwang überhaupt zulässig angeordnet wurde.

So ist mit Blick auf das Niederschlagswasser zunächst fraglich, ob insoweit ein öffentliches Bedürfnis für die Einführung eines Anschluss- und Benutzungszwangs besteht[1319] – dies kann unter Bezugnahme auf § 55 Abs. 2 WHG gegebenenfalls bereits zu verneinen sein. Mit guten Gründen wird in der Literatur angesichts des Klimawandels, insbesondere vor dem Hintergrund der Erfordernisse eines vorbeugenden Hochwasserschutzes, für eine „Präferenz zugunsten einer ortsnahen Versickerung" plädiert.[1320] Zumindest Teile der Rechtsprechung und Literatur haben – unabhängig von einer Bezugnahme auf § 55 Abs. 2 WHG – zu Recht hervorgehoben, dass es für den Bereich des Niederschlagswassers an der Offenkundigkeit des Vorliegens von Gründen des öffentlichen Wohls fehlt; darzulegen sind insoweit konkrete Umstände, die einen besonderen Schutz des Grundwassers vor Verunreinigung gerade auch durch das Niederschlagswassers erforderlich machen.[1321] Diese Ansicht konnte sich allerdings bislang noch keineswegs überall durchsetzen. Vielmehr spricht sich auch die jüngere Rechtsprechung zum Teil gegen einen Vorrang der ortsnahen Versickerung von Niederschlagswasser aus; auch nach § 55 Abs. 2 WHG stünden die verschiedenen Arten der Niederschlagswasserbeseitigung gleichrangig nebeneinander.[1322]

1318 Siehe *Ganske*, in: Landmann/Rohmer, Umweltrecht, § 55 WHG Rn. 24 m.w.N.: kein Rechtsanspruch, auf dem eigenen Grundstück auftretendes Niederschlagswasser selbst beseitigen zu dürfen.

1319 Siehe dazu bereits VGH München, NVwZ-RR 1995, 345. Demgegenüber bejahen OVG Berlin-Brandenburg, ZUR 2008, 533 sowie VG Frankfurt/Oder, ZUR 2008, 547 das öffentliche Bedürfnis für den Anschluss- und Benutzungszwang für die Abwasserentsorgung lediglich ganz allgemein; allerdings ging es im zugrundeliegenden Verfahren auch nicht spezifisch um eine (Teil-)Befreiung für das anfallende Niederschlagswasser.

1320 So *Faßbender*, ZUR 2015, 525 (527).

1321 Vgl. OVG Münster, NuR 2003, 501 (502); dem folgend *Düwel*, LKV 2007, 109 (110). Siehe dazu allerdings *Faßbender*, ZUR 2015, 525 (527, Fn. 37), der darauf hinweist, dass sich das OVG Münster dabei noch auf eine frühere, inzwischen geänderte Bestimmung des Landeswasserrechts stützen konnte.

1322 So jüngst VG Düsseldorf, Urt. v. 25.3.2014 – 17 K 5503/13 –, juris, 4. Leitsatz sowie Rn. 46 f. m.w.N.

Ausgehend von der im WHG angelegten Differenzierung zwischen Niederschlags- und Schmutzwasser (vgl. § 54 Abs. 1 Satz 1 WHG) kann das öffentliche Bedürfnis jedoch – je nach den konkreten Gegebenheiten in der jeweiligen Gemeinde – unter Umständen lediglich für eine Teilmenge zu bejahen und der Anschluss- und Benutzungszwang dann auf die entsprechende Teilmenge zu beschränken sein. Hierin liegt ein nicht zu vernachlässigender Unterschied gegenüber dem Anschluss- und Benutzungszwang für die Wärmeversorgung: Eine Abwägung zwischen dezentraler und zentraler Lösung ist nicht erst im Rahmen der Prüfung der Verhältnismäßigkeit der Maßnahme zu treffen. Vielmehr kommt es maßgeblich bereits auf die Feststellung an, ob und *inwieweit* ein öffentliches Bedürfnis für die zentrale Beseitigung des Abwassers besteht.[1323] Demgegenüber wird im Bereich der Wärmeversorgung das Vorliegen des öffentlichen Bedürfnisses kaum für Teilmengen des Wärmebedarfs unterschiedlich zu beurteilen sein. Die Diskussion um die Vorteile zentraler oder dezentraler Lösungen vor dem Hintergrund des fortschreitenden Klimawandels verlagert sich im Zusammenhang der Abwasserbeseitigung somit teilweise auf eine frühere Prüfungsebene.

Auch bei zulässiger Anordnung eines Anschluss- und Benutzungszwangs stellt sich jedoch im Folgenden gegebenenfalls die Frage nach einer Befreiung oder Ausnahme zugunsten einer ortsnahen Versickerung oder Verrieselung – in vergleichbarer Weise wie dies für dezentrale Eigenanlagen zur Wärmeversorgung diskutiert wird.

Für den Anschluss- und Benutzungszwang ist dabei – vor dem Hintergrund seiner Grundrechtsrelevanz – im konkreten Fall abzuwägen, ob eine zentrale Entsorgung oder Wege der dezentralen Abwasserbeseitigung dem öffentlichen Wohl besser dienen. Soweit der zentralen Entsorgung grundsätzlich der Vorzug zu geben wäre, ist mit Blick auf die konkret Betroffenen weiterhin zu prüfen, ob die für die zentrale Lösung sprechenden Gründe des öffentlichen Wohls auch hinreichend gewichtig sind, die Grundrechtseingriffe im Einzelfall zu rechtfertigen. Dabei gleichen die anzustellenden Erwägungen im Bereich der Abwasserentsorgung im Grundsatz der Problematik der netzgebundenen Wärmeversorgung, die sogleich noch näher untersucht werden soll.

1323 So differenziert auch *Laskowski*, ZUR 2012, 597 (601).

Insbesondere ist die restriktive Haltung gegenüber dezentralen Anlagen, die einen gleichwertigen, wenn nicht gar höheren Umweltstandard aufweisen, dabei am Beispiel der Wärmeversorgung kritisch zu hinterfragen.

Teil 5: Grundrechtliche Anforderungen an den Anschluss- und Benutzungszwang

Nachdem sich die bisherigen Ausführungen der Frage gewidmet haben, ob ein Anschluss- und Benutzungszwang aus klima- und energiepolitischen Gründen überhaupt begründet werden kann, ist nunmehr die Frage der Reichweite bzw. des Umfangs eines solchen Zwangs näher zu erörtern.

Neben den zu beachtenden Vorgaben des jeweiligen Landesrechts steht und fällt die kommunale Satzung zur Anordnung eines Anschluss- und Benutzungszwangs mit der Beachtung der Grundrechte Betroffener. Verletzt die Satzung Grundrechte, so kann ein Anschluss- und Benutzungszwang dadurch nicht wirksam begründet werden. Gegebenenfalls gebietet der Grundrechtsschutz Betroffener auch Einschränkungen des an sich zulässigen Zwangs. Dem soll im Folgenden nachgegangen werden.

Dabei wird insbesondere zu untersuchen sein, ob bzw. inwieweit Ausnahmen oder Befreiungen vom Anschluss- und Benutzungszwang, die zugunsten einer dezentralen Art der Versorgung genehmigt werden (müssen), im Hinblick auf das übergeordnete Ziel des Klimaschutzes geeigneter erscheinen als die zentrale Versorgung über eine öffentliche Einrichtung. So weisen Vertreter der Literatur zum Beispiel darauf hin, dass zwingend Ausnahmen „für den Fall einer gleichwertigen Nutzung anderer regenerativer Energiequellen (z.B. Solar)" vorgesehen sein müssten.[1324]

Soweit das mit dem Anschluss- und Benutzungszwang verfolgte Ziel auf andere Weise besser realisiert werden kann, würde dies jedoch die grundsätzlich Rechtfertigung des Zwangs in Frage stellen und das kommunalrechtliche Instrument im Ergebnis gegebenenfalls an Bedeutung verlieren.

Wenngleich ein Anschluss an die zentrale Wärmeversorgung für den Betroffenen durchaus Vorteile mit sich bringen kann – beispielsweise Platzeinsparungen im Gebäude, da keine eigene Heizungsanlage benötigt wird, sowie regelmäßig geringere Kosten für die technische Instandhaltung und Wartung der Anlage[1325] –, greift doch die zwangsweise Heran-

---

1324 So etwa *Schmidt/Kahl/Gärditz*, Umweltrecht, § 6 Rn. 87.
1325 Vgl. *Böhm/Schwarz*, DVBl 2012, 540.

ziehung zur Nutzung einer bestimmten Art der Wärmeversorgung in Rechte der dem Zwang unterliegenden Personen ein.

Zu prüfen ist insbesondere eine mögliche Verletzung des Eigentums betroffener Grundstückseigentümer, daneben sind auch die Rechte der durch den Benutzungszwang von der Versorgung ausgeschlossenen Konkurrenten zu beachten.

Im Übrigen kommt subsidiär gegebenenfalls Art. 2 Abs. 1 GG zur Anwendung sowie – angesichts der regelmäßig nicht das gesamte Gemeindegebiet umfassenden räumlichen Reichweite der Anschluss- und Benutzungssatzung – auch Art. 3 Abs. 1 GG.

I. Art. 14 GG

Gemäß Art. 14 Abs. 1 GG werden das Eigentum und das Erbrecht gewährleistet, Inhalt und Schranken durch die Gesetze bestimmt. Diese verfassungsrechtliche Eigentumsgarantie unterliegt somit nach Art. 14 Abs. 1 Satz 2 GG der Regelungsbefugnis des Gesetzgebers, wenngleich nicht schrankenlos.[1326]

1. Überblick über den Gewährleistungsgehalt der Eigentumsgarantie

Kennzeichnend für das verfassungsrechtlich geschützte Eigentum sind seine Privatnützigkeit, die Zuordnung des Eigentums zu seinem Inhaber und dessen grundsätzliche Verfügungsbefugnis über das Eigentum.[1327] Der jeweilige Inhaber des Eigentums soll dieses grundsätzlich frei ausnutzen dürfen und so zu seiner privaten und wirtschaftlichen Lebensgestaltung nutzen können.[1328] Der besondere Schutz des Eigentums resultiert aus seiner Bedeutung für die freie Persönlichkeitsentfaltung des Eigentümers, die Sicherung seiner persönlichen Freiheit.[1329]

1326 Siehe nur *Hofmann*, in: Schmidt-Bleibtreu/Hofmann/Henneke (Hrsg.), Art. 14 GG Rn. 4 m.w.N.

1327 *Hofmann*, in: Schmidt-Bleibtreu/Hofmann/Henneke (Hrsg.), Art. 14 GG Rn. 12; *Wendt*, in: Sachs (Hrsg.), GG, Art. 14 Rn. 5; *Wieland*, in: Dreier (Hrsg.), Art. 14 GG Rn. 31, 55 sowie 143.

1328 Siehe *Wendt*, in: Sachs (Hrsg.), GG, Art. 14 Rn. 41 f.

1329 Vgl. *Wieland*, in: Dreier (Hrsg.), Art. 14 GG Rn. 32, 106.

Allerdings unterliegt das Eigentum, wie Art. 14 Abs. 2 GG ausdrücklich festhält, auch einer Sozialbindung und soll zugleich dem Wohl der Allgemeinheit dienen. Diese beiden Aspekte sind vom Gesetzgeber beim Gebrauchmachen von seiner Regelungsbefugnis zu beachten.[1330] Relevant wird dies unter anderem gerade bei dem Umweltschutz dienenden Regelungen, die das verfassungsrechtlich geschützte Eigentum berühren.[1331] So wird im Schrifttum darauf hingewiesen, dass die Aufnahme von Art. 20a ins Grundgesetz die Sozialpflichtigkeit gemäß Art. 14 Abs. 2 GG noch verschärft habe.[1332]

Ungeachtet der Frage nach einer solchen „Verschärfung", bildeten Privatnützigkeit auf der einen Seite, Sozialbindung auf der anderen doch seit jeher den Rahmen, innerhalb dessen Inhalt und Schranken des Eigentums näher zu bestimmen sind. Insgesamt kommt dem Gesetzgeber hinsichtlich seiner Regelungsbefugnis ein weiter Gestaltungsspielraum zu.[1333] Die Grenze dieser Regelungsbefugnis bildet hauptsächlich das Verhältnismäßigkeitsprinzip, doch ist gerade bezüglich der Kontrolle von Geeignetheit und Erforderlichkeit der getroffenen Regelung wiederum Zurückhaltung gegenüber der Prognose des Gesetzgebers geboten – soweit die Regelung nicht etwa „schlechthin ungeeignet" erscheint.[1334]

Soweit der Gesetzgeber bestehende Rechtspositionen neuen Inhalts- und Schrankenbestimmungen unterwirft, sind auch Aspekte des Vertrauensschutzes zu berücksichtigen.[1335] Die für eine bestimmte Regelung angeführten Gründe des öffentlichen Interesses müssen dabei zum einen von solcher Bedeutung sein, dass sie auch das geschützte Bestandsinteresse des Eigentümers überwiegen, zum anderen können zur Wahrung des Verhältnismäßigkeitsgrundsatzes auch Übergangsregelungen oder eine Ausgleichsregelung geboten sein.[1336] Zwar kommt eine Entschädigung im Regelfall einer Inhalts- und Schrankenbestimmung nach Art. 14 Abs. 1 Satz 2 GG nicht in Betracht, wohl aber zum Ausgleich besonderer individueller Härten in einer vom Regelfall abweichenden Fallkonstellation.[1337]

1330 *Wieland*, in: Dreier (Hrsg.), Art. 14 GG Rn. 91.
1331 Vgl. *Hofmann*, in: Schmidt-Bleibtreu/Hofmann/Henneke (Hrsg.), Art. 14 GG Rn. 65.
1332 So *Wieland*, in: Dreier (Hrsg.), Art. 14 GG Rn. 106 m.w.N.
1333 *Wieland*, in: Dreier (Hrsg.), Art. 14 GG Rn. 31.
1334 Siehe dazu *Wieland*, in: Dreier (Hrsg.), Art. 14 GG Rn. 144 f.
1335 *Wieland*, in: Dreier (Hrsg.), Art. 14 GG Rn. 148.
1336 *Wieland*, in: Dreier (Hrsg.), Art. 14 GG Rn. 149, 152.
1337 Näher dazu *Wieland*, in: Dreier (Hrsg.), Art. 14 GG Rn. 154 m.w.N.

Dem Schutz des Art. 14 GG unterliegen konkrete Eigentumspositionen, jedoch nicht das Vermögen als solches,[1338] weshalb auch die Auferlegung von Geldleistungspflichten zumindest im Regelfall nicht an Art. 14 GG zu messen ist.[1339] Die Frage, ob bzw. inwieweit auch das Vermögen geschützt ist, stellt sich primär im Hinblick auf die Erhebung von Steuern und Abgaben und kann damit vorliegend offen bleiben. Zwar können mit der zwangsweisen Benutzung öffentlicher Einrichtung auch entsprechende Benutzungsgebühren verbunden sein, doch steht vorliegend viel stärker die Betroffenheit durch den Anschluss und die verpflichtende Benutzung als solche im Mittelpunkt des Interesses, die nicht lediglich das Vermögen, sondern einzelne konkrete Eigentumspositionen berührt.

In den personellen Schutzbereich des Art. 14 GG fallen sowohl natürliche wie auch – gemäß Art. 19 Abs. 3 GG – inländische juristische Personen des Privatrechts.[1340]

Etwaige Verletzungen des verfassungsrechtlich geschützten Eigentums sind grundsätzlich in zweierlei Form denkbar: einerseits durch Verletzung der verfassungsrechtlichen Anforderungen bei der Ausgestaltung von Inhalt und Schranken des Eigentums, andererseits durch verfassungswidrige Enteignungen nach Art. 14 Abs. 3 GG.

Damit sind die wesentlichen Abgrenzungen vorgezeichnet, die jede Prüfung der Eigentumsgarantie maßgeblich steuern: Zunächst ist fraglich, inwieweit überhaupt ein Eingriff in den Gewährleistungsgehalt von Art. 14 GG vorliegt, anschließend stellt sich gegebenenfalls die Frage nach der Rechtfertigung eines solchen Eingriffs; für Enteignungen sind dabei die strengen Anforderungen des Art. 14 Abs. 3 GG zu beachten.

2. Eingriff

Die Anordnung eines Anschlusszwangs an eine zentrale kommunale Wärmeversorgung beeinträchtigt zunächst ganz allgemein die mit dem Grund-

---

1338 Strittig. Zur Behandlung des Problems in der verfassungsgerichtlichen Rechtsprechung siehe *Wieland*, in: Dreier (Hrsg.), Art. 14 GG Rn. 65 f. Ablehnend *Wendt*, in: Sachs (Hrsg.), GG, Art. 14 Rn. 38; *Wieland*, in: Dreier (Hrsg.), Art. 14 GG Rn. 68.

1339 Ebenso *Hofmann*, in: Schmidt-Bleibtreu/Hofmann/Henneke (Hrsg.), Art. 14 GG Rn. 13, 32.

1340 Siehe nur *Wieland*, in: Dreier (Hrsg.), Art. 14 GG Rn. 84 m.w.N.

eigentum grundsätzlich verbundenen freien Nutzungsrechte.[1341] Dem Grundstückeigentümer wird die freie Entscheidung, ob er sich an bereitstehende technische Einrichtungen der Gemeinde anschließen will, verwehrt. Dabei sind mit der Herstellung des technischen Anschlusses auch Arbeiten am bzw. auf dem Grundstück verbunden, die geduldet werden müssen.

Noch weitergehend stellt sich die Beeinträchtigung durch einen Benutzungszwang dar: Der Grundstückseigentümer darf danach zum einen nicht mehr selbst entscheiden, auf welche Art und Weise er seinen Energiebedarf decken wird. Darüber hinaus ist ihm auf seinem Grundstück auch das Betreiben eigener, dezentraler Anlagen der Wärmeversorgung untersagt.

Soll auf einem Grundstück in Ausnutzung der dem Eigentümer zustehenden Baufreiheit ein Gebäude neu errichtet werden, so wird die Baufreiheit insoweit eingeschränkt, als in Folge des bestehenden kommunalen Benutzungszwangs die Errichtung verschiedener dezentraler Heizungsanlagen untersagt ist und stattdessen Vorrichtungen zum Anschluss an die öffentliche Wärmeversorgung zwingend vorgeschrieben werden.[1342]

Wenn daher in der Literatur zum Teil vertreten wird, im Fall einer neu zu errichtenden Bebauung sei der Schutzbereich der Eigentumsgarantie nicht berührt,[1343] kann dies nicht überzeugen.

Wurden Gebäude demgegenüber zulässig errichtet und werden sie bislang in Einklang mit geltendem Recht genutzt, unter Deckung des Wärmebedarfs aus einer eigenen, dezentralen Anlage, so stellt der spätere Erlass einer Anschluss- und Benutzungssatzung einen Eingriff in die Verfügungsbefugnis des Eigentümers und die ihm an Grundstück und Gebäude sowie speziell an der vorhandenen Heizungsanlage zustehenden Nutzungsrechte dar.[1344]

Dass Grundstücke bereits bebaut sind und bislang in zulässiger Weise über eine eigene Anlage versorgt wurden, steht der Begründung eines kommunalen Anschluss- und Benutzungszwangs andererseits nicht von vornherein entgegen – auch nicht aus etwaigen Gründen des Vertrauensschutzes, der gleichwohl bei der Gestaltung der kommunalen Satzung zu beachten ist. Soweit sich nicht aus dem einschlägigen Landesrecht Ein-

---

1341 *Faber,* Anschluss- und Benutzungszwang, S. 136.
1342 *Longo,* Örtliche Energieversorgung, S. 210.
1343 So *Tschakert,* Klimaschutz durch kommunale Versorgungseinrichtungen, S. 84.
1344 *Longo,* Örtliche Energieversorgung, S. 210 f.

schränkungen ergeben,[1345] kommt daher im Grundsatz auch die Erstreckung des Anschluss- und Benutzungszwangs auf den bereits vorhandenen Gebäudebestand in Betracht. Dabei bedarf es jedoch einer besonders intensiven Prüfung, ob bzw. inwieweit gegebenenfalls Ausnahmen oder Beschränkungen des Zwangs geboten sind.[1346]

Wie bereits erwähnt, ist Ausgangspunkt der Prüfung des Art. 14 GG die Frage, ob die hier beschriebene Betroffenheit von Grundstückseigentümern lediglich eine Inhalts- und Schrankenbestimmung ihres Eigentums darstellt oder eine Enteignung im Sinne von Art. 14 Abs. 3 GG. Diese Frage wurde von Rechtsprechung und Lehre zunächst unterschiedlich beantwortet und verdient nach wie vor besondere Aufmerksamkeit. Zwar hat sich diesbezüglich inzwischen eine weitgehend einheitliche Auffassung herausgebildet, doch kann unter Umständen im Einzelfall eine abweichende Einschätzung geboten sein.

a) Abgrenzung von Enteignung und Inhalts- und Schrankenbestimmung

Der Grund für die unterschiedliche Beurteilung der Art des Eingriffs in Art. 14 GG liegt v.a. in der in Rechtsprechung und Literatur lange Zeit umstrittenen Abgrenzung von Enteignungen und Inhalts- und Schrankenbestimmungen.[1347]

Das Vorliegen einer Enteignung bestimmt sich allerdings seit dem sogenannten „Nassauskiesungsbeschluss" des Bundesverfassungsgerichts[1348] nicht mehr nach der Schwere des Eingriffs, sondern ist rein formal von einer etwaigen Inhalts- und Schrankenbestimmung abzugrenzen. Danach stellt eine Beschränkung des Eigentums nur dann eine Enteignung im Sinne des Art. 14 Abs. 3 GG dar, wenn es sich um die vollständige oder zumindest teilweise Entziehung einer konkreten vermögenswerten, in den Schutzbereich von Art. 14 Abs. 1 GG fallenden Rechtsposition handelt; diese Entziehung muss durch Hoheitsakt, d.h. durch Gesetz oder einen konkreten Vollzugsakt erfolgen, so dass dementsprechend zwischen Le-

---

1345 So in Bayern und Hamburg – siehe oben Teil 2 III. 1. b) und p).
1346 Vgl. nur VGH Mannheim, VBlBW 1982, 54 (55).
1347 Ausführlich dazu *Söhn*, Eigentumsrechtliche Probleme, S. 18 ff.; zu den verschiedenen Theorien auch *Hofmann*, in: Schmidt-Bleibtreu/Hofmann/Henneke (Hrsg.), Art. 14 GG Rn. 66 ff., mit zahlreichen Nachweisen.
1348 BVerfGE 58, 300.

gal- und Administrativenteignung unterschieden werden kann.[1349] Darüber hinaus muss die Entziehung zum Zwecke der Erfüllung einer öffentlichen Aufgabe, d.h. im Interesse der Allgemeinheit erfolgen.[1350]

Demgegenüber legen Inhalts- und Schrankenbestimmungen, als privatrechtliche oder öffentlich-rechtliche Normen, „generell und abstrakt die Rechte und Pflichten des Eigentümers fest".[1351] Erst aus der Zusammenschau von privatem und öffentlichem Recht ergibt sich somit, welche Eigentumspositionen dem Einzelnen gemäß Art. 14 Abs. 1 GG zustehen und ihm überhaupt nur im Wege einer Enteignung entzogen werden können.[1352]

Wenn auch im Schrifttum zum Teil noch immer Kritik an diesen Abgrenzungskriterien des Bundesverfassungsgerichts geübt wird und es stattdessen maßgeblich darauf ankommen soll, ob sich der Staat im Einzelfall aus übergeordneten Gemeinwohlgründen über die den Inhalts- und Schrankenbestimmungen nach Art. 14 Abs. 1 Satz 2 GG gezogene Schranke des Verhältnismäßigkeitsgrundsatzes hinwegsetzt,[1353] konnten sich derartige Abgrenzungstheorien doch nicht durchsetzen. Der Auffassung des Bundesverfassungsgerichts kommt zudem der Vorteil zu, im Wege einer rein formalen Betrachtung regelmäßig eine klare Abgrenzung zu ermöglichen und deutlich zwischen den verschiedenen Arten von Beschränkungen der Eigentumsgarantie mit ihren unterschiedlichen Anforderungen und Voraussetzungen zu differenzieren. Ihr ist daher zu folgen.

Liegen die oben genannten tatbestandlichen Voraussetzungen nicht vor, so handelt es sich auch nicht um eine Enteignung im Sinne des Art. 14 Abs. 3 GG. Werden Nutzungsmöglichkeiten der jeweiligen Eigentumsposition beschränkt, ohne dass es sich um eine Enteignung handelt, ist stattdessen von einer Inhalts- und Schrankenbestimmung gemäß Art. 14 Abs. 1 Satz 2 GG auszugehen. Dies gilt unabhängig von der Intensität dieser Nutzungsbeschränkung und selbst dann, wenn die Beschränkungen für den

---

1349 BVerfGE 58, 300 (330 f.); siehe auch BVerfGE 100, 226 (239 f.).

1350 BVerfGE 100, 226 (239 f.); dazu u.a. *Wieland*, in: Dreier (Hrsg.), Art. 14 GG Rn. 93.

1351 BVerfGE 58, 300 (330); siehe auch *Wieland*, in: Dreier (Hrsg.), Art. 14 GG Rn. 90.

1352 BVerfGE 58, 300 (336); vgl. zudem *Wieland*, in: Dreier (Hrsg.), Art. 14 GG Rn. 48.

1353 Siehe *Wendt*, in: Sachs (Hrsg.), GG, Art. 14 Rn. 78 sowie 148 ff., insbesondere 150, 157 f.

Betroffenen den Wirkungen einer Enteignung gleichkommt.[1354] Ob diese Inhalts- und Schrankenbestimmungen in einem solchen Fall verfassungsrechtlich zulässig ist, muss sodann nach den für Art. 14 Abs. 1 GG geltenden Maßstäben beurteilt werden.

Bezüglich der Prüfung eines Anschluss- und Benutzungszwangs für die Wärmeversorgung an Art. 14 GG ist in doppelter Hinsicht zu differenzieren: Zum einen zwischen den unmittelbar betroffenen Grundstückseigentümern einerseits, den ausgeschlossenen Drittanbietern im Bereich der Wärmeversorgung andererseits, zum anderen zwischen dem Anschlusszwang und dem Zwang zur Benutzung der jeweiligen öffentlichen Einrichtung. Auch die Bestimmung der konkreten Art des Eingriffs hat dabei für jede dieser Fallkonstellationen getrennt zu erfolgen.

b) Dem Anschlusszwang unterliegende Grundstückseigentümer

Eine bloße Anschlusspflicht, ohne den rechtlichen Zwang zur Benutzung der öffentlichen Einrichtung, erfordert zwar das Herstellen des technischen Anschlusses an die öffentliche Einrichtung zur Wärmeversorgung, damit gegebenenfalls auch die kostenpflichtige Installation von Vorrichtungen zur Herstellung dieser Verbindung.[1355] Dies berührt allerdings andere Anbieter noch nicht unmittelbar,[1356] da den Betroffenen die Benutzung anderer Anlagen weiterhin offensteht; allenfalls mittelbar kann bereits ein faktischer Zwang bestehen, auch die öffentliche Einrichtung zu benutzen, an die die Grundstücke zwingend anzuschließen sind.

Neben den für den Anschluss anfallenden Kosten bedeutet dies für die Grundstückseigentümer zunächst nur ein Gebot, bestimmte Arbeiten auf ihrem Eigentum zu dulden bzw. selbst vornehmen zu lassen, ohne dass damit bereits einzelne Nutzungsmöglichkeiten ausgeschlossen oder bestehende, eigene Anlagen ihre Funktion und damit ihren wirtschaftlichen Wert verlieren würden.

Der Zwang, bestimmte technische Anschlüsse herstellen (lassen) zu müssen, schränkt die Verfügungsbefugnis der Grundstückseigentümer

---

1354 BVerfGE 100, 226 (240); BVerfGE 58, 300 (320); BVerfGE 58, 137 (145). So auch *Hofmann*, in: Schmidt-Bleibtreu/Hofmann/Henneke (Hrsg.), Art. 14 GG Rn. 47 m.w.N.

1355 Siehe zum Inhalt des Anschlusszwangs bereits oben Teil 2 II. 3.

1356 So auch *Söhn*, Eigentumsrechtliche Probleme, S. 95.

zwar ein und überlässt die Entscheidung über derartige bauliche Arbeiten nicht mehr dem freien Belieben der Eigentümer, doch liegt darin jedenfalls noch keine Enteignung, sondern lediglich eine Inhalts- und Schrankenbestimmung.[1357]

Die Annahme einer Enteignung scheidet insofern nach allen Theorien aus – weder nach den Abgrenzungskriterien des Bundesverfassungsgerichts noch nach davon abweichenden Auffassungen ist von einer Enteignung im Sinne des Art. 14 Abs. 3 GG auszugehen. Weder wird dem Grundstückseigentümer mit der Anordnung des Anschlusszwangs eine konkrete Rechtsposition ganz oder teilweise entzogen, noch handelt es sich um eine die Grenze des Verhältnismäßigkeitsgrundsatzes durchbrechende, besonders intensiv wirkende Inhalts- und Schrankenbestimmung. Insbesondere wird die Privatnützigkeit des Eigentums dadurch keineswegs vollständig entzogen und nicht jeder sinnvollen Nutzungsmöglichkeit beraubt.[1358]

Die im Zusammenhang mit dem Anschluss anfallenden Kosten berühren zudem lediglich das Vermögen der Betroffenen und somit keine geschützte Eigentumsposition.[1359]

c) Anordnung eines Benutzungszwangs gegenüber den Grundstückseigentümern

Anders stellt sich die rechtliche Betroffenheit von Grundstückseigentümern im Fall des – in der Praxis regelmäßig mit dem Anschlusszwang verbundenen – Benutzungszwangs dar. Im Ergebnis handelt sich jedoch nach heute wohl einhelliger Auffassung auch dabei in aller Regel um eine Inhalts- und Schrankenbestimmungen, nicht um eine Enteignung.[1360] Das bedarf allerdings näherer Begründung.

1357 Siehe dazu bereits *Söhn*, Eigentumsrechtliche Probleme, S. 29.
1358 Darauf stellt *Wendt*, in: Sachs (Hrsg.), GG, Art. 14 Rn. 157a, ab.
1359 *Söhn*, Eigentumsrechtliche Probleme, S. 30 f.
1360 Siehe nur *Kahl/Schmidtchen*, ZNER 2011, 35 (39); *dies.*, Kommunaler Klimaschutz, S. 312; *Longo*, Örtliche Energieversorgung, S. 211; *Blasberg*, Inhalts- und Schrankenbestimmungen des Grundeigentums, S. 127; *Tschakert*, Klimaschutz durch kommunale Versorgungseinrichtungen, S. 82. So auch die Rechtsprechung, bereits vor etwa 30 Jahren, vgl. VGH München, BayVBl. 1987, 461 (462), wenngleich ohne Begründung; BVerwG, NVwZ-RR 1990, 96, bezeichnet

Wagener[1361] stellte in seinen Ausführungen zur Abgrenzung der Enteignung von Inhalts- und Schrankenbestimmungen zunächst auf die vor der „Nassauskiesungsentscheidung" des Bundesverfassungsgerichts[1362] in der Rechtsprechung des Bundesgerichtshofs entwickelte Sonderopfertheorie sowie die Schweretheorie des Bundesverwaltungsgerichts[1363] ab und bejaht auch danach bereits das Vorliegen einer Inhalts- und Schrankenbestimmung.[1364] Er prüft und bestätigt dieses Auslegungsergebnis sodann anhand der Rechtsprechung des Bundesverfassungsgerichts.[1365] Im Ergebnis geht *Wagener* davon aus, dass es sich regelmäßig um eine Inhalts- und Schrankenbestimmung handelt; lediglich für den Fall, dass der Landesgesetzgeber „den ordnungsrechtlichen Legitimationsrahmen verlässt", und die Einführung eines Anschluss- und Benutzungszwangs auch aus nicht spezifisch ordnungsrechtlichen Gründen ermöglichen will, gelangt *Wagener* zu einer anderen Einschätzung.[1366]

Die Abgrenzung zwischen Enteignung und Inhalts- und Schrankenbestimmung an den von der Gemeinde jeweils verfolgten Anordnungsgrund zu knüpfen, kann jedoch nicht überzeugen. Der Anordnungsgrund ist zwar

---

es bereits als ständige Rechtsprechung des Bundesverwaltungsgerichts, dass eine kommunaler Anschluss- und Benutzungszwang grundsätzlich keine unzulässige Enteignung, sondern eine zulässige Inhalts- und Schrankenbestimmung darstelle; siehe auch BVerwG, NVwZ 1998, 1080 (1081); VGH München, Urt. v. 26.4.2007 – 4 BV 05.1037 –, juris Rn. 15; OVG Bautzen, Urt. v. 8.4.2008 – 4 B 711/07 –, juris Rn. 13. So im Übrigen auch schon BGHZ 40, 355 (360), im Fall eines kommunalen Anschluss- und Benutzungszwangs für die gemeindliche Müllabfuhr: eine Enteignung sei „grundsätzlich zu verneinen, abgesehen von den Fällen, in denen besondere Rechtsbeziehungen – sei es privatrechtlicher oder öffentlich-rechtlicher Natur – zwischen [den Grundstückseigentümern] und der Gemeinde bestehen".

Noch anders, allerdings vor den genannten verfassungsgerichtlichen Entscheidungen zu Art. 14 GG, *Hurst*, KommWirtsch 1965, 117 (119), der eine entschädigungspflichtige Enteignung annehmen wollte, da die vorhandenen Anlagen der Betroffenen wertlos würden; ebenso *Söhn*, Eigentumsrechtliche Probleme, 1965, S. 91 f.

1361 *Wagener,* Anschluß- und Benutzungszwang, S. 96 ff.
1362 BVerfGE 58, 300; siehe dazu oben Teil 5 I. 2. a).
1363 Speziell dazu *Wagener,* Anschluß- und Benutzungszwang, S. 102 f.
1364 Auch BGHZ 40, 355 (361), betonte bereits, dass vom Grundstückseigentümer kein Sonderopfer verlangt werde, da alle erfassten Grundstückseigentümer gleichermaßen betroffen seien.
1365 Vgl. *Wagener,* Anschluß- und Benutzungszwang, S. 104 ff.
1366 Vgl. *Wagener,* Anschluß- und Benutzungszwang, S. 105 und 106 f.

für die Frage der Rechtfertigung des Grundrechtseingriffs von erheblicher Bedeutung, er nimmt aber keinen Einfluss auf die Rechtsnatur des jeweiligen Eingriffs, die vielmehr von der konkreten Wirkungsweise der kommunalen Maßnahme abhängt. Soweit *Wagener* mit der Bezugnahme auf den Legitimationsrahmen auf die Rechtmäßigkeit des Benutzungszwangs nach einfachem Recht abstellen will, kann er damit nach den Abgrenzungskriterien des Bundesverfassungsgerichts ebenfalls nicht durchdringen. Vorliegend soll zudem die Prüfung auf Fälle eines grundsätzlich zulässigen Anschluss- und Benutzungszwangs beschränkt werden.

aa) Wirkung im Falle der Neuerrichtung von Gebäuden sowie für sonstige Betroffene

Dem Benutzungszwang wohnt das Gebot inne, den anfallenden Wärmebedarf allein über die jeweilige öffentliche Einrichtung zu decken. Damit geht zudem das Verbot der Verwendung anderer, gegebenenfalls eigener Anlagen einher.[1367] Weiterhin ist zu beachten, dass eine solche Benutzungspflicht – im Unterschied zum einem Anschlusszwangs – als personenbezogene Verpflichtung keinesfalls nur an Grundstücke und deren Eigentümer gerichtet ist, sondern vielmehr allen Personen gegenüber angeordnet werden kann, die sich in der jeweiligen Gemeinde aufhalten und daher die betreffende öffentliche Einrichtung tatsächlich in Anspruch nehmen sollen.[1368]

Soweit der Einzelne durch dieses Ge- und Verbot zwar in der grundsätzlich freien Auswahl des Wärmeversorgers und damit des konkreten Vertragspartners berührt, jedoch nicht in einer konkreten eigentumsrechtlichen Position beeinträchtigt wird, kommt allenfalls eine Verletzung des Art. 2 Abs. 1 GG in Betracht.[1369]

Grundstückseigentümer, die sich bei Errichtung eines Gebäudes mit dem Benutzungszwang konfrontiert sehen, müssen ihre Entscheidungen jedoch daran ausrichten und gegebenenfalls auf den Einbau einer eigenen Anlage, die für sie mangels Nutzungsmöglichkeit wirtschaftlich wertlos

---

1367 Zum Inhalt des Benutzungszwangs siehe oben Teil 2 II. 4.
1368 Siehe nur *Gern*, Dt. Kommunalrecht, Rn. 619; *Gern*, Sächs. Kommunalrecht, Rn. 698; *Faber*, Anschluss- und Benutzungszwang, S. 42; *Heckendorf*, in Brüggen/Heckendorf, SächsGemO, § 14 Rn. 53; *Hegele/Ewert*, S. 75.
1369 Dazu siehe unten Teil 5 III. 1.

wäre, verzichten. Teilweise wird zwar bereits die „Bestimmung des Energie- und Heizungssystems in einem Neubau [...] nicht zum Bestand der Baufreiheit" gezählt, so dass Art. 14 Abs. 1 GG nicht berührt werde.[1370] Auch in derartigen Fällen werden jedoch die den Eigentümern grundsätzlich offenstehenden Nutzungsmöglichkeiten beschränkt. Wenngleich sich die Beeinträchtigung auch darin erschöpft und der Entzug einer konkreten Rechtsposition damit nicht verbunden ist, so kann die Eröffnung des Anwendungsbereichs von Art. 14 GG doch auch für den Bereich der Neubauten nicht von vornherein verneint werden.[1371] Dieser hier vertretenen Auffassung steht auch die Rechtsprechung des Bundesverwaltungsgerichts nicht entgegen. Zwar scheint das BVerwG in eine ähnliche Richtung zu weisen wie die erwähnte Ansicht aus den Reihen der Literatur, wenn es festhält, dass eine Beeinträchtigung des Art. 14 Abs. 1 GG von vornherein ausscheide.[1372] Die Ablehnung der Prüfung des Art. 14 Abs. 1 GG im konkreten Fall begründet das Bundesverwaltungsgericht aber damit, dass das fragliche Grundstück bereits vor Erwerb durch die Klägerin einem Anschluss- und Benutzungszwang unterlag und sich somit zumindest der konkreten Klägerin von vornherein keine anderweitige Nutzungsmöglichkeit eröffnete. Dies ist jedoch mit der Situation der erstmaligen Einführung eines Anschluss- und Benutzungszwangs nicht zu vergleichen, die bisher zulässige Nutzungsmöglichkeiten für die Zukunft ausschließt.

bb) Auswirkungen auf den Gebäudebestand

Viel intensiver als in derartigen Fallkonstellationen des Neubaus von Gebäuden gestaltet sich demgegenüber die Betroffenheit des Eigentümers bereits errichteter Gebäude, die bereits über eine bestimmte Anlage zur Wärmebedarfsdeckung verfügen.

Im Gebäudebestand zieht die Benutzungspflicht der kommunalen öffentlichen Einrichtung zwingend die Ersetzung der vorhandenen, eigenen Heizungsanlage durch die Deckung des Bedarfs aus dem öffentlichen Wärmenetz nach sich.[1373]

1370 So *Longo*, Örtliche Energieversorgung, S. 212.
1371 Vgl. *Faber,* Anschluss- und Benutzungszwang, S. 140.
1372 Siehe BVerwGE 125, 68 (73).
1373 *Longo*, Örtliche Energieversorgung, S. 214.

Erfasst der Benutzungszwang den Gebäudebestand nur anlässlich einer ohnehin erfolgenden Ersetzung der Heizungsanlage, wenn diese defekt ist oder beispielsweise aufgrund ihres Alters nicht mehr dem Stand der Technik entspricht und aus diesem Grund ohnehin ausgetauscht werden soll, so unterscheidet sich die Situation nicht wesentlich von der der Neuerrichtung eines Gebäudes. Der Eigentümer ist lediglich in der freien Auswahl der Art der Wärmebedarfsdeckung eingeschränkt, doch bedeutet dies für ihn lediglich eine gewisse Beschränkung der Nutzungsmöglichkeiten seines Eigentums, als er nicht mehr völlig frei über alle Einzelheiten der Art und Weise der von ihm gewählten Nutzung entscheiden darf. Konkrete Rechtspositionen werden allerdings auch insoweit nicht entzogen und es handelt sich nicht um einen „Eingriff in die Substanz der Eigentumsfreiheit".[1374]

Muss dagegen eine an sich noch funktionsfähige Heizungsanlage infolge des angeordneten Benutzungszwangs stillgelegt werden, verliert diese damit für den Eigentümer ihren wirtschaftlichen Wert. Besonders gravierend wirkt sich der Benutzungszwang dabei auf noch relativ junge, noch nicht lang im Betrieb befindliche Anlagen aus, deren Anschaffungskosten sich bisher auch allenfalls zu einem geringen Bruchteil amortisieren konnten.

Daher erblicken einige Vertreter des Schrifttums in diesen Fallkonstellationen ein über die Sozialpflichtigkeit des Eigentums hinausgehendes, unzumutbares Sonderopfer Betroffener, weshalb der Benutzungszwang insoweit – ausnahmsweise – als Enteignung zu qualifizieren sei.[1375] Mangels Vorliegens der Enteignungsvoraussetzungen gemäß Art. 14 Abs. 3 GG soll daher für derartige Fälle zwingend eine Befreiung in der jeweiligen Satzung erforderlich sein, um Enteignungen auf diese Weise zu vermeiden.[1376]

Unter Rückgriff auf den hier favorisierten formalen Enteignungsbegriff des Bundesverfassungsgerichts, ist allerdings selbst in diesen Fällen nicht

---

1374 Siehe *Longo*, Örtliche Energieversorgung, S. 214.

1375 Siehe *Wichardt*, DVBl 1980, 31 (34); *Widtmann/Grasser/Glaser*, Bayerische Gemeindeordnung, Art. 24 Rn. 9. So ausdrücklich auch *Longo*, Örtliche Energieversorgung, S. 214, der sich im Folgenden mit einer möglichen Rechtfertigung der durch ABZ begründeten Eingrifft in Art. 14 GG nicht mehr auseinandersetzt.

1376 Vgl. *Longo*, Örtliche Energieversorgung, S. 214; *Widtmann/Grasser/Glaser*, Bayerische Gemeindeordnung, Art. 24 Rn. 9.

von einer Enteignung, sondern lediglich von einer Inhalts- und Schrankenbestimmung des Eigentums auszugehen. Dem Eigentümer der jeweiligen
Gebäude und Heizungsanlagen wird keine konkrete Rechtsposition entzogen; die Zuordnung zum Eigentümer wird auch nicht teilweise aufgehoben.[1377] Zwar stellen der Verlust der Nutzungsmöglichkeit zur Deckung
des eigenen Wärmebedarfs und der damit einhergehende wirtschaftliche
Wertverlust eine unter Umständen besonders intensiv wirkende Beschränkung des Eigentümers dar. Doch selbst für den Fall, dass dies in Einzelfällen der Wirkung einer Enteignung gleichkommen mag, macht allein diese
intensive Betroffenheit aus einer Inhalts- und Schrankenbestimmung gemäß Art. 14 Abs. 1 GG noch keine Enteignung. Die mitunter gravierende
Wirkung für Betroffene wird allerdings im Rahmen der Rechtfertigung
dieser Inhalts- und Schrankenbestimmung zu beachten sein.

d) Betroffenheit der von der Versorgung ausgeschlossenen Konkurrenten

Ebenfalls mit dem Benutzungszwang verbunden ist schließlich die Her-
ausbildung eines örtlich beschränkten Monopols der jeweiligen öffentlichen Einrichtung, da die Deckung des Wärmebedarfs im Gebiet der Satzung auf keine andere Weise als über das Wärmenetz und dabei wiederum
durch keinen anderen Versorger als die öffentliche Einrichtung der Gemeinde erfolgen darf.[1378] Dies zeitigt nachteilige Folgen sowohl für Anbieter verschiedener dezentraler Heizungsanlagen sowie die Lieferanten
der in dezentralen Anlagen eingesetzten Energieträger, als auch für etwaige andere Versorger im Bereich der netzgebunden Wärmeversorgung. Zu
den ausgeschlossenen Konkurrenten zählen daher in einem weiten Sinne
u.a. Elektrizitätsversorgungsunternehmen, Gas- und Heizöllieferanten sowie andere Anbieter von Fernwärme.

aa) Konkrete Auswirkungen

Für all diese nunmehr ausgeschlossenen Anbieter – vielfach juristische
Personen des Privatrechts – bedeutet der Benutzungszwang den mehr oder
weniger weitreichenden Verlust bisheriger Absatzmöglichkeiten, des bis-

---

1377 Ebenso *Faber,* Anschluss- und Benutzungszwang, S. 140.
1378 Siehe dazu oben Teil 2 II. 5.

herigen Kundenstamms, sowie Umsatzeinbußen, soweit der Zwang sich auch auf bereits bestehende Gebäude erstreckt. Dies kann unter Umständen gar die Stilllegung des jeweiligen Geschäfts nach sich ziehen, wenn derartige Verluste nicht durch anderweitige Absatzmöglichkeiten ausgeglichen werden können.

Besonders intensiv trifft dies gerade konkurrierende Fernwärmeversorgungsunternehmen, da sie aufgrund der räumlichen Begrenzungen des Wärmenetzes und der nur eingeschränkten Transportmöglichkeiten von Wärme auf eine bestimmtes Gebiet begrenzt sind.[1379] Ein etwaiger Anschluss- und Benutzungszwang auch in Nachbargemeinden steigert die Betroffenheit dann zusätzlich, wenn damit für das Geschäft in der konkreten Form keine hinreichenden Betätigungsfelder mehr verbleiben und somit Nutzungsmöglichkeiten und der wirtschaftliche Wert der Betriebsanlagen, die ursprünglich mit hohen Investitionskosten verbunden waren, entfallen. Fraglich ist zudem, inwieweit funktionslos gewordene Anlagen verkauft und auf diese Weise zumindest ihr wirtschaftlicher Wert noch ersetzt werden kann, da dies bei ortsfesten Anlagen regelmäßig ausscheiden wird; immerhin wären sie auch für andere Eigentümer wertlos.[1380]

Soweit ein Anschluss- und Benutzungszwang sich lediglich auf neu zu errichtende Bebauung erstreckt, werden keine bestehenden Vertragsbeziehungen oder etwa schon vorhandene Kundenstämme betroffen sein, sondern den Anbietern lediglich künftige Absatzmöglichkeiten genommen. Vergleichbar stellt sich die Betroffenheit neuer Anbieter dar, die erst auf den Markt streben und nunmehr durch den Anschluss- und Benutzungszwang daran gehindert werden.

Zu beachten ist schließlich, dass die monopolisierende Wirkung in rechtlicher Hinsicht erst durch Begründung eines Benutzungszwangs eintritt. Auch die bloße Anordnung eines Anschlusszwangs für die Wärmeversorgung würde jedoch rein faktisch bereits vergleichbare Auswirkungen nach sich ziehen, da er doch mittelbar ebenfalls auf die Verbraucher einwirkt und ihre Auswahl hinsichtlich der Deckung des Wärmebedarfs bereits beeinflusst.

1379 Darauf stellt – in anderem Kontext – auch BGHZ 100, 1 (10) ab.
1380 Siehe zu den Folgen für die „Konkurrenten" der öffentlichen Einrichtung *Söhn*, Eigentumsrechtliche Probleme, S. 96.

bb) Das Recht am eingerichteten und ausgeübten Gewerbebetrieb

Angesichts dieser Betroffenheit konkurrierender Anbieter stellt sich die Frage nach einer Verletzung ihres Rechts am eingerichteten und ausgeübten Gewerbebetrieb.[1381] Ob allerdings tatsächlich ein Eingriff in das Eigentumsgrundrecht bejaht werden kann, ist keineswegs unproblematisch.

Das Recht am eingerichteten und ausgeübten Gewerbebetrieb wird ebenfalls als Teil der von Art. 14 GG geschützten Rechtspositionen anerkannt, wenngleich das Bundesverfassungsgericht dies bislang noch offen gelassen hat.[1382] In entsprechenden Verfahren hat das Gericht sich dann lediglich mit den konkret betroffenen Rechtspositionen befasst, beispielsweise beeinträchtigten Gewinnchancen oder dem Unternehmensruf.[1383] Hintergrund dieses verfassungsrechtlichen Schutzes für den eingerichteten und ausgeübten Gewerbebetrieb ist die Anerkennung der Bedeutung nicht allein einzelner zum Unternehmen gehörender Rechtsgüter, sondern des Unternehmens insgesamt, d.h. der unternehmerischen Tätigkeit im Ganzen als „Lebens- und Wirkungsgrundlage", deren wirtschaftlicher Wert auch über die Summe einzelnen Bestandteile und Rechtspositionen des Unternehmens hinausgehen soll.[1384]

Auch juristische Personen des Privatrechts können sich insoweit auf den Schutz des Grundrechts berufen.[1385] Die problematische Frage nach der Grundrechtsfähigkeit juristischer Personen in gemischter öffentlich-privater Trägerschaft soll vorliegend offengelassen werden, da entsprechende Anwendungsfälle im vorliegend betrachteten Kontext der Konkurrenz zu einer öffentlichen Einrichtung der Gemeinde praktisch wohl selten relevant werden.[1386]

1381 Eine Betroffenheit dieses Rechts bejahten z.B. *Faber,* Anschluss- und Benutzungszwang, S. 136 f.; *Tschakert,* Klimaschutz durch kommunale Versorgungseinrichtungen, S. 113; *Wagener,* Anschluß- und Benutzungszwang, S. 107 f.

1382 BVerfG, NJW 2010, 3501 (3502, Rn. 25) sowie BVerfGE 105, 252 (278), jeweils m.w.N. zur Rechtsprechung des Gerichts. Ablehnend *Wieland,* in: Dreier (Hrsg.), Art. 14 GG Rn. 63. Für die Einordnung als von Art. 14 GG geschützte Rechtsposition *Papier,* in: Maunz/Dürig, Art. 14 GG Rn. 95 m.w.N.

1383 So etwa BVerfGE 105, 252 (278), wobei ein Schutz insoweit ausdrücklich abgelehnt wurde.

1384 Vgl. dazu nur *Faber,* Anschluss- und Benutzungszwang, S. 137 sowie *Wendt,* in: Sachs (Hrsg.), GG, Art. 14 Rn. 26, jeweils m.w.N.

1385 Siehe nur *Wendt,* in: Sachs (Hrsg.), GG, Art. 14 Rn. 16 m.w.N.

1386 Näher zu dieser Problematik *Tschakert,* Klimaschutz durch kommunale Versorgungseinrichtungen, S. 113 ff.

Art. 14 GG schützt schließlich weder natürliche noch juristische Personen vor Wettbewerb – auch nicht in Gestalt des Rechts am eingerichteten und ausgeübten Gewerbebetrieb.[1387]

Angesichts der geschilderten Auswirkungen auf bestehende Absatzmärkte und den Kundenstamm stellt sich jedoch die Frage, ob damit nicht – über einen allgemeinen Schutz vor Wettbewerb hinaus – konkrete eigentumsrechtlich geschützte Positionen berührt werden.[1388] Zwar genießt nur der tatsächlich bestehende wirtschaftliche Gehalt eines Unternehmens den Schutz des Art. 14 GG,[1389] doch könnten vorliegend mit bestehenden Absatzmöglichkeiten oder dem Kundenstamm um derartige, konkret fassbare wirtschaftliche Positionen des Unternehmens betroffen sein.

In der Literatur wird ein Eingriff in Art. 14 GG zum Teil mit dem Argument abgelehnt, dass der Anschluss- und Benutzungszwang ausschließlich Erwerbschancen berühre, hinsichtlich derer die Betroffenen auch keinen besonderen Vertrauensschutz in Anspruch nehmen könnten, da ihr Gewerbebetrieb gewissermaßen von vornherein mit dem Risiko der Einführung eines Anschluss- und Benutzungszwangs belastet gewesen sei.[1390] Diese Auffassung erscheint jedoch wiederum zu pauschal und übersieht die soeben angesprochene notwendige Differenzierung zwischen Gewinnchancen und konkret fassbaren Eigentumspositionen. So werden doch keineswegs in allen Fällen ausschließlich bloße Erwerbschancen betroffen sein werden, wie sogleich noch aufgezeigt werden soll.[1391]

Zwar scheint auch die ältere Rechtsprechung des Bundesverwaltungsgerichts darauf hinzudeuten, den Schutz des Art. 14 Abs. 1 GG von vornherein abzulehnen, allerdings hat sich die fragliche Entscheidung speziell mit dem erworbenen Kundenstamm befasst und damit noch keine Aussage zu anderen Rechtspositionen getroffen. Das Bundesverwaltungsgericht hielt fest, dass zu dem von Art. 14 GG geschützten eingerichteten und ausgeübten Gewerbebetrieb in der Regel auch der jeweils erworbene Kundenstamm gehöre, allerdings sei im konkreten Fall darauf abzustellen, wie der Gesetzgeber Inhalt und Schranken des Eigentums im Sinne von Art. 14 Abs. 1 Satz 2 GG ausgestaltet habe.[1392] Eine solche Inhalts- und Schran-

---

1387 *Hofmann*, in: Schmidt-Bleibtreu/Hofmann/Henneke (Hrsg.), Art. 14 GG Rn. 14.
1388 Dies bejaht z.B. *Söhn*, Eigentumsrechtliche Probleme, S. 104 f.
1389 *Faber*, Anschluss- und Benutzungszwang, S. 137.
1390 So etwa *Papier*, in: Maunz/Dürig, Art. 14 GG Rn. 103.
1391 Siehe sogleich noch unter Teil 5 I. 2. d) ee).
1392 BVerwGE 62, 224 (226).

kenbestimmung sollen landesrechtliche Ermächtigungsgrundlagen darstellen, die dazu führen, dass der Betreiber eines Gewerbebetriebs von vornherein mit der Einführung eines Anschluss- und Benutzungszwangs rechnen musste.[1393]

Daher stellt dem Bundesverwaltungsgericht zufolge gerade der erworbene Kundenstamm auch von vornherein keine durch Art. 14 GG geschützte Rechtsposition dar;[1394] im Verlust dieses Kundenstammes infolge der Einführung eines Anschluss- und Benutzungszwangs liege somit kein Eingriff in den Gewerbebetrieb.[1395] Über etwaige andere Rechtspositionen ist damit aber, wie bereits erwähnt, noch nicht entschieden. Im Übrigen weist auch das Bundesverwaltungsgericht an dieser Stelle doch zugleich darauf hin, dass der Gesetzgeber schließlich auch bei Ausformung von Inhalten und Schranken des Eigentums insbesondere den Verhältnismäßigkeitsgrundsatz zu beachten habe und daher nicht völlig frei sei, wenngleich diese Schranken im konkreten Fall gewahrt würden.[1396]

Bei genauer Betrachtung scheinen derartige Aussagen zum Teil zwei unterschiedliche Fragen zu vermischen: die Frage nach dem Vorliegen eines Eingriffs in den Schutzbereich des Art. 14 GG und die Frage nach der Qualität dieses Eingriffs.

cc) Art des Eingriffs in die Eigentumsgarantie

Erst soweit ein Eingriff in die Eigentumsgarantie grundsätzlich bejaht wird, stellt sich wiederum die weitere Frage nach der Qualität des Eingriffs – ob es sich dabei lediglich um eine Inhalts- und Schrankenbestimmung oder um eine Enteignung handelt.[1397] Die Annahme einer Enteignung kann aber bei Anlegung der verfassungsgerichtlich geprägten Maßstäbe für das Vorliegen einer Enteignung heute nicht (mehr) überzeugen. Zum Gewerbebetrieb gehörende Rechtspositionen werden schließlich nicht entzogen, sondern es wird – wie auch die eben erwähnte Rechtspre-

---

1393 BVerwGE 62, 224 (226 f.).

1394 BVerwGE 62, 224 (226).

1395 BVerwGE 62, 224 (227).

1396 BVerwGE 62, 224 (227 f.).

1397 Für letzteres wiederum *Söhn*, Eigentumsrechtliche Probleme, S. 114, mit dem Argument einer „unzumutbaren Belastung" und „Aufopferung" der Privatnützigkeit des betroffenen Unternehmens.

chung des Bundesverwaltungsgerichts zu Recht ausführt – lediglich ihre Nutzung beschränkt. Unerheblich ist dabei, dass diese Beschränkung im Einzelfall von solcher Intensität sein kann, dass die Wirkung für Betroffene einer Enteignung des Betriebs gleichkommen mag.

Entscheidend dafür ist letztlich wiederum der konkrete Bezugspunkt, die konkret vom Schutz des Art. 14 GG umfasste Rechtsposition. Soweit der Kundenstamm als Teil des Rechts am eingerichteten und ausgeübten Gewerbebetrieb als geschützte Rechtsposition erachtet wird, stellt sich die Frage nach ihrem Entzug im Sinne einer Enteignung; handelt es sich lediglich um eine unselbständige Position, die Teil des insgesamt als solchen geschützten Gewerbebetriebs ist, muss auf dessen Beeinträchtigung abgestellt werden.

Der erworbene Kundenstamm hat für den wirtschaftlichen Wert des Gewerbebetriebs insofern Bedeutung, als er dessen künftige Absatzmöglichkeiten und damit Erwerbschancen sicherstellen soll. Bloße Erwerbschancen allerdings sind von Art. 14 Abs. 1 GG nicht umfasst. Der geschützte Gewerbebetrieb als solcher wird seinem Inhaber nicht entzogen; ihm wird mit Anordnung des Benutzungszwangs lediglich eine wirtschaftliche Nutzungsmöglichkeit genommen.[1398] Soweit überhaupt eine konkrete eigentumsrechtliche Position berührt ist, handelt es sich dabei doch auch einer im Schrifttum vertretenen Auffassung zufolge um eine von vornherein mit dem Risiko belastete Position, dass der Erlass eines Anschluss- und Benutzungszwangs zum Verlust einmal erworbener Absatzmöglichkeiten führen kann.[1399]

Durch die Möglichkeit der Begründung eines Anschluss- und Benutzungszwangs sowie später aufgrund der Realisierung dieser Möglichkeit werden somit Inhalt und Schranken des Rechts am eingerichteten und ausgeübten Gewerbebetrieb geregelt. Mag auch die Intensität der Betroffenheit des Einzelnen dabei besonders hoch sein, begründet dies doch nicht die Annahme einer Enteignung.

1398 Siehe auch *Faber,* Anschluss- und Benutzungszwang, S. 141; *Wagener,* Anschluß- und Benutzungszwang, S. 115.

1399 Vgl. *Faber,* Anschluss- und Benutzungszwang, S. 140 f., mit zahlreichen Nachweisen; so auch *Wagener,* Anschluß- und Benutzungszwang, S. 111 ff. (wiederum zunächst anhand der Sonderopfertheorie des BGH sowie nach der Rechtsprechung des Bundesverwaltungsgerichts) sowie S. 115 (für eine Abgrenzung gemäß der Rechtsprechung des BVerfG).

Soweit Investitionen in eigene Anlagen getätigt wurden, werden diese mit dem Verlust der Absatzmöglichkeiten für den Inhaber des Gewerbebetriebs wirtschaftlich wertlos. Zwar wird den Betroffenen auch insoweit keine konkrete eigentumsrechtliche Position entzogen, doch beschränkt der Anschluss- und Benutzungszwang die Nutzungsmöglichkeiten der Anlagen.

Nach diesen Grundsätzen kann es sich bei der Regelung des Anschuss- und Benutzungszwangs (nur) um eine Inhalts- und Schrankenbestimmung des Eigentums der betroffenen Konkurrenten handeln, die an Art. 14 Abs. 1 Satz 2 GG zu messen wäre.

dd) Abgrenzung der Schutzbereiche von Art. 12 und 14 GG

Ist die Ausübung eines Gewerbes betroffen, kommt neben Art. 14 GG eine Betroffenheit der Inhaber der Gewerbebetriebe in Art. 12 GG in Betracht,[1400] weshalb es hier auf die Abgrenzung der Schutzbereiche beider Grundrechte ankommt. Dabei kann der Anschluss- und Benutzungszwang unter Umständen durchaus zugleich eine Berufsausübungsregelung im Sinne von Art. 12 Abs. 1 GG darstellen und den Schutzbereich von Art. 14 Abs. 1 GG berühren.[1401]

Dem Bundesverfassungsgericht zufolge richtet sich die Abgrenzung maßgeblich danach, dass Art. 12 Abs. 1 GG „die Freiheit des Bürgers [schützt], jede Tätigkeit, für die er sich geeignet glaubt, als Beruf zu ergreifen, d.h. zur Grundlage seiner Lebensführung zu machen".[1402] Das Grundrecht der Berufsfreiheit sei danach zum einen „in erster Linie persönlichkeitsbezogen" sowie zum anderen „in hohem Maße ‚zukunftsgerichtet'".[1403]

Art. 14 Abs. 1 GG schütze demgegenüber „nur Rechtspositionen, die einem Rechtssubjekt bereits zustehen [...], [aber] keine Chancen und Ver-

---

1400 Dazu näher unter Teil 5 II.
1401 Vgl. BVerfGE 30, 292 (334). Gegen eine strikte Trennung der Schutzbereiche auch *Wendt*, in: Sachs (Hrsg.), GG, Art. 14 Rn. 186 m.w.N.; *Mann*, in: Sachs (Hrsg.), Art. 12 GG Rn. 197; *Hofmann*, in: Schmidt-Bleibtreu/Hofmann/Henneke (Hrsg.), Art. 12 GG Rn. 107. *Scholz*, in: Maunz/Dürig, Art. 12 GG Rn. 130 nimmt gar „überwiegend ein Verhältnis der Idealkonkurrenz" an; näher dazu *Scholz*, a.a.O., insbesondere Rn. 143 ff.
1402 BVerfGE 30, 292 (334).
1403 BVerfGE 30, 292 (334).

dienstmöglichkeiten".[1404] Wie auch das Bundesverfassungsgericht klarstellt: „Art. 14 Abs. 1 GG schützt das Erworbene, das Ergebnis der Betätigung, Art. 12 Abs. 1 GG dagegen den Erwerb, die Betätigung selbst".[1405] Diese Abgrenzung zwischen dem Gewährleistungsgehalt des Art. 12 Abs. 1 GG sowie der Eigentumsgarantie des Art. 14 GG verdeutlicht wiederum die bereits erwähnten Grenzen des Eigentumsschutzes, der bloße Umsatz- und Gewinnchancen nicht umfasst. Das Bundesverfassungsgericht hält dazu ausdrücklich fest: „Namentlich folgt aus Art. 14 Abs. 1 GG kein übergreifender Schutz ökonomisch sinnvoller und rentabler Eigentumsnutzung und hierfür bedeutsamer unternehmerischer Dispositionsbefugnisse."[1406] Anders formuliert, gewährt die Eigentumsgarantie keinen Schutz für „Verdienstmöglichkeiten und Erwerbschancen, die sich aus dem bloßen Fortbestand einer günstigen Gesetzeslage ergeben".[1407] Dementsprechend betont auch der Bundesgerichtshof, dass Gewerbebetriebe nur insoweit vom Eigentumsschutz umfasst seien, als es um die „Fortsetzung des Betriebs im bisherigen Umfang nach den schon getroffenen betrieblichen Maßnahmen" geht, nicht jedoch im Hinblick auf geplante Erweiterungen des Betriebs oder zu diesem Zweck getätigte Investitionen.[1408] Insoweit kann sich ein Schutz Betroffener dann, wenn überhaupt, so allenfalls aus Art. 12 GG ergeben.[1409]

ee) Schlussfolgerung

Im Ergebnis soll somit nach einer im Schrifttum vertretenen Ansicht beim Verlust des bestehenden Kundenstamms und gefestigter Absatzstrukturen ebenso wie bei Wegfall der Nutzbarkeit bestehender Betriebsanlagen eine Betroffenheit im Eigentumsgrundrecht des Art. 14 Abs. 1 GG angenommen werden. Etwas anderes gilt danach, soweit lediglich der Verlust künftiger Entwicklungschancen oder erst potentieller, künftiger Abnehmer festgestellt werden kann.[1410] Zwar wird nach wohl einhelliger Auffassung

---

1404 BVerfGE 30, 292 (334 f.); BGHZ 132, 181 (187).
1405 BVerfGE 30, 292 (335) m.w.N.; ebenso BGHZ 132, 181 (187).
1406 BVerfGE 77, 84 (118).
1407 So *Wendt*, in: Sachs (Hrsg.), GG, Art. 14 Rn. 44 m.w.N.
1408 BGHZ 132, 181 (187).
1409 Dazu unter Teil 5 II. 2.
1410 *Faber*, Anschluss- und Benutzungszwang, S. 138; *Wagener*, Anschluß- und Benutzungszwang, S. 108 f.; siehe auch *Pielow/Finger*, JURA 2007, 189 (199 f.).

weder durch Art. 14 GG noch durch Art. 12 GG die „Aussicht auf künftige Früchte wirtschaftlicher Betätigung" verfassungsrechtlich gewährleistet,[1411] der erworbene Kundenstamm oder die erarbeitete, bestehende Marktposition werden allerdings nach dieser Ansicht gerade nicht als bloße Erwerbschancen betrachtet. Vielmehr soll insoweit ein schutzwürdiges Vertrauen des Unternehmers anerkannt werden.[1412]

Demnach soll die Einführung eines Anschluss- und Benutzungszwangs hinsichtlich der von der Versorgung ausgeschlossenen Unternehmer ebenfalls an Art. 14 Abs. 1 GG gemessen werden, wenngleich die damit einhergehende Beeinträchtigung unter Berücksichtigung der Sozialbindung des Eigentums gegebenenfalls gerechtfertigt werden könnte.[1413]

Nach anderer Auffassung handelt es sich auch beim erworbenen Kundenstamm – ebenso wie beim „good will" der Kunden – nicht um eine gesicherte Rechtsposition; auch der Kundenstamm bezieht sich danach ausschließlich auf künftige Erwerbsaussichten und unterfalle daher nicht dem Schutz des Art. 14 Abs. 1 GG.[1414] Auch getätigte Investitionen in die Betriebsanlagen seien nicht geschützt, da dem Unternehmer kein Anspruch auf Aufrechterhaltung einer ihm günstigen Rechtslage zustehe und insbesondere mit der Begründung eines nach Landesrecht grundsätzlich zulässigen Anschluss- und Benutzungszwangs stets zu rechnen sei.[1415]

Daher könne sich der betroffene Unternehmer in aller Regel allein auf Art. 12 GG berufen, nicht zugleich auf Art. 14 GG. Eine Ausnahme komme allenfalls im Sonderfall bestehender vertraglicher Bindungen zwischen der Gemeinde und dem Unternehmen in Anbetracht, da dem Abschluss eines solchen Vertrags ein besonderer Vertrauensschutz innewohne.[1416]

Beide Ansichten können nicht voll überzeugen. Zwar handelt es sich beim erworbenen Kundenstamm tatsächlich nicht um hinreichend verfestigte, verfassungsrechtlich geschützte Rechtspositionen, sondern lediglich Aussichten auf künftige (andauernde) Absatzmöglichkeiten und Gewinnchancen, die nicht unter den Schutz des Art. 14 Abs. 1 GG fallen. Anders verhält es sich jedoch mit konkret getätigten Aufwendungen und Investi-

---

1411 *Burgi*, Kommunalrecht, § 16 Rn. 67. So auch bereits *Wichardt*, DVBl 1980, 31 (34) hinsichtlich des Verlusts künftiger Absatzchancen.
1412 Siehe etwa *Wendt*, in: Sachs (Hrsg.), GG, Art. 14 Rn. 48 f.
1413 Vgl. *Wendt*, in: Sachs (Hrsg.), GG, Art. 14 Rn. 50.
1414 *Tschakert*, Klimaschutz durch kommunale Versorgungseinrichtungen, S. 118.
1415 *Tschakert*, Klimaschutz durch kommunale Versorgungseinrichtungen, S. 119 f.
1416 *Tschakert*, Klimaschutz durch kommunale Versorgungseinrichtungen, S. 120.

tionen in Betriebsanlagen sowie gegebenenfalls ein Leitungsnetz zur Wärmeversorgung. Dabei handelt es sich um hinreichend verfestigte, wirtschaftlich relevante Güter, die in Folge der mit dem Anschluss- und Benutzungszwang einhergehenden Nutzungsbeschränkung ihren wirtschaftlichen Wert verlieren.

Auch soweit Unternehmer hierin betroffen werden, handelt es sich jedoch trotz der Intensität dieser Beeinträchtigung nicht um eine Enteignung im Sinne des Art. 14 Abs. 3 GG;[1417] vielmehr ist der Anschluss- und Benutzungszwang auch insoweit (nur) an Art. 14 Abs. 1 Satz 2 GG zu messen.

3. Rechtfertigung des Eingriffs in Art. 14 Abs. 1 GG – insbesondere Aspekte der Verhältnismäßigkeitsprüfung

a) Allgemeines

Wie gesehen, handelt es sich bei der Begründung eines Anschluss- und Benutzungszwangs zwar nicht um eine Enteignung Betroffener gemäß Art. 14 Abs. 3 GG, doch auch im Falle von Inhalts- und Schrankenbestimmungen hat der Gesetzgeber verfassungsrechtliche Grenzen zu achten. Er muss „die schutzwürdigen Interessen des Eigentümers und die Belange des Gemeinwohls in einen gerechten Ausgleich und ein ausgewogenes Verhältnis bringen" und hat dabei insbesondere den Verhältnismäßigkeitsgrundsatz und die sich aus Art. 3 Abs. 1 GG ergebenden Anforderungen beachten; zudem darf der Kernbereich der Eigentumsgarantie, d.h. die Privatnützigkeit des Eigentums sowie „die grundsätzliche Verfügungsbefugnis über den Eigentumsgegenstand", nicht ausgehöhlt werden.[1418]

Insoweit unterscheiden Rechtsprechung und, ihr folgend, weite Teile der Literatur bereits seit der „Pflichtexemplarentscheidung"[1419] des Bundesverfassungsgerichts zwischen entschädigungslos hinzunehmenden und ausgleichspflichtigen Inhalts- und Schrankenbestimmungen; letztere kom-

---

1417 A.A. aber noch *Wichardt*, DVBl 1980, 31 (34); in dem Sinne auch *Börner*, Einführung eines Anschluß- und Benutzungszwanges für Fernwärme, S. 28.

1418 BVerfGE 100, 226 (240 f.). Siehe auch *Hofmann*, in: Schmidt-Bleibtreu/Hofmann/Henneke (Hrsg.), Art. 14 GG Rn. 40; *Wendt*, in: Sachs (Hrsg.), Art. 14 GG Rn. 70 f., jeweils m.w.N.

1419 BVerfGE 58, 137.

men danach ausnahmsweise zur Gewährleistung des Verhältnismäßigkeitsprinzips in Fällen einer atypisch schweren Belastung in Betracht. Für derartige Sonderfälle ist zur Wahrung der Verhältnismäßigkeit gegebenenfalls zumindest ein finanzieller Ausgleich erforderlich.[1420] Dabei ist jedoch zu beachten, dass eine Ausgleichspflicht angesichts der grundlegenden Sozialbindung des Eigentums nach Art. 14 Abs. 2 GG restriktiv anzuwenden ist und ihr nur Ausnahmecharakter zukommt.[1421] Eine danach zur Wahrung der Verhältnismäßigkeit erforderliche Kompensation muss nicht zwingend als Entschädigung in Geld erfolgen, sondern ist stattdessen in erster Linie über Übergangs-, Ausnahme- oder Härtefallregelungen zu gewährleisten.[1422]

Allerdings ist die Gestaltungsfreiheit des Gesetzgebers dem Bundesverfassungsgericht zufolge angesichts der Sozialbindung gemäß Art. 14 Abs. 2 GG umso größer, je stärker der soziale Bezug des jeweiligen Eigentumsobjekts ist.[1423] Daraus folge auch, dass entsprechende Inhalts- und Schrankenbestimmungen – wie erwähnt – im Regelfall entschädigungslos hinzunehmen seien; auch aus der Überschreitung der dargestellten verfassungsrechtlichen Grenzen folge keine Entschädigungspflicht, sondern vielmehr die Verfassungswidrigkeit der jeweiligen Inhalts- und Schrankenbestimmung.[1424]

Inhalte und Schranken des Eigentums sind gemäß Art. 14 Abs. 1 Satz 2 GG durch Gesetz zu bestimmen, wobei ein Gesetz im materiellen Sinne ausreicht. Daher kommt auch eine Inhalts- und Schrankenbestimmung durch Rechtsverordnung oder kommunale Satzung in Betracht.[1425] Eine solche Satzung, muss jedoch sowohl formell als auch materiell rechtmäßig sein und auf einer ebensolchen, verfassungsgemäßen Ermächtigung beruhen. Dass in allen Ländern Ermächtigungsgrundlagen für die Anordnung eines Anschluss- und Benutzungszwang bestehen, die insbesondere den formellen Anforderungen an die Gesetzgebungskompetenz genügen, wurde bereits ausgeführt.[1426]

1420 BVerfGE 58, 137 (149 ff.); siehe auch BVerfGE 100, 226 (243 f.).
1421 *Faber,* Anschluss- und Benutzungszwang, S. 142 f.
1422 Siehe dazu BVerfGE 100, 226 (245); so auch *Faber,* Anschluss- und Benutzungszwang, S. 144.
1423 So BVerfGE 100, 226 (241). So auch *Hofmann,* in: Schmidt-Bleibtreu/Hofmann/Henneke (Hrsg.), Art. 14 GG Rn. 42.
1424 BVerfGE 100, 226 (241).
1425 Siehe nur *Papier,* in: Maunz/Dürig, Art. 14 GG Rn. 339 m.w.N.
1426 Siehe oben Teil 2 I. 3.

Soll von dieser Ermächtigung Gebrauch gemacht und im Wege einer Satzung ein Anschluss- und Benutzungszwang begründet werden, so sind dabei wiederum formelle Anforderungen zu beachten, aber insbesondere auch materielle Vorgaben – nicht nur der Ermächtigungsgrundlage selbst, sondern v.a. die sich aus Art. 14 Abs. 1 Satz 2 GG ergebenden Beschränkungen. Von maßgeblicher Relevanz ist dabei der Verhältnismäßigkeitsgrundsatz, der daher sogleich noch näher zu prüfen sein wird.

Werden Gerichte mit Fragen der Rechtmäßigkeit eines Anschluss- und Benutzungszwangs befasst, so finden sich in den entsprechenden Entscheidungen häufig nur kurze Ausführungen zu dieser speziellen Frage.[1427] Für die Rechtsprechung scheint somit die Vereinbarkeit eines Anschluss- und Benutzungszwangs mit Art. 14 Abs. 1 GG zumindest im Grundsatz geklärt; Argumentationsbedarf besteht allenfalls hinsichtlich konkreter Ausnahmen und Befreiungen, die dann gegebenenfalls auch im Urteil mehr Raum einnehmen und vielfach die eigentlichen Streitpunkte darstellen. Sowohl die grundsätzliche Vereinbarkeit des Anschluss- und Benutzungszwangs mit den berührten Grundrechten wie auch die Frage nach erforderlichen Ausnahmeregelungen sollen im Folgenden näher geprüft werden.

1427 Siehe etwa VGH München, Urt. v. 7.3.2007 – 4 BV 05.2974 –, juris Rn. 24, wonach es auch „nicht unzumutbar [erscheine], ohne Kachelofen wohnen zu müssen"; nach OVG Bautzen, Urt. v. 8.4.2008 – 4 B 711/07 –, juris Rn. 13, stellt der Anschluss- und Benutzungszwang (hier konkret für die öffentliche Wasserversorgung) „grundsätzlich eine zulässige Bestimmung von Inhalt und Schranken des Grundeigentums [...] dar". BVerwG, NVwZ-RR 1990, 96 führt im Hinblick auf die Wahrung der Anforderungen des Art. 14 GG lediglich aus, dies sei „rechtlich nicht ernstlich zweifelhaft und bedarf darum keiner weiteren Klärung". VG München, Urt. v. 22.9.2005 – M 10 K 05.2456 –, BeckRS 2005, 38608, stellt kurz und knapp fest, dass mit Anordnung des Anschluss- und Benutzungszwangs der Zweck der Vermeidung von Nachteilen durch Luftverunreinigungen gefördert werde und die Anordnung des Anschluss- und Benutzungszwanges daher verhältnismäßig sei. Bemerkenswert kurz im Übrigen auch die Ausführungen bei *Börner*, Einführung eines Anschluß- und Benutzungszwanges für Fernwärme, S. 28 f., konkret zur Frage der Betroffenheit von Grundstückseigentümern in Art. 14 GG.

b) Sozialpflichtigkeit des Eigentums

Bei Ausgestaltung von Inhalt und Schranken des Eigentums ist die Sozialpflichtigkeit desselben, wie sie Art. 14 Abs. 2 GG hervorhebt, zu beachten.[1428] Dies veranlasste Rechtsprechung und Literatur bereits zu der Feststellung, ein Anschluss- und Benutzungszwang sei als Konkretisierung dieser Sozialbindung eine grundsätzlich gerechtfertigte Einschränkung des Eigentums.[1429] Gleichwohl genügt allein die Tatsache, dass sich darin die Sozialpflichtigkeit des Eigentums realisiert, noch nicht zur Rechtfertigung eines Anschluss- und Benutzungszwangs. Vielmehr sind Sozialpflichtigkeit und Privatnützigkeit des Eigentums in einen gerechten Ausgleich zu bringen; die Sozialpflichtigkeit darf daher nicht auf Kosten der Privatnützigkeit des Eigentums und der Verfügungsbefugnis des Eigentümers überbetont werden.[1430]

Im Rahmen der Sozialpflichtigkeit kommt insbesondere der Sicherung der Energieversorgung eine große Bedeutung zu, da sie „erhebliche gemeinschaftlich relevante Implikationen" entfaltet und daher eine vergleichsweise weitreichende Bindung des Eigentums ermöglicht.[1431] Dies gilt auch für den Schutz der natürlichen Lebensgrundlagen im Sinne des Art. 20a GG.[1432] Auch diese besonders gewichtigen Gemeinwohlbelange, wie die Sicherstellung der Versorgung sowie Aspekte des Umwelt- und Klimaschutzes, sind jedoch mit der grundsätzlichen Privatnützigkeit der Eigentumsgarantie angemessen ins Verhältnis zu setzen und die Zumutbarkeitsschwelle für Betroffene ist auch insoweit zu wahren.[1433]

Wie zudem bereits im Rahmen der Prüfung des konkreten Eingriffs in Art. 14 GG ausgeführt wurde,[1434] gelten die relevanten eigentumsrechtlichen Positionen im Zusammenhang mit der Wärmeversorgung angesichts der bestehenden Ermächtigungsgrundlagen als „von vornherein einge-

---

1428 So z.B. auch *Geis*, § 10 Rn. 81; *Heckendorf*, in Brüggen/Heckendorf, Sächs-GemO, § 14 Rn. 59.

1429 So *Gern*, Dt. Kommunalrecht, Rn. 602; *Gern*, Sächs. Kommunalrecht, Rn. 677. Vgl. aus der Rechtsprechung des Bundesverwaltungsgerichts nur BVerwG, NVwZ-RR 1990, 96 m.w.N.

1430 Siehe bereits oben Teil 5 I. 1. sowie 3. a).

1431 *Longo*, Örtliche Energieversorgung, S. 217.

1432 *Longo*, Örtliche Energieversorgung, S. 217.

1433 *Gern*, Dt. Kommunalrecht, Rn. 602; *Gern*, Sächs. Kommunalrecht, Rn. 677; *Röhl*, in: Schoch, Bes. VerwR, 1. Kapitel, Rn. 168.

1434 Siehe eben Teil 5 I. 2. d).

schränkt, da [der jeweilige Eigentümer seine Anlagen] nur solange benutzen darf, bis im öffentlichen Interesse ein Anschluss- und Benutzungszwang angeordnet wird".[1435] Die grundsätzlich von Art. 14 Abs. 1 GG durchaus geschützten Eigentumspositionen sind daher bereits mit der Möglichkeit der Anordnung eines (gemäß der Ermächtigungsgrundlage an sich zulässigen) Anschluss- und Benutzungszwangs belastet und ihr verfassungsrechtlicher Schutz ist dementsprechend eingeschränkt.[1436] Mit der Anordnung eines solchen Zwangs habe schließlich, so das Bundesverwaltungsgericht ausdrücklich, angesichts der geltenden Rechtslage immer gerechnet werden müssen.[1437]

Auch wenn sich das Bundesverwaltungsgericht in der genannten Entscheidung konkret auf den Anschluss- und Benutzungszwang an die öffentliche Wasserversorgung als ein hergebrachtes kommunalrechtliches Instrument bezieht, lässt sich diese Argumentation mittlerweile doch ebenso auch auf die Fernwärmeversorgung anwenden.

Der Eigentumsschutz entfällt damit jedoch keineswegs vollständig. Vielmehr verdienen diese Einschränkungen in der Abwägung zwischen Sozialpflichtigkeit und Privatnützigkeit besondere Aufmerksamkeit, lassen jedoch insbesondere das Erfordernis einer Verhältnismäßigkeitsprüfung mit Blick auf den konkret angeordneten Zwang, in dem sich die Beschränkung des Eigentums schließlich realisiert, nicht entfallen.

Auch das Bundesverwaltungsgericht hält an der Prüfung des Verhältnismäßigkeitsgrundsatzes fest, betont aber, eine Verletzung komme lediglich dann in Betracht, wenn der jeweilige Anschluss dem Betroffenen wegen besonderer, „unbilliger Härten" ausnahmsweise nicht zumutbar wäre.[1438]

Das Bundesverwaltungsgericht bezieht dies – zumindest im Fall der Wasserversorgung bzw. Abwasserentsorgung – ausdrücklich auch auf so-

---

1435 So SächsOVG, DVBl 2013, 867 (868); siehe dazu auch *Gern*, Dt. Kommunalrecht, Rn. 602 sowie *Gern*, Sächs. Kommunalrecht, Rn. 677 m.w.N. aus der Rechtsprechung. Kritisch dagegen *Schmidt-Aßmann/Röhl*, in Schmidt-Aßmann/Schoch, Bes. Verwaltungsrecht, 1. Kap. – Kommunalrecht, Rn. 116: Eine derartige „immanente Pflichtigkeit" könne allenfalls für „Anlagen geringen Wertes" angenommen werden, nicht dagegen bei „gefahrenrechtlich einwandfreien aufwendigen Eigenanlage[n]", wie z.B. Heizanlagen.
1436 Siehe auch BVerwG, NVwZ-RR 1990, 96; BVerwG, NVwZ 1998, 1080 (1081); OVG Bautzen, Urt. v. 8.4.2008 – 4 B 711/07 –, juris Rn. 13. Vgl. in diesem Sinne auch bereits BGHZ 40, 355 (360).
1437 BVerwG, NVwZ-RR 1990, 96.
1438 Vgl. nur BVerwG, NVwZ-RR 1990, 96; BVerwG, NVwZ 1998, 1080 (1081).

genannte Bestandsfälle, in denen bis zur Anordnung des Anschluss- und Benutzungszwangs eine eigene Anlage – beanstandungslos – betrieben wurde.[1439] Zu beachten ist in diesem Kontext, dass selbst bei in umweltrechtlicher Hinsicht „einwandfrei" funktionierenden Anlagen schließlich auch Art. 20a GG keine zwingende Ausnahme vom Anschluss- und Benutzungszwang gebietet, der doch eben gerade aus umwelt- und klimarelevanten Gründen angeordnet werden darf. Zudem begründet Art. 20a GG keine subjektiven Ansprüche Einzelner.[1440]

Ob nicht hinsichtlich der Fernwärmeversorgung eine differenziertere Sichtweise auf Bestandsfälle einerseits, Neubauten andererseits geboten ist, wird noch näher zu untersuchen sein.

c) Verhältnismäßigkeitsprüfung der Beeinträchtigung betroffener Grundstückseigentümer

Zur Wahrung des Grundsatzes der Verhältnismäßigkeit müssen die mit dem Anschluss- und Benutzungszwang verbundenen Einschränkungen der Grundrechte Betroffener schließlich einem legitimen Zweck dienen, zu dessen Erreichung sowohl geeignet als auch erforderlich sein und dürfen die Grenze der Angemessenheit bzw. Zumutbarkeit für Betroffene nicht überschreiten. Auf dieser Prüfung liegt, wie so oft, auch im Kontext der Begutachtung eines Anschluss- und Benutzungszwangs der Schwerpunkt der Betrachtung.

aa) Legitimer Zweck

Vorliegend wurde untersucht, inwiefern ein Anschluss- und Benutzungszwang im Bereich der Wärmeversorgung eingeführt werden kann – nicht allein aus Gründen der örtlichen Immissions- und Gesundheitsschutzes, sondern vielmehr gerade zum Zwecke des (global wirkenden) Klimaschutzes.

Sowohl Gesundheits- und Immissionsschutz wie auch der hier im Mittelpunkt stehende Klimaschutz sind nach allgemeiner Auffassung legitime

---

1439 Siehe BVerwG, NVwZ-RR 1990, 96; BVerwG, NVwZ 1998, 1080 (1081).
1440 Vgl. dazu BVerwG, NVwZ 1998, 1080 (1081). Zu Art. 20a GG siehe oben Teil 3 III. 1.

Zwecke. Nicht zuletzt verdeutlicht Art. 20a GG die auch verfassungsrechtliche Anerkennung dieser Zielsetzung. Der Umwelt- und auch Klimaschutz stellen danach ausdrücklich Gemeinwohlbelange mit Verfassungsrang dar.[1441]

Auch wenn aus dem verfassungsrechtlichen Auftrag zum Schutz der natürlichen Lebensgrundlagen des Art. 20a GG keine subjektiven Ansprüche Einzelner abgeleitet werden können, steht diese Staatszielbestimmung den Grundrechten im System des Grundgesetzes keineswegs derart nachgeordnet gegenüber, dass sie eine etwaige Grundrechtsbeeinträchtigung nicht rechtfertigen könnte.[1442] Vielmehr ist der Umwelt- und Klimaschutz gerade unter Berücksichtigung des ihm mit Art. 20a GG zugewiesenen Verfassungsrangs als möglicher Rechtfertigungsgrund in Betracht zu ziehen.[1443]

Die mit der klimapolitischen Zielsetzung der Umstellung der Energieversorgung eng verwobenen Aspekte des Ressourcenschutzes und der Versorgungssicherheit stellen schließlich ebenfalls Gemeinwohlbelange hohen Ranges und somit legitime öffentliche Zwecke dar.[1444]

bb) Geeignetheit

Eine Geeignetheit des Anschluss- und Benutzungszwangs zur Verwirklichung dieser eben genannten legitimen Zwecke kann nicht erst dann bejaht werden, wenn die jeweilige Problematik damit umfassend gelöst werden kann – dies würde insbesondere mit Blick auf den Klimawandel realistischer Weise auch nicht durch eine Einzelmaßnahme erreicht werden können. Für die verfassungsrechtliche Prüfung genügt vielmehr ein Beitrag zur Problemlösung.

Es stellt sich somit konkret die Frage, ob die Begründung eines Anschluss- und Benutzungszwangs für die Wärmeversorgung den Klima-

---

1441 Statt vieler siehe nur *Böhm/Schwarz*, DVBl 2012, 540 (544); *Kahl/Schmidtchen*, ZNER 2011, 35 (39); *dies.*, Kommunaler Klimaschutz, S. 313; *Longo*, Örtliche Energieversorgung, S. 219.

1442 Ausführlich zum Verhältnis von Art. 20a GG zu Art. 14 GG *Blasberg*, Inhalts- und Schrankenbestimmungen des Grundeigentums, S. 19 ff.

1443 Siehe dazu *Blasberg*, Inhalts- und Schrankenbestimmungen des Grundeigentums, S. 119, 121 ff.

1444 *Longo*, Örtliche Energieversorgung, S. 219 f.

schutz und etwaige damit verbundene energiepolitische Ziele tatsächlich fördern kann.

Insbesondere in der Rechtsprechung finden sich dazu vielfach vergleichsweise allgemeine Aussagen, die allerdings auch den Umständen der jeweiligen konkret zu entscheidenden Fälle geschuldet sind. So bejahte etwa der Bundesgerichtshof im Jahr 2002 relativ knapp die Eignung der Fernwärmeversorgung im Hinblick auf den Klimaschutz: „Unstreitig dient es dem Klima- und Umweltschutz, wenn die Häuser in dem fraglichen Neubaugebiet mit Fernwärme aus dem Blockheizkraftwerk versorgt werden und die erforderliche Wärme nicht dezentral durch Verwendung fossiler Brennstoffe erzeugt wird."[1445] Auch wenn diese Aussage des BGH sich nicht auf die Anordnung eines kommunalen Anschluss- und Benutzungszwangs bezog, lässt sie sich doch für die vorliegende Prüfung der grundsätzlichen Eignung einer zentralen Wärmeversorgung, einen Beitrag zum Klimaschutz zu leisten, heranziehen.

(1) Ansätze der Rechtsprechung

Bei genauerer Betrachtung lassen sich dieser allgemein gehaltenen Feststellung des BGH bereits verschiedene Einschränkungen und somit Beurteilungskriterien entnehmen – etwa die Anknüpfung an eine Versorgung mit „Fernwärme aus dem Blockheizkraftwerk" sowie die Gegenüberstellung mit fossilen Brennstoffen. Danach kann ein Beitrag zur Förderung des Klimaschutzes keineswegs allen Formen der zentralen Wärmeversorgung gleichermaßen zugeschrieben werden.

So erkennt die Rechtsprechung an, dass über die zentrale, netzgebundene Wärmeversorgung und die Erzeugung dieser Wärme im Blockheizkraftwerk, d.h. unter Einsatz der KWK-Technik, bei globaler Betrachtung „Gesamtemissionen [...] in nicht unerheblichem Maße gesenkt werden können" – dies aufgrund des *„deutlich höher[en]"* Gesamtnutzungsgrades der Primärenergie als bei getrennter und dezentraler Erzeugung von Wärme und Strom.[1446]

1445 BGH, Urt. v. 9.7.2002 – KZR 30/00 –, BGHZ 151, 274 = NJW 2002, 3779 (3781).
1446 VGH Mannheim, NuR 2004, 668 (669). Siehe auch oben Teil 1 IV. 3. a), in und bei Fn. 186 zum Wirkungsgrad von KWK-Anlagen.

Auf den ersten Blick pauschaler als die eben zitierten Entscheidungen urteilte das OVG Schleswig: „Die generelle Eignung einer zentralen Wärmeversorgung, zur globalen Verminderung des Schadstoffausstoßes beizutragen, ist durch viele Studien belegt".[1447] Dabei differenziert das OVG Schleswig nicht zwischen verschiedenen Arten der Wärmeversorgung und führt sodann lediglich aus, der Befund gelte „vor allem hinsichtlich der mit der Verbrennung von fossilen Energieträgern wie Heizöl und Erdgas verbundenen Freisetzung klimaschädlicher CO_2-Emissionen"; auch dabei wird jedoch die Rolle der KWK-Technik betont.[1448]

Gerade die Betonung der Bedeutung der Kraft-Wärme-Kopplung findet sich schließlich auch in der Rechtsprechung des Bundesverwaltungsgerichts wieder. So ist es dem Gericht zufolge ausreichend, dass durch die Erzeugung von Strom und Wärme im Wege der KWK-Technik an anderer Stelle weniger Strom erzeugt wird und dies zur Einsparung von CO_2-Emissionen, damit zu einem Beitrag zum globalen Klimaschutz führt.[1449] Insbesondere lässt es das Gericht genügen, sich hinsichtlich dieser Ursachenzusammenhänge „auf den nationalen und internationalen politischen Entscheidungsstand und die erfolgte Umsetzung dieses Prozesses in der Gesetzgebung, in Richtlinien und in internationalen Abkommen sowie den wissenschaftlichen Erkenntnisstand" zu beziehen.[1450]

Überhaupt dürfe der Gesetzgeber entsprechende Klimaschutzmaßnahmen – hier konkret einen Anschluss- und Benutzungszwang aus Gründen des globalen Klimaschutzes – auch bereits dann ermöglichen, wenn es sich dabei um eine Maßnahme mit Vorsorgecharakter handelt und sich bezüglich der wissenschaftlichen Grundlagen des Treibhauseffekts und erforderlicher Gegenmaßnahmen noch keine „wissenschaftlich völlig unangefochtene, einheitliche Auffassung gebildet" habe.[1451] Dem ist unter Beachtung der dem Gesetzgeber zustehenden Einschätzungsprärogative[1452] zuzustimmen.

Wie dargelegt, kann die Tatsache des Klimawandels an sich, einschließlich der damit verbundenen nachteiligen Auswirkungen, nicht mehr ernsthaft bestritten werden. Zudem ist angesichts der langfristigen Zeiträume,

---

1447 So OVG Schleswig, Urt. v. 21.8.2002 – 2 L 30/00 –, ZUR 2003, 92 (95).
1448 OVG Schleswig, Urt. v. 21.8.2002 – 2 L 30/00 –, ZUR 2003, 92 (95).
1449 Siehe BVerwGE 125, 68 (75, Rn. 28).
1450 BVerwGE 125, 68 (75, Rn. 28).
1451 BVerwGE 125, 68 (75 f., Rn. 29).
1452 BVerwGE 125, 68 (75 f., Rn. 29).

in denen Klimaänderungen erfolgen und dementsprechend auch erst umgekehrt werden können, kein Abwarten auf den sicheren Eintritt bestimmter Klimafolgen hinnehmbar.[1453] Allein durch einen allgemeinen Verweis auf die Tatsache des Klimawandels ist die generelle Eignung eines jeglichen Anschluss- und Benutzungszwangs aber noch nicht hinreichend festgestellt.

(2) Besonderheiten fossil betriebener, zentraler Heizwerke

Fraglich erscheint die Geeignetheit einer Nutzungspflicht der zentralen Wärmeversorgung, wenn das das Wärmenetz speisende Heizwerk ausschließlich mit fossilen Brennstoffen betrieben wird und es sich nicht um eine KWK-Anlage handelt.[1454]

Zwar können bereits durch die Erzeugung von Wärme in einer größeren, zentralen Anlage im Vergleich zum Betrieb einer Vielzahl von Einzelanlagen Effizienzvorteile erzielt werden. Diese bewegen sich allerdings in so geringem Umfang, dass sie bereits durch die bei der Verteilung über das Wärmenetz auftretenden Leitungsverluste weitgehend aufgezehrt werden. Hinreichend große Vorteile bieten aus diesem Grund lediglich Anlagen der Kraft-Wärme-Kopplung,[1455] die daher in der erwähnten Rechtsprechung auch zu Recht entsprechend positiv gewürdigt wurden.[1456]

Anlagen zur zentralen Wärmeerzeugung, die ausschließlich fossil befeuert und ohne die Technik der Kraft-Wärme-Kopplung betrieben werden, könnten demgegenüber keinen messbaren Beitrag zum Schutz des Klimas leisten, dieses Ziel auch nicht in geringem Umfang fördern. Wie gesehen, gilt dies in besonderem Maße für einen auf § 16 EEWärmeG gestützten Anschluss- und Benutzungszwang,[1457] doch auch darüber hinaus.

Ein anderes Ergebnis ergäbe sich unter Umständen im Fall der Anordnung eines Anschluss- und Benutzungszwangs zur Verbesserung der Luftqualität vor Ort, soweit Emissionen durch Übertragung der Wärmeerzeugung auf eine zentrales Heizwerk aus besonders gefährdeten Gebieten

---

1453 Zu alle diesen Zusammenhängen siehe oben Teil 1 I.
1454 Siehe *Brüning*, KommJur 2014, 121 (124); *Kahl/Schmidtchen*, ZNER 2011, 35 (39); *dies.*, Kommunaler Klimaschutz, S. 314; *Tomerius*, ER 2013, 61 (65).
1455 *Brüning*, KommJur 2014, 121 (124).
1456 Siehe oben Teil 5 I. 3. c) bb) (1).
1457 Dazu oben Teil 4 I. 7. c).

„verlagert" werden können und die Luftreinhaltung auf diese Weise örtlich, punktuell verbessert wird.[1458] Soweit damit jedoch insgesamt keine Reduzierung der Emissionen verbunden ist, kann eine solche Verlagerung keine positiven Auswirkungen auf das globale Klima entfalten.

In der Praxis mag diese Einschränkung hinsichtlich der Art der Wärmeerzeugung in ihrer Bedeutung begrenzt bleiben, da gegenwärtig bereits ca. 80 % der Wärmenetze an KWK-Anlagen angeschlossen sind.[1459]

Der in Literatur gelegentlich anzutreffenden Auffassung, dass die Geeignetheit des Anschluss- und Benutzungszwangs zur Förderung des globalen Klimaschutzes ganz allgemein bezweifelt werden müsse, da die Größenordnungen der zu erzielenden Emissionseinsparungen für einen spürbaren Beitrag viel zu gering ausfallen würden, es lediglich bei „‚Spurenelementen' von Zusatzeffekten mit ‚edukatorischer Beimischung'" verbliebe,[1460] kann allerdings nur eingeschränkt zugestimmt werden. Wie gesehen, trifft die Aussage zwar auf die herkömmliche, fossile Wärmeerzeugung in zentralen Heizwerken zu, soweit jedoch bei Verwendung der Kraft-Wärme-Kopplung Einsparungen möglich sind – seien sie im Einzelfall auch gering – muss dies für die Anerkennung der Geeignetheit der Maßnahme doch genügen. Insoweit ist ein zumindest geringer Vorteil zur Förderung des angestrebten Ziels schließlich ausreichend.

(3) Erfordernis der Verwendung erneuerbarer Energieträger?

Weiterhin ist zu beachten, dass auch Anlagen zur Kraft-Wärme-Kopplung gegenwärtig noch ganz überwiegend mit fossilen Energieträgern betrieben werden; nur in seltenen Fällen finden erneuerbare Energien, dabei v.a. Biomasse oder gelegentlich die Geothermie, Verwendung.[1461]

Dabei wird allerdings gerade die netzgebundene Wärmeversorgung auf der Basis erneuerbarer Energien, zumal unter Einbindung größerer Wärmespeicher als „besonders förderungswürdig" bezeichnet.[1462] Insgesamt

---

1458 *Kahl/Schmidtchen*, ZNER 2011, 35 (39).

1459 Siehe *Kahl/Schmidtchen*, Kommunaler Klimaschutz, S. 315.

1460 So *Schmidt-Aßmann*, ZHR 170 (2006), S. 489 (496), der zum Vergleich die Größenordnungen des Handels mit Treibhausgasemissionszertifikaten bemüht, das Problem allerdings nicht als eines der Geeignetheit, sondern der Erforderlichkeit der Maßnahme anspricht.

1461 *Kahl/Schmidtchen*, Kommunaler Klimaschutz, S. 315.

1462 Siehe *Kahl/Schmidtchen*, Kommunaler Klimaschutz, S. 329.

weisen Wärmenetze unter Klimagesichtspunkten doch in verschiedener Hinsicht Vorteile gegenüber einer dezentralen Versorgung auf, insbesondere mit Blick auf die Steigerung der Energieeffizienz.[1463]

Im Fall Bayerns etwa kommt eine derartige „besondere Förderungswürdigkeit" der Verwendung erneuerbarer Energien zwar nicht im Gesetzestext zum Ausdruck. Die Gesetzesbegründung zur Änderung der Gemeindeordnung im Jahr 1997 verdeutlicht jedoch die Motive des Gesetzgebers, der danach das Ziel einer möglichst emissions*freien* Versorgung anstrebte und auch aus diesem Grund die Möglichkeit eines Anschluss- und Benutzungszwangs für die Gasversorgung abschaffte, da diese Technik trotz etwaiger Vorteile gegenüber anderen fossilen Energieträgern nicht zu den emissionsfreien Arten der Energieerzeugung gezählt werden kann.[1464] Die Gesetzesbegründung betonte daher zudem: „Bei der Entscheidung der Gemeinde [über einen Anschluss- und Benutzungszwang für die Wärmeversorgung] sollte insbesondere eine Rolle spielen, wie die Fernwärme im Hinblick auf die Umweltauswirkungen erzeugt wird."[1465]

Die Geeignetheit der zentralen Wärmeversorgung im Hinblick auf den Klimaschutz strikt an die Verwendung erneuerbarer Energien zu knüpfen, kann allerdings nicht überzeugen. Wie bereits § 7 Abs. 1 Nr. 3 i.V.m. Nr. VIII und Nr. VI Anlage zum EEWärmeG zeigt, erkennt auch der Gesetzgeber nicht ausschließlich die Nutzung regenerativer Energieträger an, sondern auch die Vorteile gerade der KWK-Technik, soweit diese aktuellen Standards entspricht. Insofern verweist Nr. VI 1. der Anlage zum EEWärmeG auf den Maßstab einer „hocheffizienten" Anlage im Sinne der europäischen KWK-Richtlinie.[1466] Gemäß Art. 3 lit. i i.V.m. Anhang III lit. a der KWK-Richtlinie handelt es bereits sich um „hocheffiziente Kraft-Wärme-Kopplung", wenn die Anforderung einer 10 %-igen Primärenergieersparnis im Vergleich zur getrennten Strom- und Wärmeerzeugung erfüllt ist – eine „nur mäßig ambitionierte Anforderung".[1467]

1463 Zu den Vorteilen von Wärmenetzen siehe bereits oben Teil 1 IV. 2. b).

1464 Vgl. die Begründung des Gesetzentwurfs der Staatsregierung v. 30.4.1997, LT-Drs. 13/8037, S. 8 f.

1465 So die Begründung des Gesetzentwurfs der Staatsregierung v. 30.4.1997, LT-Drs. 13/8037, S. 9.

1466 Richtlinie 2004/8/EG des Europäischen Parlaments und des Rates v. 11.2.2004 über die Förderung einer am Nutzwärmebedarf orientierten Kraft-Wärme-Kopplung im Energiebinnenmarkt und zur Änderung der Richtlinie 92/94/EWG, ABl. EU Nr. L 52, S. 50.

1467 So *Kahl/Schmidtchen*, Kommunaler Klimaschutz, S. 315 f.

Bereits derartige Effizienzbetrachtungen genügen jedoch, um insgesamt zumindest in geringem Umfang eine Einsparung von Emissionen errechnen zu können. Damit wird in der Tat zumindest ein – gegebenenfalls geringer – Beitrag zur Förderung des Klimaschutzes geleistet. Mehr kann im Rahmen der Prüfung der Geeignetheit einer Maßnahme nicht verlangt werden – insbesondere unter Beachtung des dem Gesetzgeber zustehenden Einschätzungsspielraums. Dieser hat schließlich, wenngleich speziell im Kontext des EEWärmeG, nachvollziehbar zum Ausdruck gebracht, dass auch derartige Vorteile im Kampf gegen den fortschreitenden Klimawandel als relevante Beiträge anerkannt werden sollen.

Auch für den Fall, dass die Anforderungen für den speziellen Anwendungsbereich des EEWärmeG künftig geändert werden sollten, um den europarechtlichen Vorgaben zu entsprechen,[1468] lassen sich weitergehende Erfordernisse der Verwendung regenerativer Energieträger jedoch nicht auf die vorliegende Frage der grundsätzlichen Geeignetheit der zentralen Wärmeversorgung für den Klimaschutz übertragen. Immerhin genügt insoweit nach allgemeinen Grundsätzen bereits (irgend)ein Beitrag zur Förderung des jeweiligen legitimen Zwecks, ohne dass es sich dabei bereits um die bestmögliche Verwirklichung des Klimaschutzziels handeln muss.

(4) Besonderheiten im Verhältnis zum EEWärmeG

Mit Blick auf das EEWärmeG und die darin geregelte Nutzungspflicht für erneuerbare Energie ist im Übrigen in diesem Zusammenhang eine weitere Frage zu beantworten: die Frage nach der Geeignetheit eines Anschluss- und Benutzungszwangs bei den der Nutzungspflicht unterliegenden Neubauten. Denn gegebenenfalls könnten insoweit keine zusätzlichen Beiträge zur Förderung des Klimaschutzes mehr erzielt werden, als sich bereits über die Erfüllung der Nutzungspflicht realisieren lassen.[1469]

Diesbezüglich ist jedoch eine differenzierte Betrachtung geboten. Zum einen ist dabei im Einzelfall zu prüfen, ob tatsächlich beide Verpflichtungen parallel Anwendung finden.[1470] Ist dies der Fall, ist für die Beantwor-

---

1468 Dazu siehe oben Teil 4 I. 4. c) sowie 7. c) ff).
1469 So *Tomerius*, ER 2013, 61 (66); ebenso *Böhm/Schwarz*, DVBl 2012, 540 (545).
1470 Allgemein zum Verhältnis beider Instrumente – Anschluss- und Benutzungszwang einerseits, Nutzungspflicht nach EEWärmeG andererseits – bereits oben Teil 4 I. 8.

tung der vorliegenden Fragestellung die Art der Erfüllung der Nutzungspflicht gemäß EEWärmeG maßgeblich. Soweit Betroffene dieser Nutzungspflicht im Wege der Ersatzmaßnahme nach § 7 Abs. 1 Nr. 2 i.V.m. Nr. VII der Anlage zum EEWärmeG durch Maßnahmen zur Energieeinsparung nachkommen, lassen sich gegebenenfalls bei zusätzlicher Berücksichtigung des Anschluss- und Benutzungszwangs auch darüber hinaus weitere Einspareffekte erzielen – neben die konkreten, gebäudebezogenen Reduzierungen könnten bei globaler Betrachtung festzustellende Emissionsminderungen treten.

Im Übrigen ist insoweit nicht lediglich das einzelne, der Nutzungspflicht des § 3 Abs. 1 EEWärmeG unterliegende Gebäude in den Blick zu nehmen, sondern das gesamte Gebiet, auf das sich der Anschluss- und Benutzungszwang erstreckt. Dabei kann durch die Anschluss- und Benutzungssatzung auch der Gebäudebestand erfasst werden, auf den die Nutzungspflicht des EEWärmeG gegenwärtig noch keine Anwendung findet. Auch insoweit sind gegebenenfalls zusätzliche Beiträge zur Förderungen des Klimaschutzes durch die Anordnung eines Anschluss- und Benutzungszwangs möglich.

(5) Anforderungen an den Nachweis der Geeignetheit

Nachdem es somit entscheidend auf die konkrete Art der Wärmeerzeugung ankommt, ob damit ein – zumindest geringer – Beitrag zur Förderung des Klimaschutzes geleistet werden kann, stellt sich die weitere Frage des Nachweises derartiger Beiträge. Literatur und Rechtsprechung weisen mitunter darauf hin, dass lediglich die Behauptung einer Förderung des Klimaschutzes schließlich nicht ausreiche, sondern diese Förderung in Form der Verringerung lokaler CO_2-Emissionen unter Berücksichtigung der bislang vorhandenen Art der Wärmeversorgung auch konkret nachgewiesen werden müsse.[1471]

Auch wenn die Forderung nach konkreten Nachweisen zwar grundsätzlich zu befürworten ist, dürfen die an einen solchen Nachweis zu stellenden Anforderungen doch nicht überzogen werden.

1471 *Böhm/Schwarz*, DVBl 2012, 540 (545); *Tomerius*, ER 2013, 61 (65), unter Verweis auf OVG Magdeburg, NVwZ-RR 2008, 810 (812).

Tatsächlich muss – im Vergleich zur bisherigen Art der Wärmeversorgung – bei globaler Betrachtung (irgend)ein Beitrag zur Emissionsreduzierung feststellbar sein, eine Art „Mindestmaß" an zu erreichenden Emissionseinsparungen existiert jedoch nicht.

Soweit das OVG Magdeburg die Erforderlichkeit eines konkreten Nachweises betont hat, ist darauf hinzuweisen, dass im betreffenden Verfahren gerade kein Anschluss- und Benutzungszwang zum Zweck des globalen Klimaschutzes in Rede stand, da die Satzung laut OVG nach dem einschlägigen Landesrecht darauf nicht gestützt werden konnte; das OVG bemängelte daraufhin die fehlende Geeignetheit des Anschluss- und Benutzungszwangs zur Verbesserung der örtlichen Emissionsbelastung.[1472] Bezüglich einer Verbesserung der Luftqualität vor Ort sind allerdings tatsächlich gesteigerte Anforderungen an den Nachweis der Eignung zu stellen, reichen doch insoweit Einsparungen von Emissionen, die sich bei globaler Betrachtung ergeben, gerade nicht aus; vielmehr müssten konkrete Verbesserungen vor Ort nachgewiesen werden können.

cc) Erforderlichkeit

Erweist sich der Anschluss- und Benutzungszwang für die Wärmeversorgung nach den eben geschilderten Grundsätzen als geeignetes Instrument, einen Beitrag zur Reduzierung von Emissionen und somit zum globalen Klimaschutz zu leisten, ist des Weiteren die Erforderlichkeit dieser Maßnahme zu prüfen. Hierbei ist zunächst wiederum auf den Einschätzungsspielraum des Satzungsgebers hinzuweisen.[1473]

An der Erforderlichkeit des Anschluss- und Benutzungszwangs kann es dann fehlen, wenn der Gemeinde gleich geeignete Mittel zur Verfügung stünden, die sich im Hinblick auf die betroffenen Grundrechte als „milder", d.h. weniger belastend darstellen.

Auch bezüglich der Erforderlichkeit wird teilweise gerade dann für eine intensive Prüfung plädiert, ob nicht andere, dem Klimaschutz ebenso förderliche, aber für die Betroffenen mildere Mittel zur Verfügung stehen, wenn der Anschluss- und Benutzungszwang (auch) unter Bezugnahme auf

---

1472 Vgl. OVG Magdeburg, NVwZ-RR 2008, 810 (812).
1473 *Kahl/Schmidtchen*, Kommunaler Klimaschutz, S. 316.

§ 16 EEWärmeG begründet wurde.[1474] Das Kriterium der Erforderlichkeit gilt jedoch ebenso für die Anordnung eines Anschluss- und Benutzungszwangs zur Förderung des Klimaschutzes ausschließlich auf landesrechtlicher Grundlage. Auch der Maßstab ist dabei kein anderer – ausschlaggebend ist in jedem Fall das Bestehen einer im Hinblick auf den Klimaschutz gleich geeigneten, jedoch auf die Grundrechte weniger einschneidend wirkenden Alternative.

Zur Prüfung der Erforderlichkeit des Anschluss- und Benutzungszwangs hat sich die Betrachtung nicht statisch auf den Zeitpunkt der Einführung des Zwangs zu beschränken, sondern auch rechtliche und tatsächliche Entwicklungen, insbesondere neue wissenschaftliche Erkenntnisse zu berücksichtigen.[1475] Andererseits – so die Rechtsprechung – führt die Tatsache, dass die bestehenden Anlagen mittlerweile technisch überholt sind, im Fall der Geltung eines Anschuss- und Benutzungszwangs nicht automatisch zur Aufhebung desselben; vielmehr trifft die anordnende Gemeinde in diesem Fall gegebenenfalls eine Modernisierungspflicht.[1476]

(1) Freiwillige Maßnahmen sowie etwaige ökonomische Anreize

Das Bereithalten der öffentlichen Einrichtung zur Wärmeversorgung ohne die Anordnung eines Anschluss- und Benutzungszwangs oder auch die Beschränkung auf den bloßen Anschlusszwang wäre zwar als Alternative theoretisch denkbar. Beides würde jedoch das angestrebte Ziel nicht in gleichem Maße verwirklichen, bliebe doch die reale Nutzung der zentralen Wärmeversorgung in diesem Fall der freiwilligen Entscheidung der Gemeindeeinwohner überlassen. Nicht nur würden die Vorteile der zentralen Wärmeversorgung, die darüber möglichen Einspareffekte, nicht in gleichem Umfang erzielt werden; bei zu geringer Resonanz der Einwohner könnte die öffentliche Einrichtung schließlich auch wirtschaftlich nicht mehr sinnvoll betrieben werden und müsste gegebenenfalls ganz aufgegeben werden. Allein ein möglicher freiwilliger Anschluss ist somit im Hin-

---

1474 Siehe *Wustlich*, in: Danner/Theobald, Energierecht, Erneuerbare Energien, § 16 EEWärmeG Rn. 25.
1475 Vgl. *Faber*, Anschluss- und Benutzungszwang, S. 158 f.
1476 Siehe OVG Magdeburg, NVwZ-RR 2008, 810 (812).

blick auf die Förderung des Klimaschutzes nicht gleichermaßen geeignet.[1477]

Dies gilt auch für damit verbundene Beratungsangebote bzw. eine intensivierte Öffentlichkeitsarbeit der Gemeinde[1478] oder das setzen ökonomischer Anreize zur verstärkten Nutzung erneuerbarer Energien oder der KWK-Technik, und zwar ungeachtet der damit verbundenen Fragen nach der entsprechenden Kompetenz sowie den finanziellen Mitteln der Gemeinde.[1479]

(2) Baurechtliche Maßnahmen

Für die Gemeinde kommen neben der Einführung eines kommunalen Anschluss- und Benutzungszwangs auch baurechtliche Maßnahmen zur Förderung des Klimaschutzes in Betracht. Insbesondere stellt sich die Frage, ob nicht mittels Festsetzung eines bauplanungsrechtlichen Verwendungsverbots (§ 9 Abs. 1 Nr. 23 lit. a) BauGB) oder der Festsetzung einer Verpflichtung zu Maßnahmen für erneuerbare Energien oder Kraft-Wärme-Kopplung (§ 9 Abs. 1 Nr. 23 lit. b) BauGB)[1480] dem Klimaschutz in gleicher Weise gedient wäre, bei geringerer Belastung der Betroffenen. So könne beispielsweise eine Pflicht zum Einbau einer solarthermischen Anlage als milderes Mittel gerade auch gegenüber der Verwendung anderer erneuerbarer Energieträger oder der Kraft-Wärme-Kopplung bezeichnet; auch sei die netzgebundene Wärmeversorgung nur in Einzelfällen „zweckmäßiger".[1481]

Pauschale Vergleiche der Eignung verschiedener Arten erneuerbarer Energien scheiden allerdings aus. Zwar kann der Klimaschutz bei Verwendung regenerativer Energieträger stärker gefördert werden als im Wege der Nutzung der KWK-Technik, die bei andauerndem Einsatz fossiler Energieträger lediglich über eine Steigerung der Effizienz zur Einsparung von Emissionen beitragen kann. Damit ist jedoch noch nicht festgestellt,

---

1477 Siehe auch *Tschakert*, Klimaschutz durch kommunale Versorgungseinrichtungen, S. 86.
1478 *Longo*, Örtliche Energieversorgung, S. 224.
1479 Siehe *Longo*, Örtliche Energieversorgung, S. 223.
1480 Dazu oben Teil 1 V. sowie Teil 2 I. 2.
1481 Vgl. dazu *Longo*, Örtliche Energieversorgung, S. 226.

dass es sich um ein milderes Mittel im Hinblick auf die Grundrechtsbetroffenheit handelt.

Allerdings sind die Wirkungsweisen bauplanungsrechtlicher Festsetzungsmöglichkeiten einerseits, des kommunalen Anschluss- und Benutzungszwangs andererseits, verschieden.[1482] Die tatsächliche Deckung des Wärmebedarfs über eine konkrete Art der Wärmeversorgung kann rechtsverbindlich allein durch die Anordnung eines Anschluss- und Benutzungszwangs vorgegeben werden. Insbesondere ist zu beachten, dass bauplanerische Festsetzungen auf die künftig zu errichtenden baulichen Anlagen einwirken, nicht aber auf den vorhandenen Bestand, der vom Satzungsgeber bei Anordnung eines Anschluss- und Benutzungszwangs im Grundsatz durchaus erfasst werden kann.[1483] Die Geeignetheit beider Maßnahmen kann damit nicht gleichgesetzt werden. Von vergleichbarer Intensität kann im Übrigen auf der anderen Seite die Betroffenheit der davon erfassten Eigentümer ausfallen, v.a. soweit die bauplanungsrechtlichen Festsetzungen einem faktischen Anschlusszwang gleichkommen.

Bei derartigen bauplanungsrechtlichen Maßnahmen handelt es sich damit nicht um eine gleich geeignete, mildere Alternative, die die Erforderlichkeit der Begründung eines kommunalrechtlichen Anschluss- und Benutzungszwangs ausschließen würde.

Teilweise wird die vergleichbare Eignung derartiger bauplanungsrechtlicher Festsetzungen im Rahmen einer ergebnisorientierten Betrachtungsweise schließlich mit dem Argument abgelehnt, dass der angestrebte Umbau der Energieversorgung zu einer verstärkten Nutzung erneuerbarer Energien über eine netzgebundene Wärmeversorgung besser realisiert werden könne als bei einer Vielzahl von Einzelanlagen.[1484] Auch deshalb handele es sich bei den entsprechenden bauplanungsrechtlichen Festsetzungsmöglichkeiten nicht um mildere, gleich geeignete Mittel.

In diesem Sinne hat sich auch das Bundesverwaltungsgericht positioniert, allerdings noch mit der Begründung, dass ein bauplanungsrechtliches Verbrennungsverbot lediglich aus städtebaulichen Gründen angeord-

---

1482 Ebenso OVG Schleswig, Urt. v. 5.1.2005 – 2 LB 62/04 –, juris Rn. 97; siehe auch *Tomerius*, ER 2013, 61 (66). A.A. offenbar *Böhm/Schwarz*, DVBl 2012, 540 (545), allerdings ohne nähere Auseinandersetzung mit der Frage der Vergleichbarkeit der verschiedenen Maßnahmen.

1483 Auf diesen Unterschied weist *Kraft*, DVBl 1998, 1048 (1050 f.), hin; ebenso *Pollmann/Reimer/Walter*, LKRZ 2008, 251.

1484 Siehe *Kahl/Schmidtchen*, Kommunaler Klimaschutz, S. 317.

net werden könne.[1485] Zwar ist dem Bundesverwaltungsgericht hinsichtlich der Erforderlichkeitsprüfung des Anschluss- und Benutzungszwangs im Ergebnis zuzustimmen, die Tragfähigkeit der Argumentation des Gerichts darf allerdings vor dem Hintergrund der Klimanovelle des BauGB bezweifelt werden.[1486]

(3) Nutzung emissionsneutraler Einzelanlagen

Einige Stimmen der Literatur wollen schließlich die Erforderlichkeit eines kommunalen Anschluss- und Benutzungszwangs insoweit verneinen, als Betroffene eigene, CO_2-neutrale Heizungsanlagen einbauen und nutzen wollen.[1487]

Unter dem Gesichtspunkt der Geeignetheit zur Verwirklichung des Klimaschutzes ist die Verwendung einer emissionsneutralen dezentralen Anlage mindestens ebenso geeignet, dabei angesichts der Freiwilligkeit der Verwendung für den Betroffenen jedoch keine entsprechende Beeinträchtigung seiner Grundrechte.

Bei einer Betrachtung des gesamten, der Anschuss- und Benutzungssatzung unterliegenden Gebiets ist allerdings auch daran zu erinnern, dass eine Erfassung aller Grundstücke – gerade auch solcher, die nicht über emissionsneutrale dezentrale Anlagen versorgt werden – nur im Wege eines kommunalrechtlichen Anschluss- und Benutzungszwangs möglich ist. Die dafür notwendige öffentliche Einrichtung wiederum ist jedoch zur Sicherung ihrer Funktionsfähigkeit auf eine ausreichende Zahl angeschlossener Nutzer angewiesen, um rentabel betrieben werden zu können. Zu diesem Zweck kann auch die Unterwerfung aller Grundstücke im fraglichen Gebiet unter den Anschluss- und Benutzungszwang erforderlich sein.

Eine davon zu unterscheidende Frage ist die nach der Zumutbarkeit der Erfassung aller Grundstücke, die allerdings sogleich noch zu betrachten sein wird.

1485   Siehe BVerwGE 125, 68 (76, Rn. 30).
1486   Zu dieser Diskussion oben Teil 3 I. 4.
1487   So etwa *Schnutenhaus/Günther*, ZUR 2006, 367 (368). Vgl. in diesem Sinne Richtung auch die Ausführungen von *Milkau*, in: Müller/Oschmann/Wustlich, EEWärmeG, § 16 Rn. 50.

dd) Verhältnismäßigkeit im engeren Sinne (Angemessenheit)

Handelt es sich danach beim Anschluss- und Benutzungszwang um ein geeignetes und auch erforderliches Instrument, stellt sich im Folgenden – regelmäßig als maßgeblicher Punkte der Prüfung – die Frage nach der Angemessenheit bzw. Zumutbarkeit dieser Maßnahme.

Im Rahmen einer Gesamtbetrachtung ist dabei die konkrete Eingriffsintensität, unter Einbeziehung der Belastungen Betroffener wie auch etwaiger Vorteile ins Verhältnis zu setzten zur Bedeutung der mit der jeweiligen Satzung verfolgten Gemeinwohlbelange. Mit Blick auf die Eingriffsintensität ist auch an dieser Stelle die Sozialbindung des Eigentums zu beachten.[1488] Im Ergebnis kommt es darauf an, ob die Interessen der Grundrechtsbetroffenen die der Allgemeinheit, denen mit Anordnung des Anschluss- und Benutzungszwangs gedient werden soll, erheblich überwiegen, so dass ihnen der Zwang zum Anschluss und zur Benutzung der öffentlichen Einrichtung nicht zumutbar ist.[1489]

Dabei wird es maßgeblich auf die konkrete Ausgestaltung des Anschluss- und Benutzungszwangs ankommen, insbesondere auf die einzelnen Beschränkungen sowie die etwaige Zulassung von Ausnahmen oder Befreiungen. So kommt von vornherein eine Beschränkung des Zwangs auf bestimmte Teile des Gemeindegebiets in Betracht – v.a. ausgerichtet an den technischen Voraussetzungen, dem Ausbaustand des Wärmenetzes. Darüber hinaus ist es im Grundsatz möglich, den Zwang auf bestimmte Gruppen von Grundstücken oder Personen zu beschränken; neben der Lage der Grundstücke kann dazu auf die Art ihrer Nutzung abgestellt werden.[1490] Zu beachten ist jedoch, dass auch die Zulassung derartiger Beschränkungen oder Ausnahmen nicht nur am Ziel des Anschluss- und Benutzungszwangs, sondern wiederum auch an den Grundrechten zu messen ist.

Schließlich muss im Rahmen der Prüfung der Angemessenheit bzw. Zumutbarkeit des Anschluss- und Benutzungszwangs erneut auf Bedenken eingegangen werden, die teilweise bereits im Rahmen der Prüfung der Geeignetheit des Anschluss- und Benutzungszwangs ins Feld geführt wurden: Soweit die Beiträge zur Förderung des Klimaschutzes nur sehr gering, unter Umständen kaum spürbar ausfallen, mag dies die Geeignetheit

---

1488 *Longo*, Örtliche Energieversorgung, S. 227.
1489 Vgl. *Longo*, Örtliche Energieversorgung, S. 239.
1490 *Gern*, Dt. Kommunalrecht, Rn. 620; *Hegele/Ewert*, S. 77.

noch nicht in Zweifel ziehen können.[1491] Es drängt sich jedoch umso intensiver die Frage auf, ob derartige, allenfalls marginale Auswirkungen[1492] ausreichen, erhebliche Beeinträchtigungen der Grundrechte Betroffener zu rechtfertigen.

(1) Finanzielle Mehrbelastung betroffener Eigentümer

Allein finanzielle Aspekte sind dabei jedenfalls nicht ausschlaggebend. So wurde im Schrifttum bereits darauf hingewiesen, dass nicht nur geringfügige finanzielle Belastungen von Grundstückseigentümern hinzunehmen sind, sondern deren finanzielle Verantwortlichkeit relativ weit reichen könne.[1493] Auch durch die Rechtsprechung ist inzwischen bereits geklärt, dass der zwangsweise Anschluss an eine zentrale öffentliche Einrichtung sich nicht allein deshalb als unzumutbar darstellt, weil damit im Vergleich zum Betrieb eigener, dezentraler Anlagen höhere Kosten – unter Umständen gar eine „deutliche finanzielle Mehrbelastung" – verbunden sind.[1494]

Allenfalls in Extremfällen können Kostengesichtspunkte eine Unzumutbarkeit des Anschluss- und Benutzungszwang begründen, wenn die Mehrbelastung etwa zu einer Existenzgefährdung betroffener Grundstückseigentümer führen würde. Ein solches Ausmaß wird die *Mehr*belastung allerdings – schließlich geht es um einen Vergleich der ohnehin anfallenden Kosten der Wärmebedarfsdeckung – in der Regel nicht annehmen.

Dies gilt v.a. für den – praktisch allerdings kaum relevanten – Fall des bloßen Anschlusszwangs; bei Ausschluss der Nutzungsmöglichkeit eigener Anlagen kann die Betrachtung dagegen in Einzelfällen zu einem anderen Ergebnis führen.[1495]

Soweit Möglichkeiten einer finanziellen Förderung des Anschlusses an ein Wärmenetz bestehen, könnten diese hinsichtlich der tatsächlichen Mehrbelastung Betroffener zwar grundsätzlich in die Betrachtung einbezogen werden, allerdings ist zu berücksichtigen, dass derartige Förder-

---

1491 Siehe dazu oben Teil 5 I. 3. c) bb) (2).

1492 *Schmidt-Aßmann*, ZHR 170 (2006), S. 489 (496) spricht, wie bereits erwähnt, von „‚Spurenelementen' von Zusatzeffekten mit ‚edukatorischer Beimischung'".

1493 Vgl. *Kahl/Schmidtchen*, ZNER 2011, 35 (40).

1494 So am Beispiel der Abwasserbeseitigung OVG Lüneburg, NVwZ-RR 1999, 678; siehe auch bereits VGH München, BayVBl. 1987, 461 (463).

1495 Vgl. auch *Faber*, Anschluss- und Benutzungszwang, S. 146.

möglichkeiten regelmäßig ausscheiden, soweit die Herstellung des Anschlusses der Erfüllung einer gesetzlichen Pflicht, so gegebenenfalls auch der Erfüllung der sich aus der Anschluss- und Benutzungssatzung ergebenden Anforderungen dient.[1496]

Im Kontext finanzieller Erwägungen ist zudem noch auf einen anderen Aspekt hinzuweisen. Soweit sich der Anschluss- und Benutzungszwang zum Zwecke des Klimaschutzes erst im Hinblick auf die Sicherung der Wirtschaftlichkeit und damit Funktionsfähigkeit der öffentlichen Einrichtung als erforderlich erwiesen hat, kann sich die Gemeinde dennoch nicht ohne Weiteres auf das Argument der Notwendigkeit des wirtschaftlichen Betriebs der Einrichtung zurückziehen. Zwar kann es für die Gemeinde gegebenenfalls erforderlich sein, den Anschluss- und Benutzungszwang gerade in räumlicher Hinsicht auf weitere Grundstücke auszudehnen, um einen hohen Anschlussgrad sicherzustellen und so den wirtschaftlichen Betrieb der Anlage zu ermöglichen.[1497]

Auf der anderen Seite ist jedoch von der Gemeinde ebenso zu verlangen, dass beim Betrieb der Einrichtung den Grundsätzen der Wirtschaftlichkeit Rechnung getragen wird. Eine unwirtschaftliche Betriebsführung der Einrichtung jedenfalls, die von Gemeindeeinwohnern zwingend in Anspruch genommen werden muss, könnte sich Betroffenen gegenüber wiederum als unverhältnismäßig darstellen.[1498] Dabei ist zu berücksichtigen, ob der Gemeinde gegebenenfalls noch andere Maßnahmen zur Verfügung stünden, um die Rentabilität der Einrichtung sicherzustellen.[1499] Auch insoweit sind die Anforderungen allerdings kaum konkret fassbar.

(2) Erforderliche Differenzierungen

Insbesondere bezüglich der Prüfung der Zumutbarkeit des Anschluss- und Benutzungszwangs ist einerseits – entsprechend der unterschiedlich starken Belastung Betroffener – zwischen der Geltung für neu zu errichtende

---

1496 Siehe *Kahl/Schmidtchen*, Kommunaler Klimaschutz, S. 339. Diesem subventionsrechtlichen Prinzip folgt beispielsweise auch § 15 Abs. 1 EEWärmeG, der solche Maßnahmen (im Grundsatz) von einer finanziellen Förderung ausschließt, die der Erfüllung einer gesetzlichen Pflicht zur Nutzung erneuerbarer Energien dienen.

1497 *Milkau*, in: Müller/Oschmann/Wustlich, EEWärmeG, § 16 Rn. 51.

1498 So zu Recht auch *Schnutenhaus/Günther*, ZUR 2006, 367 (368).

1499 Vgl. *Kanngießer*, CuR 2006, 100 (101).

Bebauung und der Einbeziehung auch des Gebäudebestands zu unterscheiden. Andererseits wiegt auch der Anordnungsgrund des Klimaschutzes gerade mit Blick auf den Gebäudebestand umso schwerer, liegt hierin doch noch ein besonders hohes Potenzial für Verbesserungen der Klimabilanz.[1500] Nicht nur die Intensität der Grundrechtsbetroffenheit ist somit höher, sondern ebenso das Bedürfnis für die Anordnung des Anschluss- und Benutzungszwangs. Im Hinblick auf die Realisierung klima- und energiepolitischer Ziele, und angesichts deren großer Bedeutung für die künftige Sicherstellung der Energieversorgung bei gleichzeitiger Wahrung der natürlichen Lebensgrundlagen ist damit die Erstreckung des Anschluss- und Benutzungszwangs auch auf bereits errichtete Gebäude grundsätzlich sogar geboten, sollen die Ziele möglichst effektiv verfolgt werden.

Diese Einbeziehung des Gebäudebestands ist, wie gesehen, grundsätzlich in allen Ländern möglich, wenngleich in Bayern (vgl. Art. 24 Abs. 1 Nr. 3 GO) und Hamburg (§ 4 Abs. 1, Abs. 2 Satz 4 HmbKliSchG) nur unter bestimmten Einschränkungen.[1501] Danach ist in Bayern lediglich die Einbeziehung des Gebäudebestands in Sanierungsgebieten, in Hamburg die Erstreckung auf Altbauten, wenn und soweit dort eine wesentliche Änderung der bestehenden Heizungseinrichtungen erfolgt, möglich.

Allerdings ist auch insoweit zu beachten, dass die Rechtsprechung dennoch – über diesen Wortlaut der einschlägigen Ermächtigungsgrundlage hinaus – in engem Umfang auch eine Einbeziehung der schon bestehenden Bebauung für zulässig erachtet hat, wenngleich mit der Beschränkung auf Fälle, in denen keine Änderung bestehender technischer Anlagen erforderlich ist.[1502] Begründet wird diese Auslegung mit Sinn und Zweck der gesetzlichen Regelung, wonach aus eigentumsrechtlichen Gründen allein die Grundstücke verschont werden sollten, auf denen bereits eine Heizungsanlage vorhanden war, die aufgrund der Anordnung eines Anschluss- und Benutzungszwangs nicht mehr genutzt werden könnte.

An Situationen, in denen das Grundstück zwar schon bebaut, aber ohnehin bereits an die Fernwärmeversorgung angeschlossen ist, so dass keine Änderung vorhandener technischer Anlagen erforderlich ist, habe der Gesetzgeber gar nicht gedacht und hätte diese auch unter dem Gesichtspunkt

---

1500 Zur Bedeutung des Gebäudebestands siehe oben die Einleitung, insbesondere die Nachweise in Fn. 8.

1501 Siehe oben Teil 2 III. 1. b) und p).

1502 VGH München, BayVBl. 1982, 370 (371). Dazu *Widtmann/Grasser/Glaser*, Bayerische Gemeindeordnung, Art. 24 Rn. 12.

des Bestandsschutzes gerade nicht schonen müssen.[1503] Dabei differenziert auch der VGH München insoweit mit der Intensität der Beeinträchtigung; diese unterscheidet sich in den zusätzlich, über den Wortlaut der Ermächtigungsgrundlage hinaus erfassten Fällen im Ergebnis nicht wesentlich von der Anordnung eines Anschluss- und Benutzungszwangs für neu zu errichtende Gebäude, da sie nicht mit einem Funktions- und Wertverlust eigener, betriebsfähiger Anlagen verbunden sind.

Im Fall der Einbeziehung auch des Gebäudebestands ist sodann – neben diesen Sonderfällen des bereits bestehenden, bislang freiwilligen Anschlusses an ein Wärmenetz – weiter zu differenzieren. Unterscheidungskriterium ist dabei, wie weit die Erfassung des Gebäudebestands reicht – ob der Anschluss- und Benutzungszwang insoweit umfassend, ohne Einschränkung für alle Grundstücke gelten soll oder seine Geltung an Renovierungsarbeiten oder den Austausch der bestehenden Heizungsanlage geknüpft wird. Mit anderen Worten ist zwischen einer umfassenden sowie der lediglich anlassbezogenen Einbeziehung des Gebäudebestands zu unterscheiden.

Der Eingriff stellt sich für Betroffene dabei am „geringsten" dar, soweit der Anschluss- und Benutzungszwang lediglich im Fall eines ohnehin stattfindenden Austauschs oder der erforderten technischen Überholung der Heizungsanlagen greifen soll.[1504] Immerhin verbleiben den betroffenen Eigentümern dabei in gewissem Umfang noch eigene Steuerungsmöglichkeiten, wann ein entsprechender Anknüpfungstatbestand geschaffen werden soll – zumindest soweit sie nicht aus technischen Gründen faktisch zu einem solchen Austausch der Anlagen gezwungen werden.[1505]

(3) Grundsätzliche Erwägungen zur Einbeziehung des Gebäudebestands

Vor dem Hintergrund dieser Differenzierung und unter Berücksichtigung der oben bereits angesprochenen Wirtschaftlichkeitsüberlegungen ergibt sich bereits ein erster Maßstab zur Beurteilung der Verhältnismäßigkeit des Anschluss- und Benutzungszwangs im engeren Sinne. Was neu zu er-

---

1503 Siehe VGH München, BayVBl. 1982, 370 (371).
1504 Vgl. die entsprechend differenzierende Untersuchung zur Angemessenheit der Regelungen sogenannter Solarsatzungen bei *Longo*, Örtliche Energieversorgung, S. 230 ff.
1505 Darauf weist *Longo*, Örtliche Energieversorgung, S. 240, zu Recht hin.

richtende Gebäude betrifft, so muss eine (erstmalige) Bebauung des Grundstücks überhaupt noch wirtschaftlich möglich sein.[1506] Davon wird wohl in der Regel unproblematisch ausgegangen werden können, zumal der Anschluss an die zentrale Wärmeversorgung unter Umständen im Ergebnis gar geringere Kosten auslösen wird als Einbau und Instandhalten einer eigenen dezentralen Heizungsanlage. Etwaige höhere laufende Kosten werden, wie bereits erwähnt, in aller Regel nicht so extrem ausfallen, dass damit eine unangemessene Belastung einhergeht.

Im Fall der anlassbezogenen Erfassung bereits errichteter Gebäude muss auch die jeweilige, den Anlass bildende Sanierung- bzw. Modernisierungsmaßnahme noch wirtschaftlich möglich bleiben, die entsprechenden Investitionskosten müssen sich amortisieren können.[1507]

Sollen Bestandsbauten dagegen umfassend, unabhängig vom Vorliegen eines konkreten Anlasses der Geltung des Anschluss- und Benutzungszwangs unterworfen werden, so fehlt zunächst ein entsprechender Ansatzpunkt für den Kostenvergleich; zudem kann in derartigen Fallkonstellationen unter Umständen von einer besonders schwerwiegenden finanziellen Belastung Betroffener auszugehen sein, falls sie nicht über die notwendigen Mittel für Sanierungsmaßnahmen verfügen.[1508] Daher ist in diesen Fällen eine besonders intensive Prüfung der Verhältnismäßigkeit geboten. Zu berücksichtigen sind dabei – soweit überhaupt vorhanden – etwaige finanzielle Förderungen irgendeiner Art.[1509] Daneben müssen neben der Betrachtung der anfallenden Investitionen die laufenden Kosten verglichen werden.[1510]

Von Bedeutung ist schließlich die Tatsache, ob bzw. inwieweit sich die ursprünglichen Investitionen in die eigene, dezentrale Anlage bereits amortisiert haben oder ob erst kürzlich größere Investition getätigt werden mussten.[1511] Eng damit verbunden sind Aspekte des Vertrauensschutzes.

So kann die Annahme der Unzumutbarkeit des Anschluss- und Benutzungszwangs wiederum ausgeschlossen sein, wenn die Investition zu

---

1506 *Böhm/Schwarz*, DVBl 2012, 540 (545); *dies.*, NVwZ 2012, 129 (131).
1507 *Böhm/Schwarz*, NVwZ 2012, 129 (131).
1508 Darauf weisen ebenfalls *Böhm/Schwarz*, NVwZ 2012, 129 (132), hin.
1509 Vgl. dazu *Böhm/Schwarz*, DVBl 2012, 540 (545); *dies.*, NVwZ 2012, 129 (133).
1510 *Böhm/Schwarz*, DVBl 2012, 540 (545).
1511 Vgl. etwa VGH München, DVBl 2013, 233 – zwar zur Wasserversorgung, doch lassen sich die grundsätzlichen Überlegung durchaus auf die hier betrachtete Konstellation der Wärmeversorgung übertragen.

einem Zeitpunkt getätigt wird, in dem die Einführung eines Anschluss- und Benutzungszwangs bereits konkret absehbar war; würde gewissermaßen „sehenden Auges das Risiko" eingegangen, dass sich Investitionen nicht amortisieren werden, bestünde insoweit kein schutzwürdiges Vertrauen der Betroffen und sie verhielten sich geradezu widersprüchlich, würden sie anschließend die wirtschaftliche Unzumutbarkeit des Anschluss- und Benutzungszwangs geltend machen.[1512]

Dies richtet sich jedoch maßgeblich danach, ob zum einen der Erlass der entsprechenden Satzung tatsächlich bereits absehbar war oder noch ungewiss erschien, und welches Bedürfnis andererseits bestand, Investitionen in die eigene Anlage vorzunehmen, ob insbesondere bereits die Möglichkeit des (zunächst freiwilligen) Anschlusses an das Wärmenetz bestand. Auf ungewisse Zeit auf eine gesicherte Wärmeversorgung zu verzichten, kann den Betroffenen jedenfalls nicht zugemutet werden.[1513]

Zu berücksichtigen ist im Hinblick auf das schutzwürdige Vertrauen Betroffener – in bestimmtem Maße – auch das Verhalten der Behörden. So spricht beispielsweise viel für die Annahme schutzwürdigen Vertrauens, wenn erst wenige Monate vor Fertigstellung eines Fernheizwerks dem Betroffenen eine Baugenehmigung für die Errichtung eines Wohngebäudes mit eigener Ölheizung erteilt und davon zulässigerweise Gebrauch gemacht wurde – ohne Hinweise auf die geplante Einführung eines Anschluss- und Benutzungszwangs.[1514] Obgleich auch derartige Umstände keineswegs zwingend einen Befreiungsanspruch begründen, sind sie doch im Rahmen einer Ermessensentscheidung über eine mögliche – zumindest befristete – Befreiung zu berücksichtigen.[1515]

Erst recht ergibt sich aus derartigen wirtschaftlichen Erwägungen nicht zwingend eine vollständige Ausnahme zugunsten des Gebäudebestands, soweit nicht freiwillig eine Erneuerung der Heizungsanlage vorgenommen wird.[1516]

1512 VGH München, DVBl 2013, 233 (234).

1513 Siehe insoweit wiederum VGH München, DVBl 2013, 233 (234) für den Anschluss an die öffentliche Wasserversorgung.

1514 Vgl. die Fallgestaltung bei VGH Mannheim, VBlBW 1982, 54.

1515 VGH Mannheim, Urt. v. 23.7.1981 – 2 S 1569/80 –, VBlBW 1982, 54 (56).

1516 So auch *Kahl/Schmidtchen*, Kommunaler Klimaschutz, S. 320, m.w.N. Einschränkend *Böhm/Schwarz*, DVBl 2012, 540 (545), unter Darlegung strenger Anforderungen für derartige Fälle, so dass „regelmäßig" nur eine anlassbezogene Einbeziehung in Betracht komme.

Wie aus Überlegungen im Zusammenhang mit dem EEWärmeG ersichtlich wurde,[1517] bestehen gegenüber der (anlassbezogenen) Einbeziehung des Gebäudebestands zum Teil rechtspolitische Bedenken. So wurde befürchtet, eigentliche geplante oder gar notwendige Sanierungsmaßnahmen würden aufgeschoben, um der Einbeziehung in die jeweiligen Nutzungspflichten zu entgehen; die Erfassung auch des Gebäudebestands könnte dann kontraproduktiv wirken. Es unterblieben nicht nur mögliche energetische Verbesserungen und damit Beiträge zum Klimaschutz, sondern darüber hinaus hätte der Verzicht auf Sanierungs- und Modernisierungsmaßnahmen in wirtschaftspolitischer Hinsicht auch nachteilige Folgen für Baugewerbe und Handwerk.[1518]

Zum einen handelt es sich dabei freilich um politische Erwägungen, keine rechtlichen Vorgaben für die Möglichkeit der Einbeziehung bereits errichteter Bebauung. Zum anderen könnte derartigen Bedenkung im Hinblick auf Anschluss- und Benutzungszwang für die Wärmeversorgung zumindest teilweise Rechnung getragen werden, indem als Anknüpfungspunkt für die Erfassung des Gebäudebestands nicht allgemein die Vornahme einer Umbau- oder Renovierungsmaßnahme gewählt wird, sondern stattdessen konkret der Austausch bzw. die Sanierung der jeweiligen Heizungsanlage.

(4) Berücksichtigung der sogenannten „Altlasten-Entscheidung"

Wie der eben erwähnte Gesichtspunkt des Vertrauensschutzes verdeutlicht, kann es nach zutreffender Ansicht nicht um eine rein finanzielle Betrachtung der Amortisationsmöglichkeiten gehen.[1519] Auch die Rechtsprechung hat schließlich, wie erwähnt, bereits allgemein betont, dass unter Umständen auch eine deutliche finanzielle Mehrbelastung hinzunehmen ist – das gilt auch im Kontext der Berücksichtigung getätigter Investitionen in eigene Anlagen.

1517 Siehe oben Teil 4 I. 4. b).
1518 Vgl. dazu *Wustlich*, ZUR 2008, 113 (116); *Milkau*, Ansätze zur Förderung der erneuerbaren Energien im Wärmemarkt, S. 253, spricht im Zusammenhang mit dem EEWärmeG und der unterbliebenen Einbeziehung des Gebäudebestands davon, dass den Gesetzgeber letztlich „der Mut verlassen" habe.
1519 Vgl. dazu z. B. *Kahl/Schmidtchen*, Kommunaler Klimaschutz, S. 318; *Longo*, Örtliche Energieversorgung, S. 232 f.

Soweit das Bundesverfassungsgericht in einem anderen Zusammenhang, im sogenannten „Altlasten-Urteil",[1520] die Grenze der Haftung des Grundstückseigentümers grundsätzlich bei der Höhe des Verkehrswertes des sanierten Grundstücks gezogen hat,[1521] ist zu berücksichtigen, dass der Verkehrswert auch danach ausdrücklich nur einen Anhaltspunkt gibt, das Interesse am Eigentum den Verkehrswert aber auch überschreiten kann.[1522] Daher können im Einzelfall gar höhere Kosten hinnehmbar, je nach Fallgestaltung aber gegebenenfalls auch geringere Kosten bereits unzumutbar sein, wenn etwa das Grundstück den wesentlichen Teil des Vermögens des Eigentümers ausmacht und somit „die Grundlage seiner privaten Lebensführung einschließlich seiner Familie darstellt".[1523]

Im Vordergrund steht dabei die freiheitssichernde Funktion des Eigentums, seine Bedeutung für die eigenverantwortliche Lebensgestaltung, so dass Kosten sich als unzumutbar erweisen, die die Vorteile der weiteren Nutzung des Eigentums überwiegen oder angesichts derer „etwa der Eigentümer eines Eigenheim unter Berücksichtigung seiner wirtschaftlichen Lage das Grundstück nicht mehr halten kann."[1524]

Im Ergebnis führt diese Rechtsprechung damit wiederum zum Prüfungsmaßstab, ob eine wirtschaftliche Nutzung (gegebenenfalls Bebauung bzw. Sanierung) möglich bleibt.

In grundsätzlicher Hinsicht hat die genannte Entscheidung des Bundesverfassungsgerichts zudem klargestellt, dass insbesondere die aus Art. 2 Abs. 2 Satz 1 GG resultierende staatliche Schutzpflicht für Leben und Gesundheit oder die Staatszielbestimmung des Art. 20a GG „hochrangige Gemeinwohlbelange [betreffen], die den Auftrag aus Art. 14 Abs. 1 Satz 2 und Abs. 2 GG verstärken".[1525] Aspekte des Gesundheits- sowie des Umwelt- und Klimaschutzes können demnach auch das Recht Eigentümers auf eine privatnützige, wirtschaftlich sinnvolle Verwendung seines Eigen-

---

1520 BVerfGE 102, 1.
1521 Vgl. BVerfGE 102, 1 (20): „Wird der Verkehrswert von den Kosten überschritten, entfällt in der Regel das Interesse des Eigentümers an einem künftigen privatnützigen Gebrauch des Grundstücks. [...] Das Eigentum kann damit für ihn gänzlich seinen Wert und Inhalt verlieren".
1522 So ausdrücklich BVerfGE 102, 1 (20).
1523 BVerfGE 102, 1 (21).
1524 BVerfGE 102, 1 (21).
1525 BVerfGE 102, 1 (18).

tums überwiegen und sind in der hier vorzunehmenden Abwägung zu berücksichtigen.[1526]

(5) Zwischenfazit: Erfordernis von Übergangs- und Härtefallregelungen

Stellt sich der Anschluss- und Benutzungszwang aus den eben geschilderten Gründen für bestimmte Fälle als unzumutbar dar, so muss dies durch Übergangs- oder Härtefallregelungen der Anschluss- und Benutzungssatzung „aufgefangen" werden.[1527]

Zwar könnten sowohl Übergangsregelungen als auch die nur bedingte, anlassbezogene Einbeziehung bereits bestehender Gebäude die Zahl der angeschlossenen Nutzer reduzieren und so übergangsweise negativen Einfluss auf Effizienz und Wirtschaftlichkeit der zentralen Wärmeversorgung nehmen, doch wäre dies aus verfassungsrechtlichen Gründen gegebenenfalls hinzunehmen und böte unter Umständen zumindest einen mittelbaren Anreiz zum späteren, freiwilligen Anschluss an das Wärmenetz.[1528]

Dabei könnten Übergangsregelungen insbesondere auf die Möglichkeit der Amortisation bereits getätigter Investitionen ausgerichtet werden; im Rahmen der Prüfung einer Härtefallklausel könnten die dargestellten Erwägungen zu den Besonderheiten des konkreten Sachverhalts berücksichtigt werden. Fehlt es jedoch an entsprechenden Regelungen, so wäre die Maßnahme des Anschluss- und Benutzungszwangs insoweit bereits unverhältnismäßig. Dabei müssen Übergangs- und Befreiungsregelungen für Härtefälle nicht zwingend nebeneinander vorgesehen, sondern können auch dergestalt miteinander kombiniert werden, dass Befreiungen in Einzelfällen der Unzumutbarkeit der Anwendung des Anschluss- und Benutzungszwangs beispielsweise für eine bestimmte Zeit gewährt werden können. Je enger gefasst diese Bestimmungen ausfallen, umso stärker kann dabei doch noch dem Zweck des Anschluss- und Benutzungszwangs Rechnung getragen werden.

Soll gerade auf die Möglichkeit der Amortisation getätigter Aufwendungen Rücksicht genommen werden, so stellt sich die Frage der Ermittlung dieser Amortisationsmöglichkeit. Der Rechtsprechung zufolge ist in-

---

1526 Siehe dazu *Kahl/Schmidtchen*, Kommunaler Klimaschutz, S. 318 f.

1527 Insbesondere zum Erfordernis von Übergangsregelungen bei der Einbeziehung von Altbauten auch *Tomerius*, ER 2013, 61 (67).

1528 Vgl. *Böhm/Schwarz*, DVBl 2012, 540 (545).

soweit nicht allein darauf abzustellen, ob der Investitionsbetrag durch die erlangten Gebrauchsvorteile bereits vollständig ausgeglichen wurde, vielmehr soll auch der bereits eingetretene Wertverlust der Anlage berücksichtigt werden.[1529] Dafür spricht bereits die Tatsache, dass sich Gebrauchsvorteile kaum rechtssicher und eindeutig in Geldbeträgen beziffern lassen, insbesondere soweit für die eigene Anlage keine Messung des Verbrauchs erfolgt und daher lediglich auf fiktive, statistisch ermittelte durchschnittliche Verbrauchswerte abgestellt werden kann.[1530] Für die Ermittlung des Wertverlusts sind dagegen die amtlichen Abschreibungstabellen der Finanzverwaltung heranzuziehen.[1531]

Vorschläge zur Festlegung von Übergangsfristen variieren danach. Während teilweise an die regelmäßige Nutzungsdauer von Heizungsanlagen von ca. 15-20 Jahren angeknüpft werden soll, ging der erste Referentenentwurf zum EEWärmeG noch von einer Modernisierungspflicht für Heizungsanlagen nach 20-25 Betriebsjahren aus;[1532] eine Übergangszeit von lediglich acht Jahren soll demgegenüber zu kurz bemessen sein.[1533] Auch dies kann allerdings nicht im Sinne einer zwingend erforderlichen „Mindestübergangsfrist" verstanden werden.

Schließlich dürfen auch erzielte Gebrauchsvorteile nicht vollständig außer Acht gelassen werden; eine Befreiung aus Gründen der wirtschaftlichen Unzumutbarkeit angesichts getätigter Investitionen kommt dementsprechend auch der Rechtsprechung zufolge nicht über den kompletten Abschreibungszeitraum in Betracht, sondern lediglich für eine „angemessene Übergangszeit".[1534] Die Zumutbarkeitsgrenze zieht der VGH München etwa bei einem „Wertverlust in Höhe von 50 % der Herstellungskosten [...], der bei linearer Abschreibung nach der halben betriebsgewöhnlichen Nutzungsdauer erreicht wird".[1535] Darüber hinaus kann zur Bestimmung der Übergangszeit neben dem Alter der jeweiligen Anlage auch an den Zeitpunkt des Satzungserlasses angeknüpft, beides kumulativ herangezogen werden.[1536]

1529 Siehe VGH München, DVBl 2013, 233 (234) m.w.N.
1530 VGH München, DVBl 2013, 233 (235).
1531 VGH München, DVBl 2013, 233 (235).
1532 Siehe dazu *Kahl/Schmidtchen*, Kommunaler Klimaschutz, S. 321; *dies.*, ZNER 2011, 35 (40).
1533 *Kahl/Schmidtchen*, Kommunaler Klimaschutz, S. 321.
1534 Vgl. VGH München, DVBl 2013, 233 (235).
1535 VGH München, DVBl 2013, 233 (235).
1536 *Kahl/Schmidtchen*, Kommunaler Klimaschutz, S. 321.

Schließlich ist insoweit daran zu erinnern, dass dem Satzungsgeber insofern ein Gestaltungsspielraum zusteht, soweit er nur die maßgeblichen Gesichtspunkte hinreichend berücksichtigt und in die von ihm anzustellende Abwägung der berührten Interessen einbezieht.

(6) Rechtsprechung des Bundesverwaltungsgerichts zu Übergangs- und Befreiungsregelungen

Mit Fragen des Vertrauensschutzes für Altanlagen hatte sich auch das Bundesverwaltungsgericht im Jahr 1991 zu befassen.[1537]

In dem jener Entscheidung zugrundeliegenden Sachverhalt erstreckte sich der angeordnete Anschluss- und Benutzungszwang an ein gemeindliches Fernheizwerk auch auf bereits bebaute Grundstücke. Betroffene Eigentümer eines zu Wohnzwecken genutzten und mit einem eigenen holzbefeuerten Kachelofen ausgestatteten Grundstücks versuchten sich unter Berufung auf Art. 14 GG dagegen zu wehren – im Ergebnis allerdings erfolglos. Im konkreten Fall war allerdings die Berufung auf einen etwaigen Vertrauens- oder Bestandsschutz bereits deshalb nur eingeschränkt möglich, da bereits im Zeitpunkt der Errichtung des Wohnhauses ein Anschluss- und Benutzungszwang an das gemeindliche Fernheizwerk galt. Vom Anschluss- und Benutzungszwang ausgenommen waren ursprünglich zwar „fernwärmeunabhängige Kochstellen", worunter der fragliche Kachelofen dem Gericht zufolge aber ebenfalls nicht zu subsumieren war und daher bereits vor Erlass der geänderten Satzung „auch nicht nebenbei zum Erwärmen von Speisen" genutzt werden durfte.[1538] Daher griff die Satzung im konkreten Fall auch nicht in eine bislang zulässige Nutzungsmöglichkeit ein.[1539]

Ob im konkreten Fall ein schutzwürdiges Vertrauen auf die weitere Nutzungsmöglichkeit eigener, dezentraler Anlagen geltend gemacht werden kann, ist stets von der bei Errichtung der Anlage geltenden Rechtslage abhängig; dies muss daher in die Prüfung des Einzelfalls einbezogen werden.

Neben Aspekten des Vertrauensschutzes hatte sich das Bundesverwaltungsgericht in der genannten Entscheidung allerdings noch mit einer wei-

---

1537 BVerwG, NVwZ-RR 1992, 37.
1538 Vgl. BVerwG, NVwZ-RR 1992, 37 (38).
1539 So BVerwG, NVwZ-RR 1992, 37 (38).

teren Frage zu befassen – ob nicht nachträglich, gemessen an den Maßstäben des Art. 14 GG, eine Ausnahme zugunsten des Kachelofens der Betroffenen berücksichtigt werden musste, da aufgrund neuer technischer Möglichkeiten der Einbau eines Katalysators und damit ein „umweltfreundlicherer" Betrieb des Ofens möglich geworden war. Auch diese Frage konnte das Gericht im konkret zu entscheidenden Fall jedoch bereits aus tatsächlichen Gründen verneinen: Selbst durch den Einbau eine Katalysators konnte der Schadstoffausstoß allenfalls reduziert, aber nicht vollständig ausgeschlossen werden.[1540]

Darüber hinaus sah das Bundesverwaltungsgericht keinen Anlass, die generalisierende Betrachtungsweise zu beanstanden, die bezüglich der Regelung von Ausnahmen nicht auf den einzelnen Kachelofen und von ihm ausgehende Belästigungen oder sonstige erhebliche Nachteile abstellt. Entscheidend war vielmehr, dass angesichts der konkreten Umstände – insbesondere in Anbetracht der dichten Bebauung im betroffenen Wohngebiet, mit sehr unterschiedlichen Geschosszahlen – und einer größeren Anzahl im Gebiet vorhandener Kachelöfen, eine Ausnahme für den Betrieb derselben das mit dem Anschluss- und Benutzungszwang verfolgte Ziel der Verbesserung der Luftreinhaltung in Frage stellen würde.[1541]

Tatsächlich sah die betreffende Satzung eine Ausnahme vom Anschluss- und Benutzungszwang vor. Dieser sollte insoweit entfallen, als Grundstückseigentümer ihren Wärmebedarf durch Nutzung regenerativer Energiequellen decken konnten und es der öffentlichen Fernwärmeversorgung wirtschaftlich zumutbar war. Als Nutzung einer regenerativen Energiequelle in diesem Sinne wurde das Verbrennen von Holz in einem Kachelofen allerdings nicht anerkannt.[1542]

Die Entscheidung des Bundesverwaltungsgerichts aus dem Jahr 1991 leitet damit über zu einem Gesichtspunkt, der gerade vor dem Hintergrund eines Anschluss- und Benutzungszwangs aus Gründen des Klimaschutzes zunehmend an Bedeutung gewonnen hat und sich in der Praxis in einschlägigen Befreiungs- und Ausnahmeregelungen niedergeschlagen hat: Der Frage nach der Zulässigkeit der Verwendung emissionsneutraler Eigenanlagen.

1540 Vgl. BVerwG, NVwZ-RR 1992, 37 (38).
1541 Siehe BVerwG, NVwZ-RR 1992, 37 (38).
1542 BVerwG, NVwZ-RR 1992, 37 (38).

(7) Ausnahmen und Befreiungen zugunsten emissionsneutraler
    Eigenanlagen

Im Hinblick auf die Rolle derartiger „klimafreundlicher" Eigenanlagen
nimmt im Kreise der kommunalrechtlichen Ermächtigungsgrundlagen
wiederum das Kommunalrecht Bayerns insofern eine Sonderstellung ein,
als nach Art. 24 Abs. 1 Nr. 3 GO sogenannte „emissionsfreie Heizeinrichtungen" von vornherein vom Anschluss- und Benutzungszwang ausgenommen sind. In vergleichbarer Weise gilt dies in Brandenburg gemäß § 8
Abs. 2 Satz 4 LImSchG für Gebäude, deren „Wärmebedarf überwiegend
mit regenerativen Energien gedeckt wird" – die Wärmeversorgung muss
danach nicht einmal vollständig über die Nutzung erneuerbarer Energien
erfolgen.

Satzungen, die dies nicht berücksichtigen, wären daher bereits wegen
Verstoßes gegen die Vorgaben der Ermächtigungsgrundlage nichtig. Insofern kommt auch keine Erstreckung des Anschluss- und Benutzungszwangs etwa aus Rentabilitätsgesichtspunkten in Betracht.

Bei dieser Problematik geht es nicht um eine Unzumutbarkeit des angeordneten Zwangs aus wirtschaftlichen Gründen, sondern vielmehr um den
verfolgten Zweck. Soweit die bisher betriebene oder künftig zu installie-
rende dezentrale Anlage nicht im Widerspruch zu eben diesem Zweck
steht, kann zunächst bereits nach der Erforderlichkeit ihrer Einbeziehung
gefragt werden.[1543] Soweit jedoch vor dem Hintergrund der Sicherstellung
des wirtschaftlichen Betriebs der zentralen öffentlichen Einrichtung durch
Gewährleistung möglichst hoher Anschlusszahlen diese Erforderlichkeit
noch bejaht werden kann, stellt sich im Folgenden die Frage, ob der Anschluss auch bei einer vorhandenen oder geplanten emissionsarmen oder
gar vollständig emissionsfreien Anlage noch zumutbar ist. Andernfalls
wären Ausnahmen oder Befreiung für den Betrieb solcher Anlagen zu gewähren, gegebenenfalls auch unter Inkaufnahme gewisser Abstriche bezüglich der Wirtschaftlichkeit des Betriebs der zentralen Anlage.

Verbunden mit obigen Ausführungen zur Berücksichtigung der für Eigenanlagen getätigten Investitionen wird einerseits auch erwogen, speziell
Kosten für klimafreundliche dezentrale Anlagen besonders zu berücksich-

---

1543 Siehe oben Teil 5 I. 3. c) cc) (3). Auf den Widerspruch der jeweiligen Eigenan-
     lage zum Zweck des Anschluss- und Benutzungszwangs wollen auch *Faber,*
     Anschluss- und Benutzungszwang, S. 147, sowie *Wagener,* Anschluß- und Be-
     nutzungszwang, S. 126, abstellen.

tigen, andererseits wird jedoch überzeugend vor einer „kaum mehr praktikablen Komplexität der [...] Einzelfallbetrachtungen [sowie] einer Diffusion der verfassungsrechtlichen Anforderungen" gewarnt.[1544]

Zu prüfen ist, ob es auch ungeachtet der bereits dargestellten Erwägungen wirtschaftlicher Art (zusätzlicher) Ausnahme- oder Befreiungsregelungen bedarf. So wird in der Literatur mitunter vor einer „kontraproduktiven" Wirkung des Anschluss- und Benutzungszwangs gewarnt, falls keine Ausnahmen oder Befreiungen für Einzelanlagen auf Basis erneuerbarer Energien gewährt werden.[1545] Schließlich können, wie erwähnt, die mit dem Anschluss- und Benutzungszwang zu erzielenden Beiträge zur Reduzierung von Emissionen – in Abhängigkeit von der jeweils eingesetzten Technik der Wärmeerzeugung – mitunter vergleichsweise gering ausfallen.

Die Problematik stellt sich nicht allein bei Begründung eines Anschluss- und Benutzungszwangs aus Gründen des Klimaschutzes, sondern auch bei Verfolgung des Ziels einer Verbesserung der lokalen Luftverhältnisse. Befreiungen kommen dabei in erster Linie für vollständig emissionsfreie Anlagen in Betracht, beispielsweise Solarthermieanlagen, da beim Betrieb dieser Anlagen eine Verringerung der lokalen Emissionsbelastung mindestens im selben Umfang wie durch Versorgung über ein Wärmenetz erreicht werden kann.[1546] Abzulehnen sind demgegenüber Ausnahmen zugunsten von Anlagen, die keine relevante Verringerung der Emissionen vor Ort gewährleisten, da sie im Widerspruch zum Ziel des Anschluss- und Benutzungszwangs stünden; auch Ausnahmen für emissionsarme Techniken, wie z.B. moderne Gasheizungen erscheinen insofern problematisch. Das Fehlen von Ausnahme- oder Befreiungsvorschriften zugunsten solcher Anlagen führte daher jedenfalls nicht zur Unzumutbarkeit des durch Satzung begründeten Anschluss- und Benutzungszwangs.

Ist Ziel der gemeindlichen Anschluss- und Benutzungssatzung die Förderung des globalen Klimaschutzes, so stellt sich darüber hinaus die Fra-

---

1544 So *Kahl/Schmidtchen*, Kommunaler Klimaschutz, S. 319 f.

1545 So etwa *UBA* (Hrsg.), Konzepte für die Beseitigung rechtlicher Hemmnisse des Klimaschutzes im Gebäudebereich, S. 331, abrufbar unter: www.umweltbundes amt.de/publikationen/konzepte-fuer-beseitigung-rechtlicher-hemmnisse-des (25.11.2013).

1546 *Kahl/Schmidtchen*, Kommunaler Klimaschutz, S. 322. Um eine emissionsfreie Solarthermieanlage ging es beispielsweise in dem vom VG Gera, ThürVBl 2011, 12, zu entscheidenden Verfahren.

ge, ob neben den erwähnten emissionsfreien Anlagen gegebenenfalls auch Anlagen zur Nutzung von Biomasse eine Befreiung vom geltenden Anschluss- und Benutzungszwang begründen können. Sowohl der Betrieb vollständig emissionsfreier Anlagen wie auch die Nutzung der Biomasse als erneuerbarer Energieträger stehen nicht im Widerspruch zum Zweck des Klimaschutzes. Sie tragen vielmehr bei isolierter Betrachtung gar stärker zur Realisierung der allgemeinen klima- und energiepolitischen Zielsetzungen bei, als dies die Wärmeerzeugung unter Einsatz fossiler Brennstoffe, wenn auch bei Anwendung der KWK-Technik, vermag. Bezüglich der Nutzung von Biomasse wird allerdings sogleich noch näher zu differenzieren sein. Ihre Nutzung generell zu untersagen, widerspräche jedenfalls dem Zweck des Anschluss- und Benutzungszwangs und wäre Betroffenen gegenüber daher nicht zumutbar.

Dem kann auch das Argument der Sicherung einer hinreichend großen Abnehmerzahl zur Gewährleistung der Rentabilität der öffentlichen Einrichtung nicht von vornherein entgegengehalten werden. Schließlich stellt die Rentabilität der Einrichtung keinen Selbstzweck dar; sie darf lediglich mittelbar zur Verfolgung des Primärziels des allgemeinen Klimaschutzes herangezogen werden.[1547] Darüber hinaus ist zu bedenken, dass der Betrieb emissionsfreier Eigenanlagen unter Umständen nicht den gesamten Wärmeenergiebedarf des jeweiligen Gebäudes decken kann. In diesen Fällen wird es daher auch nicht um eine vollständige Freistellung vom Anschluss- und Benutzungszwang gehen, sondern lediglich *soweit* der Wärmebedarf aus der eigenen, emissionsfrei betriebenen Anlage betrieben wird.

Teilweise wird im Schrifttum wiederum auf die besondere Bedeutung der maßgeblichen Ermächtigungsgrundlage verwiesen. Soweit die Gemeinde sich auch auf § 16 EEWärmeG gestützt hat, sei besonders intensiv zu prüfen, ob eine dezentrale Versorgung dem Klima- und Ressourcenschutz nicht noch förderlicher wäre.[1548] Allerdings kann auf diese Prüfung auch in allen anderen Fällen der Begründung eines Anschluss- und Benutzungszwangs aus Gründen des Klimaschutzes nicht verzichtet werden, da sich der Zweck der Satzung in diesen Fällen nicht von der Zielsetzung des EEWärmeG unterscheidet, wenngleich dieses Gesetz die Bedeutung gera-

---

1547 Siehe oben Teil 3 I. 1.
1548 Vgl. *Wustlich*, in: Danner/Theobald, Energierecht, Erneuerbare Energien, § 16 EEWärmeG Rn. 25. Siehe auch *ders.*, NVwZ 2008, 1041 (1045).

de des Ausbaus erneuerbarer Energien – insbesondere auch im einzelnen Gebäude – stärker betont.

(8) Konkrete Reichweite entsprechender Ausnahmeregelungen

Soweit somit gerade zur Verwirklichung des mit der Satzung verfolgten Zwecks des Klimaschutzes Ausnahmen oder Befreiungen zugunsten bestimmter dezentraler Anlagen zugelassen werden sollen, ist die genaue Reichweite dieser Ausnahmen näher zu bestimmen.

Wie bereits erwähnt, ist maßgeblich nach der Art der jeweiligen Anlage zu differenzieren, inwieweit sie dem Ziel der jeweiligen Satzung förderlicher ist als die Durchsetzung des Anschluss- und Benutzungszwangs. In Betracht kommen danach Ausnahmeregelungen für „Anlagen zur Nutzung erneuerbarer Energien" oder auch „emissionsfreie Heizanlagen". Die konkrete Ausgestaltung ist dem Satzungsgeber überlassen, der dabei jedoch die Förderung des jeweiligen Satzungszwecks in den Blick zu nehmen hat. Enthält die Satzung selbst keine Legaldefinition der unter den Ausnahmetatbestand zu fassenden erneuerbaren Energien ist im Rahmen der Auslegung nicht automatisch auf die in anderen Rechtsnormen enthaltenen Definitionen abzustellen, sondern konkret zu prüfen, welche Ausnahmen im Hinblick auf den Satzungszweck zugelassen werden sollten.

Wenn danach dem allgemeinem Sprachgebrauch folgend alle Energieträger umfasst würden, „die sich im organischen Kreislauf selbst erneuern und deren Einsatz nicht zum endgültigen Verbrauch der Energiequelle führt",[1549] könnte dazu beispielsweise – bei großzügigerer Betrachtung des Zeitraums, innerhalb dessen die Erneuerung stattfindet – auch Holz gezählt werden. Allerdings ist eine Ausnahme zugunsten einer Anlagen zur Verbrennung von Holz vor dem Hintergrund der Förderung des Klimaschutzes abzulehnen.

Zur Vermeidung örtlicher Luftverunreinigungen ebenso wie zur Förderung des globalen Klimaschutzes durch eine Reduzierung von Emissionen ist maßgeblich auf die mit der Nutzung der Anlage verbundenen Emissionen abzustellen. Daher ist jeder Einzelfall genau zu untersuchen und gegebenenfalls eine Art ökologischen Vergleichs erforderlich – zwischen der

---

1549 So VG München, Urt. v. 22.9.2005 – M 10 K 05.2456 –, BeckRS 2005, 38608.

ökologischen Bilanz des zentralen Heiz(kraft)werks und der der jeweiligen Einzelanlage.

Als die Anwendung einer Ausnahmeregelung erfordernde erneuerbare Energiequellen kommen danach nur vollkommen emissionsfrei zu verwendende Energieträger in Betracht. Allein Verbesserungen der technischen Standards, die zu einer Reduzierung der Emissionen führen, reichen nicht aus, eine solche Ausnahme zu begründen.[1550] Der dadurch zu bewirkende Beitrag für den Klimaschutz ist schließlich im Rahmen des erwähnten ökologischen Vergleichs der Förderung dieses Zwecks gegenüberzustellen, wie er durch den Anschuss- und Benutzungszwang erzielt werden könnte.

Handelt es sich lediglich um eine emissionsarme Variante dezentraler Wärmeerzeugung, so ist der Beitrag zur Förderung des Klimaschutzes im Verhältnis zur Förderung des Satzungszwecks durch eine möglichst flächendeckende Durchsetzung des Anschluss- und Benutzungszwangs regelmäßig nicht derart gewichtig, dass dem Eigentümer Anschluss und Benutzung der öffentlichen Einrichtung nicht zugemutet werden könnte. Dies gilt insbesondere angesichts möglicher Kumulationseffekte für den Fall der Ausnahme mehrerer Einzelfeuerungsanlagen mit zumindest geringen Emissionen.[1551]

Im Gegenteil: Zu weitreichende, auch aus Gründen des Verhältnismäßigkeitprinzips nicht gebotene Ausnahmen oder Befreiungen zugunsten dezentraler Anlagen, die dem Zweck des kommunalen Anschluss- und Benutzungszwangs widersprechen, würden doch insgesamt die Geeignetheit eben dieses Zwangs in Frage stellen, den Klimaschutz tatsächlich konsequent zu fördern. Auch würde die Gemeinde ihrer Verantwortung für einen wirtschaftlichen Betrieb der öffentlichen Einrichtung damit gegebenenfalls nicht mehr nachkommen, so dass die Anordnung des Anschluss- und Benutzungszwangs den übrigen Betroffenen im Ergebnis nicht mehr zumutbar wäre.

Ebenso wenig wie eine Ausnahme zugunsten der Feuerung mit Holz, kann Erdgas als regenerativer Energieträger im Sinne etwaiger Ausnahme- oder Befreiungsvorschriften anerkannt werden.[1552] Auch insoweit ist eine

---

1550 Vgl. wiederum die Argumentation des VG München, Urt. v. 22.9.2005 – M 10 K 05.2456 –, BeckRS 2005, 38608.

1551 VG München, Urt. v. 22.9.2005 – M 10 K 05.2456 –, BeckRS 2005, 38608.

1552 Aus diesem Grund lehnte etwa OVG Schleswig, Urt. v. 5.1.2005 – 2 LB 62/04 –, juris Rn. 103, zu Recht eine entsprechende Befreiung ab.

Ausnahme in Anbetracht der nach wie vor anfallenden Emissionen nicht geboten.

Gleiches gilt schließlich für Stromspeicherheizungen, soweit der dafür benötigte Strom wiederum durch Einsatz fossiler Energieträger erzeugt wird; in praktischer Hinsicht verringert dies im Übrigen die Zahl möglicher Anwendungsfälle einer Ausnahmeregelung, da gerade die Nutzung ausschließlich unter Einsatz erneuerbarer Energien erzeugten Stroms zur Wärmeerzeugung über Speicherheizungen in technischer Hinsicht gegenwärtig noch Schwierigkeiten bereitet.[1553]

Auch für bestimmte Fälle der Kombination der dezentralen Wärmeversorgung mit der Erzeugung von Strom aus erneuerbaren Energien kann keine Ausnahme beansprucht werden. Dies hat die Rechtsprechung für den Fall bestätigt, dass zwar zunächst mittels einer eigenen Fotovoltaikanlage Strom erzeugt, dieser jedoch komplett ins Netz eingespeist wird, um schließlich wiederum Strom aus dem Netz zu beziehen, der sodann zum Betrieb einer elektrischen Heizungsanlage eingesetzt werden soll. Stromerzeugung und Deckung des Wärmebedarfs sind bei einer solchen Fallgestaltung getrennt zu betrachtende Lebenssachverhalte.[1554] Der zum Betrieb der Einzelheizungsanlage aus dem Netz entnommene Strom wird von einem Energieversorgungsunternehmen bezogen, dessen Energiemix sich regelmäßig noch keineswegs komplett aus erneuerbaren Energiequellen zusammensetzt und dem daher pro kWh Strom durchaus noch ein gewisses Maß CO_2-Emissionen zugeschrieben wird.[1555]

An eben dieser Stelle hat daher der erforderliche ökologische Vergleich anzusetzen. Wird als Zweck die Förderung des globalen Klimaschutzes verfolgt, so hat die Betrachtung der Emissionen auf globaler Ebene zu erfolgen. Irrelevant ist demnach, dass durch den Betrieb der elektrischen Heizungsanlage zumindest vor Ort keine zusätzlichen Immissionen entstehen.[1556]

Trotz der Beschränkung der Ausnahmeregelungen auf emissionsfreie Anlagen, wird jedoch mit fortschreitender technischer Entwicklung die Zahl der Anwendungsfälle insgesamt steigen. Bereits gegenwärtig sind Ausnahmen v.a. zugunsten der Wärmeerzeugung über eine eigene Solar-

---

1553 Siehe *Kahl/Schmidtchen*, Kommunaler Klimaschutz, S. 322 f.

1554 So ausdrücklich VG Frankfurt a.M., CuR 2009, 109 (110).

1555 So auch in dem vom VG Frankfurt a.M. entschiedenen Fall, CuR 2009, 109 (110).

1556 Vgl. VG Frankfurt a.M., CuR 2009, 109 (111).

thermieanlage geboten.[1557] Theoretisch gilt dies auch für die Nutzung der Geothermie-Technik, doch wird diese aus wirtschaftlichen Gründen nur selten in dezentralen Anlagen zum Einsatz kommen.

Differenzierter zu betrachten ist die Nutzung von Biomasse.[1558] Dabei ist die Klimabilanz der konkreten Anlage – insbesondere unter Berücksichtigung der Effizienz der Energieerzeugung, gegebenenfalls gesteigert durch die Verwendung der KWK-Technik – im Einzelfall näher darzulegen. Eine Ausnahme erscheint insofern jedoch auch unter dem Gesichtspunkt der Verhältnismäßigkeit keineswegs von vornherein notwendig.

Diesen Grundsätzen entsprechend, werden auch unter den Begriff der „emissionsfreien Heizeinrichtungen" im Sinne der Bayerischen Gemeindeordnung insbesondere Solarheizungen gefasst oder „Heizungen unter Ausnutzung natürlicher Wärmequellen".[1559] Soweit in der Kommentarliteratur darüber hinaus jedoch Nachstromheizungen genannt werden,[1560] ist dies aus den dargelegten Gründen kritisch zu hinterfragen.

(9) Bestimmung der wirtschaftlichen Unzumutbarkeit einer Ausnahme oder Befreiung

Zu klären bleibt, ob Ausnahmen zugunsten emissionsfreier Einzelanlagen – als vollständige oder vielfach auch nur als teilweise Freistellung von der Geltung des Anschluss- und Benutzungszwangs – im konkreten Fall mit dem Argument abgelehnt werden können, die Zulassung der Ausnahmen würden das Funktionieren des Instruments des Anschluss- und Benutzungszwangs insgesamt in Frage stellen. Dies würde die Erfüllung der mit dem Anschluss- und Benutzungszwang verfolgten Zwecks im Hinblick auf die übrigen Grundstücke im Anwendungsbereich der Satzung möglicherweise gefährden, da im Fall der Einstellung des Betriebs der öffentlichen Einrichtung mangels Rentabilität auf andere, gegebenenfalls fossil befeuerte Einzelanlagen umgestellt werden müsste.[1561] Andererseits die-

---

1557 Vgl. dazu z.B. OVG Weimar, CuR 2008, 102 (vgl. dort insb. 107); VG Gera, ThürVBl 2011, 12 (14).

1558 Zu Vor- und Nachteilen siehe bereits oben Teil 1 IV. 1.

1559 *Widtmann/Grasser/Glaser*, Bayerische Gemeindeordnung, Art. 24 Rn. 12.

1560 Siehe wiederum *Widtmann/Grasser/Glaser*, Bayerische Gemeindeordnung, Art. 24 Rn. 12.

1561 Dies hebt z.B. *Seewald*, in: Steiner, Bes. VerwR, Kommunalrecht, Rn. 174, hervor. Siehe dazu auch VG Gera, ThürVBl 2011, 12 (14).

nen, wie eben dargelegt, gerade emissionsfreie Anlagen in besonderem Maße der Realisierung klima- und energiepolitischer Ziele. Eine Beschränkung der somit grundsätzlich gebotenen Ausnahme vom Anschluss- und Benutzungszwang ist daher eng zu fassen.

Allein einzelnen (Teil-)Ausnahmen kommt noch keine den Betrieb der öffentlichen Einrichtung beeinträchtigende Wirkung zu. Beachtlich wird daher sein, inwieweit mit weiteren, positiv zu bescheidenden Anträgen auf Erteilung einer Ausnahme zu rechnen ist, so dass im Ergebnis eine „ins Gewicht fallende Anzahl von Befreiungen"[1562] die fehlende Rentabilität des zentralen Heizwerks zur Folge hätte und welche Maßnahmen der Gemeinde im Übrigen zur Verfügung stehen, die Wirtschaftlichkeit der Einrichtung zu sichern.

Immerhin kann die Dimensionierung der zentralen Anlage nicht beliebig verändert werden. Insbesondere muss unter der Geltung des Anschluss- und Benutzungszwangs aufgrund der damit einhergehenden Versorgungspflicht jederzeit gewährleistet sein, dass bei „Verzicht" auf eine erteilte Ausnahme und freiwilligem Anschluss der der Satzung grundsätzlich unterfallenden Personen diese auch von ihrem Nutzungsrecht Gebrauch machen können.[1563]

Zudem kann auch der finanzielle Aufwand für eine etwaige „vorsorgliche Überdimensionierung" nicht grenzenlos auf die restlichen Anschlussverpflichteten verteilt werden.[1564] Insoweit ist mit Blick auf die übrigen Betroffenen an die bereits ausgeführten Erwägungen zu der mit dem Anschluss- und Benutzungszwangs verbundenen finanziellen Mehrbelastung zu erinnern.[1565] In bestimmtem Umfang ist danach jedoch auch die mit der – im Hinblick auf den Zweck des Klimaschutzes gebotenen – Zulassung von Ausnahmen verbundene Mehrbelastung der übrigen Nutzer wiederum hinzunehmen[1566] und zu prüfen, ob diese im Einzelfall wirtschaftlich unzumutbar wäre.[1567]

1562 So formuliert es VG Frankfurt a.M., CuR 2009, 109 (110).

1563 Vgl. VG Frankfurt a.M., CuR 2009, 109 (110). Zum Benutzungsrecht siehe oben Teil 2 II. 4.

1564 Siehe VG Frankfurt a.M., CuR 2009, 109 (110); früher bereits in diesem Sinne, wenngleich bezüglich eines Anschluss- und Benutzungszwangs für die Abwasserentsorgung, BVerwG, NVwZ 1998, 1080 (1081).

1565 Siehe oben Teil 5 I. 3. c) dd) (1).

1566 *Kahl/Schmidtchen*, Kommunaler Klimaschutz, S. 325 f.

1567 Abgelehnt wurde diese Argumentation etwa im Fall des OVG Weimar, CuR 2008, 102 (107), wobei es dort bereits an einer einschlägigen Befreiungsvor-

Dabei zeigt die bisherige Rechtsprechung, dass Gerichte eine durchaus gründliche Prüfung der wirtschaftlichen Unzumutbarkeit vornehmen.[1568] Immerhin handelt es sich um einen unbestimmten Rechtsbegriff, der der vollen gerichtlichen Kontrolle unterliegt.[1569] Wirtschaftlich unzumutbar ist die konkrete Ausnahme oder Befreiung der Rechtsprechung zufolge, wenn dadurch „die finanziellen Kapazitäten des Versorgungsträgers überfordert wären oder die [Versorgung] nicht zu erträglichen Preisen möglich wäre".[1570]

Schon hinsichtlich der Frage, ob überhaupt ein rentabler Weiterbetrieb möglich ist, kommt es u.a. auf die genaue Kundenstruktur, einschließlich des Anteils von Großkunden, an, ebenso auf Verbrauchsmengen und die Gebührenkalkulation der Einrichtung sowie auf die mit dem Betrieb des Heizwerks verbundenen Kosten und die Jahresabschlüsse desselben.[1571] Diesbezüglich hat die Rechtsprechung im Übrigen entschieden, dass im Fall eines Blockheizkraftwerks, das auch Erlöse aus der Vermarktung des erzeugten Stroms erzielt, allein die (getrennte) Betrachtung der Fernwärmesparte maßgeblich ist und die wirtschaftliche Zumutbarkeit nicht erst über eine Quersubventionierung hergestellt werden kann.[1572]

Fraglich ist schließlich, welche Mehrkosten beim Weiterbetrieb der Anlage zur Sicherstellung ihrer Rentabilität von anderen Abnehmern noch hinzunehmen und ab wann diese Mehrkosten den übrigen Nutzern nicht mehr zuzumuten sind. Insofern besteht keine feste „Zumutbarkeitsgrenze" und auch die in der Rechtsprechung dazu bislang herangezogenen Maßstäbe variieren.[1573] Jüngere Entscheidungen stellen dafür auf das in der Regi-

---

schrift in der Satzung fehlte, im Rahmen derer diese Voraussetzung im Einzelfall hätte geprüft werden können.

1568 So bemängelte VG Gera, ThürVBl 2011, 12 (14), im konkreten Fall, dass die vorgetragenen Zahlen für eine Prüfung der wirtschaftlichen Auswirkungen nicht ausreichend seien.

1569 OVG Bautzen, Urt. v. 8.4.2008 – 4 B 403/07 –, juris Rn. 20.

1570 BVerwG, Beschl. v. 30.12.2010 – 8 B 40/10 –, BeckRS 2011, 46656, Rn. 6, wenngleich konkret im Kontext der Prüfung einer Teilbefreiung vom Anschluss- und Benutzungszwang an die öffentliche Wasserversorgung nach Maßgabe des § 3 Satz 1 AVBWasserV; ebenso VGH Mannheim, VBlBW 2009, 338 (339) m.w.N.; OVG Bautzen, Urt. v. 8.4.2008 – 4 B 403/07 –, juris Rn. 22.

1571 VG Gera, ThürVBl 2011, 12 (14).

1572 VG Gera, ThürVBl 2011, 12 (14).

1573 OVG Schleswig etwa zog die Grenze bei einer Preiserhöhung für die übrigen Nutzer um über 50 %; vgl. OVG Schleswig, Urt. v. 26.3.1992 – 2 L 15/91 –, juris Rn. 3. Andere Entscheidungen nennen keine derartige absolute Obergren-

on vorzufindende Preisniveau (auch im Vergleich zu anderen Energiearten) ab: Wird dieses deutlich überschritten, dann sei jedenfalls von der Unzumutbarkeit auszugehen. Dabei komme es nicht auf Überschreiten des durch die anderen Preise gezogenen Rahmens, sondern auf die durchschnittliche Gebührenhöhe an.[1574]

Auch andere Gerichte ziehen die Preise anderer Versorger der Region zum Vergleich heran.[1575] Daneben könne sich eine Unzumutbarkeit aber auch allein aus einem unerträglich hohen Gebührensprung ergeben.[1576] Zudem komme es nicht ausschließlich auf eine relative Steigerung der Verbrauchsgebühren um einen bestimmten Prozentsatz an, sondern es sei zudem das Verhältnis von Grund- und Verbrauchsgebühren in die Betrachtung mit einzubeziehen.[1577]

Jüngst hat der VGH München – gewissermaßen in Kombination dieser Ansätze – mehrere Obergrenzen einer noch zumutbaren Preiserhöhung entwickelt. Er fordert zunächst „vorrangig" einen Vergleich mit dem Gebührenniveau der Region.[1578] Im konkreten Fall wurde dabei zum einen bereits die Überschreitung des vom VGH unter Bezugnahme auf regelmäßig veröffentlichte Berichte des Landesamtes für Statistik berechneten Landkreisdurchschnitts um über 25 % für nicht mehr zumutbar erachtet.[1579] Zudem komme auch dem errechneten Gebührenanstieg um über 50 % Bedeutung zu, denn dies bilde ebenfalls eine absolute Erhöhungs-

---

ze. Geringe Erhöhungen der Gebühren um etwa 7 % sollen für sich betrachtet noch nicht ausreichen; vgl. VGH Mannheim, VBlBW 2009, 338 (341).

1574 Siehe etwa VGH Mannheim, VBlBW 2009, 338 (341); VG Gera, ThürVBl 2011, 12 (15).

1575 Siehe BVerwG, Beschl. v. 30.12.2010 – 8 B 40/10 –, BeckRS 2011, 46656, Rn. 6; VGH München, Urt. v. 26.4.2007 – 4 BV 05.1037 –, juris Rn. 23, wenn auch konkret zur Wasserversorgung; ebenso VGH Kassel, Urt. v. 27.2.1997 – 5 UE 2017/94 –, juris Rn. 31, der zum einen auf eine Erhöhung um nicht mehr als 10 % abstellt, zum Vergleich aber zusätzlich das Preisniveau anderer Gemeinden des Landkreises heranzieht.

1576 BVerwG, Beschl. v. 30.12.2010 – 8 B 40/10 –, BeckRS 2011, 46656, Rn. 6.

1577 VGH München, Urt. v. 26.4.2007 – 4 BV 05.1037 –, juris Rn. 21 f.

1578 VGH München, KommJur 2014, 335 (337 f.). Zwar bezieht sich diese Entscheidung ebenfalls auf einen Anschluss- und Benutzungszwang im Bereich der Wasserversorgung und dementsprechend auf Berechnungen von Wassergebühren, doch sind aufgrund der vergleichbaren Rechtslage zumindest die grundsätzliche Herangehensweise und grobe Maßstäbe auf den Fernwärmebereich übertragbar.

1579 VGH München, KommJur 2014, 335 (338).

obergrenze.[1580] Bei dieser fiktiven Berechnung wurde im Hinblick auf das Verhältnis von Grund- und Verbrauchsgebühren[1581] berücksichtigt, dass sich bei insgesamt höherem Verbrauch auch der Kostenaufwand für den Versorger erhöht bzw. bei geringerem Gesamtverbrauch entsprechend verringert, was wiederum Auswirkungen auf die Zusammensetzung der Gebühren hat und daher bei der Umlage der Kosten auf die übrigen Nutzer zu beachten ist.[1582]

Allgemein weist das Gericht darauf hin, „dass der prozentuale Anstieg gegenüber dem (grundgebührnivellierten) örtlichen Ausgangswert umso stärker beschränkt werden muss, je weiter sich die am Ende erreichte Gebühr vom regionalen Durchschnittswert entfernt",[1583] und entwickelt darauf „fünf verschiedene Zumutbarkeitsstufen":

1.) Bei einer nur geringfügigen Überschreitung des regionalen Durchschnitts um bis zu 10 % sei eine Steigerung der Verbrauchsgebühr um bis zu 40 % noch zumutbar;

2.) bei Überschreitung des regionalen Durchschnitts um bis zu 20 % eine Steigerung der Verbrauchsgebühr um maximal 30 %;

3.) bei Überschreitung des regionalen Durchschnitts um bis zu 30 % nur noch eine Steigerung der Verbrauchsgebühr um maximal 20 %;

4.) bei Überschreiten des regionalen Durchschnitts um bis zu 40 % lediglich noch ein Anstieg der Verbrauchsgebühr um bis zu 10 %;

wenn schließlich der regionale Vergleichswert bereits um mehr als 40 % überschritten wird, so ist danach generell keine weitere Erhöhung der Verbrauchsgebühr mehr zumutbar.[1584] Eine Steigerung der Verbrauchsgebühr zwischen 40 und 50 % wäre nach diesen Grundsätzen ebenfalls nur hinzunehmen, wenn der sich so ergebende höhere Wert noch unter dem regionalen Durchschnitt liegen würde.[1585]

1580 VGH München, KommJur 2014, 335 (337), insoweit anknüpfend an die bereits genannte Entscheidung OVG Schleswig, Urt. v. 26.3.1992 – 2 L 15/91 –, juris Rn. 3.

1581 Für den Wasserbereich wird hier davon ausgegangen, dass sich die Gesamtkosten zu 20 % aus verbrauchsabhängigen und zu 80 % aus Fixkosten zusammensetzen.

1582 VGH München, KommJur 2014, 335 (338).

1583 VGH München, KommJur 2014, 335 (339).

1584 So VGH München, KommJur 2014, 335 (339).

1585 VGH München, KommJur 2014, 335 (339).

(10) Berücksichtigung weiterer Befreiungsanträge

Den geschilderten Ansätzen der Rechtsprechung zufolge ist das Kriterium der wirtschaftlichen Unzumutbarkeit jedenfalls restriktiv auszulegen und kann einer beantragten Ausnahme bzw. Befreiung nur begrenzt entgegengehalten werden.

Weiterhin ist dabei v.a. zu prüfen, inwieweit überhaupt mit zusätzlichen Befreiungsanträgen zu rechnen wäre, die – vor dem Hintergrund des Gleichbehandlungsgrundsatzes[1586] –ebenfalls positiv zu bescheiden wären. Hinsichtlich der Voraussetzung einer solchen Ausnahme oder Befreiung kann auf die obigen Ausführungen verwiesen werden. Weitere Ausnahmen vom Anschluss- und Benutzungszwang werden dabei lediglich dann ausscheiden, wenn es sich bei dem konkret zu prüfenden Sachverhalt um einen einzelnen, atypischen Sonderfall darstellt; in der Praxis ist dagegen regelmäßig mit weiteren Anträgen zu rechnen.[1587]

Während ein Teil der Rechtsprechung lediglich bereits anhängige Anträge in die Betrachtung einbeziehen will,[1588] gehen andere Entscheidungen darüber hinaus. Nach dieser Gegenauffassung sind auch Anträge zu berücksichtigen, die zwar noch nicht anhängig, aber doch „mit an Sicherheit grenzender Wahrscheinlichkeit abzusehen" sind.[1589] Diese Betrachtungsweise sei immerhin wirklichkeitsnäher.[1590]

Irrelevant sind nach einhelliger Auffassung wiederum rein spekulative Anträge, hinsichtlich derer es noch an jeglicher Konkretisierung fehlt und mit denen daher noch nicht sicher zu rechnen ist.[1591]

Tatsächlich scheint die fehlende Berücksichtigung bereits absehbarer, vergleichbarer Anträge auf den ersten Blick aus Sicht der Gemeinde die

---

1586 Vgl. nur VGH München, Urt. v. 26.4.2007 – 4 BV 05.1037 –, juris Rn. 18.

1587 VG Frankfurt a.M., CuR 2009, 109 (110), lehnte einen solchen atypischen Sonderfall ab; angesichts der baulichen und sozialen Struktur wären vergleichbare Befreiungsanträge dort auch bei anderen Grundstücken des Einzugsgebiets in Betracht gekommen und waren überdies auch schon tatsächlich einmal gestellt worden.

1588 VGH München, KommJur 2014, 335 (336); VGH München, Urt. v. 26.4.2007 – 4 BV 05.1037 –, juris Rn. 18. Dem ausdrücklich folgend auch OVG Bautzen, Urt. v. 8.4.2008 – 4 B 403/07 –, juris Rn. 23.

1589 VGH Mannheim, VBlBW 2009, 338 (341); offengelassen von VG Gera, ThürVBl 2011, 12 (14 f.).

1590 Siehe VGH Mannheim, VBlBW 2009, 338 (341).

1591 Vgl. VGH Mannheim, VBlBW 2009, 338 (341); VGH Kassel, Urt. v. 27.2.1997 – 5 UE 2017/94 –, juris Rn. 32.

tatsächlichen Verhältnisse zu ignorieren, obwohl die Gemeinde in naher Zukunft damit konfrontiert werden wird. Der restriktiveren Auffassung folgend sollen weitere Befreiungswünsche – selbst soweit bereits bekannt geworden – dagegen irrelevant sein, da der Zeitpunkt des Eingangs der Anträge und die zeitliche Reihenfolge dieses Eingangs im Hinblick auf Art. 3 Abs. 1 GG durchaus ein zulässiges Differenzierungskriterium darstelle.[1592]

Im Übrigen ist diese Auffassung mit Blick auf die hohe Bedeutung sowohl der Ausnahme- und Befreiungstatbestände für den Grundrechtsschutz Betroffener wie auch des Ziels des Klimaschutzes, dem gegebenenfalls auch mit der Gewährung der Ausnahme gerade Rechnung getragen werden soll, vorzugswürdig. Schließlich würde die Berücksichtigung weiterer Befreiungswünsche im Ergebnis dazu führen, dass die wirtschaftliche Unzumutbarkeit der einzelnen Ausnahme eher zu bejahen wäre und dadurch die Gefahr der Aushöhlung des Befreiungsanspruchs des Einzelnen bestünde.[1593]

Wird durch mehrere, zur Genehmigung vorliegende Anträge auf Befreiung vom Anschluss- und Benutzungszwang insgesamt bereits die Grenze wirtschaftlicher Zumutbarkeit überschritten, so kommt der Rechtsprechung zufolge lediglich ein Anspruch auf ermessensfehlerfreie Entscheidung in Betracht. Dabei könnten die Anträge ermessensfehlerfrei nach dem Prioritätsprinzip beschieden, aber stattdessen auch nach anderen legitimen Auswahlkriterien differenziert oder verschiedene Gruppen gebildet werden.[1594] Hinsichtlich der Gefahr eines „schleichenden Eintritts" wirtschaftlicher Unzumutbarkeit weist die Rechtsprechung im Übrigen auch auf die Möglichkeit hin, Ausnahmen mit einem entsprechenden Widerrufsvorbehalt zu versehen.[1595] Diese Möglichkeit sollte daher offengehalten werden.

1592 Siehe VGH München, Urt. v. 26.4.2007 – 4 BV 05.1037 –, juris Rn. 18; OVG Bautzen, Urt. v. 8.4.2008 – 4 B 403/07 –, juris Rn. 22.

1593 VGH München, Urt. v. 26.4.2007 – 4 BV 05.1037 –, juris Rn. 18.

1594 Siehe dazu VGH München, KommJur 2014, 335 (340); VGH München, Urt. v. 26.4.2007 – 4 BV 05.1037 –, juris Rn. 19. A.A aber VGH Kassel, Urt. v. 27.2.1997 – 5 UE 2017/94 –, juris Rn. 27 sowie VGH Kassel, NVwZ 1988, 1049 (1050 f.), wonach die zeitliche Priorität der Anträge kein zulässiges Kriterium sei.

1595 So VGH München, Urt. v. 26.4.2007 – 4 BV 05.1037 –, juris Rn. 19; OVG Bautzen, Urt. v. 8.4.2008 – 4 B 403/07 –, juris Rn. 23.

Mit Blick auf die Prüfung der möglichen wirtschaftlichen Unzumutbarkeit der Gewährung von Ausnahmen oder Befreiung bedarf es schließlich auch besonderer Berücksichtigung, wenn neben dem konkret zu prüfenden Befreiungstatbestand einzelne Grundstücke oder kleinere Anlagen evtl. bereits unmittelbar durch die Satzung vom Anwendungsbereich des Anschluss- und Benutzungszwangs ausgenommen sind.[1596]

In Anbetracht der Verantwortung der Gemeinde für die Gewährleistung des wirtschaftlichen Betriebs der Einrichtung stellt sich gegebenenfalls die Frage, ob die Konzeption und der konkrete Umfang des Anschluss- und Benutzungszwangs, den die Gemeinde im Wege der Satzung festgelegt hat, dieser Verantwortung gerecht wird – oder ob sich die Gemeinde dieser Verantwortung auf Kosten erforderlicher Ausnahmen gerade auch zum Zwecke des Klimaschutzes entzieht.

Sind schließlich nicht lediglich für bestimmte Härtefälle zur Gewährleistung des Verhältnismäßigkeit des Anschluss- und Benutzungszwangs Befreiungen geboten, sondern darüber hinaus gerade auch zur Realisierung des Satzungszwecks selbst Ausnahmen zu gewähren, so erscheint fraglich, ob derartigen Ausnahmen bei zunehmender Zahl und insbesondere zunehmendem Umfang der jeweils zu gewährenden Befreiung tatsächlich mit dem Argument der wirtschaftlichen Unzumutbarkeit begegnet werden kann.

Die Rechtsprechung hat festgehalten, dass Ausnahme- und Befreiungstatbestände nicht so weit gefasst sein dürften, dass das Regel-Ausnahme-Verhältnis bei ihrer Anwendung umgekehrt würde oder diese Gefahr drohte.[1597] Allerdings stellt die zunehmende Erforderlichkeit von Ausnahmen insbesondere zur Förderung des eigentlichen Satzungszwecks, des Klimaschutzes, schließlich doch die grundlegende Rechtfertigung der Anordnung des Anschluss- und Benutzungszwangs in Frage.

1596 Vgl. auch insoweit den vom VG Gera, ThürVBl 2011, 12 (14) zu entscheidenden Fall, in dem Heizungsanlagen mit einer Nennwärmeleistung von unter 30 kW generell befreit waren.

1597 OVG Bautzen, Urt. v. 8.4.2008 – 4 B 711/07 –, juris Rn. 13.

(11) Anforderungen an die Ausgestaltung von Ausnahme- und Befreiungsvorschriften

Sind aus den dargelegten Gründen in der Satzung Regelungen zur Gewährung von Ausnahmen bzw. Befreiungen erforderlich, so liegt auch deren konkrete Ausgestaltung im Ermessen des Satzungsgebers. Dazu gehört zunächst die Entscheidung über die Ausgestaltung als gebundene oder Ermessensentscheidung. Regelmäßig wird jedoch in der Praxis die Stellung eines Antrags auf Erteilung der Ausnahme erforderlich sein; lediglich in seltenen Fällen werden derartige Befreiungen unmittelbar durch die Satzung selbst gewährt.

Auch vor dem Hintergrund des Art. 14 Abs. 1 GG ist eine Ermessensentscheidung nicht von vornherein ausgeschlossen.[1598] Dies gilt insbesondere für etwaige Härtefallklauseln, die hinreichend Spielraum zur Berücksichtigung der Besonderheiten des konkreten Falles gewähren müssen und eine Abwägung der Interessen des Betroffenen mit dem öffentlichen Bedürfnis, das den Anschluss- und Benutzungszwang rechtfertigt, ermöglichen soll. Dabei ist jedoch zu beachten, dass das Ermessen gegebenenfalls auf Null reduziert sein wird, sofern der Zwang dem Betroffenen im Einzelfall nicht zumutbar ist.

Angesichts der Bedeutung des Betriebs emissionsfreier Anlagen zur Förderung des Klimaschutzes sind, wie dargestellt, zugunsten derartiger emissionsfreier Einzelanlagen Ausnahmen geboten. Sie dürfen daher auch nicht ins Ermessen der Gemeinde gestellt werden, sondern allenfalls in engen Grenzen mit dem Argument der wirtschaftlichen Unzumutbarkeit abgelehnt werden. Dabei handelt es sich wiederum um einen durch die Rechtsprechung bereits konkretisierten und auch überprüfbaren unbestimmten Rechtsbegriff.[1599]

Auch wenn danach eine Art Generalklausel für die Berücksichtigung von Härtefällen neben einer konkreten Ausnahme zugunsten emissions-

---

1598 Anders wohl *Seewald*, in: Steiner, Bes. VerwR, Kommunalrecht, Rn. 174, der darauf hinweist, dass die Voraussetzungen einer Ausnahme im Hinblick auf den Schutz des Art. 14 Abs. 1 Satz 1 GG nicht ins Ermessen der Behörde gestellt sein dürfen. In diesem Sinne auch *Gern*, Dt. Kommunalrecht, Rn. 622 sowie *Gern*, Sächs. Kommunalrecht, Rn. 703, der meint, dass bei Vorliegen der tatbestandlichen Voraussetzungen unter Grundrechtsgesichtspunkten ein „Rechtsanspruch auf Befreiung vom Anschluss- und Benutzungszwang" bestehen müsse.

1599 *Wagener*, Anschluß- und Benutzungszwang, S. 136 f. Siehe dazu eben bereits unter Teil 5 I. 3. c) dd) (9).

freier Anlagen in die Satzung aufgenommen werden kann, dürfen Ausnahmen und Befreiungen doch generell nicht lediglich im Sinne einer allgemeinen Dispensmöglichkeit gewährt werden, die im freien Belieben der Gemeinde steht. Die Voraussetzungen der Anwendung von Ausnahme- und Befreiungsvorschriften müssen vielmehr hinreichend bestimmt in der Satzung selbst niedergelegt sein und dürfen auch nicht einer vertraglichen Regelung zwischen den Betroffenen und einem etwaigen privaten Betreiber der öffentlichen Einrichtung überlassen bleiben.[1600] Die Verwendung unbestimmter Rechtsbegriffe steht allerdings – allgemeinen Grundsätzen entsprechend – der hinreichenden Bestimmtheit der Regelung nicht entgegen.[1601]

ee) Schlussfolgerung

Nach alldem bleibt festzuhalten, dass die Anordnung eines Anschluss- und Benutzungszwangs aus Gründen des Klimaschutzes angesichts der hohen Bedeutung, die diesem Gemeinwohlbelang beizumessen ist, im Grundsatz auch die damit verbundenen Beschränkungen der Eigentumsgarantie betroffener Grundstückseigentümer zu rechtfertigen vermag. Dies gilt nicht nur für noch unbebaute Grundstücke, sondern grundsätzlich ebenso für die Erstreckung des Anschluss- und Benutzungszwangs auf den Gebäudebestand.

Der Anschluss- und Benutzungszwang stellt sich dabei als im Grundsatz geeignetes und erforderliches Mittel zur Förderung des Klimaschutzes dar, doch bedarf die Prüfung der Verhältnismäßigkeit im engeren Sinne einer differenzierteren Betrachtung. Zum einen sind die Umstände des konkreten Falles und das Ausmaß der Betroffenheit in den Blick zu nehmen. Kostengesichtspunkte sind ebenfalls von Relevanz, doch stehen finanzielle Mehrbelastungen der Eigentümer dem Anschluss- und Benutzungszwang allenfalls in eng begrenzten, atypischen Fällen entgegen. Ist der Zwang danach allerdings im Einzelfall nicht zumutbar, so bedarf es einer Befreiung derartiger Härtefälle.

1600 Vgl. VGH Mannheim, VBlBW 1982, 234 (236).; siehe auch *Faber,* Anschluss- und Benutzungszwang, S. 84; *Heckendorf,* in Brüggen/Heckendorf, SächsGemO, § 14 Rn. 61; *Wagener,* Anschluß- und Benutzungszwang, S. 136.
1601 Siehe dazu bereits oben Teil 3 IV. 4. e), in und bei Fn. 1004.

Darüber hinaus ist es erforderlich, die konkreten Beiträge zur Förderung des Klimas einer näheren Betrachtung zu unterziehen. So kann insbesondere der Betrieb emissionsfreier dezentraler Anlagen dem Klima im Ergebnis förderlicher sein, als die netzgebundene Versorgung mit der in der zentralen Anlage erzeugten Wärme. Ist dies der Fall, wird der eigentliche Satzungszweck durch Erteilung einer Ausnahme besser verwirklicht; der Zwang zu Anschluss und Nutzung der öffentlichen Einrichtung wäre in derartigen Fällen nicht zumutbar. Auch insoweit sind daher zwingend Ausnahmen vorzunehmen. Die Erteilung entsprechender Ausnahmen kann wiederum nur in engen Grenzen mit Berufung auf die erforderliche Funktionsfähigkeit, den wirtschaftlichen Betrieb der öffentlichen Einrichtung abgelehnt werden.

Der zunehmende Gesamtumfang erforderlicher Ausnahmen kann dabei nicht nur das Prüfungserfordernis bezüglich der Wirtschaftlichkeit des Betriebs der öffentlichen Einrichtung verstärken, vielmehr stellt es gegebenenfalls die grundsätzliche Rechtfertigung des Anschluss- und Benutzungszwangs in Frage, wenn das Erfordernis entsprechender Ausnahmen mit Blick auf den Klimaschutz überwiegt.

Da insofern ein Vergleich der ökologischen Bilanzen anzustellen ist, kann ein Anschluss- und Benutzungszwang langfristig nur noch bei erheblichen Beiträgen zur Förderung des Klimaschutzes gerechtfertigt werden. Erst dann kann der Zwang angesichts der auf diese Weise möglichen Versorgung ganzer Gebiete mit „klimaschonend erzeugter Wärme" auch den Ausschluss einzelner emissionsfreier Anlagen aus Gründen des Klimaschutzes rechtfertigen. Mit zunehmender Verbreitung emissionsfreier dezentraler Anlagen zur Wärmeversorgung steigen somit die Anforderungen an die Begründung eines Anschluss- und Benutzungszwangs; allein geringfügige Einspareffekte werden dauerhaft nicht genügen können.

Umgekehrt dürfen die vorgesehenen Ausnahme- und Befreiungsvorschriften jedoch auch nicht über das verfassungsrechtlich gebotene Maß hinausreichen, sollen nicht sowohl die Anforderungen an einen wirtschaftlichen Betrieb der öffentlichen Einrichtung sowie insbesondere die grundsätzliche Eignung des Anschluss- und Benutzungszwangs zur Förderung des Klimaschutzes insgesamt in Frage gestellt werden.

d) Verhältnismäßigkeit der Beeinträchtigung betroffener Konkurrenten

Wie oben dargelegt, können neben Grundstückseigentümern in bestimmten Fällen auch die aufgrund der monopolisierenden Wirkung des Benutzungszwangs ausgeschlossenen Konkurrenten in ihrem Grundrecht aus Art. 14 Abs. 1 GG betroffen sein.[1602] Insoweit stellt sich ebenfalls die Frage nach der Rechtfertigung dieser Inhalts- und Schrankenbestimmung, insbesondere nach der Wahrung des Verhältnismäßigkeitsgrundsatzes.

Der Satzungszweck des Klimaschutzes stellt, wie gesehen, ein legitimes, gar verfassungsrechtlich ausdrücklich anerkanntes Gemeinwohlziel an, das Grundrechtseinschränkungen grundsätzlich rechtfertigen kann. Der Erlass des Anschluss- und Benutzungszwangs zugunsten der öffentlichen Einrichtung der zentralen Wärmeversorgung stellt im Hinblick auf die Förderung dieses Ziels zudem ein geeignetes und erforderliches Mittel dar. Fraglich ist jedoch die Zumutbarkeit der damit einhergehenden Belastungen.

Relevanter Maßstab der Belastung dieser nun von der Versorgung ausgeschlossenen Anbieter ist dabei der Verlust, den sie erleiden, wenn Investitionen in eigene Anlagen sich nicht amortisieren können und die jeweilige Anlage wirtschaftlich wertlos, ihre Nutzung künftig ausgeschlossen wird. Auf den Verlust an Kunden und damit künftigen Absatz- und Erwerbsmöglichkeiten kommt es dagegen mit Blick auf den Gewährleistungsgehalt des Art. 14 GG nach hier vertretener Auffassung nicht an.

Angesichts der hohen Bedeutung, die dem Klimaschutz nicht zuletzt durch Art. 20a GG beigemessen wird, und in Anbetracht des dringenden Erfordernisses, Maßnahmen gegen den fortschreitenden Klimawandel zu ergreifen, sind grundsätzlich auch erhebliche Beschränkungen des Eigentums hinzunehmen, zumal die Verfassung selbst bereits die Sozialbindung des Eigentums in Art. 14 Abs. 2 GG betont. Darüber hinaus ist das Vertrauen in getätigte Investitionen insofern nur bedingt schutzwürdig, als zumindest im Grundsatz stets die Möglichkeit der Anordnung eines Anschluss- und Benutzungszwangs bestand und das Vertrauen in den Fortbestand einer künftigen Rechtslage gerade nicht geschützt wird.

Werden die Investitionen in eigene Anlagen zur Wärmeversorgung wertlos und die Nutzungsmöglichkeiten faktisch vollständig entzogen, kann dies jedoch im Einzelfall auch zur Existenzgefährdung führen, wenn

---

1602 Siehe oben Teil 5 I. 2. d).

der jeweilige Betrieb auch nicht räumlich verlegt und auf einen neuen Markt ausgerichtet werden kann.[1603] Dies kommt in Betracht, soweit der Betrieb auf ortsfeste Anlagen angewiesen ist, die sich auch räumlich ausschließlich auf das nunmehr dem Anschluss- und Benutzungszwang unterliegende Gebiet beschränken. Von den verschiedenen Unternehmern, deren Tätigkeit durch die Einführung eines Anschluss- und Benutzungszwangs berührt wird,[1604] treffen diese Kriterien lediglich auf andere Anbieter von Nah- bzw. Fernwärme zu, während sich in anderen Fälle regelmäßig auch anderweitige Absatzmöglichkeiten bieten werden. Eine derart intensive Belastung ist somit allenfalls in wenigen Ausnahmefällen anzunehmen.

Handelt es sich allerdings um eine solche Fallkonstellation, so wäre diese außergewöhnliche Belastung dem Betroffenen ohne Ausgleich nicht mehr zumutbar. Bevor insofern jedoch ausnahmsweise vom Vorliegen einer ausgleichspflichtigen Inhalts- und Schrankenbestimmung auszugehen ist, sind – einem finanziellem Ausgleich gegenüber vorrangig – wiederum Übergangs- und Befreiungsregelungen in Betracht zu ziehen.[1605]

Der Satzungsgeber hat von vornherein die möglichen Auswirkungen der Einführung eines Anschluss- und Benutzungszwangs in den Blick zu nehmen – gemessen an den konkreten Umständen und Betroffenheiten vor Ort. Ist danach absehbar, dass für bestimmte Einzelfälle die Anordnung des Anschluss- und Benutzungszwangs nicht zumutbar wäre, muss darauf reagiert werden. Insoweit kommt eine Ausnahme- oder Übergangsregelung für bereits bestehende Gebäude in Betracht – nicht allein mit Blick auf die Eigentümer dieser Gebäude, sondern gegebenenfalls auch, um den Interessen des bisherigen Versorgers Rechnung zu tragen; zu prüfen ist zudem, ob das dem Anschluss- und Benutzungszwang unterliegende Gebiet von vornherein räumlich anderweitig abgegrenzt werden kann, um so die Geltung des Zwangs in räumlicher Hinsicht zu verlegen.

In atypischen Fällen einer besonders intensiven Betroffenheit ausgeschlossener Konkurrenten, die mangels Ausweichmöglichkeit faktisch in ihrer Existenz gefährdet würden, ist auf diese Weise die Zumutbarkeit zu wahren.

1603 Vgl. *Faber,* Anschluss- und Benutzungszwang, S. 148.
1604 Siehe oben Teil 5 I. 2. d).
1605 Dazu *Rozek,* Unterscheidung von Eigentumsbindung und Enteignung, S. 266: finanzielle Zuwendungen nur als letztes Mittel.

4. Zusammenfassung zu Art. 14 GG

Im Ergebnis stellt die Anordnung eines Anschluss- und Benutzungszwangs insbesondere für die betroffenen Grundstückseigentümer, in bestimmten Fällen auch für ausgeschlossene Konkurrenten einen Eingriff in Art. 14 Abs. 1 GG dar, der allerdings im Grundsatz durchaus gerechtfertigt werden kann.

Um die Zumutbarkeit der Maßnahme gegenüber betroffenen Grundstückseigentümern wie auch gegenüber den in seltenen, atypischen Ausnahmefällen intensiv betroffenen Konkurrenten im Einzelfall zu wahren, sind jedoch Ausnahmevorschriften erforderlich, die zum einen den Ausgleich besonderer Härtefälle zum anderen den Betrieb emissionsfreier Heizungsanlagen zum Schutz des Klimas ermöglichen. Zu prüfen ist dabei, ob die zunehmende Erforderlichkeit entsprechender Ausnahmen den Anschluss- und Benutzungszwang grundlegend in Frage stellt, soweit damit kein hinreichend gewichtiger Beitrag zur Förderung des Klimaschutzes erzielt werden kann.

II. *Art. 12 GG*

Mit Blick auf die durch den Anschluss- und Benutzungszwang in der Ausübung ihres Gewerbebetriebes betroffenen Konkurrenten wird neben Art. 14 GG in der Hauptsache eine Verletzung des Art. 12 GG, des Grundrechts der Berufsfreiheit relevant.

Wie bereits dargestellt, ist dabei eine Abgrenzung zwischen beiden Grundrechten erforderlich, doch kann im konkreten Fall auch sowohl eine Inhalts- und Schrankenbestimmung des Eigentums im Sinne von Art. 14 Abs. 1 Satz 2 GG als auch eine Beschränkung der Berufsfreiheit vorliegen.[1606] Eine Prüfung des Art. 12 GG ist sowohl hinsichtlich bereits etablierter als auch für neu auf den Markt drängende Mitbewerber erforderlich.[1607]

Immerhin wird Art. 12 GG, das Grundrecht der Berufsfreiheit, „neben der Eigentumsgarantie [...] als das Hauptfreiheitsrecht des Wirtschaftslebens" bezeichnet.[1608] Insofern haben Teile des Schrifttums kritisch ange-

---

1606 Siehe oben Teil 5 I. 2. d) dd).
1607 Vgl. zu dieser Problematik *Faber*, Anschluss- und Benutzungszwang, S. 150 ff.
1608 So *Scholz*, in: Maunz/Dürig, Art. 12 GG Rn. 4.

merkt, dass diese Prüfung häufig viel zu kurz komme und das wahre Konfliktpotentials verkannt werde.[1609]

Art. 12 Abs. 1 GG schützt als einheitliches Grundrecht die Berufsfreiheit – wenngleich gegenüber verschiedenen Beeinträchtigungen in unterschiedlicher Intensität.[1610] Dieser verfassungsrechtliche Schutz der beruflichen Betätigung dient der freien Persönlichkeitsentfaltung des Einzelnen[1611]

1. Allgemeines

Die wesentlichen Grundsätze zum Schutz der Berufsfreiheit nach Art. 12 GG wurden mit der sogenannten „3-Stufen-Theorie" bereits im Jahr 1958 durch das Bundesverfassungsgericht entwickelt.[1612] Wenngleich gegenwärtig in der Literatur zwar betont wird, dass auch das Bundesverfassungsgericht selbst die Theorie nicht mehr strikt anwende,[1613] werden doch die damit entwickelten Kategorien nach wie vor zu einer differenzierteren Bestimmung der konkreten Eingriffsintensität herangezogen.[1614] Die Betonung liegt dabei aktuell jedoch auf der Bedeutung des Verhältnismäßigkeitsgrundsatzes.[1615]

Nach der „3-Stufen-Theorie" ist zwischen Regelungen der Berufsausübung und solchen der Berufswahl zu unterscheiden, wobei der Gesetzgeber in seiner Regelungsbefugnis umso freier ist, je mehr sich die konkrete Maßnahme als eine reine Ausübungsregelung darstellt, umso beschränkter demgegenüber bei Betroffenheit der Freiheit der Berufswahl.[1616] An die

---

1609 Vgl. nur die Kritik bei *Weiß*, VerwArch 90 (1999), 415 (422, 435 ff.).

1610 *Mann*, in: Sachs (Hrsg.), Art. 12 GG Rn. 14 f.; *Scholz*, in: Maunz/Dürig, Art. 12 GG Rn. 25; *Wieland*, in: Dreier (Hrsg.), Art. 12 GG Rn. 28, 48.

1611 Siehe nur *Mann*, in: Sachs (Hrsg.), Art. 12 GG Rn. 16 m.w.N.; *Hofmann*, in: Schmidt-Bleibtreu/Hofmann/Henneke (Hrsg.), Art. 12 GG Rn. 20; *Wieland*, in: Dreier (Hrsg.), Art. 12 GG Rn. 19.

1612 BVerfGE 7, 377.

1613 So etwa *Mann*, in: Sachs (Hrsg.), Art. 12 GG Rn. 125; näher dazu auch *Wieland*, in: Dreier (Hrsg.), Art. 12 GG Rn. 94 ff.

1614 *Scholz*, in: Maunz/Dürig, Art. 12 GG Rn. 27, bezeichnet die Stufentheorie schließlich „als wesentlich unbestrittene herrschende Auffassung".

1615 *Mann*, in: Sachs (Hrsg.), Art. 12 GG Rn. 142 ff.; *Hofmann*, in: Schmidt-Bleibtreu/Hofmann/Henneke (Hrsg.), Art. 12 GG Rn. 50; *Wieland*, in: Dreier (Hrsg.), Art. 12 GG Rn. 97.

1616 BVerfGE 7, 377 (378, 401 ff.).

unterschiedliche Eingriffsintensität knüpfen sodann die Rechtfertigungsmöglichkeiten an.

Eine Beschränkung der Freiheit der Berufsausübung kann dem Bundesverfassungsgericht zufolge bereits durch vernünftige Erwägungen des Gemeinwohls gerechtfertigt werden, wenn die jeweilige Berufsausübungsregelung aus diesen Gründen „zweckmäßig" erscheint; etwaige Auflagen der Berufsausübung müssten dann lediglich den Verhältnismäßigkeitsgrundsatz wahren.[1617]

Demgegenüber bedürften Beschränkungen der Berufswahl der Rechtfertigung durch zwingende Erfordernisse des Schutzes besonders wichtiger Gemeinschaftsgüter.[1618] Für subjektive Berufszugangsschranken gelte das Verhältnismäßigkeitsprinzip, für objektive Berufszugangsschranken darüber hinaus „besonders strenge Anforderungen".[1619] Ein derart intensiver Eingriff ist danach „im Allgemeinen [nur gerechtfertigt zur] Abwehr nachweisbarer oder höchstwahrscheinlicher schwerer Gefahren für ein überragend wichtiges Gemeinschaftsgut".[1620] Objektive Berufszugangsschranken in diesem Sinne sind Voraussetzungen für die Berufsaufnahme bzw. die Zulassung zum Beruf, „die mit der persönlichen Qualifikation des Berufsanwärters nichts zu tun haben und auf die er keinen Einfluß nehmen kann."[1621]

Generell muss nach dieser Rechtsprechung auch hinsichtlich der Auswahl zwischen den verschiedenen Eingriffsstufen das Verhältnismäßigkeitsprinzip stets gewahrt werden; die „nächste ‚Stufe' [dürfe] erst dann betreten [werden], wenn mit hoher Wahrscheinlichkeit dargetan werden kann, daß die befürchteten Gefahren mit (verfassungsmäßigen) Mitteln der vorausgehenden ‚Stufe' nicht wirksam bekämpft werden können."[1622]

Schließlich können bloße Berufsausübungsregelungen unter Umständen aufgrund ihrer tatsächlichen, wirtschaftlichen Auswirkungen einer Zulassungsbeschränkung nahekommen und somit auch die Freiheit der Berufswahl beeinträchtigen.[1623] Dafür ist es dem Bundesverfassungsgericht zu-

---

1617 Vgl. BVerfGE 7, 377 (378, 405 f.).
1618 BVerfGE 7, 377 (378, 405).
1619 BVerfGE 7, 377 (378, 407 f.).
1620 BVerfGE 7, 377 (378, 408).
1621 BVerfGE 7, 377 (406).
1622 Siehe BVerfGE 7, 377 (378 f., 408).
1623 So ausdrücklich BVerfGE 30, 292 (313); dazu auch *Scholz*, in: Maunz/Dürig, Art. 12 GG Rn. 27.

folge jedoch nicht ausreichend, dass der Gewinn eines Unternehmens aufgrund der jeweiligen Regelung in so starkem Maße reduziert wird, dass der Unternehmer sich gegebenenfalls faktisch zur Aufgabe des Betriebs gezwungen sieht; vielmehr ist zu prüfen, ob „die betroffenen Berufsangehörigen in aller Regel und nicht nur in Ausnahmefällen wirtschaftlich nicht mehr in der Lage sind, den gewählten Beruf ganz oder teilweise zur Grundlage ihrer Lebensführung oder – bei juristischen Personen – zur Grundlage ihrer unternehmerischen Erwerbstätigkeit zu machen".[1624] Die wirtschaftlichen Auswirkungen müssen demnach über den konkreten Einzelfall hinaus betrachtet werden.

Um an Art. 12 GG gemessen zu werden, muss eine Regelung nicht notwendigerweise gezielt auf die Berufsfreiheit zugreifen, d.h. einen unmittelbar berufsregelnden Charakter haben, vielmehr kommen auch Regelungen in Betracht, die geeignet sind, durch ihre tatsächlichen Auswirkungen die Berufsfreiheit zumindest mittelbar, faktisch zu beeinträchtigen – das Bundesverfassungsgericht fordert damit neben einem engen Zusammenhang mit der Berufsausübung eine objektiv berufsregelnde Tendenz.[1625] Entscheidend ist die konkrete Wirkung der Regelungen; so sollen die Voraussetzungen erfüllt sein, wenn „Vorschriften [...] in ihrer Wirkung auf die Berufstätigkeit Normen mit berufsregelnder Zielrichtung vergleichbar sind".[1626]

2. Eröffnung des Schutzbereichs

Für den hier zu betrachteten Bereich der Wärmeversorgung ist zunächst näher zu erörtern, ob bzw. inwieweit die Anordnung eines Anschluss- und Benutzungszwangs in den Schutzbereich des Grundrechts der Berufsfreiheit eingreift.

Nachteilige Auswirkungen entfaltet ein solcher Zwang in verschiedener Hinsicht – sowohl auf Anbieter verschiedener dezentraler Heizungsanlagen sowie die Lieferanten der in dezentralen Anlagen eingesetzten Energieträger, als auch für etwaige andere Versorger im Bereich der netzgebun-

---

1624 BVerfGE 30, 292 (313 f.).
1625 BVerfGE 13, 181 (185 f.); siehe auch BVerfGE 46, 120 (137). *Mann*, in: Sachs (Hrsg.), Art. 12 GG Rn. 95.
1626 So *Wieland*, in: Dreier (Hrsg.), Art. 12 GG Rn. 71. Siehe auch *Scholz*, in: Maunz/Dürig, Art. 12 GG Rn. 301 m.w.N.

den Wärmeversorgung. Zu den ausgeschlossenen Konkurrenten zählen daher in einem weiten Sinne neben Gas- und Heizöllieferanten insbesondere andere Anbieter von Fernwärme.

a) „Beruf" im Sinne des Art. 12 Abs. 1 GG

„Beruf" im Sinne des Art. 12 Abs. 1 GG umfasst der Rechtsprechung zufolge jede nicht nur vorübergehende, sondern auf Dauer angelegte, der Schaffung und Erhaltung einer Lebensgrundlage dienende Betätigung.[1627] Der Begriff des „Berufs" ist danach weit zu verstehen und nicht abhängig von einem tradierten oder gar rechtlich fixiertem Berufsbild; auch auf die Frage der selbständigen oder unselbständigen Berufsausübung kommt es für die Eröffnung des Schutzbereichs des Art. 12 GG nicht an.[1628]

Die vorstehende Definition erfährt teilweise eine Einschränkung. Danach sollen „schlechthin gemeinschaftsschädliche" Tätigkeiten nicht dem Schutz des Art. 12 GG unterstellt sein.[1629] Der Streit darüber, ob eine solche Einschränkung des verfassungsrechtlich gewährten Schutzes tatsächlich vorgenommen werden muss bzw. wie weit eine derartige Einschränkung reichen soll, kann vorliegend dahinstehen, da die hier interessierende Wärmeversorgung jedenfalls weder strafbar, noch sonst verboten, gemeinschaftsschädlich oder auch nur sozial unwertig ist.

Des Weiteren kommt es für das Vorliegen eines „Berufs" im Sinne von Art. 12 Abs. 1 GG, wie eben erwähnt, nicht darauf an, ob bereits ein etabliertes Berufsbild existiert oder es daran aufgrund der Monopolisierung des jeweiligen Bereichs fehlt. Andernfalls wäre es dem Staat durch Zuschnitt des Berufsbildes wiederum möglich, sich der Grundrechtsbindung

---

1627 Siehe nur BVerfGE 115, 276 (300); BVerwGE 96, 302 (307) m.w.N.; *Mann*, in: Sachs (Hrsg.), Art. 12 GG Rn. 45; *Scholz*, in: Maunz/Dürig, Art. 12 GG Rn. 28 f.

1628 Vgl. BVerfGE 7, 377 (397 f.). Siehe auch *Mann*, in: Sachs (Hrsg.), Art. 12 GG Rn. 44; *Scholz*, in: Maunz/Dürig, Art. 12 GG Rn. 18.

1629 Siehe etwa BVerwGE 96, 302 (308 f.). BVerfGE 115, 276 (300 f.) deutet an, dass sozial- oder gemeinschaftsschädliche Tätigkeiten vom Schutzbereich ausgenommen sind. Zu den insoweit diskutierten Einschränkungen des Schutzes aus Art. 12 Abs. 1 GG siehe *Mann*, in: Sachs (Hrsg.), Art. 12 GG Rn. 52 ff.; *Scholz*, in: Maunz/Dürig, Art. 12 GG Rn. 35 ff., jeweils m.w.N. Gegen eine Beschränkung auf erlaubte Tätigkeiten oder auch den Ausschluss sozialschädlicher Betätigungen z. B. *Wieland*, in: Dreier (Hrsg.), Art. 12 GG Rn. 43.

zu entziehen.[1630] Nach den dargelegten Definitionsmerkmalen handelt es sich jedoch sowohl bei der Versorgung mit Wärme, gegebenenfalls über ein Wärmenetz, als auch bei der Lieferung der zur dezentralen Wärmeerzeugung notwendigen Anlagen und Energieträger um berufliche Tätigkeiten im Sinne des Art. 12 Abs. 1 GG.

Zwar sind genuin-hoheitliche Tätigkeit ausschließlich dem Staat vorbehalten und insofern nicht durch Art. 12 GG geschützt. Eine solche Tätigkeit ist aber nicht bereits bei Vorliegen (irgend)eines staatlichen Monopols anzunehmen, sondern allenfalls bei einem besonderen Gewaltmonopol des Staates. Dies trifft somit auf wirtschaftliche Betätigungen nicht zu, die im Grundsatz schließlich ebenso durch Private, nach den Grundsätzen des Marktes ausgeführt werden könnten.

Auch juristische Personen des Privatrechts, die ein Gewerbe betreiben, können sich gemäß der Grundsätze des Art. 19 Abs. 3 GG auf den Schutz des Art. 12 Abs. 1 GG berufen, „soweit diese Erwerbstätigkeit ihrem Wesen und ihrer Art nach in gleicher Weise von einer juristischen wie von einer natürlichen Person ausgeübt werden kann".[1631] Obgleich Art. 12 GG insofern kein spezifischer Bezug zur freien Persönlichkeitsentfaltung zukommen kann, ist dem Grundrecht doch schließlich keine Einschränkung dahingehend zu nehmen, dass allein diese Entfaltung natürlicher Personen geschützt werden sollte.[1632] Wie bereits im Rahmen der Prüfung des Art. 14 Abs. 1 GG erschiene allerdings der Schutz gemischt-wirtschaftlicher juristischer Personen problematisch.[1633] Diese spezifische Frage kann und soll in der vorliegenden Prüfung jedoch nicht näher erörtert werden, da hierin zumindest kein besonderer, in der Praxis näher diskutierter Schwerpunkt der Prüfung des Art. 12 GG gerade im Zusammenhang mit der Begründung eines Anschluss- und Benutzungszwangs liegt.

1630 Vgl. *Weiß*, VerwArch 90 (1999), 415 (419).

1631 So BVerfGE 30, 292 (312). Ebenso *Mann*, in: Sachs (Hrsg.), Art. 12 GG Rn. 37; *Hofmann*, in: Schmidt-Bleibtreu/Hofmann/Henneke (Hrsg.), Art. 12 GG Rn. 7, 19.

1632 *Scholz*, in: Maunz/Dürig, Art. 12 GG Rn. 46, 106, weist schließlich zu Recht daraufhin, dass letztlich auch hier um die Verwirklichung einzelner Personen geht und gerade „juristische Personen" dem Einzelnen dabei vielfältige wirtschaftliche Betätigungsmöglichkeiten bieten.

1633 Dazu etwa *Mann*, in: Sachs (Hrsg.), Art. 12 GG Rn. 41; *Scholz*, in: Maunz/Dürig, Art. 12 GG Rn. 115.

b) Schutz vor der Begründung öffentlicher Monopole?

Wenn bestimmte Tätigkeiten grundsätzlich unter den Schutz des Art. 12 GG fallen, stellt sich die Frage, ob dies auch dann (noch) gilt, soweit die Tätigkeiten – etwa durch Anordnung eines Benutzungszwangs zugunsten einer öffentlicher Einrichtungen – monopolisiert werden. Diesbezüglich wurde in der Literatur mitunter auf frühe Entscheidungen des Bundesverfassungsgerichts verwiesen, die einen Schutz vor öffentlichen Monopolen verneint hatten.[1634] In einer späteren Entscheidung zum Monopol der Bundespost hat das Gericht diese Frage immerhin ausdrücklich offengelassen und die konkrete Regelung im Ergebnis für mit dem Grundgesetz vereinbar erklärt.[1635]

Das Bundesverwaltungsgericht stellte demgegenüber bereits 1971 fest, dass ein öffentlich-rechtliches Monopol durchaus in den Schutzbereich des Grundrechts der freien Berufswahl eingreifen könne und es in diesen Fällen aufgrund der besonderen Intensität eines solchen Eingriffs der Rechtfertigung durch den „Schutz besonders wichtiger Gemeinschaftsgüter" bedürfe bzw. das Monopol „zur Abwehr von Gefahren, durch die diese Gemeinschaftsgüter bedroht sind, unentbehrlich" sein müsse.[1636] Lediglich einzelne staatliche Monopole seien vom Grundgesetz bereits anerkannt und vorausgesetzt worden, so dass sie in der Folge dessen nicht an Art. 12 GG zu messen seien, für alle anderen gelte dies aber keineswegs.[1637]

Zu Recht lehnt dementsprechend die heute ganz herrschende Meinung eine derart restriktive Auffassung vom Schutzbereich des Art. 12 GG ab, die insbesondere dieser Norm und dem ihr zugrundeliegenden weiten Begriff des Berufs nicht entnommen werden kann.[1638] Würde bereits die Er-

---

1634 Siehe BVerfGE 41, 205 (218) zu den bei Inkrafttreten des Grundgesetzes bereits bestehenden, somit vom Verfassungsgeber vorgefundenen Versicherungsmonopolen: Diese habe das Grundgesetz damit, einschließlich der damit verbundenen „Beschränkungen der freien wirtschaftlichen Betätigung des Einzelnen im Prinzip hingenommen und gebilligt".

1635 BVerfGE 46, 120 (136). Das Gericht prüfte die in Streit stehende Regelung dabei insbesondere am Maßstab des Art. 12 Abs. 1 GG, vgl. BVerfGE 46, 120 (137 ff.).

1636 So BVerwGE 39, 159 (168).

1637 Siehe BVerwGE 96, 302 (307).

1638 So geht etwa *Seewald*, in: Steiner, Bes. VerwR, Kommunalrecht, Rn. 178 unproblematisch von der Anwendbarkeit des Art. 12 Abs. 1 GG aus, „wenn die Ge-

öffnung des Schutzbereichs des Art. 12 Abs. 1 GG verneint, könnte sich der Staat durch Monopolisierung eines bestimmten Tätigkeitsbereichs der Grundrechtsbindung gerade im Fall besonders intensiv wirkender Maßnahmen entziehen.[1639] Für die Eröffnung des Schutzbereichs auch in diesen Fallkonstellationen ist schließlich die umfassende Grundrechtsbindung der öffentlichen Gewalt nach Art. 1 Abs. 3 GG heranzuziehen, die keine generell „grundrechtsfreien Räume" zulässt.[1640]

Auch der erwähnten Rechtsprechung des Bundesverfassungsgerichts kann ein solcher grundsätzlicher Ausschluss der Gewährleistung des Art. 12 GG bei näherer Betrachtung nicht entnommen werden. Wenn auch mit dem Bundesverfassungsgericht davon auszugehen ist, dass der Verfassungsgeber zumindest in engem Umfang die Existenz bestimmter Monopole vorausgesetzt und damit gebilligt hat, muss sich dies jedoch auf die bereits existierenden Finanzmonopole beschränken und kann nicht auf die Schaffung neuer öffentlicher Monopole übertragen werden.[1641] Darüber hinaus hat auch das Bundesverfassungsgericht durchaus eine Prüfung am Maßstab des Art. 12 Abs. 1 GG vorgenommen und lediglich dessen Verletzung im Ergebnis verneint.[1642] Soweit das Bundesverfassungsgericht später noch eine Verletzung von Art. 12 GG im Fall überkommener Gebäudeversicherungsmonopole[1643] abgelehnt hat, lässt sich daraus ebensowenig ein vollständiger Ausschluss der Anwendbarkeit des Art. 12 GG ableiten.

Zwar hat das Bundesverfassungsgericht festgehalten, dass Art. 12 Abs. 1 GG nicht die „Erfüllung von Aufgaben [schütze], die der Staat im Rahmen seiner Gestaltungsbefugnis an sich gezogen hat und durch eigene

---

meinde [...] eine Aufgabe monopolisierend an sich zieht". Siehe auch *Maunz*, in: Maunz/Dürig, Art. 105 GG Rn. 37: „Monopolisierung eines Wirtschaftszweiges ist stets eine ‚Zulassungsbeschränkung' (i.S. des sog. Apothekenurteils [des BVerfG])". Eine kritische Auseinandersetzung mit diesem Problem und der einschlägigen Rechtsprechung bietet *Weiß*, VerwArch 90 (1999), 415 ff.

1639 Vgl. *Weiß*, VerwArch 90 (1999), 415 (418 f.). Kritisch allerdings *Wieland*, in: Dreier (Hrsg.), Art. 12 GG Rn. 64.

1640 So zu Recht *Faber*, Anschluss- und Benutzungszwang, S. 151; *Weiß*, VerwArch 90 (1999), 415 (419).

1641 So auch *Maunz*, in: Maunz/Dürig, Art. 105 GG Rn. 38, unter Verweis auf die entsprechende Rechtsprechung des Bundesverfassungsgerichts, BVerfGE 14, 105 (111). Nach BVerfGE 14, 105 (111) handelt es sich bei diesen beiden, vom Grundgesetz vorgefundenen und anerkannten Finanzmonopolen um das Zündwaren- sowie das Branntweinmonopol.

1642 Siehe BVerfGE 14, 105 (111 ff.).

1643 BVerfGE 41, 205 (218).

Einrichtungen wahrnimmt".[1644] Das Ansichziehen einer bisher auch Privaten ermöglichten Tätigkeit wirft jedoch Bedenken auf, da der Zugang zu dieser Tätigkeit damit komplett versperrt wird und dies von der Wirkung her der Regelung einer objektiven Zulassungsschranke mindestens gleichkommt.[1645]

Schließlich hat das Bundesverfassungsgericht am Beispiel eines staatlichen Sportwettenmonopols klargestellt, dass die Monopolisierung von Tätigkeiten nicht dazu führt, dass diese Tätigkeiten nicht prinzipiell auch durch Private ausgeführt werden könnten; der mit der Monopolisierung verbundene Ausschluss privater Unternehmer ist daher durchaus am Grundrecht der Berufsfreiheit zu messen.[1646] Soweit die Anwendung des Art. 12 GG nach dem Bundesverfassungsgericht für bestimmte Monopole ausgeschlossen sein soll, gilt dies jedenfalls nicht über die vom Grundgesetz vorgefundenen, hergebrachten Anwendungsfälle hinaus für die Neueinführung von Monopolen[1647] – somit auch nicht für die Einführung eines Monopols etwa durch einen Anschluss- und Benutzungszwang.[1648]

c) Kein Anspruch auf Erfolg im Wettbewerb

Demnach steht die Tatsache der Monopolisierung der Wärmeversorgung durch die Begründung eines Benutzungszwangs zugunsten einer öffentlichen Einrichtung der Anwendbarkeit des Art. 12 GG jedenfalls nicht entgegen. Zu beachten ist jedoch bei Prüfung einer möglichen Verletzung dieses Grundrechts, wie bereits im Zusammenhang mit Art. 14 GG, dass das Grundgesetz keinen Schutz der bloßen „Aussicht auf künftige Früchte wirtschaftlicher Betätigung" gewährt[1649] – weder in Form eines Schutzes vor Konkurrenz, noch vor Beeinträchtigungen künftiger Erwerbsmöglichkeiten und –chancen. Ein „Anspruch auf Erfolg im Wettbewerb" besteht

---

1644 BVerfGE 37, 314 (322).
1645 Siehe dazu auch *Mann*, in: Sachs (Hrsg.), Art. 12 GG Rn. 61.
1646 So BVerfGE 115, 276 (302).
1647 BVerfGE 21, 245 (248 f.) betont die Notwendigkeit, das Arbeitsvermittlungsmonopol an den Grundrechten, insbesondere Art. 12 Abs. 1 GG zu prüfen; ebenso BVerfGE 21, 261 (267).
1648 So *Börner*, Einführung eines Anschluß- und Benutzungszwanges für Fernwärme, S. 21.
1649 *Burgi*, Kommunalrecht, § 16 Rn. 67; *Pielow/Finger*, JURA 2007, 189 (200).

nicht.[1650] Die Teilnahme an demselben im Zuge der Ausübung einer grundgesetzlich geschützten Berufsausübung ist jedoch davon zu trennen. Ein Schutz vor Konkurrenz durch die öffentliche Hand kommt schließlich ausnahmsweise im Falle eines „Auszehrungs- oder Verdrängungswettbewerbs" in Betracht.[1651] Dass die Anordnung eines Anschluss- und Benutzungszwangs einen solchen Auszehrungs- oder Verdrängungseffekt zur Folge haben könnte, ist nicht von vornherein von der Hand zu weisen und zumindest bei anderen Anbietern von Nah- und Fernwärme regelmäßig zu bejahen. Insofern bedarf es der näheren Prüfung am Maßstab des Art. 12 Abs. 1 GG.[1652]

Schließlich verschärft die Einführung eines Anschluss- und Benutzungszwangs den bislang bestehenden Wettbewerb nicht nur oder bewirkt eine Verschiebung der Wettbewerbspositionen zugunsten der öffentlichen Einrichtung, sondern schließt private Konkurrenten vollständig aus.[1653]

3. Eingriffskategorie nach den Begrifflichkeiten der sog. „3-Stufen-Theorie"

Soll die Anordnung eines Anschluss- und Benutzungszwangs an Art. 12 Abs. 1 GG gemessen und dabei zunächst das Vorliegen eines konkreten Eingriffs geprüft werden, sind dazu die Kategorien der oben dargestellten „3-Stufen-Theorie"[1654] heranzuziehen.

Grundsätzlich stellt der vollständige Ausschluss sämtlicher privater Betätigungsmöglichkeiten dabei die denkbar stärkste Beschränkung der Zulassung zu dem betreffenden Beruf dar; mangels jeglicher Einflussnahmemöglichkeit der Betroffenenund der fehlenden Relevanz von Kriterien wie beispielsweise der persönlichen Qualifikation handelt es sich zudem – in

---

1650 *Mann*, in: Sachs (Hrsg.), Art. 12 GG Rn. 16, 79; *Wieland*, in: Dreier (Hrsg.), Art. 12 GG Rn. 31.
1651 *Pielow/Finger*, JURA 2007, 189 (199).
1652 Siehe *Pielow/Finger*, JURA 2007, 189 (199).
1653 Vgl. zum Benutzungszwang einer kommunalen Leichenhalle OVG Weimar, NVwZ 1998, 871 (872).
1654 Siehe oben Teil 5 II. 1.

den Kategorien der „3-Stufen-Theorie" – um eine objektive Zulassungsbeschränkung.[1655]

Dies hat auch das Bundesverfassungsgericht für den Fall der Einführung eines wirtschaftlichen Monopols bestätigt.[1656] Demgegenüber hat das Gericht sich im Fall des Sportwettenmonopols nicht eindeutig auf eine Kategorie im Sinne seiner Stufentheorie festgelegt, sondern spricht allgemein von einem Eingriff in die Berufsfreiheit.[1657] Allerdings deutet die gewählte Formulierung auf die Annahme einer Beeinträchtigung der Freiheit der Berufswahl hin, stellt das Gericht doch ausdrücklich klar, dass Art. 12 Abs. 1 Satz 2 GG auch für derartige Eingriffe gelte[1658] und nicht alle angeführten Ziele die konkrete Beschränkung zu rechtfertigen vermögen.[1659]

Generell ist daran zu erinnern, dass auch etwaige Berufsausübungsregelungen dann „einer Zulassungsbeschränkung nahekommen" können, wenn sie faktisch zu einer Verhinderung der Möglichkeit führen, die jeweilige Tätigkeit – wirtschaftlich sinnvoll – auszuüben.[1660] Entscheidend ist in einem solchen Fall, dass diese Wirkung nicht nur in einzelnen Ausnahmefällen eintritt.[1661] Demgegenüber wirkt die Einführung eines Anschluss- und Benutzungszwangs jedoch zumindest innerhalb des räumlichen Anwendungsbereichs umfassend und entfaltet seine Ausschlusswirkung im betreffenden Gebiet nicht lediglich in besonderen Ausnahmefällen.

a) Annahme einer Berufsausübungsregelung

Die Rechtsprechung hat die Anordnung eines Benutzungszwangs bisher in einigen Fällen lediglich als Berufsausübungsregelung eingestuft. Zu beachten ist dabei allerdings, dass keiner dieser Fälle die Fernwärmeversor-

---

1655 *Faber*, Anschluss- und Benutzungszwang, S. 153; *Maunz*, in: Maunz/Dürig, Art. 105 GG Rn. 37; *Scholz*, in: Maunz/Dürig, Art. 12 GG Rn. 329, 417 sowie 420; *Weiß*, VerwArch 90 (1999), 415 (422).
1656 Siehe BVerfGE 21, 245 (249 ff.); ebenso BVerfGE 21, 261 (267).
1657 BVerfGE 115, 276 (303).
1658 Siehe BVerfGE 115, 276 (303 f.). BVerfGE 115, 276 (307) betont schließlich ausdrücklich, dass allein fiskalische Gründe eine Beschränkung der Berufswahlfreiheit nicht rechtfertigen könnten.
1659 BVerfGE 115, 276 (304).
1660 *Mann*, in: Sachs (Hrsg.), Art. 12 GG Rn. 81 mit zahlreichen Beispielen aus der Rechtsprechung; siehe auch *Scholz*, in: Maunz/Dürig, Art. 12 GG Rn. 27.
1661 *Mann*, in: Sachs (Hrsg.), Art. 12 GG Rn. 81.

gung betraf, sondern die Regelung eines Benutzungszwangs für die kommunale Leichenhalle in der Friedhofssatzung. Insofern konnten sich die damit befassten Gerichte zur Begründung ihrer Entscheidung auf die Tatsache stützen, dass nicht lediglich die komplette Betätigung des betroffenen privaten Bestattungsunternehmers berührt wurde, d.h. nicht seine eigentliche Berufstätigkeit als solche, sondern lediglich ein Ausschnitt der einzelnen, davon umfassten Tätigkeiten.[1662]

Dies kann auf die vorliegend betrachteten Fälle der Fernwärmeversorgung nur eingeschränkt übertragen werden. Wie bereits im Rahmen der Prüfung der Eigentumsgarantie ist auch hier zwischen den verschiedenen potentiell Betroffenen zu differenzieren. Im Hinblick auf Gas- und Heizöllieferanten beispielsweise, denen die Versorgung der Einwohner des Gemeindegebiets zum Zwecke der dezentralen Wärmeerzeugung durch Begründung des Zwangs zur Benutzung der öffentlichen Einrichtung künftig nicht mehr möglich sein wird, ist zu beachten, dass sich ihnen regelmäßig, außerhalb des Gemeindegebiets anderweitig Betätigungsmöglichkeiten bieten werden. Im Ergebnis werden in derartigen Fallkonstellationen lediglich einzelne Aspekte der Berufsausübung faktisch unmöglich, die Ausübung des Berufs an sich wird somit einschränkend reguliert. Die örtlich begrenzte Monopolwirkung des Benutzungszwangs wirkt damit allenfalls im Sinne einer „Teiluntersagung", nicht als vollständiger Ausschluss des Zugangs zum betreffenden Beruf. Es handelt sich daher insoweit – sofern der Schutzbereich nach den oben genannten Grundsätzen überhaupt eröffnet ist[1663] – lediglich um eine Berufsausübungsregelung.[1664]

Dies gilt selbst dann, sollte die Ausschlusswirkung aufgrund bestehender Anschluss- und Benutzungszwänge auch in Nachbargemeinden räumlich weiter reichen als bis zu den Grenzen des Gemeindegebiets. Auch dann handelte sich nicht um die grundsätzliche Untersagung eines bestimmten Gewerbes oder eine vollständige Berufszugangssperre.[1665]

1662 VerfGH München, NVwZ-RR 2005, 757 (758); OVG Weimar, NVwZ 1998, 871 (872); ebenso bereits VGH Kassel, NVwZ 1988, 847 (848).
1663 Siehe oben Teil 5 II. 2. c).
1664 So auch *Tschakert*, Klimaschutz durch kommunale Versorgungseinrichtungen, S. 124 f.
1665 Vgl. ebenso *Tschakert*, Klimaschutz durch kommunale Versorgungseinrichtungen, S. 125.

b) Vorliegen einer objektiven Berufszugangsschranke

Eine solche Einordnung als bloße Berufsausübungsregelung scheint jedoch unter bestimmten Gesichtspunkten problematisch.[1666] Dabei sollen einigen Stimmen im Schrifttum zufolge die wirtschaftlichen Auswirkungen auf betroffene Unternehmer umfassend berücksichtigt und insbesondere dargelegt werden, ob ihnen in örtlicher oder sachlicher Hinsicht eine Neuausrichtung auf andere Märkte zumutbar ist.[1667]

Tatsächlich gestaltet sich die Wirkung des Benutzungszwangs auf etwaige konkurrierende Anbieter im Bereich der netzgebundenen Wärmeversorgung deutlich intensiver. Aufgrund der ortsfesten Natur der Wärmenetze und ihrer begrenzten räumlichen Ausdehnung kommt für sie auch ein Ausweichen auf andere Märkte nicht in Betracht, soweit sie sich im Einzelfall tatsächlich ausschließlich auf diese örtlich begrenzte Wärmeversorgung konzentrieren. Die Anbieter werden in derartigen Fällen vom räumlich begrenzten Markt komplett ausgeschlossen. Die faktischen Beschränkungen für die weitere Tätigkeit der betreffenden Unternehmen außer Acht zu lassen und lediglich auf die räumlich begrenzte Monopolisierungswirkung des Anschluss- und Benutzungszwangs zu verweisen, erschiene daher als zu formalistisch. Der bloße Hinweis darauf, dass es sich bei der aus der Leitungsgebundenheit der Versorgung folgenden Abhängigkeit nicht um eine „naturbedingte Abhängigkeit" handele,[1668] verkennt doch die realen Wirkungen des Anschluss- und Benutzungszwangs in diesen Fällen.

Soweit früher für betroffene Gasversorger zum Teil darauf hingewiesen wurde, dass durch die Begründung eines Benutzungszwangs im jeweiligen Gebiet zwar die Lieferung von Gas zu Zwecken der Wärmeversorgung ausgeschlossen wurde, nicht aber eine Nutzung zu anderen Zwecken,[1669] lässt sich diese Argumentation doch auf den Fall der netzgebundenen Wärmeversorgung gerade nicht übertragen.

1666 Darauf weist auch *Faber,* Anschluss- und Benutzungszwang, S. 153, hin. *Börner*, Einführung eines Anschluß- und Benutzungszwanges für Fernwärme, S. 24 differenziert hier ebenfalls nach den Umständen des konkreten Falles.

1667 Siehe *Faber,* Anschluss- und Benutzungszwang, S. 155.

1668 Vgl. insofern *Tschakert*, Klimaschutz durch kommunale Versorgungseinrichtungen, S. 125.

1669 Siehe *Cronauge*, in: Rehn/Cronauge/v. Lennep/Knirsch, GO NRW, § 9 S. 18.

c) Schlussfolgerung

Soweit der Schutzbereich des Art. 12 GG überhaupt eröffnet ist, nimmt die Anordnung eines Anschluss- und Benutzungszwangs im Bereich der Wärmeversorgung im Ergebnis somit zwar vielfach lediglich den Charakter einer – wenngleich unter Umständen intensiv wirkenden – Berufsausübungsregelung an. Dies gilt beispielsweise, wenn sich die Einführung eines Anschluss- und Benutzungszwangs faktisch als eine Art „Teiluntersagung" der bisher ausgeübten Tätigkeit darstellt.

In bestimmten Fällen stellt sich die Monopolisierung der Wärmeversorgung dagegen für einzelne betroffene Versorger sogar als objektive Berufszugangsbeschränkung dar. Dies betrifft namentlich konkurrierende Anbieter von Fernwärme, denen ein Ausweichen auf andere Märkte (in sachlicher oder räumlicher Hinsicht) nicht möglich ist und die damit von dem ihnen bislang eröffneten, räumlich begrenzten Markt, künftig komplett ausgeschlossen werden. Selbst wenn das Vorliegen einer solchen objektiven Zugangsschranke abgelehnt werden sollte, kommt der Eingriff in seiner Wirkung einer solchen doch gleich.

Vor dem Hintergrund der Tatsache, dass die strikte Anwendung der Eingriffskategorien der „3-Stufen-Theorie" heute durchaus kritisch hinterfragt und keineswegs immer konsequent angewandt wird,[1670] ist doch letztlich die Intensität der Wirkung des Eingriffs im konkreten Fall das maßgebliche Kriterium. An dieser Intensität bzw. Schwere des Eingriffs in Art. 12 Abs. 1 GG hat sich die Prüfung der Rechtfertigung desselben zu orientieren.

4. Rechtfertigung des Eingriffs

Wie bereits dargelegt, kommen zur Rechtfertigung einer Berufsausübungsregelung grundsätzlich alle vernünftigen Gemeinwohlerwägungen in Betracht, sofern sich die Maßnahme sodann im Hinblick auf diese Belange auch als verhältnismäßig erweist.[1671] Dass auch der Klimaschutz als „vernünftige Gemeinwohlerwägung" zu betrachten ist, kann unproblematisch bejaht werden.

1670 Siehe dazu oben Teil 5 II. 1.
1671 Dazu allgemein siehe oben Teil 5 II. 1.

Teilweise findet sich in der Literatur insoweit der nicht unberechtigte Hinweis, auch vor der gegenwärtigen Anerkennung der großen Bedeutung des Klimaschutzes sei die Möglichkeit der Rechtfertigung eines etwaigen Eingriffs in Art. 12 Abs. 1 GG bereits hinreichend geprüft und bejaht worden.[1672] Dennoch bedarf es angesichts der zum Teil gravierenden Auswirkungen doch näherer Ausführungen zu dieser Problematik.[1673]

a) Klimaschutz als überragend wichtiges Gemeinschaftsgut

Besonders strenge Anforderungen gelten allerdings für objektive Berufszugangsschranken; die Rechtfertigung eines solchen Eingriffs setzt das Vorliegen einer nachweisbaren oder höchstwahrscheinlichen schweren Gefahr für ein überragend wichtiges Gemeinschaftsgut voraus.[1674] Insofern fallen die Einschätzungen im Schrifttum durchaus unterschiedlich aus.[1675]

Die Sicherstellung der Energie- und damit auch Wärmeversorgung ist, wie gesehen, bereits seit langem als „Gemeinschaftsinteresse höchsten Ranges" anerkannt.[1676] Dies allein vermag die Rechtfertigung gerade des Anschluss- und Benutzungszwangs jedoch noch nicht hinreichend zu begründen. Es stellt sich insoweit vielmehr die Frage, ob es tatsächlich der Anordnung eines solchen Zwangs für die netzgebundene Wärmeversorgung bedarf, um die Sicherheit dieses hohen Gemeinschaftsguts zu gewährleisten. Angesichts der vielfältigen Möglichkeiten, insbesondere auch dezentraler Lösungen der Wärmebedarfsdeckung darf dies bezweifelt werden. Allerdings geht es vorliegend nicht um die Gewährleistung *irgendei-*

1672 Vgl. *Kahl/Schmidtchen*, Kommunaler Klimaschutz, S. 313 m.w.N.

1673 Zu Recht kritisch auch *Schmidt-Aßmann/Röhl*, in Schmidt-Aßmann/Schoch, Bes. Verwaltungsrecht, 1. Kap. – Kommunalrecht, Rn. 117, die das Erfordernis einer Verhältnismäßigkeitsprüfung im Einzelfall betonen.

1674 BVerfGE 7, 377 (378, 407 f.); BVerfGE 11, 168 (183).

1675 Überaus kritisch *Selmer*, in: Börner (Hrsg.), Beharren und Wandel im Energierecht, S. 31 (60 f.). Als wenig problematisch schätzt dagegen beispielsweise *Gern*, Dt. Kommunalrecht, Rn. 603 bzw. *Gern*, Sächs. Kommunalrecht, Rn. 678, die Rechtslage ein, freilich ohne die Problematik dabei näher zu erörtern.

1676 BVerfGE 30, 292 (323 f.). Siehe im Einzelnen oben Teil 1 II. 1., dort m.w.N. Zur hohen Bedeutung der Energieversorgung auch bereits *Wagener*, Anschluß- und Benutzungszwang, S. 147 f.

ner Art der Energieversorgung, vielmehr verbinden sich mit den energiepolitischen Zielen die Belange des Klima- und Ressourcenschutzes.

Umwelt- und Gesundheitsschutz als potentielle Anordnungsgründe eines Anschluss- und Benutzungszwangs werden ebenfalls bereits seit Jahrzehnten als Gemeinwohlbelange gewürdigt, die legitimerweise verfolgt
werden dürfen und selbst schwerwiegende Grundrechtseingriffe zu rechtfertigen vermögen.[1677] Infrage gestellt werden könnte diese Einschätzung
allenfalls insoweit, als es um einen weit im Vorfeld konkreter Beeinträchtigungen ansetzenden Schutz oder lediglich um einen Schutz vor Belästigungen des Wohlbefindens geht.[1678]

Rein wirtschaftliche Erwägung könnten eine Eingriff in Art. 12 Abs. 1
GG, wie er vorliegend erörtert wird, jedenfalls nicht rechtfertigen.[1679]
Doch scheiden derartige Erwägungen als alleinige Anordnungsgründe
nach dem jeweiligen Landesrechts ohnehin aus.[1680]

Angesichts der vom Klimawandel ausgehenden Auswirkungen nicht
nur auf die natürlichen Lebensgrundlagen als solche, sondern letztlich für
Leib und Leben der Menschen selbst,[1681] muss das Vorliegen einer
schwerwiegenden Gefahr für ein überragend wichtiges Gemeinschaftsgut
hier schließlich bejaht werden. Trotz der nach wie vor bestehenden Prognoseunsicherheiten insbesondere bezüglich der zeitlichen Entwicklungen
der Klimaänderungen kann das Vorliegen dieser Gefahr im Grundsatz
auch nicht mit dem Argument fehlender Nachweisbarkeit oder zu geringer
Wahrscheinlichkeit abgewiesen werden. Vielmehr ist doch die Tatsache
des Klimawandels als solche inzwischen wissenschaftlich nicht mehr
ernsthaft zu bestreiten.[1682] Daher ist es auch im Hinblick auf Art. 12 GG
nicht erforderlich, jede einzelne der damit verbundenen Auswirkungen im

---

1677 Siehe z.B. *Weiß*, VerwArch 90 (1999), 415 (435). Die hohe Bedeutung der Luftreinhaltung bejaht auch *Wagener*, Anschluß- und Benutzungszwang, S. 147, ausdrücklich, u.a. unter Verweis auf die zahlreichen Regelungen des Immissions-
und Naturschutzrechts, die auch diesem Zweck dienen. Insoweit bejaht er auch
die Annahme „höchstwahrscheinlicher Gefahren" (a.a.O. S. 149 f.), da die hier
vorzunehmende Prognose des Normgebers angesichts bestehende Luftbelastun-
gen und dadurch drohender erheblicher Gefahren für die menschliche Gesundheit nicht evident unzutreffend sei.
1678 Vgl. *Faber*, Anschluss- und Benutzungszwang, S. 156.
1679 Ebenso *Faber*, Anschluss- und Benutzungszwang, S. 157.
1680 Siehe bereits oben Teil 3 I. 1.
1681 Siehe oben Teil 1 I. 2.
1682 Siehe oben Teil 1 I. 1.

zu erwartenden Verlauf bereits sicher nachweisen zu können. Vielmehr geht es darum, den Eintritt der Klimaänderungen aufzuhalten, bevor sich die Auswirkungen als nicht umkehrbar und in ihren Folgen auch nicht mehr handhabbar darstellen. Gerade vor dem Hintergrund noch bestehender Prognoseunsicherheit kann angesichts der drohenden massiven Folgen ein weiteres Abwarten nicht hingenommen werden. Zu Recht wird daher auch in der Literatur auf den aus Effektivitätsgründen notwendigerweise bereits im Vorfeld anzusetzenden Schutz verwiesen.[1683]

Die hohe Bedeutung, die der Förderung des Klimaschutzes beigemessen wird, zeigt sich nicht zuletzt auch in der ausdrücklichen verfassungsrechtlichen Gewährleistung des Schutzes der natürlichen Lebensgrundlagen in Art. 20a GG.

Demnach kommt selbst die Einführung objektiver Berufszugangsschranken aus Gründen des Umwelt- und Klimaschutzes in Betracht.[1684] Entscheidend ist im Ergebnis wiederum die Frage der Verhältnismäßigkeit der Maßnahme.

b) Verhältnismäßigkeit

Auch im Rahmen der Prüfung einer konkreten Maßnahme am Maßstab des Art. 12 Abs. 1 GG ist zu beachten, dass dem Gesetzgeber wiederum ein weiter Einschätzungs- und Gestaltungsspielraum, insbesondere hinsichtlich der Geeignetheit und Erforderlichkeit getroffener Regelungen zuzugestehen ist – selbst soweit es um die erforderlichen Prognosen der künftigen Entwicklungen zum Erlass objektiver Zugangsbeschränkungen

---

1683 So *Faber,* Anschluss- und Benutzungszwang, S. 156 f.
1684 So auch *Scholz,* in: Maunz/Dürig, Art. 12 GG Rn. 352, unter Berufung auf das Bundesverfassungsgericht, wenngleich die angeführten Verweise die Aussage nur zum Teil tragen; teilweise handelt es sich vielmehr um Entscheidungen des Bundesverwaltungsgerichts: vgl. etwa BVerwGE 62, 224 (230) zur Rechtfertigung eines „Quasi-Verwaltungsmonopols" durch „den Schutz der Volksgesundheit und die Erhaltung einer menschenwürdigen Umwelt". Speziell zum Tierschutz BVerfGE 19, 291 (311 ff.), zwar im Fall einer Berufsausübungsregelung, bei der das Gericht allerdings aufgrund ihrer Auswirkungen einen besonders schwerwiegenden Eingriff mit entsprechend strengeren Rechtfertigungsanforderungen bejaht hat.

geht.[1685] Zwar ist zu beachten, dass die Begründung eines Monopols in den geschilderten Fällen einen der denkbar intensivsten Eingriffe darstellt, so dass das Zurückziehen auf eine bloße „Vertretbarkeitskontrolle" fraglich erscheint,[1686] dennoch verbleibt dem Gesetzgeber ein gewisser Beurteilungsspielraum. Vor diesem Hintergrund weist die Literatur mitunter darauf hin, dass insbesondere „ungeeignete" Regelungen in der Praxis kaum vorstellbar seien.[1687]

Tatsächlich gilt dies auch für den vorliegend zu betrachtenden Anschluss- und Benutzungszwang für die Wärmeversorgung aus Gründen des Klimaschutzes. Insofern kann auf die bereits im Kontext der Ausführungen zu Art. 14 GG dargelegten Argumente verwiesen werden – sowohl hinsichtlich der grundsätzlichen Geeignetheit als auch mit Blick auf die Frage der Erforderlich des Anschluss- und Benutzungszwangs.[1688]

Insbesondere lässt die Möglichkeit einer freiwilligen Deckung des Wärmebedarfs über (irgend)ein Wärmenetz die Erforderlichkeit der Begründung einer Benutzungspflicht zugunsten der betreffenden öffentlichen Einrichtung nicht entfallen. Bietet doch allein die Möglichkeit des freiwilligen Anschlusses an ein Wärmenetz keine hinreichend sichere Gewähr dafür, dass der angestrebte Beitrag zum Klimaschutz durch einen umfassenden Verzicht auf die dezentrale Wärmeerzeugung im jeweiligen Gebiet tatsächlich erreicht werden kann – unter gleichzeitiger Gewährleistung der Versorgungssicherheit in Bezug auf das den Betroffenen zustehende Benutzungsrecht.

Als entscheidend im Hinblick auf die Verfassungsmäßigkeit des Anschluss- und Benutzungszwang erweist sich daher letztlich wiederum die Prüfung der Zumutbarkeit dieser Maßnahme angesichts der damit verbundenen Beeinträchtigungen des Grundrechts der Berufsfreiheit. Die Tatsache, dass eine bislang zulässige Betätigungsmöglichkeit zumindest theoretisch von vornherein mit der Möglichkeit der Einführung eines Anschluss- und Benutzungszwangs „belastet" war, steht der Notwendigkeit der Be-

---

1685 Siehe etwa BVerfGE 115, 276 (308 und 309). Dazu *Mann*, in: Sachs (Hrsg.), Art. 12 GG Rn. 127, mit zahlreichen Nachweisen zur Rechtsprechung, sowie 133; *Wieland*, in: Dreier (Hrsg.), Art. 12 GG Rn. 29 sowie 116 ff.
1686 Kritisch *Weiß*, VerwArch 90 (1999), 415 (433).
1687 So *Wieland*, in: Dreier (Hrsg.), Art. 12 GG Rn. 101.
1688 Siehe oben Teil 5 I. 3. c) bb) und cc).

trachtung des Einzelfalls und der Intensität der konkreten Beeinträchtigung nicht entgegen.[1689]

Wie bereits im Rahmen der Prüfung des Art. 14 GG können auch im Kontext von Art. 12 Abs. 1 GG der Verhältnismäßigkeitsgrundsatz sowie Gesichtspunkte des Vertrauensschutzes für besonders gelagerte Ausnahmefälle, in denen eine bisher zulässige Betätigung aufgrund gesetzlicher Regelung unzulässig wird, gegebenenfalls Ausgleichs- oder Übergangsregelungen erforderlich machen.[1690] Insbesondere der Vertrauensschutz jedoch ist vor dem Hintergrund der geltenden Ermächtigungsgrundlagen und der danach von vornherein bestehenden grundsätzlichen Möglichkeit der Einführung eines Anschluss- und Benutzungszwangs eingeschränkt. Allein das Vertrauen auf den Fortbestand einer günstigen Rechtslage wird schließlich, wie bereits erwähnt, auch durch Grundrechte wie Art. 14 oder Art. 12 GG keineswegs absolut geschützt. Vielmehr sind Neuregelungen bestimmter Rechtsgebiete – freilich unter Beachtung grundgesetzlicher Vorgaben, insbesondere des Verhältnimäßigkeitsprinzips – grundsätzlich möglich.

Die dargelegte hohe Bedeutung des Klimaschutzes rechtfertigt schließlich auch intensive Eingriffe in die Berufsfreiheit. Insbesondere soweit die Beschränkungen sich lediglich als – wenngleich intensiv wirkende – Berufsausübungsregelungen darstellen, sind diese den Betroffenen durchaus zumutbar.

Bezweifelt werden kann die Angemessenheit allenfalls in den geschilderten engen Ausnahmefällen, in denen andere Anbieter vollständig vom ihnen bislang zur Verfügung stehenden Markt verdrängt werden und auch die Erschließung neuer Märkte nicht in Betracht kommt. Derartige Konstellationen werden praktisch selten – wenn überhaupt – vorzufinden sein und sind, jedenfalls soweit aus der Rechtsprechung ersichtlich, bislang noch nicht relevant geworden.

Lediglich in diesen eng begrenzten atypischen Ausnahmefällen wäre zugunsten dieser betroffenen Versorger gegebenenfalls an Übergangsregelungen zu denken, um die Fortsetzung ihres Betriebs zu ermöglichen – gegebenenfalls kombiniert mit Auflagen zur Berücksichtigung des Klimaschutzes. Nicht zum Schutz der in Art. 14 Abs. 1 GG betroffenen Grundstückseigentümer, sondern mit Blick auf die in ihrem Recht aus Art. 12

1689 Vgl. *Pielow/Finger*, JURA 2007, 189 (200).
1690 *Wieland*, in: Dreier (Hrsg.), Art. 12 GG Rn. 103 f.

GG berührten, konkurrierenden Anbieter im Bereich der Wärmeversorgung sind dabei gegebenenfalls auch Ausnahmen vom Anschluss- und Benutzungszwang für die Deckung des Wärmebedarfs über das konkurrierende Fernwärmeangebot zu erwägen.

Ob es sich um eine solche Ausnahmesituation handelt, hat die Gemeinde vor Erlass einer Satzung über den Anschluss- und Benutzungszwang zu prüfen und ihre Überlegungen darauf auszurichten. Auch wenn die Einführung eines Anschluss- und Benutzungszwangs zugunsten einer öffentlichen Einrichtung zur Wärmeversorgung im Grundsatz als geeignete und erforderliche Maßnahme zur Förderung des Klimaschutzes zu betrachten ist, könnte doch andernfalls die Unzumutbarkeit im konkreten Einzelfall dazu führen, dass ein Verzicht auf die Einführung des Anschluss- und Benutzungszwangs geboten wäre und das Ziel des Klimaschutzes in der jeweiligen Gemeinde stattdessen lediglich durch weitere, an sich nicht unbedingt gleich wirksame Maßnahmen, gefördert werden könnte. Die Aufnahme der erwähnten Übergangs- oder Ausnahmeregelungen kann demgegenüber auch in den erwähnten, eng begrenzten und daher praktisch nur selten denkbaren Fällen die Verhältnismäßigkeit des Anschluss- und Benutzungszwangs sicherstellen.

5. Zusammenfassung zu Art. 12 GG

Die vorstehenden Ausführung haben gezeigt, dass die Einführung eines Anschluss- und Benutzungszwangs für die zentrale, netzgebundene Wärmeversorgung aufgrund der damit einhergehenden Monopolisierung eben dieser Versorgungsleistung nachhaltige Auswirkungen auf verschiedene Anbieter im Wärmesektor entfaltet – etwa auf Gas- oder Heizöllieferanten, die von der Versorgung der Einwohner des Gebiets ausgeschlossen werden, oder v.a. auf konkurrierende Anbieter eine netzgebundenen Wärmeversorgung.

Für alle durch den Benutzungszwang ausgeschlossenen Konkurrenten ist eine mögliche Verletzung ihrer Berufsfreiheit zu prüfen. Der Schutzbereich des Grundrechts gemäß Art. 12 Abs. 1 GG ist in diesen Fällen eröffnet, soweit den Betroffenen nicht lediglich künftige Erwerbschancen genommen werden, sondern ihnen aufgrund der mit dem Benutzungszwang einhergehenden Monopolisierung zumindest ein Teil ihrer bisherigen unternehmerischen Tätigkeit künftig verschlossen bleibt – d.h. soweit die Einführung des Zwangs ihnen gegenüber faktisch wie eine (Teil-)Untersagung ihrer Tätigkeit wirkt. Dabei stellt sich die konkrete Beeinträchtigung im Regelfall lediglich als Berufsausübungsregelung dar, obwohl sie im Einzelfall auch besonders intensiv auf den Betrieb des jeweiligen Unternehmens einwirken kann.

Allenfalls in seltenen, atypischen Ausnahmefällen wird es sich demgegenüber für Betroffene um eine objektive Berufszugangsschranke handeln, wenn ihnen die Ausübung ihres jeweiligen Betriebs faktisch komplett untersagt wird. Dies ist dann der Fall, wenn eine Verlegung oder Neuausrichtung der unternehmerischen Tätigkeit aufgrund einer besonderen Ortsgebundenheit nicht zumutbar ist.

Soweit in Einzelfällen eine solche objektive Zugangsschranke anzunehmen ist bzw. ein Eingriff, der – ungeachtet der Kategorien der „3-Stufen-Theorie" – in seinen konkreten Wirkungen einer derart intensiven Zugangsbeschränkung gleichkommt, ist für die Rechtfertigung dieses Eingriffs nach dem Vorliegen einer nachweisbaren oder höchstwahrscheinlichen Gefahr für ein überragend wichtiges Gemeinschaftsgut zu fragen. Dem Klimaschutz kommt dieser Rang zu. Darüber hinaus ist die Anordnung des Anschluss- und Benutzungszwangs im Hinblick auf die angestrebte Förderung des Klimaschutzes sowohl geeignet als auch erforderlich. Regelmäßig ist auch die Zumutbarkeit der Einführung eines solchen Zwangs trotz der damit einhergehenden, monopolisierenden Wirkung noch zu bejahen. Allenfalls in den erwähnten eng begrenzten Ausnahmefällen ist eine abweichende Beurteilung der Angemessenheit dieser Maßnahme geboten, die sodann ein Bedürfnis nach Übergangs- oder Ausnahmeregelungen vom Anschluss- und Benutzungszwang begründen kann.

III. Betroffenheit sonstiger Grundrechte

Neben den eben geprüften Grundrechten aus Art 12 und 14 GG kommt subsidiär ein Verstoß gegen Art. 2 Abs. 1 GG sowie gegebenenfalls eine Verletzung des Gleichheitsgrundsatzes in Betracht.

1. Art. 2 Abs. 1 GG

Soweit die dem Anschluss- und Benutzungszwang unterworfenen Personen nicht bereits in ihrem Eigentumsgrundrecht aus Art. 14 Abs. 1 GG berührt sind, ist eine Prüfung der allgemeinen Handlungsfreiheit des Art. 2 Abs. 1 GG vorzunehmen.

Zwar handelt es sich beim Anschlusszwang um einen grundstücksbezogenen, so dass davon Betroffene bereits als Eigentümer des jeweiligen Grundstücks in Art. 14 Abs. 1 GG betroffen sein werden. Demgegenüber kann der Benutzungszwang allen Personen gegenüber angeordnet werden, die sich in der jeweiligen Gemeinde aufhalten und daher die betreffende öffentliche Einrichtung tatsächlich in Anspruch nehmen sollen.[1691] Das Gebot, ihren Wärmeenergiebedarf über die öffentliche Einrichtung zu decken, sowie das damit verbundene Verbot der Nutzung anderer Möglichkeiten der Wärmebedarfsdeckung schränken die Betroffenen somit zumindest in ihrer allgemeinen Handlungsfreiheit.

Darüber hinaus ist der Schutzbereich des Art. 2 Abs. 1 GG in den Fällen betroffen, in denen nicht die weitere Nutzung einer eigenen, dezentralen Versorgungsanlage untersagt, allerdings Einfluss auf das mit einem Versorgungsunternehmen bestehende Vertragsverhältnis genommen wird. Bestand etwa bereits im Zeitpunkt der Anordnung eines Anschluss- und Benutzungszwangs ein zunächst freiwillig begründetes Versorgungsverhältnis mit dem durch die Satzung begünstigten Versorgungsunternehmen, so ist infolge der Einführung des Benutzungszwangs die Beendigung dieses Vertragsverhältnisses untersagt.[1692]

Ein Eingriff in den Gewährleistungsgehalt des Art. 2 Abs. 1 GG unterliegt jedoch hinsichtlich seiner Rechtfertigung keinen strengeren Anforderungen als im Fall einer Inhalts- und Schrankenbestimmung gemäß Art. 14 Abs. 1 Satz 2 GG. Der Eingriff aus Gründen des Klimaschutzes wird damit in aller Regel gerechtfertigt sein.[1693] Dass das Grundrecht des Art. 2 Abs. 1 GG mit Blick auf die Einführung eines Anschluss- und Benutzungszwangs praktisch keineswegs irrelevant ist, zeigen zwar einzelne Gerichtsentscheidungen, die sich allein mit diesem Grundrecht befassen,

---

1691 Siehe oben Teil 2 II. 4.
1692 Vgl. die Fallgestaltung in dem vom OVG Bautzen, SächsVBl. 2005, 256, zu entscheidenden Verfahren.
1693 *Gern*, Dt. Kommunalrecht, Rn. 604; *Gern*, Sächs. Kommunalrecht, Rn. 679; *Kahl/Schmidtchen*, Kommunaler Klimaschutz, S. 312; *Schmidt-Aßmann/Röhl*, in Schmidt-Aßmann/Schoch, Bes. Verwaltungsrecht, 1. Kap. – Kommunalrecht, Rn. 116. Siehe auch die kurze Stellungnahme hierzu bei *Wagener*, Anschluß- und Benutzungszwang, S. 152 f.

ohne etwa auf Art. 14 GG näher einzugehen.[1694] Die Prüfung der Rechtfertigung eines Eingriffs in die allgemeine Handlungsfreiheit nimmt auch in diesen Fällen jedoch nur wenig Raum ein. Näher angesprochen werden muss regelmäßig allein der Verhältnismäßigkeitsgrundsatz – insbesondere unter dem Gesichtspunkt des Erfordernisses von Ausnahme- oder Befreiungsmöglichkeiten.[1695] Insofern kann auf die Überlegungen zur Rechtfertigung eines Eingriffs in Art. 14 Abs. 1 GG verwiesen werden.[1696]

2. Art. 3 Abs. 1 GG

Soweit sich der Anschluss- und Benutzungszwang nicht auf das gesamte Gemeindegebiet erstreckt, sondern nur bestimmte Ortsteile oder Grundstücke erfasst, ist eine Verletzung des Gleichheitsgrundsatzes zu prüfen. Dies gilt schließlich auch im Hinblick auf die Gewährung bestimmter Ausnahmen oder Befreiungen, insbesondere soweit einzelne Sachverhalte bzw. Grundstücke von vornherein von der Geltung des Anschluss- und Benutzungszwangs ausgenommen werden. Zulässig sind allerdings, auch soweit es sich um vergleichbare Sachverhalte bzw. Gruppen von Betroffenen handelt, sachgerechte Differenzierungen.

Was den räumlichen Zuschnitt des Geltungsbereichs des Anschluss- und Benutzungszwangs betrifft, so kommt insbesondere eine Differenzierung nach den örtlichen Gegebenheiten und technischen Voraussetzungen in Betracht. Der Geltungsbereich kann und muss danach v.a. vom Ausbau des Wärmenetzes abhängig gemacht werden und orientiert sich an den Kapazitäten der zentralen Wärmeerzeugungsanlage. Sachgerechte und damit zulässige Unterscheidungskriterien, gerade im Hinblick auf mögliche Ausnahmen bzw. Freistellungen von der Geltung des Anschluss- und Benutzungszwangs, sind darüber hinaus z.B. die vorhandene Bevölkerungsstruktur und Bebauungsdichte sowie das Vorhandensein dezentraler Anlagen zur Nutzung erneuerbarer Energien.[1697]

1694 So z.B. VG Frankfurt a.M., CuR 2009, 109. Ebenfalls Art. 2 Abs. 1 GG prüft OVG Bautzen, SächsVBl. 2005, 256, jedoch ausdrücklich zwischen Art. 14 sowie Art. 2 Abs. 1 GG differenzierend.
1695 Vgl. die Ausführungen des VG Frankfurt a.M., CuR 2009, 109.
1696 Siehe oben Teil 5 I. 3.
1697 Siehe dazu *Böhm/Schwarz*, DVBl 2012, 540 (545 f.); *Kahl/Schmidtchen*, Kommunaler Klimaschutz, S. 312 f.; *Wagener*, Anschluß- und Benutzungszwang,

Sind Ausnahmen aus Gründen des Grundrechtsschutzes geboten, stellt auch dies eine sachgerechte Differenzierung dar. Soweit es sich dabei überhaupt um gleiche Sachverhalte handelte, wäre doch eine Ungleichbehandlung dieser Sachverhalte durch die Anwendung von Übergangs- oder Ausnahmeregelungen aus sachlichen Gründen gerechtfertigt.[1698]

S. 152. Ein Beispiel aus der Rechtsprechung bietet OVG Magdeburg, NVwZ-RR 2008, 810 (812).

1698 So auch *Böhm/Schwarz*, DVBl 2012, 540 (545 f.).

Teil 6: Einfachgesetzliche Übergangs-, Ausnahme- und Befreiungsregelungen

Nachdem soeben aufgezeigt wurde, in welchem Umfang vor dem Hintergrund der geltenden grundrechtlichen Anforderungen einzelne Übergangs-, Ausnahme- oder Befreiungsregelungen erforderlich sind, die die Wirkung eines im Grundsatz zulässigen Anschluss- und Benutzungszwangs begrenzen, soll nunmehr dargestellt werden, welche dieser Vorschriften auch das einfache Recht – sei es Landesrecht oder Bundesrecht – vorsieht.

Abschließend kann ein Blick auf einzelne praktische Anwendungsbeispiele aufzeigen, inwieweit die gemeindlichen Satzungsgeber zum einen den bereits dargestellten verfassungsrechtlichen Anforderungen genügen, aber auch von den ihnen eingeräumten einfachgesetzlichen Regelungen Gebrauch gemacht und Übergangs-, Ausnahme- und Befreiungsvorschriften in die entsprechenden Satzungen aufgenommen haben.

I. Die nach landesrechtlichen Ermächtigungsgrundlagen vorgesehenen Übergangs-, Ausnahme- und Befreiungsvorschriften

Wie gesehen, sind aus Gründen des Grundrechtsschutzes, zur Wahrung der Verhältnismäßigkeit für bestimmte Fälle Übergangs- oder auch Ausnahmeregelungen in die Satzung über den Anschluss- und Benutzungszwang aufzunehmen. Dies ergibt sich unmittelbar aus den geltenden verfassungsrechtlichen Anforderungen an den Erlass derartiger Satzungen – auch soweit das jeweils einschlägige Landesrecht dazu keine näheren Vorgaben trifft.

Vielfach können den Ermächtigungsgrundlagen allerdings entsprechende Regelungen entnommen werden. Regelmäßig geben diese Bestimmungen lediglich die bereits aus dem Verhältnismäßigkeitsprinzip abzuleitenden Vorgaben wieder. Im Übrigen sind diese landesrechtlichen Regelungen – angesichts der geschilderten verfassungsrechtlichen Vorgaben – gegebenenfalls nicht abschließend;[1699] Maßstab müssen vielmehr die grundgesetzlichen Anforderungen bleiben.

Mit der ausdrücklichen Regelung der Vorgaben zu etwaigen Ausnahme- oder Befreiungsvorschriften verdeutlicht jedoch auch der Landesgesetzgeber die Anerkennung des Erfordernisses derartiger Ausnahmen. Beispielhaft sei insofern auf die Änderung der Ermächtigungsgrundlage in § 11 GemO BaWü im Jahr 2005 verwiesen. Im Kontext dieser Novellierung betont die Gesetzesbegründung, dass Ausnahmen „insbesondere für Grundstücke mit Heizungsanlagen möglich [sind], die einen CO_2-freien oder –neutralen Betrieb gewährleisten".[1700] Des Weiteren seien aus Gründen der Verhältnismäßigkeit gegebenenfalls Übergangsfristen zum Ausgleich sozialer oder wirtschaftlicher Härten erforderlich, oder gar eine Beschränkung des Anschluss- und Benutzungszwangs auf neu zu errichtende Anlagen; insofern werde allerdings im Gesetz keine nähere Regelung getroffen, da schließlich „die verfassungsrechtlich gebotene Abwägung [...] unter Berücksichtigung der konkreten Verhältnisse auf örtlicher Ebene vorzunehmen" sei.[1701]

1. Überblick

Dementsprechend bestimmt § 11 Abs. 2 GemO BaWü nunmehr, dass die Satzung bestimmte Ausnahmen vom Anschluss- und Benutzungszwang zulassen sowie „den Zwang auf bestimmte Teile des Gemeindegebiets oder auf bestimmte Gruppen von Grundstücken, Gewerbebetrieben oder Personen beschränken" kann.

Vergleichbare Regelungen finden sich auch in den einschlägigen Regelungen fast aller anderen Bundesländer, mit Ausnahme Bayerns – so insbesondere in Hessen (§ 19 Abs. 2 Satz 2, 3 HGO), Mecklenburg-Vorpommern (§ 15 Abs. 2 KV), Niedersachsen (§ 13 Satz 2 NKomVG), Rheinland-Pfalz (§ 26 Abs. 2 GemO, § 19 Abs. 2 LKO), Saarland (§ 22 Abs. 2 KSVG), Sachsen (§ 14 Abs. 2 SächsGemO § 12 Abs. 2 SächsLKrO),

---

1699 Vgl. auch *Kahl/Schmidtchen*, Kommunaler Klimaschutz, S. 323.

1700 Vgl. die Begründung des Gesetzentwurfs der Landesregierung vom 13.06.2005, LT-Drs. 13/4385, S. 17.

1701 Vgl. die Begründung des Gesetzentwurfs der Landesregierung vom 13.06.2005, LT-Drs. 13/4385, S. 17.

Sachsen-Anhalt (§ 11 Abs. 1 Satz 2 KVG LSA) und Thüringen (§§ 20 Abs. 2 Satz 2, 99 Abs. 2 Satz 2 ThürKO).

Dieser Befund gilt weiterhin auch für Nordrhein-Westfalen (§ 9 Satz 2 und 3 GO, § 7 Satz 2 und 3 KrO) sowie Schleswig-Holstein (§ 17 Abs. 2 Satz 2, 3 GO, § 17 Abs. 2 Satz 2, 3 KrO). Das Recht beider Länder enthält jedoch zusätzlich eine Bestimmung speziell für die Fernwärmeversorgung: Danach sollen entsprechende Satzungen für diese Fälle „zum Ausgleich von sozialen Härten angemessene Übergangsregelungen enthalten" (§ 9 Satz 4 GO, § 7 Satz 4 KrO NRW sowie (§ 17 Abs. 3 Satz 2 GO Schleswig-Holstein – hier ausdrücklich unter Bezugnahme auf soziale und wirtschaftliche Härten). Für Schleswig-Holstein bestimmt § 17 Abs. 3 Satz 1 GO zudem, dass Ausnahmen gerade auch für Grundstücke mit immissionsfreien Heizungsanlagen vorgesehen werden können.

Auch die Bremer Regelung in § 1 Abs. 1 Satz 2, 3 GemRSBefG nennt ausdrücklich die allgemeine Möglichkeit der Zulassung von Ausnahmen sowie der Beschränkung des angeordneten Zwangs auf Gebietsteile und Grundstücks- oder Personengruppen. Darüber hinaus sieht § 1 Abs. 2 Satz 2 GemRSBefG ebenfalls für den Anschluss- und Benutzungszwang im Bereich der Wärmeversorgung die speziellere Möglichkeit der Regelung von Ausnahmen vor, „für den Fall [...], daß bereits immissionsarme Wärmeversorgungseinrichtungen betrieben werden oder wenn der Anschluß- und Benutzungszwang zu einer offenbar nicht beabsichtigten Härte führen würde". Diese Bestimmung kombiniert damit die oben erwähnten Aspekte der besonderen Belastung des Gebäudebestands mit der Berücksichtigung klimaschonender Eigenanlagen. Die mögliche Ausnahme soll danach zwar auch schon „immissionsarmen" dezentralen Anlagen zugutekommen können, dies allerdings nur in Fällen bereits bestehender Anlagen. Für die Neubebauung lässt sich damit im Umkehrschluss ableiten, dass Ausnahmen hier nicht derart weit reichen können, also beispielsweise auf vollständig emissionsfreie Anlagen zu beschränken sind.

2. Spezialgesetzliche Bestimmungen in Brandenburg, Berlin und Hamburg

Auch nach § 12 Abs. 3 BbgKVerf kann die jeweilige Satzung „Ausnahmen vom Anschluss- und Benutzungszwang zulassen" (Satz 1) sowie „den Zwang auch auf bestimmte Teile des Gemeindegebietes und auf bestimmte Gruppen von Grundstücken beschränken" (Satz 3). Diese Möglichkeit der Zulassung von Ausnahmen gilt nach § 12 Abs. 3 Satz 2 BbgKVerf „insbesondere, wenn auf Grundstücken Anlagen betrieben werden, die einen höheren Umweltstandard aufweisen als die von der Gemeinde vorgesehene Einrichtung." Damit greift die Vorschrift ausdrücklich den oben erarbeiteten Maßstab zur Beurteilung der Erforderlichkeit von Ausnahmen im Hinblick auf den jeweils verfolgten Zweck auf.[1702]

Noch weitergehender formuliert die Bestimmung des § 8 Abs. 2 LImSchG: Eine auf § 8 Abs. 1 LImSchG gestützte Satzung über den Anschluss- und Benutzungszwang für die Wärmeversorgung kann danach zunächst ebenfalls allgemein Ausnahmen vorsehen – „insbesondere bei Gebäuden mit einem niedrigen Wärmebedarf" (Satz 1). Darüber hinaus kann auch hiernach der Zwang auf Gebietsteile oder „Gruppen von Grundstücken, Gewerbetreibenden oder Personen" beschränkt werden (Satz 2). Bei der Erstreckung des Zwangs auf Grundstücke mit bereits bestehenden Heizeinrichtungen sollen zumutbare Übergangsregelungen vorgesehen werden (Satz 3).

Vom Zwang ausgenommen werden schließlich nach § 8 Abs. 2 Satz 4 LImSchG Gebäude, deren „Wärmebedarf überwiegend mit regenerativen Energien gedeckt wird". Während Satz 3 auf die Berücksichtigung der besonderen Belastung des Gebäudebestands ermöglichen soll, knüpft insbesondere die in Satz 4 durch das Gesetz selbst bereits zwingend vorgegebene Beschränkung wiederum an den Zweck der Förderung des Klimaschutzes an, wie er mit der Einführung des Anschluss- und Benutzungszwecks konkret verfolgt wird.

Dies gilt indes für die nach § 8 Abs. 2 Satz 1 LImSchG zulässige Ausnahme nicht in gleichem Maße. Zwar dient für sich betrachtet auch die Senkung des Energiebedarfs den übergeordneten klima- und energiepolitischen Zielsetzungen, doch ist insofern hinsichtlich einer Ausnahme vom Anschluss- und Benutzungszwangs doch Vorsicht geboten. Schließlich setzt dieses kommunalrechtliche Instrument doch gerade an der Art und Weise der Deckung des tatsächlich bestehenden Energiebedarfs an und kann insofern einen Beitrag zum Klimaschutz leisten, und zwar ungeachtet der konkreten Höhe dieses Energiebedarfs.

Gleiches gilt für die Bestimmung des § 23 Abs. 2 Satz 1 BEnSpG. Auch danach kann eine Ausnahme „vom Anschluß- und Benutzungszwang ins-

---

1702 Siehe dazu oben Teil 5 I. 3. c) dd) (7), (8).

besondere bei Gebäuden mit einem besonders niedrigen Energiebedarf" vorgesehen werden.

Im Übrigen ähnelt die Rechtslage auch sonst der brandenburgischen: § 23 Abs. 2 Satz 2 und 3 BEnSpG sehen ebenfalls die Möglichkeit der grundsätzlichen Beschränkung des Zwangs „auf bestimmte Gruppen von Personen, Gewerbetreibenden oder Grundstücken beschränken, insbesondere auf solche Grundstücke, die neu bebaut werden"; zudem sollen im Falle der Erstreckung auf Grundstücke mit bereits bestehenden Anlagen „zum Ausgleich sozialer Härten angemessene Übergangsregelungen" vorgesehen werden.

Während § 81 Abs. 2 Satz 2 HBauO lediglich allgemein – den grundlegenden verfassungsrechtlichen Anforderungen entsprechend – bestimmt, dass „Abweichungen vom Anschluss- und Benutzungsgebot" vorzusehen sind, soweit sich dieses Gebot im Einzelfall als unzumutbar erweist, sieht auch § 4 Abs. 2 HmbKliSchG deutlich differenzierte Regelungen vor. Wie bereits erwähnt, ist ein Anschluss- und Benutzungszwangs in Hamburg gemäß § 4 Abs. 2 Satz 1 HmbKliSchG gesetzlich auf die Neubebauung beschränkt; eine Ausdehnung auf den Gebäudebestand kann durch den Verordnungsgeber nach Satz 4 der Norm vorgesehen werden, allerdings lediglich beschränkt auf Fälle, in den eine wesentliche Änderung bestehender Heizungsanlagen erfolgt. Im Übrigen ist nach § 4 Abs. 2 Satz 2 HmbKliSchG wiederum eine Beschränkung auf „bestimmte Gruppen von Betrieben, Gebäuden oder Grundstücken" möglich, nach Satz 3 der Norm zudem – vergleichbar der Rechtslage in Brandenburg und Berlin – die Zulassung von Ausnahmen „insbesondere bei Gebäuden mit einem besonders niedrigen Energiebedarf".

3. „Sonderfall" Bayern

Bestimmunen zu derartigen, in den Satzungen zu regelnden Beschränkungen, Ausnahmen und/ oder Befreiungen fehlen dagegen, wie erwähnt, im Landesrecht Bayerns. Immerhin nehmen in Bayern Art. 24 Abs. 4 sowie der bereits erwähnte Art. 24 Abs. 1 Nr. 3 GO unmittelbar eine Beschränkung der Anordnungsmöglichkeit eines Anschluss- und Benutzungszwangs vor. Während Art. 24 Abs. 4 GO mit seiner Beschränkung zugunsten von unmittelbar religiösen oder weltanschaulichen Zwecken dienenden Einrichtungen für den Bereich der Wärmeversorgung dem Wortlaut nach gerade nicht gilt, kommt ein solcher Anschluss- und Benutzungszwang gemäß Art. 24 Abs. 1 Nr. 3 GO immerhin für sogenannte „emissionsfreie Heizeinrichtungen" von vornherein nicht in Betracht.

4. Zusammenfassende Bewertung

Dieser Überblick hat verdeutlicht, dass die Bestimmungen der Länder sich im Hinblick auf die Regelung zulässiger Ausnahmen und Beschränkungen deutlich stärker gleichen als bezüglich der grundsätzlichen Ermächtigung zum Erlass eines Anschluss- und Benutzungszwangs. Von Bayern abgesehen ist allen Ländern der Hinweis auf die grundsätzliche Möglichkeit der Zulassung von Ausnahmen wie auch der Beschränkung des Anschluss- und Benutzungszwangs auf bestimmte Teile des Gemeindegebiets oder Gruppen von Grundstücken bzw. Personen gemeinsam.

Alle Länder ermöglichen ausdrücklich die Zulassung von Ausnahmen in dem verfassungsrechtlich gebotenen Umfang und stellen dies in der konkreten Ausformung und Gestaltung weitgehend in das Ermessen des Satzungsgebers. In einigen landesrechtlichen Bestimmungen wird dies speziell mit Blick auf die Wärmeversorgung konkretisiert und damit die Bedeutung von Ausnahmen zugunsten klimaschonender dezentraler Anlagen hervorgehoben; zugleich zeigen einzelne landesrechtliche Bestimmungen (vgl. die vorgestellten Regelungen Bremens, Nordrhein-Westfalens und Schleswig-Holsteins) gerade in Hinblick auf die Wärmeversorgung eine besondere Rücksichtnahme auf den Gebäudebestand und weisen besonders auf gegebenenfalls erforderliche Härtefallregelungen hin.

Im Einzelnen ist der Satzungsgeber durch diese landesrechtlichen Vorgaben nur in begrenztem Ausmaß gebunden; maßgeblich bleibt bei der Anwendung und Umsetzung dieser landesrechtlichen Vorgaben die Beachtung der oben dargestellten verfassungsrechtlichen Anforderungen. Dies gilt auch bezüglich der speziellen Regelungen in Berlin, Hamburg sowie dem LImSchG Brandenburgs. Während mit Blick auf die hiernach zulässigen Ausnahmen zugunsten von Gebäuden mit niedrigem Energiebedarf zu einer zurückhaltenden Umsetzung dieser Normen zu raten ist, sind doch andererseits gerade die wenigen landesrechtlichen Bestimmungen zu begrüßen, die insbesondere für besonders klimaschonende, emissionsfreie Anlagen zwingend Ausnahmen vorsehen. Das betrifft § 8 Abs. 2 Satz 4 LImSchG Brandenburgs sowie die gesetzliche Regelung in Bayern, in Art. 24 Abs. 1 Nr. 3 GO.

Ungeachtet der geltenden verfassungsrechtlichen Anforderungen sorgen diese Regelungen doch für eine Klarstellung und betonen nochmals die besondere Bedeutung des Satzungszwecks der Förderung des Klimaschutzes.

II. Die Bedeutung der AVBFernwärmeV

Neben den bereits dargestellten, aus verfassungsrechtlichen Gründen erforderlichen Übergangs- sowie Ausnahmevorschriften ist schließlich zu prüfen, ob darüber hinaus aus anderen Gründen weitere Ausnahmen geboten sind – um nicht lediglich verfassungsrechtlichen, sondern auch anderen, einfach-gesetzlichen Anforderungen gerecht zu werden. Im Mittelpunkt der Betrachtung steht dabei § 3 AVBFernwärmeV.[1703]

Bei der AVBFernwärmeV handelt es sich um eine Verordnung, die 1980 auf Grundlage der Ermächtigung im damals geltenden § 27 des AGBG[1704] erlassen wurde. Sinn dieser Verordnungsermächtigung war es, Allgemeine Geschäftsbedingungen für bestimmte Arten von Verträgen einheitlich und zugleich ausgewogen, unter Berücksichtigung der beiderseitigen Interessen der Vertragsparteien, zu gestalten. Dies betraf neben Verträgen in den Bereichen Wasserversorgung und Abwasserentsorgung auch die Fernwärmeversorgung.

Für Verträge über die Versorgung mit Fernwärme,[1705] bei denen das Versorgungsunternehmen Vertragsmuster oder für eine Vielzahl von Verträgen vorformulierte, allgemeine Versorgungsbedingungen verwendet, regelt die AVBFernwärmeV in ihren §§ 2-34 Anforderungen an eben die Versorgungsbedingungen (vgl. § 1 Abs. 1 Satz 1 AVBFernwärmeV), die dann lediglich an dieser Verordnung zu messen sind. Davon kann zwar abgewichen werden, allerdings gemäß § 1 Abs. 1 Satz 2 i.V.m. Abs. 3 der Verordnung nur unter engen Voraussetzungen und mit der Folge, dass

---

1703 Verordnung über Allgemeine Bedingungen für die Versorgung mit Fernwärme vom 20.06.1980, BGBl. I 1980, 742.

1704 Gesetz zur Regelung des Rechts der Allgemeinen Geschäftsbedingungen (AGB-Gesetz) v. 9.12.1976, BGBl. I 1976, 3317. Das AGBG wurde im Zuge der Schuldrechtsmodernisierung aufgehoben durch Art. 6 Nr. 4 des Gesetzes v. 26.11.2001, BGBl. I 2001, 3138 (3187), und das Recht der Allgemeinen Geschäftsbedingungen in den §§ 305 ff. ins BGB integriert.

1705 Zum Fernwärmebegriff im Sinne der AVBFernwärmeV siehe oben Teil 1 IV. 4. b).

dann wiederum das allgemeine AGB-Recht Anwendung findet. Zu den Vorgaben, die sich aus der Verordnung ergeben, gehört u.a. die hier besonders interessierende Bestimmung des § 3 AVBFernwärmeV zu bestimmten Ausnahmen von einer grundsätzlich umfassenden Bedarfsdeckung durch das jeweilige Versorgungsunternehmen.

Die Bestimmungen der AVBFernwärmeV finden zwar entsprechend der Verordnungsermächtigung im Recht der Allgemeinen Geschäftsbedingungen in erster Linie Anwendung auf zivilrechtliche Versorgungsverträge, doch bereits nach dem früheren § 27 Satz 1 AGBG galt die dort geregelte Verordnungermächtigung entsprechend für Bedingungen öffentlich-rechtlich gestalteter Ver- und Entsorgungsverhältnisse mit Ausnahme der Regelung des Verwaltungsverfahrens. In der Folge dessen werden die Vorschriften der AVBFernwärmeV gemäß § 35 Abs. 1 der Verordnung auch insoweit relevant, als ein Versorgungsverhältnis öffentlich-rechtlich geregelt wird. In diesen Fällen sind die einschlägigen Rechtsvorschriften nämlich „den Bestimmungen [der AVBFernwärmeV] entsprechend zu gestalten".

1. Regelungsgehalt des § 3 AVBFernwärmeV

§ 3 Satz 1 der Verordnung verpflichtet Fernwärmeversorgungsunternehmen dazu, „dem Kunden im Rahmen des wirtschaftlich Zumutbaren die Möglichkeit einzuräumen, den Bezug auf den von ihm gewünschten Verbrauchszweck oder auf einen Teilbedarf zu beschränken." Diese Pflicht besteht seit den 1980er Jahren bis heute.[1706] Hat der Kunde des Versorgungsunternehmens vertraglich eine bestimmte Menge an Fernwärme bestellt, ist er nach § 3 Satz 2 AVBFernwärmeV grundsätzlich daran gebunden und hat regelmäßig auch dann keinen Anspruch auf Vertragsanpassung und Reduzierung der Abnahmemenge, wenn sein Wärmebedarf – etwa aufgrund einer Sanierung seines Gebäudes – sinkt.[1707] Die Beschrän-

---

1706 Dabei blieb gerade § 3 AVBFernwärmeV auch im Wesentlichen unverändert, lediglich Satz 3 der Norm wurde 1989 ergänzt um die ausdrücklich Anerkennung von Holz als regenerative Energiequelle im Sinne der Vorschrift, durch Verordnung vom 19.01.1989, BGBl. I 1989, 109 (112) – dies in Abkehr von einigen zuvor ergangenen Entscheidungen, siehe etwa VGH Kassel, NVwZ 1987, 725 (726).

1707 *Wollschläger*, in: Danner/Theobald, Energierecht, Allgemeine Versorgungsbedingungen, § 3 AVBFernwärmeV Rn. 6.

kung auf einen bestimmten Verbrauchszweck oder einen Teilbedarf kann lediglich bei Begründung eines Versorgungsverhältnisses verlangt werden, nicht während eines laufenden Vertrags.[1708] Ein Anspruch auf Vertragsanpassung könnte sich aber gegebenenfalls aus § 3 Satz 3 AVBFernwärmeV ergeben.

Damit ist diese Norm im vorliegenden Zusammenhang mehr noch als § 3 Satz 1 AVBFernwärmeV in den Blick zu nehmen. Nach § 3 Satz 3 AVBFernwärmeV sind Kunden berechtigt, eine Vertragsanpassung zu verlangen, soweit sie ihren Wärmebedarf unter Nutzung regenerativer Energiequellen decken wollen. Im Unterschied zu Satz 1 kommt es insofern zunächst auf die Art der vom Kunden gewählten Eigenversorgung an.[1709] Handelt es sich dabei um „regenerative Energiequellen" im Sinne der AVBFernwärmeV, wozu nach § 3 Satz 3, 2. HS AVBFernwärmeV ausdrücklich auch Holz zu zählen ist, im Übrigen alle erneuerbaren Energien im Sinne des EEG,[1710] so kann der Kunde eine entsprechende Anpassung seines Fernwärmelieferungsvertrags verlangen. Damit räumt auch § 3 Satz 3 AVBFernwärmeV den Kunden kein (Sonder-)Kündigungsrecht ein, sondern lediglich die Möglichkeit, nicht mehr den kompletten Wärmebedarf über die Fernwärmeversorgung zu decken.[1711] Dadurch reduzieren

---

1708 OLG Brandenburg, ZNER 2007, 215 (216). Dafür spricht auch bereits die Begründung des Bundeswirtschaftsministeriums zu § 3 des Verordnungsentwurfs der Regierung, BR-Drs. 90/80, abgedruckt in: *Witzel/Topp*, AVBFernwärmeV, S. 235 (241), der insofern von einer Beschränkungsmöglichkeit „von vornherein" ausgeht – im Unterschied zur nachträglichen Beschränkung bei Einsatz regenerativer Energiequellen.

1709 So auch *Wollschläger*, in: Danner/Theobald, Energierecht, Allgemeine Versorgungsbedingungen, § 3 AVBFernwärmeV Rn. 1.

1710 *Wollschläger*, in: Danner/Theobald, Energierecht, Allgemeine Versorgungsbedingungen, § 3 AVBFernwärmeV Rn. 8. Zum Begriff der erneuerbaren Energien siehe oben Teil 1 IV. 1. Strittig ist, ob es sich beim Einsatz von Wärmepumpen um „regenerative Energiequellen" im Sinne des § 3 Satz 3 AVBFernwärmeV handelt – dafür etwa VGH Kassel, Urt. v. 19.09.1986 – 4 OE 51/83 –, NVwZ 1987, 725 (726), unter Berufung auf die Begründung des Bundeswirtschaftsministeriums zu § 3 des Verordnungsentwurfs der Regierung, BR-Drs. 90/80, abgedruckt in: *Witzel/Topp*, AVBFernwärmeV, S. 235 (241), die ausdrücklich ausführt, dass beispielsweise der Einsatz von Wärmepumpen nicht behindert werden soll; a.A. *Wollschläger*, in: Danner/Theobald, Energierecht, Allgemeine Versorgungsbedingungen, § 3 AVBFernwärmeV Rn. 8. Auf diesen Streit kann und muss jedoch vorliegend nicht näher eingegangen werden.

1711 *Wollschläger*, in: Danner/Theobald, Energierecht, Allgemeine Versorgungsbedingungen, § 3 AVBFernwärmeV Rn. 10.

sich für den Kunden dementsprechend die verbrauchsabhängigen Kosten der Fernwärmelieferung, nicht jedoch der fixe Grundpreis.[1712]

2. Die Problematik der Anwendung des § 3 AVBFernwärmeV auf Fälle der Geltung eines Anschluss- und Benutzungszwangs

Fraglich ist, welche Auswirkungen diese in § 3 AVBFernwärmeV ausdrücklich geregelten „Beschränkungsmöglichkeiten" auf den durch einen Anschluss- und Benutzungszwang herbeigeführten Anschluss an die Wärmeversorgung entfalten. Danach könnten betroffene Grundstückseigentümer verlangen, zumindest teilweise von dem Benutzungszwang freigestellt zu werden und ihren Wärmebedarf stattdessen in diesem Umfang selbst, durch eigene – auf regenerativen Energiequellen im Sinne der Verordnung beruhende – Anlagen zu decken. Dies wiederum könnte – ungeachtet verfassungsrechtlicher Anforderungen – entsprechende Befreiungstatbestände in der den Anschluss- und Benutzungszwang regelnden Satzung zwingend erforderlich machen. Derartige Befreiungen würden allerdings unter Umständen den mit dem Anschluss- und Benutzungszwang verfolgten Zweck gefährden.

Zwar zieht zumindest § 3 Satz 1 AVBFernwärmeV etwaigen Beschränkungen die Grenze des „wirtschaftlich Zumutbaren". Doch verbietet es sich nach der Rechtsprechung des Bundesverwaltungsgerichts, bei Vorliegen der Voraussetzungen für die Anordnung eines kommunalen Anschluss- und Benutzungszwangs, in jedem Fall per se – ungeachtet der Umstände des Einzelfalles und der mit der kommunalen Satzung jeweils verfolgten Zwecksetzung – eine solche wirtschaftliche Unzumutbarkeit der Einschränkung des Benutzungszwangs bzw. eine wirtschaftliche Unmöglichkeit der Befreiung vom umfassenden Benutzungszwang anzunehmen.[1713] Das für die Zulässigkeit eines kommunalen Anschluss- und Benutzungszwangs zu prüfende Tatbestandsmerkmal des öffentlichen Bedürfnisses dürfe nicht so interpretiert werden, dass mit dem Vorliegen die-

---

1712 *Wollschläger*, in: Danner/Theobald, Energierecht, Allgemeine Versorgungsbedingungen, § 3 AVBFernwärmeV Rn. 10. So auch LG Wiesbaden, Urt. v. 29.07.2008 – 1 O 306/07 –, CuR 2008, 97.

1713 Vgl. insoweit BVerwG, NVwZ 1986, 754 (754 f.); bei einer solchen Sichtweise werde – so das Bundesverwaltungsgericht a.a.O. – die Bedeutung der bundesrechtlichen Vorschriften verkannt.

ses Bedürfnisses bereits über die wirtschaftliche Zumutbarkeit oder Unzumutbarkeit einer Beschränkung der Versorgung im Rahmen des Anschluss- und Benutzungszwangs entschieden sei; die Bestimmungen des § 3 der bundesrechtlichen Verordnung dürften schließlich nicht komplett leerlaufen.[1714]

3. Vergleichbare Problematik im Bereich der Wasserversorgung

Wagener etwa verweist zum Beleg der Argumentation, dass allein Rentabilitätsgesichtspunkte noch nicht zu einer Ablehnung derartiger Beschränkungs- und Befreiungsmöglichkeiten führen dürften, auch auf die Rechtsprechung des Bundesverfassungsgerichts zur vergleichbaren Problematik bei der AVBWasserV;[1715] dies zugrunde gelegt, sei zunächst zu prüfen, ob die durch Befreiungen entstehenden Belastungen nicht über eine Mehrbelastung anderer Nutzer ausgeglichen werden könnten – zumindest bis zur Grenze der Zumutbarkeit einer solchen Mehrbelastung.[1716]

Tatsächlich hat das Bundesverfassungsgericht die inhaltlich der AVB-FernwärmeV vergleichbaren Bestimmungen der AVBWasserV, insbesondere dessen § 35 Abs. 1, verfassungsrechtlich nicht beanstandet.[1717] Die Verordnung beruhe auf einer kompetenzgemäß erlassenen Ermächtigungsgrundlage, die auch keinen unzulässigen Eingriff in die kommunale Selbstverwaltungsgarantie des Art. 28 Abs. 2 Satz 1 GG darstelle.[1718] Das Satzungsrecht stehe den Gemeinden demgegenüber von vornherein nur in den durch Landes- und Bundesrecht gezogenen Grenzen zu, zu denen nun wiederum auch die AVBWasserV gehöre; deren Vorgaben hinsichtlich der Ausgestaltung der durch Satzung begründeten Versorgungsverhältnisse seien daher zu beachten.[1719] Insbesondere § 35 Abs. 1 AVBWasserV halte

---

1714 BVerwG, NVwZ 1986, 754 (755), wenngleich damals noch zur Wasserversorgung und der AVBWasserV.

1715 Verordnung über die Allgemeinen Bedingungen für die Versorgung mit Wasser v. 20.06.1980, BGBl. I 1980, S. 750, zuletzt geändert durch Art. 8 der Verordnung v. 11.12.2014, BGBl. I 2014, 2010 (2073).

1716 *Wagener,* Anschluß- und Benutzungszwang, S. 132.

1717 BVerfG, NVwZ 1982, 306.

1718 BVerfG, NVwZ 1982, 306 (307). A.A. *Knemeyer/Emmert,* JZ 1982, 284 ff., die eine Kompetenz des Bundes aus Art. 74 Abs. 1 Nr. 11 GG verneinen und einen unzulässigen Eingriff in das Selbstverwaltungsrecht der Gemeinden annehmen.

1719 BVerfG, NVwZ 1982, 306 (307).

sich im Rahmen der Ermächtigungsgrundlage und sei mit Art. 28 Abs. 2 Satz 1 GG vereinbar, zumal die geforderte, bloß „entsprechende" Gestaltung öffentlich-rechtlicher Versorgungsverhältnisse hinreichend Raum für gebotene Abweichungen belasse.[1720] Dieser Argumentation kann dem Bundesverfassungsgericht zufolge schließlich auch eine etwaige finanzielle Mehrbelastung der Verbraucher, die mit der Anpassung öffentlich-rechtlicher Versorgungsverhältnisse gemäß § 35 Abs. 1 AVBWasserV einhergeht, nicht entgegengehalten werden.[1721]

4. „Entsprechende" Anwendung der Bestimmungen der AVBFernwärmeV

Demnach sind die Vorgaben der einschlägigen Bundesverordnung – hier konkret § 3 AVBFernwärmeV – für die Beurteilung der kommunalrechtlichen Satzungen über einen Anschluss- und Benutzungszwang keineswegs unbeachtlich.[1722] Des Weiteren ist jedoch zu beachten, dass entsprechende öffentlich-rechtliche Vorschriften gemäß § 35 Abs. 1 der Verordnung lediglich „entsprechend" den Bestimmungen der AVBFernwärmeV zu gestalten sind. Auch die Möglichkeit der Vereinbarung abweichender Versorgungsbedingungen, die § 1 Abs. 3 AVBFernwärmeV bietet, müsse beachtet werden.[1723] Auch wenn es sich bei der Verordnung gegenüber einer kommunalen Satzung um höherrangiges Recht handelt, müssten die Bestimmungen der Verordnung damit gerade nicht „1:1" übernommen werden.

Dabei ist schließlich entscheidend, dass es zwischen den Bestimmungen des § 3 AVBFernwärmeV und dem kommunalen Anschluss- und Benutzungszwang im Einzelfall zu einer Kollision kommen kann, die bei uneingeschränkter Anwendung der Regelung des § 3 Satz 3 AVBFernwärmeV den mit dem Anschluss- und Benutzungszwang verfolgten Zweck –

1720 BVerfG, NVwZ 1982, 306 (308).

1721 BVerfG, NVwZ 1982, 306 (308).

1722 Davon geht auch die Begründung des Bundeswirtschaftsministeriums zu § 35 des Verordnungsentwurfs der Regierung, BR-Drs. 90/80, abgedruckt in: *Witzel/ Topp*, AVBFernwärmeV, S. 235 (260), ausdrücklich aus: Insbesondere § 3 Satz 3 AVBFernwärmeV solle danach auch bei Anschluss- und Benutzungszwang gelten. VGH München, Urt. v. 26.4.2007 – 4 BV 05.1037 –, juris Rn. 15, geht dementsprechend z.B. von einer bundesrechtlichen Verpflichtung aus.

1723 So *Wagener*, Anschluß- und Benutzungszwang, S. 133.

zumindest teilweise – leerlaufen lassen würde. Immerhin sind auch die aus verfassungsrechtlichen Gründen diskutierten Ausnahme- und Befreiungsmöglichkeiten nicht unbegrenzt.[1724]

Das hatte der Begründung zufolge auch der Verordnungsgeber nicht beabsichtigt, geht er doch davon aus, dass ein Anschluss- und Benutzungszwang an die Fernwärmeversorgung grundsätzlich in Frage kommt und legt dar, dass „nicht unmittelbar [...] in die entsprechenden Vorschriften der Länder und Gemeinden" eingegriffen werden soll.[1725] Daher soll nach einer in der Literatur vertretenen Auffassung der Satzung über den Anschluss- und Benutzungszwang zumindest hinsichtlich des Ob der Abnahmeverpflichtung (im entsprechenden Umfang) Vorrang gerade auch gegenüber § 3 Satz 3 AVBFernwärmeV zukommen: Lediglich soweit diese Satzung eine Befreiungsmöglichkeit einräume, komme auch eine entsprechende Vertragsanpassung nach § 3 Satz 3 AVBFernwärmeV in Betracht.[1726]

a) Heranziehung zur Auslegung der kommunalen Satzung – Begriff der „regenerativen Energiequellen" im Sinne der AVBFernwärmeV

Dem folgend wenden auch Teile der Rechtsprechung § 3 Satz 3 i.V.m. § 35 Abs. 1 AVBFernwärmeV auf die Prüfung von Ausnahmen vom kommunalen Anschluss- und Benutzungszwang nicht unmittelbar an, sondern wenden die Vorschriften lediglich insoweit an, als die jeweils einschlägige kommunale Satzung bereits Ausnahmetatbestände enthält, die an die Bestimmungen der AVBFernwärmeV „angelehnt" sind.[1727] Für deren Auslegung sollen sodann die Vorgaben der AVBFernwärmeV herangezogen werden.

Vom VGH Kassel wurde danach im Ergebnis eine Ausnahme vom Anschluss- und Benutzungszwang für einen offenen, mit Holz zu befeuernden Kamin abgelehnt, da Holz kein Brennstoff sei, für den der zur Ausle-

---

1724 Siehe dazu nur oben Teil 5 I. 3. c) dd) (8) und (9).

1725 Vgl. die Begründung des Bundeswirtschaftsministeriums zu § 35 des Verordnungsentwurfs der Regierung, BR-Drs. 90/80, abgedruckt in: *Witzel/Topp*, AVB-FernwärmeV, S. 235 (260).

1726 So *Wollschläger*, in: Danner/Theobald, Energierecht, Allgemeine Versorgungsbedingungen, § 3 AVBFernwärmeV Rn. 11.

1727 So etwa VGH Kassel, NVwZ 1987, 725 (726).

gung der Ausnahmevorschrift der Satzung herangezogene § 3 Satz 3 AVB-FernwärmeV eine Vertragsanpassung vorsehe.[1728]

Insoweit kann die Argumentation des VGH Kassel auf aktuelle Fälle zwar nicht ohne Einschränkungen übertragen werden; vielmehr wäre heute der zwischenzeitlich aufgenommene 2. HS des § 3 Satz 3 AVBFernwärmeV zu beachten. Allerdings stellte der VGH Kassel angesichts der Belästigung der Umgebung mit Rauch und Ruß weiterhin einen Widerspruch des mit Holz zu beheizenden Kamins zu dem mit dem Anschluss- und Benutzungszwang verfolgten Ziel der Verbesserung der Volksgesundheit fest.[1729] Die jeweilige Zwecksetzung der Satzung über den Anschluss- und Benutzungszwang ist auch in aktuellen Fällen entscheidend und kann zu einer unterschiedlichen Interpretation der Reichweite der zugelassenen Ausnahmen/ Befreiungen (nach § 3 Satz 3 AVBFernwärmeV einerseits, nach der jeweiligen kommunalen Satzung andererseits) führen, ist eine unveränderte Übernahme der Vorgaben des § 3 AVBFernwärmeV doch – wie bereits dargestellt – gerade nicht geboten.[1730]

Der Zweck der Förderungen des Klimaschutzes kann durch die Nutzung emissionsfreier Anlagen verfolgt werden, die Verwendung emittierender Anlagen, auch soweit es sich um dem Stand der Technik entsprechende emissionsarme Anlagen handelt, steht dem jedoch entgegen. Gerade für die Verbrennung von Energieträgern wie beispielsweise Holz sollte daher vor dem Hintergrund des Ziels der weitest möglichen Reduzierung von Treibhausgasemissionen keine Ausnahme oder Befreiung vom Anschluss- und Benutzungszwang gewährt werden.[1731]

b) Heranziehung als Prüfungsmaßstab der kommunalen Satzung

Andere Gerichte haben entsprechende kommunale Satzungen insgesamt an den Vorgaben der §§ 3 i.V.m. 35 Abs. 1 AVBFernwärmeV als Vorschriften höherrangigen Rechts geprüft.[1732] Sie betonen dabei aber eben-

---

1728 VGH Kassel, NVwZ 1987, 725 (726).

1729 VGH Kassel NVwZ 1987, 725 (726).

1730 Vgl. dazu auch VGH München, Urt. v. 7.3.2007 – 4 BV 05.2974 –, juris Rn. 20; VGH München, NVwZ-RR 1991, 318 (319); OVG Weimar, CuR 2008, 102 (106); VG München, Urt. v. 22.9.2005 – M 10 K 05.2456 –, BeckRS 2005, 38608.

1731 Siehe dazu auch oben Teil 5 I. 3. c) dd) (8).

1732 Siehe VGH München, BayVBl. 1987, 461; OVG Weimar, CuR 2008, 102 (106).

falls, dass die Bestimmungen der AVBFernwärmeV bei der Ausgestaltung der kommunalen Satzung lediglich „entsprechend" zu berücksichtigen seien.

Danach könnten gerade aufgrund des mit der Satzung verfolgten, zulässigen Zwecks auf dem § 3 AVBFernwärmeV entsprechende Regelungen verzichtet bzw. davon abweichende Bestimmungen vorgesehen werden.[1733] Damit der Zweck des kommunalen Anschluss- und Benutzungszwangs nicht vereitelt werde, sei § 3 AVBFernwärmeV nicht uneingeschränkt anzuwenden; ein über § 3 AVBFernwärmeV hinausgehender – im Übrigen zulässig begründeter – landesrechtlicher Benutzungszwang bleibe vielmehr unberührt.[1734]

Im Übrigen seien auch anderweitige bundesrechtliche Bestimmungen nicht zwingend auf Ausnahme- oder Befreiungsregelungen kommunaler Satzungen zu übertragen. Vielmehr könnte etwa die zu einer (Teil-)Befreiung führende Verwendung „regenerativer Energiequellen" auch auf andere Stoffe beschränkt sein als solche, die § 2 BiomasseV als „Biomasse" definiert; für eine kommunalrechtliche Satzung entfalte diese Legaldefinition nämlich keine Bindungswirkung.[1735]

Neben der Zielsetzung der kommunalen Satzung zieht die Rechtsprechung mitunter auch Art. 20a GG sowie entsprechende landesverfassungsrechtliche Bestimmungen zur Auslegung heran.[1736] Die verfassungsrechtlichen Vorgaben bestätigen gegebenenfalls im Einzelfall die Versagung einer begehrten Befreiung, weil die geplante Einzelanlage der netzgebundenen Wärmeversorgung gegenüber „nicht [...] ökologisch überlegen" ist.[1737] Andererseits kann die Berücksichtigung des Verfassungsrechts um-

---

1733 Siehe etwa VGH München, BayVBl. 1987, 461 (462); VG München, Urt. v. 22.9.2005 – M 10 K 05.2456 –, BeckRS 2005, 38608.

1734 VGH München, NVwZ-RR 1991, 318 (319); VGH München, BayVBl. 1987, 461 (462).

1735 So – insbesondere angesichts der Regelung zum Anwendungsbereich in § 1 BiomasseV zu Recht – VGH München, Urt. v. 7.3.2007 – 4 BV 05.2974 –, juris Rn. 20.

1736 Siehe beispielsweise VG Gera, ThürVBl 2011, 12 (13): Mit der im konkreten Fall in der Satzung enthaltenen Befreiungsvorschrift sei der Satzungsgeber seiner „Verpflichtung zur Ausgestaltung des Anschluss- und Benutzungszwanges unter Berücksichtigung von §§ 3 Satz 3, 35 AVBFernwärmeV und der Staatszielbestimmungen in Artikel 31 Abs. 3 Thüringer Verfassung bzw. Artikel 20a GG nachgekommen".

1737 Vgl. VG Frankfurt a.M., CuR 2009, 109 (110).

gekehrt auch zur weiten Auslegung einer bestehenden Befreiungsvorschrift beitragen, die die Nutzung anderer, tatsächlich emissionsarmer Energiequellen zulässt.[1738]

c) Bestätigung durch das Bundesverwaltungsgericht

Der dargestellten Auffassung zur AVBFernwärmeV hat sich auch das Bundesverwaltungsgericht bereits frühzeitig angeschlossen, als es mit der Frage nach dem Verhältnis der AVBFernwärmeV des Bundes gegenüber einer auf Landesrecht gestützten Satzung zur Einführung eines Anschluss- und Benutzungszwanges befasst wurde. Das Gericht hat seine Rechtsprechung zur Wasserversorgung und zur der AVBFernwärmeV vergleichbaren AVBWasserV[1739] herangezogen und betonte insofern, dass „die bundesrechtlichen Bestimmungen [...] die Gemeinden nicht [hindern], für ihre Einrichtungen aufgrund landesgesetzlicher Ermächtigung durch Satzung einen Anschluss- und Benutzungszwang anzuordnen".[1740] Das Bundesverwaltungsgericht stellte in dem Zusammenhang weiterhin die unterschiedlichen Kompetenzgrundlagen heraus: ausschließliche Länderkompetenz für das Kommunalrecht einerseits, konkurrierende Gesetzgebungskompetenz des Bundes für das Recht der Wirtschaft nach Art. 74 I Nr. 11 GG (und damit auch das Verbraucherschutzrecht) andererseits.[1741]

Zum einen sehe § 35 Abs. 1 AVBFernwärmeV lediglich eine „entsprechende" Anwendung ihrer Bestimmungen vor. Zum anderen dürfe die Auslegung dieser Vorschrift nicht dazu führen, einen nach Kommunalrecht zulässigen Anschluss- und Benutzungszwang auszuhöhlen und praktisch leerlaufen zu lassen bzw. „in seinem Kern in Frage [zu stellen]".[1742]

Mit dieser Argumentation können von einem Anschluss- und Benutzungszwang Betroffene sich auch nicht auf ein etwaiges Kündigungsrecht nach §§ 32 Abs. 1 i.V.m. 35 Abs. 1 AVBFernwärmeV berufen – allenfalls

---

1738 So im Ergebnis im Fall des OVG Weimar, CuR 2008, 102 (107); hier stand die Nutzung von Solarkollektoren zur (anteiligen) Deckung des eigenen Wärmebedarfs in Rede.
1739 Dazu BVerwG, NVwZ 2010, 1157 (1157 f.); BVerwG, NVwZ 1988, 1126; BVerwG, NVwZ 1986, 754; BVerwG, NVwZ 1986, 483.
1740 BVerwG, NVwZ-RR 1992, 37 (38).
1741 BVerwG, NVwZ-RR 1992, 37 (38 f.).
1742 So ausdrücklich BVerwG, NVwZ-RR 1992, 37 (39). Dem folgend etwa OVG Weimar, CuR 2008, 102 (106).

nachdem ihnen satzungsgemäß eine Befreiung vom Anschluss- und Benutzungszwang gewährt wurde.[1743]

d) Schlussfolgerung

Nach alldem sind Ausnahmen oder Befreiungen entsprechend § 3 Satz 1
und 3 AVBFernwärmeV keineswegs zwingend in die kommunale Satzung
zur Anordnung eines Anschluss- und Benutzungszwangs aufzunehmen,
sondern lediglich soweit dies im Einzelfall mit dem mit der Satzung verfolgten Zweck vereinbar und daher möglich ist, ohne den Anschluss- und
Benutzungszwang als solchen sowie den damit verfolgten Zweck faktisch
leerlaufen zu lassen. Gleiches gilt für die Auslegung von Ausnahme- und
Befreiungsvorschrift, soweit derartige Bestimmunen – wie regelmäßig – in
der Satzung vorgesehen. Sie sind nicht zwingend deckungsgleich dem § 3
Satz 1 und 3 AVBFernwärmeV, sondern gegebenenfalls restriktiver auszulegen.

Von vornherein unbeachtlich ist die AVBFernwärmeV für derartige
kommunale Satzungen freilich keineswegs, die Aufnahme einer entsprechenden Ausnahme- und Befreiungsvorschrift ist – ungeachtet der verfassungsrechtlichen Anforderungen – auch aus Gründen der Beachtung der
AVBFernwärmeV in jedem Fall zu prüfen.

Dies gilt insbesondere für eine Ausnahmeregelung im Sinne des § 3
Satz 3 AVBFernwärmeV für den Fall, dass die Wärmeversorgung durch
eigene, unter Einsatz regenerativer Energien erzeugte Wärme ersetzt werden soll. Wie bereits in anderem Kontext ausgeführt,[1744] kann diese Art
der dezentralen Wärmeversorgung sich als besonders klimaschonende Variante der Energieversorgung erweisen und den Zweck der Förderung des
Klimaschutzes unter Umständen gar besser verwirklichen als die Nutzung
der zentralen Wärmeversorgung.

Ist der kommunalen Satzung eine derartige, dem § 3 Satz 3 AVBFernwärmeV im Wesentlichen entsprechende Bestimmung zu entnehmen, so
stellt sich weiterhin die Frage nach der Auslegung und Anwendung dieser
Regelung im konkreten Einzelfall. Dabei ist es angesichts der lediglich
„entsprechenden Anwendung" der AVBFernwärmeV zulässig, eine Aus-

---

1743 In diesem Sinne bereits BVerwG, NVwZ 1988, 1126 (1127).
1744 Teil 5 I. 3. c) dd) (7).

nahme vom Anschluss- und Benutzungszwang nur insoweit bzw. „in dem Maße"[1745] zu gewähren, als dies wirtschaftlich zumutbar ist.

In diesem Kontext ist zudem darauf hinzuweisen, dass die Rechtsprechung bei entsprechender Formulierung der Satzung hinsichtlich der Ausnahme oder Befreiung zum Teil von einer Ermessensentscheidung ausgeht.[1746] Für Fallgestaltungen wie die eben beschriebene erscheint es zwar fraglich, allein aufgrund des Anknüpfens an die wirtschaftliche Zumutbarkeit von einer Ermessensentscheidung auszugehen. Davon zu trennen ist allerdings die Frage, ob es sich – angesichts der Vorgaben des § 3 Satz 3 i.V.m. § 35 Abs. 1 AVBFernwärmeV – zwingend um eine gebundene Entscheidung handeln muss. Das ist aus den eben dargelegten Gründen nicht der Fall, da diese Vorgaben nicht zwingend „1:1" umgesetzt werden müssen.[1747]

Somit obliegt es der Entscheidung des Satzungsgebers, unter Beachtung der verfassungsrechtlichen Anforderungen, wie er die Ausnahme- oder Befreiungsvorschrift im Einzelnen ausgestaltet; danach sind die Bestimmungen der Satzung auszulegen, ohne dass dabei zwingend vollumfänglich an § 3 AVBFernwärmeV anzuknüpfen wäre.

Ob eine Ausnahme bzw. Befreiung im Sinne der jeweiligen kommunalen Satzung wirtschaftlich zumutbar ist, ist als Tatbestandsvoraussetzung zu prüfen. Auch wenn es nach der jeweiligen Vorschrift darauf ankommen soll, „in welchem Maß" eine Befreiung wirtschaftlich zumutbar ist, so geht es dabei zunächst einmal allein um die Prüfung der Tatbestandsvoraussetzung der wirtschaftlichen Zumutbarkeit.[1748] Zwar kann ein etwaiger

---

1745 Vgl. VG Gera, ThürVBl 2011, 12 (13).

1746 So VG Gera, ThürVBl 2011, 12 (13).

1747 Ebenso BVerwG, NVwZ 2010, 1157; VG Gera, ThürVBl 2011, 12 (13); vgl. auch OVG Koblenz, NVwZ-RR 1996, 193 (195). Wie hier *Tomerius*, ER 2013, 61 (65). Offenbar a.A. VGH München, Urt. v. 26.4.2007 – 4 BV 05.1037 –, juris Rn. 15, der (wenngleich im konkreten Fall für die AVBWasserV) davon ausgeht, dass die Ausgestaltung der Satzungsvorschrift als Anspruch, und nicht lediglich als Ermessensvorschrift, „durch Bundesrecht vorgezeichnet" sei. Nicht ganz eindeutig auch OVG Bautzen, Urt. v. 8.4.2008 – 4 B 403/07 –, juris Rn. 20, der von einem durch Bundesrecht „vorgegebene[n] Befreiungstatbestand" spricht, der zudem seinem Wortlaut nach allein auf die wirtschaftliche Zumutbarkeit abstelle, so dass „für Ermessenserwägungen kein Raum" bleibe.

1748 Vgl. insofern auch VGH München, Urt. v. 3.4.2014 – 4 B 13.2455 –, KommJur 2014, 335 (336). OVG Bautzen, Urt. v. 8.4.2008 – 4 B 403/07 –, juris Rn. 22, weist darauf hin, dass es sich um einen unbestimmte Rechtsbegriff handele, der voller gerichtlicher Kontrolle unterliege.

Antrag auf Befreiung danach im Ergebnis teilweise abzulehnen und lediglich eine Befreiung für einen Teil des zu deckenden Bedarfs zu gewähren sein. Doch steht diese Entscheidung dann nicht im freien Ermessen der zuständigen Behörde, sondern ist vielmehr fest an das Tatbestandsmerkmal der wirtschaftlichen Zumutbarkeit geknüpft und allein von dessen Vorliegen (gegebenenfalls nur für einen Teilbedarf) abhängig.[1749]

Im Übrigen ist hinsichtlich der Prüfung der wirtschaftlichen Zumutbarkeit einer Befreiung und der dabei erforderlichen Berücksichtigung weiterer Befreiungsanträge auf die obigen Ausführungen zu den aus Gründen des Grundrechtsschutzes erforderlichen Ausnahme- und Befreiungsregelungen zu verweisen.[1750]

III. Die Umsetzung dieser Vorgaben in der Praxis kommunaler Satzungen

Nachdem dargelegt wurde, dass insbesondere aus verfassungsrechtlichen Gründen, darüber hinaus allerdings in bestimmtem Umfang auch aufgrund der Vorgaben des Landesrechts und der AVBFernwärmeV in der Satzung über den Anschluss- und Benutzungszwang bestimmte Beschränkungen dieses Zwangs vorzusehen sind, soll anhand einiger – möglichst jüngerer – Praxisbeispiele geprüft werden, inwieweit Gemeinden in unterschiedlichen Bundesländern von ihrem Gestaltungsspielraum Gebrauch machen und ob ihre Anwendung der jeweiligen Ermächtigungsgrundlage den verfassungsrechtlichen Vorgaben genügt.

Zu diesem Zweck wurde ein Vergleich der jeweiligen Ausnahme- und Befreiungsvorschriften einiger in den letzten Jahren erlassenen Anschluss- und Benutzungssatzungen von Gemeinden aus verschiedenen Bundeslän-

---

1749 Insoweit a.A. VG Gera, Urt. v. 10.3.2010 – 2 K 3/08 Ge –, ThürVBl 2011, 12 (13). Wie hier VGH München, Urt. v. 3.4.2014 – 4 B 13.2455 –, KommJur 2014, 335 (339 f.), der grundsätzlich von einem zu prüfenden Rechtsanspruch ausgeht; erst bei Überschreiten der Kapazitätsgrenze, d.h. bei Verneinen des Tatbestandsmerkmals der wirtschaftlichen Zumutbarkeit, wandle sich dieser Anspruch in einen Anspruch auf ermessensfehlerfreie Entscheidung, inwieweit – gerade bei mehreren anhängigen Befreiungsanträgen – noch eine Befreiung gewährt werden kann.
1750 Siehe oben Teil 5 I. 3. c) dd) (9).

dern erstellt.[1751] Die daraus gezogenen Erkenntnisse sollen im Folgenden kurz dargestellt werden.

1. Grundsätzliche Inanspruchnahme der landesrechtlichen Ermächtigungsgrundlagen zum Zweck der Förderung des Klimaschutzes

Wie eingangs bereits dargelegt, haben die Gemeinden bundesweit bisher nur in sehr begrenztem Maße vom Instrument des Anschuss- und Benutzungszwangs für die Wärmeversorgung Gebrauch gemacht.[1752] Die Zahl der geltenden Anschluss- und Benutzungssatzungen in diesem Bereich ist daher gering. Soweit Gemeinden eine entsprechende Satzung erlassen haben, geschah dies vielfach ausdrücklich zum Zweck des Schutzes der natürlichen Lebensgrundlagen und häufig unter Betonung des Bestrebens, Emissionen zu reduzieren.[1753]

Demgegenüber beschränken sich einige wenige Gemeinden weiterhin auf die Anordnung eines Anschluss- und Benutzungszwangs zur Verbesserung der Luftqualität vor Ort, verfolgen also statt des globalen Klimaschutzes den Zweck des Immissionsschutzes.[1754] Erweiterte Anordnungsgründe allein können Gemeinden demnach nicht automatisch dazu bewegen, von dieser erweiterten Anordnungsmöglichkeit Gebrauch zu machen und das Ziel des Klimaschutzes mit kommunalen Mitteln zu fördern. Soweit eine Gemeinde mittels Anschluss- und Benutzungszwangs die Immissionssituation vor Ort verbessern will, hat sie allerdings nachzuweisen,

---

1751 Eine Auflistung der hierfür näher betrachteten Satzungen, mit den jeweiligen Fundstellen, findet sich im Anhang zur vorliegenden Arbeit.
1752 Siehe oben Teil 1 IV. 2. a).
1753 Vgl. beispielsweise Präambel der Fernwärmesatzung Frankfurt a.M., Baugebiet Riedberg; § 1 Nr. 1 der Satzung des Marktes Holzkirchen über die Wärmeversorgung; § 1 Abs. 1 der Nahwärmesatzung der Stadt Langenhagen; § 1 Abs. 1 der Fernwärmeversorgungssatzung (FwVS) Waldstadt, Stadt Mosbach; Präambel der Fernwärmesatzung Neuruppin; Präambel der Fernwärmeversorgungssatzung der Stadt Schleswig; § 1 Abs. 3 Fernwärmesatzung Schwerin.
1754 Vgl. § 1 Abs. 1 der Fernwärmeversorgungssatzung (FwärmVS) Riesa.

dass damit tatsächlich eine Verbesserung der gemeindlichen Luftverhältnisse erreicht werden kann.[1755]

Ungeachtet der nach Landesrecht erweiterten Anordnungsmöglichkeiten nehmen Gemeinden dabei teilweise auch auf § 16 EEWärmeG Bezug und gehen damit gewissermaßen „auf Nummer sicher" und etwaigen Streitigkeiten um die Auslegung der landesrechtlichen Ermächtigungsgrundlage aus dem Weg.[1756]

Andere Gemeinden können demgegenüber auf spezielle landesrechtliche Regelungen zurückgreifen: Die Fernwärmesatzung der Stadt Neuruppin von 2012 stützt sich etwa sowohl auf die kommunalrechtliche Ermächtigungsgrundlage als auch auf die Bestimmung in § 8 LImSchG.

Was die Terminologie der Satzung betrifft, so ordnen die Gemeinden ganz überwiegend einen Anschluss- und Benutzungszwang an die „Fernwärmeversorgung" an; eine seltene Ausnahme bildet insoweit die „Nahwärmesatzung" der Stadt Langenhagen von 2010.

In allen Fällen handelt es sich jedoch, ungeachtet der konkreten Bezeichnung, um eine zentrale, netzgebundene Art der Wärmeversorgung. Wie oben dargelegt, ist auch den Ermächtigungsgrundlagen länderübergreifend ein weiter Begriff der „Fernwärmeversorgung" zu entnehmen. Die erwähnte Nahwärmesatzung ist eine der wenigen, die auch konkrete Angaben zur Art und Weise der Erzeugung der Wärme enthält, die über das Wärmenetz an die angeschlossenen Nutzer verteilt werden soll. Einzusetzen sind nach § 1 Abs. 2 dieser Satzung vorrangig gasbetriebene Blockheizkraftwerke.

Noch weitergehend bestimmt § 1 Abs. 4 der Fernwärmesatzung der Stadt Bernburg von 2012, dass die Regelungen über den Anschluss- und Benutzungszwang nur unter der Voraussetzung gelten, „dass die zur Fernwärmeversorgung verwendete Wärme zu einem wesentlichen Anteil, jedoch mindestens zu 60 %, aus Kraft-Wärme-Kopplung im Sinne des KWK-Gesetzes 2012 stammt".

Rechtlichen Hindernissen sehen sich die Gemeinden im Hinblick auf die Frage der grundsätzlichen Möglichkeit der Anordnung eines Anschluss- und Benutzungszwangs für die netzgebundene Wärmeversorgung

---

1755 Siehe dazu die einleitenden Ausführungen zur Problematik um den Anordnungsgrund des Klimaschutzes unter Teil 3 I. 2. sowie zur Rechtsprechung des BVerwG unter Teil 4 I. 1. a).
1756 Siehe Fernwärmesatzung Stadt Bernburg; Fernwärmesatzung Schwerin; Fernwärmesatzung Stadtroda.

aktuell kaum gegenüber. Bereits nach dem jeweiligen Landesrecht, gegebenenfalls i.V.m. § 16 EEWärmeG, kommt die Einführung eines solchen Zwangs auch aus Gründen des globalen Klimaschutzes bundesweit in Betracht. Im Einzelnen haben sich die Gemeinden dabei allerdings an den konkreten Verhältnissen vor Ort zu orientieren und die Ausgestaltung der Satzungen daran auszurichten. Insofern kommt eine nähere Befassung mit einzelnen Satzungen ohne Kenntnis der konkreten Verhältnisse vor Ort und auch wirtschaftlicher Kalkulationen kaum in Betracht. Es stellt sich jedoch die Frage nach dem Umgang mit den maßgeblichen verfassungsrechtlichen Vorgaben im Hinblick auf die Zulassung von Ausnahme- und Befreiungsmöglichkeiten.

2. Übergangs-, Ausnahme- und Befreiungsregelungen in der Praxis

Eine Betrachtung der in der Praxis vorgesehenen Beschränkungen des Anschluss- und Benutzungszwangs sowie in den Satzungen geregelter Befreiungsvorschriften zeigt, dass die Gemeinden hier tendenziell eher weite Ausnahme- und Befreiungsmöglichkeiten aufnehmen. Den verfassungsrechtlich zwingend gebotenen Anforderungen wird dabei regelmäßig Rechnung getragen; häufig scheinen die Gemeinden gar darüber hinaus noch großzügigere Ausnahmen bzw. Befreiungen vorzusehen.

Zunächst ist den Satzungen regelmäßig die Beschränkung auf bestimmte Teile des Gemeindegebietes gemeinsam. Sie orientieren sich damit, wie dargelegt, in nicht zu beanstandender Weise an den technischen Gegebenheiten und örtlichen Besonderheiten. Über diesen grundsätzlichen, im Einzelnen in der jeweiligen Satzung geregelten Zuschnitt des erfassten Gebiets hinaus, differenzieren die Gemeinden regelmäßig nach den Zwecken der Wärmeversorgung. Zwar umfasst die zentrale Wärmeversorgung dabei in einem weiten Sinne sowohl die zur Raumheizung erforderliche Wärme wie auch die Warmwasserbereitung und sonstige Zwecke.[1757]

Der Betrieb von nicht primär Heizzwecken dienenden und nur gelegentlich genutzten Kaminen wird durch die Satzungen in aller Regel von vornherein freigestellt. Die Reichweite dieser Freistellung variiert jedoch

---

1757 Siehe nur beispielhaft § 1 Abs. 2 Fernwärmesatzung Stadt Bernburg; § 1 Abs. 4 der Satzung des Marktes Holzkirchen über die Wärmeversorgung; § 1 Abs. 3 der Nahwärmesatzung der Stadt Langenhagen; § 2 Abs. 1 FwärmVS Riesa; § 1 Abs. 2 Fernwärmesatzung Schwerin.

im Einzelnen: Während mitunter zumindest nähere Vorgaben hinsichtlich der zu verwendenden Brennstoffe enthalten sind,[1758] fehlen diese in anderen Satzungen[1759] und lassen den Nutzern damit mehr als nur den verfassungsrechtlich dringend gebotenen Freiraum.

Was schließlich den für die Verwirklichung der klima- und energiepolitischen Zielsetzungen so relevanten Gebäudebestand betrifft, so sehen die Satzungen keine umfassende Einbeziehung vor und tragen verfassungsrechtlichen Anforderungen damit Rechnung. Die Gemeinden gehen dabei – in grundsätzlich zulässiger Weise – unterschiedlich weit, lassen jedoch mitunter Potenzial ungenutzt. Regelungen reichen von einer generellen Befreiung bereits bestehender Anlagen – und zwar bis deren Betrieb aufgegeben, die Anlagen erneuert, ersetzt oder wesentlich geändert werden sollen[1760] – bis hin zu einer Begrenzung dieser generellen Freistellung, solange keine wesentliche Änderung oder Erneuerung der Anlage vorgenommen wird, auf eine bestimmte maximale Betriebsdauer.[1761] Nur in seltenen Fällen wird eine Einbeziehung des Gebäudebestands bereits anlässlich einer wesentlichen Änderung des Gebäudes ermöglicht.[1762]

Wenn nicht bereits über derartige Übergangsregelungen, könnte den erforderlichen Interessen im Einzelfall doch zumindest über in den Satzungen enthaltene Befreiungsregelungen Genüge getan werden, die eine Freistellung im Einzelfall ermöglichen, wenn Anschluss und Benutzung unzu-

---

1758 § 5 Abs. 4 Satz 2 Fernwärmeversorgungssatzung der Stadt Schleswig stellt auf das Beheizen mit „unbeschichtetem und unbehandeltem Holz" ab; § 4 Abs. 3 Satz 2 lit. c) der Nahwärmesatzung der Stadt Langenhagen auf „naturbelassenes Holz"; § 7 Abs. 8 Fernwärmesatzung Schwerin immerhin auf „Beheizung mit Holz".

1759 § 5 Abs. 2 Satz 2 Fernwärmesatzung Neuruppin verlangt lediglich eine Beheizung „überwiegend mit Holz"; gar keine Vorgaben enthalten § 5 Abs. 2 der Versorgungssatzung Fernwärmeschiene Süd, Stadt Wuppertal; § 5 Abs. 2 Satz 2 FwVS Waldstadt, Stadt Mosbach.

1760 § 5 Abs. 4 Satz 1 und 2 der Fernwärmesatzung Frankfurt a.M., Baugebiet Riedberg; § 6 Abs. 1 Fernwärmesatzung Neuruppin; §§ 5 Abs. 2, 7 Abs. 3 FwärmVS Riesa; § 7 Abs. 2 und 3 Fernwärmesatzung Schwerin; § 7 Abs. 2 Fernwärmesatzung Stadtroda.

1761 § 6 Abs. 2 Fernwärmesatzung Stadt Bernburg (maximal 20 Jahre ab Inkrafttreten der Satzung); § 6 Abs. 3 FwVS Waldstadt, Stadt Mosbach (bis maximal 6.5.2027, zudem gekoppelt an die Erfüllung des Standes der Technik).

1762 § 5 Abs. 4 Satz 3 Fernwärmesatzung Frankfurt a.M., Baugebiet Riedberg; §§ 4 Abs. 3 Satz 2, 6 Abs. 3 Versorgungssatzung Fernwärmeschiene Süd, Stadt Wuppertal – hier wiederum kombiniert mit einer Höchstdauer der Befreiung von 20 Jahren.

mutbar sind.[1763] Soweit vereinzelte Satzungen keine derartige allgemeine Befreiungsregelung für Fälle wirtschaftlicher Unzumutbarkeit enthalten, ist dies insoweit unbedenklich, als der besonders intensiv betroffene Gebäudebestand einer speziellen Übergangsregelung unterworfen wird.[1764]

Daneben werden auch die angesprochenen klimaschonenden Einzelanlagen speziellen Ausnahmeregelungen zugeführt. So enthalten die Satzungen Bestimmungen, nach denen emissionsfreie Anlagen vom Anschluss- und Benutzungszwang befreit werden.[1765] Besonders positiv sind die vereinzelten, konkretisierenden Regelungen zu bewerten, wonach die Verbrennung von Biomasse oder auch der Betrieb elektrischer Wärmepumpen explizit nicht unter diese Befreiungsmöglichkeit fallen.[1766]

Demgegenüber sollte auf die Erteilung von Befreiungen verzichtet werden, soweit diese auch für lediglich emissionsarme Energiequellen in Betracht kommt.[1767] Auf Bedenken stoßen daher Bestimmungen, denen zufolge „kein Anschluss- und Benutzungszwang [besteht], wenn der Wärmebedarf überwiegend mit regenerativen Energien gedeckt wird", zu denen laut Satzung ohne Einschränkungen auch „Biomasse einschließlich Holz" zählt.[1768] Eine derart weitgehende Freistellung vom Anschluss- und Benutzungszwang geht über das verfassungsrechtlich gebotene Maß hinaus

---

1763 § 6 Abs. 4 Fernwärmesatzung Stadt Bernburg; § 7 Abs. 2 der Satzung des Marktes Holzkirchen über die Wärmeversorgung; § 6 Abs. 2 Fernwärmesatzung Neuruppin; § 7 Abs. 1 FwärmVS Riesa; § 6 Abs. 2 Fernwärmeversorgungssatzung der Stadt Schleswig; § 7 Abs. 7 Fernwärmesatzung Schwerin; § 7 Abs. 4 Fernwärmesatzung Stadtroda; § 6 Abs. 1 Versorgungssatzung Fernwärmeschiene Süd, Stadt Wuppertal.

1764 Vgl. FwVS Waldstadt, Stadt Mosbach, für den Gebäudebestand dort § 6 Abs. 3.

1765 §§ 5 Abs. 3 Satz 2, 6 Abs. 3 Fernwärmesatzung Stadt Bernburg; § 7 Abs. 1 der Satzung des Marktes Holzkirchen über die Wärmeversorgung; § 6 Abs. 1 FwVS Waldstadt, Stadt Mosbach, mit ausdrücklicher Bestimmung der erfassten emissionsfreien Anlagen in § 6 Abs. 2 der Satzung; § 7 Abs. 4 FwärmVS Riesa; § 6 Abs. 1 Fernwärmeversorgungssatzung der Stadt Schleswig; § 7 Abs. 1 Fernwärmesatzung Stadtroda; § 6 Abs. 2 Versorgungssatzung Fernwärmeschiene Süd, Stadt Wuppertal.

1766 § 5 Abs. 4 Satz 1 der Fernwärmeversorgungssatzung der Stadt Schleswig.

1767 Eine derartige Befreiungsmöglichkeit sieht etwa § 7 Abs. 3 der Fernwärmesatzung Stadtroda vor, allerdings nur, soweit der Zweck des Anschluss- und Benutzungszwangs nicht entgegensteht und der Stadt wirtschaftlich zumutbar ist.

1768 So z.B. § 5 Abs. 5 Satz 2 der Fernwärmesatzung Neuruppin, in Anknüpfung an § 3 Satz 3 AVBFernwärmeV. Vgl. auch die (im Ermessen stehende) Befreiungsregelung nach § 7 Abs. 4 lit. b) und c) der Fernwärmesatzung Schwerin, die ebenfalls sowohl elektrisch betriebene Wärmepumpen, ohne weitere Einschrän-

und ist dem Zweck des Klimaschutzes und der Senkung von CO_2-Emissionen nicht dienlich.

Bedenken wecken Satzungen, die zwar als Ermessensregelung eine allgemeine Befreiungsregelung für den im Einzelfall unzumutbaren Anschluss- und Benutzungszwang vorsehen oder falls andere regenerative Energiequellen eingesetzt werden sollen, andererseits Solaranlagen zur Wärmeerzeugung – obwohl emissionsfrei – ausdrücklich untersagt werden.[1769]

Im Übrigen zeigen die verschiedenen Kombinationen unterschiedlicher Übergangsregelungen für den Gebäudebestand, Befreiungsregelungen für Fälle der Unzumutbarkeit sowie Ausnahme- oder Befreiungsmöglichkeiten für den Betrieb emissionsarmer Einzelanlagen, dass die Gemeinden den verfassungsrechtlichen Vorgaben für Ausnahmen und Befreiungen, zur Wahrung der Verhältnismäßigkeit auch im konkreten Fall, in aller Regel nicht nur genügen, sondern dabei in der Reichweite dieser Bestimmungen zum Teil gar über das zwingend gebotene Maß hinausgehen. Dies liegt grundsätzlich im Ermessen des jeweiligen Satzungsgebers, auch wenn dabei unter Umständen Potenzial zur weiteren Förderung der klimapolitischen Zielsetzungen in gewissem Umfang ungenutzt bleiben kann. Insoweit ist zumindest bei Anwendung der Satzungsbestimmungen zwar den Grundrechten Rechnung zu tragen, im Übrigen jedoch mit Blick auf das Ziel des Klimaschutzes Zurückhaltung zu wahren.

3. Fazit zur aktuellen und künftigen Bedeutung des Anschluss- und Benutzungszwangs im Bereich der Wärmeversorgung

Wie in der Einleitung ausgeführt, soll mit der vorliegenden Untersuchung der Frage nachgegangen werden, ob dem Institut des Anschluss- und Benutzungszwangs vor dem Hintergrund der Problematik des Klimawandels und der in Deutschland eingeleiteten Energiewende eine besondere Rolle zugewiesen ist oder stattdessen ein Bedeutungsverlust des Anschluss- und Benutzungszwangs zu beobachten ist bzw. sein wird.

Die Antwort auf diese Frage fällt nicht ganz eindeutig aus. Zumindest zum gegenwärtigen Zeitpunkt kann die Bedeutung des Anschluss- und Be-

---

kungen, sowie die Verbrennung von Holz umfasst, solange nur Feinstaub vermieden wird.

1769 Vgl. § 4 Abs. 4 sowie § 5 Abs. 1 der Nahwärmesatzung der Stadt Langenhagen.

nutzungszwangs als ein Instrument zur Einsparung von Emissionen und somit zur Förderung des globalen Klimaschutzes jedenfalls nicht bestritten werden. Immerhin bietet sich damit eine Möglichkeit, umfassend – sowohl im Falle der Neuerrichtung von Gebäuden wie auch im Gebäudebestand – klimaschädliche Arten der Wärmebedarfsdeckung durch emissionsfrei oder doch zumindest auf „klimafreundlichere" Weise erzeugte Wärme zu ersetzen. Dem haben schließlich auch Bundes- und Landesgesetzgeber durch eine Erweiterung der rechtlichen Anordnungsmöglichkeiten Rechnung getragen.

Das Bestehen hinreichend weit gefasster Ermächtigungsgrundlagen allein kann jedoch (lediglich) Rechtsunsicherheiten und damit ein Hindernis für die Verbreitung einer zentralen Wärmeversorgung beseitigen. Darüber hinaus führt das Bestehen derartiger Ermächtigungen aber keineswegs zwangsläufig zu einem weiteren Ausbau der netzgebundenen Wärmeversorgung. Zu berücksichtigen sind insoweit vielmehr auch die notwendigen Einschränkungen des Anschluss- und Benutzungszwangs, die sich insbesondere aus den zu beachtenden verfassungsrechtlichen Anforderungen, darüber hinaus aber auch aus bestimmten einfachgesetzlichen Bestimmungen ergeben und verschiedene Übergangs-, Ausnahme- und Befreiungsvorschriften erforderlich machen.

Auf lange Sicht ist daher wohl nicht mit einer wachsenden Bedeutung dieses gemeindlichen Handlungsinstruments zu rechnen. Eine steigende Zahl von Ausnahmen gerade zugunsten der zunehmenden Nutzung erneuerbarer Energien in eigenen, dezentralen Anlagen wird für die Gemeinden die Einführung eines Anschluss- und Benutzungszwangs in der Praxis doch erheblich erschweren. Der zum Teil bereits aktuell festgestellte großzügige Umgang mit Ausnahme- und Befreiungsvorschriften, der über die verfassungsrechtlich zwingend gebotenen Anforderungen noch hinausgeht, belastet die Durchsetzung und gegebenenfalls auch die grundlegende Rechtfertigung eines Anschluss- und Benutzungszwangs zum Zweck des Klimaschutzes noch zusätzlich.

Gegenüber der Nutzung erneuerbarer Energien in dezentralen Anlagen kann langfristig auch die Nutzung der KWK-Technik für sich betrachtet noch keinen hinreichend gewichtigen Beitrag zur Förderung des Klimaschutzes leisten. Dass es zunehmend auf die Nutzung eines Mindestmaßes an erneuerbaren Energien ankommt, zeigen bereits jetzt das EEWärmeG sowie die Entwicklungen auf europäischer Ebene. Insoweit werden sich die von Gemeinden zu beachtenden Anforderungen an die Art und Weise der zentralen Wärmeversorgung künftig noch verschärfen. Dies kann für die Gemeinden Anlass genug bieten, statt der Einführung eines kommunalen Anschluss- und Benutzungszwangs andere Möglichkeiten der Förderung des Klimaschutzes zu erwägen.

Teil 7: Zusammenfassung der Ergebnisse

Die vorliegende Arbeit hat es sich zum Ziel gesetzt, verschiedenen Rechtsfragen des Anschluss- und Benutzungszwangs vor dem Hintergrund von Klimawandel und Energiewende nachzugehen und dabei insbesondere die Frage aufzuwerfen, ob bzw. inwieweit diesem hergebrachten, kommunalrechtlichen Handlungsinstrument angesichts geänderter rechtlicher wie auch tatsächlicher Rahmenbedingungen gegebenenfalls eine neu zu bewertende Bedeutung zukommen kann – ob sich der Anschluss- und Benutzungszwang für viele Gemeinden insoweit von größerer Relevanz erweisen oder umgekehrt eher einen Bedeutungsverlust erleiden wird.

Im Mittelpunkt der Betrachtung steht dabei der Anschluss- und Benutzungszwangs im Bereich der Wärmeversorgung. Wesentliche Erkenntnisse sollen dabei im Folgenden zusammenfassend festgehalten werden.

1. Die Bedeutung des Klimaschutzes ist bereits seit einigen Jahren nicht nur politisch ganz weitgehend anerkannt. Vielmehr hat sich auch der Gesetzgeber dieser Thematik angenommen, die Dringlichkeit des Klimaschutzes anerkannt und in verschiedenen Bereichen Regelungen getroffen, um notwendige, grundlegende Umstellungen gerade der Energieversorgung voranzutreiben und so einen Beitrag zu leisten, den Klimawandel zu stoppen.

Von großer Bedeutung ist dabei neben der Strom- auch die Wärmeversorgung. Energiepolitische Ziele gehen insofern mit dem Bestreben des Klimaschutzes einher und verlangen eine dauerhafte Umstellung der Versorgung von der Nutzung fossiler Brennstoffe auf die Verwendung erneuerbarer Energien. Die Regelungsdichte ist dabei im Wärmesektor noch geringer als bei der Elektrizitätsversorgung. Es existieren allerdings nicht nur insgesamt verbindliche Klimaschutzziele, sondern auch Vorgaben gerade zur Förderung des Ausbaus erneuerbarer Energien im Wärmesektor.

Das Augenmerk muss dabei insbesondere auch auf dem Bereich des Gebäudebestands liegen – sowohl mit Blick auf die auf diesen Bereich zurückzuführenden Emissionen als auch angesichts des daraus folgenden enormen Potenzials für Verbesserungen zum Schutze des Klimas.

2. Vor diesem Hintergrund kommt den Kommunen eine maßgebliche Rolle zu, die lokalen Ursachen des Klimawandels in den Blick zu nehmen

und selbst – auf verschiedene Weise und in unterschiedlichem Maße – zum Schutz des Klimas aktiv zu werden.

Das gilt gerade mit Blick auf die erwähnte Wärmeversorgung. Um eine stärkere Verbreitung erneuerbarer Energien in der Wärmeerzeugung zu fördern, bieten sich zentral gespeiste Wärmenetze an. Unter Klimagesichtspunkten werden ihnen verschiedene Vorteile gegenüber der herkömmlichen, regelmäßig auf fossilen Brennstoffen beruhenden Wärmeerzeugung zugeschrieben. Dabei erfolgt auch die zentrale Wärmeversorgung bislang jedoch keineswegs ausschließlich oder auch nur überwiegend auf der Basis erneuerbarer Energien; vielfach liegen die Vorzüge bislang v.a. in einer Steigerung der Energieeffizienz durch den Einsatz der Kraft-Wärme-Kopplung.

Zu berücksichtigen sind allerdings auch die beim Wärmetransport zu verzeichnenden Wärmeverluste sowie dementsprechend die generelle räumliche Begrenzung einer solchen netzgebundenen Wärmeversorgung. Das Ausbaupotenzial derartiger Netze ist daher durchaus differenzierend zu betrachten, allerdings zum gegenwärtigen Zeitpunkt nicht zu vernachlässigen.

Angesichts der Vorbehalte Betroffener gegenüber einem freiwilligen Anschluss an derartige Netze und vor dem Hintergrund der demographischen Entwicklung wird eine hinreichende Zahl von Nutzern, die zum wirtschaftlichen und effizienten Betrieb einer solchen zentralen, netzgebundenen Wärmeversorgung erforderlich ist, häufig nur mit dem Mittel des Anschluss- und Benutzungszwangs erschlossen werden können. Den Gemeinden kommt damit einmal mehr eine wesentliche Rolle als Akteur im Bereich des Klimaschutzes zu.

3. Die Möglichkeit, einen Anschluss- und Benutzungszwang für die Wärmeversorgung anzuordnen, besteht mittlerweile in allen Bundesländern, existieren doch bundesweit entsprechende Ermächtigungsgrundlagen für die sogenannte Fernwärme.

Davon erfasst werden jedoch Wärmenetze verschiedener Art. Denn Ermächtigungsgrundlagen liegt ein weiter Begriff der Fernwärme zugrunde, der verschiedene Erscheinungsformen erfasst. Ermöglicht wird daher auch ein Anschluss an die sogenannte Nahwärmeversorgung, soweit es sich danach nur um eine zentrale (wenn auch noch kleinräumigere) Art der Wärmeversorgung handelt. Auch ist nicht nach der Art der Wärmeerzeugung bzw. den eingesetzten Energieträgern zu differenzieren.

Ein hiervon abweichendes, zwischen Nah- und Fernwärme differenzierendes Begriffsverständnis ist inzwischen überholt und liegt auch den gesetzlichen Regelungen nicht (mehr) zugrunde.

4. Trotz verschiedener landesrechtlicher Besonderheiten ist allen Ermächtigungsgrundlagen gemeinsam, dass die Einführung eines Anschluss- und Benutzungszwangs nur bei Vorliegen eines öffentlichen Bedürfnisses bzw. bei Gründen des öffentlichen Wohls in Betracht kommt. Welche Anordnungsgründe davon im Einzelnen erfasst werden, ob v.a. auch der globale Klimaschutz ein solches Bedürfnis darstellt, ist heftig umstritten. Die Ermächtigungsgrundlagen der Länder haben dieses Erfordernis nur vereinzelt näher konkretisiert.

Vor dem Hintergrund der mit dem Benutzungszwang einhergehenden Monopolisierungswirkung stellt der Anschluss- und Benutzungszwang einen – zum Teil besonders intensiv wirkenden – Eingriff in Grundrechte Betroffener dar und bedarf als solcher der Rechtfertigung. Diese muss im jeweils zu verfolgenden öffentlichen Bedürfnis liegen. Damit erfolgt eine Anknüpfung an das Wohl der Gemeindeeinwohner, das der Verantwortung der jeweiligen Gemeinde übertragen ist. Während rein kommunalwirtschaftliche Erwägungen die Einführung eines Anschluss- und Benutzungszwangs daher nicht rechtfertigen können, dürfen sie doch durchaus mit verfolgt werden – zum übergeordneten Zweck der Verfolgung zulässiger Gemeinwohlbelange. Als solcher Gemeinwohlbelang zählen insbesondere der Schutz der Gesundheit der Gemeindeeinwohner, nach neuerem, immer weiter verbreitetem Verständnis aber auch weiter reichende Belange des Umwelt- und Klimaschutzes.

5. Maßgeblich für die Auslegung der Erfordernisse des öffentlichen Bedürfnisses bzw. der Gründe des öffentlichen Wohls ist der verfassungsrechtliche Rahmen, innerhalb dessen sich die Gemeinden bewegen und Kompetenzen ausüben können. Die Garantie kommunaler Selbstverwaltung in Art. 28 Abs. 2 Satz 1 GG knüpft dabei an die Angelegenheiten der örtlichen Gemeinschaft an; dem kommt sowohl eine kompetenzbegründende als auch eine kompetenzbeschränkende Wirkung zu. Angelegenheiten der örtlichen Gemeinschaft setzen insofern einen spezifischen örtlichen Bezug voraus, dessen Sicherung auch das Erfordernis des öffentlichen Bedürfnisses in den einschlägigen Ermächtigungsgrundlagen für den Anschluss- und Benutzungszwang dient.

6. Insoweit sind die originären gemeindlichen Zuständigkeiten begrenzt, andererseits kommt gerade den Angelegenheiten der örtlichen Gemeinschaft ein besonderer Schutz zu, der auch den Gesetzgeber bindet.

Eine Aufgabe muss danach keineswegs in jeder Hinsicht ein örtliche sein; sie kann vielmehr durchaus auch überörtliche Elemente beinhalten. Darüber hinaus kann das Verständnis der Angelegenheiten der örtlichen Gemeinschaft auch im Laufe der Zeit einem Wandel unterliegen.

Soweit es die Energieversorgung betrifft, so ist zumindest der Teilbereich der örtlichen Versorgung, d.h. der vor Ort erfolgenden Erzeugung und Verteilung von Energie an die Endverbraucher, als örtliche Angelegenheit zu betrachten. Dabei handelt es sich um einen klassischen Tätigkeitsbereich der Gemeinden, der sich zwar aufgrund neuer rechtlicher und tatsächlicher Rahmenbedingungen massiv verändert hat, den Gemeinden aber nach wie vor als nicht zu vernachlässigendes Handlungsfeld zur Verfügung steht. Durch Privatisierungen und die Liberalisierung des Gas- und Strommarktes ist die Rolle der Gemeinden insofern heute eine wesentlich andere, doch sind in letzter Zeit durchaus wieder ein verstärktes Engagement und Tendenzen der Rekommunalisierung festzustellen.

Gerade der Wärmebereich nimmt im Übrigen eine Sonderstellung ein, als er von der erwähnten Liberalisierung des Marktes ausgenommen blieb. Insbesondere die Wärmeversorgung ist schließlich aufgrund der technischen Voraussetzungen notwendigerweise räumlich begrenzt; Erzeugung wie auch Verteilung erfolgen vor Ort. Bereits daraus ergibt sich ein konkreter örtlicher Bezug.

Darüber hinaus kann die Gemeinde durch ein Engagement zur Förderung des Klimaschutzes im Bereich der Wärmeversorgung an den vor Ort befindlichen Ursachen ansetzen, die zum fortschreitenden Klimawandel beitragen: den – in Abhängigkeit von der jeweiligen baulichen Nutzung – lokal entstehenden Emissionen.

Bei Wahrung eines derartigen örtlichen Bezugs stellt damit auch der Klimaschutz durchaus eine kommunale und keineswegs rein überörtliche Angelegenheit dar. Nicht zwingend erforderlich ist, dass auch die Auswirkungen gemeindlicher Maßnahmen zum Schutze des Klimas vor Ort messbar sind. Vielmehr genügt insoweit, dass es sich um eine örtlich ansetzende, auf die Gemeindeinwohner einwirkende und zugleich ihre Versorgung betreffende Maßnahme handelt.

7. Auch die Garantie des Art. 28 Abs. 2 Satz 1 GG gestattet nicht unmittelbar Grundrechtseingriffe. Vielmehr sind Gemeinden insofern auf das Vorliegen einer konkreten, hinreichend bestimmten gesetzlichen Ermächtigungsgrundlage angewiesen. Dies gilt damit auch für die Anordnung eines Anschluss- und Benutzungszwangs gerade aus Gründen des globalen Klimaschutzes.

Soweit der Klimaschutz nicht ohnehin bereits als Angelegenheit der Gemeinden betrachtet wird, kann er diesen doch durch den jeweils zuständigen Gesetzgeber übertragen worden sein. Die dabei zu beachtenden engen Grenzen werden vorliegend jedenfalls nicht berührt. Auch insoweit kommt es daher im Ergebnis auf die Auslegung der jeweiligen gesetzlichen Ermächtigungsgrundlage für die Anordnung eines Anschluss- und Benutzungszwangs an.

Sofern diese Rechtsnormen den Klima- und Ressourcenschutz ausdrücklich als zulässige Anordnungsgründe benennen, gestaltet sich die Auslegung noch unproblematisch. Nicht anders sind auch die ausdrücklichen Bezugnahmen auf den Schutz der Umwelt oder der natürlichen Lebensgrundlagen zu verstehen.

Problematisch ist lediglich eine Regelung, die ausdrücklich an den Schutz vor schädlichen Umwelteinwirkungen im eng verstandenen, klassischen immissionsrechtlichen Sinne anknüpft und dabei auf die konkreten örtlichen Verhältnisse, die lokale Immissionsbelastung abstellt. In diesen Fällen müsste auch der Anschluss- und Benutzungszwang zu konkreten, örtlich feststellbaren Verbesserungen beitragen und dies nachgewiesen werden können.

Bei Auslegung des unbestimmten Rechtsbegriffs des „öffentlichen Bedürfnisses" bzw. der „Gründe des öffentlichen Wohls" ist, dem weiten Wortlaut folgend, demgegenüber keine Beschränkung auf derartige Beiträge zur Verbesserung der Volksgesundheit und der Luftqualität vor Ort vorzunehmen. Der weite Begriff erlaubt vielmehr – insbesondere vor dem Hintergrund der teils ausdrücklich angestrebten Erweiterungen der Ermächtigungsgrundlagen und angesichts des Schutzauftrags aus Art. 20a GG – eine Auslegung, die auch den Schutz des Klimas umfasst.

8. Dieses Verständnis der landesrechtlichen Ermächtigungsgrundlagen konnte sich allerdings in Rechtsprechung und Literatur nicht überall durchsetzen. Dies führte zu Rechtsunsicherheiten bei der Anwendung der Normen und Unterschieden in der praktischen Umsetzung.

Diese Unsicherheiten wurden nicht zuletzt anhand einiger Entscheidungen des Bundesverwaltungsgerichts deutlich. Das Gericht billigte dabei jeweils die durch VGH bzw. OVG vorgenommene Auslegung des Landesrechts – unabhängig davon, ob der jeweiligen Ermächtigungsgrundlage danach ein enges oder weites Verständnis zugrunde zu legen sein sollte. Vor dem Hintergrund der verfassungsrechtlichen Vorgaben des Art. 20a und Art. 28 Abs. 2 Satz 1 GG hat auch das Bundesverfassungsgericht maßgeblich auf das einschlägige Landesrecht abgestellt, eine Übertragung der Aufgabe des Klimaschutzes aber gerade für zulässig befunden.

Die bestehenden Rechtsunsicherheiten und entsprechenden Gerichtsentscheidungen veranlassten nicht nur einzelne Landesgesetzgeber zur Änderung einschlägiger Regelungen, sondern auch den Bundesgesetzgeber zum Erlass der Bestimmung des § 16 EEWärmeG.

9. Das EEWärmeG dient insgesamt dem Ziel des Klimaschutzes durch eine Förderung des Ausbaus erneuerbarer Energien im Wärmebereich. Es stützt sich dabei zum einen auf eine Nutzungspflicht für erneuerbare Energien, daneben auf Maßnahmen der finanziellen Förderung und schließlich auf § 16 EEWärmeG. Danach sollen die Gemeinden von einer landesrechtlichen Ermächtigungsgrundlage für den Anschluss- und Benutzungszwang an die Fernwärmeversorgung auch zum Zwecke des Klima- und Ressourcenschutzes Gebrauch machen können.

Während verfassungsrechtliche Bedenken gegenüber dieser Regelung im Ergebnis nicht überzeugen können, bestehen doch Zweifel mit Blick auf die erforderliche Umsetzung europarechtlicher Vorgaben. Dies betrifft zum einen die Beschränkung des Anwendungsbereichs der Nutzungspflicht, daneben aber auch das Erfordernis der Speisung von Wärmenetzen aus Wärme, die zu einem wesentlichen Anteil aus erneuerbaren Energien erzeugt wurde.

10. § 16 EEWärmeG stellt selbst keine Ermächtigungsgrundlage dar, setzt vielmehr eine landesrechtliche Ermächtigungsgrundlage voraus und knüpft daran an. Landesrechtliche Besonderheiten und Beschränkungen sind danach auch weiterhin zu beachten. Lediglich den Kreis der zulässigen Anordnungsgründe erweitert § 16 EEWärmeG um den Zweck des Klima- und Ressourcenschutzes, soweit dieser nicht bereits nach Landesrecht als Anordnungsgrund in Betracht kommt.

Daneben stellt § 16 EEWärmeG an einen Anschluss- und Benutzungszwang zum Zweck des Klimaschutzes im Sinne des Gesetzes selbst besondere Anforderungen. Zwar nimmt die Norm nicht ausdrücklich auf Nr. VIII der Anlage zum EEWärmeG Bezug, nach Sinn und Zweck jedoch stellen sich im Rahmen einer vermittelnden Lösung zumindest vergleichbare Anforderungen für ein Wärmenetz, zu dessen Gunsten ein Anschluss- und Benutzungszwang angeordnet werden soll. Dabei ist, wenn auch ohne Bindung an die in Nr. VIII der Anlage zum EEWärmeG festgelegten Werte doch eine zumindest anteilige Verwendung erneuerbarer Energien bzw. der Einsatz der KWK-Technik in nicht zu vernachlässigendem Umfang erforderlich. Andernfalls wird dem Zweck des Klimaschutzes, wie ihn das EEWärmeG fördern will, nicht Genüge getan.

Diese Anforderungen werden künftig weiter steigen, sobald den erwähnten europarechtlichen Bedenken Rechnung getragen und es entscheidend auf die Nutzung eines Mindestmaßes an erneuerbaren Energien ankommen wird.

11. Neben dem hier ausführlich betrachteten Bereich der Wärmeversorgung stellt der Klimaschutz auch in anderen Gebieten eine wesentliche Herausforderung dar. Dies betrifft auch die Anwendung des Anschluss- und Benutzungszwangs im Bereich der Abwasserbeseitigung. Das Wasserrecht muss sich insofern – im Unterschied zu den Fragen der grundlegenden Umgestaltung der Energieversorgung – v.a. mit der notwendigen Anpassung an die Folgen des Klimawandels befassen.

Vergleichbar dem Wärmesektor ist auch der Bereich der Abwasserentsorgung geprägt von einem Gegenüber dezentraler und zentraler Lösungen, deren Verhältnis vor dem Hintergrund gewandelter Anforderungen neu überdacht werden muss.

Gerade für den Bereich der Abwasserbeseitigung ist Bundes- und Landesrecht ein ausdifferenzierter Rechtsrahmen zu entnehmen. Dieser enthält durchaus Ansatzpunkte für eine stärkere Berücksichtigung der Vorzüge dezentraler Lösungen. Danach kann – insbesondere mit Blick auf einzelne „Teile" des Abwassers, konkret das Niederschlagswasser – ein öffentliches Bedürfnis zur Einführung eines Anschluss- und Benutzungszwangs keineswegs automatisch angenommen werden. Es ist vielmehr konkret zu belegen und bedarf näherer Begründung.

Darüber hinaus stellen sich Fragen nach einzelnen Ausnahmen oder Befreiungen zugunsten dezentraler Anlagen – insofern „parallel" zu den Diskussionen um einen Anschluss- und Benutzungszwang an die zentrale Wärmeversorgung.

12. Ausnahme- und Befreiungsvorschriften können aus Gründen des erforderlichen Grundrechtsschutzes geboten sein. Insoweit ist eine Prüfung der Grundrechte aus Art. 14, Art. 12 sowie Art. 2 Abs. 1 und Art. 3 Abs. 1 GG vorzunehmen.

Insbesondere Grundstückseigentümer werden in ihrem Grundrecht aus Art. 14 GG berührt, doch stellt der mit dem Anschluss- und Benutzungszwang verbundene Eingriff „nur" eine Inhalts- und Schrankenbestimmung dar. Dieser Eingriff kann aus Gründen des Klimaschutzes in aller Regel gerechtfertigt sein. Von rein fossil befeuerten Heizwerken ohne Nutzung der KWK-Technik abgesehen, handelt es sich beim Anschluss an die zentrale Wärmeversorgung insbesondere um ein geeignetes und erforderliches Mittel zur Verfolgung des Ziels des Klimaschutzes. Lediglich die Frage der Angemessenheit bzw. Zumutbarkeit stellt sich in einigen Fällen als problematisch dar. Dabei kann allerdings im Grundsatz auch der Gebäudebestand durchaus einbezogen werden – und sollte dies sogar, um das Ziel des Klimaschutzes möglichst effektiv zu fördern.

Lediglich in eng begrenztem Umfang sind Übergangs- bzw. Ausnahme- oder Befreiungsvorschriften für die Einzelfälle geboten, in denen die Erfassung auch bestehender Anlagen unzumutbar ist oder soweit die Nutzung einer dezentralen, emissionsfreien Anlage sich als dem Zweck des Klimaschutzes förderlicher erweist.

13. Durch den Anschluss- und Benutzungszwang von der Versorgung ausgeschlossene Konkurrenten können in bestimmten Fällen sowohl in ihrem Recht aus Art. 14 GG als auch – dies regelmäßig – in der durch Art 12 GG garantierten Berufsfreiheit beeinträchtigt werden. Zwar werden bloße Erwerbs- oder Gewinnchancen von Art. 14 Abs. 1 GG nicht geschützt, dem Schutz unterliegen allerdings die eigenen Anlagen, die infolge der Einführung des Anschluss- und Benutzungszwangs gegebenenfalls nicht weiter genutzt werden können und daher ihren wirtschaftlichen Wert verlieren. Praktisch sind allenfalls seltene, atypische Ausnahmefälle denkbar, in denen Betroffenen tatsächlich kein anderweitiges Betätigungsfeld mehr verbleibt, sie daher vollständig von der weiteren Betätigung ausgeschlossen werden, und auch eine Verlegung des Betriebs bzw. das Erschließen neuer Märkte ausscheidet.

Lediglich in derartigen, eng begrenzten Fällen kann es sich zum einen um eine intensiv wirkende Bestimmung von Inhalt- und Schranken des Eigentums handeln sowie zum anderen gegebenenfalls um eine objektive Berufszugangsschranke. Im Regelfall wird demgegenüber lediglich eine Berufsausübungsregelung anzunehmen sein.

In allen Fällen kommt es maßgeblich auf die Wahrung der Anforderungen des Verhältnismäßigkeitsprinzips an. Der Klimaschutz stellt jedoch ein überragendes Gemeinwohlziel dar, dass auch intensive Beeinträchtigungen grundsätzlich zu rechtfertigen vermag. Insofern wird wiederum lediglich in den beschriebenen, seltenen Ausnahmefällen eine unzumutbare Beeinträchtigung anzunehmen sein, die dann von der Gemeinde bei Erlass der Satzung berücksichtigt werden muss und gegebenenfalls durch Übergangsregelungen oder befristete Befreiungsmöglichkeiten aufgefangen werden kann.

14. Übergangs- sowie Ausnahme- und Befreiungsvorschriften sollten jedoch über das verfassungsrechtlich gebotene Maß nicht hinausgehen. Dies gebietet auch sonstiges Bundesrecht nicht. Insbesondere ist § 3 AVB-FernwärmeV auch nach § 35 Abs. 1 der Verordnung nur entsprechend anzuwenden und darf den mit dem Anschluss- und Benutzungszwang verfolgten Zweck nicht grundsätzlich in Frage stellen.

Bereits die einzelnen landesrechtlichen Ermächtigungsgrundlagen ermöglichen ausdrücklich die Regelung erforderlicher Ausnahmen oder Beschränkungen des Anschluss- und Benutzungszwangs. Davon haben Gemeinden in allen Ländern in der Praxis Gebrauch gemacht und entsprechende Vorschriften in ihre Satzungen aufgenommen. Dabei zeigt sich insgesamt eine Tendenz, derartige Bestimmungen großzügiger zu formulieren bzw. zu kombinieren als dies verfassungsrechtlich zwingend geboten wäre. Zwar ist dies aus Sicht der dem Zwang unterworfenen Betroffenen grundsätzlich zu begrüßen, damit verknüpft sich allerdings die Problematik, dass Ausnahmen bzw. Befreiung den Anschluss- und Benutzungszwang nicht in Frage stellen dürfen und auch aus Gründen der Wirtschaftlichkeit und der Kostenverteilung auf möglichst viele Nutzer nicht unbeschränkt erweitert werden können. Bei Anwendung der Vorschriften ist daher zu Zurückhaltung zu raten und mitunter eine restriktive Handhabung angemessen.

15. Dies gilt in besonderem Maße für Ausnahmen für dezentrale Anlagen, die zwar nicht als emissionsfreie, aber doch immerhin als emissionsarme Anlagen gelten. Wie dargelegt, kann gerade der satzungsmäßige Zweck des Klimaschutzes eine Ausnahme zugunsten besonders klimaschonender Anlagen erfordern. Insoweit ist allerdings eine Art ökologischer Vergleich mit der möglichen Förderung des Klimaschutzes durch Anwendung des Anschluss- und Benutzungszwangs erforderlich. Dabei werden die Vorteile emissionsfreier Anlagen überwiegen können. Dies gilt allerdings nicht in gleicher Weise, solange dezentrale Anlagen allenfalls eine begrenzte Minderung von Emissionen ermöglichen.

Mit Fortentwicklung der technischen Möglichkeiten und der weiteren Verbreitung emissionsfreier, dezentraler Anlagen wird sich umgekehrt in zunehmendem Maße die Frage stellen, ob bzw. inwieweit einer beantragten Ausnahme oder Befreiung das Argument der wirtschaftlichen Unzumutbarkeit entgegengehalten werden kann. Dabei unterliegen die Gemeinden strengen Anforderungen, auch die Rechtsprechung ist hier zu Recht restriktiv.

16. Diese zunehmende Zahl von Ausnahmen, verbunden mit weitreichenden Anforderungen an die Darlegung wirtschaftlicher Erwägungen, wird für die Gemeinden damit auf lange Sicht die Einführung eines Anschluss- und Benutzungszwangs in der Praxis doch erschweren. Zwar bestehen heute bundesweit ausreichende Möglichkeiten, einen Anschluss- und Benutzungszwang für die zentrale, netzgebundene Wärmeversorgung aus Gründen des Klimaschutzes anzuordnen. Allein die Nutzung der KWK-Technik zur zentralen Wärmeerzeugung kann dabei jedoch langfristig gegenüber der Nutzung erneuerbarer Energien in dezentralen Anlagen keine hinreichend gewichtigen Beiträge zur Förderung des Klimaschutzes leisten, die dauerhaft den Einsatz des Anschluss- und Benutzungszwangs und die damit verbundene Beeinträchtigung der Grundrechte zu rechtfertigen vermögen. Dass es zunehmend auf die Nutzung eines Mindestmaßes an erneuerbaren Energien ankommt, zeigen bereits jetzt das EEWärmeG sowie die Entwicklungen auf europäischer Ebene.

17. Zwar kommt dem klassischen kommunalrechtlichen Instrument des Anschluss- und Benutzungszwangs damit gegenwärtig durchaus eine bedeutende Rolle bei der Förderung des Klimaschutzes zu. Trotz Erweiterung der rechtlichen Anordnungsmöglichkeiten ist allerdings auf lange Sicht nicht mit einer weiter zunehmenden Bedeutung dieses gemeindlichen Handlungsinstruments zu rechnen. Vielmehr wird es verstärkt auf eine Nutzung erneuerbarer Energien auch im Rahmen dezentraler Versorgungslösungen ankommen und die Rechtfertigung des Anschluss- und Benutzungszwangs damit zunehmend in Frage gestellt werden.

Literaturverzeichnis

Altenschmidt, Stefan, Die Versorgungssicherheit im Lichte des Verfassungsrechts, NVwZ 2015, S. 559 ff.

Attig, Dieter, Kraft-Wärme-Kopplung als Ergänzung der erneuerbaren Energien, ET 2012, S. 13 ff. = ET Special Online 2012, S. 7 ff., abrufbar unter: http://et-energi e-online.de/Portals/0/PDF/jahresspecial_2012.pdf (13.5.2015)

Bamberger, Heinz Georg/Roth, Herbert, Beck'scher Online-Kommentar BGB, Stand 36. Edition, München 2015

Battis, Ulrich/Krautzberger, Michael/Löhr, Rolf-Peter, Baugesetzbuch Kommentar, 12. Auflage, München 2014

Battis, Ulrich/Ruttloff, Marc, Vom Moratorium zur Energiewende – und wieder zurück. Zur Bedeutung der Moratoriums-Urteile des VGH Kassel für die Energiewende, NVwZ 2013, S. 817 ff.

Bauer, Hartmut, Zukunftsthema „Rekommunalisierung", DÖV 2012, S. 329 ff.

Blasberg, Daniela, Inhalts- und Schrankenbestimmungen des Grundeigentums zum Schutz der natürlichen Lebensgrundlagen. Das Verhältnis von Art. 14 Abs. 1 und 2 GG zu Art. 20a GG, 1. Auflage, Berlin Heidelberg 2008

Blum, Peter/Häusler, Bernd/Meyer, Hubert (Hrsg.), Niedersächsiches Kommunalverfassungsgesetz. Kommentar, 3. Auflage, Wiesbaden 2014

Böhm, Monika, Autonomes kommunales Satzungsrecht, in: Lübbe-Wolff, Gertrude/ Wegener, Bernhard (Hrsg.), Umweltschutz durch kommunales Satzungsrecht. Bauleitplanung – Abfall – Abwasser – Abgaben – Baumschutz, S. 413 ff., 3. Auflage, Berlin 2002

Böhm, Monika/Schwarz, Philip, Klimaschutz durch Anschluss- und Benutzungszwang für kommunale Fernwärmenetze – Voraussetzungen und Grenzen, DVBl 2012, S. 540 ff.

Böhm, Monika/Schwarz, Philip, Möglichkeiten und Grenzen bei der Begründung von energetischen Sanierungspflichten für bestehende Gebäude, NVwZ 2012, S. 129 ff.

Börner, Bodo, Einführung eines Anschluß- und Bneutzungszwanges für Fernwärme durch kommunale Satzung, 1. Auflage, München 1978

Böttcher, Leif/Faßbender, Kurt/Waldhoff, Christian, Erneuerbare Energien in der Notar- und Gestaltungspraxis, 1. Auflage, München 2014

Braun, Annette, Die Hamburgische Klimaschutzverordnung – Die Freie und Hansestadt Hamburg als Vorreiter im Bereich der effektiven Wärmeenergienutzung in Gebäuden, NordÖR 2008, S. 253 ff.

Britz, Gabriele, Funktion und Funktionsweise öffentlicher Unternehmen im Wandel: Zu den jüngsten Entwicklungen im Recht der kommunalen Wirtschaftsunternehmen, NVwZ 2001, S. 380 ff.

Britz, Gabriele, Klimaschutzmaßnahmen der EU und der Mitgliedstaaten im Spannungsfeld von Klimaschutz und Binnenmarkt, in: Schulze-Fielitz, Helmuth/Müller, Thorsten (Hrsg.), Europäisches Klimaschutzrecht, S. 71 ff., 1. Auflage, Baden-Baden 2009

Britz, Gabriele, Örtliche Energieversorgung nach nationalem und europäischem Recht. Unter besonderer Berücksichtigung kommunaler Gestaltungsmöglichkeiten, 1. Auflage, Baden-Baden 1994

Brückner, Götz, Die Mittelstandsförderung im Vergaberecht – Unter besonderer Berücksichtigung der Rechtsschutzproblematik, 1. Auflage, Hamburg 2015

Brüggen, Georg/Heckendorf, Ingrid, Sächsische Gemeindeordnung. Kommentar, 1. Auflage, Berlin 1994

Brüning, Christoph, Energieintelligente Steuerung mittels (sonstiger) Satzungen und Abgaben?, KommJur 2014, S. 121 ff.

Budäus, Dietrich/Hilgers, Dennis, Mutatis mutandis: Rekommunalisierung zwischen Euphorie und Staatsversagen, DÖV 2013, S. 701 ff.

Burgi, Martin, Kommunalrecht, 4. Auflage, München 2012

Burgi, Martin, Klimaschutz durch KWK-Förderung. Die Einbeziehung des Neu- und Ausbaus von Wärmenetzen im Rahmen von Europarecht und Grundgesetz [Elektronische Ressource], 1. Auflage, Stuttgart 2014

Calliess, Christian/Ruffert, Matthias (Hrsg.), EUV/AEUV. Das Verfassungsrecht der Europäischen Union mit Europäischer Grundrechtecharta, 4. Auflage, München 2011

Chelmowski, Hubert, Kraft-Wärme-Kopplung – ein frommer Trugschluss!, ET 2009, S. 51 ff.

Corell, Peter, Rechtlicher Rahmen für Contracting, BBB 2014, S. 40 ff.

Czychowski, Manfred/Reinhardt, Michael, Wasserhaushaltsgesetz unter Berücksichtigung der Landeswassergesetze. Kommentar, 11. Auflage, München 2014

Danner, Wolfgang/Theobald,Christian, Energierecht, Loseblatt Stand 84. EL, München 2015

Däuper, Olaf/Michaels, Sascha/Ringwald, Roman, Die Zustimmungsbedürftigkeit einer Laufzeitverlängerung für den Betrieb von Kernkraftwerken nach Art. 87c GG, ZUR 2010, S. 451 ff.

Däuper, Olaf/Michaels, Sascha/Voß, Jan Ole, Das Dreizehnte Gesetz zur Änderung des Atomgesetzes im Lichte des Grundgesetzes, ZNER 2011, S. 375 ff.

Dengler, Andreas, Möglichkeiten des Anschluss- und Benutzungszwangs an kommunale Wärmenetze aus Gründen des Klimaschutzes, KommP BY 2010, S. 300 ff.

Donhauser, Christoph, Neue Akzentuierungen bei der Vergabe von Standplätzen auf gemeindlichen Volksfesten und Märkten, NVwZ 2010, S. 931 ff.

Dreier, Horst (Hrsg.), Grundgesetz. Band 1. Präambel, Art. 1-19, 3. Auflage, Tübingen 2013

Düwel, Martin, Zur Notwendigkeit der Durchsetzung des Anschluss- und Benutzungszwangs für die Abwasserbeseitigung im Land Brandenburg bei der Erhebung von Benutzungsgebühren, LKV 2007, S. 109 ff.

Ebel, Hans-Rudolf, Fernwärmeversorgung und Heizkostenabrechnung, ET 1985, S. 267 ff.

Eckert, Lutz, Rechtsfragen zur Nahwärmelieferung, ZfE 1984, S. 136 ff.

Ehlers, Dirk, Privatisierung eines kommunalen Weihnachtsmarktes nicht zulässig. Anmerkung zum BVerwG, Urteil vom 27.5.2009 – 8 C 10.08 – (DVBl Heft 21/2009, S. 1382 ff.), DVBl 2009, S. 1456 ff.

Eichberger, Michael, Die Rechtsschutzgarantie vor Bundesverwaltungs- und Bundesverfassungsgericht. Aspekte eines Kooperationsverhältnisses anhand der Beispiele von Beurteilungsspielraum und Vollprüfungsanspruch, NVwZ-Beilage 2013, S. 18 ff.

Ekardt, Felix/Heitmann, Christian, Probleme des EEWärmeG bei Neubauten, ZNER 2009, S. 346 ff.

Ekardt, Felix/Schmitz, Bernhard/Schmidtke, Patrick Kim, Kommunaler Klimaschutz durch Baurecht: Rechtsprobleme der Solarenergie und der Kraft-Wärme-Kopplung, ZNER 2008, S. 334 ff.

Ennuschat, Jörg/Volino, Angela, § 16 EEWärmeG und der kommunalrechtliche Anschluss- und Benutzungszwang für Fernwärme, CuR 2009, S. 90 ff.

Epping, Volker/Hillgruber, Christian, Beck'scher Online-Kommentar Grundgesetz, Stand 25. Edition, München 2015

Ernst, Werner/Zinkahn, Willy/Bielenberg, Walter/Krautzberger, Michael, Baugesetzbuch, Loseblatt Stand 117. EL, München 2015

Faber, Markus, Der kommunale Anschluss- und Benutzungszwang. Zukunftsperspektiven trotz Privatisierung und Deregulierung?, 1. Auflage, Baden-Baden 2005

Faßbender, Kurt, Atomkraftwerke aus umweltvölker- und nachbarrechtlicher Sicht, in: Odendahl, Kerstin (Hrsg.), Internationales und europäisches Atomrecht. Die militärische und friedliche Nutzung der Atomenergie aus Sicht des Völker- und Europarechts, S. 109 ff., 1. Auflage, Berlin 2013

Faßbender, Kurt, Kommunale Steuerungsmöglichkeiten zur Nutzung Erneuerbarer Energien im Siedlungsbereich, in: Köck, Wolfgang/Faßbender, Kurt (Hrsg.), Klimaschutz durch Erneuerbare Energien. Dokumentation des 14. Leipziger Umweltrechts-Symposion des Instituts für Umwelt- und Planungsrecht der Universität Leipzig und des Helmholtz-Zentrums für Umweltforschung – UFZ, S. 39 ff., 1. Auflage, Baden-Baden 2010

Faßbender, Kurt, Die Bewältigung von Extremhochwasser durch Wasser- und Bauplanungsrecht – unter besonderer Berücksichtigung von Starkregenereignissen, ZUR 2015, S. 525 ff.

Faßbender, Kurt, Fortgeschrittenenklausur – Öffentliches Recht: Allgemeines Verwaltungsrecht – Die Auseinandersetzung um die Auslese, JuS 2012, S. 332 ff.

Faßbender, Kurt, Das neue Wasserhaushaltsgesetz, ZUR 2010, S. 181 ff.

Forsthoff, Ernst, Lehrbuch des Verwaltungsrechts, Band 1, Allgemeiner Teil, 10. Auflage, München 1973

Frenz, Walter, Rekommunalisierung und Europarecht nach dem Vertrag von Lissabon, WRP 2008, S. 73 ff.

Fricke, Norman, Technische, wirtschaftliche und rechtliche Rahmenbedingungen der Fernwärmewirtschaft – Teil 1, EuroHeat&Power 2011, S. 26 ff.

Frotscher, Werner, Die Ausgestaltung kommunaler Nutzungsverhältnisse bei Anschluss- und Benutzungszwang, 1. Auflage, Siegburg 1974

Gärditz, Klaus Ferdinand, „Atommoratorium" rechtsstaatlich betrachtet. Anmerkung zu HessVGH, Urteil vom 27.2.2013 – 6 C 824/11.T („Biblis"), EurUP 2013, S. 222 ff.

Gärditz, Klaus Ferdinand, Relevanz von Verfahrensfehlern und Anlagensicherheit. Anmerkung zum Atomkraftwerk Biblis-Beschluss des BVerwG vom 20.12.2013 – 7 B 18.13, EurUP 2014, S. 136 ff.

Gawel, Erik/Lehmann, Paul/Korte, Klaas/Strunz, Sebastian/Bovet, Jana/Köck, Wolfgang/Massier, Philipp/Löschel, Andreas/Schober, Dominik/Ohlhorst, Dörte/Tews, Kerstin/Schreurs, Miranda/Reeg, Matthias/Wassermann, Sandra, Die Zukunft der Energiewende in Deutschland, ZUR 2014, S. 219 ff.

Geis, Max-Emanuel, Kommunalrecht, 3. Auflage, München 2014

Gern, Alfons, Sächsisches Kommunalrecht, 2. Auflage, München 2000

Gern, Alfons, Deutsches Kommunalrecht, 3. Auflage, Baden-Baden 2003

Giesberts, Ludger/Reinhardt, Michael (Hrsg.), Beck'scher Online-Kommentar Umweltrecht, Stand 36. Edition, München 2015

Glaser, Andreas, „Angelegenheiten der örtlichen Gemeinschaft" im Umweltschutz, Die Verwaltung 41 (2008), S. 483 ff.

Groeben, Hans v. d./Schwarze, Jürgen/Hatje, Armin (Hrsg.), Europäisches Unionsrecht, 7. Auflage, Baden-Baden 2015

Groß, Thomas, Welche Klimaschutzpflichten ergeben sich aus Art. 20a GG?, ZUR 2009, S. 364 ff.

Hailbronner, Kay, Öffentliche Unternehmen im Binnenmarkt – Dienstleistungsmonopole und Gemeinschaftsrecht, NJW 1991, S. 593 ff.

Hegele, Dorothea/Ewert, Klaus-Peter, Kommunalrecht im Freistaat Sachsen, 2. Auflage, Stuttgart u.a. 1997

Heiermann, Wolfgang/Tschäpe, Philipp, Die Dezentralisierung der Energieversorgung durch lokale Windenergieanlagen – Gemeinden und Gemeindebürger werden zu Öffentlichen Auftraggebern, ZfBR-Beil. 2012, S. 110 ff.

Hertwig, Stefan, Die Dienstleistungsfreiheit als Grenze staatlicher Monopole und Eigenleistungen, EuR 2011, S. 745 ff.

Heselhaus, Sebastian, Europäisches Energie- und Umweltrecht als Rahmen der Energiewende in Deutschland, EurUP 2013, S. 137 ff.

Heselhaus, Sebastian, Europäisches Energie- und Umweltrecht – Emanzipation vom umweltrechtlichen Primat, in: Nowak, Carsten (Hrsg.), Konsolidierung und Entwicklungsperspektiven des Europäischen Umweltrechts, S. 327 ff., 1. Auflage, Baden-Baden 2015

Hurst, Karl, Anschluß- und Benutzungszwang bei Erdgasleitungen, dargestellt am Beispiel der Fernheizungen, KommWirtsch 1965, S. 117 ff.

Ingold, Albert/Schwarz, Tim, Klimaschutzelemente der Bauleitplanung, NuR 2010, S. 153 ff.

Ipsen, Jörn (Hrsg.), Niedersächsiches Kommunalverfassungsgesetz. Kommentar, 1. Auflage, Stuttgart 2011

Jacobs, David, The German Energiewende – History, Targets, Policies and Challenges, RELP 2012, S. 223 ff.

Jaeckel, Liv/Jaeckel, Fritz, Kommunalrecht in Sachsen, 2. Auflage, Leipzig 2003

Jagnow, Kati/Wolff, Dieter, Nah- und Fernwärmeversorgung von Gebäuden: Aus- oder Rückbau?, ET Special Online 2012, S. 16 ff., abrufbar unter: http://et-energie-online.de/Portals/0/PDF/jahresspecial_2012.pdf (13.5.2015)

Jarass, Hans D., Bundes-Immissionsschutzgesetz. Kommentar, 11. Auflage, München 2015

Jauernig, Othmar, Bürgerliches Gesetzbuch, 15. Auflage, München 2014

Kaler, Matthias v./Kneuper, Friedrich, Erneuerbare Energien und Bürgerbeteiligung, NVwZ 2012, S. 791 ff.

Kahl, Wolfgang, Klimaschutz durch die Kommunen – Möglichkeiten und Grenzen, ZUR 2010, S. 395 ff.

Kahl, Wolfgang, Kommunaler Anschluss- und Benutzungszwang an Fernwärmenetze aus Klimaschutzgründen – Die Auswirkungen von § 16 EEWärmeG auf das Landesrecht insbesondere in Baden-Württemberg, VBlBW 2011, S. 53 ff.

Kahl, Wolfgang/Bews, James, Rechtsfragen der Energiewende – Teil 1, Jura 2014, S. 1004 ff.

Kahl, Wolfgang/Schmidtchen, Marcus, Kommunaler Klimaschutz durch Erneuerbare Energien, 1. Auflage, Tübingen 2013

Kahl, Wolfgang/Schmidtchen, Marcus, Kommunale Wärme- und Klimaaktionspläne, EurUP 2013, S. 184 ff.

Kahl, Wolfgang/Schmidtchen, Marcus, Obligatorische Wärmeerzeugung durch erneuerbare Energien in kommunalen Bestandsgebäuden – ein Verstoß gegen Art. 84 I 7 GG?, LKV 2011, S. 439 ff.

Kahl, Wolfgang/Schmidtchen, Marcus, Nah- und Fernwärmenetze als Instrumente des Klimaschutzes, ZNER 2011, S. 35 ff.

Kanngießer, Antje, Anmerkung zu BVerwG, Urt. v. 25.1.2006 – 8 C 13/05, CuR 2006, S. 100 ff.

Karst, Thomas, Die Garantie kommunaler Selbstverwaltung im Spannungsfeld zwischen konservativer Verfassungslehre und faktischen Marktzwängen – Dargestellt am Beispiel der kommunalen Energiewirtschaft, DÖV 2002, S. 809 ff.

Katz, Alfred, Verantwortlichkeiten und Grenzen bei „Privatisierung" kommunaler Aufgaben, NVwZ 2010, S. 405 ff.

Kimminich, Otto, Grenzen der Regelungsbefugnis bei der Anordnung eines Anschluß- und Benutzungszwangs für Fernwärme gemäß § 19 GO des Landes Nordrhein-Westfalen, Beilage Nr. 5 zu DB 1986, S. 1 ff.

Klemm, Andreas, Das Erneuerbare-Energien-Wärmegesetz. Ein Überblick über die wichtigsten Regelungen, CuR 2008, S. 124 ff.

Klemm, Andreas, Vorgaben aus Brüssel: Das Europarechtsanpassungsgesetz Erneuerbare Energien im Überblick, REE 2011, S. 61 ff.

Klinski, Stefan/Longo, Fabio, Kommunale Strategien für den Ausbau erneuerbarer Energien im Rahmen des öffentlichen Baurechts, ZNER 2007, S. 41 ff.

Klinski, Stefan/Longo, Fabio, Rechtliche Rahmenbedingungen kommunaler Strategien für den Ausbau der Nutzung erneuerbarer Energien. Arbeitspapier Nr. 6 im Rahmen des Projekts Strategische Kommunale Energiepolitik zur Nutzung Erneuerbarer Energieträger, 2006, abrufbar unter: https://projekte.izt.de/skep/ergebnisse/ (10.7.2015)

Kloepfer, Michael, Umweltschutzrecht, 2. Auflage, München 2011

Kloepfer, Michael/Bruch, David, Die Laufzeitverlängerung im Atomrecht zwischen Gesetz und Vertrag, JZ 2011, S. 377 ff.

Knemeyer, Franz-Ludwig/Emmert, Rudolf, Die Verordnung über die Wasserversorgung (AVBWasserV) ist wegen Verstoßes gegen das Selbstverwaltungsrecht verfassungswidrig, JZ 1982, S. 284 ff.

Koch, Hans-Joachim, Klimaschutzrecht. Ziele, Instrumente und Strukturen eines neuen Rechtsgebiets, NVwZ 2011, S. 641 ff.

Koch, Hans-Joachim (Hrsg.), Umweltrecht, 4. Auflage, München 2014

Koch, Hans-Joachim/Mengel, Constanze, Gemeindliche Kompetenzen für Maßnahmen des Klimaschutzes am Beispiel der Kraft-Wärme-Kopplung, DVBl 2000, S. 953 ff.

Köck, Wolfgang, Zur Entwicklung des Rechts der Wasserversorgung und der Abwasserbeseitigung, ZUR 2015, S. 3 ff.

Köck, Wolfgang/Coder, Doreen, Rechtliche Stärkung des Kommunalen Klimaschutzes: Urteil des OVG Schleswig-Holstein vom 21. August 2002 – 2 L 30/00, ZUR 2003, S. 95 ff.

Kolb, Angela, Aktuelle Entwicklungen der europarechtlichen Vorgaben für die kommunale Daseinsvorsorge. Wettbewerb contra oder für das Gemeinwohl?, LKV 2006, S. 97 ff.

Komorowski, Alexis v., Der allgemeine Daseinsvorsorgevorbehalt des Art. 106 Abs. 2 AEUV, EuR 2015, S. 310 ff.

Krafczyk, Wolfgang, Faktische Wärmelieferungsverträge: Keine Basis einer Rechtsnachfolge. Zugleich Besprechung von BGH, Urteil vom 15.1.2014 – VIII ZR 111/13, CuR 2014, S. 19 ff.

Kraft, Ingo, Aktuelle Fragen immissionsschutzrechtlicher Festsetzungen in Bebauungsplänen – Klimaschutz, Lärmkontingentierung und Planrealisierungsansprüche, DVBl 1998, S. 1048 ff.

Krebs, Andrea, Rechtliche Grundlagen und Grenzen kommunaler Elektrizitätsversorgung, 1. Auflage, Köln 1996

Kühne, Rainer, Das "abwasserfreie Grundstück" aus rechtlicher Sicht, LKV 2004, S. 49 ff.

Kusche, Hans Christian, Gesetzgebungs- und Verwaltungskompetenzen der Bundesländer für die Umsetzung einer klimaschutzorientierten Energiepolitik, 1. Auflage, Heidelberg 1998

Lamfried, Daniel, Die aktuellen Vorschläge zur Novellierung des Kraft-Wärme-Kopplungsgesetzes, ZNER 2007, S. 280 ff.

Landmann, Robert v./Rohmer Gustav (Begr.), Gewerbeordnung und ergänzende Vorschriften. Band 1 – Gewerbeordnung Kommentar, Stand 69. EL, München 2015

Landmann, Robert v./Rohmer Gustav (Begr.), Umweltrecht, Stand 75. EL, München 2015

Laskowski, Silke R., Flexibilisierung der kommunalen Abwasserentsorgung in Zeiten des klimatischen und demographischen Wandels, ZUR 2012, S. 597 ff.

Laskowski, Silke R., Kommunale Daseinsvorsorge vs. nachhaltige Abwasserentsorgung in Brandenburg? – Wasserrechtliche Grenzen des Anschluss- und Benutzungszwangs für zentrale Abwasserbehandlungsanlagen, ZUR 2008, S. 527 ff.

Lecheler, Helmut, Einige grundsätzliche Bemerkungen zur Welle neuer Konzessionsverträge, NVwZ 2014, S. 917 ff.

Lehmann, Paul/Gawel, Erik/Strunz, Sebastian, Abschied von europäischen Ausbauzielen für Erneuerbare? Eine fragwürdige Entscheidung, ZUR 2014, S. 193 ff.

Lehnert, Wieland/Vollprecht, Jens, Neue Impulse von Europa: Die Erneuerbare-Energien-Richtlinie der EU, ZUR 2009, S. 307 ff.

Longo, Fabio, Neue örtliche Energieversorgung als kommunale Aufgabe. Solarsatzungen zwischen gemeindlicher Selbstverwaltung und globalem Klima- und Ressourcenschutz, 1. Auflage, Baden-Baden 2010

Longo, Fabio/Schuster, Andreas, Zur Rechtmäßigkeit von „solaren" Energiekonzepten in Neubaugebieten – Die Wirkung von Art. 20a GG im Bau- und Kommunalrecht, ZNER 2000, S. 118 ff.

Löwer, Wolfgang, Die Stellung der Kommunen im liberalisierten Strommarkt, NWVBl. 2000, S. 241 ff.

Löwer, Wolfgang, Energieversorgung zwischen Staat, Gemeinde und Wirtschaft, DVBl 1991, S. 132 ff.

Lübbe-Wolff, Gertrude/Wegener, Bernhard, Abwassersatzung, in: Lübbe-Wolff, Gertrude/Wegener, Bernhard (Hrsg.), Umweltschutz durch kommunales Satzungsrecht. Bauleitplanung – Abfall – Abwasser – Abgaben – Baumschutz, S. 219 ff., 3. Auflage, Berlin 2002

Lukes, Rudolf, Beseitigung der kartellrechtlichen Freistellung für die leitungsgebundene Energieversorgung und die Auswirkungen auf die Netzbenutzungen, RdE 1998, S. 49 ff.

Maaß, Christoph/Sandrock, Matthias/Weyland, Raphael, Solare Fernwärme im Planungs- und Umweltrecht. Der Rechtsrahmen für große Freiflächen-Solaranlagen zur Wärmeerzeugung, ZUR 2015, S. 78 ff.

Mangoldt, Hermann v./Klein, Friedrich/Starck, Christian (Hrsg.), Kommentar zum Grundgesetz, Band 2, 6. Auflage, München 2010

Manten, Georg/Elbel, Daniel, Möglichkeiten und Grenzen des kommunalen Klimaschutzes in den neuen Bundesländern, LKV 2009, S. 1 ff.

Maunz, Theodor/Dürig, Günter (Begr.), Grundgesetz. Kommentar, Stand 73. EL, München 2014

Menger, Christian-Friedrich, Gewerbefreiheit und ordnungsrechtliche Eingriffsermächtigung, VerwArch 63, S. 351 ff.

Milger, Karin, Die Umlage von Kosten der Wärmelieferung unter besonderer Berücksichtigung des Wirtschaftlichkeitsgebots;, NZM 2008, S. 1 ff.

Milkau, Alexander, Bundeskompetenzen für ein Umweltenergierecht – dargestellt am Beispiel des Erneuerbare-Energien-Wärmegesetzes, ZUR 2008, S. 561 ff.

Milkau, Alexander, Ansätze zur Förderung der erneuerbaren Energien im Wärmemarkt. Eine rechtliche Bewertung des EEWärmeG und der alternativen Fördermodelle, 1. Auflage, Baden-Baden 2009

Müller, Ruben, Das neue Wärmegesetz als Instrument deutscher Klimaschutzpolitik, ZNER 2008, S. 132 ff.

Müller, Thorsten/Oschmann, Volker/Wustlich, Guido (Hrsg.), EEWärmeG. Erneuerbare-Energien-Wärmegesetz Kommentar, 1. Auflage, München 2010

Müller, Ulrich, Rekommunalisierung – Chancen und Risiken von Strom- und Gasnetzen in kommunaler Hand, VR 2014, S. 145 ff.

Mutius, Albert v., Örtliche Aufgabenerfüllung. Traditionelles, funktionales oder neues Selbstverwaltungsverständnis?, Mutius, Albert v. (Hrsg.), Selbstverwaltung im Staat der Industriegesellschaft. Festgabe zum 70. Geburtstag von Georg Christoph von Unruh, S. 227 ff., 1. Auflage, Heidelberg 1983

Mutius, Albert v., Kommunalrecht: ein Lehr- und Lernbuch anhand von Fällen, 1. Auflage, München 1996

Nast, Michael/Bürger, Veit/Klinski, Stefan/Leprich, Uwe/Ragwitz, Mario/Schulz, Wolfgang, Ergänzende Untersuchungen und vertiefende Analysen zu möglichen Ausgestaltungsvarianten eines Wärmegesetzes. Endbericht, 2009, abrufbar unter: http://www.dlr.de/tt/Portaldata/41/Resources/dokumente/institut/system/publications/Endbericht_Waermegesetz-11.pdf (31.7.2015)

Niesse, Susanne/Wiesbrock, Michael, Rechtsfragen des Wärmecontracting im Mietverhältnis. Zugleich zur Wärmelieferverordnung vom 7.6.2013, NZM 2013, S. 529 ff.

Pauls, Hermann, Zum Anwendungsbereich der AVB-Fernwärme- und der Heizkostenverordnung, NJW 1984, S. 2448 ff.

Pielow, Johann-Christian, Die Energiewende auf dem Prüfstand des Verfassungs- und Europarechts, in: Faßbender, Kurt/Köck, Wolfgang (Hrsg.), Versorgungssicherheit in der Energiewende – Anforderungen des Energie-, Umwelt- und Planungsrechts. Dokumentation des 18. Leipziger Umweltrechtlichen Symposions des Instituts für Umwelt- und Planungsrecht der Universität, S. 45 ff., 1. Auflage, Baden-Baden 2014

Pielow, Johann-Christian (Hrsg.), Beck'scher Online-Kommentar Gewerberecht, Stand 31. Edition, München 2015

Pielow, Johann-Christian/Finger, Thorsten, Der Anschluss- und Benutzungszwang im Kommunalrecht, JURA 2007, S. 189 ff.

Pollmann, Holger/Reimer, Franz/Walter, Jana, Obligatorische Verwendung erneuerbarer Energien zur Wärmeerzeugung am Beispiel der Marburger Solarsatzung, LKRZ 2008, S. 251 ff.

Püttner, Günter, Energieversorgung als kommunale Aufgabe, RdE 1992, S. 92 ff.

Quecke, Albrecht/Schmidt, Hans-Dieter/Menke, Ulrich/Rehak, Heinrich/Wahl, Andreas/Vinke, Harald/Blazek, Peter/Schaffarzik, Bert/Trommer, Friederike, Gemeindeordnung für den Freistaat Sachsen. Ergänzbarer Kommentar mit weiterführenden Vorschriften, Band 1, Stand EL 3/15, Berlin 2015

Raschke, Marcel, Rechtsfragen kommunaler Klimaschutzmaßnahmen. Unter besonderer Berücksichtigung des Bau- und Planungsrechts, 1. Auflage, Baden-Baden 2014

Rauber, David/Rauscher, Alexandra, Gemeinden, Gemeindewirtschaftsrecht und Energie: Was lässt das hessische Kommunalrecht zu?, HGZ 2011, S. 133 ff.

Reese, Moritz/Möckel, Stefan/Bovet, Jana/Köck, Wolfgang, Rechtlicher Handlungsbedarf für die Anpassung an die Folgen des Klimawandels – Analyse, Weiter- und Neuentwicklung rechtlicher Instrumente. UBA-Berichte 1/2010, 1. Auflage, Berlin 2010, Kurzfassung abrufbar unter: http://www.umweltbundesamt.de/publikationen/rechtlicher-handlungsbedarf-fuer-anpassung-an (18.9.2015)

Rehn, Erich/Cronauge, Ulrich/von Lennep, Hans Gerd/Knirsch, Hanspeter, Gemeindordnung für das Land Nordrhein-Westfalen. Kommentar, Loseblatt Stand 41. EL, Siegburg 2015

Rodi, Michael, Kommunale Handlungsmöglichkeiten in der Energie- und Klimaschutzpolitik – Status quo und Reformansätze, IR 2012, S. 242 ff.

Rozek, Jochen, Die Unterscheidung von Eigentumsbindung und Enteignung. Eine Bestandsaufnahme zur dogmatischen Struktur des Art. 14 GG nach 15 Jahren „Naßauskiesung", 1. Auflage, Tübingen 1998

Sachs, Michael (Hrsg.), Grundgesetz. Kommentar, 7. Auflage, München 2014

Sachs, Michael/Japser, Christian, Regulierungsermessen und Beurteilungsspielräume – Verfassungsrechtliche Grundlagen, NVwZ 2012, S. 649 ff.

Scharpf, Christian, Der Einfluss des Europarechts auf die Daseinsvorsorge, EuZW 2005, S. 295 ff.

Schiller, Marcus, Staatliche Gewährleistungsverantwortung und die Sicherstellung von Anschluss und Versorgung im Bereich der Energiewirtschaft, 1. Auflage, Baden-Baden 2012

Schlömer, Jan, Zur Verfassungsmäßigkeit des beschleunigten Atomausstiegs, ZNER 2014, S. 363 ff.

Schmidt, Alexander, Klimaschutz in der Bauleitplanung nach dem BauGB 2004, NVwZ 2006, S. 1354 ff.

Schmidt, Andrea, Die Nutzung von Solarenergie. Rechtsrahmen und Gestaltungsfragen der Anlagenzulassung und der kommunalen Steuerung zur Umsetzung von Klimaschutzzielen durch solare Energiegewinnung, 1. Auflage, Hamburg 2014

Schmidt, Reiner/Kahl, Wolfgang/Gärditz, Klaus Ferdinand, Umweltrecht, 9. Auflage, München 2014

Schmidt, Thorsten Ingo, Kommunale Finanzpolitik – eine klima- und energiepolitische Chance?, DVBl 2014, S. 1155 ff.

Schmidt, Thorsten Ingo, Rechtliche Rahmenbedingungen und Perspektiven der Rekommunalisierung, DÖV 2014, S. 357 ff.

Schmidt-Aßmann, Eberhard, Anschluss- und Benutzungszwang bei der Fernwärmeversorgung: Kommunalem Aktivismus Grenzen setzen!, ZHR 170 (2006), S. 489 ff.

Schmidt-Aßmann, Eberhard/Schoch, Friedrich (Hrsg.), Besonderes Verwaltungsrecht, 14. Auflage, Berlin 2008

Schmidt-Bleibtreu, Bruno/Hofmann, Hans/Henneke, Hans-Günter (Hrsg.), GG – Kommentar zum Grundgesetz, 13. Auflage, Köln 2014

Schmidt-Futterer, Wolfgang, Mietrecht. Großkommentar des Wohn- und Gewerberaummietrechts, 12. Auflage, München 2015

Schneider, Jens Peter/Theobald, Christian (Hrsg.), Recht der Energiewirtschaft. Praxishandbuch, 4. Auflage, München 2013

Schneider, Jens Peter/Theobald, Christian (Hrsg.), Recht der Energiewirtschaft. Praxishandbuch, 3. Auflage, München 2011

Schnutenhaus, Jörn/Günther, Julia, Anm. zu BVerwG, Urteil vom 25. Januar 2006 – 8 C 13.05, ZUR 2006, S. 367 ff.

Schoch, Friedrich (Hrsg.), Besonderes Verwaltungsrecht, 15. Auflage, Berlin 2013

Scholtka, Boris/Keller-Herder, Laurenz, Konzessionierungsverfahren und Auswahl des neuen Konzessionsnehmers nach der neuen BGH-Rechtsprechung, N&R 2014, S. 186 ff.

Scholz, Rupert, Kein Zustimmungserfordernis des Bundesrates zu längeren Laufzeiten der Kernkraftwerke. Das Elfte und das Zwölfte Gesetz zur Änderung des Atomgesetzes, NVwZ 2010, S. 1385 ff.

Schönleiter, Ulrich, Anm. zu BVerwG, Urteil vom 27. Mai 2009 – 8 C 10/08, GewArch 2009, S. 484 ff.

Schubart, Hans-Georg, Der Fernwärme-Begriff in der Heizkostenabrechnung. Abgrenzung von Heizkosten-Verordnung und AVB-Fernwärme-Verordnung, NJW 1985, S. 1682 ff.

Schulze, Reiner u.a.; Bürgerliches Gesetzbuch. Handkommentar, 8. Auflage, Baden-Baden 2014

Schulze-Fielitz, Helmuth, Umweltschutz im Föderalismus – Europa, Bund und Länder, NVwZ 2007, S. 249 ff.

Schwerdtner, Eberhard, Global denken – Lokal handeln! Umweltschutz im Spannungsfeld zu den Gemeindeordnungen. Anmerkung zu VGH Bad.-Württ., Urt. v. 18.3.2004 – 1 S 2261/02 – VBlBW 2004, 337, VBlBW 2005, S. 99 ff.

Selmer, Peter, Anschluß- und Benutzungszwang für Fernwärme, in: Börner, Bodo (Hrsg.), Beharren und Wandel im Energierecht, S. 31 ff., 1. Auflage, Baden-Baden 1986

Sieder, Frank/Zeitler, Herbert/Dahme, Heinz/Knopp, Günther-Michael, Wasserhaushaltsgesetz Abwasserabgabengesetz, Loseblatt Stand 48. EL, München 2014

Sodan, Helge, Rekommunalisierung des Berliner Stromnetzes? – Rechtsprobleme des Konzessionierungsverfahrens nach dem EnWG, LKV 2013, S. 433 ff.

Söhn, Hartmut, Eigentumsrechtliche Probleme des gemeindlichen Anschluss- und Benutzungszwanges, 1. Auflage, München 1965

Sösemann, Fabian, Art. 74 Abs. 1 Nr. 24 GG (Luftreinhaltung) als Kompetenzgrundlage für EEG und EEWärmeG, ZNER 2008, S. 137 ff.

Spannowsky, Willy/Uechtritz, Michael, Beck'scher Online-Kommentar BauGB, Stand 30. Edition, München 2015

Sparwasser, Reinhard/Mock, Dario, Energieeffizienz und Klimaschutz im Bebauungsplan, ZUR 2008, S. 469 ff.

Stäsche, Uta, Entwicklungen des Klimaschutzrechts und der Klimaschutzpolitik 2013/14, EnWZ 2014, S. 291 ff.

Steiner, Udo (Hrsg.), Besonderes Verwaltungsrecht, Band I, 8. Auflage, Heidelberg 2006

Stober, Rolf, Kommunalrecht in der Bundesrepublik Deutschland, 3. Auflage, Stuttgart/Berlin/Köln 1996

Streinz, Rudolf (Hrsg), EUV/AEUV. Vertrag über die Europäische Union und Vertrag über die Arbeitsweise der Europäische Union, 2. Auflage, München 2012

Tettinger, Peter J., Rechtliche Markierungen für kommunale Energiepolitik – Zur Stromversorgung auf kommunaler Ebene, NWVBl. 1989, S. 1 ff.

Tettinger, Peter J./Wank, Rolf/Ennuschat, Jörg, Gewerbeordnung. Kommentar, 8. Auflage, München 2011

Tomerius, Stephan, Der Anschluss- und Benutzungszwang für kommunale Nah- und Fernwärmesysteme. Aktuelle rechtliche Vorgaben und Ausgestaltungsmöglichkeiten, ER 2013, S. 61 ff.

Topp, Adolf, Der Begriff der Fernwärme, RdE 2009, S. 133 ff.

Topp, Adolf/Kraft, Manfred, Anschluss- und Benutzungszwang in der Fernwärme, EuroHeat&Power 2009, S. 18 ff.

Tschakert, Sohre, Klimaschutz durch kommunale Versorgungseinrichtungen. Rechtsvergleichende Untersuchung der kommunalen Kompetenzen in den einzelnen Bundesländern zur Einführung eines Anschluss- und Benutzungszwanges an Einrichtungen zur Versorgung mit Fernwärme „allein aus Gründen des globalen Klimaschutzes", 1. Auflage, Kiel 2007

Wagener, Martin, Anschluß- und Benutzungszwang für Fernwärme, 1. Auflage, Stuttgart/München/Hannover 1989

Weiß, Holger, Stand und Perspektiven des Rechts der Strom- und Gaskonzessionsvergabe, NVwZ 2014, S. 1415 ff.

Weiß, Wolfgang, Öffentliche Monopole, kommunaler Anschluß- und Benutzungszwang und Art. 12 GG, VerwArch 90 (1999), S. 415 ff.

Wichardt, Hans-Jürgen, Anschluß- und Benutzungszwang für Fernwärme allein aus Gründen der „Volksgesundheit"?, DVBl 1980, S. 31 ff.

Widtmann, Julius/Grasser, Walter/Glaser, Erhard, Bayerische Gemeindeordnung. Kommentar, Stand 27. EL, München 2014

Wieland, Joachim, Der Abschluss von Konzessionsverträgen als Teil der gemeindlichen Selbstverwaltung – Zur Notwendigkeit der Novellierung von § 46 EnWG, DÖV 2015, S. 169 ff.

Winkler, Viktor, Bundesnetzagentur und Beurteilungsspielraum, DVBl 2013, S. 156 ff.

Witzel, Horst/Topp, Adolf, Allgemeine Versorgungsbedingungen für Fernwärme: Erläuterungen für die Praxis zur Verordnung über allgemeine Bedingungen für die Versorgung mit Fernwärme, 2. Auflage, Frankfurt am Main 1997

Wolff, Dieter/Jagnow, Kati, Überlegungen zu Einsatzgrenzen und zur Gestaltung einer zukünftigen Fern- und Nahwärmeversorgung. Endbericht vom Mai 2011, Wolfenbüttel/Braunschweig 2011, abrufbar unter: http://www.delta-q.de/export/sites/defaul t/de/downloads/fernwaermestudie.pdf (18.05.15)

Wustlich, Guido, „Erneuerbare Wärme" im Klimaschutzrecht, ZUR 2008, S. 113 ff.

Wustlich, Guido, Das Erneuerbare-Energien-Wärmegesetz – Ziel, Inhalt und praktische Auswirkungen, NVwZ 2008, S. 1041 ff.

Wustlich, Guido, Öffentliche Gebäude als Vorbilder für Erneuerbare Energien – Die Novelle des Erneuerbare-Energien-Wärmegesetzes und ihre praktischen Auswirkungen insbesondere für die Kommunen, DVBl 2011, S. 525 ff.

Sonstige Quellen

Agentur für erneuerbare Energien (Hrsg.), Häuslebauer nehmen Erneuerbare-Energien-Wärmegesetz gut an. Ergebnisse der tns emnid-Umfrage unter 500 Bauunternehmern, Planungs- und Architekturbüros, Renews Spezial 24/2010, abrufbar unter: www.unendlich-viel-energie.de/de/service/mediathek/renewsspezial.html (25.9.2013)

AGFW – Der Energieeffizienzverband für Wärme, Kälte und KWK e.V., Fernwärmesatzungen – Möglichkeiten der Gemeinden im Rahmen ihrer energiepolitischen Zuständigkeiten. Ergebnisse einer AGFW-Umfrage zum Thema "Anschluss- und Benutzungszwang" bei über 350 Wärmeversorgungsunternehmen, abrufbar unter: https://www.agfw.de/recht/anschluss-und-benutzungszwang/ (18.05.15)

Bundesministerium für Umwelt, Naturschutz und Reaktorsicherheit, Erfahrungsbericht zum Erneuerbare-Energien-Wärmegesetz (EEWärmeG-Erfahrungsbericht), gemäß § 18 EEWärmeG vorzulegen dem Deutschen Bundestag durch die Bundesregierung, v. 19.12.2012, abrufbar unter: https://www.erneuerbare-energien.de/EE/Redaktion/DE/Downloads/Berichte/erfahrungsbericht_der_bundesregierung_zum_erneuer bare_energien_waermegesetz.pdf?__blob=publicationFile&v=4 (25.6.2015)

Bundesministerium für Wirtschaft und Energie (Hrsg.), Erneuerbare Energien im Jahr 2014. Erste Daten zur Entwicklung der erneuerbaren Energien in Deutschland auf Grundlage der Angaben der Arbeitsgruppe Erneuerbare Energien-Statistik, Berlin 2015, abrufbar unter: www.bmwi.de/BMWi/Redaktion/PDF/Publikationen/erneuer bare-energien-im-jahr-2014,property=pdf,bereich=bmwi2012,sprache=de,rwb=true.pdf (31.7.2015)

Umweltbundesamt (Hrsg.), Potentiale von Nah- und Fernwärmenetzen für den Klimaschutz bis zum Jahr 2020. Climate Change 17/2007, Dessau-Roßlau 2007, abrufbar unter: http://www.umweltbundesamt.de/sites/default/files/medien/publikation/long/3501.pdf (25.9.2013)

Umweltbundesamt (Hrsg.), Konzepte für die Beseitigung rechtlicher Hemmnisse des Klimaschutzes im Gebäudebereich, Dessau-Roßlau 2013, abrufbar unter: http://ww w.umweltbundesamt.de/publikationen/konzepte-fuer-beseitigung-rechtlicher-hemm nisse-des (25.11.2013)

Umweltbundesamt (Hrsg.), Monitoringbericht 2015 zur deutschen Anpassungsstrategie an den Klimawandel. Bericht der Interministeriellen Arbeitsgruppe Anpassungsstrategie der Bundesregierung, Dessau-Roßlau 2015, abrufbar unter: http://www.umwel tbundesamt.de/publikationen/monitoringbericht-2015 (27.05.15)

Überblick ausgewählter Praxisbeispiele:
Kommunale Satzungen zur Begründung eines Anschluss- und
Benutzungszwangs für die (Fern-)Wärmeversorgung

Satzung über die Regelung der Fernwärmeversorgung der Stadt Bernburg (Saale) (Fernwärmesatzung) v. 14.12.2012, geändert durch 1. Satzung zur Änderung der Satzung über die Regelung der Fernwärmeversorgung der Stadt Bernburg (Saale) vom 11.9.2014, abrufbar unter: http://www.bernburg.de/media/dokumente/ortsrecht _neu/ver_und_entsorgung_neu/fernwaermesatzung_2012.pdf (30.8.2015)

Satzung der Stadt Frankfurt a.M. über die Fernwärmeversorgung auf Basis der Kraft-Wärme-Kopplung für das Baugebiet „Riedberg" (Fernwärmesatzung) v. 27.2.2014, abrufbar unter: http://www.frankfurt.de/sixcms/media.php/738/Fernw%C3%A4rme satzung%20Riedberg%20%28bf%29.pdf (30.8.2015)

Satzung des Marktes Holzkirchen über die Wärmeversorgung des Gebiets „Neuerl-kam" (zwischen der Blumenstraße und der Franz-von-Defregger-Straße; Bebau-ungsplan Nr. 139) und den Anschluss an die öffentliche Fernwärmeversorgung v. 21.3.2013, abrufbar unter: http://holzkirchen.de/p_hoki/gemcindc/rathaus/pdf/Fer nwaermSatz-BPL139.pdf (30.8.2015)

Nahwärmesatzung der Stadt Langenhagen v. 13.12.2010, abrufbar unter: http://www.la ngenhagen.de/media/custom/1627_274_1.PDF (30.8.2015)

Satzung der Stadt Mosbach über den Anschluss und die Benutzung der Fernwärmever-sorgung für das Gebiet der „Waldstadt" (Fernwärmeversorgungssatzung Waldstadt-FwVS-Waldstadt) in der Fassung v. 19.10.2011, abrufbar unter: http://www.mosbac h.de/mosmedia/Downloads/Rathaus_Politik/Stadtrecht/7_13_Fernwaermeversorgun g_Waldstadt.pdf (30.8.2015)

Satzung über die Fernwärmeversorgung der Fontanestadt Neuruppin (Fernwärmesat-zung) v. 2.5.2012, abrufbar unter: https://www.swn.de/fileadmin/swn.de/PDF/Waer me/FW-Satzung-2012.pdf (30.8.2015)

Satzung zum Anschluss an die Fernwärmeversorgung der Großen Kreisstadt Riesa – Fernwärmeversorgungssatzung (FwärmVS) v. 17.11.2005 und zur Aufhebung der Satzung zum Anschluss- und Benutzungszwang an die Gasversorgung der Großen Kreisstadt Riesa v. 2.8.1995, in der Fassung der 1. Änderung vom 04. April 2006, abrufbar unter: http://www.stw-riesa.de/pk_waerme_fernwaerme.html (30.8.2015)

Satzung der Stadt Schleswig über die Fernwärmeversorgung v. 29.6.2009, abrufbar un-ter: http://www.schleswig.de/file.php?ID=3402 (30.8.2015)

Satzung über die öffentliche Fernwärmeversorgung der Landeshauptstadt Schwerin (Fernwärmesatzung) v. 17.6.2013, abrufbar unter: www.schwerin.de/expressbekann tmachungen (30.8.2015)

Satzung über die Regelung der Fernwärmeversorgung der Stadt Stadtroda (Fernwärmesatzung) v. 23.12.2013, abrufbar unter: http://www.stadtroda.de/rechtsgrundlagen/1/21197/satzung-%C3%BCber-die-regelung-der-fernw%C3%A4rmeversorgung-23.12.2013.html (30.8.2015)

Satzung über die Fernwärmeversorgung „Fernwärmeschiene Süd im Bereich Lichtscheid/Erbschlö/Otto-Hahn-Strasse" in der Stadt Wuppertal v. 22.9.2008, abrufbar unter: https://www.wuppertal.de/rathaus-buergerservice/verwaltung/politik/stadtrecht-dokumente/7-41.pdf (30.8.2015)